稅法學
판례 세법학

정인국

머리말

　세법학 시험의 출제유형은 크게 사례형과 약술형으로 나눌 수 있습니다. 사례형은 실제 발생했거나 발생가능한 사례를 대상으로 수험생의 문제해결능력을 평가하는 것이고, 약술형은 세법의 관련 법리를 정확히 이해 및 암기하고 있는지 평가하는 문제입니다.

　세법학 시험에서 판례의 중요성은 아무리 강조해도 지나치지 않습니다. 사례형은 판례를 기초로 구성한 문제이기 때문에, 대상 판례의 결론을 알고 있는지 여부가 고득점의 관건이 됩니다. 약술형 문제에 잘 대처하려면 법령의 내용을 정확히 숙지하고 있어야 하는데, 판례공부를 충실히 하면 법령에 대한 이해의 정도가 훨씬 깊어지게 됩니다.

　이번에 새로 출간한 **판례 세법학** 교재에서는 이러한 점을 염두에 두었습니다. 최근 10여 년간 선고된 대법원 판례들을 중심으로 출제가능성이 높은 판례를 총 96개 선별하여 국세기본법부터 조세특례제한법까지 진도 순서대로 배치하였습니다. 판례 원문을 보지 않더라도 대략적인 내용을 예상할 수 있도록 각각의 판례마다 관련 쟁점을 제목으로 달았습니다.

　수험생들이 해당 판례를 정독하면서, 그리고 관련 강의를 듣는 과정에서 세법에 대한 이해가 한층 깊어질 것이라 생각합니다. 아무쪼록 이 책이 수험생들의 단기합격에 기여할 수 있기를 기대합니다.

2020년 5월의 끝자락에

정 인 국

이 책의 차례

세법학 1부

PART 01 | 국세기본법

■ **제1장 조세법 일반** / 4

■ **제2장 국세기본법 총칙**
판례 01 세무공무원이 잠겨진 문틈으로 납세고지서를 투입한 경우, 납세고지의 적부 / 4

■ **제3장 국세부과의 원칙과 세법적용의 원칙** / 8

■ **제4장 납세의무 성립·확정·소멸**
판례 02 항고소송에서 취소를 구할 수 있는 세액의 범위 / 8
판례 03 국세부과제척기간 10년 연장사유인 '부정한 행위' / 12

■ **제5장 납세의무의 확장**
판례 04 사업양수인의 제2차 납세의무와 부가가치세 예정신고의 효력 / 19
판례 05 과점주주의 제2차 납세의무의 요건 / 24

■ **제6장 국세의 우선과 물적납세의무**
판례 06 조세채권과 공시를 수반한 담보물권 사이의 우선순위 / 26
판례 07 증액경정결정에서의 법정기일의 판단 / 29

■ **제7장 과 세**
판례 08 미수령 배당금채권의 회수불능이 후발적 경정청구 사유인지 여부 / 32
판례 09 상속개시일 이후 피상속인의 연대보증채무 확정이 후발적 경정청구 사유인지 여부 / 36
판례 10 뇌물 등의 몰수가 후발적 경정청구 사유인지 여부 / 40
판례 11 판례변경과 후발적 경정청구의 기산점 / 43
판례 12 계약의 해제가 후발적 경정청구사유인지 여부 / 46
판례 13 제척기간이 경과한 후에도 후발적 경정청구를 할 수 있는지 여부 / 49

■ **제8장 가산세와 국세환급금**
판례 14 부당과소신고가산세의 판단 / 51
판례 15 원천납세의무자가 경정청구권을 행사함에 따라 환급청구권이 발생하는 경우, 원천징수의무자 명의로 납부된 세액에 관한 환급청구권자 / 55

■ **제9장 조세불복제도**
판례 16 세무조사결정의 처분성 인정여부 / 59
판례 17 재조사결정과 불이익변경금지원칙의 관계 / 62

■ **제10장 납세자의 권리 및 보칙**
판례 18 중복세무조사에 대한 판단 / 65
판례 19 과세예고통지를 결여한 과세처분의 위법성 / 67
판례 20 과세전적부심사를 누락한 채 이루어진 과세처분의 위법성 / 71
판례 21 포상금 지급대상이 되는 중요한 자료의 판단 / 73

CONTENTS

판례 22 세무조사대상 선정사유가 없음에도 세무조사대상으로 선정하여 과세자료를 수집하고 과세처분을 하는 것이 위법한지 여부 / 78

판례 23 중복세무조사의 판단기준 / 82

part 02 | 법인세법

■ 제1장 법인세법 총론 / 90

■ 제2장 내국법인의 각 사업연도소득금액계산에 대한 개관

판례 24 소득처분에 따른 소득의 귀속자가 법인에 대한 소득금액변동통지의 취소를 구할 법률상 이익이 있는지 여부 / 90

판례 25 소득의 귀속자에 대한 소득금액변동통지가 항고소송의 대상이 되는 행정처분인지 여부 / 92

판례 26 징수처분에 대한 항고소송에서 징수처분 고유의 하자가 아닌 소득세 납세의무 자체에 관하여 다툴 수 있는지 여부 / 98

판례 27 대표이사의 횡령이 사외유출에 해당하지 않는 경우 / 100

■ 제3장 익 금

판례 28 주식매도가 자산거래인지 자본거래인지에 대한 판단 / 103

■ 제4장 익금불산입

판례 29 익금불산입 대상이 되는 '내국법인이 출자한 다른 내국법인으로부터 받은 수입배당금' / 107

■ 제5장 손금과 손금불산입

판례 30 법인이 사업을 위하여 지출한 비용이 법인세법상 '접대비'인지 판단하는 기준 / 110

판례 31 법인이 지배주주인 임원에게 지급한 보수가 법인에 유보된 이익을 분여하기 위하여 수의 형식을 취한 것에 불과한 경우, 손금산입 여부 / 115

판례 32 의약품 도매상이 약국 등에게 지급한 리베이트의 손금산입 여부 / 119

판례 33 사회질서에 위반하여 지출된 비용의 손금산입 여부 / 123

■ 제6장 손익의 귀속사업연도와 자산·부채의 평가

판례 34 사업상 정당한 사유로 인한 대금감액이 후발적 경정청구 사유인지 여부 / 127

■ 제7장 합병에 관한 특례 / 134

■ 제8장 분할 등에 관한 특례 / 134

■ 제9장 부당행위계산의 부인

판례 35 특수관계인에 대한 우회적인 자금대여 / 135

판례 36 부당행위계산부인 해당 여부의 기준시기 및 소득처분할 금액산정의 기준시기 / 140

판례 37 우회거래나 다단계거래의 부당행위계산부인 대상여부 / 145

판례 38 금전을 시가보다 높은 이율로 차용하는 경우, 부당행위계산부인의 적용기준이 되는 시가 / 149

■ 제10장 영리내국법인의 각 사업연도 소득에 대한 과세표준의 계산 / 152

■ 제11장 세액의 계산 / 152

■ 제12장 법인세의 부과징수절차 / 152

■ 제13장 기타의 법인세
  판례 39 비영리내국법인의 고유목적사업준비금 전용시 익금산입시기 / 153
  판례 40 외국의 법인격 없는 단체의 국내원천소득에 대한 과세 / 155

part 03 | 소득세법

■ 제1장 현행 소득세제의 기본골격
  판례 41 비거주자의 유가증권 양도시 소득세 과세여부 / 162

■ 제2장 종합소득의 종류와 각 소득별 과세방법
  판례 42 여러 개의 대여원리금 채권 중 이미 회수되어 소멸한 대여원리금 채권이 있는 경우, 채권에 대하여 이자소득이 있다고 보아야 하는지 여부 / 166
  판례 43 탈퇴한 조합원이 일부 조합재산을 받는 경우에 소득의 성질 / 170
  판례 44 사례금과 인적용역의 구분기준 / 173
  판례 45 부동산 임대소득 계산시 차입금 지급이자의 필요경비 산입 여부 / 177

  판례 46 권리확정주의와 소득 발생의 구체적 판단 기준 / 180

■ 제3장 소득별 소득금액의 계산 / 185

■ 제4장 소득금액 계산의 특례 / 185

■ 제5장 종합소득과세표준의 계산 / 185

■ 제6장 종합소득세액의 계산 / 186

■ 제7장 종합소득세의 납세절차
  판례 47 소득 귀속자의 경정청구기간의 기산일 / 186
  판례 48 소득처분시 귀속자의 종합소득세 납세의무 성립시기 / 189

■ 제8장 원천징수 / 193

■ 제9장 비거주자에 대한 소득세 납세의무 / 193

■ 제10장 양도소득세
  판례 49 명의신탁과 양도소득의 환원 / 194
  판례 50 토지거래허가구역 내 토지의 허가 없는 양도에 대한 과세 / 197
  판례 51 후발적 경정청구 사유로 통상적 경정청구가 가능한지 여부 / 210
  판례 52 3자간 명의신탁 부동산의 양도시기 / 213
  판례 53 양도가액 및 취득가액의 산정 / 217

■ 제11장 보칙 / 220

CONTENTS

part 04 | 상속세 및 증여세법

제1장 상속세
- 판례 54 공동상속인의 연대납부의무 / 222
- 판례 55 피상속인에게 귀속되는 보험계약상 지위 상속에 따른 상속세 부과 / 225
- 판례 56 조합채무가 순금융재산 계산에서 제외되는지 여부 / 229

제2장 증여세
- 판례 57 제3자를 이용한 교차증여를 직접증여로 재구성하여 한 증여세부과 / 232
- 판례 58 금전을 증여받은 경우에 증여세 신고기한 이내에 반환하더라도 증여세의 부과대상에 해당 / 239
- 판례 59 부부 사이에서 일방 배우자 명의의 예금이 타방 배우자 명의의 예금계좌로 입금되는 경우, 증여추정 여부 / 243
- 판례 60 금전 무상대출에 따른 증여시기의 판단 / 246
- 판례 61 재산 취득자금에 대한 증여추정의 증명책임 / 248
- 판례 62 이익잉여금을 자본에 전입함에 따라 기존 주식의 명의수탁자에게 보유주식에 비례하여 배정된 무상주가 증여의제의 적용대상이 되는지 여부 / 251
- 판례 63 주식등변동상황명세서 등에 의하여 명의개서 여부를 판정하는 경우, 증여세 목적에 따른 증여의제일 / 253
- 판례 64 이혼시 재산분할의 실질이 증여라고 평가할 만한 특별한 사정이 있는 경우 증여세 과세대상 / 256
- 판례 65 완전포괄주의 증여과세의 한계 / 258
- 판례 66 공익법인에 출연한 동일내국법인 주식에 대한 증여세 과세 / 262

제3장 상속세와 증여세의 부과징수절차 / 301

제4장 상속·증여재산의 평가
- 판례 67 고가양도로서 증여세 부과대상이 되는지를 판단하는 기준이 되는 '시가' / 301
- 판례 68 공익법인이 출연받은 재산을 공익목적사업에 사용하지 않는 경우의 증여재산가액 평가기준일 / 305
- 판례 69 '저당권 또는 질권이 설정된 재산'의 평가 / 307

세법학 2부

part 01 | 부가가치세법

제1장 부가가치세의 기본이론 / 314

제2장 부가가치세법 총칙
- 판례 70 재화 또는 용역을 공급한 '사업자'에 해당하려면 부가가치세법에 따른 사업자등록을 필요로 하는지 여부 / 314

제3장 과세거래
- 판례 71 수탁자가 위탁자로부터 이전받은 신탁재산을 관리·처분하면서 재화를 공급하는 경우, 부가가치세 납세의무자의 판단 / 318
- 판례 72 게임머니 판매시 재화의 공급 여부 / 323
- 판례 73 영업용으로 취득한 승용차에 대한 재화의 공급의제 / 325
- 판례 74 임차보증금 공제시 용역의 공급 여부 / 331

제4장 영세율과 면세
- 판례 75 장의용역과 함께 공급하는 음식물 제공용역의 부수성 / 334
- 판례 76 국외에서 제공된 용역 / 338
- 판례 77 정육식당에서의 음식물 제공용역 / 340
- 판례 78 면세 교육용역을 제공하는 비영리단체의 범위 / 343

제5장 과세표준
- 판례 79 단말기 보조금의 매출에누리 여부 / 349
- 판례 80 판매수수료의 매출에누리 여부 / 353
- 판례 81 마일리지 점수 사용시 매출에누리 여부 / 357

제6장 거래징수와 세금계산서 및 기타 과세자료 / 380

제7장 납부세액의 계산
- 판례 82 매출세액에서 공제하는 매입세액의 기준인 '사업 관련성' 유무의 판단 / 380
- 판례 83 '공급하는 사업자의 성명'이 사실과 다르게 적힌 세금계산서 / 385
- 판례 84 매입세액 불공제대상인 '토지관련 매입세액'에 해당하는지 여부 / 388
- 판례 85 골프장 조성과정에서 잔디수목식재공사와 그린·티·벙커 조성공사에 소요된 공사비용의 매입세액 공제여부 / 391

제8장 부가가치세의 납세절차 / 393

제9장 간이과세 / 393

제10장 보 칙 / 393

part 02 | 개별소비세법

제1장 개별소비세 총설 / 396

제2장 개별소비세 과세요건 / 396

제3장 개별소비세 과세시기 / 396

제4장 신고·납부 및 경정결정 / 397

제5장 미납세반출과 개별소비세 면세

판례 86 임가공업체가 수탁제조물품을 반출하면서 개별소비세를 신고·납부하지 않고 미납세반출 승인신청도 하지 않은 경우 위탁자에게 개별소비세 납세의무가 있는지 여부 / 397

판례 87 개별소비세 미납세반출의 절차 / 405

제6장 세액공제와 세액환급 / 410

제7장 보 칙 / 410

part 03 | 지방세법

제1장 지방세 총론(總論) / 412

제2장 취득세

판례 88 3자간 등기명의신탁에서의 취득세 납세의무 / 412

판례 89 계약명의신탁에서의 취득세 납세의무 / 425

판례 90 사실혼 해소시 재산분할로 인한 취득에 적용되는 세율 / 428

판례 91 상속등기를 생략한 경우에 적용되는 취득세율 / 431

판례 92 미완성 건축물을 매수하여 소유권이전등기를 마친 경우, 취득세 과세대상이 되는 취득시기 / 434

판례 93 고급오락장에 대한 중과세율 적용여부 / 439

판례 94 동일한 과밀억제권역 안에 있던 기존의 본점 또는 주사무소에서 이전해오는 경우 취득세 중과 여부 / 443

제3장 등록면허세

판례 95 취득을 원인으로 등기가 이루어진 후 등기의 원인이 무효로 밝혀진 경우, 등록면허세 납세의무 성립여부 / 446

제4장 재산세 / 450

제5장 지방세특례제한법 / 450

part 04 | 조세특례제한법

제1장 조세특례제한법 총설 / 452

제2장 직접국세에 대한 특례

판례 96 해운소득과 비해운소득의 분류 / 452

제3장 간접국세·외국인 투자 등에 대한 조세특례 / 459

제4장 특정지구 등에 대한 조세특례 / 459

제5장 그 밖의 조세특례 / 459

세법학 1부

01_국세기본법
02_법인세법
03_소득세법
04_상속세 및 증여세법

01 국세기본법

Chapter
01. 조세법 일반
02. 국세기본법 총칙
03. 국세부과의 원칙과 세법적용의 원칙
04. 납세의무 성립·확정·소멸
05. 납세의무의 확장
06. 국세의 우선과 물적납세의무
07. 과 세
08. 가산세와 국세환급금
09. 조세불복제도
10. 납세자의 권리 및 보칙

CHAPTER 01 조세법 일반

제1절 조세의 개념과 그 분류
제2절 조세법의 법원
제3절 조세법률관계의 특성
제4절 조세법의 기본원칙

CHAPTER 02 국세기본법 총칙

제1절 총 설
제2절 서류의 송달
제3절 인격

01 세무공무원이 잠겨진 문틈으로 납세고지서를 투입한 경우, 납세고지의 적부

종합소득세등부과처분취소 [대법원, 96누5094, 1997. 5. 23.]

【판시사항】

[1] 세무공무원이 잠겨진 문틈으로 납세고지서를 투입한 경우, 납세고지의 적부(소극)

[2] 납세의무자가 과세처분의 내용을 이미 알고 있는 경우에도 납세고지서 송달이 필요한지 여부(적극)

[3] 납세의무자가 고의로 납세고지서의 수령을 회피하여 세무공무원이 잠겨진 문틈으로 납세고지서를 투입한 경우, 신의칙상 적법한 고지서 송달로 볼 수 있는지 여부(소극)

【판결요지】

[1] 납세고지서의 교부송달에도 납세의무자 또는 그와 일정한 관계에 있는 사람이 현실적으로 이를 수령하는 행위가 반드시 필요하다 할 것이므로, 세무공무원이 납세의무자와 그 가족들이 부재중임을 알면서도 아파트 문틈으로 납세고지서를 투입하는 방식으로 송달하였다면, 이러한 납세고지서의 송달은 구 국세기본법(1996. 12. 30. 법률 제5189호로 개정되기 전의 것) 제10조의 규정에 위배되어 부적법한 것으로서 효력이 발생하지 아니한다.

[2] 납세의 고지에 관한 국세징수법 제9조, 구 소득세법(1994. 12. 22. 법률 제4803호로 전문 개정되기 전의 것) 제128조, 같은법시행령(1994. 12. 31. 대통령령 제14467호로 전문 개정되기 전의 것) 제183조 등의 규정들은 헌법과 국세기본법이 규정하는 조세법률주의의 대원칙에 따라 처분청으로 하여금 자의를 배제하고 신중하고도 합리적인 처분을 행하게 함으로써 조세행정의 공정성을 기함과 동시에 납세의무자에게 부과처분의 내용을 상세하게 알려서 불복 여부의 결정 및 그 불복신청에 편의를 주려는 취지에서 나온 것으로 엄격히 해석 적용되어야 할 강행규정이므로 납세자가 과세처분의 내용을 이미 알고 있는 경우에도 납세고지서의 송달이 불필요하다고 할 수는 없다.

[3] 납세자가 부과처분 제척기간이 임박하자 납세고지서의 수령을 회피하기 위하여 고지서 수령 약속을 어기고 일부러 집을 비워 두어서 세무공무원이 부득이 납세자의 아파트 문틈으로 납세고지서를 투입하였다 하여 신의성실의 원칙을 들어서 그 고지서가 송달되었다고 볼 수는 없다.

【참조조문】

[1] 구 국세기본법(1996. 12. 30. 법률 제5189호로 개정되기 전의 것) 제8조 제1항, 제10조

[2] 국세징수법 제9조, 구 소득세법(1994. 12. 22. 법률 제4803호로 전문 개정되기 전의 것) 제128조(현행 제83조 참조), 구 소득세법시행령(1994. 12. 31. 대통령령 제14467호로 전문 개정되기 전의 것) 제183조(현행 제149조 참조)

[3] 민법 제2조, 구 국세기본법(1996. 12. 30. 법률 제5189호로 개정되기 전의 것) 제8조 제1항, 제10조

【참조판례】

[1] [3] 대법원 1996. 9. 24. 선고 96다204 판결(공1996하, 3172)

[1] 대법원 1992. 10. 13. 선고 92누725 판결(공1992, 3171)

[2] 대법원 1985. 12. 10. 선고 84누243 판결(공1986, 246), 대법원 1988. 2. 9. 선고 83누404 판결(공1988, 516), 대법원 1989. 11. 10. 선고 88누7996 판결(공1990, 38)

【전문】

【원고,피상고인】
채의병 (소송대리인 변호사 진행섭)

【피고,상고인】
강남세무서장 (소송대리인 변호사 이병돈)

【원심판결】
서울고법 1996. 2. 13. 선고 95구12936 판결

【주문】

【주문】
상고를 기각한다. 상고비용은 피고의 부담으로 한다.

【이유】
피고소송대리인 및 피고소송수행자의 상고이유를 함께 본다.

1. 납세고지서의 송달에 관한 법리오해의 점에 대하여

구 국세기본법(1996. 12. 30. 법률 제5189호로 개정되기 전의 것, 이하 같다) 제10조에서는, 서류의 송달은 교부 또는 우편에 의하고(제1항), 교부에 의한 서류의 송달은 당해 행정기관의 소속 공무원이 이를 송달할 장소에서 그 송달을 받아야 할 자에게 서류를 교부함으로써 행하며(제3항), 교부송달의 경우에 송달할 장소에서 송달을 받아야 할 자를 만나지 못한 때에는 그 사용인 기타 종업원 또는 동거인으로서 사리를 판별할 수 있는 자에게 서류를 교부할 수 있고(제4항), 서류를 교부한 때에는 송달서에 수령인으로 하여금 서명날인하게 하여야 한다(제6항)고 규정하고 있는바, 이와 같은 규정 내용과 국세기본법 제11조 제1항 제1호에서 서류의 송달을 받아야 할 자가 주소 또는 영업소에서 서류의 송달을 거부한 경우를 공시송달 사유의 하나로 정하고 있는 점 및 우편법 제31조, 같은법시행령 제42조, 같은법시행규칙 제28조에서 등기우편물은 그 수령인으로부터 특수우편물배달증에 의하여 수령사실의 확인을 받아 배달하도록 규정하여 등기우편에 의해야 하는 납세고지서의 우편송달에서도 사람의 현실적인 수령을 전제로 하고 있는 점 등을 종합하여 보면, 납세고지서의 교부송달에도 납세의무자 또는 그와 일정한 관계에 있는 사람이 현실적으로 이를 수령하는 행위가 반드시 필요하다고 보아야 할 것이다.

원심이 확정한 바와 같이, 피고 소속 공무원이 원고와 그 가족들이 부재중임을 알면서도 원고의 아파트 문틈으로 납세고지서를 투입하는 방식으로 송달하였다면, 이 사건 부과처분에 관한 납세고지서의 송달은 국세기본법 제10조의 규정에 위배되어 부적법한 것으로서 효력이 발생하지 아니하였다 할 것이다.

같은 취지의 원심판단은 정당하고, 거기에 주장과 같은 법리오해의 위법이 있다고 할 수 없다. 논지는 이유 없다.

2. 부과처분이 있음을 안 날에 대한 심리미진 내지 채증법칙 위배의 점에 대하여

국세징수법 제9조는, 세무서장 또는 시장, 군수가 국세를 징수하고자 할 때에는 납세자에게 그 국세의 과세연도, 세목, 세액 및 그 산출근거, 납세기한과 납부장소를 명시한 고지서를 발부하여야 한다고 규정하고 있고, 구 소득세법(1994. 12. 22. 법률 제4803호로 전문 개정되기 전의 것) 제128조, 같은법시행령(1994. 12. 31. 대통령령 제14467호로 전문 개정되기 전의 것) 제183조는, 정부는 제117조 내지 제120조의 규정에 의하여 결정한 과세표준과 세율, 세액 기타 필요한 사항을 납세고지서에 기재하여 서면으로 통지하도록 규정하고 있는바, 이 규정들은 헌법과 국세기본법이 규정하는 조세법률주의의 대원칙에 따라 처분청으로 하여금 자의를 배제하고 신중하고도 합리적인 처분을 행하게 함으로써 조세행정의 공정성을 기함과 동시에 납세의무자에게 부과처분의 내용을 상세하게 알려서 불복 여부의 결정 및 그 불복신청에 편의를 주려는 취지에서 나온 것으로 엄격히 해석 적용되어야 할 강행규정이라고 할 것이므로(대법원 1985. 12. 10. 선고 84누243 판결 등 참조), 납세자가 과세처분의 내용을 이미 알고 있는 경우에도 납세고지서의 송달이 불필요하다고 할 수는 없는 것이다.

이에 반대되는 견해를 전제로 원심판결에 주장과 같은 심리미진 내지 채증법칙 위배의 위법이 있다는 논지는 더 나아가 살펴볼 필요 없이 이유 없다.

3. 신의칙 위반의 점에 대하여

납세자가 부과처분 제척기간이 임박하자 납세고지서의 수령을 회피하기 위하여 고지서 수령 약속을 어기고 일부러 집을 비워 두어서 피고 소속 공무원이 부득이 원고의 아파트 문틈으로 납세고지서를 투입하였다 하여 신의성실의 원칙을 들어서 그 고지서가 송달되었다고 볼 수는 없다고 할 것이므로(대법원 1996. 9. 24. 선고 96다204 판결 참조), 원심판결에 주장과 같이 신의성실의 원칙에 관한 법리를 오해하거나 심리를 미진한 위법이 있다고 할 수 없다. 논지도 이유 없다.

4. 그러므로 상고를 기각하고, 상고비용은 패소자의 부담으로 하기로 하여 관여 법관의 일치된 의견으로 주문과 같이 판결한다.

▶ 대법관 지창권(재판장) 천경송 신성택 송진훈(주심)

CHAPTER 03 국세부과의 원칙과 세법적용의 원칙

제1절 국세부과원칙의 개관
제2절 실질과세의 원칙
제3절 신의성실의 원칙
제4절 근거과세의 원칙과 조세감면의 사후관리
제5절 세법적용의 원칙

CHAPTER 04 납세의무 성립·확정·소멸

제1절 납세의무 성립
제2절 납세의무 확정
제3절 납세의무 소멸

02 항고소송에서 취소를 구할 수 있는 세액의 범위
법인세부과처분취소 [대법원, 2011두4855, 2012. 3. 29.]

【판시사항】

과세관청이, 甲 주식회사가 당초 신고한 2004 사업연도 법인세액에 대해 2006. 12. 5. 법인세 증액경정처분을 하였다가 다시 2008. 2.경 동일한 금액을 감액하는 제1차 법인세 감액경정처분을 하였고, 2008. 3.경 甲 회사가 이전에 한 감액청구 중 과대신고로 인한 부분을 제외한 부분을 받아들여 제2차 법인세 감액경정처분을 한 사안에서, 2004 사업연도 법인세의 법정신고기한인 2005. 3. 31.부터 경정청구기간이 경과하기 전인 2006. 12. 5. 증액경정처분이 있었으므로 甲 회사는 증액경정처분에 의하여 증액된 세액뿐만 아니라 당초 신고한 세액에 대해서도 취소를 구할 수 있는데도, 이와 달리 보고 2004 사업연도 법인세에 대한 증액경정처분이 제1차 감액경정처분에 의해 취소되어 더 이상 존재하지 아니한다는 전제하에 그 취소청구를 부적법하다고 본 원심판결에 법리오해의 위법이 있다고 한 사례

【참조조문】

구 국세기본법(2005. 7. 13. 법률 제7528호로 개정되기 전의 것) 제45조의2 제1항, 구 국세기본법(2010. 1. 1. 법률 제9911호로 개정되기 전의 것) 제22조의2 제1항, 제45조의2 제1항, 부칙(2005. 7. 13.) 제2항, 행정소송법 제12조, 제19조

【전문】

【원고, 상고인】

주식회사 케이피케미칼(소송대리인 법무법인(유한) 율촌 담당변호사 소순무 외 6인)

【피고, 피상고인】

울산세무서장

【원심판결】

부산고법 2011. 1. 14. 선고 2010누4414 판결

【주 문】

【주 문】

원심판결의 원고 패소 부분 중 2004 사업연도 법인세 부과처분에 관한 부분을 파기하고, 이 부분 사건을 부산고등법원에 환송한다. 나머지 상고를 기각한다.

【이 유】

상고이유를 판단한다.

1. 구 국세기본법(2010. 1. 1. 법률 제9911호로 개정되기 전의 것, 이하 같다) 제22조의2 제1항은 "세법의 규정에 의하여 당초 확정된 세액을 증가시키는 경정은 당초 확정된 세액에 관한 이 법 또는 세법에서 규정하는 권리·의무관계에 영향을 미치지 아니한다."고 규정하고 있다.

위 규정의 문언 및 위 규정의 입법 취지가 증액경정처분이 있더라도 불복기간이나 경정청구 기간의 경과 등으로 더 이상 다툴 수 없게 된 당초 신고나 결정에서의 세액에 대한 불복을 제한하려는 데에 있음에 비추어 보면, 증액경정처분이 있는 경우 당초 신고나 결정은 증액경정처분에 흡수됨으로써 독립한 존재가치를 잃게 되어 원칙적으로는 증액경정처분만이 항고소송의 심판대상이 되고 납세자는 그 항고소송에서 당초 신고나 결정에 대한 위법사유도 함께 주장할 수 있으나, 불복기간이나 경정청구기간의 도과로 더 이상 다툴 수 없게 된 세액에 관하여는 그 취소를 구할 수 없고 증액경정처분에 의하여 증액된 세액의 범위 내에서만 취소를 구할 수 있다고 할 것이다(대법원 2009. 5. 14. 선고 2006두17390 판결, 대법원 2011. 4. 14. 선고 2008두22280 판결, 대법원 2011. 4. 14. 선고 2010두9808 판결 등 참조).

2. 가. 원심은 제1심판결을 인용하여, ① 원고가 2002 사업연도 법인세 2,649,499,491원, 2003 사업연도 법인세 3,981,470,934원, 2004 사업연도 법인세 34,402,958,929원을 각 신고·납부한 사실, ② 부산지방국세청장은 원고에 대한 2002 내지 2005 사업연도 법인세 정기조사를 실시한 후 원고에 대한 과세자료를 통보하였고, 이에 피고는 2006. 12. 5. 원고에게 2002 사업연도 법인세 4,019,324,090원, 2003 사업연도 법인세 357,344,570원, 2004 사업연도 법인세 83,562,320원을 각 증액경정한 사실(이하 '이 사건 증액경정처분'이라 한다), ③ 원고는 2007. 3. 2. '분할과정에서 유형자산감액손실 중 151,246,262,765원(이하 '이 사건 감액손실액'이라 한다)을 세무상유보사항으로 승계받았으나 이에 대하여 2002 사업연도 이후 별도로 세무조정을 하지 않았으므로 이 사건 감액손실액을 감가상각부인액으로 보아 감가상각범위액을 재계산하여야 하고 2002 내지 2004 사업연도별 감가상각시인부족액 범위 내에서 이를 손금으로 추인하여야 한다'고 주장하며 국세심판원에 심판청구를 하였고, 국세심판원이 2008. 1. 21. '원고가 2002 내지 2004 사업연도의 법인세신고시 자본금과 적립금 조정명세서상 세무상유보로 관리하고 있는 이 사건 감액손실액을 감가상각부인액으로 보아 각 사업연도별 감가상각범위액을 재계산하고 각 사업연도별 감가상각시인부족액 범위 내에서 이를 손금으로 추인하되, 2006. 12. 5. 고지된 법인세 경정액을 경정세액의 한도로 하여 그 과세표준과 세액을 경정한다'는 결정을 함에 따라 피고는 2008. 2.경 이 사건 각 증액경정처분 중 2002 사업연도 법인세 4,019,324,090원, 2003 사업연도 법인세 357,344,570원, 2004사업연도 법인세 83,562,320원을 각 감액경정한 사실(이하 '제1차 감액경정처분'이라 한다), ④ 한편 원고는 2006. 4. 20. 피고에게, '이 사건 감액손실액을 감가상각부인액으로 보아 감가상각범위액을 재계산하여야 하고 2003, 2004 사업연도별 감가상각시인부족액 범위 내에서 이를 손금으로 추인하여야 한다'고 주장하며 2003, 2004 사업연도 법인세에 대한 감액경정청구를 하였고, 피고는 2008. 3.경 과대신고로 인한 부분을 제외한 원고의 감액경정청구를 받아들여 2003 사업연도 법인세를 0원으로, 2004 사업연도 법인세를 22,138,020,000원으로 각 감액경정한 사실(이하 '제2차 감액경정처분'이라 한다) 등을 인정한 다음, 2002 사업연도 법인세 부과처분에 관하여는, 원고가 당초 신고한 세액은 불복기간의 경과로 더 이상 그 변경이 허용될 수 없고 이 사건 증액경정처분에 의하여 증액된 세액 전액에 대해 제1차 감액경정처분을 한 이상 2002 사업연도 법인세에 대한 증액경정처분은 이로써 취소되어 더 이상 존재하지 아니함에도 이 사건 증액경정처분에 의하여 증액된 세액이 존재함을 전제로 그 취소를 구하는 청구는 부적법하다고 판단하고, 나아가 2004 사업연도 법인세 부과처분에 관하여도, 원고가 당초 신고한 세액에 대해 감액경정청구를 하였으나 피고는 이 사건 증액경정처분 이후 제1차 감액경정처분을 한 후 2008. 3.경 과대신고로 인한 부분을 제외한 원고의 감액경정청구를 받아들여 제2차 감액경정처분을 한 이상 2004 사업연도 법인세에 대한 증액경정처분은 제1차 감액경정처분에 의해 취소되어 더 이상 존재하지 아니함에도 이 사건 증액경정처분에 의하여 증액된 세액이 존재함을 전제로 그 취소를 구하는 청구는 부적법하다고 판단하여 이 사건 소를 각하하였다.

나. (1) 우선 이 사건 증액경정처분 중 증액된 세액 부분이 제1차 감액경정처분에 의해 취소되었다고 하더라도 당초 신고한 세액은 이 사건 증액경정처분에 흡수되어 증액경정처분의 일부를 구성하고 있는 것이므로, 원심이 이 사건 증액경정처분이 제1차 감액경정처분에 의하여 전부 취소되어 더 이상 존재하지 아니한다고 판단한 것은 잘못이라고 하겠다.

(2) 다만 앞서 본 바와 같이 증액경정처분이 있더라도 불복기간이나 경정청구기간의 경과 등으로 인하여 더 이상 다툴 수 없게 된 당초의 신고세액이나 결정세액에 대하여는 그 취소를 구할 수 없으므로, 이 사건 취소청구 중에 이미 그러한 세액에 대하여도 취소를 구하는 부분이 있는지에 관하여 본다.

2005. 7. 13. 법률 제7528호로 개정되기 전의 구 국세기본법 제45조의2 제1항(이하 '개정 전 규정'이라 한다)은 경정청구기간을 법정신고기한 경과 후 2년 이내로 규정하고 있었으나, 위와 같이 개정된 국세기본법 제45조의2 제1항(이하 '개정규정'이라 한다)은 경정청구기간을 법정신고기한 경과 후 3년 이내로 규정하는 한편 그 부칙 제2항에서 종전의 규정에 따른 경정청구기간이 경과하지 아니한 결정 또는 경정의 청구에 관하여는 개정규정을 적용한다고 하고 있으므로, 위 개정 국세기본법 시행일인 2005. 7. 13. 현재 그 결정 또는 경정의 경정청구기간이 경과하지 아니한 경우에는 그 경정청구기간이 3년으로 연장되었다.

그런데 이 사건 2002 사업연도 법인세의 경우 그 법정신고기한인 2003. 3. 31.부터 그 개정 전 규정에 의한 2년의 경정청구기간이 경과한 후인 2006. 12. 5. 이 사건 증액경정처분이 있었으므로, 원고로서는 2002 사업연도 법인세신고에 의해 신고한 세액 범위 내에서는 더 이상 이를 다투거나 그에 불복하여 취소를 구할 수 없다고 할 것이다. 그렇다면 2002 사업연도 법인세 부과처분의 취소를 구하는 부분의 소를 각하한 원심의 결론은 결국 정당하고, 위에서 본 원심의 잘못은 판결결과에 영향을 미친 바 없다. 이 부분 상고이유는 받아들일 수 없다.

그러나 이 사건 2004 사업연도 법인세의 경우에는 그 법정신고기한인 2005. 3. 31.부터 그 경정청구기간이 경과하기 전인 2006. 12. 5. 이 사건 증액경정처분이 있었으므로, 원고는 이 사건 증액경정처분에 의하여 증액된 세액뿐만 아니라 당초 신고한 세액에 대해서도 취소를 구할 수 있다고 할 것임에도, 이와 달리 원심은 2004 사업연도 법인세에 대한 증액경정처분이 제1차 감액경정처분에 의해 취소되어 더 이상 존재하지 아니한다고 전제한 다음 그 취소를 구하는 청구를 부적법하다고 배척하였으니, 이러한 원심의 판단에는 구 국세기본법 제22조의2 제1항에 관한 법리를 오해함으로써 판결에 영향을 미친 잘못이 있다. 이 부분 상고이유는 이유 있다[당초 신고한 세액이 증액경정처분에 흡수되어 증액경정처분의 일부를 구성하고 있는 이상, 납세자가 감액경정청구 거부처분에 대한 취소소송을 제기한 후 증액경정처분이 이루어져서 그 증액경정처분에 대하여도 취소소송을 제기한 경우에는 특별한 사정이 없는 한 별도로 감액경정청구 거부처분 취소의 소를 유지할 이익이 없다고 할 것이므로(대법원 2005. 10. 14. 선고 2004두8972 판결 참조), 이에 배치되는 원심의 부가적 설시 또한 적절하다고 할 수 없음을 아울러 지적해 둔다].

3. 그러므로 원심판결의 원고 패소 부분 중 2004 사업연도 법인세 부과처분에 관한 부분을 파기하고 이 부분 사건을 다시 심리·판단하게 하기 위하여 원심법원에 환송하며, 원고의 나머지 상고를 기각하기로 하여 관여 대법관의 일치된 의견으로 주문과 같이 판결한다.

▶ 대법관 이상훈(재판장) 전수안(주심) 양창수 김용덕

03 국세부과제척기간 10년 연장사유인 '부정한 행위'

양도소득세등부과처분취소 [대법원, 2010두1385, 2015. 9. 10.]

【판시사항】

[1] 구 국세기본법 제26조의2 제1항 제1호 및 제3호의 내용과 입법 취지 및 여기에서 말하는 '부정한 행위'에 납세의무자의 대리인이나 이행보조자 등의 부정한 행위도 포함되는지 여부(원칙적 적극)

[2] 국세기본법 제14조에서 규정하는 실질과세의 원칙의 의미 / 납세의무자인 양도인과 최종 양수인 사이에 중간 거래가 개입되었으나 실제로는 양도인과 최종 양수인 사이에 하나의 양도거래가 있는 경우, 실질과세의 원칙상 양도거래로 인한 효과가 모두 양도인에게 귀속되는지 여부(적극)

[3] 대리인이 위임의 취지에 반하여 자산을 저가에 양도한 것처럼 본인을 속여 양도대금의 일부를 횡령하고, 횡령금액 상당의 손해배상채권이 회수불능이 되어 장래 소득이 실현될 가능성이 없게 된 것이 객관적으로 명백한 경우, 그 소득을 과세소득으로 하여 본인에게 양도소득세를 부과할 수 있는지 여부(소극)

【판결요지】

[1] 구 국세기본법(1999. 12. 31. 법률 제6070호로 개정되기 전의 것) 제26조의2 제1항 제1호 및 제3호의 내용과 입법 취지는 조세법률관계의 신속한 확정을 위하여 원칙적으로 국세 부과권의 제척기간을 5년으로 하면서도 국세에 관한 과세요건사실의 발견을 곤란하게 하거나 허위의 사실을 작출하는 등의 부정한 행위가 있는 경우에 과세관청은 탈루신고임을 발견하기가 쉽지 아니하여 부과권의 행사를 기대하기가 어려우므로 국세에 대한 부과제척기간을 10년으로 연장하는 데 있다. 그렇다면 여기서 말하는 '부정한 행위'에는 납세의무자 본인의 부정한 행위뿐만 아니라, 납세의무자가 스스로 관련 업무의 처리를 위탁함으로써 행위영역 확장의 이익을 얻게 되는 납세의무자의 대리인이나 이행보조자 등의 부정한 행위도 다른 특별한 사정이 없는 한 포함된다.

[2] 국세기본법 제14조에서 규정하는 실질과세의 원칙은, 납세의무자가 소득이나 수익, 재산, 거래 등의 과세요건사실에 관하여 실질과 괴리되는 비합리적인 형식이나 외관을 취한 경우 형식이나 외관에 불구하고 뒤에 숨어 있는 실질에 따라 과세요건이 되는 소득이나 수익, 재산, 거래 등의 발생, 귀속과 내용 등을 파악하여 과세하여야 한다는 국세부과의 원칙을 말한다. 따라서 납세의무자인 양도인과 최종 양수인 사이에 중간 거래가 개입되었으나 그것이 가장행위에 의한 형식상의 양도거래에 불과하고 실제로는 양도인과 최종 양수인 사이에 하나의 양도거래가 있을 뿐이라면, 실질과세의 원칙상 양도거래로 인한 효과는 모두 납세의무자인 양도인에게 귀속된다.

[3] 본인이 대리인에게 자산의 양도와 대금의 수령권한을 부여하고 대리인이 상대방에게서 양도대금을 지급받았다면 대금수령의 법률적 효과는 본인에게 귀속될 뿐만 아니라 특별한 사정이 없는 한 본인도 대금에 대한 지배·관리를 하면서 담세력도 보유하게 되므로 본인의 양도소득은 실현되었다고 볼 것이지만, 만약 대리인이 위임의 취지에 반하여 자산을 저가에 양도한 것처럼 본인을 속여 양도대금의 일부를 횡령하고, 나아가 본인의 대리인에 대한 횡령금액 상당의 손해배상채권이 대리인의 자산상황, 지급능력 등에 비추어 회수불능이 되어 장래 소득이 실현될 가능성이 전혀 없게 된 것이 객관적으로 명백한 때에는 그 소득을 과세소득으로 하여 본인에게 양도소득세를 부과할 수 없다.

【참조조문】

[1] 구 국세기본법(1999. 12. 31. 법률 제6070호로 개정되기 전의 것) 제26조의2 제1항 제1호, 제3호

[2] 국세기본법 제14조

[3] 구 소득세법(2000. 12. 29. 법률 제6292호로 개정되기 전의 것) 제24조 제1항, 제39조 제1항, 제94조, 제118조

【참조판례】

[1] 대법원 2011. 9. 29. 선고 2009두15104 판결(공2011하, 2254)

[3] 대법원 1993. 4. 27. 선고 92누9357 판결(공1993하, 1608)

【전문】

【원고, 상고인】

【원고, 상고인】

【피고, 피상고인】
남양주세무서장

【원심판결】
서울고법 2009. 12. 16. 선고 2009누5451 판결

【주 문】

【주 문】
원심판결 중 양도소득세 부분을 파기하고, 이 부분 사건을 서울고등법원에 환송한다. 나머지 상고를 기각한다.

【이 유】
상고이유(상고이유서 제출기간이 경과한 후에 제출된 상고이유보충서의 내용은 상고이유를 보충하는 범위 내에서)를 판단한다.

1. 원심의 판단
가. 원심은 우선 다음과 같은 사실을 인정하였다.
(1) 현대산업개발 주식회사(이하 '현대산업개발'이라고 한다)의 대표이사인 원고는 1999. 10.경 현대산업개발의 재정팀장으로 근무하던 소외 1에게 원고 소유의 신세기통신 주식회사(이하 '신세기통신'이라고 한다) 주식을 매도하라고 지시하면서 매도할 주식의 대략적인 수량만 정하여 준 채 매도가격, 매도상대방, 매도시점 등에 관한 일체의 권한을 위임하였다.
(2) 소외 1은 1999. 12. 17. 원고 소유의 신세기통신 주식 중 30만 주를 대유리젠트증권 주식회사(이하 '대유리젠트증권'이라고 한다)에 대금 105억 원에, 20만 주를 한누리투자증권 주식회사(이하 '한누리투자증권'이라고 한다)에 대금 68억 원에 매도하였다.
(3) 그런데 소외 1은 위 주식 50만 주(이하 '이 사건 주식'이라고 한다)의 매도과정에서 대유리젠트증권의 과장 소외 2 및 한누리투자증권의 상무이사 소외 3에게 형식상의 중간거래인을 세워줄 것을 부탁한 다음, 신세기통신 주식 30만 주를 소외 2가 내세운 주식회사 제이씨캐피탈(이하 '제이씨캐피탈'이라고 한다)에 대금 82억 5,000만 원에 매도하였다가 제이씨캐피탈이 다시 대유리젠트증권에 대금 105억 원에 매도하는 것처럼 2단계의 계약서를 작성하고, 20만 주 역시 소외 3이 내세운 소외 4 및 세홍피엔씨 주식회사(이하 '세홍피엔씨'라고 한다)에 대금 합계 58억 원에 매도하였다가 그들이 다시 한누리투자증권에 대금 합계 68억 원에 매도하는 것처럼 2단계의 계약서를 작성하였다. 그리고 소외 1은 대유리젠트증권 및 한누리투자증권으로부터 대금 합계 173억 원을 모두 지급받은 후 중간거래인 명의를 빌릴 수 있도록 도와준 대가로 소외 2에게 2,000만 원, 소외 4에게 2억 원을 주고, 소외 3에게 원고의 신세기통신 주식 2,255주를 시세보다 낮은 가격에 매수할 수 있도록 해 주었다.
(4) 소외 1은 원고로부터 이 사건 주식에 관한 양도소득세 및 증권거래세 신고를 지시받고는 현대산업개발 경리팀에 근무하는 소외 5에게 원고와 제이씨캐피탈, 소외 4 및 세홍피엔씨 사이의 매매계약서를 기초로 양도소득세 및 증권거래세 신고를 하도록 함으로써, 2000. 2. 29. 이 사건 주식의 양도가액을 140억 5,000만 원(= 82억 5,000만 원 + 58억 원)으로 하는 양도소득세 및 증권거래세 신고가 이루어졌다.

(5) 그러나 피고는 원고가 이 사건 주식을 대유리젠트증권 및 한누리투자증권에 대금 합계 173억 원에 매도하였음에도 실제 계약내용과 달리 제이씨캐피탈, 소외 4 및 세홍피엔씨에 대금 합계 140억 5,000만 원에 양도한 것처럼 양도소득세 및 증권거래세 신고를 한 것은 신고내용의 탈루에 해당한다고 보아 2006. 5. 4. 원고에게 그 차액 32억 5,000만 원에 관하여 1999년 귀속 양도소득세 776,100,000원(가산세 포함), 1999년 12월 귀속 증권거래세 17,875,000원(가산세 포함)을 각 증액하는 이 사건 처분을 하였다.

나. 원심은 이러한 사실관계를 토대로 하여, 다음과 같은 이유에서 이 사건 처분이 적법하다고 판단하였다.

(1) 이 사건 주식에 대한 2단계의 매매계약은 가장행위에 불과하고, 이 사건 주식에 대한 매매계약의 실질은 원고와 대유리젠트증권 및 한누리투자증권 사이에 직접 이루어진 것으로 보아야 한다.

(2) 소외 1이 이 사건 주식 양도에 관한 원고의 포괄적 대리인으로서 이 사건 주식의 양도대금 173억 원을 모두 지급받았으므로 그 전액이 원고의 소득으로 귀속되었고, 이 사건 주식의 실지거래가액 또한 173억 원으로 보아야 하며, 설령 소외 1이 원고에게 이 사건 주식을 제이씨캐피탈, 소외 4 및 세홍피엔씨에 140억 5,000만 원에 양도한 것처럼 거짓 보고하고 실제 양도대금 173억 원과의 차액 32억 5,000만 원을 횡령함으로써 원고가 그러한 사실을 몰랐다고 하더라도 이는 원고로부터 포괄적 대리권을 수여받은 소외 1이 그 위임의 취지에 반하여 배임행위를 저지른 것을 원인으로 한 원고와 소외 1 사이의 내부적인 정산관계에 불과하다.

(3) 양도소득세 및 증권거래세 신고는 소외 1이 원고를 대리하여 한 것이고 소외 5는 단지 소외 1의 지시에 따라 신고서의 작성 및 제출이라는 사실행위를 수행한 사자에 불과하다. 그리고 민법 제116조 제1항에 의할 때 양도소득세 및 증권거래세 신고에 관하여 본인이 사기 기타 부정한 행위를 하였는지 여부는 대리인을 표준으로 결정하여야 하는데, 이 사건 주식의 매매가 실질적으로 하나의 거래였음에도 소외 1은 마치 2단계의 거래가 이루어진 것처럼 매매계약서를 작성하고 원고에게 귀속되는 양도가액이 140억 5,000만 원에 불과한 것처럼 신고함으로써 사기 기타 부정한 행위를 하였으므로, 원고가 납세의무를 부담하는 양도소득세 및 증권거래세에 관하여 10년의 부과제척기간이 적용된다.

(4) 원고가 소외 1의 거짓 보고와 횡령으로 인하여 이 사건 주식의 실제 양도가액이 173억 원임을 알지 못하였다는 사정만으로는 가산세를 면할 정당한 사유가 존재한다고 할 수 없다.

2. 대법원의 판단

가. 증권거래세 부분에 관하여

(1) 상고이유 제1점

구 증권거래세법(2000. 12. 29. 법률 제6302호로 개정되기 전의 것)은 '주권의 양도'를 과세대상으로 규정하고(제1조), 증권거래소 등을 통하지 않고 주권을 양도하는 경우 '당해 주권의 양도자'를 납세의무자로 규정하며(제3조 제3호), 그 양도가액을 알 수 있는 경우에는 원칙적으로 '당해 주권의 양도가액'을 과세표준으로 규정하고 있다(제7조 제3호).

증권거래세는 유상으로 주권의 소유권이 이전되는 경우 이익의 발생 여부에 관계없이 과세되는 유통세이고(대법원 2009. 9. 10. 선고 2007두14695 판결 참조), 증권거래세 산정의 기초가 되는 '주권의 양도가액'이란 거래 당시 그 대가로 실지 약정된 금액을 말한다(대법원 2011. 7. 28. 선고 2008두21614 판결 참조).

원심이 이 사건 주식에 대한 2단계의 매매계약이 가장행위에 불과하고 그 실질은 원고와 대유리젠트증권 및 한누리투자증권 사이에 직접 이루어진 것으로 보아야 한다는 이유에서 이 사건 주식의 양도자인 원고가 그 대가로 실지 약정된 양도가액 173억 원을 과세표준으로 한 증권거래세의 납세의무를 부담한다고 판단한 것은 위와 같은 규정과 법리에 따른 것으로서 정당하고, 거기에 증권거래세의 납세의무자와 과세표준에 관한 법리오해 등의 잘못이 없다.

(2) 상고이유 제2점

구 국세기본법(1999. 12. 31. 법률 제6070호로 개정되기 전의 것, 이하 '국세기본법'이라고 한다) 제26조의2 제1항은 원칙적으로 국세의 부과제척기간을 5년으로 규정하고 있으나(제3호), '납세자가 사기 기타 부정한 행위로써 국세를 포탈하거나 환급·공제받는 경우'에는 당해 국세를 부과할 수 있는 날부터 10년으로 부과제척기간을 연장하고 있다(제1호).

국세기본법 제26조의2 제1항 제1호 및 제3호의 내용과 그 입법 취지는 조세법률관계의 신속한 확정을 위하여 원칙적으로 국세 부과권의 제척기간을 5년으로 하면서도 국세에 관한 과세요건사실의 발견을 곤란하게 하거나 허위의 사실을 작출하는 등의 부정한 행위가 있는 경우에 과세관청으로서는 탈루신고임을 발견하기가 쉽지 아니하여 부과권의 행사를 기대하기가 어려우므로 당해 국세에 대한 부과제척기간을 10년으로 연장하는 데에 있다. 그렇다면 여기서 말하는 '부정한 행위'에는 납세의무자 본인의 부정한 행위뿐만 아니라, 납세의무자가 스스로 관련 업무의 처리를 위탁함으로써 그 행위영역 확장의 이익을 얻게 되는 납세의무자의 대리인이나 이행보조자 등의 부정한 행위도 다른 특별한 사정이 없는 한 포함된다(대법원 2011. 9. 29. 선고 2009두15104 판결 참조).

원심이 대리행위의 하자에 관한 민법 제116조 제1항을 들어 납세의무자가 사기 기타 부정한 행위를 하였는지 여부가 대리인을 표준으로 결정된다고 본 것은 잘못이다. 그러나 앞서 본 법리에 의하면 원고가 소외 1의 사기 기타 부정한 행위를 알지 못하였거나 직접 관여하지 아니하였다 하더라도 원고는 소외 1에게 스스로 이 사건 주식의 매매를 위탁함으로써 그로 인한 이익을 얻게 되었고 소외 1의 사기 기타 부정한 행위에 의하여 원고의 증권거래세가 포탈되었으므로, 원고가 소외 1의 부정행위를 방지하기 위해 상당한 주의와 감독을 다하였다는 등의 특별한 사정이 없는 한 원고가 납세의무를 부담하는 증권거래세의 부과제척기간은 10년으로 보아야 한다. 따라서 원심이 증권거래세의 부과제척기간을 10년으로 본 결론은 정당하고, 앞서 본 원심의 법리오해는 판결 결과에 영향이 없다.

(3) 상고이유 제3점

세법상 가산세는 과세권의 행사 및 조세채권의 실현을 용이하게 하기 위하여 납세의무자가 정당한 이유 없이 법에 규정된 신고, 납세 등 각종 의무를 위반한 경우에 법이 정하는 바에 따라 부과하는 행정상 제재로서 그 의무의 이행을 납세의무자에게 기대하는 것이 무리인 사정이 있을 때 등 그 의무해태를 탓할 수 없는 정당한 사유가 있는 경우에는 이를 부과할 수 없다(대법원 2011. 10. 27. 선고 2009두3682 판결 등 참조).

이러한 법리에 비추어 기록을 살펴보면, 원고가 주장하는 사정만으로는 가산세를 면할 정당한 사유가 존재하는 것으로 볼 수 없다고 한 원심의 판단은 정당하고, 거기에 가산세를 면할 정당한 사유에 관한 법리오해 등의 잘못이 없다.

나. 양도소득세 부분에 관하여

(1) 그러나 원심의 판단 중 소외 1이 수령한 173억 원 가운데 양도대금 차액 32억 5,000만 원이 원고의 양도소득으로 귀속되었다고 본 부분은 다음과 같은 이유에서 법리오해의 잘못이 있다고 보아야 한다.

(2) 국세기본법 제14조에서 규정하는 실질과세의 원칙은, 납세의무자가 소득이나 수익, 재산, 거래 등의 과세요건사실에 관하여 실질과 괴리되는 비합리적인 형식이나 외관을 취한 경우 그 형식이나 외관에 불구하고 그 뒤에 숨어 있는 실질에 따라 과세요건이 되는 소득이나 수익, 재산, 거래 등의 발생, 귀속과 내용 등을 파악하여 과세하여야 한다는 국세부과의 원칙을 말하는 것이다. 따라서 납세의무자인 양도인과 최종 양수인 사이에 중간 거래가 개입되었으나 그것이 가장행위에 의한 형식상의 양도거래에 불과하고 실제로는 양도인과 최종 양수인 사이에 하나의 양도거래가 있을 뿐이라면, 실질과세의 원칙상 그 양도거래로 인한 효과는 모두 납세의무자인 양도인에게 귀속된다고 보아야 한다.

한편 소득세법은 현실적으로 소득이 없더라도 그 원인이 되는 권리가 확정적으로 발생한 때에는 그 소득의 실현이 있는 것으로 보고 과세소득을 계산하는 이른바 권리확정주의를 채택하고 있으나, 그와 같은 권리확정주의에서 '확정'의 개념은 소득의 귀속시기에 관한 예외 없는 일반원칙으로 단정하여서는 아니 되고, 구체적인 사안에 관하여 소득에 대한 관리·지배와 발생소득의 객관화 정도, 납세자금의 확보시기 등까지도 함께 고려하여 그 소득의 실현가능성이 상당히 높은 정도로 성숙·확정되었는지 여부를 기준으로 귀속시기를 판단하여야 한다(대법원 1997. 6. 13. 선고 96누19154 판결 등 참조). 소유자로부터 매매계약을 체결할 대리권을 수여받은 대리인은 특별한 다른 사정이 없는 한 그 매매계약에서 정한 바에 따라 중도금이나 잔금 등을 수령할 권한도 있다(대법원 1994. 2. 8. 선고 93다39379 판결 등 참조). 따라서 본인이 대리인에게 자산의 양도와 그 대금의 수령권한을 부여하고 대리인이 상대방으로부터 양도대금을 지급받았다면 대금수령의 법률적 효과는 본인에게 귀속될 뿐만 아니라 특별한 사정이 없는 한 본인도 그 대금에 대한 지배·관리를 하면서 담세력도 보유하게 되므로 본인의 양도소득은 실현되었다고 볼 것이지만(대법원 1993. 4. 27. 선고 92누9357 판결 참조), 만약 대리인이 위임의 취지에 반하여 자산을 저가에 양도한 것처럼 본인을 속여 양도대금의 일부를 횡령하고, 나아가 본인의 대리인에 대한 횡령금액 상당의 손해배상채권이 대리인의 자산상황, 지급능력 등에 비추어 회수불능이 되어 장래 그 소득이 실현될 가능성이 전혀 없게 된 것이 객관적으로 명백한 때에는 그 소득을 과세소득으로 하여 본인에게 양도소득세를 부과할 수 없다.

(3) 원심이 인정한 사실관계에 의하더라도, 소외 1이 이 사건 주식의 매수인인 대유리젠트증권 및 한누리투자증권의 임직원에게 부탁하여 허위의 중간거래를 개입시키고 그들에게 대가를 지급하였던 것으로 보아 원고는 소외 1에게 속아 이 사건 주식의 실제 양도대금이 173억 원이라는 사실과 소외 1이 양도대금 차액 32억 5,000만 원을 횡령하였다는 사실을 2006. 4.경 자신에 대한 검찰수사가 개시될 당시까지 알지 못하였을 개연성이 있다.

또한 원심이 적법하게 채택한 증거에 의하면, 소외 1은 2002. 4.경 현대산업개발에서 퇴사한 후 미국으로 이주하여 영주권을 취득하였고, 2006. 3.경 검찰이 이와 관련된 수사를 본격적으로 개시하자 미국의 주소와 연락처를 바꾸고 도피하였으며, 2006. 4.경까지 국내에 있던 자신과 가족의 예금자산을 대부분 현금화하여 미국으로 송금하였던 사실 등도 알 수 있다.

(4) 이와 같은 사정에 비추어 보면, 원고는 소외 1의 횡령으로 인하여 양도대금 차액 32억 5,000만 원에 대한 지배·관리를 전혀 하지 못하였을 뿐만 아니라, 원고의 소외 1에 대한 동액 상당의 손해배상채권도 회수불능이 되어 그 소득이 실현될 가능성이 전혀 없게 된 것이 객관적으로 명백하게 되었으므로, 이러한 경우에는 위 양도대금 차액 32억 5,000만 원이 원고의 과세소득으로 실현되었다고 할 수 없다. 따라서 이 사건 처분 중 양도소득세 부분은 위법하다.

그런데도 원심은 이와 달리 대리인이 상대방으로부터 양도대금을 지급받은 이상 대금수령의 법률적 효과가 본인에게 귀속된다는 이유만으로 원고에게 32억 5,000만 원의 소득이 실현된 것으로 보아 이 사건 처분 중 양도소득세 부분이 적법하다고 판단하였으니, 이러한 원심의 판단에는 권리확정주의와 과세소득의 실현 등에 관한 법리를 오해하여 판결에 영향을 미친 잘못이 있다. 이 점을 지적하는 상고이유의 주장은 이유 있다.

3. 결론

그러므로 양도소득세 부분에 관한 나머지 상고이유에 대한 판단을 생략한 채 원심판결 중 양도소득세 부분을 파기하고, 이 부분 사건을 다시 심리·판단하게 하기 위하여 원심법원으로 환송하며, 나머지 상고를 기각하기로 하여, 관여 대법관의 일치된 의견으로 주문과 같이 판결한다.

▶ 대법관 박보영(재판장) 민일영 김신 권순일(주심)

CHAPTER 05 납세의무의 확장

제1절 납세의무의 승계
제2절 연대납세의무
제3절 제2차 납세의무
제4절 납세담보

04 사업양수인의 제2차 납세의무와 부가가치세 예정신고의 효력

제2차 납세 의무자 지정처분 무효 확인 [대법원, 2010두3428, 2011. 12. 8.]

【판시사항】

[1] 구 국세기본법 제41조 제1항에서 정한 '사업 양도일 이전에 양도인의 납세의무가 확정된 당해 사업에 관한 국세'에 사업 양도일 이전에 당해 사업에 관하여 예정신고가 이루어진 부가가치세도 포함되는지 여부(적극)

[2] 甲 주식회사가 영화관 운영사업에 관해 부가가치세 예정신고를 하고 이를 납부하지 않은 채 乙에게 운영사업을 양도하였는데, 이후 과세관청이 乙을 제2차 납세의무자로 지정하여 甲 회사가 납부하지 않은 부가가치세 등에 관한 부과처분을 한 사안에서, 사업 양수 당시 부가가치세 확정신고가 없었더라도 乙은 '부가가치세'에 대해서 제2차 납세의무를 부담한다는 이유로, 이와 달리 본 원심판결에 법리오해의 위법이 있다고 한 사례

[3] 甲 주식회사가 영화관 운영사업에 관해 부가가치세 예정신고를 하고 이를 납부하지 않은 채 乙에게 운영사업을 양도하였는데, 이후 과세관청이 납부기한을 정하여 부가가치세 및 납부불성실가산세 납부를 고지하였으나 甲 회사가 이를 납부하지 않자 乙을 제2차 납세의무자로 지정하여 부가가치세 및 가산세와 이에 대한 가산금 및 중가산금을 부과하는 처분을 한 사안에서, 사업 양수 이후에 甲 회사의 납세의무가 확정된 '가산세 및 가산금과 중가산금'에 대해서 乙은 제2차 납세의무를 부담하지 않는다고 한 사례

【판결요지】

[1] 구 국세기본법(2010. 1. 1. 법률 제9911호로 개정되기 전의 것, 이하 '구 국세기본법'이라 한다) 제22조, 구 국세기본법 시행령(2007. 12. 31. 대통령령 제20516호로 개정되기 전의 것) 제10조의2 제1호 본문이 부가가치세 납세의무의 확정시기를 과세표준과 세액을 정부에 신고하는 때로 규정하면서 신고 범위에서 예정신고를 제외하고 있지 않은 점, 납세의무의 확정이란 추상적으로 성립된 납세의무의 내용이 징수절차로 나아갈 수 있을 정도로 구체화된

상태를 의미하는데, 예정신고를 한 과세표준과 세액은 구 부가가치세법 시행령(2008. 2. 29. 대통령령 제20720호로 개정되기 전의 것) 제65조 제1항 단서에 의하여 확정신고 대상에서 제외되므로 그 단계에서 구체화되었다고 할 수 있을 뿐만 아니라 구 부가가치세법(2007. 12. 31. 법률 제8826호로 개정되기 전의 것) 제23조 제1항에 의하여 징수절차로 나아갈 수 있는 점 등을 고려하여 볼 때, 부가가치세 과세표준과 세액의 예정신고를 한 때에 그 세액에 대한 납세의무가 확정되었다고 할 것이므로 구 국세기본법 제41조 제1항에서 말하는 '사업 양도일 이전에 양도인의 납세의무가 확정된 당해 사업에 관한 국세'에는 사업 양도일 이전에 당해 사업에 관하여 예정신고가 이루어진 부가가치세도 포함된다고 해석하는 것이 타당하다.

[2] 甲 주식회사가 2007. 10. 24. 영화관 운영사업에 관해 2007년 제2기 부가가치세 예정신고를 하고 이를 납부하지 않은 채 2007. 11. 15. 乙에게 운영사업을 포괄적으로 양도하였는데, 이후 과세관청이 乙을 제2차 납세의무자로 지정하여 甲 회사가 납부하지 않은 부가가치세 및 가산세와 이에 대한 가산금 및 중가산금에 관한 부과처분을 한 사안에서, 甲 회사의 부가가치세 예정신고로 부가가치세 납세의무가 확정되었고 이후 사업 양수가 있었으므로 乙은 '부가가치세'에 대해서는 제2차 납세의무를 부담한다는 이유로, 사업 양수 당시 甲 회사의 확정신고가 없어서 부가가치세 납세의무가 확정되지 않았다며 이와 달리 본 원심판결에 법리오해의 위법이 있다고 한 사례.

[3] 甲 주식회사가 2007. 10. 24. 영화관 운영사업에 관해 2007년 제2기 부가가치세 예정신고를 하고 이를 납부하지 않은 채 2007. 11. 15. 乙에게 운영사업을 포괄적으로 양도하였는데, 이후 과세관청이 2007. 12. 5. 부가가치세 및 납부불성실가산세 납부를 고지하면서 2007. 12. 31.까지 납부기한을 정하였으나 甲 회사가 이를 납부하지 않자 乙을 제2차 납세의무자로 지정하여 부가가치세 및 가산세와 이에 대한 가산금 및 중가산금을 부과하는 처분을 한 사안에서, 甲 회사의 가산세 납세의무는 과세관청의 가산세 부과처분이 이루어진 2007. 12. 5. 확정되었고, 가산금 및 중가산금은 위 납부고지에서 납부기한으로 정한 2007. 12. 31.이 경과한 후에 비로소 발생하여 확정되었으므로, 그 전에 사업을 양수한 乙로서는 '가산세 및 가산금과 중가산금'에 대해서는 제2차 납세의무를 부담하지 않는다는 이유로, 가산세 및 가산금과 중가산금 부과처분은 하자가 중대하고 명백하여 무효라고 한 사례.

【참조조문】

[1] 구 국세기본법(2010. 1. 1. 법률 제9911호로 개정되기 전의 것) 제22조, 제41조 제1항, 구 국세기본법 시행령(2007. 12. 31. 대통령령 제20516호로 개정되기 전의 것) 제10조의2 제1호, 제22조, 구 부가가치세법(2007. 12. 31. 법률 제8826호로 개정되기 전의 것) 제18조 제1항, 제4항, 제23조 제1항, 구 부가가치세법 시행령(2008. 2. 29. 대통령령 제20720호로 개정되기 전의 것) 제65조 제1항 제1호

[2] 구 국세기본법(2010. 1. 1. 법률 제9911호로 개정되기 전의 것) 제22조, 제41조 제1항, 구

국세기본법 시행령(2007. 12. 31. 대통령령 제20516호로 개정되기 전의 것) 제10조의2 제1호, 제22조, 구 부가가치세법(2007. 12. 31. 법률 제8826호로 개정되기 전의 것) 제18조 제1항, 제4항, 제23조 제1항, 구 부가가치세법 시행령(2008. 2. 29. 대통령령 제20720호로 개정되기 전의 것) 제65조 제1항 제1호

[3] 구 국세기본법(2010. 1. 1. 법률 제9911호로 개정되기 전의 것) 제22조, 제41조 제1항, 구 국세기본법 시행령(2007. 12. 31. 대통령령 제20516호로 개정되기 전의 것) 제10조의2 제1호, 제22조, 구 부가가치세법(2007. 12. 31. 법률 제8826호로 개정되기 전의 것) 제18조 제1항, 제4항, 제23조 제1항, 구 부가가치세법 시행령(2008. 2. 29. 대통령령 제20720호로 개정되기 전의 것) 제65조 제1항 제1호, 구 국세징수법(2011. 4. 4. 법률 제10527호로 개정되기 전의 것) 제21조, 제22조(현행 삭제)

【전문】

【원고, 피상고인】

【원고, 피상고인】

【피고, 상고인】
고양세무서장

【원심판결】
서울고법 2010. 1. 20. 선고 2009누17423 판결

【주 문】

【주 문】
원심판결 중 부가가치세 32,634,150원에 관한 부분을 파기하고, 이 부분 사건을 서울고등법원에 환송한다. 나머지 상고를 기각한다.

【이 유】
상고이유를 판단한다.

1. 부가가치세 부분에 관하여

구 국세기본법(2010. 1. 1. 법률 제9911호로 개정되기 전의 것, 이하 같다) 제41조 제1항, 구 국세기본법 시행령(2007. 12. 31. 대통령령 제20516호로 개정되기 전의 것, 이하 같다) 제22조는 사업의 양도·양수가 있는 경우에 양도일 이전에 양도인의 납세의무가 확정된 당해 사업에 관한 국세·가산금과 체납처분비를 양도인의 재산으로 충당하여도 부족이 있는 때에는 그 사업에 관한 권리와 의무를 포괄적으로 승계한 양수인은 그 부족액에 대하여 양수한 재산의 가액을 한도로 제2차 납세의무를 진다고 규정하고, 구 국세기본법 제22조, 구 국세기본법 시행령 제10조의2 제1호 본문은 부가가치세에 있어서는 과세표준과 세액을 정부에 신고하는 때에 그 세액이 확정된다고 규정하고 있다. 그리고 구 부가가치세법(2007. 12. 31. 법률 제

8826호로 개정되기 전의 것, 이하 같다) 제18조 제1항, 제4항은 사업자는 제1기분 예정신고기간(1. 1.부터 3. 31.까지)과 제2기분 예정신고기간(7. 1.부터 9. 30.까지)이 각 종료한 후 25일 이내에 당해 예정신고기간에 대한 과세표준과 세액을 사업장 관할세무서장에게 신고(이하 '예정신고'라 한다)하고 그 세액을 납부하여야 한다고 규정하고, 제23조 제1항은 사업장 관할세무서장은 사업자가 예정신고를 하는 때에 신고한 세액에 미달하게 납부한 경우에는 그 미달한 세액을 국세징수의 예에 의하여 징수한다고 규정하고 있으며, 구 부가가치세법 시행령(2008. 2. 29. 대통령령 제20720호로 개정되기 전의 것, 이하 같다) 제65조 제1항 제1호 단서는 예정신고에서 이미 신고한 내용은 확정신고의 대상에서 제외한다고 규정하고 있다.

구 국세기본법 제22조, 구 국세기본법 시행령 제10조의2 제1호 본문이 부가가치세 납세의무의 확정시기를 과세표준과 세액을 정부에 신고하는 때로 규정하면서 그 신고의 범위에서 예정신고를 제외하고 있지 않은 점, 납세의무의 확정이란 추상적으로 성립된 납세의무의 내용이 징수절차로 나아갈 수 있을 정도로 구체화된 상태를 의미하는데, 예정신고를 한 과세표준과 세액은 구 부가가치세법 시행령 제65조 제1항 단서에 의하여 확정신고의 대상에서 제외되므로 그 단계에서 구체화되었다고 할 수 있을 뿐만 아니라 구 부가가치세법 제23조 제1항에 의하여 그에 대한 징수절차로 나아갈 수 있는 점 등을 고려하여 볼 때, 부가가치세 과세표준과 세액의 예정신고를 한 때에 그 세액에 대한 납세의무가 확정되었다고 할 것이므로 구 국세기본법 제41조 제1항에서 말하는 '사업 양도일 이전에 양도인의 납세의무가 확정된 당해 사업에 관한 국세'에는 사업 양도일 이전에 당해 사업에 관하여 예정신고가 이루어진 부가가치세도 포함된다고 해석함이 상당하다.

원심판결의 이유와 원심이 적법하게 채택한 증거에 의하면, ① 원고는 2007. 11. 15. 주식회사 프리머스화정(이하 '프리머스'라 한다)으로부터 고양시 덕양구 화정동 966-1에 있는 씨네플러스 영화관 운영사업(이하 '이 사건 사업'이라 한다)에 관한 권리와 의무를 포괄하여 양수한 사실, ② 프리머스가 2007. 10. 24. 이 사건 사업에 관하여 2007년 제2기 예정신고기간(2007. 7. 1.부터 9. 30.까지)의 부가가치세 32,634,150원(이하 '이 사건 부가가치세'라 한다)을 예정신고(이하 '이 사건 예정신고'라 한다)하였으나 이를 납부하지는 않은 사실, ③ 피고는 2007. 12. 5. 프리머스에 이 사건 부가가치세 및 그에 대한 납부불성실가산세 401,400원(이하 '이 사건 가산세'라 한다) 합계 33,035,550원의 납부를 고지하면서 납부기한을 2007. 12. 31.로 정한 사실, ④ 프리머스가 그 납부기한이 경과하도록 이 사건 부가가치세 및 가산세를 납부하지 아니하자, 피고는 2008. 5. 8. 원고를 제2차 납세의무자로 지정하여 원고에게 이 사건 부가가치세 및 가산세와 이에 대한 가산금 991,060원(이하 '이 사건 가산금'이라 한다) 및 중가산금 1,585,680원(이하 '이 사건 중가산금'이라 한다) 합계 35,612,290원을 부과하는 이 사건 처분을 한 사실 등을 알 수 있는바, 이러한 사실관계를 앞서 본 규정과 법리에 비추어 살펴보면, 프리머스가 2007. 10. 24. 이 사건 예정신고를 함으로써 이 사건 부가가치세 납세의무가 확정되었는데 그 후인 2007. 11. 15. 원고가 이 사건 사업을 양수하였으므로 원고는 이 사건 부가가치세에 대하여 제2차 납세의무를 부담한다고 할 것이다.

그럼에도 원심은, 이 사건 부가가치세 납세의무가 확정되는 시기는 그에 관하여 예정신고를 한 때가 아니라 확정신고를 한 때라는 전제하에 원고가 이 사건 사업을 양수할 당시에는 확정신고가 없었으므로 이 사건 부가가치세 납세의무가 확정되지 아니하였다는 이유로 원고가 그에 관한 제2차 납세의무를 부담하지 않는다고 판단하였으니, 이러한 원심의 판단에는 예정신고에 의한 납세의무 확정 등에 관한 법리를 오해하여 판결에 영향을 미친 위법이 있다. 이 점을 지적하는 상고이유의 주장은 이유 있다.

2. 가산세 및 가산금과 중가산금 부분에 관하여

앞서 본 바와 같이 부가가치세의 납세의무는 그 과세표준과 세액의 신고만으로 확정되지만, 그 신고세액을 제대로 납부하지 아니한 경우에 부과되는 납부불성실가산세의 납세의무는 그 확정을 위하여 과세관청의 납부불성실가산세 부과처분이 별도로 필요하다(대법원 1998. 3. 24. 선고 95누15704 판결 등 참조). 그리고 구 국세징수법(2011. 4. 4. 법률 제10527호로 개정되기 전의 것) 제21조, 제22조가 규정하는 가산금과 중가산금은 국세가 납부기한까지 납부되지 아니하면 특별한 절차 없이 당연히 발생하고 그 액수도 확정된다(대법원 2000. 9. 22. 선고 2000두2013 판결, 대법원 2007. 6. 29. 선고 2006다66753 판결 등 참조).

전항에서 본 사실관계를 위 법리에 비추어 살펴보면, 프리머스의 이 사건 가산세 납세의무는 피고가 프리머스에 이 사건 부가가치세 및 가산세의 납부고지를 함으로써 이 사건 가산세에 대한 부과처분이 이루어진 2007. 12. 5. 확정되었고, 이 사건 가산금 및 중가산금은 위 납부고지에서 정한 납부기한인 2007. 12. 31.이 경과한 후에 비로소 발생하여 확정되었다고 할 것이므로, 그 전인 2007. 11. 15. 이 사건 사업을 양수한 원고로서는 이 사건 가산세 및 가산금과 중가산금에 대하여 제2차 납세의무를 부담하지 않고, 이 사건 처분 중 이 사건 가산세 및 가산금과 중가산금에 관한 부분은 원고가 그에 대한 제2차 납세의무를 부담함을 전제로 한 것으로서 그 하자가 중대하고도 명백하므로 무효라고 할 것이다.

원심은 그 이유 설시에 있어서 다소 부적절한 점이 있기는 하지만 이 사건 처분 중 이 사건 가산세 및 가산금과 중가산금 부분이 무효라고 본 결론은 정당하고, 거기에 상고이유로 주장하는 바와 같은 가산세와 가산금의 납세의무 확정 및 부과처분의 무효 등에 관한 법리를 오해하여 판결에 영향을 미친 위법이 없다. 이 부분 상고이유의 주장은 이유 없다.

3. 결론

그러므로 원심판결 중 이 사건 부가가치세에 관한 부분을 파기하고 이 부분 사건을 다시 심리·판단하게 하기 위하여 원심법원에 환송하며, 나머지 상고는 기각하기로 하여 관여 대법관의 일치된 의견으로 주문과 같이 판결한다.

▶ 대법관 이인복(재판장) 김능환 안대희(주심) 민일영

05 과점주주의 제2차 납세의무의 요건

부가가치세 부과처분 취소 [대법원, 2011두9287, 2012. 12. 26.]

【판시사항】

과점주주의 제2차 납세의무에 관하여 구 국세기본법 제39조 제1항 제2호 (가)목에서 정한 '100분의 50을 초과하는 주식에 관한 권리 행사'에 해당하기 위한 요건 및 납세의무 성립일 당시 주주권을 행사할 가능성이 없었던 경우 위 규정에 의한 제2차 납세의무를 지는지 여부(소극)

【판결요지】

구 국세기본법(2008. 12. 26. 법률 제9263호로 개정되기 전의 것) 제39조 제1항 제2호 (가)목 규정의 입법 취지와 개정 경과 등에 비추어 보면, 위 규정에서 말하는 '100분의 50을 초과하는 주식에 관한 권리 행사'에 해당하기 위해서는 현실적으로 주주권을 행사한 실적은 없더라도 적어도 납세의무 성립일 당시 소유하고 있는 주식에 관하여 주주권을 행사할 수 있는 지위에는 있어야 한다. 따라서 납세의무 성립일 당시 주주권을 행사할 가능성이 없었던 경우에는 위 규정에 의한 제2차 납세의무를 지지 않는다.

【참조조문】

구 국세기본법(2008. 12. 26. 법률 제9263호로 개정되기 전의 것) 제39조 제1항 제2호 (가)목(현행 제39조 제2호 참조)

【참조판례】

대법원 2008. 9. 11. 선고 2008두983 판결

【전문】

【원고, 피상고인】

【원고, 피상고인】

【피고, 상고인】
남인천세무서장

【원심판결】
서울고법 2011. 4. 7. 선고 2010누29064 판결

【주 문】

【주 문】
상고를 기각한다. 상고비용은 피고가 부담한다.

【이 유】

상고이유를 판단한다.

구 국세기본법(2008. 12. 26. 법률 제9263호로 개정되기 전의 것) 제39조 제1항 제2호 (가)목은 과점주주 중 '당해 법인의 발행주식 총수의 100분의 50을 초과하는 주식에 관한 권리를 실질적으로 행사하는 자'는 제2차 납세의무를 진다고 규정하고 있다.

위 규정의 입법 취지와 개정 경과 등에 비추어 보면, 위 규정에서 말하는 '100분의 50을 초과하는 주식에 관한 권리 행사'에 해당하기 위해서는 현실적으로 주주권을 행사한 실적은 없더라도 적어도 납세의무 성립일 당시 소유하고 있는 주식에 관하여 주주권을 행사할 수 있는 지위에는 있어야 한다(대법원 2008. 9. 11. 선고 2008두983 판결 등 참조). 따라서 납세의무 성립일 당시 주주권을 행사할 가능성이 없었던 경우에는 위 규정에 의한 제2차 납세의무를 지지 않는다고 할 것이다.

원심은 채용 증거를 종합하여 그 판시와 같은 사실을 인정한 다음, 원고가 이 사건 주식을 소외인에게 양도하고 그에 대한 명의개서까지 마친 2006. 8. 24.부터 그 후 원고와 소외인이 관련 민사소송의 판결 등을 근거로 이 사건 주식에 대한 양도양수계약을 취소하기로 합의한 2008. 1. 7.경까지는 소외인이 이 사건 주식에 관한 주주권을 행사하여 원고로서는 이 사건 주식에 관한 주주권을 행사할 수 있는 지위에 있지 아니하였으므로, 원고는 그 납세의무 성립일이 2007. 6. 30. 또는 2007. 12. 31.인 이 사건 부가가치세 등에 대하여 제2차 납세의무를 부담하는 과점주주에 해당하지 않는다고 판단하였다.

앞서 본 법리와 기록에 비추어 살펴보면, 원심의 위와 같은 판단은 정당한 것으로 수긍이 가고, 거기에 상고이유에서 주장하는 바와 같은 제2차 납세의무를 지는 과점주주의 요건 등에 관한 법리오해의 위법이 없다.

그러므로 상고를 기각하고, 상고비용은 패소자가 부담하도록 하여 관여 대법관의 일치된 의견으로 주문과 같이 판결한다.

▶ 대법관 김용덕(재판장) 신영철(주심) 이상훈 김소영

CHAPTER 06 국세의 우선과 물적납세의무

제1절 국세의 우선
제2절 물적납세의무

06 조세채권과 공시를 수반한 담보물권 사이의 우선순위

배분처분취소 [대법원, 2005두9088, 2005. 11. 24.]

【판시사항】

[1] 구 국세기본법 제35조 제1항 제3호와 구 지방세법 제31조 제2항 제3호의 입법 취지 및 조세징수에 있어서 이른바 압류선착주의의 취지

[2] 공시를 수반하는 담보물권이 설정된 부동산에 관하여 그 설정일 이전에 법정기일이 도래한 조세채권과 설정일 이후에 법정기일이 도래한 조세채권에 기한 압류가 모두 이루어진 경우, 각 조세채권과 담보물권 사이의 우선순위

【판결요지】

[1] 구 국세기본법(2002. 12. 18. 법률 제6782호로 개정되기 전의 것) 제35조 제1항 제3호와 구 지방세법(2003. 12. 30. 법률 제7013호로 개정되기 전의 것) 제31조 제2항 제3호는 공시를 수반하는 담보물권과 관련하여 거래의 안전을 보장하려는 사법적 요청과 조세채권의 실현을 확보하려는 공익적 요청을 적절하게 조화시키려는 데 그 입법의 취지가 있으므로, 조세채권이 담보물권의 본질적 내용까지 침해해서는 아니 되고, 담보물권을 취득하는 사람이 장래 그 재산에 관하여 담보물권에 우선하는 조세채권의 발생을 상당한 정도로 예측할 수 있어야 그 조세채권을 담보물권에 우선하여 징수할 수 있다고 할 것이며, 구 국세기본법 제36조 제1항과 구 지방세법 제34조 제1항이 채택하고 있는 이른바 압류선착주의의 취지는 다른 조세채권자보다 조세채무자의 자산 상태에 주의를 기울이고 조세 징수에 열의를 가지고 있는 징수권자에게 우선권을 부여하고자 하는 것이므로, 압류선착주의는 조세채권 사이의 우선순위를 정하는 데 적용할 수 있을 뿐 조세채권과 공시를 수반하는 담보물권 사이의 우선순위를 정하는 데 적용할 수는 없다.

[2] 공시를 수반하는 담보물권이 설정된 부동산에 관하여 담보물권 설정일 이전에 법정기일이 도래한 조세채권과 담보물권 설정일 이후에 법정기일이 도래한 조세채권에 기한 압류가

모두 이루어진 경우, 당해세를 제외한 조세채권과 담보물권 사이의 우선순위는 그 법정기일과 담보물권 설정일의 선후에 의하여 결정하고, 이와 같은 순서에 의하여 매각대금을 배분한 후, 압류선착주의에 따라 각 조세채권 사이의 우선순위를 결정하여야 한다.

【참조조문】

[1] 구 국세기본법(2002. 12. 18. 법률 제6782호로 개정되기 전의 것) 제35조 제1항 제3호, 제36조 제1항, 구 지방세법(2003. 12. 30. 법률 제7013호로 개정되기 전의 것) 제31조 제2항 제3호, 제34조 제1항

[2] 구 국세기본법(2002. 12. 18. 법률 제6782호로 개정되기 전의 것) 제35조 제1항 제3호, 제36조 제1항, 구 지방세법(2003. 12. 30. 법률 제7013호로 개정되기 전의 것) 제31조 제2항 제3호, 제34조 제1항

【참조판례】

[1] 대법원 1999. 3. 18. 선고 96다23184 전원합의체 판결(공1999상, 715), 대법원 2003. 1. 10. 선고 2001다44376 판결(공2003상, 606), 대법원 2003. 7. 11. 선고 2001다83777 판결(공2003하, 1709)

【전문】

【원고, 피상고인】
주식회사 신한 (소송대리인 법무법인 평산 담당변호사 김수창외 2인)

【피고, 상고인】
마포세무서장

【원심판결】
서울고법 2005. 7. 7. 선고 2004누8684 판결

【주 문】

【주 문】
상고를 기각한다.

상고비용은 피고가 부담한다.

【이 유】
구 국세기본법(2002. 12. 18. 법률 제6782호로 개정되기 전의 것, 이하 '구 국세기본법'이라 한다) 제35조 제1항 제3호와 구 지방세법(2003. 12. 30. 법률 제7013호로 개정되기 전의 것, 이하 '구 지방세법'이라 한다) 제31조 제2항 제3호는 공시를 수반하는 담보물권과 관련하여 거래의 안전을 보장하려는 사법적 요청과 조세채권의 실현을 확보하려는 공익적 요청을 적절하게 조화시키려는 데 그 입법의 취지가 있으므로, 조세채권이 담보물권의 본질적 내용까지

침해해서는 아니 되고, 담보물권을 취득하는 사람이 장래 그 재산에 관하여 담보물권에 우선하는 조세채권의 발생을 상당한 정도로 예측할 수 있어야 그 조세채권을 담보물권에 우선하여 징수할 수 있다고 할 것이며(대법원 1999. 3. 18. 선고 96다23184 전원합의체 판결, 2003. 1. 10. 선고 2001다44376 판결 등 참조), 구 국세기본법 제36조 제1항과 구 지방세법 제34조 제1항이 채택하고 있는 이른바 압류선착주의의 취지는 다른 조세채권자보다 조세채무자의 자산 상태에 주의를 기울이고 조세 징수에 열의를 가지고 있는 징수권자에게 우선권을 부여하고자 하는 것이므로(대법원 2003. 7. 11. 선고 2001다83777 판결 참조), 압류선착주의는 조세채권 사이의 우선순위를 정하는 데 적용할 수 있을 뿐 조세채권과 공시를 수반하는 담보물권 사이의 우선순위를 정하는 데 적용할 수는 없다.

따라서 공시를 수반하는 담보물권이 설정된 부동산에 관하여 담보물권 설정일 이전에 법정기일이 도래한 조세채권과 담보물권 설정일 이후에 법정기일이 도래한 조세채권에 기한 압류가 모두 이루어진 경우, 당해세를 제외한 조세채권과 담보물권 사이의 우선순위는 그 법정기일과 담보물권 설정일의 선후에 의하여 결정하고, 이와 같은 순서에 의하여 매각대금을 배분한 후, 압류선착주의에 따라 각 조세채권 사이의 우선순위를 결정하여야 할 것이다.

같은 취지에서 조세채권 사이의 우선순위를 정하기 위하여 구 국세기본법 제36조와 구 지방세법 제34조가 채택하고 있는 압류선착주의를 이유로 담보물권의 피담보채권에 우선하는 조세채권의 존부 및 범위가 달라지게 하는 것은 담보물권의 본질적 내용을 침해하는 것이어서 그 입법 취지에 반하므로 허용될 수 없음을 전제로, 이 사건 국세 및 지방세와 가산금 중, 원고의 이 사건 근저당권설정등기가 마쳐진 후 법정기일이 도래한 것으로서 당해세가 아닌 것에 대하여도 이 사건 근저당권의 피담보채권보다 우선하여 매각대금을 배분한 것은 위법하다고 한 원심의 판단은 옳고, 거기에 상고이유에서 주장하는 바와 같은 법리오해의 위법이 있다고 할 수 없다.

그러므로 상고를 기각하고, 상고비용은 패소자가 부담하도록 하여 관여 법관의 일치된 의견으로 주문과 같이 판결한다.

▶ 대법관 강신욱(재판장) 손지열 고현철(주심) 김영란

07 증액경정결정에서의 법정기일의 판단

배당이의의소 [대법원, 2017다236978, 2018. 6. 28.]

【판시사항】

납세의무자가 신고납세방식인 국세의 과세표준과 세액을 신고한 다음 매각재산에 저당권 등의 설정등기를 마쳤는데 이후 과세관청이 당초 신고한 세액을 증액하는 경정처분을 한 경우, 당초 신고한 세액은 구 국세기본법 제35조 제1항 제3호 (가)목에 따라 당초 신고일이 법정기일이 되어 저당권 등에 의하여 담보되는 채권보다 우선하여 징수할 수 있는지 여부(적극)

【판결요지】

구 국세기본법(2014. 12. 23. 법률 제12848호로 개정되기 전의 것) 제35조 제1항 제3호의 입법 취지와 관련 규정의 내용 및 체계 등에 비추어 보면, 납세의무자가 신고납세방식인 국세의 과세표준과 세액을 신고한 다음 매각재산에 저당권 등의 설정등기를 마친 경우라면, 이후에 과세관청이 당초 신고한 세액을 증액하는 경정을 하여 당초보다 증액된 세액을 고지하였더라도, 당초 신고한 세액에 대해서는 구 국세기본법 제35조 제1항 제3호 (가)목에 따라 당초의 신고일이 법정기일이 되어 저당권 등에 의하여 담보되는 채권보다 우선하여 징수할 수 있다고 보아야 한다. 이러한 경우 원칙적으로 증액경정처분만이 항고소송의 심판대상이 된다는 사정 등이 있다고 하여 달리 보기도 어렵다.

【참조조문】

구 국세기본법(2014. 12. 23. 법률 제12848호로 개정되기 전의 것) 제35조 제1항 제3호

【전문】

【원고, 피상고인】
송림신용협동조합

【피고, 상고인】
대한민국

【원심판결】
인천지법 2017. 5. 17. 선고 2016나65179 판결

【주 문】

【주 문】
원심판결을 파기하고, 사건을 인천지방법원 합의부에 환송한다.

【이 유】
상고이유를 판단한다.

1. 구 국세기본법(2014. 12. 23. 법률 제12848호로 개정되기 전의 것) 제35조 제1항 제3호(이하 '이 사건 조항'이라고 한다)는 국세우선원칙에 대한 예외의 하나로, 그 각 목에서 정하는 국세의 법정기일 전에 저당권 등의 설정을 등기 또는 등록한 사실이 증명되는 재산을 매각할 때 그 매각금액 중에서 국세 또는 가산금을 징수하는 경우의 그 전세권·질권 또는 저당권에 의하여 담보된 채권을 들고 있다. 이에 따라 이 사건 조항 (가)목은 '과세표준과 세액의 신고에 따라 납세의무가 확정되는 국세의 경우 신고한 해당 세액에 대해서는 그 신고일'을, (나)목은 '과세표준과 세액을 정부가 결정·경정 또는 수시부과 결정을 하는 경우, 고지한 해당 세액에 대해서는 그 납세고지서 발송일'을 각 법정기일로 정하고 있다.

이 사건 조항이 법정기일을 기준으로 저당권 등 설정등기일과의 선후에 따라 국세채권과 담보권 사이의 우선순위를 정하고 있는 것은 공시를 수반하는 담보물권과 관련하여 거래의 안전을 보장하려는 사법적 요청과 조세채권의 실현을 확보하려는 공익적 요청을 적절하게 조화시키기 위한 것이다(대법원 2005. 11. 24. 선고 2005두9088 판결 등 참조).

이에 따라 이 사건 조항 (가)목에서는 신고납세방식의 국세의 경우 납세의무자가 '신고한 해당세액'에 대해서 그 신고일을 법정기일로 하면서, 그 (나)목에서는 정부가 세액 등을 경정하는 경우 등에는 '고지한 해당세액' 만큼만 그 납세고지서의 발송일이 법정기일이라는 점을 분명히 함으로써, 담보권자가 예측할 수 있는 범위 내에서 조세채권이 우선하도록 하고 있다.

이러한 이 사건 조항의 입법 취지와 관련 규정의 내용 및 체계 등에 비추어 보면, 납세의무자가 신고납세방식인 국세의 과세표준과 세액을 신고한 다음 매각재산에 저당권 등의 설정등기를 마친 경우라면, 이후에 과세관청이 당초 신고한 세액을 증액하는 경정을 하여 당초보다 증액된 세액을 고지하였더라도, 당초 신고한 세액에 대해서는 이 사건 조항 (가)목에 따라 당초의 신고일이 법정기일이 되어 저당권 등에 의하여 담보되는 채권보다 우선하여 징수할 수 있다고 보아야 한다. 이러한 경우 원칙적으로 증액경정처분만이 항고소송의 심판대상이 된다는 사정 등이 있다고 하여 달리 보기도 어렵다.

2. 가. 원심판결의 이유와 기록에 의하면 다음과 같은 사실을 알 수 있다.

1) 'ㅇㅇㅇ', '△△△(국문 명칭 생략)'라는 상호로 의류·잡화 도·소매업을 하는 소외인은 2009년 제1기 부가가치세로 2009. 7. 16. 88,268,509원(ㅇㅇㅇ) 및 같은 달 17일 46,357,734원(△△△)을 각 신고하였으나 이를 납부하지 아니하였다.

2) 송림4동천주교회신용협동조합은 2009. 8. 18. 소외인이 소유한 인천 부평구(주소 생략), 2층 ㅁㅁㅁ호의 이 사건 건물에 관하여 채권최고액 94,900,000원의 근저당권설정등기를 마쳤고, 원고가 그 근저당권설정등기에 관하여 2010. 7. 1. 회사합병을 원인으로 2011. 8. 9. 근저당권 이전의 부기등기를 마쳤다.

3) 남인천세무서장은 소외인이 신고한 세액에 가산세를 포함하여 2009. 9. 8. 89,407,170원(ㅇㅇㅇ) 및 46,955,740원(△△△)을 각 납부할 것을 고지하였고, 그 후 누락된 매출액을 포함하여 부가가치세를 다시 산정하여 2010. 7. 1. 증액경정된 세액과 당초 고지된 세액의 차액

분 3,147,816원(○○○) 및 2,982,906원(△△△)을 각 납부할 것을 고지하였다.

4) 원고는 이 사건 건물에 인천지방법원 2015타경2890호로 부동산임의경매를 신청하였고, 피고는 2015. 2. 3. 소외인이 2009년 제1기 부가가치세 245,430,460원 상당을 체납하였다는 이유로 경매절차에서 교부청구를 하였다.

5) 이 사건 건물은 2015. 7. 31. 매각되었는데, 배당법원은 2015. 10. 20. 피고에게 31,024,267원을 배당하고 원고에게는 배당하지 아니하는 것으로 배당표를 작성하였으나, 원고는 배당기일에 피고에 대한 배당에 이의를 하였다.

나. 이러한 사실관계를 앞서 본 법리에 비추어 보면, 소외인이 2009. 7. 16. 신고한 부가가치세 88,268,509원 및 2009. 7. 17. 신고한 부가가치세 46,357,734원, 합계 134,626,243원에 대해서는 이 사건 조항 (가)목에 따라 그 신고일이 법정기일이 된다. 따라서 위와 같이 신고한 해당 세액은 그 법정기일이 2009. 7. 16.과 2009. 7. 17.이므로, 그 후에 설정등기를 마친 원고의 근저당권부 채권에 우선하여 징수할 수 있고, 그 범위 내에서 배당법원이 원고에 우선하여 피고에게 배당하는 것으로 배당표를 작성한 것은 정당하다.

다. 그럼에도 원심은 이와 달리 당초 신고 후 증액경정처분이 있을 경우 당초 신고가 증액경정처분에 흡수되어 당초 신고한 세액의 법정기일까지도 증액경정처분의 납세고지서 발송일로 보아야 한다는 잘못된 전제에서, 원고의 근저당권부 채권이 피고의 2009년 1기 부가가치세 채권 전체에 대해 우선한다고 보아 피고에게 배당된 31,024,267원이 원고에게 배당되는 것으로 배당표를 경정하여야 한다고 판단하였다. 이러한 원심판단에는 이 사건 조항 (가), (나)목의 법정기일에 관한 법리를 오해하여 판결에 영향을 미친 잘못이 있다. 이를 지적하는 피고의 상고이유 주장은 이유 있다.

3. 그러므로 원심판결을 파기하고, 사건을 다시 심리·판단하게 하기 위하여 원심법원에 환송하기로 하여, 관여 대법관의 일치된 의견으로 주문과 같이 판결한다.

▶ 대법관 김신(재판장) 박상옥 이기택(주심) 박정화

CHAPTER 07 과세

제1절 관할관청
제2절 수정신고
제3절 경정 등의 청구
제4절 기한후신고 등 기타 규정

08 미수령 배당금채권의 회수불능이 후발적 경정청구 사유인지 여부

경정청구거부처분취소 [대법원, 2013두18810, 2014. 1. 29.]

【판시사항】

납세의무 성립 후 소득의 원인이 된 채권이 채무자의 도산 등으로 인하여 회수불능이 되어 장래 그 소득이 실현될 가능성이 전혀 없게 된 것이 객관적으로 명백한 경우, 국세기본법 시행령 제25조의2 제4호가 정한 후발적 경정청구사유에 해당하는지 여부(원칙적 적극)

【판결요지】

후발적 경정청구제도의 취지, 권리확정주의의 의의와 기능 및 한계 등에 비추어 보면, 소득의 원인이 되는 권리가 확정적으로 발생하여 과세요건이 충족됨으로써 일단 납세의무가 성립하였다 하더라도 그 후 일정한 후발적 사유의 발생으로 말미암아 소득이 실현되지 아니하는 것으로 확정됨으로써 당초 성립하였던 납세의무가 그 전제를 잃게 되었다면, 사업소득에서 대손금과 같이 소득세법이나 관련 법령에서 특정한 후발적 사유의 발생으로 말미암아 실현되지 아니한 소득금액을 그 후발적 사유가 발생한 사업연도의 소득금액에 대한 차감사유로 별도로 규정하고 있다는 등의 특별한 사정이 없는 한 납세자는 국세기본법 제45조의2 제2항 등이 규정한 후발적 경정청구를 하여 납세의무의 부담에서 벗어날 수 있다고 보아야 한다. 따라서 납세의무의 성립 후 소득의 원인이 된 채권이 채무자의 도산 등으로 인하여 회수불능이 되어 장래 그 소득이 실현될 가능성이 전혀 없게 된 것이 객관적으로 명백하게 되었다면, 이는 국세기본법 시행령 제25조의2 제2호에 준하는 사유로서 특별한 사정이 없는 한 국세기본법 시행령 제25조의2 제4호가 규정한 후발적 경정청구사유에 해당한다고 봄이 타당하다.

【참조조문】

국세기본법 제45조의2 제2항, 국세기본법 시행령 제25조의2 제2호, 제4호

【전문】

【원고, 피상고인】

【원고, 피상고인】

【피고, 상고인】
성남세무서장 외 1인(소송대리인 정부법무공단 담당변호사 이재락 외 2인)

【원심판결】
서울고법 2013. 6. 28. 선고 2012누21637 판결

【주 문】

【주 문】
상고를 모두 기각한다. 상고비용은 피고들이 부담한다.

【이 유】
상고이유를 판단한다.

1. 국세기본법 제45조의2 제2항은 납세자가 후발적 경정청구를 할 수 있는 사유로 제1호부터 제4호로 '최초의 신고·결정 또는 경정에서 과세표준 및 세액의 계산 근거가 된 거래 또는 행위 등이 그에 관한 소송에 대한 판결에 의하여 다른 것으로 확정되었을 때'(제1호) 등을 규정한 다음, 제5호에서 '제1호부터 제4호까지와 유사한 사유로서 대통령령으로 정하는 사유가 해당 국세의 법정신고기한이 지난 후에 발생하였을 때'를 규정하고 있다. 그리고 그 위임에 따른 국세기본법 시행령 제25조의2는 "법 제45조의2 제2항 제5호에서 '대통령령으로 정하는 사유'란 다음 각 호의 어느 하나에 해당하는 경우를 말한다."고 규정하면서 제1호부터 제3호로 '최초의 신고·결정 또는 경정을 할 때 과세표준 및 세액의 계산 근거가 된 거래 또는 행위 등의 효력과 관계되는 계약이 해제권의 행사에 의하여 해제되거나 해당 계약의 성립 후 발생한 부득이한 사유로 해제되거나 취소된 경우'(제2호) 등을 규정하는 한편, 제4호에서 '그 밖에 제1호부터 제3호까지의 규정에 준하는 사유가 있는 경우'를 들고 있다.

이러한 후발적 경정청구제도는 납세의무 성립 후 일정한 후발적 사유의 발생으로 말미암아 과세표준 및 세액의 산정기초에 변동이 생긴 경우 납세자로 하여금 그 사실을 증명하여 감액을 청구할 수 있도록 함으로써 납세자의 권리구제를 확대하려는 데 있다(대법원 2011. 7. 28. 선고 2009두22379 판결 등 참조).

한편 소득세법상 소득의 귀속시기를 정하는 원칙인 권리확정주의는 소득의 원인이 되는 권리의 확정시기와 소득의 실현시기와의 사이에 시간적 간격이 있는 경우에는 과세상 소득이 실현된 때가 아닌 권리가 확정적으로 발생한 때를 기준으로 하여 그때 소득이 있는 것으로 보고 당해 과세연도의 소득을 계산하는 방식으로, 실질적으로는 불확실한 소득에 대하여 장래 그 것이 실현될 것을 전제로 하여 미리 과세하는 것을 허용하는 것이다. 이러한 권리확정주의는 납세자의 자의에 의하여 과세연도의 소득이 좌우되는 것을 방지함으로써 과세의 공평을 기함

과 함께 징세기술상 소득을 획일적으로 파악하려는 데 그 취지가 있을 뿐 소득이 종국적으로 실현되지 아니한 경우에도 그 원인이 되는 권리가 확정적으로 발생한 적이 있기만 하면 무조건 납세의무를 지우겠다는 취지에서 도입된 것이 아니다(대법원 1984. 3. 13. 선고 83누720 판결, 대법원 2003. 12. 26. 선고 2001두7176 판결 등 참조).

위와 같은 후발적 경정청구제도의 취지, 권리확정주의의 의의와 기능 및 한계 등에 비추어 보면, 소득의 원인이 되는 권리가 확정적으로 발생하여 과세요건이 충족됨으로써 일단 납세의무가 성립하였다 하더라도 그 후 일정한 후발적 사유의 발생으로 말미암아 소득이 실현되지 아니하는 것으로 확정됨으로써 당초 성립하였던 납세의무가 그 전제를 잃게 되었다면, 사업소득에서의 대손금과 같이 소득세법이나 관련 법령에서 특정한 후발적 사유의 발생으로 말미암아 실현되지 아니한 소득금액을 그 후발적 사유가 발생한 사업연도의 소득금액에 대한 차감사유로 별도로 규정하고 있다는 등의 특별한 사정이 없는 한 납세자는 국세기본법 제45조의2 제2항 등이 규정한 후발적 경정청구를 하여 그 납세의무의 부담에서 벗어날 수 있다고 보아야 한다.

따라서 납세의무의 성립 후 소득의 원인이 된 채권이 채무자의 도산 등으로 인하여 회수불능이 되어 장래 그 소득이 실현될 가능성이 전혀 없게 된 것이 객관적으로 명백하게 되었다면, 이는 국세기본법 시행령 제25조의2 제2호에 준하는 사유로서 특별한 사정이 없는 한 국세기본법 시행령 제25조의2 제4호가 규정한 후발적 경정청구사유에 해당한다고 봄이 타당하다.

2. 원심판결 이유에 의하면 다음과 같은 사실을 알 수 있다.

① 주택건설사업의 시행사업 등을 영위하던 주식회사 현진(이하 '현진'이라고만 한다)은 2007. 3. 19. 주주총회에서 2006 사업연도 이익잉여금 중 97억 9,200만 원을 주주인 원고 1, 2, 3 등에게 현금으로 배당하기로 결의하였고, 주택건설업 등 종합건설업 및 그와 관련된 부대사업을 영위하던 현진에버빌 주식회사(이하 '현진에버빌'이라고만 하고, 현진과 통틀어 '소외 회사들'이라 한다)는 2007. 3. 19. 주주총회에서 2006 사업연도 이익잉여금 중 37억 2,300만 원을, 2008. 3. 25. 주주총회에서 2007 사업연도 이익잉여금 중 74억 4,600만 원을 주주인 원고들에게 현금으로 배당하기로 결의하였다(이하 위 배당 결의에 따라 원고들에게 지급될 배당금을 '이 사건 배당금'이라 한다).

② 현진은 2007. 3.경 이 사건 배당금 중 원고 1, 2, 3에 대한 배당금 전액에 관하여 배당소득세를 원천징수하여 납부하였고, 위 원고들은 2008. 5.경 그 배당금 전액을 배당소득으로 하여 2007년 귀속 종합소득세를 신고·납부하였다.

③ 현진에버빌은 2007. 3.경과 2008. 3.경 이 사건 배당금 중 원고들에 대한 배당금 전액에 관하여 배당소득세를 원천징수하여 납부하였고, 원고들은 2008. 5.경과 2009. 5.경 그 배당금 전액을 배당소득으로 하여 2007년 및 2008년 귀속 종합소득세를 신고·납부하였다.

④ 원고들은 이 사건 배당금 중 원심판결문 [별지]의 '미수령금액'란 기재 금액(이하 '이 사건 미수령 배당금'이라 한다)을 소외 회사들로부터 지급받지 못하였는데, 소외 회사들은 2006년 이후 부동산규제 정책에 따른 건설경기 침체와 2008년 하반기부터 시작된 세계적인 금융위

기의 충격에 따른 아파트 미분양 사태 등이 이어지면서 영업수지 악화와 이자 부담의 급격한 증가 등을 견디지 못하고 2009. 9.경 모두 부도처리 되었다.

⑤ 현진은 2009. 9. 16. 서울중앙지방법원에 회생절차개시신청을 하여 2009. 10. 15. 그 개시결정을 받았고, 2010. 9. 7.에는 회생계획이 인가되었는데, 위 회생계획에서는 주주인 원고 1, 3의 배당금채권을 전부 면제하는 것으로 규정하였다.

⑥ 현진에버빌도 2009. 9. 16. 서울중앙지방법원에 회생절차개시신청을 하여 2009. 10. 15. 그 개시결정을 받았으나, 2010. 1. 25. 청산가치가 계속기업가치보다 크다는 이유로 회생절차 폐지결정을 받고 2010. 2. 9. 파산선고를 받았다. 현진에버빌의 2010. 2. 8. 현재 대차대조표상 자산총액은 2,658억 원 정도였으나 환가 가능성을 고려하여 재평가한 향후 환가 가능한 총자산은 241억 원 정도에 불과하였다. 그에 비하여 파산선고 이후 신고 및 시인된 현진에버빌의 부채는 원고들에게 미지급된 배당금을 포함하여 6,518억 원 정도이고, 그중 근저당권 등 담보권이 설정된 채권은 50억 원 정도이며, 조세채권은 305억 원 정도였다.

3. 이러한 사실관계를 앞서 본 법리에 비추어 살펴보면, 이 사건 배당금에 대한 배당 결의에 따라 원고들의 이 사건 미수령 배당금에 대한 권리가 확정적으로 발생하였다고 하더라도 그 후 이 사건 미수령 배당금채권은 소외 회사들의 도산 등으로 인하여 회수불능이 되어 장래 그 소득이 실현될 가능성이 전혀 없게 된 것이 객관적으로 명백하고, 이는 국세기본법 시행령 제25조의2 제2호에 준하는 사유로서 국세기본법 시행령 제25조의2 제4호가 규정한 후발적 경정청구사유에 해당한다. 따라서 이 사건 미수령 배당금채권의 회수불능을 이유로 한 원고들의 경정청구를 거부한 피고들의 이 사건 각 처분은 위법하다.

4. 원심판결에는 그 이유 설시에 일부 미흡한 점이 있지만, 원고들의 경정청구를 거부한 피고들의 이 사건 각 처분이 위법하다고 본 결론은 정당하고, 거기에 상고이유 주장과 같이 권리확정주의나 후발적 경정청구사유 등에 관한 법리를 오해하여 판결에 영향을 미친 위법이 없다.

5. 그러므로 상고를 모두 기각하고 상고비용은 패소자들이 부담하도록 하여 관여 대법관의 일치된 의견으로 주문과 같이 판결한다.

▶ 대법관 박병대(재판장) 양창수 고영한 김창석(주심)

09 상속개시일 이후 피상속인의 연대보증채무 확정이 후발적 경정청구 사유인지 여부

상속세경정청구 [대법원, 2008두10133, 2010. 12. 9.]

【판시사항】

피상속인이 제3자를 위하여 연대보증채무를 부담하고 있었지만 상속개시 당시에는 아직 변제기가 도래하지 아니하고 주채무자가 변제불능의 무자력 상태에 있지도 아니하여 과세관청이 그 채무액을 상속재산의 가액에서 공제하지 아니한 채 상속세 부과처분을 하였으나, 그 후 주채무자가 변제기 도래 전에 변제불능의 무자력 상태가 됨에 따라 상속인들이 사전구상권을 행사할 수도 없는 상황에서 채권자가 상속인들을 상대로 피상속인의 연대보증채무의 이행을 구하는 민사소송을 제기하여 승소판결을 받아 그 판결이 확정되었을 뿐만 아니라 상속인들이 주채무자나 다른 연대보증인에게 실제로 구상권을 행사하더라도 변제받을 가능성이 없다고 인정되는 경우, 이러한 판결에 따른 피상속인의 연대보증채무의 확정은 구 국세기본법 제45조의2 제2항 제1호의 후발적 경정청구사유에 해당하는지 여부(적극)

【판결요지】

구 국세기본법(2010. 1. 1. 법률 제9911호로 개정되기 전의 것) 제45조의2 제2항 규정의 취지가 일정한 후발적 사유의 발생으로 말미암아 과세표준 및 세액의 산정기초에 변동이 생긴 경우 납세자로 하여금 그 감액을 청구할 수 있도록 함으로써 납세자의 권리구제를 확대하려는 데 있는 점, 상속개시 당시 피상속인이 종국적으로 부담하여 이행하여야 할 것이 확실하지 않은 채무라 하더라도 피상속인의 이행의무가 완전히 면제되는 것은 아니어서 사후적으로 그 채무가 피상속인이 종국적으로 부담하여 이행하여야 할 것으로 확정될 수 있는 점 등에 비추어 보면, 피상속인이 제3자를 위하여 연대보증채무를 부담하고 있었지만 상속개시 당시에는 아직 변제기가 도래하지 아니하고 주채무자가 변제불능의 무자력 상태에 있지도 아니하여 피상속인이 그 채무를 종국적으로 부담하여 이행하여야 하는지가 확실하지 않다는 이유로 과세관청이 그 채무액을 상속재산의 가액에서 공제하지 아니한 채 상속세 부과처분을 하였으나, 그 후 주채무자가 변제기 도래 전에 변제불능의 무자력 상태가 됨에 따라 상속인들이 사전구상권을 행사할 수도 없는 상황에서 채권자가 상속인들을 상대로 피상속인의 연대보증채무의 이행을 구하는 민사소송을 제기하여 승소판결을 받아 그 판결이 확정되었을 뿐만 아니라 상속인들이 주채무자나 다른 연대보증인에게 실제로 구상권을 행사하더라도 변제받을 가능성이 없다고 인정되는 경우에는, 이와 같은 승소확정판결에 의하여 피상속인의 연대보증채무는 상속세 부과처분 당시와는 달리 피상속인이 종국적으로 부담하여 이행하여야 할 채무로 사실상 확정되었다고 볼 수 있고, 따라서 이러한 판결에 따른 피상속인의 연대보증채무의 확정은 구 국세기본법 제45조의2 제2항 제1호 소정의 후발적 경정청구사유에 해당한다.

【참조조문】

구 국세기본법(2010. 1. 1. 법률 제9911호로 개정되기 전의 것) 제45조의2 제2항, 제3항, 구 상속세 및 증여세법(2005. 7. 13. 법률 제7580호로 개정되기 전의 것) 제14조 제1항 제3호, 구 상속세 및 증여세법 시행령(2005. 8. 5. 대통령령 제18989호로 개정되기 전의 것) 제10조 제1항

【전문】

【원고, 상고인】

【원고, 상고인】

【피고, 피상고인】
북대구세무서장

【원심판결】
대구고법 2008. 5. 23. 선고 2007누1232 판결

【주 문】

【주 문】
원심판결 중 상속세 경정거부처분 취소청구 부분을 파기하고, 이 부분 사건을 대구고등법원에 환송한다. 나머지 상고를 기각한다.

【이 유】
상고이유를 본다.

1. 상속세 경정청구 부분에 관하여

상고법원은 상고이유에 의하여 불복신청한 한도 내에서만 조사·판단할 수 있으므로, 상고이유서에는 상고이유를 특정하여 원심판결의 어떤 점이 법령에 어떻게 위반되었는지에 관하여 구체적이고도 명시적인 이유의 설시가 있어야 하고, 상고인이 제출한 상고이유서에 위와 같은 구체적이고도 명시적인 이유의 설시가 없는 때에는 상고이유서를 제출하지 않은 것으로 취급할 수밖에 없다(대법원 2006. 3. 9. 선고 2004다25185 판결, 대법원 2009. 11. 26. 선고 2009두11607 판결 등 참조).

그런데 이 사건 상고장에는 원심판결 중 상속세 경정청구 부분에 대한 상고이유의 기재가 없고, 원고들이 제출한 상고이유서에도 이 부분이 어떻게 법령에 위반되었는지에 관하여는 아무런 언급이 없다. 따라서 원심판결 중 상속세 경정청구 부분에 관해서는 적법한 상고이유서가 제출되지 아니한 것이고, 달리 직권으로 조사할 사항이 있다고도 할 수 없으므로, 그 부분의 상고는 기각되어야 한다.

2. 상속세 경정거부처분 취소청구 부분에 관하여

구 국세기본법(2010. 1. 1. 법률 제9911호로 개정되기 전의 것, 이하 같다) 제45조의2 제2항은 "과세표준신고서를 법정신고기한 내에 제출한 자 또는 국세의 과세표준 및 세액의 결정을 받은 자는 다음 각 호의 1에 해당하는 사유가 발생한 때에는 제1항에서 규정하는 기간에 불구하고 그 사유가 발생한 것을 안 날부터 2월 이내에 결정 또는 경정을 청구할 수 있다."라고 규정하면서, 그 제1호에서 "최초의 신고·결정 또는 경정에 있어서 과세표준 및 세액의 계산근거가 된 거래 또는 행위 등이 그에 관한 소송에 대한 판결(판결과 동일한 효력을 가지는 화해 기타 행위를 포함한다)에 의하여 다른 것으로 확정된 때"를 규정하고 있다.

위 규정의 취지가 일정한 후발적 사유의 발생으로 말미암아 과세표준 및 세액의 산정기초에 변동이 생긴 경우 납세자로 하여금 그 감액을 청구할 수 있도록 함으로써 납세자의 권리구제를 확대하려는 데 있는 점, 상속개시 당시 피상속인이 종국적으로 부담하여 이행하여야 할 것이 확실하지 않은 채무라 하더라도 피상속인의 이행의무가 완전히 면제되는 것은 아니어서 사후적으로 그 채무가 피상속인이 종국적으로 부담하여 이행하여야 할 것으로 확정될 수 있는 점 등에 비추어 보면, 피상속인이 제3자를 위하여 연대보증채무를 부담하고 있었지만 상속개시 당시에는 아직 변제기가 도래하지 아니하고 주채무자가 변제불능의 무자력 상태에 있지도 아니하여 피상속인이 그 채무를 종국적으로 부담하여 이행하여야 하는지가 확실하지 않다는 이유로 과세관청이 그 채무액을 상속재산의 가액에서 공제하지 아니한 채 상속세 부과처분을 하였으나, 그 후 주채무자가 변제기 도래 전에 변제불능의 무자력 상태가 됨에 따라 상속인들이 사전구상권을 행사할 수도 없는 상황에서 채권자가 상속인들을 상대로 피상속인의 연대보증채무의 이행을 구하는 민사소송을 제기하여 승소판결을 받아 그 판결이 확정되었을 뿐만 아니라 상속인들이 주채무자나 다른 연대보증인에게 실제로 구상권을 행사하더라도 변제받을 가능성이 없다고 인정되는 경우에는, 이와 같은 승소확정판결에 의하여 피상속인의 연대보증채무는 상속세 부과처분 당시와는 달리 피상속인이 종국적으로 부담하여 이행하여야 할 채무로 사실상 확정되었다고 볼 수 있고, 따라서 이러한 판결에 따른 피상속인의 연대보증채무의 확정은 구 국세기본법 제45조의2 제2항 제1호 소정의 후발적 경정청구사유에 해당한다고 봄이 상당하다.

원심판결의 이유 및 원심이 적법하게 채택한 증거에 의하면, 원고들의 피상속인인 망인과 원고 2는 1994. 11. 22.과 1996. 2. 28. 변제기가 2002. 11. 16.과 2004. 2. 27.로 정해진 소외 주식회사의 이 사건 제1, 2 대출금채무를 연대보증한 사실, 망인은 1997. 9. 13. 사망하였는데, 당시 이 사건 제1, 2 대출금채무는 아직 변제기가 도래하지 아니하였고 주채무자인 소외 주식회사가 변제자력도 있었기 때문에 원고들은 1998. 3. 12. 상속세 과세표준 및 세액을 신고하면서 망인의 위 연대보증채무를 상속재산의 가액에서 공제하지 아니하였고, 피고도 1999. 8. 5. 이를 토대로 원고들에게 당초 상속세 부과처분을 한 사실, 그 후 소외 주식회사가 2000. 9. 30. 부도를 내고 폐업하여 변제불능의 무자력 상태가 되자 채권자인 주식회사 우리은행이 망인의 상속인들인 원고들에게 이 사건 제1, 2 대출금채무의 원금 합계 149,670,545

원 및 그에 대한 지연손해금의 지급을 구하는 민사소송을 제기하여 2003. 8. 18. 대구지방법원으로부터 '주식회사 우리은행에게, 원고 1은 29,934,108원, 원고 3, 4, 5, 6, 7은 각 19,956,071원, 원고 2는 149,670,545원 및 각 그에 대한 2000. 5. 29.경부터의 지연손해금을 지급하라'는 내용의 판결(이하 '이 사건 민사판결'이라고 한다)을 선고받았고, 2004. 9. 13. 위 판결이 그대로 확정된 사실(다만, 원고 2에 대한 부분은 위 원고가 제1심판결에 대해 항소하지 아니하여 2003. 9.경 확정되었다) 등을 알 수 있다.

위와 같은 사실 관계를 앞서 본 법리에 비추어 보면, 이 사건 민사판결에 의하여 이 사건 제1, 2 대출금에 대한 망인의 연대보증채무의 원금 중 적어도 망인의 부담 부분은 당초 상속세 부과처분 당시와는 달리 망인이 종국적으로 부담하여 이행하여야 할 채무로 사실상 확정되었다고 볼 수 있고, 이러한 망인의 연대보증채무의 확정은 구 국세기본법 제45조의2 제2항 제1호 소정의 후발적 경정청구사유에 해당한다고 봄이 상당하다.

그런데도 원심은, 상속재산으로서의 채권 또는 채무는 상속개시 당시의 시점에서의 채권의 가격 또는 채무의 상황에 따라 평가되어야 할 것이므로 상속이 개시되어 채무가 상속인들에게 귀속된 이후에 주채무자의 경영악화 등으로 주채무자의 자력에 변경이 생겼다고 하더라도 그러한 사정변경은 상속으로 취득한 재산의 가치에 변동이 생긴 것에 불과하여 상속재산의 평가에 영향을 미칠 사정이 될 수 없고, 상속재산의 가액에서 공제하는 피상속인의 채무는 상속개시 당시 피상속인이 종국적으로 부담하여 이행하여야 할 것이 확실하다고 인정되는 채무를 뜻한다는 이유로, 이 사건 민사판결에 따른 망인의 연대보증채무의 확정은 구 국세기본법 제45조의2 제2항 제1호 소정의 후발적 경정청구사유에 해당하지 아니한다고 판단하고 말았으니, 이러한 원심의 판단에는 구 국세기본법 제45조의2 제2항 제1호 소정의 후발적 경정청구사유에 관한 법리를 오해하여 판결에 영향을 미친 위법이 있다. 이 점을 지적하는 상고이유의 주장은 이유 있다.

이와 관련하여, 기록에 의하면 원고들은 이 사건 제1, 2 대출금채무의 다른 연대보증인인 원고 2도 이 사건 민사판결의 확정 당시 이미 변제불능의 무자력 상태에 있었다고 주장하였고, 이를 증명하기 위한 자료도 제출되었음을 알 수 있으므로, 원심으로서는 그 당부를 심리하여 상속재산의 가액에서 공제하여야 할 망인의 연대보증채무액을 산정하여야 할 것임을 지적해 둔다.

3. 결론

그러므로 원심판결 중 상속세 경정거부처분 취소청구 부분을 파기하고, 이 부분 사건을 다시 심리·판단하게 하기 위하여 원심법원에 환송하기로 하며, 나머지 상고를 기각하기로 하여 관여 대법관의 일치된 의견으로 주문과 같이 판결한다.

▶ 대법관 이인복(재판장) 이홍훈 김능환(주심) 민일영

10 뇌물 등의 몰수가 후발적 경정청구 사유인지 여부

종합소득세등부과처분취소 [대법원, 2014두5514, 2015. 7. 16.]

【판시사항】

위법소득의 지배·관리라는 과세요건이 충족되어 납세의무가 성립한 후 몰수나 추징과 같은 후발적 사유가 발생하여 소득이 실현되지 아니하는 것으로 확정됨으로써 당초 성립하였던 납세의무가 전제를 잃게 된 경우, 후발적 경정청구를 하여 납세의무의 부담에서 벗어날 수 있는지 여부(원칙적 적극) 및 이러한 후발적 경정청구사유가 존재하는데도 당초에 위법소득에 관한 납세의무가 성립하였던 적이 있음을 이유로 과세처분을 한 경우, 항고소송을 통해 취소를 구할 수 있는지 여부(적극)

【판결요지】

형법상 뇌물, 알선수재, 배임수재 등의 범죄에서 몰수나 추징을 하는 것은 범죄행위로 인한 이득을 박탈하여 부정한 이익을 보유하지 못하게 하는 데 목적이 있으므로, 이러한 위법소득에 대하여 몰수나 추징이 이루어졌다면 이는 위법소득에 내재되어 있던 경제적 이익의 상실가능성이 현실화된 경우에 해당한다. 따라서 이러한 경우에는 소득이 종국적으로 실현되지 아니한 것이므로 납세의무 성립 후 후발적 사유가 발생하여 과세표준 및 세액의 산정기초에 변동이 생긴 것으로 보아 납세자로 하여금 그 사실을 증명하여 감액을 청구할 수 있도록 함이 타당하다. 즉, 위법소득의 지배·관리라는 과세요건이 충족됨으로써 일단 납세의무가 성립하였다고 하더라도 그 후 몰수나 추징과 같은 위법소득에 내재되어 있던 경제적 이익의 상실가능성이 현실화되는 후발적 사유가 발생하여 소득이 실현되지 아니하는 것으로 확정됨으로써 당초 성립하였던 납세의무가 전제를 잃게 되었다면, 특별한 사정이 없는 한 납세자는 국세기본법 제45조의2 제2항 등이 규정한 후발적 경정청구를 하여 납세의무의 부담에서 벗어날 수 있다. 그리고 이러한 후발적 경정청구사유가 존재함에도 과세관청이 당초에 위법소득에 관한 납세의무가 성립하였던 적이 있음을 이유로 과세처분을 하였다면 이러한 과세처분은 위법하므로 납세자는 항고소송을 통해 취소를 구할 수 있다.

【참조조문】

구 소득세법(2008. 12. 26. 법률 제9270호로 개정되기 전의 것) 제21조 제1항 제23호, 제24호, 국세기본법 제45조의2 제2항

【참조판례】

대법원 1983. 10. 25. 선고 81누136 판결(공1983, 1752), 대법원 1998. 2. 27. 선고 97누19816 판결(변경), 대법원 2002. 5. 10. 선고 2002두431 판결(변경)

【전문】

【원고, 상고인】

【원고, 상고인】

【피고, 피상고인】
남양주세무서장

【원심판결】
서울고법 2014. 3. 6. 선고 2013누25346 판결

【주 문】

【주 문】
원심판결을 파기하고, 사건을 서울고등법원에 환송한다.

【이 유】
상고이유를 판단한다.

1. 상고이유 제1점에 관하여

가. 과세소득은 경제적 측면에서 보아 현실로 이득을 지배·관리하면서 이를 향수하고 있어 담세력이 있다고 판단되면 족하고 그 소득을 얻게 된 원인관계에 대한 법률적 평가가 반드시 적법·유효하여야 하는 것은 아니다(대법원 1983. 10. 25. 선고 81누136 판결 등 참조). 이러한 점에서 구 소득세법(2008. 12. 26. 법률 제9270호로 개정되기 전의 것, 이하 같다) 제21조 제1항은 '뇌물'(제23호), '알선수재 및 배임수재에 의하여 받는 금품'(제24호)을 기타소득의 하나로 정하고 있다.

뇌물 등의 위법소득을 얻은 자가 그 소득을 종국적으로 보유할 권리를 갖지 못함에도 그가 얻은 소득을 과세대상으로 삼는 것은, 그가 사실상 소유자나 정당한 권리자처럼 경제적 측면에서 현실로 이득을 지배·관리하고 있음에도 불구하고 이에 대하여 과세하지 않거나 그가 얻은 위법소득이 더 이상 상실될 가능성이 없을 때에 이르러야 비로소 과세할 수 있다면 이는 위법하게 소득을 얻은 자를 적법하게 소득을 얻은 자보다 우대하는 셈이 되어 조세정의나 조세공평에 반하는 측면이 있음을 고려한 것이고, 사후에 위법소득이 정당한 절차에 의하여 환수됨으로써 그 위법소득에 내재되어 있던 경제적 이익의 상실가능성이 현실화된 경우에는 그때 소득이 종국적으로 실현되지 아니한 것으로 보아 이를 조정하면 충분하다.

그런데 형법상 뇌물, 알선수재, 배임수재 등의 범죄에서 몰수나 추징을 하는 것은 범죄행위로 인한 이득을 박탈하여 부정한 이익을 보유하지 못하게 하는 데 그 목적이 있으므로, 이러한 위법소득에 대하여 몰수나 추징이 이루어졌다면 이는 그 위법소득에 내재되어 있던 경제적 이익의 상실가능성이 현실화된 경우에 해당한다고 보아야 한다. 따라서 이러한 경우에는 그 소득이 종국적으로 실현되지 아니한 것이므로 납세의무 성립 후 후발적 사유가 발생하여 과세표준 및 세액의 산정기초에 변동이 생긴 것으로 보아 납세자로 하여금 그 사실을 증명하여

감액을 청구할 수 있도록 함이 타당하다. 즉, 위법소득의 지배·관리라는 과세요건이 충족됨으로써 일단 납세의무가 성립하였다고 하더라도 그 후 몰수나 추징과 같은 위법소득에 내재되어 있던 경제적 이익의 상실가능성이 현실화되는 후발적 사유가 발생하여 소득이 실현되지 아니하는 것으로 확정됨으로써 당초 성립하였던 납세의무가 그 전제를 잃게 되었다면, 특별한 사정이 없는 한 납세자는 국세기본법 제45조의2 제2항 등이 규정한 후발적 경정청구를 하여 그 납세의무의 부담에서 벗어날 수 있다고 보아야 한다. 그리고 이러한 후발적 경정청구사유가 존재함에도 과세관청이 당초에 위법소득에 관한 납세의무가 성립하였던 적이 있음을 이유로 과세처분을 하였다면 이러한 과세처분은 위법하므로 납세자는 항고소송을 통해 그 취소를 구할 수 있다고 할 것이다.

이와 달리 범죄행위로 인한 위법소득에 대하여 형사사건에서 추징판결이 확정되어 집행된 경우에도 소득세법상 과세대상이 된다는 취지로 판시한 대법원 1998. 2. 27. 선고 97누19816 판결, 대법원 2002. 5. 10. 선고 2002두431 판결 등은 이 판결의 견해에 저촉되는 범위에서 이를 변경하기로 한다.

나. 원심판결 이유에 의하면, ① 재건축정비사업조합의 조합장인 원고가 2008. 7.경 재건축상가 일반분양분을 우선 매수하려는 소외 1로부터 5,000만 원을, 재건축아파트 관리업체 선정 대가로 소외 2로부터 3,800만 원을 각 교부받은 사실, ② 원고는 2010. 4. 9. 이에 관하여 특정범죄가중처벌등에관한법률위반(뇌물)죄로 처벌을 받으면서 위 합계 8,800만 원의 추징을 명하는 판결을 선고받은 후 그 항소와 상고가 기각되어 판결이 확정되자 2011. 2. 16. 추징금 8,800만 원을 모두 납부한 사실, ③ 한편 피고는 위 8,800만 원이 '뇌물'로서 구 소득세법 제21조 제1항 제23호가 정한 기타소득에 해당한다고 보아 2012. 9. 1. 원고에게 2008년 귀속 종합소득세를 부과하는 이 사건 처분을 한 사실 등을 알 수 있다.

이러한 사실관계를 앞서 본 법리에 비추어 살펴보면, 원고가 뇌물로 받은 8,800만 원에 관하여는 그 수령 당시에 일단 납세의무가 성립하였다고 하더라도 그 후 추징과 같은 위법소득에 내재되어 있던 경제적 이익의 상실가능성이 현실화되는 후발적 사유가 발생하여 소득이 실현되지 아니하는 것으로 확정됨으로써 당초 성립하였던 납세의무가 그 전제를 잃게 되었으므로, 당초에 위법소득에 관한 납세의무가 성립하였던 적이 있음을 이유로 한 이 사건 처분은 위법하다고 할 것이다.

그런데도 원심은 이와 달리 원고가 확정된 형사판결에 따라 추징금 8,800만 원을 납부하였다고 하더라도 이는 뇌물수수라는 범죄행위에 대한 부가적인 형벌로서 추징이 가하여진 결과에 불과하여 원귀속자에 대한 환원조치와 같이 볼 수 없다는 이유로 이 사건 처분이 적법하다고 판단하였는바, 이러한 원심의 판단에는 소득세의 과세대상인 위법소득과 추징에 관한 법리를 오해하여 판결에 영향을 미친 잘못이 있다. 이 점을 지적하는 상고이유의 주장은 이유 있다.

2. 결론

그러므로 나머지 상고이유에 관한 판단을 생략한 채 원심판결을 파기하고, 사건을 다시 심리·

판단하게 하기 위하여 원심법원에 환송하기로 하여, 관여 법관의 일치된 의견으로 주문과 같이 판결한다.

▶ 대법원장 양승태(재판장) 민일영 이인복 이상훈 김용덕 박보영 고영한 김창석 김신(주심) 김소영 조희대 권순일 박상옥

11 판례변경과 후발적 경정청구의 기산점

경정청구각하처분취소의소 [대법원, 2017두38812, 2017. 8. 23.]

【판시사항】

[1] 과세관청이 구 국세기본법 제45조의2 제2항에 정한 경정청구기간이 도과한 후 제기된 경정청구에 대하여 경정을 거절한 경우, 이를 항고소송의 대상이 되는 거부처분으로 볼 수 있는지 여부(소극)

[2] 법령에 대한 해석이 최초의 신고·결정 또는 경정 당시와 달라졌다는 사유가 구 국세기본법 제45조의2 제2항 등이 정한 후발적 경정청구사유에 포함되는지 여부(소극) 및 납세의무자가 후발적 경정청구사유의 존재를 이유로 경정청구를 하는 경우 경정청구기간의 기산점

【판결요지】

[1] 구 국세기본법(2015. 12. 15. 법률 제13552호로 개정되기 전의 것) 제45조의2 제2항은 '국세의 과세표준 및 세액의 결정을 받은 자는 각호의 어느 하나에 해당하는 사유가 발생하였을 때에는 그 사유가 발생한 것을 안 날부터 2개월 이내에 경정을 청구할 수 있다'고 규정하고 있는바, 경정청구기간이 도과한 후에 제기된 경정청구는 부적법하여 과세관청이 과세표준 및 세액을 결정 또는 경정하거나 거부처분을 할 의무가 없으므로, 과세관청이 경정을 거절하였다고 하더라도 이를 항고소송의 대상이 되는 거부처분으로 볼 수 없다.

[2] 후발적 경정청구는 당초의 신고나 과세처분 당시에는 존재하지 아니하였던 후발적 사유를 이유로 하는 것이므로 해당 국세의 법정신고기한이 지난 후에 과세표준 및 세액의 산정기초가 되는 거래 또는 행위의 존재 여부나 법률효과가 달라지는 경우 등의 사유는 구 국세기본법(2015. 12. 15. 법률 제13552호로 개정되기 전의 것) 제45조의2 제2항 등이 정한 후발적 사유에 포함될 수 있지만, 법령에 대한 해석이 최초의 신고·결정 또는 경정 당시와 달라졌다는 사유는 여기에 포함되지 않는다. 이와 같이 법령에 대한 해석의 변경이 후발적 경정청구사유에 해당하지 아니하는 이상, 납세의무자가 해석의 변경을 이유로 하는 것이 아니라 후발적 경정청구사유의 존재를 이유로 경정청구를 하는 것이라면, 경정청구기간의 기산점은 특별한 사정이 없는 한 '해당 사유가 발생하였다는 사실을 안 날'로 보아야 하는 것이지, '해당 사유가 후발적 경정청구사유에 해당하는지에 관한 판례가 변경되었음을 안 날'로 볼 것은 아니다.

【참조조문】

[1] 구 국세기본법(2015. 12. 15. 법률 제13552호로 개정되기 전의 것) 제45조의2 제2항

[2] 구 국세기본법(2015. 12. 15. 법률 제13552호로 개정되기 전의 것) 제45조의2 제2항

【참조판례】

[1] 대법원 2014. 12. 11. 선고 2012두27183 판결(공2015상, 143), 대법원 2015. 3. 12. 선고 2014두44830 판결(공2015상, 581)

[2] 대법원 2014. 11. 27. 선고 2012두28254 판결(공2015상, 75)

【전문】

【원고, 피상고인】

【원고, 피상고인】

【피고, 상고인】
고양세무서장(소송대리인 변호사 조인호 외 2인)

【원심판결】
서울고법 2017. 2. 15. 선고 2016누59203 판결

【주 문】

【주 문】
원심판결을 파기하고, 사건을 서울고등법원에 환송한다.

【이 유】
상고이유를 판단한다.

1. 구 국세기본법(2015. 12. 15. 법률 제13552호로 개정되기 전의 것, 이하 같다) 제45조의2 제2항은 '국세의 과세표준 및 세액의 결정을 받은 자는 각호의 어느 하나에 해당하는 사유가 발생하였을 때에는 그 사유가 발생한 것을 안 날부터 2개월 이내에 경정을 청구할 수 있다'고 규정하고 있는바, 위 경정청구기간이 도과한 후에 제기된 경정청구는 부적법하여 과세관청이 과세표준 및 세액을 결정 또는 경정하거나 거부처분을 할 의무가 없으므로, 과세관청이 경정을 거절하였다고 하더라도 이를 항고소송의 대상이 되는 거부처분으로 볼 수 없다(대법원 2015. 3. 12. 선고 2014두44830 판결 등 참조).

이러한 후발적 경정청구는 당초의 신고나 과세처분 당시에는 존재하지 아니하였던 후발적 사유를 이유로 하는 것이므로 해당 국세의 법정신고기한이 지난 후에 과세표준 및 세액의 산정 기초가 되는 거래 또는 행위의 존재 여부나 그 법률효과가 달라지는 경우 등의 사유는 구 국세기본법 제45조의2 제2항 등이 정한 후발적 사유에 포함될 수 있지만, 법령에 대한 해석이 최초의 신고·결정 또는 경정 당시와 달라졌다는 사유는 여기에 포함되지 않는다(대법원

2014. 11. 27. 선고 2012두28254 판결 참조).

이와 같이 법령에 대한 해석의 변경이 후발적 경정청구사유에 해당하지 아니하는 이상, 납세의무자가 그 해석의 변경을 이유로 하는 것이 아니라 후발적 경정청구사유의 존재를 이유로 경정청구를 하는 것이라면, 그 경정청구기간의 기산점은 특별한 사정이 없는 한 '해당 사유가 발생하였다는 사실을 안 날'로 보아야 하는 것이지, '해당 사유가 후발적 경정청구사유에 해당하는지에 관한 판례가 변경되었음을 안 날'로 볼 것은 아니다.

2. 원심판결 이유와 기록에 의하면 다음과 같은 사실을 알 수 있다.

가. 원고는 2014. 1. 16. 배임수재 등의 범죄사실로 추징판결을 선고받고 2014. 7. 14. 위 판결이 확정됨에 따라 2014. 8. 26. 추징금을 납부하였다.

나. 피고는, 원고가 배임수재 범행으로 수령한 금품을 원고의 기타소득으로 보아, 2015. 3. 16.경 원고에게 2007년 귀속 종합소득세를 결정·고지하는 이 사건 부과처분을 하였다.

다. 한편 대법원 2015. 7. 16. 선고 2014두5514 전원합의체 판결은 '위법소득의 지배·관리라는 과세요건이 충족됨으로써 일단 납세의무가 성립하였다고 하더라도 그 후 몰수나 추징과 같은 위법소득에 내재되어 있던 경제적 이익의 상실가능성이 현실화되는 후발적 사유가 발생하여 소득이 실현되지 아니하는 것으로 확정됨으로써 당초 성립하였던 납세의무가 그 전제를 잃게 되었다면, 특별한 사정이 없는 한 납세자는 구 국세기본법 제45조의2 제2항 등이 규정한 후발적 경정청구를 하여 그 납세의무의 부담에서 벗어날 수 있다고 보아야 한다'고 판시하면서 '범죄행위로 인한 위법소득에 대하여 형사사건에서 추징판결이 확정되어 집행된 경우에도 소득세법상 과세대상이 된다'는 취지의 기존 판결들을 변경하였다.

라. 이후 원고는 2015. 8. 19. 피고에게 추징금을 모두 납부하였다는 사유를 들어 이 사건 후발적 경정청구를 하였는바, 피고는 2015. 10. 19. 위 경정청구가 부적법하다는 이유로 이를 각하하는 이 사건 회신을 하였다.

3. 앞서 본 법리와 기록에 비추어 위 사실관계를 살펴보면, 원고가 배임수재 범죄로 얻은 소득에 대하여 추징금을 납부하였다는 사정은 구 국세기본법 제45조의2 제2항 등이 정한 후발적 경정청구사유에 해당하지만, 이 사건 후발적 경정청구는 그 사유가 발생한 것을 안 날부터 2개월의 기간이 경과한 후에 제기된 것이 명백하여 부적법하므로, 이 사건 회신은 항고소송의 대상이 되는 거부처분이라고 볼 수 없어 그 취소를 구하는 이 사건 소는 부적법하다.

그런데도 원심은 이와 달리 그 판시와 같은 이유로 이 사건 후발적 경정청구는 위 전원합의체 판결이 선고된 날부터 기산하였을 때 그 경정청구기간이 도과하기 전에 제기되어 적법하다고 판단하였으니, 이러한 원심의 판단에는 후발적 경정청구기간에 관한 법리를 오해하여 판결에 영향을 미친 잘못이 있다. 이 점을 지적하는 피고의 이 부분 상고이유 주장은 이유 있다.

4. 그러므로 나머지 상고이유에 대한 판단을 생략한 채 원심판결을 파기하고, 사건을 다시 심리·판단하도록 원심법원에 환송하기로 하여, 관여 대법관의 일치된 의견으로 주문과 같이 판결한다.

▶ 대법관 고영한(재판장) 조희대 권순일(주심) 조재연

12. 계약의 해제가 후발적 경정청구사유인지 여부

법인세부과처분취소등 [대법원, 2012두10611, 2014. 3. 13.]

【판시사항】

법인세에서 구 국세기본법 시행령 제25조의2 제2호에서 정한 '해제권의 행사나 부득이한 사유로 인한 계약의 해제'가 후발적 경정청구사유가 되는지 여부(원칙적 적극) 및 그러한 계약의 해제가 후발적 경정청구사유가 될 수 없는 경우

【판결요지】

법인세에서도 구 국세기본법 시행령(2010. 2. 18. 대통령령 제22038호로 개정되기 전의 것) 제25조의2 제2호에서 정한 '해제권의 행사나 부득이한 사유로 인한 계약의 해제'는 원칙적으로 후발적 경정청구사유가 된다. 다만 법인세법이나 관련 규정에서 일정한 계약의 해제에 대하여 그로 말미암아 실현되지 아니한 소득금액을 해제일이 속하는 사업연도의 소득금액에 대한 차감사유 등으로 별도로 규정하고 있거나 경상적·반복적으로 발생하는 상품판매계약 등의 해제에 대하여 납세의무자가 기업회계의 기준이나 관행에 따라 해제일이 속한 사업연도의 소득금액을 차감하는 방식으로 법인세를 신고하여 왔다는 등의 특별한 사정이 있는 경우에는 그러한 계약의 해제는 당초 성립하였던 납세의무에 영향을 미칠 수 없으므로 후발적 경정청구사유가 될 수 없다.

【참조조문】

구 국세기본법(2010. 1. 1. 법률 제9911호로 개정되기 전의 것) 제45조의2 제2항 제5호, 구 국세기본법 시행령(2010. 2. 18. 대통령령 제22038호로 개정되기 전의 것) 제25조의2 제2호, 법인세법 제40조 제1항

【전문】

【원고, 피상고인】
주식회사 솔렉스플래닝(소송대리인 법무법인 디카이온 담당변호사 서정호)

【피고, 상고인】
성동세무서장(소송대리인 정부법무공단 담당변호사 고영석 외 3인)

【원심판결】
서울고법 2012. 4. 25. 선고 2011누33008 판결

【주 문】

【주 문】
상고를 기각한다. 상고비용은 피고가 부담한다.

【이 유】

상고이유(상고이유서 제출기간이 지난 후에 제출된 상고이유보충서는 상고이유를 보충하는 범위 내에서)를 판단한다.

1. 구 국세기본법(2010. 1. 1. 법률 제9911호로 개정되기 전의 것) 제45조의2 제2항 제5호의 위임을 받은 구 국세기본법 시행령(2010. 2. 18. 대통령령 제22038호로 개정되기 전의 것. 이하 같다) 제25조의2 제2호는 후발적 경정청구사유의 하나로 '최초의 신고·결정 또는 경정에 있어서 과세표준 및 세액의 계산근거가 된 거래 또는 행위 등의 효력에 관계되는 계약이 해제권의 행사에 의하여 해제되거나 당해 계약의 성립 후 발생한 부득이한 사유로 인하여 해제되거나 취소된 때'를 들고 있다.

이러한 후발적 경정청구제도는 납세의무 성립 후 일정한 후발적 사유의 발생으로 말미암아 과세표준 및 세액의 산정기초에 변동이 생긴 경우 납세자로 하여금 그 사실을 증명하여 감액을 청구할 수 있도록 함으로써 납세자의 권리구제를 확대하려는 데 그 취지가 있는 것으로서 (대법원 2011. 7. 28. 선고 2009두22379 판결 등 참조), 개별 세법에 다른 규정이 없는 한 그 적용범위를 함부로 제한할 것이 아니다.

한편 법인세법 제40조 제1항은 "내국법인의 각 사업연도의 익금과 손금의 귀속 사업연도는 그 익금과 손금이 확정된 날이 속하는 사업연도로 한다"고 정함으로써 현실적으로 소득이 없더라도 그 원인이 되는 권리가 확정적으로 발생한 때에는 그 소득이 실현된 것으로 보고 과세소득을 계산하는 이른바 권리확정주의를 채택하고 있다. 이러한 권리확정주의란 소득의 원인이 되는 권리의 확정시기와 소득의 실현시기와의 사이에 시간적 간격이 있는 경우에는 과세상 소득이 실현된 때가 아니라 권리가 확정적으로 발생한 때에 소득이 있는 것으로 보고 당해 사업연도의 소득을 산정하는 방식으로, 실질적으로는 그 수취가 불확실한 소득에 대하여 장래 그것이 실현될 것을 전제로 하여 미리 과세하는 것을 허용하는 것이다. 따라서 소득의 원인이 되는 권리가 확정적으로 발생하여 과세요건이 충족됨으로써 일단 납세의무가 성립하였다 하더라도 일정한 후발적 사유의 발생으로 말미암아 소득이 실현되지 아니하는 것으로 확정되었다면, 당초 성립하였던 납세의무는 그 전제를 상실하여 원칙적으로 그에 따른 법인세를 부과할 수 없다고 보아야 한다(대법원 2013. 12. 26. 선고 2011두1245 판결 등 참조).

따라서 법인세에서도 구 국세기본법 시행령 제25조의2 제2호에서 정한 '해제권의 행사나 부득이한 사유로 인한 계약의 해제'는 원칙적으로 후발적 경정청구사유가 된다고 할 것이다. 다만 법인세법이나 관련 규정에서 일정한 계약의 해제에 대하여 그로 말미암아 실현되지 아니한 소득금액을 그 해제일이 속하는 사업연도의 소득금액에 대한 차감사유 등으로 별도로 규정하고 있거나 경상적·반복적으로 발생하는 상품판매계약 등의 해제에 대하여 납세의무자가 기업회계의 기준이나 관행에 따라 그 해제일이 속한 사업연도의 소득금액을 차감하는 방식으로 법인세를 신고하여 왔다는 등의 특별한 사정이 있는 경우에는 그러한 계약의 해제는 당초 성립하였던 납세의무에 영향을 미칠 수 없으므로 후발적 경정청구사유가 될 수 없다.

2. 원심은 제1심판결 이유를 인용하여, ① 원고가 2006사업연도 및 2007사업연도에 용인시 기흥구(주소 1 생략) 소재 용인동백하우스토리아파트(총 134세대)(이하 '이 사건 아파트'라고 한다) 및 오산시(주소 2 생략) 소재 파크스퀘어 상가건물(총 113호)(이하 '이 사건 상가'라고 한다)을 신축·분양한 후 작업진행률과 분양률을 적용하여 분양수입금액 등을 계산하여 법인세를 신고·납부한 사실, ② 그 후 2008. 7. 1.부터 2009. 3. 31.까지 3차에 걸쳐 이 사건 아파트 중 29세대(분양금액 합계 24,701,924,000원) 및 이 사건 상가 중 15개실(분양금액 합계 7,204,900,000원)에 대한 분양계약이 수분양자의 분양계약조건 미이행 등으로 해제되어(이하 '이 사건 분양계약의 해제'라고 한다) 2009. 3. 31.경 분양률이 이 사건 아파트의 경우는 당초의 100%에서 78.09%로, 이 사건 상가의 경우에는 당초의 30.50%에서 13.65%로 감소한 사실, ③ 원고는 2008. 10. 30.과 2008. 12. 26. 관할 세무서장이던 삼성세무서장에게 1차 및 2차 계약 해제분을 반영하여 분양률을 재산정한 다음 2006사업연도 및 2007사업연도 법인세의 환급을 구하는 경정청구를 하였는데, 삼성세무서장은 이를 받아들여 원고에게 2006사업연도 법인세 484,107,210원, 2007사업연도 법인세 754,849,510원을 환급한 사실, ④ 다시 원고는 2009. 5. 8. 피고에게 3차 계약 해제분에 대하여 경정청구를 하였으나, 피고는 2009. 7. 28. '계약의 해제로 인한 분양수입과 원가는 그 해제일이 속하는 사업연도의 익금과 손금에 산입하여야 하므로 이 사건 분양계약의 해제는 후발적 경정청구사유에 해당하지 아니한다'는 이유로 이 사건 경정거부처분을 하고, 위 ③에서와 같이 삼성세무서장이 원고의 경정청구를 받아들여 환급한 세액에 대하여 2009. 9. 1. 같은 이유로 다시 법인세를 부과하는 이 사건 법인세 부과처분을 한 사실 등을 인정한 다음, 이 사건 분양계약의 해제는 구 국세기본법 시행령 제25조의2 제2호에서 정한 후발적 경정청구사유에 해당한다는 이유로, 그와 다른 전제에서 한 피고의 이 사건 경정거부처분 및 법인세 부과처분은 위법하다고 판단하였다.

3. 앞서 본 법리와 기록에 비추어 살펴보면, 원심의 판단은 정당하다. 거기에 상고이유의 주장과 같이 구 국세기본법 시행령 제25조의2 제2호의 후발적 경정청구사유나 권리의무확정주의 또는 기업회계기준에 따른 회계추정의 변경에 관한 법리를 오해하는 등의 위법이 있다고 할 수 없다.

4. 그러므로 상고를 기각하고 상고비용은 패소자가 부담하기로 하여, 관여 대법관의 일치된 의견으로 주문과 같이 판결한다.

▶ 대법관 고영한(재판장) 양창수(주심) 김창석

13　제척기간이 경과한 후에도 후발적 경정청구를 할 수 있는지 여부

경정청구거부처분취소 [대법원, 2005두7006, 2006. 1. 26.]

【판시사항】

납세의무자가 국세부과권의 제척기간이 경과한 후에도 국세기본법 제45조의2 제2항 제1호의 규정에 따른 경정청구를 할 수 있는지 여부(적극)

【판결요지】

국세기본법 제45조의2 제2항 제1호에 의하면, 최초에 신고하거나 결정 또는 경정한 과세표준 및 세액의 계산근거가 된 거래 또는 행위 등이 그에 관한 소송에 대한 판결에 의하여 다른 것으로 확정된 때에는 제1항에서 규정하는 기간에 불구하고 그 사유가 발생한 것을 안 날부터 2월 이내에 경정을 청구할 수 있도록 규정하고 있는바, 최초에 신고하거나 결정 또는 경정한 과세표준 및 세액의 계산근거가 된 거래 또는 행위 등에 대하여 분쟁이 생겨 그에 관한 판결에 의하여 다른 것으로 확정된 때에는, 납세의무자는 국세부과권의 제척기간이 경과한 후라도 국세기본법 제45조의2 제2항 제1호의 규정에 따른 경정청구를 할 수 있다.

【참조조문】

국세기본법 제26조의2, 제45조의2 제1항, 제2항 제1호

【전문】

【원고, 피상고인】

【원고, 피상고인】

【피고, 상고인】
마포세무서장(소송대리인 변호사 권은민외 2인)

【원심판결】
서울고법 2005. 6. 2. 선고 2004누9472 판결

【주 문】

【주 문】
상고를 기각한다. 상고비용은 피고가 부담한다.

【이 유】

국세기본법 제45조의2 제2항 제1호에 의하면, 최초에 신고하거나 결정 또는 경정한 과세표준 및 세액의 계산근거가 된 거래 또는 행위 등이 그에 관한 소송에 대한 판결에 의하여 다른 것으로 확정된 때에는 제1항에서 규정하는 기간에 불구하고 그 사유가 발생한 것을 안 날부터 2월 이내에 경정을 청구할 수 있도록 규정하고 있는바, 최초에 신고하거나 결정 또는 경정한

과세표준 및 세액의 계산근거가 된 거래 또는 행위 등에 대하여 분쟁이 생겨 그에 관한 판결에 의하여 다른 것으로 확정된 때에는, 납세의무자는 국세부과권의 제척기간이 경과한 후라도 국세기본법 제45조의2 제2항 제1호의 규정에 따른 경정청구를 할 수 있다고 할 것이다.

같은 취지에서 원심이, 원고가 소외 주식회사 알티에스코리아에게 환자관리 및 의료보험청구업무에 관한 컴퓨터프로그램의 저작권을 양도한 것 등과 관련하여 종합소득세가 부과되었지만 그 후 원고와 위 회사 사이에 위 저작권의 양도와 관련하여 분쟁이 생겨 소송으로 다투어지던 도중 국세부과권의 제척기간이 경과하였다고 하더라도, 그 후 판결에 의하여 위 저작권의 양도계약이 무효로 확정된 이상 위 종합소득세부과처분은 취소되어야 할 것이고, 비록 원고의 이 사건 경정청구가 위 종합소득세에 대한 국세부과권의 제척기간이 경과한 후에 이루어졌다고 하더라도 적법하므로, 피고로서는 그 경정청구에 따른 적정성 여부를 판단하여 감액경정을 할 것인지의 여부를 결정하여야 할 것인데 그러하지 아니하고 이를 거부한 것은 위법하다고 판단한 것은 정당하고, 거기에 상고이유에서 주장하는 바와 같은 국세부과권의 제척기간과 후발적 사유에 의한 경정청구제도에 관한 법리를 오해한 위법 등이 있다고 할 수 없다.

그러므로 상고를 기각하고, 상고비용은 패소자인 피고가 부담하기로 하여, 관여 대법관의 일치된 의견으로 주문과 같이 판결한다.

▶ 대법관 김용담(재판장) 이강국(주심) 손지열 박시환

CHAPTER 08 가산세와 국세환급금

제1절 가산세의 부과와 감면

제2절 국세환급금과 국세환급가산금

14 부당과소신고가산세의 판단

부가가치세부과처분취소 [대법원, 2014두11618, 2015. 1. 15.]

【판시사항】

납세자가 거짓증명을 수취하여 과세표준을 과소신고하였으나 수취한 증명이 거짓임을 알지 못한 경우, '부당한 방법으로 과세표준을 과소신고한 경우'에 해당하는지 여부(소극) 및 납세자가 중대한 과실로 거짓임을 알지 못한 경우 달리 볼 것인지 여부(소극) / 납세자가 세금계산서상 공급자와 실제 공급자가 다르게 적힌 '사실과 다른 세금계산서'를 교부받아 매입세액의 공제 또는 환급을 받은 경우, 그 행위가 구 국세기본법 제47조의3 제2항 제1호가 정한 '부당한 방법으로 과세표준을 과소신고한 경우'에 해당하기 위한 요건

【판결요지】

구 국세기본법(2011. 12. 31. 법률 제11124호로 개정되기 전의 것, 이하 '구 국세기본법'이라 한다) 제47조의3 제2항 제1호 등 관련 규정의 문언 및 체계 등에 비추어 보면, 납세자가 거짓증명을 수취하여 과세표준을 과소신고하였다고 하더라도 수취한 증명이 거짓임을 알지 못하였을 때에는 '부당한 방법으로 과세표준을 과소신고한 경우'에 해당한다고 볼 수 없고, 납세자가 중대한 과실로 거짓임을 알지 못하였다고 하여 달리 볼 것은 아니다. 그리고 납세자가 그 세금계산서상의 공급자와 실제 공급자가 다르게 적힌 '사실과 다른 세금계산서'를 교부받아 매입세액의 공제 또는 환급을 받은 경우 그러한 행위가 구 국세기본법 제47조의3 제2항 제1호가 규정한 '부당한 방법으로 과세표준을 과소신고한 경우'에 해당하기 위하여는, 납세자에게 사실과 다른 세금계산서에 의하여 매입세액의 공제 또는 환급을 받는다는 인식 외에, 사실과 다른 세금계산서를 발급한 자가 세금계산서상의 매출세액을 제외하고 부가가치세의 과세표준 및 납부세액을 신고·납부하거나 또는 세금계산서상의 매출세액 전부를 신고·납부한 후 경정청구를 하여 이를 환급받는 등의 방법으로 그 세금계산서상의 부가가치세 납부의무를 면탈함으로써 납세자가 매입세액의 공제를 받는 것이 결과적으로 국가의 조세수입 감소를 가져오게 될 것이라는 점에 대한 인식이 있어야 한다.

【참조조문】

구 국세기본법(2011. 12. 31. 법률 제11124호로 개정되기 전의 것) 제47조의2 제2항, 제47조의3 제2항 제1호, 제47조의5 제1항, 제48조 제1항, 구 국세기본법 시행령(2012. 2. 2. 대통령령 제23592호로 개정되기 전의 것) 제27조 제2항 제3호(현행 삭제), 제6호(현행 삭제)

【전문】

【원고, 상고인】
주식회사 현정금속

【피고, 피상고인】
금정세무서장

【원심판결】
부산고법 2014. 7. 18. 선고 2013누3085 판결

【주 문】

【주 문】
원심판결 중 부당과소신고가산세 부과처분에 관한 부분을 파기하고, 이 부분 사건을 부산고등법원에 환송한다. 나머지 상고를 기각한다.

【이 유】
상고이유를 판단한다.

1. 상고이유 제1점에 대하여

원심은 채택 증거에 의하여 그 판시와 같은 사실을 인정한 다음, 비철금속 도매업 등을 영위하는 원고가 2011년 제1기 부가가치세 과세기간 중 주식회사 풍국으로부터 교부받은 이 사건 세금계산서는 그 세금계산서상의 공급자와 실제 공급자가 다르게 적힌 '사실과 다른 세금계산서'에 해당한다고 판단하였다.

관련 법리와 기록에 비추어 살펴보면, 원심의 위와 같은 사실인정과 판단은 정당하고, 거기에 상고이유 주장과 같이 논리와 경험의 법칙을 위반하여 자유심증주의의 한계를 벗어나는 등의 위법이 없다.

2. 상고이유 제2점에 대하여

세금계산서상의 공급자와 실제 공급자가 다른 경우에는 공급받는 자가 세금계산서의 명의위장 사실을 알지 못하였고 알지 못한 데에 과실이 없다는 특별한 사정이 없는 한 그 세금계산서에 의한 매입세액은 공제 내지 환급받을 수 없다. 그리고 공급받는 자가 위와 같은 명의위장 사실을 알지 못한 데에 과실이 없다는 점은 매입세액의 공제 내지 환급을 주장하는 쪽에서 증명하여야 한다(대법원 2002. 6. 28. 선고 2002두2277 판결 등 참조).

원심은, 그 판시와 같은 사정을 들어 원고가 제출한 증거만으로는 원고가 주식회사 풍국의 명

의위장 사실을 알지 못하였거나 알지 못한 데에 과실이 없다고 보기 어렵다고 판단하였다.
위 법리와 기록에 비추어 살펴보면, 원심의 위와 같은 판단은 정당하고, 거기에 상고이유 주장과 같이 부가가치세법상 매입세액이 공제되는 '선의·무과실의 거래당사자'에 관한 법리를 오해하거나 논리와 경험의 법칙을 위반하여 자유심증주의의 한계를 벗어나는 등의 위법이 없다.

3. 상고이유 제3점에 대하여

가. 구 국세기본법(2011. 12. 31. 법률 제11124호로 개정되기 전의 것, 이하 같다) 제47조의3 제2항 제1호는 부당과소신고가산세에 관하여, 납세자가 '부당한 방법'으로 과세표준을 과소신고한 경우에는 부당한 방법으로 과소신고한 과세표준 상당액이 과세표준에서 차지하는 비율을 산출세액에 곱하여 계산한 금액의 100분의 40에 상당하는 금액을 납부할 세액에 가산하거나 환급받을 세액에서 공제하도록 규정하고 있다. 그리고 구 국세기본법 제47조의2 제2항은 여기에서 말하는 '부당한 방법'의 의미를 '납세자가 국세의 과세표준 또는 세액 계산의 기초가 되는 사실의 전부 또는 일부를 은폐하거나 가장한 것에 기초하여 국세의 과세표준 또는 세액 신고의무를 위반하는 것으로서 대통령령으로 정하는 방법'으로 정의하고 있고, 그 위임에 따른 구 국세기본법 시행령(2012. 2. 2. 대통령령 제23592호로 개정되기 전의 것) 제27조 제2항은 부당한 방법의 하나로 제3호에서 '거짓 증명 또는 거짓 문서의 수취(거짓임을 알고 수취한 경우만 해당한다)'를, 제6호에서 '그 밖에 국세를 포탈하거나 환급·공제받기 위한 사기 그 밖의 부정한 행위'를 들고 있다.

한편, 구 국세기본법 제47조의5 제1항, 제48조 제1항은 납세자가 정당한 사유 등이 없이 세법에 따른 납부기한까지 국세를 납부하지 아니하거나 납부한 세액이 납부하여야 할 세액에 미치지 못하는 경우에는 납부불성실가산세를 부과하도록 규정하고 있다.

나. 원심은, 그 판시와 같은 사정에 비추어 보면 원고는 이 사건 세금계산서가 그 세금계산서상의 공급자와 실제 공급자가 다르게 적힌 '사실과 다른 세금계산서'임을 알았거나 중대한 과실로 알지 못하였다고 봄이 상당하므로, 원고가 이 사건 세금계산서를 교부받고 그 매입세액을 공제하여 부가가치세를 신고·납부한 것은 구 국세기본법 제47조의3 제2항 제1호에서 부당과소신고가산세의 부과사유로 정한 '부당한 방법으로 과세표준을 과소신고한 경우'에 해당할 뿐만 아니라, 원고가 부가가치세 납부의무를 이행하지 아니한 데에 정당한 사유가 있었다고 보기도 어렵다는 이유로, 이 사건 부당과소신고가산세 및 납부불성실가산세 부과처분이 적법하다고 판단하였다.

다. 앞서 본 규정과 관련 법리 및 기록에 비추어 살펴보면, 원심이 이 사건 납부불성실가산세 부과처분이 적법하다고 판단한 것은 정당하고, 거기에 상고이유 주장과 같이 판결에 구체적인 판단이유를 밝히지 아니한 위법이 없다.

라. 그러나 원심판단 중 부당과소신고가산세 부분은 다음과 같은 이유에서 수긍하기 어렵다.
(1) 구 국세기본법 제47조의3 제2항 제1호 등 관련 규정의 문언 및 체계 등에 비추어 보면, 납세자가 거짓증명을 수취하여 과세표준을 과소신고하였다고 하더라도 수취한 증명이 거짓임을

알지 못하였을 때에는 '부당한 방법으로 과세표준을 과소신고한 경우'에 해당한다고 볼 수 없고, 납세자가 중대한 과실로 거짓임을 알지 못하였다고 하여 달리 볼 것은 아니다. 그리고 납세자가 그 세금계산서상의 공급자와 실제 공급자가 다르게 적힌 '사실과 다른 세금계산서'를 교부받아 매입세액의 공제 또는 환급을 받은 경우 그러한 행위가 구 국세기본법 제47조의3 제2항 제1호가 규정한 '부당한 방법으로 과세표준을 과소신고한 경우'에 해당하기 위하여는, 납세자에게 사실과 다른 세금계산서에 의하여 매입세액의 공제 또는 환급을 받는다는 인식 외에, 사실과 다른 세금계산서를 발급한 자가 그 세금계산서상의 매출세액을 제외하고 부가가치세의 과세표준 및 납부세액을 신고·납부하거나 또는 그 세금계산서상의 매출세액 전부를 신고·납부한 후 경정청구를 하여 이를 환급받는 등의 방법으로 그 세금계산서상의 부가가치세 납부의무를 면탈함으로써 납세자가 그 매입세액의 공제를 받는 것이 결과적으로 국가의 조세수입 감소를 가져오게 될 것이라는 점에 대한 인식이 있어야 한다.

(2) 원심판결 이유와 기록을 살펴보면, 원고는 이 사건 세금계산서가 사실과 다르다는 사실을 알지 못하였다고 주장하고 있을 뿐만 아니라 이 사건 세금계산서에 의하여 공제받은 매입세액에 상당하는 금액을 주식회사 풍국에 지급하였다는 취지로도 주장하고 있으므로, 원심으로서는 원고가 이 사건 세금계산서가 사실과 다르다는 사실을 알고 있었는지 여부 및 원고에게 '주식회사 풍국이 이 사건 세금계산서상의 매출세액을 제외하고 부가가치세의 과세표준 및 납부세액을 신고·납부하거나 또는 이 사건 세금계산서상의 매출세액 전부를 신고·납부한 후 경정청구를 하여 이를 환급받는 등의 방법으로 이 사건 세금계산서상의 부가가치세 납부의무를 면탈함으로써 원고가 이 사건 세금계산서에 의하여 매입세액의 공제를 받는 것이 결과적으로 국가의 조세수입 감소를 가져오게 될 것이라는 점에 관한 인식이 있었는지 여부'를 심리한 후 이 사건 부당과소신고가산세 부과처분이 적법한지를 판단하였어야 했다.

마. 그런데도 원심은 이러한 점들에 관하여 나아가 심리하지 아니한 채 그 판시와 같은 이유만으로 이 사건 부당과소신고가산세 부과처분이 적법하다고 판단하였으니, 이러한 원심의 판단에는 구 국세기본법 제47조의3 제2항 제1호가 규정한 부당과소신고가산세의 부과요건에 관한 법리를 오해하여 필요한 심리를 다하지 아니함으로써 판결에 영향을 미친 위법이 있고, 이 점을 지적하는 상고이유 주장은 이유 있다.

4. 결론

원심판결 중 부당과소신고가산세 부과처분에 관한 부분을 파기하고, 이 부분 사건을 다시 심리·판단하게 하기 위하여 원심법원에 환송하며, 나머지 상고는 기각하기로 하여 관여 대법관의 일치된 의견으로 주문과 같이 판결한다.

▶ 대법관 김용덕(재판장) 이인복 고영한 김소영(주심)

15 원천납세의무자가 경정청구권을 행사함에 따라 환급청구권이 발생하는 경우, 원천징수의무자 명의로 납부된 세액에 관한 환급청구권자

종합소득세경정거부처분취소 [대법원, 2014두45246, 2016. 7. 14.]

【판시사항】

종합소득 과세표준 확정신고기한이 경과한 후 소득처분에 의하여 소득금액에 변동이 발생하여 원천납세의무자가 종합소득 과세표준 및 세액을 추가신고한 경우, 원천납세의무자가 추가신고 대상이 된 과세표준과 세액 전부에 대하여 경정청구권을 행사할 수 있는지 여부(적극) / 이때 원천납세의무자가 경정청구권을 행사함에 따라 환급청구권이 발생하는 경우, 원천징수의무자 명의로 납부된 세액에 관한 환급청구권자(=원천징수의무자)

【판결요지】

종합소득 과세표준 확정신고기한이 경과한 후에 소득처분에 의하여 소득금액에 변동이 발생하여 소득세법 시행령 제134조 제1항에 따라 과세표준 및 세액을 추가신고·자진납부한 경우 그에 대한 구 국세기본법(2014. 12. 23. 법률 제12848호로 개정되기 전의 것, 이하 같다) 제45조의2 제1항 제1호의 경정청구기간은 소득세법 시행령 제134조 제1항에 정한 추가신고·자진납부의 기한 다음 날부터 기산되는 점, 원천납세의무자가 소득세법 시행령 제134조 제1항에 따라 추가신고하는 대상은 소득금액변동통지서를 받은 법인이 원천징수세액을 납부하였는지와 관계없이 소득처분에 의하여 소득금액이 변동됨에 따라 늘어나게 되는 종합소득 과세표준 및 세액 전부인 점, 구 국세기본법 제45조의2 제1항은 경정청구의 요건으로 해당 세액을 납부하였을 것을 요구하지 아니하는데, 소득금액변동통지서를 받은 법인이 그에 따른 소득세를 원천징수하지 아니한 채 이미 납부하였다고 하여 원천납세의무자가 경정청구권을 행사할 수 있는 범위가 자신이 실제로 납부한 세액의 한도로 제한된다고 볼 근거가 없는 점 등을 종합하면, 종합소득 과세표준 확정신고기한이 경과한 후에 소득처분에 의하여 소득금액에 변동이 발생하여 원천납세의무자가 소득세법 시행령 제134조 제1항에 따라 종합소득 과세표준 및 세액을 추가신고한 경우 원천납세의무자는 그가 실제로 납부한 세액의 한도 내에서가 아니라 추가신고의 대상이 된 과세표준과 세액 전부에 대하여 구 국세기본법 제45조의2 제1항 제1호에 따른 경정청구권을 행사할 수 있다. 다만 원천징수의무자인 법인이 소득금액변동통지서를 받고 그에 따른 소득세를 납부한 경우 법인 명의로 납부된 세액의 환급청구권자는 소득금액변동통지로써 형성되는 과세관청과의 법률관계에 관한 직접 당사자인 원천징수의무자이므로, 원천납세의무자가 소득세법 시행령 제134조 제1항에 따라 종합소득 과세표준 및 세액을 추가신고한 후에 추가신고의 대상이 된 과세표준과 세액 전부에 대하여 구 국세기본법 제45조의2 제1항 제1호에 따른 경정청구권을 행사함에 따라 환급청구권이 발생하는 경우에도 원천납세의무자는 자신 명의로 납부된 세액에 관하여만 환급청구권자가 될 수 있을 뿐이고 원천징수의무자 명의로 납부된 세액에 관하여는 원천징수의무자가 환급청구권자가 된다.

【참조조문】

구 국세기본법(2014. 12. 23. 법률 제12848호로 개정되기 전의 것) 제45조의2 제1항 제1호, 소득세법 시행령 제134조 제1항

【참조판례】

대법원 2011. 11. 24. 선고 2009두20274 판결(공2012상, 71)

【전문】

【원고, 피상고인】

【원고, 피상고인】

【피고, 상고인】
역삼세무서장(소송대리인 법무법인 삼익 담당변호사 김홍철 외 3인)

【원심판결】
서울고법 2014. 10. 29. 선고 2014누43143 판결

【주 문】

【주 문】
상고를 기각한다. 상고비용은 피고가 부담한다.

【이 유】
상고이유(상고이유서 제출기간이 경과한 후에 제출된 서면들의 기재는 상고이유를 보충하는 범위 내에서)를 판단한다.

1. 상고이유 제1점에 대하여

가. 구 국세기본법(2014. 12. 23. 법률 제12848호로 개정되기 전의 것, 이하 같다) 제45조의2 제1항 본문 및 그 제1호는 '과세표준신고서를 법정신고기한까지 제출한 자'는 과세표준신고서에 기재된 과세표준 및 세액(각 세법에 따라 결정 또는 경정이 있는 경우에는 해당 결정 또는 경정 후의 과세표준 및 세액을 말한다)이 세법에 따라 신고하여야 할 과세표준 및 세액을 초과할 때에는 최초신고 및 수정신고한 국세의 과세표준 및 세액의 결정 또는 경정을 법정신고기한이 지난 후 3년 이내에 관할 세무서장에게 청구할 수 있다고 규정하고 있다.

한편 소득세법 시행령 제134조 제1항은 "종합소득 과세표준확정신고기한이 지난 후에 「법인세법」에 따라 법인이 법인세 과세표준을 신고하거나 세무서장이 법인세 과세표준을 결정 또는 경정하여 익금에 산입한 금액이 배당·상여 또는 기타소득으로 처분됨으로써 소득금액에 변동이 발생함에 따라 종합소득 과세표준확정신고 의무가 없었던 자, 세법에 따라 과세표준확정신고를 하지 아니하여도 되는 자 및 과세표준확정신고를 한 자가 소득세를 추가 납부하여야 하는 경우 해당 법인(제192조 제1항 각 호 외의 부분 단서에 따라 거주자가 통지를 받은 경우에는 그 거주자를 말한다)이 제192조 제1항에 따른 소득금액변동통지서를 받은 날(「법인

세법」에 따라 법인이 신고함으로써 소득금액이 변동된 경우에는 그 법인의 법인세 신고기일을 말한다)이 속하는 달의 다음다음 달 말일까지 추가신고납부한 때에는 법 제70조 또는 제74조의 기한까지 신고납부한 것으로 본다."라고 규정하고 있다.

종합소득 과세표준 확정신고기한이 경과한 후에 소득처분에 의하여 소득금액에 변동이 발생하여 소득세법 시행령 제134조 제1항에 따라 과세표준 및 세액을 추가신고·자진납부한 경우 그에 대한 구 국세기본법 제45조의2 제1항 제1호의 경정청구기간은 소득세법 시행령 제134조 제1항에 정한 추가신고·자진납부의 기한 다음 날부터 기산되는 점(대법원 2011. 11. 24. 선고 2009두20274 판결 참조), 원천납세의무자가 소득세법 시행령 제134조 제1항에 따라 추가신고하는 대상은 소득금액변동통지서를 받은 법인이 원천징수세액을 납부하였는지와 관계없이 소득처분에 의하여 소득금액이 변동됨에 따라 늘어나게 되는 종합소득 과세표준 및 세액 전부라고 할 것인 점, 구 국세기본법 제45조의2 제1항은 경정청구의 요건으로 해당 세액을 납부하였을 것을 요구하지 아니하는데, 소득금액변동통지서를 받은 법인이 그에 따른 소득세를 원천징수하지 아니한 채 이미 납부하였다고 하여 원천납세의무자가 경정청구권을 행사할 수 있는 범위가 자신이 실제로 납부한 세액의 한도로 제한된다고 볼 근거가 없는 점 등을 종합하여 보면, 종합소득 과세표준 확정신고기한이 경과한 후에 소득처분에 의하여 소득금액에 변동이 발생하여 원천납세의무자가 소득세법 시행령 제134조 제1항에 따라 종합소득 과세표준 및 세액을 추가신고한 경우 원천납세의무자는 그가 실제로 납부한 세액의 한도 내에서가 아니라 추가신고의 대상이 된 과세표준과 세액 전부에 대하여 구 국세기본법 제45조의2 제1항 제1호에 따른 경정청구권을 행사할 수 있다고 보아야 할 것이다.

다만 원천징수의무자인 법인이 소득금액변동통지서를 받고 그에 따른 소득세를 납부한 경우 그 법인 명의로 납부된 세액의 환급청구권자는 소득금액변동통지로써 형성되는 과세관청과의 법률관계에 관한 직접 당사자인 원천징수의무자라고 할 것이므로, 원천납세의무자가 소득세법 시행령 제134조 제1항에 따라 종합소득 과세표준 및 세액을 추가신고한 후에 추가신고의 대상이 된 과세표준과 세액 전부에 대하여 구 국세기본법 제45조의2 제1항 제1호에 따른 경정청구권을 행사함에 따라 환급청구권이 발생하는 경우에도 원천납세의무자는 자신 명의로 납부된 세액에 관하여만 환급청구권자가 될 수 있을 뿐이고 원천징수의무자 명의로 납부된 세액에 관하여는 원천징수의무자가 그 환급청구권자가 된다고 할 것이다.

나. 원심은 그 채택 증거를 종합하여, ① 원고는 1985년 9월경 주식회사 대연식품(이후 상호가 '주식회사 마니커'로 변경되었다. 이하 '이 사건 법인'이라 한다)을 설립하고, 2011. 5. 25.까지 대표이사로 재직한 사실, ② 중부지방국세청장은 이 사건 법인에 대한 세무조사를 실시하여 이 사건 법인이 공사비를 과다계상하고 차액을 업체로부터 돌려받는 방식으로 비자금을 조성하였음을 확인하고, 2012. 5. 30. 비자금 조성과정에서 발생한 매출누락금액 등을 이 사건 법인의 익금에 산입하는 한편 총 6,431,847,396원(이하 '이 사건 소득'이라 한다)이 사외유출되어 원고에게 귀속되었다고 보아 이를 원고에 대한 상여로 소득처분한 사실, ③ 용인세무서장은 이에 따라 2012. 7. 1.과 2012. 7. 2. 이 사건 법인에게 소득금액변동통지를 하였고, 이 사건 법인은

2012. 8. 10. 용인세무서장에게 소득금액변동통지에 따른 원천징수세액 2,505,486,800원을 납부하였다가 2012년 10월경 원고에 대한 연말정산 수정신고를 하여 그중 109,639,000원을 환급받아 결국 2,395,847,800원을 납부하게 된 사실, ④ 원고는 당초 2002년 내지 2010년 귀속 종합소득세 신고서를 법정신고기한 내에 제출하였는데, 이 사건 법인이 소득금액변통지를 받게 되자 이 사건 소득을 합산하여 2002년 내지 2010년 귀속 종합소득세를 다시 계산한 후 2012. 9. 28. 피고에게 종합소득세 추가신고를 하면서 19,035,100원을 납부한 사실, ⑤ 원고는 2012. 10. 31. 소득금액변동분 익금산입에 불복한다는 이유로 2002년 내지 2010년 귀속 종합소득세 수정신고세액 합계 4,199,883,939원을 2,024,730,882원으로 감액경정하여 줄 것을 청구하였으나 피고가 2012. 12. 26. 이를 거부하는 이 사건 처분을 한 사실 등을 인정하였다.

이어서 원심은, 이 사건 법인이 2012. 7. 1. 및 2012. 7. 2.경 소득금액변동통지를 받은 후 원고가 소득세법 시행령 제134조 제1항에 의한 추가신고기한 내인 2012. 9. 28. 2002년 내지 2010년 귀속 종합소득세 추가신고서를 제출하였으므로 구 국세기본법 제45조의2 제1항 제1호에 근거한 경정청구를 할 수 있고, 원천징수의무자가 소득금액변동통지에 대하여 다투는 것이 가능하다는 등의 이유만으로 원천납세의무자의 경정청구권이 제한되는 것은 아니라고 판단하였다.

다. 원심판결 이유를 앞서 본 법률규정과 법리 및 기록에 비추어 살펴보면 원심의 판단은 정당한 것으로 수긍이 가고, 거기에 상고이유의 주장과 같이 소득세법 시행령 제134조 제1항의 추가신고납부의 사유 및 그에 대한 경정청구권의 범위 등에 관한 법리를 오해하여 판결 결과에 영향을 미친 위법이 없다.

2. 상고이유 제2점에 대하여

원심은 그 채택 증거를 종합하여 판시와 같은 사실을 인정한 다음, ① 피고가 이 사건 법인이 공사원가를 과다계상한 후에 사외유출한 것으로 보아 과세한 금액 중에서 원고에게 실제로 귀속된 것으로 볼 수 있는 것은 일부에 불과하고, ② 업무무관 대여금 부분은 원고가 이를 횡령하는 등의 방법으로 그 전액을 개인적으로 사용하여 해당 인정이자가 원고에게 귀속되었다고 볼 수 없으므로, 이 사건 소득 중 2007년 내지 2010년 귀속 부분이 원고에게 모두 귀속되었음을 전제로 한 이 사건 처분 중 해당 부분은 위법하다고 판단하였다.

이 부분 상고이유는 원심의 위와 같은 판단이 잘못이라는 취지이나, 이는 사실심인 원심의 전권사항에 속하는 증거의 취사선택이나 사실인정을 탓하는 것에 불과하여 적법한 상고이유가 될 수 없다. 나아가 원심판결 이유를 기록에 비추어 살펴보아도 거기에 상고이유의 주장과 같은 채증법칙위반으로 인한 사실오인의 위법이 없다.

3. 결론

그러므로 상고를 기각하고, 상고비용은 패소자가 부담하도록 하여 관여 대법관의 일치된 의견으로 주문과 같이 판결한다.

▶ 대법관 조희대(재판장) 이상훈(주심) 김창석 박상옥

CHAPTER 09 조세불복제도

제1절 조세불복제도의 개관
제2절 조세불복제도의 통칙
제3절 각 심급별 절차

16 세무조사결정의 처분성 인정여부

세무조사결정처분취소·종합소득세등부과처분취소 [대법원, 2009두23617,23624, 2011. 3. 10.]

【판시사항】

[1] 행정청의 어떤 행위가 항고소송의 대상이 될 수 있는지를 결정하는 기준
[2] 세무조사결정이 항고소송의 대상이 되는 행정처분에 해당하는지 여부(적극)

【판결요지】

[1] 행정청의 어떤 행위가 항고소송의 대상이 될 수 있는지의 문제는 추상적·일반적으로 결정할 수 없고, 구체적인 경우 행정처분은 행정청이 공권력의 주체로서 행하는 구체적 사실에 관한 법집행으로서 국민의 권리의무에 직접적으로 영향을 미치는 행위라는 점을 염두에 두고, 관련 법령의 내용과 취지, 그 행위의 주체·내용·형식·절차, 그 행위와 상대방 등 이해관계인이 입는 불이익과의 실질적 견련성, 그리고 법치행정의 원리와 당해 행위에 관련한 행정청 및 이해관계인의 태도 등을 참작하여 개별적으로 결정하여야 한다.

[2] 부과처분을 위한 과세관청의 질문조사권이 행해지는 세무조사결정이 있는 경우 납세의무자는 세무공무원의 과세자료 수집을 위한 질문에 대답하고 검사를 수인하여야 할 법적 의무를 부담하게 되는 점, 세무조사는 기본적으로 적정하고 공평한 과세의 실현을 위하여 필요한 최소한의 범위 안에서 행하여져야 하고, 더욱이 동일한 세목 및 과세기간에 대한 재조사는 납세자의 영업의 자유 등 권익을 심각하게 침해할 뿐만 아니라 과세관청에 의한 자의적인 세무조사의 위험마저 있으므로 조세공평의 원칙에 현저히 반하는 예외적인 경우를 제외하고는 금지될 필요가 있는 점, 납세의무자로 하여금 개개의 과태료 처분에 대하여 불복하거나 조사 종료 후의 과세처분에 대하여만 다툴 수 있도록 하는 것보다는 그에 앞서 세무조사결정에 대하여 다툼으로써 분쟁을 조기에 근본적으로 해결할 수 있는 점 등을 종합하면, 세무조사결정은 납세의무자의 권리·의무에 직접 영향을 미치는 공권력의 행사에 따른 행정작용으로서 항고소송의 대상이 된다.

【참조조문】

[1] 행정소송법 제2조 제1항 제1호

[2] 구 국세기본법(2010. 1. 1. 법률 제9911호로 개정되기 전의 것) 제81조의4 제1항, 제81조의7 제1항, 소득세법 제170조, 법인세법 제122조, 부가가치세법 제35조, 조세범처벌법 제17조 제5호, 행정소송법 제2조 제1항 제1호

【참조판례】

[1] 대법원 1992. 1. 17. 선고 91누1714 판결(공1992, 916), 대법원 2007. 6. 14. 선고 2005두4397 판결, 대법원 2010. 11. 18. 선고 2008두167 전원합의체 판결(공2010하, 2279)

[2] 대법원 2010. 12. 23. 선고 2008두10461 판결(공2011상, 250)

【전문】

【원고, 상고인】

【원고, 상고인】

【피고, 피상고인】
서대전세무서장

【원심판결】
대전고법 2009. 11. 26. 선고 2009누124, 131 판결

【주 문】

【주 문】
원심판결의 원고 패소부분 중 소각하 부분을 파기하고, 이 부분 사건을 대전고등법원에 환송한다.

【이 유】
상고이유를 판단한다.

1. 행정청의 어떤 행위가 항고소송의 대상이 될 수 있는지의 문제는 추상적·일반적으로 결정할 수 없고, 구체적인 경우 행정처분은 행정청이 공권력의 주체로서 행하는 구체적 사실에 관한 법집행으로서 국민의 권리의무에 직접적으로 영향을 미치는 행위라는 점을 염두에 두고, 관련 법령의 내용과 취지, 그 행위의 주체·내용·형식·절차, 그 행위와 상대방 등 이해관계인이 입는 불이익과의 실질적 견련성, 그리고 법치행정의 원리와 당해 행위에 관련한 행정청 및 이해관계인의 태도 등을 참작하여 개별적으로 결정하여야 한다(대법원 1992. 1. 17. 선고 91누1714 판결, 대법원 2010. 11. 18. 선고 2008두167 전원합의체 판결 등 참조).

구 국세기본법(2010. 1. 1. 법률 제9911호로 개정되기 전의 것) 제81조의4 제1항은 "세무공무원은 적정하고 공평한 과세의 실현을 위하여 필요한 최소한의 범위 안에서 세무조사를 행하

여야 하며, 다른 목적 등을 위하여 조사권을 남용하여서는 아니된다."고 규정하고, 제81조의7 제1항은 "세무공무원은 국세에 관한 조사를 위하여 당해 장부·서류 기타 물건 등을 조사하는 경우에는 조사를 받을 납세자에게 조사개시 10일 전에 조사대상 세목, 조사기간 및 조사사유 기타 대통령령이 정하는 사항을 통지하여야 한다. 다만 범칙사건에 대한 조사 또는 사전통지의 경우 증거인멸 등으로 조사목적을 달성할 수 없다고 인정되는 경우에는 그러하지 아니하다."고 규정하고 있다.

한편 소득세법 등 개별 세법에서는 세무공무원에게 납세의무자 등에 대하여 직무수행상 필요한 경우 질문을 하고, 해당 장부, 서류 기타 물건을 조사하거나 제출을 명할 수 있는 권한을 인정하고 있고(소득세법 제170조, 법인세법 제122조, 부가가치세법 제35조), 조세범처벌법 제17조에 의하면 세법의 질문조사권 규정에 따른 세무공무원의 질문에 대하여 거짓으로 진술하거나 그 직무집행을 거부 또는 기피한 자는 과태료에 처해지게 된다.

이와 같이 부과처분을 위한 과세관청의 질문조사권이 행해지는 세무조사결정이 있는 경우 납세의무자는 세무공무원의 과세자료 수집을 위한 질문에 대답하고 검사를 수인하여야 할 법적 의무를 부담하게 되는 점, 세무조사는 기본적으로 적정하고 공평한 과세의 실현을 위하여 필요한 최소한의 범위 안에서 행하여져야 하고, 더욱이 동일한 세목 및 과세기간에 대한 재조사는 납세자의 영업의 자유 등 권익을 심각하게 침해할 뿐만 아니라 과세관청에 의한 자의적인 세무조사의 위험마저 있으므로 조세공평의 원칙에 현저히 반하는 예외적인 경우를 제외하고는 금지될 필요가 있는 점(대법원 2010. 12. 23. 선고 2008두10461 판결 등 참조), 납세의무자로 하여금 개개의 과태료 처분에 대하여 불복하거나 조사 종료 후의 과세처분에 대하여만 다툴 수 있도록 하는 것보다는 그에 앞서 세무조사결정에 대하여 다툼으로써 분쟁을 조기에 근본적으로 해결할 수 있는 점 등을 종합하면, 세무조사결정은 납세의무자의 권리·의무에 직접 영향을 미치는 공권력의 행사에 따른 행정작용으로서 항고소송의 대상이 된다고 할 것이다.

2. 그럼에도 불구하고 원심이 이 사건 세무조사결정 자체는 상대방 또는 관계자들의 법률상 지위에 직접적으로 법률적 변동을 일으키지 아니하는 행위로서 항고소송의 대상이 되는 행정처분에 해당하지 않는 것으로 보아야 한다고 판단하여 이 부분 소를 각하한 것은 항고소송의 대상이 되는 행정처분에 관한 법리를 오해하여 판결에 영향을 미친 위법이 있다고 할 것이다. 이 점을 지적하는 상고이유의 주장은 이유 있다.

3. 그러므로 원심판결의 원고 패소부분 중 소각하 부분을 파기하고, 이 부분 사건을 다시 심리·판단하게 하기 위하여 원심법원에 환송하기로 하여, 관여 대법관의 일치된 의견으로 주문과 같이 판결한다.

▶ 대법관 민일영(재판장) 이홍훈(주심) 김능환 이인복

17 재조사결정과 불이익변경금지원칙의 관계

부가가치세등부과처분취소 [대법원, 2016두39382, 2016. 9. 28.]

【판시사항】

재조사결정의 취지에 따른 후속 처분이 심판청구를 한 당초 처분보다 청구인에게 불리한 경우, 국세기본법 제79조 제2항의 불이익변경금지원칙에 위배되어 후속 처분 중 당초 처분의 세액을 초과하는 부분이 위법한지 여부(적극)

【판결요지】

심판청구에 대한 결정의 한 유형으로 실무상 행해지고 있는 재조사결정은 재결청의 결정에서 지적된 사항에 관해서 처분청의 재조사결과를 기다려 그에 따른 후속 처분의 내용을 심판청구 등에 대한 결정의 일부분으로 삼겠다는 의사가 내포된 변형결정에 해당하고, 처분청의 후속 처분에 따라 내용이 보완됨으로써 결정으로서 효력이 발생하므로, 재조사결정의 취지에 따른 후속 처분이 심판청구를 한 당초 처분보다 청구인에게 불리하면 국세기본법 제79조 제2항의 불이익변경금지원칙에 위배되어 후속 처분 중 당초 처분의 세액을 초과하는 부분은 위법하게 된다.

【참조조문】

국세기본법 제65조 제1항, 제79조 제2항, 제81조

【참조판례】

대법원 2010. 6. 25. 선고 2007두12514 전원합의체 판결(공2010하, 1493)

【전문】

【원고, 상고인】

【원고, 상고인】

【피고, 피상고인】
영등포세무서장 외 1인

【원심판결】
서울고법 2016. 4. 20. 선고 2015누64437 판결

【주 문】

【주 문】
원심판결 중 2012년 귀속 종합소득세 부과처분에 관한 부분을 파기하고, 이 부분에 해당하는 제1심판결을 취소한다. 피고 북인천세무서장이 2015. 2. 13. 원고에게 한 위 2012년 귀속 종합소득세 30,167,073원의 부과처분 중 20,730,862원을 초과하는 부분을 취소하고, 위 부과

처분에 관한 원고의 나머지 청구를 기각한다. 피고 영등포세무서장에 대한 상고와 피고 북인천세무서장에 대한 나머지 상고를 모두 기각한다. 원고와 피고 영등포세무서장 사이에서 생긴 상고비용은 원고가 부담하고, 원고와 피고 북인천세무서장 사이의 소송총비용 중 1/20은 피고 북인천세무서장이, 나머지는 원고가 각 부담한다.

【이 유】

상고이유(상고이유서 제출기간이 지난 후에 제출된 상고이유보충서의 기재는 상고이유를 보충하는 범위 내에서)를 판단한다.

1. 상고이유 제1점에 대하여

원심은 제1심판결의 이유를 인용하여 그 판시와 같은 사실을 인정한 다음, ① 원고가 운영하는 병원의 성형수술금액은 수술 종류와 위치 등에 따라 통상 1인당 1,000,000원에서 4,000,000원 정도인데, 324명이 424회에 걸쳐 이 사건 계좌에 위 돈을 입금하였고, 그 입금자 중 상당수가 원고 병원의 환자들로 확인된 점, ② 원고의 처 소외인은 병원의 관리실장으로서 자금 관리를 하면서 병원에서 가까운 은행을 이용하여 계속적·반복적으로 이 사건 계좌에 현금을 입금한 점, ③ 원고는 이 사건 계좌에 입금된 금원 중 원고 스스로 의료수입금으로 인정한 금액을 제외한 나머지는 지인들로부터 차용하였다고 주장하나, 이를 뒷받침할 수 있는 객관적 자료가 없는 점 등을 종합하면, 이 사건 계좌에 현금으로 입금되거나 타인계좌에서 송금된 돈은 원고의 의료수입금에 해당한다고 판단하였다.

원심판결 이유를 기록에 비추어 살펴보면, 원심의 위와 같은 사실인정과 판단은 정당하고, 거기에 상고이유 주장과 같이 논리와 경험의 법칙을 위반하고 자유심증주의의 한계를 벗어나거나 근거과세원칙 및 증명책임에 관한 법리 등을 오해한 위법이 없다.

2. 상고이유 제2점에 대하여

가. 국세기본법(이하 '법'이라 한다) 제65조 제1항, 제81조는 심판청구에 대한 결정의 유형으로 각하결정, 기각결정, 처분의 취소·경정 또는 필요한 처분의 결정을 각 규정하고 있고, 법 제79조 제2항은 "조세심판관회의 또는 조세심판관합동회의는 제81조에서 준용하는 제65조에 따른 결정을 할 때 심판청구를 한 처분보다 청구인에게 불리한 결정을 하지 못한다."라고 규정하고 있다.

심판청구에 대한 결정의 한 유형으로 실무상 행해지고 있는 재조사결정은 재결청의 결정에서 지적된 사항에 관해서 처분청의 재조사결과를 기다려 그에 따른 후속 처분의 내용을 심판청구 등에 대한 결정의 일부분으로 삼겠다는 의사가 내포된 변형결정에 해당하고, 처분청의 후속 처분에 따라 그 내용이 보완됨으로써 결정으로서 효력이 발생하므로(대법원 2010. 6. 25. 선고 2007두12514 전원합의체 판결 참조), 재조사결정의 취지에 따른 후속 처분이 심판청구를 한 당초 처분보다 청구인에게 불리하면 법 제79조 제2항의 불이익변경금지원칙에 위배되어 후속 처분 중 당초 처분의 세액을 초과하는 부분은 위법하게 된다.

나. 원심이 인용한 제1심판결 이유와 기록에 의하면, ① 피고 북인천세무서장은 원고의 종합소득세 신고내역에서 매출누락된 수입금액을 추가하여 2008년 내지 2012년 귀속 종합소득세 부과처분을 한 사실, ② 원고는 위 처분에 불복하여 조세심판원에 심판청구를 하였고, 조세심판원은 원고의 주장을 일부 받아들여 2015. 2. 6. '소득금액을 추계하여 과세표준 및 세액을 경정하라'는 결정을 한 사실, ③ 이에 피고 북인천세무서장은 소득금액을 추계하여 2008년 내지 2011년 종합소득세는 2015. 2. 12. 감액경정처분을 하였으나, 2012년 귀속 종합소득세는 2015. 2. 13. 당초 경정·고지한 세액 20,730,862원에서 9,436,211원을 추가로 부과하는 증액경정처분을 한 사실, ④ 원고는 위 증액경정처분에 대하여 재차 조세심판원에 심판청구를 제기하였으나, 조세심판원은 2015. 2. 6.자 심판결정은 재조사결정에 해당하므로 그에 따른 후속 처분은 심판청구의 대상이 되지 않는다는 이유로 원고의 심판청구를 각하한 사실 등을 알 수 있다.

다. 이와 같은 사실관계를 앞서 본 법리에 비추어 살펴보면, 조세심판원의 2015. 2. 6.자 심판결정은 과세표준과 세액을 산정하기 위한 구체적인 경정기준을 제시하지 아니한 채 소득금액을 추계조사하여 과세표준과 세액을 경정할 것을 명하고 있으므로 재조사결정에 해당하는데, 그에 따른 후속 처분 중 2012년 귀속 종합소득세 부분은 당초 처분보다 불이익하므로, 2012년 귀속 종합소득세 부과처분 중 위와 같이 증액된 부분은 위법하다고 할 것이다.

라. 그런데도 원심은 이와 달리 피고 북인천세무서장의 추가 과세가 원고에게 불이익한 경우에 해당하지 않는다는 이유로 이 부분 처분이 적법하다고 판단하였으니, 이러한 원심의 판단에는 불이익변경금지원칙에 관한 법리를 오해하여 판결에 영향을 미친 위법이 있다. 이 점을 지적하는 상고이유 주장은 이유 있다.

3. 결론

원심판결 중에서 2012년 귀속 종합소득세 부과처분을 파기하되, 이 부분 사건은 대법원이 직접 재판하기에 충분하므로 자판하기로 하여 이 부분에 해당하는 제1심판결을 취소하고, 피고 북인천세무서장의 2015. 2. 13.자 2012년 귀속 종합소득세 30,167,073원의 부과처분 중 20,730,862원을 초과하는 부분을 취소하며, 위 부과처분에 대한 원고의 나머지 청구를 기각하고, 피고 영등포세무서장에 대한 상고와 피고 북인천세무서장에 대한 나머지 상고를 모두 기각하며, 원고와 피고 영등포세무서장 사이에서 생긴 상고비용은 원고가 부담하고, 원고와 피고 북인천세무서장 사이의 소송총비용 중 1/20은 피고 북인천세무서장이, 나머지는 원고가 각 부담하기로 하여, 관여 대법관의 일치된 의견으로 주문과 같이 판결한다.

▶ 대법관 김용덕(재판장) 김신 김소영(주심) 이기택

CHAPTER 10 납세자의 권리 및 보칙

제1절 납세자의 권리
제2절 보 칙

18 중복세무조사에 대한 판단

종합소득세부과처분취소 [대법원, 2004두11718, 2006. 5. 25.]

【판시사항】

부가가치세 경정조사와 개인제세 전반에 관한 특별세무조사가 중복조사에 해당하지 않는다고 한 원심의 판단을 수긍한 사례

【판결요지】

납세자의 사업장 소재지를 관할하는 세무서장이 실시한 세무조사는 부가가치세 경정조사로서 조사목적과 조사의 대상이 부가가치세액의 탈루 여부에 한정되어 그 결과에 따라 부가가치세의 증액경정처분만이 이루어졌고, 주소지를 관할하는 세무서장이 실시한 세무조사는 개인제세 전반에 관한 특별세무조사로서 그 결과에 따라 종합소득세의 증액경정처분 등이 이루어진 경우, 종합소득세부과처분에 관한 위 각 세무조사가 같은 세목 및 같은 과세기간에 대한 중복조사에 해당하지 않는다고 한 원심의 판단을 수긍한 사례.

【참조조문】

구 국세기본법(2002. 12. 18. 법률 제6782호로 개정되기 전의 것) 제81조의3

【전문】

【원고, 상고인】

【원고, 상고인】

【피고, 피상고인】
종로세무서장

【원심판결】
서울고등법원 2004. 9. 24. 선고 2003누10833 판결

【주 문】
【주 문】
상고를 기각한다.

상고비용은 원고가 부담한다.

【이 유】
상고이유(상고이유서 제출기간 경과 후에 제출된 상고이유보충서는 상고이유를 보충하는 범위내에서)를 판단한다.

1. 상고이유 제1점에 대하여

원심은 그 채택 증거에 의하여, 원고의 사업장 소재지를 관할하는 남인천세무서장이 1998. 11.경 실시한 세무조사는 부가가치세 경정조사로서 그 조사목적과 조사의 대상이 부가가치세액의 탈루 여부에 한정되어 있었고, 그 세무조사결과에 따라 부가가치세의 증액경정처분만이 이루어졌던 사실, 반면에 원고의 주소지를 관할하는 서울지방국세청장이 1999. 11.경 실시한 세무조사는 종합소득세의 탈루 여부 등 원고의 개인제세 전반에 관한 특별세무조사였고 그 조사결과에 따라 이 사건 종합소득세의 증액경정처분 등이 이루어진 사실 등을 인정한 다음, 남인천세무서장이 한 세무조사는 부가가치세와 관련된 세무조사에 한정된 것인 반면, 서울지방국세청장이 한 이 사건 세무조사는 종합소득세 등 개인제세 전반에 관련된 세무조사이므로, 이 사건 종합소득세부과처분에 관한 한 위 각 세무조사가 같은 세목 및 같은 과세기간에 대한 중복조사에 해당하는 것으로 볼 수는 없다고 판단하였다.

원심판결 이유를 관계 법령의 규정 및 기록에 비추어 살펴보면, 원심의 위와 같은 사실인정과 판단은 정당한 것으로 수긍이 가고, 거기에 상고이유에서 주장하는 바와 같은 채증법칙 위배로 인한 사실오인 또는 중복조사에 관한 법리를 오해한 위법 등이 있다고 할 수 없다.

2. 상고이유 제2점에 대하여

원심판결 이유를 기록에 비추어 살펴보면, 원심이 피고가 제출한 증빙서류를 토대로 누락 임대수입금액을 산정한 것은 적정한 조치로 수긍이 되고, 거기에 상고이유에서 주장하는 바와 같이 채증법칙 위배로 인한 사실오인 등의 위법이 있다고 할 수 없다.

3. 결론

그러므로 상고를 기각하고 상고비용은 패소자인 원고가 부담하기로 관여 대법관의 의견이 일치되어 주문과 같이 판결한다.

▶ 대법관 양승태(재판장) 강신욱(주심) 고현철 김지형

19 과세예고통지를 결여한 과세처분의 위법성

법인세등부과처분취소 [대법원, 2015두52326, 2016. 4. 15.]

【판시사항】

[1] 과세관청이 과세예고 통지를 하지 아니함으로써 납세자에게 과세전적부심사의 기회를 부여하지 아니한 채 과세처분을 한 경우, 과세처분이 위법한지 여부(원칙적 적극)

[2] 과세관청이 감사원의 감사결과 처분지시 또는 시정요구에 따라 과세처분을 하는 경우, 과세예고 통지를 생략하거나 납세자에게 과세전적부심사의 기회를 부여하지 아니한 채 과세처분을 할 수 있는 예외사유에 해당하는지 여부(소극)

【판결요지】

[1] 사전구제절차로서 과세예고 통지와 통지 내용의 적법성에 관한 심사(이하 '과세전적부심사'라 한다) 제도가 가지는 기능과 이를 통해 권리구제가 가능한 범위, 제도가 도입된 경위와 취지, 납세자의 절차적 권리 침해를 효율적으로 방지하기 위한 통제방법 등을 종합적으로 고려하면, 국세기본법 및 구 국세기본법 시행령(2015. 2. 3. 대통령령 제26066호로 개정되기 전의 것)이 과세예고 통지의 대상으로 삼고 있지 않다거나 과세전적부심사를 거치지 않고 곧바로 과세처분을 할 수 있는 예외사유로 정하고 있는 등의 특별한 사정이 없는 한, 과세관청이 과세처분에 앞서 필수적으로 행하여야 할 과세예고 통지를 하지 아니함으로써 납세자에게 과세전적부심사의 기회를 부여하지 아니한 채 과세처분을 하였다면, 이는 납세자의 절차적 권리를 침해한 것으로서 과세처분의 효력을 부정하는 방법으로 통제할 수밖에 없는 중대한 절차적 하자가 존재하는 경우에 해당하므로, 과세처분은 위법하다.

[2] 국세기본법 제81조의15 제2항 각 호는 긴급한 과세처분의 필요가 있다거나 형사절차상 과세관청이 반드시 과세처분을 할 수밖에 없는 등의 일정한 사유가 있는 경우에는 과세전적부심사를 거치지 않아도 된다고 규정하고 있는데, 과세관청이 감사원의 감사결과 처분지시 또는 시정요구에 따라 과세처분을 하는 경우라도 국가기관 간의 사정만으로는 납세자가 가지는 절차적 권리의 침해를 용인할 수 있는 사유로 볼 수 없고, 처분지시나 시정요구가 납세자가 가지는 절차적 권리를 무시하면서까지 긴급히 과세처분을 하라는 취지도 아니므로, 위와 같은 사유는 과세관청이 과세예고 통지를 생략하거나 납세자에게 과세전적부심사의 기회를 부여하지 아니한 채 과세처분을 할 수 있는 예외사유에 해당한다고 할 수 없다.

【참조조문】

[1] 국세기본법 제81조의15 제1항, 제2항, 구 국세기본법 시행령(2015. 2. 3. 대통령령 제26066호로 개정되기 전의 것) 제63조의14 제2항, 제4항

[2] 국세기본법 제81조의15 제2항

【전문】

【원고, 상고인】
오스템임플란트 주식회사(소송대리인 법무법인(유한) 동인 외 6인)

【피고, 피상고인】
금천세무서장

【원심판결】
서울고법 2015. 9. 9. 선고 2015누35132 판결

【주 문】

【주 문】
원심판결을 파기하고, 사건을 서울고등법원에 환송한다.

【이 유】
상고이유를 판단한다.

1. 상고이유 제2, 3점에 대하여

법인이 사업을 위하여 지출한 비용 가운데 그 지출경위나 성질, 액수 등을 건전한 사회통념이나 상관행에 비추어 볼 때 상품 또는 제품의 판매에 직접 관련하여 정상적으로 소요되는 것은 구 법인세법(2010. 12. 30. 법률 제10423호로 개정되기 전의 것, 이하 같다) 제19조 제1항, 구 법인세법 시행령(2010. 12. 30. 대통령령 제22577호로 개정되기 전의 것) 제19조 제1호에서 손비로 인정하는 판매부대비용에 해당하나, 그 비용지출의 상대방이 사업과 관련 있는 자이고 지출의 목적이 접대 등의 행위로 사업관계자들과 친목을 두텁게 하여 거래관계의 원활한 진행을 도모하는 데 있는 비용은 구 법인세법 제25조 제5항에서 말하는 접대비에 해당한다(대법원 2011. 1. 27. 선고 2008두12320 판결 등 참조).

원심은 제1심판결 이유를 인용하여, 치과용 의료기기의 제조와 판매업 등을 영위하는 원고가 2007년부터 2010년까지 일정 금액 이상의 치과용 임플란트 패키지 상품을 구매하는 병·의원의 치과의사에게 해외여행경비를 지원하고, 2007년과 2008년에 원고가 운영하는 임상전문가 양성과정 연수회에서 임플란트 강의를 담당한 치과의사를 대상으로 해외 워크숍을 진행하면서 본인과 가족의 참가경비 중 일부를 지원한 사실 등을 인정한 다음, 이들 비용은 임플란트 제품을 대량으로 구매한 치과의사들에게 매출액의 약 65%에 해당하는 금액을 관광이나 골프 등 개인적인 소비를 위한 비용으로 지급하거나 강의를 담당한 치과의사들에게 개인적인 여행경비를 지급한 것으로서, 지출의 상대방이나 지출의 방법과 규모, 그리고 건전한 사회통념이나 상관행에 비추어 볼 때 이를 판매에 직접 관련하여 정상적으로 소요되는 판매부대비용으로 볼 수 없고, 사업관계자들과 친목을 두텁게 하여 거래관계의 원활한 진행을 도모하기 위한 접대비로 보아야 한다고 판단하였다.

앞서 본 법리와 기록에 비추어 살펴보면, 이러한 원심의 판단에 상고이유 주장과 같이 판매부대비용과 접대비의 구별기준 등에 관한 법리를 오해한 위법이 없다.

2. 상고이유 제1점에 대하여

가. 국세기본법 제81조의15 제1항 본문은 "다음 각 호의 어느 하나에 해당하는 통지를 받은 자는 통지를 받은 날부터 30일 이내에 통지를 한 세무서장이나 지방국세청장에게 통지 내용의 적법성에 관한 심사(이하 이 조에서 '과세전적부심사'라고 한다)를 청구할 수 있다."고 하면서, '제81조의12에 따른 세무조사 결과에 대한 서면통지'(제1호), '그 밖에 대통령령으로 정하는 과세예고 통지'(제2호)를 들고 있다. 또한 같은 조 제2항은 "다음 각 호의 어느 하나에 해당하는 경우에는 제1항을 적용하지 아니한다."고 하면서, '국세징수법 제14조에 규정된 납기전징수의 사유가 있거나 세법에서 규정하는 수시부과의 사유가 있는 경우'(제1호), '조세범처벌법 위반으로 고발 또는 통고처분하는 경우'(제2호), '세무조사 결과 통지 및 과세예고 통지를 하는 날부터 국세부과 제척기간의 만료일까지의 기간이 3개월 이하인 경우'(제3호) 등을 들고 있는데, 국세청 훈령인 과세전적부심사사무처리규정 제5조 제6호는 국세기본법 제81조의15에 따른 과세전적부심사의 대상이 아닌 경우의 하나로 '감사원 감사결과 처분지시 또는 시정요구에 따라 고지하는 경우'를 추가하여 규정하고 있다.

한편 구 국세기본법 시행령(2015. 2. 3. 대통령령 제26066호로 개정되기 전의 것, 이하 같다) 제63조의14 제2항은 "법 제81조의15 제1항 제2호에서 '대통령령으로 정하는 과세예고 통지'란 다음 각 호의 어느 하나에 해당하는 것을 말한다."고 하면서, '세무서 또는 지방국세청에 대한 지방국세청장 또는 국세청장의 업무감사 결과(현지에서 시정조치하는 경우를 포함한다)에 따라 세무서장 또는 지방국세청장이 하는 과세예고 통지'(제1호), '세무조사에서 확인된 해당 납세자 외의 자에 대한 과세자료 및 현지 확인조사에 따라 세무서장 또는 지방국세청장이 하는 과세예고 통지'(제2호), '납세고지하려는 세액이 3백만 원 이상인 과세예고 통지'(제3호)를 들고 있는데, 같은 조 제4항은 "법 제81조의15 제1항에 따라 과세전적부심사 청구를 받은 세무서장·지방국세청장 또는 국세청장은 그 청구부분에 대하여 같은 조 제3항에 따른 결정이 있을 때까지 과세표준 및 세액의 결정이나 경정결정을 유보하여야 한다. 다만, 법 제81조의15 제2항 각 호의 어느 하나에 해당하는 경우 또는 같은 조 제7항에 따른 신청이 있는 경우에는 그러하지 아니하다."고 규정하고 있다.

나. 원심은, 과세전적부심사 제도는 과세처분 이후의 사후적 구제제도와는 별도로 과세처분 이전 단계에서 납세자의 주장을 반영함으로써 권리구제의 실효성을 높이기 위하여 마련된 사전적 구제제도이지만 과세처분의 필수적 전제가 되는 것은 아닐 뿐만 아니라, 납세자에게 과세전적부심사의 기회를 주지 않았다고 하여 납세자의 권리의무에 직접 어떠한 영향을 끼치는 것은 아니며, 사후적 구제절차로서 법령에서 규정한 이의신청·심사·심판청구나 행정소송 등의 절차를 통하여 과세의 적부에 대하여 불복할 수 있는 절차가 남아 있는 점 등을 감안할 때, 피고가 감사원의 감사결과 시정요구에 따르기 위해 2012. 8. 10. 원고에게 2007 내지 2010

사업연도 법인세를 부과하는 이 사건 처분을 하면서 과세예고 통지를 하지 아니하였거나 원고에게 과세전적부심사의 기회를 주지 않았다고 하더라도 그것이 이 사건 처분이 위법하다고 볼 만한 중대한 절차 위반에 해당하는 것으로 볼 수 없다고 판단하였다.

다. 그러나 원심의 이러한 판단은 다음과 같은 이유에서 수긍하기 어렵다.

1) 헌법 제12조 제1항에서 규정하고 있는 적법절차의 원칙은 형사소송절차에 국한되지 아니하고 모든 국가작용 전반에 대하여 적용되며, 세무공무원이 과세권을 행사하는 경우에도 이러한 적법절차의 원칙은 마찬가지로 준수하여야 한다(대법원 2014. 6. 26. 선고 2012두911 판결 참조).

한편 과세예고 통지는 과세관청이 조사한 사실 등의 정보를 미리 납세자에게 알려줌으로써 납세자가 충분한 시간을 가지고 준비하여 과세전적부심사와 같은 의견청취절차에서 의견을 진술할 기회를 가짐으로써 자신의 권익을 보호할 수 있도록 하기 위한 처분의 사전통지로서의 성질을 가진다. 또한 과세처분 이후에 행하여지는 심사·심판청구나 행정소송은 시간과 비용이 많이 소요되어 효율적인 구제수단으로 미흡한 측면이 있다는 점과 대비하여 볼 때, 과세전적부심사 제도는 과세관청이 위법·부당한 처분을 행할 가능성을 줄이고 납세자도 과세처분 이전에 자신의 주장을 반영할 수 있도록 하는 예방적 구제제도의 성질을 가진다. 이러한 과세예고 통지와 과세전적부심사 제도는 1999. 8. 31. 법률 제5993호로 국세기본법이 개정되면서 납세자의 권익 향상과 세정의 선진화를 위하여 도입되었는데, 과세예고 통지를 받은 자가 청구할 수 있는 과세전적부심사는 위법한 처분은 물론 부당한 처분도 심사대상으로 삼고 있어 행정소송과 같은 사후적 구제절차에 비하여 그 권리구제의 폭이 넓다.

이와 같이 사전구제절차로서 과세예고 통지와 과세전적부심사 제도가 가지는 기능과 이를 통해 권리구제가 가능한 범위, 이러한 제도가 도입된 경위와 취지, 납세자의 절차적 권리 침해를 효율적으로 방지하기 위한 통제방법 등을 종합적으로 고려하여 보면, 국세기본법 및 구 국세기본법 시행령이 과세예고 통지의 대상으로 삼고 있지 않다거나 과세전적부심사를 거치지 않고 곧바로 과세처분을 할 수 있는 예외사유로 정하고 있는 등의 특별한 사정이 없는 한, 과세관청이 과세처분에 앞서 필수적으로 행하여야 할 과세예고 통지를 하지 아니함으로써 납세자에게 과세전적부심사의 기회를 부여하지 아니한 채 과세처분을 하였다면, 이는 납세자의 절차적 권리를 침해한 것으로서 과세처분의 효력을 부정하는 방법으로 통제할 수밖에 없는 중대한 절차적 하자가 존재하는 경우에 해당하므로, 그 과세처분은 위법하다고 보아야 할 것이다.

그리고 국세기본법 제81조의15 제2항 각 호는 긴급한 과세처분의 필요가 있다거나 형사절차상 과세관청이 반드시 과세처분을 할 수밖에 없는 등의 일정한 사유가 있는 경우에는 과세전적부심사를 거치지 않아도 된다고 규정하고 있는데, 과세관청이 감사원의 감사결과 처분지시 또는 시정요구에 따라 과세처분을 하는 경우라도 국가기관 간의 사정만으로는 납세자가 가지는 절차적 권리의 침해를 용인할 수 있는 사유로 볼 수 없고, 그와 같은 처분지시나 시정요구가 납세자가 가지는 절차적 권리를 무시하면서까지 긴급히 과세처분을 하라는 취지도 아니므로, 위와 같은 사유는 과세관청이 과세예고 통지를 생략하거나 납세자에게 과세전적부심사의 기회를 부여하지 아니한 채 과세처분을 할 수 있는 예외사유에 해당한다고 할 수 없다.

2) 그런데도 원심은 이와 달리, 피고가 감사원의 감사결과 시정요구에 따르기 위해 이 사건 처분을 하면서 사전에 과세예고 통지를 하지 아니하거나 원고에게 과세전적부심사의 기회를 주지 않았다고 하더라도 그것은 이 사건 처분이 위법하다고 볼 만한 중대한 절차 위반으로 볼 수 없다고 판단하였다. 이러한 원심의 판단에는 과세예고 통지를 하지 아니하거나 납세자에게 과세전적부심사의 기회를 부여하지 아니한 채 이루어진 과세처분의 효력 또는 과세예고 통지를 생략하거나 과세전적부심사를 거치지 않아도 되는 예외사유의 범위 등에 관한 법리를 오해한 위법이 있다. 이 점을 지적하는 상고이유의 주장은 이유 있다.

3. 결론

그러므로 원심판결을 파기하고, 사건을 다시 심리·판단하게 하기 위하여 원심법원에 환송하기로 하여, 관여 대법관의 일치된 의견으로 주문과 같이 판결한다.

▶ 대법관 박병대(재판장) 박보영 김신(주심) 권순일

20 과세전적부심사를 누락한 채 이루어진 과세처분의 위법성

배당소득세등부과처분취소 [대법원, 2016두49228, 2016. 12. 27.]

【판시사항】

과세관청이 과세예고 통지 후 과세전적부심사 청구나 그에 대한 결정이 있기 전에 과세처분을 한 경우, 절차상 하자가 중대·명백하여 과세처분이 무효인지 여부(원칙적 적극)

【판결요지】

사전구제절차로서 과세전적부심사 제도가 가지는 기능과 이를 통해 권리구제가 가능한 범위, 이러한 제도가 도입된 경위와 취지, 납세자의 절차적 권리 침해를 효율적으로 방지하기 위한 통제 방법과 더불어, 헌법 제12조 제1항에서 규정하고 있는 적법절차의 원칙은 형사소송절차에 국한되지 아니하고, 세무공무원이 과세권을 행사하는 경우에도 마찬가지로 준수하여야 하는 점 등을 고려하여 보면, 국세기본법 및 국세기본법 시행령이 과세전적부심사를 거치지 않고 곧바로 과세처분을 할 수 있거나 과세전적부심사에 대한 결정이 있기 전이라도 과세처분을 할 수 있는 예외사유로 정하고 있다는 등의 특별한 사정이 없는 한, 과세예고 통지 후 과세전적부심사 청구나 그에 대한 결정이 있기도 전에 과세처분을 하는 것은 원칙적으로 과세전적부심사 이후에 이루어져야 하는 과세처분을 그보다 앞서 함으로써 과세전적부심사 제도 자체를 형해화시킬 뿐만 아니라 과세전적부심사 결정과 과세처분 사이의 관계 및 불복절차를 불분명하게 할 우려가 있으므로, 그와 같은 과세처분은 납세자의 절차적 권리를 침해하는 것으로서 절차상 하자가 중대하고도 명백하여 무효이다.

【참조조문】

헌법 제12조 제1항, 국세기본법 제81조의15 제1항 제2호, 제3항, 제8항, 국세기본법 시행령 제63조의14 제4항

【참조판례】

대법원 2016. 4. 15. 선고 2015두52326 판결(공2016상, 657)

【전문】

【원고, 피상고인】
세진전자 주식회사(소송대리인 법무법인 의암 담당변호사 최성호)

【피고, 상고인】
금천세무서장

【원심판결】
서울고법 2016. 7. 20. 선고 2015누65607 판결

【주 문】

【주 문】
상고를 기각한다. 상고비용은 피고가 부담한다.

【이 유】
상고이유를 판단한다.

1. 국세기본법 제81조의15는 제1항 본문 및 제2호에서 "과세예고 통지를 받은 자는 통지를 받은 날부터 30일 이내에 통지를 한 세무서장이나 지방국세청장에게 통지 내용의 적법성에 관한 심사(이하 '과세전적부심사'라 한다)를 청구할 수 있다."라고 규정하고 있고, 제3항에서 "과세전적부심사 청구를 받은 세무서장, 지방국세청장 또는 국세청장은 각각 국세심사위원회의 심사를 거쳐 결정을 하고 그 결과를 청구를 받은 날부터 30일 이내에 청구인에게 통지하여야 한다."라고 규정하고 있으며, 제8항의 위임에 따른 국세기본법 시행령 제63조의14 제4항 본문은 "과세전적부심사 청구를 받은 세무서장·지방국세청장 또는 국세청장은 그 청구부분에 대한 결정이 있을 때까지 과세표준 및 세액의 결정이나 경정결정을 유보하여야 한다."라고 규정하고 있다.

사전구제절차로서 과세전적부심사 제도가 가지는 기능과 이를 통해 권리구제가 가능한 범위, 이러한 제도가 도입된 경위와 취지, 납세자의 절차적 권리 침해를 효율적으로 방지하기 위한 통제 방법과 더불어, 헌법 제12조 제1항에서 규정하고 있는 적법절차의 원칙은 형사소송절차

에 국한되지 아니하고, 세무공무원이 과세권을 행사하는 경우에도 마찬가지로 준수하여야 하는 점(대법원 2016. 4. 15. 선고 2015두52326 판결 등 참조) 등을 고려하여 보면, 국세기본법 및 국세기본법 시행령이 과세전적부심사를 거치지 않고 곧바로 과세처분을 할 수 있거나 과세전적부심사에 대한 결정이 있기 전이라도 과세처분을 할 수 있는 예외사유로 정하고 있다는 등의 특별한 사정이 없는 한, 과세예고 통지 후 과세전적부심사 청구나 그에 대한 결정이 있기도 전에 과세처분을 하는 것은 원칙적으로 과세전적부심사 이후에 이루어져야 하는 과세처분을 그보다 앞서 함으로써 과세전적부심사 제도 자체를 형해화시킬 뿐만 아니라 과세전적부심사 결정과 과세처분 사이의 관계 및 그 불복절차를 불분명하게 할 우려가 있으므로, 그와 같은 과세처분은 납세자의 절차적 권리를 침해하는 것으로서 그 절차상 하자가 중대하고도 명백하여 무효라고 할 것이다.

2. 원심이 같은 취지에서, 과세전적부심사를 청구할 수 있는 기간이 경과하지 아니하여 원고가 과세전적부심사 청구를 하기도 전에 이루어진 이 사건 소득금액변동통지는 납세자의 절차적 권리를 침해한 것으로서 그 하자가 중대·명백하여 무효이고, 이에 기초한 이 사건 배당소득세 본세 징수처분 및 가산세 부과처분 역시 아무런 근거가 없는 것이어서 무효라고 보아 원고의 주위적 청구를 받아들인 것은 정당하고, 거기에 상고이유 주장과 같이 과세처분의 무효에 관한 법리를 오해한 위법이 없다.

3. 그러므로 상고를 기각하고 상고비용은 패소자가 부담하기로 하여, 관여 대법관의 일치된 의견으로 주문과 같이 판결한다.

▶ 대법관 김용덕(재판장) 김신 김소영(주심) 이기택

21 포상금 지급대상이 되는 중요한 자료의 판단

포상금지급 [대법원, 2013두18568, 2014. 3. 13.]

【판시사항】

[1] 구 국세기본법 제84조의2 제2항, 구 국세기본법 시행령 제65조의4 제11항에서 정한 포상금 지급대상이 되는 '중요한 자료'에 해당하는 범위 및 그 증명책임의 소재(=주장하는 사람)

[2] 甲이 乙 주식회사의 조세탈루 사실을 제보하여 과세관청이 乙 회사에 대하여 법인세를 추징하자 乙 회사가 자진하여 법인세를 수정 신고·납부하였고, 이에 과세관청이 甲에게 추징세액을 기초로 포상금을 지급하자 甲이 乙 회사가 수정 신고·납부한 세액까지 포함하여 포상금을 산정하여야 한다는 진정을 제기하였다가 거부통지를 받은 사안에서, 구 탈세제보포상금지급규정 제6조 제3항 제3호가 위임의 한계를 벗어나 무효라는 甲의 주장을 배척한 원심판단을 정당하다고 한 사례

【판결요지】

[1] 포상금 지급대상이 되는 '중요한 자료'에는 구 국세기본법(2011. 12. 31. 법률 제11124호로 개정되기 전의 것) 제84조의2 제2항, 구 국세기본법 시행령(2012. 2. 2. 대통령령 제23592호로 개정되기 전의 것) 제65조의4 제11항이 규정한 것과 같이 과세관청이 조세탈루 사실을 비교적 용이하게 확인할 수 있는 구체적인 자료가 포함되어 있어야만 하고, 제공된 자료가 단지 탈세 가능성의 지적, 추측성 의혹의 제기, 단순한 풍문의 수집 등에 불과한 정도라면 과세관청으로서는 그것을 기초로 용이하게 조세탈루 사실을 확인하기가 곤란하므로 그러한 자료는 포상금 지급대상이 되는 '중요한 자료'에 해당하지 아니한다. 만약 어떠한 제보 후에 과세관청의 통상적인 세무조사나 납세의무자의 자진신고 등에 의하여 비로소 구체적인 조세탈루 사실이 확인되었다면, 그러한 자료는 탈루세액을 산정하는 데 직접 관련되거나 상당한 기여를 한 것으로 볼 수 없으므로 포상금 지급대상이 되는 '중요한 자료'로 볼 수 없다. 그리고 포상금 지급대상이 되는 '중요한 자료'에 해당하는지 여부에 관한 증명책임은 이를 주장하는 사람에게 있다.

[2] 甲이 乙 주식회사의 조세탈루 사실을 제보하여 과세관청이 乙 회사에 대하여 법인세를 추징하자 乙 회사가 자진하여 법인세를 수정 신고·납부하였고, 이에 과세관청이 甲에게 추징세액을 기초로 포상금을 지급하자 甲이 乙 회사가 수정 신고·납부한 세액까지 포함하여 포상금을 산정하여야 한다는 진정을 제기하였다가 거부통지를 받은 사안에서, 구 국세기본법(2011. 12. 31. 법률 제11124호로 개정되기 전의 것, 이하 '구 국세기본법'이라 한다) 제84조의2 제6항, 구 국세기본법 시행령(2012. 2. 2. 대통령령 제23592호로 개정되기 전의 것, 이하 '구 국세기본법 시행령'이라 한다) 제65조의4 제17항, 구 탈세제보포상금지급규정(2012. 7. 1. 국세청 훈령 제1924호로 개정되기 전의 것, 이하 '구 탈세포상금규정'이라 한다) 제6조 제3항의 문언과 취지, 그리고 소득처분으로 추가 납부되는 세액은 본래의 추징세액과 기초되는 사실관계가 공통되어 별개의 조세탈루 사실에 관한 중요한 자료가 제공된 것으로 보기 어려운 점 등에 비추어 보면, 구 탈세포상금규정 제6조 제3항 제3호가 포상금 산정의 기초가 되는 추징세액에서 '법인세법 제67조에 따른 소득처분으로 추가 납부되는 세액'을 제외한 것은 모법인 구 국세기본법 및 구 국세기본법 시행령상의 관련 규정의 취지를 구체화한 것이거나 모법의 해석상 충분히 가능한 것을 명시한 것에 불과하다는 이유로, 위 규정이 위임의 한계를 벗어나 무효라는 甲의 주장을 배척한 원심판단을 정당하다고 한 사례.

【참조조문】

[1] 구 국세기본법(2011. 12. 31. 법률 제11124호로 개정되기 전의 것) 제84조의2 제1항 제1호, 제2항 제1호, 제2호, 제3호
[현행 제84조의2 제2항 제1호(다)목 참조], 구 국세기본법 시행령(2012. 2. 2. 대통령령 제23592호로 개정되기 전의 것) 제65조의4 제11항 제1호, 제2호, 제3호, 제4호

[2] 구 국세기본법(2011. 12. 31. 법률 제11124호로 개정되기 전의 것) 제84조의2 제1항 제1호, 제2항 제1호, 제2호, 제3호
[현행 제84조의2 제2항 제1호(다)목 참조], 구 국세기본법 시행령(2012. 2. 2. 대통령령 제23592호로 개정되기 전의 것) 제65조의4 제11항 제1호, 제2호, 제3호, 제4호

【전문】

【원고, 상고인】

【원고, 상고인】

【피고, 피상고인】
이천세무서장

【원심판결】
서울고법 2013. 8. 16. 선고 2013누1395 판결

【주 문】

【주 문】
상고를 기각한다. 상고비용은 원고가 부담한다.

【이 유】
상고이유를 판단한다.

1. 상고이유 제1점에 관하여
가. 구 국세기본법(2011. 12. 31. 법률 제11124호로 개정되기 전의 것, 이하 같다) 제84조의2 제1항 제1호는 조세를 탈루한 자에 대한 탈루세액 또는 부당하게 환급·공제받은 세액을 산정하는 데 '중요한 자료'를 제공한 사람에게 1억 원의 범위에서 포상금을 지급할 수 있다고 규정하고 있고, 제2항은 '조세탈루 또는 부당하게 환급·공제받은 내용을 확인할 수 있는 거래처, 거래일 또는 거래기간, 거래품목, 거래수량 및 금액 등 구체적 사실이 기재된 자료 또는 장부'(제1호), '제1호에 해당하는 자료의 소재를 확인할 수 있는 구체적인 정보'(제2호), '그 밖에 조세탈루 또는 부당하게 환급·공제받은 수법, 내용, 규모 등의 정황으로 보아 중요한 자료로 인정할 만한 자료로서 대통령령으로 정하는 자료'(제3호)가 각 그러한 중요한 자료에 해당하는 것으로 규정하고 있다. 나아가 구 국세기본법 시행령(2012. 2. 2. 대통령령 제23592호로 개정되기 전의 것, 이하 같다) 제65조의4 제11항은 '조세탈루 또는 부당한 환급·공제와 관련된 회계부정 등에 관한 자료'(제1호), '조세탈루와 관련된 토지 및 주택 등 부동산투기거래에 관한 자료'(제2호), '조세탈루와 관련된 밀수·마약 등 공공의 안전을 위협하는 행위에 관한 자료'(제3호), '그 밖에 조세탈루 또는 부당한 환급·공제의 수법, 내용, 규모 등 정황으로 보아 중요한 자료로 보는 것이 타당하다고 인정되는 자료'(제4호)가 각 구 국세기본법 제84조의2 제2항 제3호 소정의 '대통령령으로 정하는 자료'에 해당하는 것으로 규정하고 있다.

구 국세기본법이 탈루세액을 산정하는 데 중요한 자료를 제공한 사람에게 포상금을 지급할 수 있도록 규정한 취지는, 과세관청이 모든 납세의무자의 성실납세 여부를 조사할 수 없는 현실적인 여건 아래에서 조세탈루 사실을 확인할 수 있는 구체적인 자료를 제공받는다면 과세관청으로서는 많은 비용과 노력을 들이지 않고 용이하게 탈루세액을 추징할 수 있고, 나아가 조세포탈에 관한 제보가 활성화되면 성실납세의 풍토를 조성할 수 있기 때문에 탈루세액과 관련하여 일정한 요건을 갖춘 정보제공자에게 포상금을 지급함으로써 그에 대한 보상과 장려를 하는 데 있는 것으로 이해된다. 따라서 포상금 지급대상이 되는 '중요한 자료'에는 구 국세기본법 제84조의2 제2항, 구 국세기본법 시행령 제65조의4 제11항이 규정한 것과 같이 과세관청이 조세탈루 사실을 비교적 용이하게 확인할 수 있는 구체적인 자료가 포함되어 있어야만 하고, 제공된 자료가 단지 탈세 가능성의 지적, 추측성 의혹의 제기, 단순한 풍문의 수집 등에 불과한 정도라면 과세관청으로서는 그것을 기초로 용이하게 조세탈루 사실을 확인하기가 곤란하므로 그러한 자료는 포상금 지급대상이 되는 '중요한 자료'에 해당하지 아니한다. 나아가 만약 어떠한 제보 후에 과세관청의 통상적인 세무조사나 납세의무자의 자진신고 등에 의하여 비로소 구체적인 조세탈루 사실이 확인되었다면, 앞서 본 포상금 지급의 취지와 제공된 자료의 중요성 등에 비추어 그러한 자료는 탈루세액을 산정하는 데 직접 관련되거나 상당한 기여를 한 것으로 볼 수 없으므로 이 역시 포상금 지급대상이 되는 '중요한 자료'로 볼 수 없다. 그리고 포상금 지급대상이 되는 '중요한 자료'에 해당하는지 여부에 관한 증명책임은 이를 주장하는 사람에게 있다.

나. 원심은, ① 원고가 2010. 8. 27. 서울지방국세청에 주식회사 미주강화(이하 '미주강화'라 한다)의 2005. 3.경부터 2010. 8. 10.까지에 걸친 조세탈루 사실을 관련 금융거래내역 등과 함께 제보한 사실, ② 이러한 제보에 따라 미주강화는 세무조사를 받았고 그 결과 피고는 2011. 3. 16. 미주강화에 대한 법인세 282,995,410원을 추징함과 아울러 관련 소득처분을 통해 미주강화의 대표이사 소외인에 대한 소득세 239,300,000원도 추징하였던 사실, ③ 그런데 미주강화는 추가적인 제재 등을 피하고자 법인세 과세표준수정신고서를 제출하고 그에 따른 세금 548,488,370원을 자진하여 납부한 사실, ④ 피고는 미주강화에 대한 법인세 추징세액 282,995,410원에서 탈세제보포상금지급규정 제6조 제3항 제3호에 의하여 제외되는 가산세 등을 제외한 나머지 183,377,760원을 기초로 원고에 대한 포상금을 9,168,000원으로 산정하였으며, 2011. 9. 5. 원고에게 이를 지급한 사실, ⑤ 한편 원고는 2012. 1. 12. 피고에게 미주강화가 수정신고·납부한 세액도 원고가 당초 제보한 자료와 관련된 것이거나 추가 세무조사로 충분히 밝혀낼 수 있는 것이었다는 이유로 이를 포상금 지급대상인 추징세액에 포함시켜 원고에게 추가로 포상금을 지급하여야 한다는 취지의 진정을 제기하였으나, 피고는 2012. 2. 3. 원고에게 이를 거부하는 취지의 이 사건 통지를 한 사실 등을 인정한 다음, 미주강화의 과세표준 수정신고·납부에 따른 세액 548,488,370원은 미주강화가 스스로 제출한 과세표준수정신고서에 의해 비로소 확인된 것이어서 이를 포상금 지급대상인 '중요한 자료'에 해당하는 것으로 볼 수 없다는 이유로, 피고가 미주강화의 수정신고·납부세액을 포상금 지급

의 기초로 삼지 아니한 것은 적법하다고 판단하였다.

비록 원심의 이유설시에 다소 미흡한 점은 있지만, 원심이, 원고의 제보 내용이나 자료가 탈세 가능성의 지적, 추측성 의혹의 제기, 단순한 풍문의 수집 등에 그치지 않고 구체적 조세탈루 사실을 제보한 것인지와 포상금 지급의 취지와 제공된 자료의 중요성 등에 비추어 그것이 탈루세액을 산정하는 데 직접 관련되거나 상당한 기여를 한 것으로 볼 수 있다는 점에 관한 원고의 증명이 부족하다는 전제 아래, 원고의 제보가 미주강화의 수정신고·납부세액과 관련하여 포상금 지급대상인 '중요한 자료'에 해당하지 않는다는 취지로 판단한 것은 정당한 것으로 수긍할 수 있고, 거기에 포상금 지급대상이 되는 '중요한 자료'의 범위나 그 증명책임에 관한 법리를 오해한 잘못이 없다.

2. 상고이유 제2점에 관하여

구 국세기본법 제84조의2 제6항은 "포상금의 지급기준, 지급 방법과 그 신고기간, 자료 제공 및 신고 방법 등에 관하여 필요한 사항은 대통령령으로 정한다"고 규정하고, 그 위임에 따른 구 국세기본법 시행령 제65조의4 제17항은 "포상금의 세부적인 지급방법 등에 관하여 필요한 사항은 국세청장이 정한다"고 규정하고 있다. 한편 탈세제보자 등에 대한 포상금의 구체적인 지급대상과 기준 및 지급방법 등을 정한 국세청장의 구 탈세제보포상금지급규정(2012. 7. 1. 국세청 훈령 제1924호로 개정되기 전의 것, 이하 같다) 제6조 제3항은 제1호, 제2호에서 포상금 산출 기준금액 계산식을 구체적으로 규정하면서, 제3호에서 '포상금 산출의 기준이 되는 추징세액에는 가산세, 거래처 추징세액, 법인세법 제67조에 따른 소득처분으로 추가 납부되는 세액 등은 제외한다'고 규정하고 있다.

원심은, 구 탈세제보포상금지급규정 제6조 제3항 제3호가 포상금 산정의 기초가 되는 추징세액에서 '법인세법 제67조에 따른 소득처분으로 추가 납부되는 세액'을 제외한 것은 모법인 구 국세기본법 및 구 국세기본법 시행령상의 관련 규정의 취지를 구체화한 것이거나 모법의 해석상 충분히 가능한 것을 명시한 것에 불과하다는 이유로, 위 규정이 위임의 한계를 벗어나 무효라는 원고의 주장을 배척하였다.

앞서 본 규정의 문언과 취지, 그리고 소득처분으로 추가 납부되는 세액은 본래의 추징세액과 기초되는 사실관계가 공통되어 별개의 조세탈루 사실에 관한 중요한 자료가 제공된 것으로 보기 어려운 점 등에 비추어 보면, 원심의 위와 같은 판단은 정당하고, 거기에 위임입법의 한계 등에 관한 법리를 오해한 잘못이 없다.

3. 결론

그러므로 상고를 기각하고, 상고비용은 패소자가 부담하도록 하여, 관여 대법관의 일치된 의견으로 주문과 같이 판결한다.

▶ 대법관 박보영(재판장) 민일영(주심) 이인복 김신

22. 세무조사대상 선정사유가 없음에도 세무조사대상으로 선정하여 과세자료를 수집하고 과세처분을 하는 것이 위법한지 여부

국세부과취소 [대법원, 2012두911, 2014. 6. 26.]

【판시사항】

구 국세기본법 제81조의5가 마련된 이후에는 개별 세법이 정한 질문·조사권이 위 규정이 정한 요건과 한계 내에서만 허용되는지 여부(적극) 및 구 국세기본법 제81조의5가 정한 세무조사대상 선정사유가 없음에도 세무조사대상으로 선정하여 과세자료를 수집하고 과세처분을 하는 것이 위법한지 여부(원칙적 적극)

【판결요지】

세무조사대상의 기준과 선정방식에 관한 구 국세기본법(2006. 12. 30. 법률 제8139호로 개정되기 전의 것, 이하 '구 국세기본법'이라 한다) 제81조의5가 도입된 배경과 취지, 구 국세기본법 제81조의5가 포함된 제7장의2에 관한 구 국세기본법과 개별 세법의 관계 등을 종합하여 보면, 구 국세기본법 제81조의5가 마련된 이후에는 개별 세법이 정한 질문·조사권은 구 국세기본법 제81조의5가 정한 요건과 한계 내에서만 허용된다. 또한 구 국세기본법 제81조의5가 정한 세무조사대상 선정사유가 없음에도 세무조사대상으로 선정하여 과세자료를 수집하고 그에 기하여 과세처분을 하는 것은 적법절차의 원칙을 어기고 구 국세기본법 제81조의5와 제81조의3 제1항을 위반한 것으로서 특별한 사정이 없는 한 과세처분은 위법하다.

【참조조문】

헌법 제12조 제1항, 구 국세기본법(2006. 12. 30. 법률 제8139호로 개정되기 전의 것) 제3조 제1항, 제81조의3(현행 제81조의4 참조), 제81조의5(현행 제81조의3, 81조의6 참조), 구 소득세법(2006. 12. 30. 법률 제8144호로 개정되기 전의 것) 제170조, 구 부가가치세법(2010. 1. 1. 법률 제9915호로 개정되기 전의 것) 제35조 제1항(현행 제74조 참조)

【전문】

【원고, 피상고인】

【원고, 피상고인】

【피고, 상고인】
반포세무서장 외 1인(소송대리인 정부법무공단 담당변호사 이재락 외 6인)

【원심판결】
서울고법 2011. 12. 7. 선고 2011누22534 판결

【주 문】

【주 문】
상고를 모두 기각한다. 상고비용은 피고들이 부담한다.

【이 유】
상고이유(상고이유서 제출기간이 경과한 후에 제출된 상고이유보충서들의 기재는 상고이유를 보충하는 범위 내에서)를 판단한다.

1. 상고이유 제1점에 대하여

가. 구 국세기본법(2006. 12. 30. 법률 제8139호로 개정되기 전의 것, 이하 같다) 제81조의5 제2항은 "세무공무원은 다음 각 호의 1에 해당하는 경우에 우선적으로 세무조사대상으로 선정하여 납세자가 제출한 신고서 등의 내용에 관하여 세무조사를 할 수 있다."고 규정하면서, '납세자가 세법이 정하는 신고, 세금계산서 또는 계산서의 작성·교부·제출, 지급조서의 작성·제출 등의 납세협력의무를 이행하지 아니한 경우'(제1호), '무자료거래, 위장·가공거래 등 거래내용이 사실과 다른 혐의가 있는 경우'(제2호), '납세자에 대한 구체적인 탈세제보가 있는 경우'(제3호), '신고내용에 탈루나 오류의 혐의를 인정할 만한 명백한 자료가 있는 경우'(제4호), '국세청장이 납세자의 신고내용에 대한 성실도 분석결과 불성실혐의가 있다고 인정하는 경우'(제5호)를 우선적인 세무조사대상 선정사유로 들고 있다.

한편 구 소득세법(2006. 12. 30. 법률 제8144호로 개정되기 전의 것, 이하 같다) 제170조는 "소득세에 관한 사무에 종사하는 공무원은 그 직무수행상 필요한 때에는 다음 각 호의 1에 해당하는 자에 대하여 질문하거나 당해 장부·서류 기타 물건을 조사하거나 그 제출을 명할 수 있다."고 규정하면서 각 호로 '납세의무자 또는 납세의무가 있다고 인정되는 자'(제1호) 등을 들고 있고, 구 부가가치세법(2010. 1. 1. 법률 제9915호로 개정되기 전의 것, 이하 같다) 제35조 제1항은 "부가가치세에 관한 사무에 종사하는 공무원은 부가가치세에 관한 업무를 위하여 필요한 때에는 납세의무자, 납세의무자와 거래가 있는 자, 납세의무자가 가입한 동업조합 또는 이에 준하는 단체에 대하여 부가가치세와 관계되는 사항을 질문하거나 그 장부·서류 기타의 물건을 조사할 수 있다."고 규정하고 있다.

나. 헌법 제12조 제1항에서 규정하고 있는 적법절차의 원칙은 형사소송절차에 국한되지 아니하고 모든 국가작용 전반에 대하여 적용된다(헌법재판소 1992. 12. 24. 선고 92헌가8 전원재판부 결정, 헌법재판소 1998. 5. 28. 선고 96헌바4 전원재판부 결정 등 참조). 세무조사는 국가의 과세권을 실현하기 위한 행정조사의 일종으로서 과세자료의 수집 또는 신고내용의 정확성 검증 등을 위하여 필요불가결하며, 종국적으로는 조세의 탈루를 막고 납세자의 성실한 신고를 담보하는 중요한 기능을 수행한다. 이러한 세무공무원의 세무조사권의 행사에서도 적법절차의 원칙은 마땅히 준수되어야 한다.

그런데 개별 세법상 질문·조사권이 규정되어 있는 이외에 국세기본법은 세무조사와 관련한 별다른 규정을 두지 아니하였다가, 1996. 12. 30. 법률 제5189호로 개정되면서 납세자의 권익 향상과 세정의 선진화를 위하여 '납세자의 권리'에 관한 제7장의2를 신설하여 중복조사의 금지 규정(제81조의3)과 납세자의 성실성 추정 등 규정(제81조의5)을 처음으로 도입하였다. 나아가 2002. 12. 18. 법률 제6782호로 개정된 국세기본법은 세무조사의 공정성과 객관성을 확보하고, 세무조사가 과세목적 이외에 다른 목적으로 이용되거나 자의적인 세무조사권 발동으로 오·남용된다는 시비를 차단하고자 제81조의3 제1항에서 "세무공무원은 적정하고 공평한 과세의 실현을 위하여 필요한 최소한의 범위 안에서 세무조사를 행하여야 하며, 다른 목적 등을 위하여 조사권을 남용하여서는 아니 된다."는 규정을 신설하는 한편, (1) 제81조의5 제2항에서 앞서 본 각 호 사유가 있는 경우에 우선적으로 세무조사대상으로 선정할 수 있도록 함과 아울러, (2) 제81조의5 제3항에서 납세자가 일정한 과세기간 이상 세무조사를 받지 아니한 경우(제1호)나 무작위추출방식에 의하여 표본조사대상으로 선정된 경우(제2호)에 신고내용의 정확성 검증 등을 위하여 필요한 최소한의 범위 안에서 세무조사를 할 수 있도록 하되, (3) 제81조의5 제4항에서 과세관청의 조사결정에 의하여 과세표준과 세액이 확정되는 세목의 경우에는 과세표준과 세액을 결정하기 위한 세무조사를 할 수 있도록 하는 규정을 마련하였다. 한편 구 국세기본법 제3조 제1항은 "이 법은 세법에 우선하여 적용한다. 다만 세법이 이 법 제2장 제1절, 제3장 제2절·제3절 및 제5절, 제4장 제2절(조세특례제한법 제104조의7 제4항에 의한 제2차 납세의무에 한한다), 제5장 제1절·제2절 제45조의2·제6장 제51조와 제8장에 대한 특례규정을 두고 있는 경우에는 그 세법이 정하는 바에 의한다."고 규정하고 있으나, 제81조의2 내지 제81조의10이 속한 제7장의2에 관하여는 개별 세법에 특례규정을 두는 것을 예정하고 있지 아니하다.

이와 같이 세무조사대상의 기준과 선정방식에 관한 구 국세기본법 제81조의5가 도입된 배경과 취지, 구 국세기본법 제81조의5가 포함된 제7장의2에 관한 구 국세기본법과 개별 세법의 관계 등을 종합하여 보면, 구 국세기본법 제81조의5가 마련된 이후에는 개별 세법이 정한 질문·조사권은 구 국세기본법 제81조의5가 정한 요건과 한계 내에서만 허용된다고 보아야 한다. 또한 구 국세기본법 제81조의5가 정한 세무조사대상 선정사유가 없음에도 세무조사대상으로 선정하여 과세자료를 수집하고 그에 기하여 과세처분을 하는 것은 적법절차의 원칙을 어기고 구 국세기본법 제81조의5와 제81조의3 제1항을 위반한 것으로서 특별한 사정이 없는 한 그 과세처분은 위법하다고 할 것이다.

다. 같은 취지에서 구 국세기본법에서 정한 세무조사대상 선정사유에 해당하지 아니함에도 세무조사대상으로 선정하여 과세자료를 수집하고 그에 기하여 과세처분을 한 경우에 그 과세처분이 위법함을 전제로 한 원심의 판단은 정당하고, 거기에 상고이유의 주장과 같은 구 국세기본법 제81조의5가 정한 세무조사대상 선정사유와 구 소득세법 제170조, 구 부가가치세법 제35조가 정한 질문·조사권의 관계, 구 국세기본법 제81조의5를 위반한 과세처분의 효력 등에 관한 법리오해로 판결에 영향을 미친 위법이 없다.

2. 상고이유 제2점 내지 제5점에 대하여

가. 원심은 그 채택 증거를 종합하여, ① 원고의 처 소외인이 2004. 6. 10. 이 사건 부동산을

2,867,000,000원에 매수하여 취득하자, 서울지방국세청장은 소외인이 원고로부터 증여를 받아 이를 취득함으로써 증여세를 탈루하고 원고도 종합소득세와 부가가치세 등을 탈루하였을 가능성이 높다고 보아 소외인과 원고를 세무조사대상자로 선정한 다음, 2006. 9. 6. 원고에게 조사대상세목란에 '개인제세 통합조사(종합소득세, 부가가치세, 원천세 등 관련 세목 통합 조사)', 조사사유란에 '국세기본법 제81조의5 제2항'으로 기재한 세무조사사전통지서를 발송한 사실, ② 서울지방국세청 소속 세무공무원이 원고와 소외인에 대한 세무조사결과를 기초로 하여 원고의 수입금액 신고누락 부분을 수입금액에 산입하고 업무무관비용 부분을 필요경비에서 제외하는 등의 조사적출보고서를 작성한 후 이를 피고들에게 과세자료로 통보하자, 피고 반포세무서장은 2007. 8. 22. 원고에게 2002년 제1기부터 2006년 제1기까지의 부가가치세를 증액하여 경정·고지하고, 피고 강남세무서장은 2007. 8. 17. 원고에게 2002년부터 2005년 귀속분 종합소득세를 증액하여 경정·고지하였다가, 조세심판원의 결정에 따라 일정액을 감액하는 이 사건 각 처분을 한 사실 등을 인정하였다.

나아가 원심은, 이 사건 세무조사 결과 원고가 한 신고내용이 일부 사실과 다르다는 점이 밝혀진 것일 뿐 원고가 세법이 정하는 신고 등 각종 납세협력의무를 이행하지 아니하였다고 인정할 아무런 증거가 없고, 서울지방국세청장은 소외인과 관련한 세무신고자료나 전산자료에 나타난 소외인의 재산현황에 비추어 이 사건 부동산의 취득자금 출처가 불분명하다고 보았을 뿐 원고의 신고내용 자체에 탈루나 오류의 혐의를 인정할 만한 명백한 자료를 갖고 있지 아니하였으며, 피고들은 원고의 신고내용에 대한 성실도 분석을 한 결과자료를 제출하지 아니하여 원고의 신고내용에 대한 성실도 분석결과 불성실혐의가 있다고 볼 수도 없고, 원고에 대한 조사대상 세목은 종합소득세, 부가가치세 등으로서 과세관청의 조사결정에 의하여 과세표준과 세액이 확정되는 세목이 아니라는 등의 이유로, 이 사건 각 처분은 구 국세기본법에 정한 세무조사대상 선정사유가 없음에도 위법하게 개시된 세무조사를 기초로 한 것이어서 위법하다고 판단하면서, 구 국세기본법 제81조의5 제2항 제1호, 제4호, 제5호 또는 제4항에 따른 세무조사대상 선정사유가 있다는 피고들의 주장을 배척하였다.

나. 앞서 본 규정과 관련 법리 및 기록에 비추어 살펴보면 원심의 이러한 판단은 정당하고, 거기에 상고이유의 주장과 같은 채증법칙위반으로 인한 사실오인, 구 국세기본법 제81조의5 제4항에 관한 법리오해 등으로 판결에 영향을 미친 위법이 없다.

3. 상고이유 제6점에 대하여

원심은 구 국세기본법 제81조의5 소정의 세무조사대상 선정사유 없이 원고를 세무조사대상으로 신정하였기 때문에 그에 기초한 이 사건 각 처분이 위법하다고 판단하였을 뿐, 세무공무원이 세무조사 당시 국세청장의 조사사무처리규정에 따라 제시한 조사원증에 조사사유가 잘못 기재되었기 때문에 이 사건 각 처분이 위법하다고 판단한 것은 아니므로, 원심판단에 이에 관한 법리오해의 위법이 있다는 상고이유의 주장은 받아들일 수 없다.

4. 결론

그러므로 상고를 모두 기각하고, 상고비용은 패소자들이 부담하도록 하여 관여 대법관의 일치된 의견으로 주문과 같이 판결한다.

▶ 대법관 김소영(재판장) 신영철 이상훈(주심) 김용덕

23 중복세무조사의 판단기준
증여세부과처분취소 [대법원 2018. 6. 19., 선고, 2016두1240, 판결]

【판시사항】

[1] 증여세에 대한 후속 세무조사가 종전 세무조사와 실질적으로 같은 과세요건사실에 대한 것일 경우, 구 국세기본법 제81조의4 제2항에 따라 금지되는 재조사에 해당하는지 여부(적극)

[2] 구 국세기본법 시행령 제63조의2 제2호 전단에 정한 '각종 과세자료의 처리를 위한 재조사'에서 '각종 과세자료'의 의미 및 이러한 자료에 과세관청이 종전 세무조사에서 작성하거나 취득한 과세자료가 포함되는지 여부(소극)

[3] 지방국세청이 甲 주식회사에 대하여 세무조사를 실시한 결과 甲 회사의 주주명부가 허위로 조작된 것이 아니라고 보았고, 이에 따라 과세관청이 甲 회사의 대주주 겸 회장 乙의 아들 丙 등에 대한 주식의 증여에 대하여 부과제척기간이 경과하였다는 이유로 증여세를 부과하지 않았는데, 그 후 지방국세청이 감사원의 '감사결과 처분요구'에 따라 甲 회사에 대하여 세무조사를 재차 실시한 결과 위 주주명부가 허위로 작성된 것이라고 보았고, 이에 과세관청이 丙 등에게 증여세(가산세 포함) 부과처분을 한 사안에서, 후속 세무조사는 종전 세무조사 후에 이루어진 별개의 증여 사실에 대한 세무조사라고 할 수 없고, '감사결과 처분요구'는 구 국세기본법 시행령 제63조의2 제2호에서 재조사 허용사유의 하나로 규정하고 있는 '각종 과세자료의 처리를 위한 재조사'에서의 '각종 과세자료'에 해당한다고 볼 수 없는데도, 이와 달리 본 원심판단에 법리오해의 위법이 있다고 한 사례

【판결요지】

[1] 세무조사의 성질과 효과, 중복세무조사를 원칙적으로 금지하는 취지, 증여세의 과세대상 등을 고려하면, 증여세에 대한 후속 세무조사가 조사의 목적과 실시 경위, 질문조사의 대상과 방법 및 내용, 조사를 통하여 획득한 자료 등에 비추어 종전 세무조사와 실질적으로 같은 과세요건사실에 대한 것에 불과할 경우에는, 구 국세기본법(2013. 1. 1. 법률 제11604호로 개정되기 전의 것) 제81조의4 제2항에 따라 금지되는 재조사에 해당하는 것으로 보아야 한다.

[2] 구 국세기본법 시행령(2016. 2. 5. 대통령령 제26946호로 개정되기 전의 것) 제63조의2 제2호 전단에서 말하는 각종 과세자료란 세무조사권을 남용하거나 자의적으로 행사할 우려가 없는 과세관청 외의 기관이 직무상 목적을 위하여 작성하거나 취득하여 과세관청에 제공한 자료로서 국세의 부과·징수와 납세의 관리에 필요한 자료를 의미하고, 이러한 자료에는 과세관청이 종전 세무조사에서 작성하거나 취득한 과세자료는 포함되지 않는다.

[3] 지방국세청이 甲 주식회사에 대하여 세무조사를 실시한 결과 甲 회사의 주주명부가 허위로 조작된 것이 아니라고 보았고, 이에 따라 과세관청이 甲 회사의 대주주 겸 회장 乙의 아들 丙 등에 대한 주식의 증여에 대하여 부과제척기간이 경과하였다는 이유로 증여세를 부과하지 않았는데, 그 후 지방국세청이 감사원의 '감사결과 처분요구'에 따라 甲 회사에 대하여 세무조사를 재차 실시한 결과 위 주주명부가 허위로 작성된 것이라고 보았고, 이에 과세관청이 丙 등에게 증여세(가산세 포함) 부과처분을 한 사안에서, 후속 세무조사는 조사의 목적과 실시 경위, 질문조사의 대상과 방법 및 내용, 조사를 통하여 획득한 자료 등에 비추어 종전 세무조사와 실질적으로 같은 증여 사실에 대한 것이라고 보이므로 후속 세무조사의 명목이나 형식만을 내세워 이를 종전 세무조사 후에 이루어진 별개의 증여 사실에 대한 세무조사라고 할 수 없고, 나아가 '감사결과 처분요구'는 새로운 진술이나 자료를 기초로 한 것이 아니라 과세관청이 종전 세무조사에서 이미 작성하거나 취득한 자료를 토대로 하면서도 사실관계 인정 여부에 대한 판단 등만을 달리하여 이루어진 것인 만큼, 이를 두고 구 국세기본법 시행령(2016. 2. 5. 대통령령 제26946호로 개정되기 전의 것) 제63조의2 제2호에서 재조사 허용사유의 하나로 규정하고 있는 '각종 과세자료의 처리를 위한 재조사'에서의 '각종 과세자료'에 해당한다고 볼 수 없는데도, 이와 달리 본 원심판단에 법리오해의 위법이 있다고 한 사례.

【참조조문】

[1] 구 국세기본법(2013. 1. 1. 법률 제11604호로 개정되기 전의 것) 제81조의4 제2항

[2] 구 국세기본법(2013. 1. 1. 법률 제11604호로 개정되기 전의 것) 제81조의4 제2항 제5호(현행 제81조의4 제2항 제7호 참조), 구 국세기본법 시행령(2016. 2. 5. 대통령령 제26946호로 개정되기 전의 것) 제63조의2 제2호

[3] 구 국세기본법(2013. 1. 1. 법률 제11604호로 개정되기 전의 것) 제81조의4 제2항 제5호(현행 제81조의4 제2항 제7호 참조), 구 국세기본법 시행령(2016. 2. 5. 대통령령 제26946호로 개정되기 전의 것) 제63조의2 제2호

【참조판례】

[2] 대법원 2015. 5. 28. 선고 2014두43257 판결(공2015하, 904)

【전문】

【원고, 상고인】

【피고, 피상고인】
용산세무서장 외 1인(소송대리인 정부법무공단 담당변호사 조철호 외 2인)

【원심판결】
서울고법 2016. 12. 2. 선고 2015누1573 판결

【주 문】
원심판결을 파기하고, 사건을 서울고등법원에 환송한다.

【이 유】
상고이유를 판단한다.

1. 구 국세기본법(2013. 1. 1. 법률 제11604호로 개정되기 전의 것, 이하 같다) 제81조의4 제2항에 의하면, 세무공무원은 원칙적으로 같은 세목 및 같은 과세기간에 대하여 재조사를 할 수 없다. 금지되는 재조사에 기하여 과세처분을 하는 것은 단순히 당초 과세처분의 오류를 경정하는 경우에 불과하다는 등의 특별한 사정이 없는 한 그 자체로 위법하다(대법원 2017. 12. 13. 선고 2016두55421 판결 등 참조).

다만 '각종 과세자료의 처리를 위한 재조사'는 구 국세기본법 제81조의4 제2항 제5호, 구 국세기본법 시행령(2016. 2. 5. 대통령령 제26946호로 개정되기 전의 것, 이하 같다) 제63조의2 제2호 전단에 따라 예외적으로 재조사가 허용된다.

2. 원심판결 및 기록에 의하면, 다음과 같은 사실을 알 수 있다.

가. 서울지방국세청은 롯데관광개발 주식회사(이하 '이 사건 회사'라고 한다)에 대하여 2008. 4. 22.부터 2008. 7. 3.까지 세무조사를 실시하였다. 그 과정에서 이 사건 회사의 대주주 겸 회장인 소외 1은 자신이 작성하여 보관하고 있었다는 이 사건 회사의 주주명부와 이 사건 회사 발행 주권을 제출하였다.

나. 이 사건 주주명부에는 이 사건 주식 중 일부가 1991. 3. 1. 소외 1의 아들인 원고 2에게, 나머지가 1994. 3. 9. 또 다른 아들인 원고 1에게 양도된 것으로 기재되어 있다.

다. 서울지방국세청 세무조사 담당공무원은 이 사건 주주명부와 주권이 진실한 것이어서 이 사건 주식이 그 기재 내용대로 증여된 것인지를 중점적으로 조사하였다. 소외 1과 원고들 및 이 사건 주식의 명의자인 소외 2, 소외 3 등 관련자들에 대한 질문조사와 자료검토 등 조사를 거쳐 나온 조사 결과는, 이 사건 주주명부가 허위로 조작된 것이 아니고 상법상 유효한 주주명부에 해당한다는 것이었다.

라. 이에 따라 서울지방국세청은 소외 1이 이 사건 주식의 일부를 1991. 3. 1. 원고 2에게, 나머지를 1994. 3. 9. 원고 1에게 각 증여한 것으로 보아 2008. 7. 8. 세무조사 결과를 통지하

였다. 과세관청은 위 조사 결과에 따라, 이 사건 주식의 증여에 대한 증여세는 이미 부과제척기간이 경과하였다는 이유로 부과하지 않는 대신, 소외 1이 원고들에게 1996. 12. 19.과 2004. 7. 30.자로 이루어진 이 사건 주식에 관한 유상증자 대금을 증여한 것으로 보아 그 유상증자 대금에 대하여만 증여세를 부과하였다. 또한 과세관청은 같은 전제에서 소외 3, 소외 2가 소외 1이 아닌 원고들로부터 이 사건 주식을 명의신탁 받은 것으로 보아 명의신탁 증여의제 규정에 의하여 증여세를 부과할 것이라고 과세예고통지를 하였다.

마. 원고들은 2008년 세무조사 결과통지를 받은 다음 날인 2008. 7. 9. 종로세무서장에게 이 사건 주식의 주주명의를 소외 2, 소외 3으로부터 실질주주인 원고들 명의로 정정하는 '결산서부속명세서상 주주명의 정정신고서'를 제출하였다. 그리고 같은 날 금융위원회 및 한국증권선물거래소에, 소외 1은 이 사건 주식에 대한 실명전환으로 변경된 원고들의 보유주식수를 보고하는 내용의 '주식등의 대량보유상황보고서'를, 소외 2와 소외 3은 이 사건 주식에 대한 실명전환으로 인하여 더 이상 자신들이 소유하는 이 사건 회사의 주식이 없게 되었음을 보고하는 내용의 '주식등의 대량보유상황보고서'를, 원고들은 이 사건 주식의 실명전환으로 보유주식이 증가하였음을 보고하는 내용의 '임원·주요주주소유주식보고서'를 각 제출하였다(이하 이상의 행위를 통틀어 '명의정정 등 행위'라고 한다).

바. 그런데 감사원은 2010. 10.경 서울지방국세청에 대한 정기감사를 실시하였고, 이 사건 회사에 대한 2008년도 세무조사에 대하여 '이 사건 주식의 실소유자가 소외 1임을 쉽게 알 수 있음에도 임의로 작성된 주주명부를 근거로 이 사건 주식의 실소유자를 원고들로 인정해 줌으로써 증여세 부담 없이 위 주식이 이전되는 부당한 결과를 초래하였으니, 소외 1이 임원 명의로 보유하던 이 사건 주식을 원고들 명의로 변경한 데 대한 수시 주식변동조사를 실시하여 부족 징수된 관련 증여세 등을 추가 징수하는 방안을 마련하라.'는 취지로 결정하여 서울지방국세청에 통보하였다. 위 통보는 '감사결과 처분요구서'라는 문서를 통해 이루어졌는데, 2008년 세무조사 당시 확보된 진술과 자료를 토대로 한 것일 뿐 새로운 진술이나 자료를 기초로 한 것은 아니었다.

사. 이에 따라 서울지방국세청은 2011. 4. 18.부터 2011. 7. 1.까지 이 사건 회사에 대하여 세무조사를 실시하였다. 그 조사원증에는 조사목적란에 '감사원 감사결과 처분지시에 대한 부분'이라는 기재와 '임원명의로 명의신탁된 이 사건 회사 주식의 실소유자 부분'이라는 기재가 있고, 세무조사 실시 공문에 첨부된 업체별 조사계획에도 유사한 취지의 기재가 있다.

아. 2011년 세무조사 당시 서울지방국세청 세무조사 담당공무원은 소외 1, 원고들, 소외 2, 소외 3 등을 비롯하여 이 사건 회사 직원 등 관련자들에 대해 질문조사를 하였는데, 전체적으로 그 질문조사의 내용이나 대상은, 주로 이 사건 주주명부와 주권에 기재된 것과 같이 1991. 3.과 1994. 3.경 소외 1이 이 사건 주식을 원고들에게 증여하였는지 여부에 관한 것으로서 2008년 세무조사 당시 이루어졌던 질문조사와 별반 다르지 않다.

자. 서울지방국세청은 2008년 세무조사 결과와는 달리 2011년 세무조사 결과, 이 사건 주주명부가 2004. 12. 이후 허위로 작성된 것이고, 이 사건 주권은 2008년 당시 이 사건 주주명부에 맞추기 위해 급조되어 인쇄된 것으로 보았다. 이에 따라 서울지방국세청은, 소외 1이 거짓증빙과 허위진술 등으로 증여세를 포탈하였다고 검찰에 고발 조치하였다.

차. 피고들은 원고들이 2008. 7. 9. 소외 1로부터 이 사건 주식을 증여받았다고 보고 그에 따라 2011. 8. 10. 원고들에게 증여세(가산세 포함)를 부과하는 이 사건 부과처분을 하였다.

3. 원심은 이러한 사실관계를 토대로 다음과 같이 판단하였다.

가. 2008년 세무조사는 2006년경 소외 3, 소외 2 명의로 되어 있던 이 사건 주식에 관한 증여행위가 있었는지에 관한 것인 반면, 2011년 세무조사는 2008. 7. 9. 이 사건 주식의 명의를 소외 3, 소외 2에서 원고들 명의로 변경한 것이 별도의 증여행위에 해당하는지에 관한 것이다. 각 세무조사는 대상기간과 조사대상행위를 달리하므로, 2011년 세무조사가 구 국세기본법 제81조의4 제2항의 재조사에 해당한다고 할 수 없다.

나. 감사원이 서울지방국세청에 대한 정기감사에서 2008년 세무조사과정의 잘못을 발견하고 수시 주식변동조사를 통하여 시정하라는 통보를 하여 서울지방국세청이 그에 따라 2011년 세무조사를 한 것이므로, 감사원의 위와 같은 통보는 재조사가 허용되는 예외를 규정하고 있는 구 국세기본법 시행령 제63조의2 제2호 전단에 정한 '각종 과세자료의 처리를 위한 재조사'에서의 '각종 과세자료'에 해당한다.

4. 그러나 원심의 위와 같은 판단은 다음과 같은 이유로 받아들일 수 없다.

가. 세무조사의 성질과 효과, 중복세무조사를 원칙적으로 금지하는 취지, 증여세의 과세대상 등을 고려하면, 증여세에 대한 후속 세무조사가 조사의 목적과 실시 경위, 질문조사의 대상과 방법 및 내용, 조사를 통하여 획득한 자료 등에 비추어 종전 세무조사와 실질적으로 같은 과세요건사실에 대한 것에 불과할 경우에는, 구 국세기본법 제81조의4 제2항에 따라 금지되는 재조사에 해당하는 것으로 보아야 한다.

그리고 구 국세기본법 시행령 제63조의2 제2호 전단에서 말하는 각종 과세자료란 세무조사권을 남용하거나 자의적으로 행사할 우려가 없는 과세관청 외의 기관이 그 직무상 목적을 위하여 작성하거나 취득하여 과세관청에 제공한 자료로서 국세의 부과·징수와 납세의 관리에 필요한 자료를 의미하고, 이러한 자료에는 과세관청이 종전 세무조사에서 작성하거나 취득한 과세자료는 포함되지 않는다(대법원 2015. 5. 28. 선고 2014두43257 판결 등 참조).

나. 다음과 같은 사정을 앞서 본 법리에 비추어 살펴보면, 2011년 세무조사는 조사의 목적과 실시 경위, 질문조사의 대상과 방법 및 내용, 조사를 통하여 획득한 자료 등에 비추어 보아 2008년 세무조사와 실질적으로 같은 증여 사실에 대한 것이라고 봄이 타당하므로, 2011년 세무조사의 명목이나 형식만을 내세워 이를 2008년 세무조사 후에 이루어진 별개의 증여 사실에 대한 세무조사라고 할 수 없다.

(1) 2011년 세무조사에 따른 결과통지나 그 세무조사 당시 제시된 조사원증 등에 기재된 형식이나 명목상으로는 2008년 세무조사 후에 비로소 이루어진 명의정정 등 행위가 증여에 해당하는지 조사하는 것처럼 보일 여지가 없지는 않다.
(2) 하지만 2008년 세무조사 결과에서 이미 소외 1이 원고들에게 1991년과 1994년에 이 사건 주식을 증여하였다고 인정하였고, 2008. 7. 9. 명의정정 등 행위는 이러한 2008년 세무조사 결과의 취지를 그대로 따른 것에 불과하다. 감사원의 감사결과 처분요구의 취지대로 명의정정 등 행위를 가지고 소외 1이 원고들에게 이 사건 주식을 증여한 것으로 인정하기 위해서는, 이와 양립할 수 없는 2008년 세무조사 결과를 번복하여 2008년 세무조사에서 인정한 증여사실을 부정하여야 하는 관계에 있었다.
(3) 이러한 상태에서 서울지방국세청은 2011년 세무조사를 실시하였고, 그 세무조사의 대상과 내용에는 2008. 7. 9. 이루어진 명의정정 등 행위가 증여에 해당하는지를 판단하기 위한 논리적 전제로, 이 사건 주식 명의의 변천 과정에서 과연 누가 주식의 실질적인 소유자인지가 포함되어 있었고 이 부분이 주된 것이었다. 종전의 2008년 세무조사 결과에도 불구하고 이를 다시 밝히는 것이 2011년 세무조사의 주된 목적 중 하나였다고 봄이 타당하고, 실제 2011년 세무조사 과정에서 작성된 서류에는 그러한 목적을 추단할 수 있는 취지의 기재도 있다.
(4) 2011년 세무조사에서 이루어진 실제 질문조사의 대상과 방법 및 내용, 조사를 통하여 획득한 자료 등을 보면, 소외 1이 이 사건 주식을 1991년과 1994년에 이미 원고들에게 증여하였는지에 관한 직접적 또는 간접적 사실관계에 대하여 소외 1, 원고들, 소외 2, 소외 3 등을 비롯하여 이 사건 회사 직원 등 관련자들에게 질문조사하고 이에 관련한 자료를 조사한 것으로서 실질적으로 2008년 세무조사의 대상과 다름없어 보인다. 2011년 세무조사 당시 2008년 세무조사 과정에서 질문조사하지 않았던 사람들에 대하여도 일부 새롭게 질문조사가 이루어지기는 하였으나, 그 내용 역시 2008. 7. 9. 명의정정 등 행위에 관한 것이 아니라 1991년과 1994년에 이미 원고들에게 이 사건 주식이 증여되었는지에 관한 직접적 또는 간접적 사실에 관한 것이었다. 한편 조세범칙조사로 전환된 후 이루어진 소외 1과 원고들에 대한 질문조사의 내용에는 2008. 7. 9. 명의정정 등 행위에 관한 부분이 포함되어 있으나, 이는 고발을 위한 부수적인 조사내용에 불과할 뿐 주된 내용이라고 보기 어렵고, 그 외의 다른 사람들에 대한 질문조사의 내용에는 2008. 7. 9. 명의정정 등 행위에 관한 내용이 별로 포함되어 있지 않다.
(5) 과세관청은 실제로 2011년 세무조사 결과에 기초하여 2008년 세무조사 결과를 번복하고, 소외 1이 1991년과 1994년에 이 사건 주식을 원고들에게 증여하지 않았다고 판단하였다. 이에 따라 2008년 세무조사 당시까지 소외 1이 이 사건 주식을 원고들에게 증여하지 않고 계속 소유하고 있었다는 전제에서, 관련된 명의신탁 증여의제로 인한 증여세 부과처분을 하였고, 이와 다른 전제에서 내려진 종전의 유상증자 대금 관련 증여세 부과처분을 취소하였으며, 2008. 7. 9. 명의정정 등 행위를 통해 원고들이 소외 1로부터 이 사건 주식을 증여받았다고 보아 이에 대한 증여세를 부과하는 이 사건 부과처분을 하였다.

다. 나아가, 앞서 인정한 감사원의 감사결과 처분요구 통보에 관한 '감사결과 처분요구서'는 2008년 세무조사의 내용에 그대로 터잡은 것으로서, 이 사건 주식이 1991년과 1994년에 이미 원고들에게 증여되었다고 본 판단 내지 결론은 잘못이라는 것에 불과하다. 즉, 감사결과 처분요구는 2008년 세무조사 당시 확보된 진술과 각종 자료를 토대로 하면서 이 사건 주주명부와 주권의 진정성을 중심으로 단순히 개별 증여사실 인정 여부에 대한 가치평가나 판단만을 달리하고 있음을 알 수 있다. 이러한 사정을 앞서 본 법리에 비추어 보면, 감사결과 처분요구는 새로운 진술이나 자료를 기초로 한 것이 아니라, 과세관청이 종전 세무조사에서 이미 작성하거나 취득한 자료를 토대로 하면서도 사실관계 인정 여부에 대한 판단 등만을 달리하여 이루어진 것인 만큼, 이를 두고 구 국세기본법 시행령 제63조의2 제2호에서 재조사 허용사유의 하나로 규정하고 있는 '각종 과세자료'에 해당한다고 볼 수는 없다.

라. 그럼에도 원심은, 2011년 세무조사는 2008년 세무조사와의 관계에서 재조사에 해당하지 아니할 뿐 아니라 감사원의 감사결과 처분요구서가 구 국세기본법 시행령 제63조의2 제2호에서 정한 '각종 과세자료'에 해당한다는 잘못된 전제에서, 이 사건 부과처분이 재조사금지의 원칙에 반하여 위법하다는 원고들의 주장을 배척하고 말았다. 이러한 원심의 판단에는 구 국세기본법에서 정한 재조사금지 원칙과 그 예외사유에 대한 법리를 오해하여 판결에 영향을 미친 위법이 있다. 이를 지적하는 상고이유 주장은 이유 있다.

5. 그러므로 나머지 상고이유에 대한 판단을 생략한 채 원심판결을 파기하고, 사건을 다시 심리·판단하게 하기 위하여 원심법원에 환송하기로 하여, 관여 대법관의 일치된 의견으로 주문과 같이 판결한다.

▶ 대법관 박정화(재판장) 박상옥 이기택(주심)

02 법인세법

Chapter
01. 법인세법 총론
02. 내국법인의 각 사업연도소득금액계산에 대한 개관
03. 익 금
04. 익금불산입
05. 손금과 손금불산입
06. 손익의 귀속사업연도와 자산·부채의 평가
07. 합병에 관한 특례
08. 분할 등에 관한 특례
09. 부당행위계산의 부인
10. 영리내국법인의 각 사업연도 소득에 대한 과세표준의 계산
11. 세액의 계산
12. 법인세의 부과징수절차
13. 타의 법인세

CHAPTER 01 법인세법 총론

제1절 법인세의 과세원칙
제2절 법인세의 과세근거와 법인배당에 대한 이중과세 조정
제3절 법인의 구분과 그 구분별 납세의무의 범위
제4절 실질과세 및 사업연도

CHAPTER 02 내국법인의 각 사업연도소득금액 계산에 대한 개관

제1절 세무조정
제2절 소득처분 일반
제3절 횡령에 대한 소득처분
제4절 현금매출누락에 대한 소득처분

24. 소득처분에 따른 소득의 귀속자가 법인에 대한 소득금액변동통지의 취소를 구할 법률상 이익이 있는지 여부

소득금액변동통지처분취소 [대법원, 2012두27954, 2013. 4. 26.]

【판시사항】

과세관청의 소득처분과 그에 따른 소득금액변동통지가 있는 경우, 소득처분에 따른 소득의 귀속자가 법인에 대한 소득금액변동통지의 취소를 구할 법률상 이익이 있는지 여부(소극)

【참조조문】

국세기본법 제21조 제1항 제1호, 소득세법 제39조 제1항, 소득세법 시행령 제49조 제1항 제3호

【전문】

【원고, 상고인】

【원고, 상고인】

【피고, 피상고인】
마포세무서장

【원심판결】
서울고법 2012. 11. 1. 선고 2012누13346 판결

【주 문】

【주 문】
상고를 기각한다. 상고비용은 원고가 부담한다.

【이 유】
상고이유를 판단한다.

1. 행정소송에서 허용되는 소의 변경에 관하여
행정소송법 제21조와 제22조가 정하는 소의 변경은 그 규정에 의하여 특별히 인정되는 것으로서 민사소송법상 소의 변경을 배척하는 것이 아니므로, 행정소송의 원고는 행정소송법 제8조 제2항에 의하여 준용되는 민사소송법 제262조에 따라 청구의 기초에 변경이 없는 한도에서 청구취지 또는 원인을 변경할 수 있다.
원심은, 피고의 주식회사 준홍디엔씨에 대한 소득금액변동통지 취소청구와 서대문세무서장의 원고에 대한 소득세경정청구거부처분 취소청구는 행정처분이 서로 다를 뿐만 아니라 처분청도 달리하고 있어 그 청구의 기초에 변경이 없다고 보기는 어렵다는 이유로 원고의 피고 경정 및 청구취지 변경신청을 불허한 다음, 원고의 당초 청구인 피고의 주식회사 준홍디엔씨에 대한 소득금액변동통지 취소청구를 심판대상으로 보고 그 당부를 판단하였다.
관련 규정 및 법리에 비추어 기록을 살펴보면, 원심의 이러한 판단은 정당한 것으로 수긍할 수 있고, 거기에 상고이유에서 주장하는 바와 같은 행정소송에서 허용되는 소의 변경에 관한 법리오해 등의 위법이 없다.

2. 소득금액변동통지의 취소를 구할 법률상 이익에 관하여
과세관청의 소득처분과 그에 따른 소득금액변동통지가 있는 경우 법인은 소득금액변동통지서를 받은 날에 그 통지서에 기재된 소득의 귀속자에게 당해 소득금액을 지급한 것으로 의제되고 그 때 원천징수하는 소득세 등의 납세의무가 성립함과 동시에 확정되어 원천징수세액을 납부할 의무를 부담하게 되므로 원천징수의무인 법인은 항고소송으로써 소득금액변동통지의 취소를 구할 법률상 이익이 있다(대법원 2006. 4. 20. 선고 2002두1878 전원합의체 판결 참조). 그러나 소득처분에 따른 소득의 귀속자의 원천납세의무는 법인에 대한 소득금액변동

통지와 상관없이 국세기본법 제21조 제1항 제1호, 소득세법 제39조 제1항, 소득세법 시행령 제49조 제1항 제3호 등에 의하여 당해 소득이 귀속된 과세기간의 종료시에 성립하는 점, 과세관청이 원천납세의무자에게 소득세 등을 부과할 경우 원천납세의무자는 이에 대한 항고소송으로써 직접 불복할 수 있는 기회가 별도로 보장되어 있는 점 등에 비추어 보면, 원천징수의무자에 대한 소득금액변동통지는 원천납세의무의 존부나 범위와 같은 원천납세의무자의 권리나 법률상 지위에 어떠한 영향을 준다고 할 수 없으므로 소득처분에 따른 소득의 귀속자는 법인에 대한 소득금액변동통지의 취소를 구할 법률상 이익이 없다.

같은 취지의 원심판단은 정당하고, 거기에 상고이유에서 주장하는 바와 같은 소득금액변동통지의 취소를 구할 법률상 이익에 관한 법리오해 등의 위법이 없다.

3. 결론

상고를 기각하고, 상고비용은 패소자가 부담하도록 하여 관여 대법관의 일치된 의견으로 주문과 같이 판결한다.

▶ 대법관 이상훈(재판장) 신영철 김용덕 김소영(주심)

25 소득의 귀속자에 대한 소득금액변동통지가 항고소송의 대상이 되는 행정처분인지 여부

종합토지세부과처분등무효확인 [대법원, 2011두14227, 2014. 7. 24.]

【판시사항】

[1] 과세관청이 과세처분에 대한 이의신청절차에서 납세자의 이의신청 사유가 옳다고 인정하여 과세처분을 직권으로 취소한 경우, 특별한 사유 없이 이를 번복하고 종전 처분을 되풀이 할 수 있는지 여부(소극)

[2] 구 소득세법 시행령 제192조 제1항 단서에 따른 소득의 귀속자에 대한 소득금액변동통지가 항고소송의 대상이 되는 행정처분인지 여부(소극)

【판결요지】

[1] 과세처분에 관한 불복절차과정에서 불복사유가 옳다고 인정하고 이에 따라 필요한 처분을 하였을 경우에는 불복제도와 이에 따른 시정방법을 인정하고 있는 법 취지에 비추어 동일 사항에 관하여 특별한 사유 없이 이를 번복하고 다시 종전의 처분을 되풀이할 수는 없다. 따라서 과세관청이 과세처분에 대한 이의신청절차에서 납세자의 이의신청 사유가 옳다고 인정하여 과세처분을 직권으로 취소하였음에도, 특별한 사유 없이 이를 번복하고 종전 처분을 되풀이하여서 한 과세처분은 위법하다.

[2] 구 소득세법 시행령(2008. 2. 22. 대통령령 제20618호로 개정되기 전의 것, 이하 '구 소득세법 시행령'이라 한다) 제192조 제1항 단서의 취지, 소득처분에 따른 원천납세의무의 성립요건 및 성립시기, 소득의 귀속자는 소득세 부과처분에 대한 취소소송은 물론 구 국세기본법(2007. 12. 31. 법률 제8830호로 개정되기 전의 것) 제45조의2 제1항 등에 따른 경정청구를 통해서도 소득처분에 따른 원천납세의무의 존부나 범위를 충분히 다툴 수 있는 점 등에 비추어 보면, 구 소득세법 시행령 제192조 제1항 단서에 따른 소득의 귀속자에 대한 소득금액변동통지는 원천납세의무자인 소득 귀속자의 법률상 지위에 직접적인 법률적 변동을 가져오는 것이 아니므로, 항고소송의 대상이 되는 행정처분이라고 볼 수 없다.

【참조조문】

[1] 구 국세기본법(2010. 1. 1. 법률 제9911호로 개정되기 전의 것) 제55조 제1항, 제3항, 제64조, 제65조, 제66조 제1항, 제4항, 제6항

[2] 구 국세기본법(2007. 12. 31. 법률 제8830호로 개정되기 전의 것) 제21조 제1항 제1호, 제45조의2 제1항, 구 소득세법(2009. 12. 31. 법률 제9897호로 개정되기 전의 것) 제39조 제1항, 구 소득세법 시행령(2008. 2. 22. 대통령령 제20618호로 개정되기 전의 것) 제192조 제1항, 소득세법 시행령 제49조 제1항 제3호

【참조판례】

[1] 대법원 1978. 1. 31. 선고 77누266 판결(집26-1, 행19), 대법원 2010. 6. 24. 선고 2007두18161 판결(공2010하, 1488)

[2] 대법원 2011. 11. 24. 선고 2009두20274 판결(공2012상, 71)

【전문】

【원고, 상고인】

【원고, 상고인】

【피고, 피상고인】
정읍세무서장 외 1인

【원심판결】
광주고법 2011. 6. 13. 선고 (전주)2010누1281 판결

【주 문】

【주 문】
원심판결 중 피고 정읍세무서장에 대한 부분을 파기한다. 제1심판결 중 피고 정읍세무서장에 대한 종합소득세 부과처분 취소청구에 관한 부분을 취소하고, 이 부분 소를 각하한다. 이 사건 중 피고 정읍세무서장에 대한 종합소득세 부과처분 무효확인청구 부분을 파기하고, 이 부

분 사건을 광주고등법원에 환송한다. 나머지 상고를 기각한다. 원고와 피고 전주세무서장 사이의 상고비용은 원고가 부담한다.

【이 유】

1. 먼저 피고 정읍세무서장에 대한 청구 중 종합소득세 부과처분 취소청구 부분에 대하여 직권으로 판단한다.

가. 이의신청 등에 대한 결정의 한 유형으로 실무상 행해지고 있는 재조사결정은 당해 결정에서 지적된 사항에 관해서는 처분청의 재조사결과를 기다려 그에 따른 후속 처분의 내용을 이의신청 등에 대한 결정의 일부분으로 삼겠다는 의사가 내포된 변형결정에 해당한다고 볼 수밖에 없다. 그렇다면 재조사결정은 처분청의 후속 처분에 의하여 그 내용이 보완됨으로써 이의신청 등에 대한 결정으로서의 효력이 발생한다고 할 것이므로, 재조사결정에 따른 심사청구기간이나 심판청구기간 또는 행정소송의 제소기간은 이의신청인 등이 후속 처분의 통지를 받은 날부터 기산된다고 봄이 상당하다(대법원 2010. 6. 25. 선고 2007두12514 전원합의체 판결 참조).

한편 구 국세기본법(2010. 1. 1. 법률 제9911호로 개정되기 전의 것) 제55조는 제1항에서 "이 법 또는 세법에 의한 처분으로서 위법 또는 부당한 처분을 받거나 필요한 처분을 받지 못함으로써 권리 또는 이익의 침해를 당한 자는 이 장의 규정에 의한 심사청구 또는 심판청구를 하여 그 처분의 취소 또는 변경이나 필요한 처분을 청구할 수 있다."고 규정하면서, 제5항 제1호 본문에서 '이의신청·심사청구 또는 심판청구에 대한 처분은 위 제1항의 처분에 포함되지 아니한다'고 규정하고 있다. 따라서 국세기본법에 따른 불복절차를 거친 재결에 대하여는 다시 심판청구 등을 할 수 없다고 봄이 타당하다.

나. 원심이 인용한 제1심판결 이유와 기록에 의하면, 다음과 같은 사실을 알 수 있다.

(1) 피고 정읍세무서장은 2008. 2. 4. 원고에게 이 사건 종합소득세 부과처분을 하였고, 원고는 이에 불복하여 2008. 5. 2. 조세심판원장에 심판청구를 하였다.

(2) 조세심판원은 2008. 11. 11. 원고가 주식회사 한국데이타콤(이하 '소외 회사'라 한다)의 실질적 대표자인지 사실관계를 재조사하여 그 결과에 따라 과세표준과 세액을 경정하라는 취지의 이 사건 재조사결정을 하였고, 이에 따라 피고 정읍세무서장은 2008. 12. 12. 원고에게 '원고가 소외 회사의 실질적 대표자로 판단된다'는 이유로 이 사건 종합소득세 부과처분이 정당하다는 내용의 재조사결과를 통지하였다.

(3) 이에 원고는 2009. 3. 9. 조세심판원장에게 다시 심판청구(이하 '이 사건 재심판청구'라 한다)를 하여 2009. 10. 30. 조세심판원장으로부터 심판청구를 기각하는 결정을 받은 다음, 2010. 1. 27. 이 사건 종합소득세 부과처분의 취소 등을 구하는 이 사건 소를 제기하였다.

다. 이와 같은 사실관계를 앞서 본 법리와 관련 규정에 비추어 살펴보면, 이 사건 종합소득세 부과처분의 취소를 구하는 행정소송의 제소기간은 이 사건 재조사결정에 따른 후속 처분인 피고 정읍세무서장의 2008. 12. 12.자 재조사결과의 통지를 받은 날부터 기산된다고 보아야 한다. 그리고 이 사건 재심판청구는 법령에 따른 적정한 절차가 아니라 이 사건 종합소득세 부과처분에 대한 심판청구기간인 90일이 훨씬 지난 후에 원고가 임의로 다시 거친 절차에 불과할 뿐이어서 위 재조사결과의 통지를 받은 날부터 기산되는 제소기간의 진행을 방해하지 아니한다. 따라서 이 사건 소 중 원고가 위 재조사결과의 통지를 받은 날부터 90일이 지난 후임이 명백한 2010. 1. 27. 비로소 제기한 이 사건 종합소득세 부과처분 취소청구 부분은 제소기간을 경과하여 부적법하다.

2. 상고이유를 판단한다.

가. 종합소득세 부과처분 무효확인청구 부분

(1) 과세처분에 관한 불복절차과정에서 그 불복사유가 옳다고 인정하고 이에 따라 필요한 처분을 하였을 경우에는 불복제도와 이에 따른 시정방법을 인정하고 있는 법 취지에 비추어 동일 사항에 관하여 특별한 사유 없이 이를 번복하고 다시 종전의 처분을 되풀이할 수는 없다. 따라서 과세관청이 과세처분에 대한 이의신청절차에서 납세자의 이의신청 사유가 옳다고 인정하여 과세처분을 직권으로 취소하였음에도, 특별한 사유 없이 이를 번복하고 종전 처분을 되풀이하여서 한 과세처분은 위법하다(대법원 1978. 1. 31. 선고 77누266 판결, 대법원 2010. 6. 24. 선고 2007두18161 판결 등 참조).

(2) 원심이 인용한 제1심판결 이유 및 원심이 적법하게 채택한 증거에 의하면, 다음과 같은 사실을 알 수 있다.

① 소외 회사는 2004. 1. 7. 이 사건 세금계산서 7장(공급가액 합계 423,918,000원)이 위장매입에 따른 사실과 다른 세금계산서라는 이유로 부가가치세 등의 수정신고를 하였으나, 그 추가 세액을 납부하지 아니하였다.

② 피고 전주세무서장은 2004. 3. 2. 소외 회사에 위 추가 세액의 납부고지를 하였으나 소외 회사가 이를 체납하자, 2004. 4. 15. 원고를 과점주주로 보아 제2차 납세의무자 지정통지 및 납부통지를 하였다.

③ 원고는 2004. 7. 6. 국세심판원장에게 제2차 납세의무자 납부통지의 취소를 구하는 심판청구를 하였고, 2004. 10. 11. 국세심판원은 원고의 심판청구를 인용하여 제2차 납세의무자 납부통지를 취소하는 결정을 하였는데, 그 주된 이유는 "위 부가가치세 등의 납세의무 성립일인 2002. 12. 31. 당시 소외 회사의 과점주주 겸 대표이사는 형식적으로 원고이었으나, 실질적인 주주권과 경영권은 소외인이 행사하였으므로 원고를 소외 회사의 경영을 사실상 지배하는 자 또는 그 소유 주식에 관한 권리를 실질적으로 행사하는 자로 볼 수 없다."는 것이다.

④ 한편 피고 전주세무서장은 2004. 6. 29.경 이 사건 세금계산서 7장이 위장매입이 아닌 가공매입에 따른 허위의 세금계산서라는 이유로 그 매입금액 합계 423,918,000원을 손금불산입하여 소외 회사의 법인세를 경정하는 한편, 같은 금액 상당액이 사외유출되었으나 귀속이 불분명하다는 이유로 원고에 대한 인정상여로 소득처분하여 원고에게 소득금액변동통지(이하

'당초 소득금액변동통지'라 한다)를 하였다.

⑤ 피고 정읍세무서장은 2005. 3. 2. 위 소득처분에 따라 원고에게 2002년 귀속 종합소득세 부과처분(이하 '당초 부과처분'이라 한다)을 하였다.

⑥ 원고는 2005. 4. 3. 피고 정읍세무서장에게 당초 부과처분에 대하여 이의신청을 하면서 국세심판원의 원고에 대한 위 제2차 납세의무자 납부통지 취소결정문을 제출하였다.

⑦ 피고 전주세무서장은 2005. 4. 8. 위 소득금액변동통지를 취소하였고, 그 무렵 피고 정읍세무서장은 원고의 이의신청이 옳다고 보아 당초 부과처분을 직권으로 취소하였다.

⑧ 그 후 다시 피고 전주세무서장은 2007. 3. 28. 이 사건 세금계산서 7장의 매입금액 합계 423,918,000원 상당액에 대하여 당초 소득금액변동통지와 같은 이유로 원고에게 소득금액변동통지를 하였다가, 2007. 10. 8. 소득금액을 220,011,000원으로 감액하여 통지하였고(이하 위와 같이 감액된 후의 소득금액변동통지를 '이 사건 소득금액변동통지'라 한다), 피고 정읍세무서장은 2008. 2. 4. 위 소득처분에 따라 원고에게 이 사건 종합소득세 부과처분을 하였다.

(3) 위와 같은 사실관계를 앞서 본 법리에 비추어 살펴보면, 원고는 자신이 소외 회사를 실질적으로 운영한 대표자가 아니었다는 사유로 당초 부과처분에 대하여 이의신청을 하였고, 피고 정읍세무서장은 그러한 원고의 이의신청 사유가 옳다고 인정하여 당초 부과처분을 직권으로 취소한 것으로 보인다. 원고가 허위의 자료를 제출하는 등의 부정한 방법으로 당초 부과처분에 대한 직권취소를 받았다는 등의 특별한 사유가 없이 피고 정읍세무서장이 그 직권취소를 번복하여, 당초 부과처분과 그 처분사유는 동일하고 다만 세액만이 감액된 이 사건 종합소득세 부과처분을 하였다면, 이는 종전 처분을 되풀이한 것으로서 위법할 뿐만 아니라 위와 같은 이 사건 종합소득세 부과처분의 경위 및 내용에 비추어 보면 그 하자가 중대하고 명백하여 무효라고 볼 여지가 있다.

(4) 그런데도 원심은, 피고 정읍세무서장이 당초 부과처분에 대한 직권취소를 번복할 특별한 사유가 있었는지 여부 등을 심리하지 아니한 채, 과세관청은 부과처분의 취소처분을 다시 취소함으로써 원래의 부과처분을 소생시킬 수는 없으나 다시 법률에서 정한 절차에 따라 동일한 내용의 새로운 부과처분을 할 수는 있다는 등의 이유로, 이 사건 종합소득세 부과처분이 일사부재리 원칙 등에 위배되어 위법·무효라는 원고의 주장을 배척하였다. 이러한 원심의 조치에는 불복절차에서의 과세처분 취소에 따른 재처분금지에 관한 법리를 오해하여 필요한 심리를 다하지 아니함으로써 판결에 영향을 미친 위법이 있다. 이 점을 지적하는 취지의 상고이유 주장은 이유 있다.

나. 피고 전주세무서장에 대한 청구 부분
(1) 구 소득세법 시행령(2008. 2. 22. 대통령령 제20618호로 개정되기 전의 것, 이하 같다) 제192조 제1항은 본문에서 원칙적으로 원천징수의무자인 법인에게 소득처분에 따른 소득금액변동통지를 하도록 규정하면서, 단서에서 '법인의 소재지가 분명하지 아니하거나 그 통지서를 송달할 수 없는 경우 또는 법인이 국세징수법 제86조 제1항 제1호, 제2호 및 제4호의 규정

에 해당하는 경우'에는 원천납세의무자인 소득의 귀속자에게 소득금액변동통지를 하도록 규정하고 있는데, 위 단서의 규정은 법인에게 소득금액변동통지서를 송달할 수 없는 경우에 소득의 귀속자에게 보충적으로 송달을 이행함으로써 법인의 원천징수의무를 발생시키기 위한 규정이 아니라, 소득의 귀속자에게 구 소득세법 시행령 제134조 제1항에 따른 종합소득 과세표준의 추가신고 및 자진납부의 기회를 주기 위하여 마련된 특칙으로 이해된다(대법원 2013. 9. 26. 선고 2010두24579 판결 등 참조).

그리고 소득처분에 따른 소득 귀속자의 원천납세의무는 위 규정에 따른 소득금액변동통지가 송달되었는지 여부와 상관없이 구 국세기본법(2007. 12. 31. 법률 제8830호로 개정되기 전의 것) 제21조 제1항 제1호, 구 소득세법(2009. 12. 31. 법률 제9897호로 개정되기 전의 것) 제39조 제1항, 소득세법 시행령 제49조 제1항 제3호 등에 의하여 그 소득이 귀속된 과세기간이 종료하는 때에 성립한다(대법원 2006. 7. 27. 선고 2004두9944 판결 등 참조).

위와 같은 구 소득세법 시행령 제192조 제1항 단서의 취지, 소득처분에 따른 원천납세의무의 성립요건 및 성립시기, 소득의 귀속자는 소득세 부과처분에 대한 취소소송은 물론 구 국세기본법 제45조의2 제1항 등에 따른 경정청구를 통해서도 소득처분에 따른 원천납세의무의 존부나 범위를 충분히 다툴 수 있는 점(대법원 2011. 11. 24. 선고 2009두20274 판결 등 참조) 등에 비추어 보면, 구 소득세법 시행령 제192조 제1항 단서에 따른 소득의 귀속자에 대한 소득금액변동통지는 원천납세의무자인 소득 귀속자의 법률상 지위에 직접적인 법률적 변동을 가져오는 것이 아니므로, 항고소송의 대상이 되는 행정처분이라고 볼 수 없다.

(2) 원심이 같은 취지에서, 이 사건 소득금액변동통지가 항고소송의 대상이 되는 행정처분에 해당하지 아니한다고 판단한 것은 정당하고, 거기에 상고이유 주장과 같은 항고소송의 대상이 되는 행정처분에 관한 법리오해 등의 위법이 없다.

3. 결론

나머지 상고이유에 관한 판단을 생략한 채 원심판결 중 피고 정읍세무서장에 대한 부분을 파기하되, 이 사건 중 피고 정읍세무서장에 대한 종합소득세 부과처분 취소청구 부분은 대법원이 직접 재판하기에 충분하므로 자판하기로 하여, 제1심판결 중 위 취소청구 부분을 취소하고 이 부분 소를 각하하며, 이 사건 중 피고 정읍세무서장에 대한 종합소득세 부과처분 무효확인청구 부분을 다시 심리·판단하게 하기 위하여 원심법원에 환송하며, 나머지 상고는 기각하고, 원고와 피고 전주세무서장 사이의 상고비용은 원고가 부담하기로 하여, 관여 대법관의 일치된 의견으로 주문과 같이 판결한다.

▶ 대법관 이상훈(재판장) 신영철 김용덕 김소영(주심)

26. 징수처분에 대한 항고소송에서 징수처분 고유의 하자가 아닌 소득세 납세의무 자체에 관하여 다툴 수 있는지 여부

원천 징수 처분 취소 [대법원, 2009두14439, 2012. 1. 26.]

【판시사항】

과세관청의 소득처분과 그에 따른 소득금액변동통지가 있는 경우, 후행처분인 징수처분에 대한 항고소송에서 징수처분 고유의 하자가 아닌 소득세 납세의무 자체에 관하여 다툴 수 있는지 여부

【판결요지】

과세관청의 소득처분과 그에 따른 소득금액변동통지가 있는 경우 원천징수의무자인 법인은 소득금액변동통지서를 받은 날에 그 통지서에 기재된 소득의 귀속자에게 당해 소득금액을 지급한 것으로 의제되어 그때 원천징수하는 소득세의 납세의무가 성립함과 동시에 확정되므로 소득금액변동통지는 원천징수의무자인 법인의 납세의무에 직접 영향을 미치는 과세관청의 행위로서 항고소송의 대상이 된다. 그리고 원천징수의무자인 법인이 원천징수하는 소득세의 납세의무를 이행하지 아니함에 따라 과세관청이 하는 납세고지는 확정된 세액의 납부를 명하는 징수처분에 해당하므로 선행처분인 소득금액변동통지에 하자가 존재하더라도 당연무효 사유에 해당하지 않는 한 후행처분인 징수처분에 그대로 승계되지 아니한다. 따라서 과세관청의 소득처분과 그에 따른 소득금액변동통지가 있는 경우 원천징수하는 소득세의 납세의무에 관하여는 이를 확정하는 소득금액변동통지에 대한 항고소송에서 다투어야 하고, 소득금액변동통지가 당연무효가 아닌 한 징수처분에 대한 항고소송에서 이를 다툴 수는 없다.

【참조조문】

구 국세기본법(2010. 1. 1. 법률 제9911호로 개정되기 전의 것) 제21조 제2항, 제22조 제2항, 구 법인세법(2003. 12. 30. 법률 제7005호로 개정되기 전의 것) 제66조 제2항 제1호, 제67조, 구 법인세법 시행령(2003. 12. 30. 대통령령 제18174호로 개정되기 전의 것) 제106조 제1항 제1호 (나)목, 구 소득세법(2003. 7. 30. 법률 제6958호로 개정되기 전의 것) 제127조 제1항 제4호, 행정소송법 제2조

【참조판례】

대법원 1974. 10. 8. 선고 74다1254 판결(공1974, 8073), 대법원 1988. 11. 8. 선고 85다카1548 판결(공1988, 1519), 대법원 2000. 3. 28. 선고 98두16682 판결(공2000상, 1092), 대법원 2000. 3. 28. 선고 2002두9254 판결, 대법원 2006. 4. 20. 선고 2002두1878 전원합의체 판결(공2006상, 940), 대법원 2006. 9. 8. 선고 2005두14394 판결(공2006하, 1695), 대법원 2010. 2. 25. 선고 2007두18284 판결(공2010상, 682)

【전문】

【원고, 상고인】
주식회사 핑크골드 (소송대리인 법무법인 부일 담당변호사 안병민)

【피고, 피상고인】
삼성세무서장

【원심판결】
서울고법 2009. 7. 16. 선고 2008누29504 판결

【주 문】

【주 문】
상고를 기각한다. 상고비용은 원고가 부담한다.

【이 유】
상고이유를 판단한다.

과세관청의 소득처분과 그에 따른 소득금액변동통지가 있는 경우 원천징수의무자인 법인은 소득금액변동통지서를 받은 날에 그 통지서에 기재된 소득의 귀속자에게 당해 소득금액을 지급한 것으로 의제되어 그때 원천징수하는 소득세의 납세의무가 성립함과 동시에 확정되므로 소득금액변동통지는 원천징수의무자인 법인의 납세의무에 직접 영향을 미치는 과세관청의 행위로서 항고소송의 대상이 된다(대법원 2006. 4. 20. 선고 2002두1878 전원합의체 판결). 그리고 원천징수의무자인 법인이 원천징수하는 소득세의 납세의무를 이행하지 아니함에 따라 과세관청이 하는 납세고지는 확정된 세액의 납부를 명하는 징수처분에 해당하므로 선행처분인 소득금액변동통지에 하자가 존재하더라도 그 하자가 당연무효 사유에 해당하지 않는 한 후행처분인 징수처분에 그대로 승계되지 아니한다. 따라서 과세관청의 소득처분과 그에 따른 소득금액변동통지가 있는 경우 원천징수하는 소득세의 납세의무에 관하여는 이를 확정하는 소득금액변동통지에 대한 항고소송에서 다투어야 하고 그 소득금액변동통지가 당연무효가 아닌 한 징수처분에 대한 항고소송에서 이를 다툴 수는 없다고 해야 할 것이다.

원심판결 이유에 의하면, 피고는 원고가 2003. 6.경 주식회사 금빛코리아로부터 수취한 매입세금계산서 3장을 실물거래가 없는 허위의 세금계산서로 보아 그 공급가액 118,322,760원을 손금불산입하고 그 매입세액을 포함한 130,155,036원을 대표자에 대한 상여로 소득처분하여 2006. 8. 1. 원고에게 그에 따른 소득금액변동통지(이하 '이 사건 소득금액변동통지'라 한다)를 한 사실, 원고가 이 사건 소득금액변동통지에 따른 원천징수 근로소득세를 납부하지 아니하자 피고는 2007. 3. 1. 원고에게 2003년 귀속 원천징수 근로소득세 등 합계 35,688,290원을 납부하도록 고지(이하 '이 사건 징수처분'이라 한다)한 사실 등을 인정한 다음, 원고가 이 사건 소득금액변동통지에 대하여 소정의 불복기간이 지나도록 다투지 아니하다가 이 사건 징수처분에 이르러 징수처분의 고유한 하자에 관하여는 아무런 주장도 하지 아니한 채 이 사건

소득금액변동통지의 구체적 내용만을 다투고 있을 뿐이고 그 다투는 사유는 이 사건 소득금액변동통지의 당연무효 사유에 해당한다고 볼 수 없다는 이유로, 이 사건 징수처분은 위법하다고 할 수 없다고 판단하였다.

앞서 본 법리 및 기록에 비추어 살펴보면, 원심의 이러한 판단은 정당하고 거기에 상고이유에서 주장하는 바와 같은 징수처분의 불복사유에 관한 법리오해 등의 위법이 없다.

그러므로 상고를 기각하고, 상고비용은 패소자가 부담하도록 하여 관여 대법관의 일치된 의견으로 주문과 같이 판결한다.

▶ 대법관 민일영(재판장) 박일환(주심) 신영철 박보영

27 대표이사의 횡령이 사외유출에 해당하지 않는 경우

법인세등부과처분취소 [대법원, 2007두23323, 2008. 11. 13.]

【판시사항】

법인의 실질적 경영자인 대표이사 등이 법인의 자금을 유용한 행위가 자금에 대한 지출 자체로서 자산의 사외유출에 해당하는지 여부(원칙적 적극) 및 그에 해당한다고 볼 수 없는 특별한 사정의 판단 방법과 그 증명책임자(=법인)

【판결요지】

법인의 실질적 경영자인 대표이사 등이 법인의 자금을 유용하는 행위는 특별한 사정이 없는 한 애당초 회수를 전제로 하여 이루어진 것이 아니어서 그 금액에 대한 지출 자체로서 이미 사외유출에 해당한다. 여기서 그 유용 당시부터 회수를 전제하지 않은 것으로 볼 수 없는 특별한 사정에 관하여는 횡령의 주체인 대표이사 등의 법인 내에서의 실질적인 지위 및 법인에 대한 지배 정도, 횡령행위에 이르게 된 경위 및 횡령 이후의 법인의 조치 등을 통하여 그 대표이사 등의 의사를 법인의 의사와 동일시하거나 대표이사 등과 법인의 경제적 이해관계가 사실상 일치하는 것으로 보기 어려운 경우인지 여부 등 제반 사정을 종합하여 개별적·구체적으로 판단하여야 하며, 이러한 특별한 사정은 이를 주장하는 법인이 입증하여야 한다.

【참조조문】

법인세법 제67조, 법인세법 시행령 제106조 제1항 제1호, 제2호

【참조판례】

대법원 1999. 12. 24. 선고 98두7350 판결(공2000상, 326), 대법원 2001. 9. 14. 선고 99두3324 판결(공2001하, 2273)

【전문】

【원고, 상고인】
정리회사 주식회사 화인썬트로닉스의 관리인 ○○○의 소송수계인 주식회사 화인썬트로닉스 (소송대리인 법무법인 대지외 5인)

【피고, 피상고인】
성동세무서장

【원심판결】
서울고법 2007. 10. 12. 선고 2007누15959 판결

【주 문】

【주 문】
원심판결을 파기하고, 사건을 서울고등법원에 환송한다.

【이 유】
상고이유(상고이유서 제출기간이 지나서 제출된 상고이유보충서의 기재는 상고이유를 보충하는 범위 안에서)를 판단한다.

법인의 실질적 경영자인 대표이사 등이 법인의 자금을 유용하는 행위는 특별한 사정이 없는 한 애당초 회수를 전제로 하여 이루어진 것이 아니어서 그 금액에 대한 지출 자체로서 이미 사외유출에 해당한다고 할 것이다(대법원 1999. 12. 24. 선고 98두7350 판결, 대법원 2001. 9. 14. 선고 99두3324 판결 등 참조). 여기서 그 유용 당시부터 회수를 전제하지 않은 것으로 볼 수 없는 특별한 사정에 대하여는 횡령의 주체인 대표이사 등의 법인 내에서의 실질적인 지위 및 법인에 대한 지배 정도, 횡령행위에 이르게 된 경위 및 횡령 이후의 법인의 조치 등을 통하여 그 대표이사 등의 의사를 법인의 의사와 동일시하거나 대표이사 등과 법인의 경제적 이해관계가 사실상 일치하는 것으로 보기 어려운 경우인지 여부 등 제반 사정을 종합하여 개별적·구체적으로 판단하여야 하며, 이러한 특별한 사정은 이를 주장하는 법인이 입증하여야 한다.

원심은, 소외 1이 주식회사 화인썬트로닉스(이하 '소외 회사'라 한다)의 대주주였던 소외 2로부터 소외 회사의 주식 5,450,320주(발행주식의 54.8%)를 양수함에 있어 위 주식양수인으로서의 지위를 이용하여 위 주식양수대금 84억 원을 소외 회사의 자산으로부터 인출하여 지급함으로써 이를 횡령하고, 소외 3은 소외 1로부터 소외 회사의 주식 2,794,930주(발행주식의 23.48%)와 그 경영권을 인수하여 소외 회사의 대표이사로 취임한 후 소외 회사 명의의 융통어음을 함부로 발행하여 할인받는 방법으로 21,387,418,000원을 횡령한 사실을 인정한 다음, 회사의 대표이사 등 임원이 그의 지위를 이용하여 회사의 수익을 사외에 유출시켜 자신에게 귀속시킨 돈 중 회사의 사업을 위하여 사용된 것이 분명하지 아니한 것은 당초 회수를 전제로 하여 이루어진 것이 아니므로 그 금액에 대한 지출 자체로 사외유출에 해당하여, 소외 1과 소외 3이 소외 회사의 대표이사 내지 실질적 경영자로서 피용자의 지위에 있다고 볼 만한 특별한 사정이 인정되지 않는다면, 사외유출되어 그들에게 귀속된 소외 회사의 자산은 당초

회수를 전제로 하여 이루어진 것이 아니라고 보아서, 이에 대한 소외 회사의 추인이나 묵인이 있었는지 여부에 관계없이 이 사건 처분은 적법하다고 판단하였다.

그러나 원심이 적법하게 확정한 사실관계 및 기록에 의하면, 비록 소외 1, 소외 3이 각각 순차로 소외 회사 발행주식의 54.8%, 23.48%를 보유한 대주주이자 대표이사 또는 실질적 경영자에 해당한다고 하더라도 소외 회사는 코스닥 상장법인으로서 소액주주 등 나머지 주주들이 45%(소외 3이 대표이사이었을 경우에는 76.5%) 상당의 주식을 보유하고 있었고, 또한 소외 1이 2001. 7. 13. 위 주식양수계약을 체결하고 그 대금을 지급하기도 전인 같은 해 8. 22. 소외 회사의 자산 84억 원을 횡령하고, 그로부터 6개월 후인 2002년 3월경 소외 1로부터 소외 회사의 주식 및 경영권을 인수한 소외 3 역시 2003. 4. 3.에 소외 회사의 대표이사에서 해임되기까지 약 1년 여에 걸쳐 소외 회사의 자산 213억여 원 상당을 횡령함으로써 2003년 3월경 소외 회사를 부도에 이르게 하였으며, 2003. 3. 3.경 이러한 횡령사실을 알게 된 소외 회사의 임직원 등이 소외 3을 형사고소하고, 소외 회사의 도산으로 회사정리절차가 개시된 후인 2003. 7. 21.경 정리회사의 관리인인 원고가 소외 3을 상대로 위 횡령 등 불법행위로 인한 손해배상청구소송을 제기하여 2003. 10. 16. 원고 승소판결을 선고받아 확정되었으며, 같은 달 29. 개최된 임시주주총회에서 소외 3을 대표이사에서 해임하였고, 2004. 10. 13. 원고가 소외 1에 대하여 손해배상청구소송을 제기하여 2006. 2. 7. 원고 승소판결을 선고받아 확정되었음을 알 수 있다. 이와 같이 소외 1, 소외 3이 일련의 횡령행위에 이르게 된 경위, 소액주주 등이 45%(또는 76.5%) 이상이나 되는 코스닥 상장법인인 소외 회사에 있어서 소외 1이나 소외 3의 의사를 소외 회사의 의사와 동일시하거나 소외 회사와 소외 1, 소외 3의 경제적 이해관계가 사실상 일치하는 것으로 보기는 어려운 점, 소외 회사가 소외 1, 소외 3의 횡령을 묵인하였다거나 추인하였다고 볼 사정이 없고, 소외 회사가 그 횡령사실을 알게 된 직후부터 소외 3 등에 대한 권리행사에 착수하여 소외 1, 소외 3에 대한 위 횡령으로 인한 손해배상채권을 확보하고 있는 점 등 횡령 전후의 여러 사정을 앞서 본 법리에 비추어 볼 때, 위 횡령 당시 곧바로 회수를 전제로 하지 않은 것으로서 횡령금 상당액의 자산이 사외유출되었다고 보기는 어렵다고 보여진다.

그럼에도 불구하고, 원심이 이 사건에서 소외 1, 소외 3이 모두 소외 회사의 대표이사 내지 실질적 경영자에 해당한다는 이유로 소외 1, 소외 3의 횡령으로 인하여 그들에게 귀속된 소외 회사의 자산은 당초 회수를 전제로 하여 이루어진 것이 아니므로, 이에 대한 소외 회사의 추인이나 묵인이 있었는지 여부에 관계없이 사외유출된 것으로 보아 상여로 소득처분한 것이 적법하다고 판단한 것은 소득처분에 있어서의 사외유출에 관한 법리를 오해하여 그 심리를 다하지 아니함으로써 판결 결과에 영향을 미친 위법이 있다고 할 것이다. 이 점을 지적하는 상고이유 주장은 이유 있다.

그러므로 원고의 나머지 상고이유에 대하여는 더 나아가 살필 필요 없이 원심판결을 파기하고, 사건을 다시 심리판단하게 하기 위하여 원심법원에 환송하기로 하여 관여 대법관의 일치된 의견으로 주문과 같이 판결한다.

▶ 대법관 이홍훈(재판장) 김영란 안대희 양창수(주심)

CHAPTER 03 익금

제1절 익금의 정의
제2절 본래의 익금
제3절 간주익금
제4절 의제배당

28 주식매도가 자산거래인지 자본거래인지에 대한 판단

배당소득세부과처분취소 [대법원, 2008두19628, 2010. 10. 28.]

【판시사항】

[1] 주식 매도가 자산거래인 주식 양도에 해당하는지 또는 자본거래인 주식 소각 내지 자본 환급에 해당하는지 여부의 판단 기준

[2] 법인이 자본감소절차의 일환으로 상법 제341조 제1호에 따라 주식을 소각하여 출자금을 환급받기 위한 목적에서 망인으로부터 주식을 취득한 사안에서, 주식의 양도차익을 망인에 대한 배당소득으로 의제하여 위 법인에게 원천징수분 배당소득세를 고지한 처분은 적법하다고 본 원심판단을 수긍한 사례

[3] 구 소득세법 제17조 제2항 제1호에 따른 의제배당소득 계산방법이 위헌인지 여부

【판결요지】

[1] 주식 매도가 자산거래인 주식 양도에 해당하는지 또는 자본거래인 주식 소각 내지 자본 환급에 해당하는가는 법률행위 해석의 문제로서 그 거래의 내용과 당사자의 의사를 기초로 하여 판단하여야 할 것이지만, 실질과세의 원칙상 단순히 당해 계약서의 내용이나 형식에만 의존할 것이 아니라, 당사자의 의사와 계약체결의 경위, 대금의 결정방법, 거래의 경과 등 거래의 전체과정을 실질적으로 파악하여 판단하여야 한다.

[2] 법인이 망인으로부터 총 평가액 130억 원이 넘는 주식을 취득한 것은 자본감소절차의 일환으로서 상법 제341조 제1호에 따라 주식을 소각하여 위 법인에 대한 출자금을 환급해 주기 위한 목적에서 이루어진 것이므로, 주식의 양도차익을 망인에 대한 배당소득으로 의제하여 위 법인에게 원천징수분 배당소득세를 고지한 처분은 적법하다고 본 원심판단을 수긍한 사례.

[3] 구 소득세법(2006. 12. 30. 법률 제8144호로 개정되기 전의 것) 제17조 제2항 제1호가 규정하고 있는 의제배당소득, 즉 주식의 소각 또는 자본의 감소로 인하여 주주가 받은 재산의 가액에서 그 주주가 당해 주식을 취득하기 위하여 소요된 금액을 초과하는 금액 중에는 기업

경영의 성과인 잉여금 중 사외에 유출되지 않고 법정적립금, 이익준비금 기타 임의적립금 등의 형식으로 사내에 유보된 이익뿐만 아니라 유보된 이익과 무관한 당해 주식의 보유기간 중의 가치증가분도 포함되어 있을 수 있으나, 위 법률조항이 이를 별도로 구분하지 않고 모두 배당소득으로 과세하고 있는 것은 입법정책의 문제이고 그 밖에 의제배당소득의 입법 취지, 조세징수의 효율성이라는 공익적인 측면 등에 비추어 보면 위 법률조항이 입법자의 합리적 재량의 범위를 일탈하였다고 볼 수 없어 그로써 조세평등주의를 규정한 헌법 제11조에 위배된다거나 재산권보장을 규정한 헌법 제23조에 위배된다고 볼 수 없다.

【참조조문】

[1] 국세기본법 제14조, 국세기본법 시행령 제20조, 상법 제341조, 제341조의2 제1항, 제3항, 제343조 제1항, 구 소득세법(2006. 12. 30. 법률 제8144호로 개정되기 전의 것) 제17조 제2항 제1호

[2] 국세기본법 제14조, 국세기본법 시행령 제20조, 상법 제341조, 제341조의2 제1항, 제3항, 제343조 제1항, 구 소득세법(2006. 12. 30. 법률 제8144호로 개정되기 전의 것) 제17조 제2항 제1호

[3] 헌법 제11조, 제23조, 구 소득세법(2006. 12. 30. 법률 제8144호로 개정되기 전의 것) 제17조 제2항 제1호

【참조판례】

[1] 대법원 1992. 11. 24. 선고 92누3786 판결, 대법원 2002. 12. 26. 선고 2001두6227 판결(공2003상, 534)

【전문】

【원고, 상고인】
주식회사 귀뚜라미 홈시스(소송대리인 변호사 이임수외 4인)

【피고, 피상고인】
부천세무서장

【원심판결】
서울고법 2008. 10. 10. 선고 2008누1964 판결

【주 문】

【주 문】
상고를 기각한다. 상고비용은 원고가 부담한다.

【이 유】
상고이유를 판단한다.

1. 상고이유 제1 내지 4점에 관하여

구 소득세법(2006. 12. 30. 법률 제8144호로 개정되기 전의 것, 이하 같다) 제17조 제2항 제1호는 감자 등으로 인한 의제배당에 관하여 '주식의 소각이나 자본의 감소로 인하여 주주가 취득하는 금전 기타 재산의 가액이 주주가 당해 주식을 취득하기 위하여 소요된 금액을 초과하는 금액은 이를 당해 주주에게 배당한 것으로 본다'고 규정하고 있다.

그리고 상법 제343조 제1항 전문은 "주식은 자본감소에 관한 규정에 의하여서만 소각할 수 있다."고 규정하고, 제341조는 "회사는 주식을 소각하기 위한 때(제1호) 외에는 자기의 계산으로 자기의 주식을 취득하지 못한다."고 규정하고 있다. 또한 제341조의2 제1항, 제3항은 '회사는 퇴직하는 이사 등의 주식을 양수함으로써 발행주식총수의 100분의 10을 초과하지 아니하는 범위 안에서 이익배당이 가능한 한도 이내로 자기의 주식을 취득할 수 있으나, 상당한 시기에 이를 처분하여야 한다'고 규정하고 있다.

한편, 주식의 매도가 자산거래인 주식의 양도에 해당하는가 또는 자본거래인 주식의 소각 내지 자본의 환급에 해당하는가는 법률행위 해석의 문제로서 그 거래의 내용과 당사자의 의사를 기초로 하여 판단하여야 할 것이지만, 실질과세의 원칙상 단순히 당해 계약서의 내용이나 형식에만 의존할 것이 아니라, 당사자의 의사와 계약체결의 경위, 대금의 결정방법, 거래의 경과 등 거래의 전체과정을 실질적으로 파악하여 판단하여야 한다(대법원 1992. 11. 24. 선고 92누3786 판결, 대법원 2002. 12. 26. 선고 2001두6227 판결 등 참조).

원심판결 이유에 의하면, 원심은 그 판시와 같은 사실을 인정한 다음, 망 소외 1(이하 '망인'이라 한다)이 2001. 7. 31. 원고 회사를 퇴직하고 약 11개월 정도 지난 후에야 원고 회사에게 이 사건 주식의 매수를 요청한 점 등에 비추어 원고 회사의 이 사건 주식의 취득은 상법 제341조의2에 의한 자기주식의 양수에 해당한다고 할 수 없는 점, 망인이 원고 회사에서 퇴직하고 지병인 뇌질환을 앓고 있는 등 별다른 소득 없이 투병 중에 있으면서도 원고 회사에 대한 출자금을 회수하여 이를 소외 2 재단법인(이하 '소외 재단'이라 한다)에 출연하기 위하여 2002년 6월경 원고 회사에게 총평가액이 130억 원이 넘는 이 사건 주식의 매매 및 소외 재단에 대한 출연 등 관련 사항 일체를 위임하였고, 이 사건 주식에 대하여 원고 회사와 매매계약을 체결한 2002. 10. 8. 계약금조차 지급받지 않은 상태에서 원고 회사 앞으로 이 사건 주식에 관하여 명의개서질자를 이행하여 준 점, 이 사건 주식의 제3자 매각 시도는 모두 2002. 10. 8. 이 사건 주식에 대한 매매계약이 있기 이전의 일로서 그러한 제3자 매각 시도가 모두 실패로 끝나 장차 제3자 매각 전망이 더욱 사라진 상태에서 이 사건 주식에 대한 매매계약이 체결된 점에 비추어 원고 회사는 2002. 10. 8. 종국적으로 이 사건 주식을 임의소각의 방법으로 처리함으로써 원고 회사에 대한 출자금을 환급할 수 밖에 없다는 점을 알고도 이 사건 주식에 대한 매매계약을 체결한 것으로 보지 않을 수 없는 점, 실제로 원고 회사는 이 사건 주식에 대한 명의개서를 마친 2002. 10. 8. 이후 불과 1개월 만인 2002. 11. 14.과 같은 달 15일에 이사회와 임시주주총회를 각각 개최하여 이 사건 주식의 소각을 통한 자본감소를 결의하였고, 2002. 12. 3. 소외 재단의 설립을 위한 발기인 총회를 개최하여 2003. 1. 14. 설립허가를 받아 2003. 2. 4. 설립등기를 마치고 2003. 2. 14.자로 각 세금을 제외한 나머지 이 사건 주식의 소각대금을 전부 소외 재단에 출연하는 등 시간적으로 매우 근접하여 순차적으로 각각의 절차가 이행되었고 이는 주식의 처분으로 볼 수 없는 점, 이 사건 주식에 대한 감자결의가 있었던 2002. 11. 15. 이후인 2002. 12. 6.이 되어서야 망인 명의의 예금계좌로 이 사건 주식의 소각대금이 입금되었다가 2003. 2. 14. 위 계좌상의 금원이 망인을 거치지 않고 인출되어 소외 재단의 기금으로 출연되었는데, 이러한 일련의 과정에 망인이나 그의 상속인들이 전혀 관여하지 아니한 점, 그 밖에 이 사건 주식의 양도 당시 원고 회사의 주주 구성, 망인과 원고 회사의 관계 등 제반사정을 고려하여 보면, 원고 회사가 망인으로부터 이 사건 주식을 취득한 것은 자본감소절차의 일환으로서 상법 제341조 제1호에 따라 주식을 소각함으로써 원고 회사에 대한 출자금을 환급해 주기 위한 목적에서 이루어진 것으로 봄이 상당하므로, 이 사건 주식의 양도차익을 망인에 대한 배당소득으로 의제하여 원고 회사에게 원천징수분 배당소득세를 고지한 이 사건 처분은 적법하다고 판단하였다.

앞서 본 각 규정과 법리 및 기록에 비추어 살펴보면 이와 같은 원심의 판단은 정당한 것으로 수긍할 수 있고, 거기에 상고이유에서 주장하는 주식취득행위의 해석이나 실질과세의 원칙에 관한 법리오해 등의 위법이 없다.

2. 상고이유 제5점에 관하여

구 소득세법 제17조 제2항 제1호가 규정하고 있는 의제배당소득, 즉 주식의 소각 또는 자본의 감소로 인하여 주주가 받은 재산의 가액에서 그 주주가 당해 주식을 취득하기 위하여 소요된 금액을 초과하는 금액 중에는 기업경영의 성과인 잉여금 중 사외에 유출되지 않고 법정적립금, 이익준비금 기타 임의적립금 등의 형식으로 사내에 유보된 이익뿐만 아니라 유보된 이익과 무관한 당해 주식의 보유기간 중의 가치증가분도 포함되어 있을 수 있으나, 위 법률조항이 이를 별도로 구분하지 않고 모두 배당소득으로 과세하고 있는 것은 입법정책의 문제라 할 것이고, 그 밖에 의제배당소득의 입법 취지, 조세징수의 효율성이라는 공익적인 측면 등에 비추어 보면 위 법률조항이 입법자의 합리적 재량의 범위를 일탈하였다고 볼 수 없어 그로써 조세평등주의를 규정한 헌법 제11조에 위반된다거나 재산권보장을 규정한 헌법 제23조에 위반된다고 볼 수 없다.

그렇다면 이 사건에 관하여 원심이 적용한 위 법률조항이 헌법에 위반된다는 이 부분 상고이유의 주장은 받아들일 수 없다.

3. 결론

그러므로 상고를 기각하고, 상고비용은 패소자가 부담하기로 하여 관여 대법관의 일치된 의견으로 주문과 같이 판결한다.

▶ 대법관 전수안(재판장) 양승태(주심) 김지형 양창수

CHAPTER 04 익금불산입

제1절 익금불산입 일반
제2절 수입배당금에 대한 익금불산입

29 익불산입 대상이 되는 '내국법인이 출자한 다른 내국법인으로부터 받은 수입배당금'

법인세부과처분취소 [대법원, 2015두48693, 2017. 1. 12.]

【판시사항】

구 법인세법 제18조의3 제1항에 따라 익금불산입 대상이 되는 '내국법인이 출자한 다른 내국법인으로부터 받은 수입배당금'의 의미 / 익명조합원의 지위에 있는 내국법인이 익명조합계약에 따라 영업자의 지위에 있는 다른 내국법인으로부터 지급받는 돈이 익금불산입 대상이 되는 '수입배당금액'인지 여부(소극)

【판결요지】

구 법인세법(2010. 12. 30. 법률 제10423호로 개정되기 전의 것, 이하 같다) 제18조의2 제1항, 제18조의3 제1항 제1호, 제2호의 문언과 체계를 종합하면, 구 법인세법 제18조의3 제1항에 따라 익금불산입 대상이 되는 '내국법인이 출자한 다른 내국법인으로부터 받은 수입배당금'은 내국법인이 다른 내국법인에 출자를 함으로써 법인의 주식 등을 취득하고 주주 등의 지위에서 다른 내국법인에 대한 출자지분 등에 비례하여 받는 '이익의 배당액이나 잉여금의 분배액과 제16조의 규정에 따른 배당금 또는 분배금의 의제액'을 의미한다. 그러므로 내국법인이 익명조합계약을 체결하여 다른 내국법인의 영업을 위하여 출자하고 다른 내국법인은 영업으로 인한 이익을 분배하기로 약정한 다음 이에 따라 익명조합원의 지위에 있는 내국법인이 영업자의 지위에 있는 다른 내국법인에 출자를 하는 경우에, 내국법인이 출자를 통하여 다른 내국법인의 주식 등을 취득하거나 주주 등의 지위에 있게 되는 것이 아니므로, 출자를 한 내국법인이 영업자의 지위에 있는 다른 내국법인으로부터 지급받는 돈은 익명조합원의 지위에서 출자 당시 정한 손익분배약정에 따라 지급받는 것에 불과할 뿐 주주 등이 받는 배당액이나 구 법인세법 제16조의 의제배당 등에 해당할 여지가 없다. 따라서 익명조합원의 지위에 있는 내국법인이 익명조합계약에 따라 영업자의 지위에 있는 다른 내국법인으로부터 지급받는 돈은 구 법인세법 제18조의3 제1항에 따라 익금불산입 대상이 되는 '수입배당금액'이 아니다.

【참조조문】

구 법인세법(2007. 12. 31. 법률 제8831호로 개정되기 전의 것) 제18조의2 제1항, 제18조의3 제1항, 구 법인세법(2008. 12. 26. 법률 제9267호로 개정되기 전의 것) 제18조의2 제1항, 제18조의3 제1항, 구 법인세법(2010. 12. 30. 법률 제10423호로 개정되기 전의 것) 제16조, 제18조의2 제1항, 제18조의3 제1항

【전문】

【원고, 상고인】
주식회사 후성 (소송대리인 변호사 은창용 외 4인)

【피고, 피상고인】
화성세무서장

【원심판결】
서울고법 2015. 7. 8. 선고 2015누31994 판결

【주 문】

【주 문】
상고를 기각한다. 상고비용은 원고가 부담한다.

【이 유】
상고이유를 판단한다.
1. 구 법인세법(2010. 12. 30. 법률 제10423호로 개정되기 전의 것, 이하 같다) 제18조의3 제1항은 '내국법인이 해당 법인이 출자한 다른 내국법인으로부터 받은 수입배당금액' 중 일정액을 각 사업연도의 소득금액계산에서 익금에 산입하지 아니하도록 하면서 내국법인이 다른 내국법인의 '발행주식총수 또는 출자총액'의 일정 비율을 초과하여 출자하였는지 여부에 따라 익금불산입액을 달리 계산하도록 규정하고 있고(제1호 및 제2호), 제18조의2 제1항은 제18조의3 등의 '수입배당금액'을 '이익의 배당액이나 잉여금의 분배액과 제16조의 규정에 따른 배당금 또는 분배금의 의제액'으로 규정하고 있다(2008. 12. 26. 법률 제9267호로 개정되기 전의 구 법인세법 제18조의2 제1항 및 제18조의3 제1항, 2007. 12. 31. 법률 제8831호로 개정되기 전의 구 법인세법 제18조의2 제1항 및 제18조의3 제1항도 같은 취지이다).
이러한 규정 문언과 체계를 종합하면, 구 법인세법 제18조의3 제1항에 따라 익금불산입 대상이 되는 '내국법인이 출자한 다른 내국법인으로부터 받은 수입배당금'은 내국법인이 다른 내국법인에 출자를 함으로써 그 법인의 주식 등을 취득하고 그 주주 등의 지위에서 다른 내국법인에 대한 출자지분 등에 비례하여 받는 '이익의 배당액이나 잉여금의 분배액과 제16조의 규정에 따른 배당금 또는 분배금의 의제액'을 의미한다고 보아야 한다.
그러므로 내국법인이 익명조합계약을 체결하여 다른 내국법인의 영업을 위하여 출자하고 다른 내국법인은 그 영업으로 인한 이익을 분배하기로 약정한 다음 이에 따라 익명조합원의 지위에 있는

내국법인이 영업자의 지위에 있는 다른 내국법인에 출자를 하는 경우에, 내국법인이 출자를 통하여 다른 내국법인의 주식 등을 취득하거나 그 주주 등의 지위에 있게 되는 것이 아니므로, 출자를 한 내국법인이 영업자의 지위에 있는 다른 내국법인으로부터 지급받는 돈은 익명조합원의 지위에서 출자 당시 정한 손익분배약정에 따라 지급받는 것에 불과할 뿐 주주 등이 받는 배당액이나 구 법인세법 제16조의 의제배당금 등에 해당할 여지가 없다. 따라서 익명조합원의 지위에 있는 내국법인이 익명조합계약에 따라 영업자의 지위에 있는 다른 내국법인으로부터 지급받는 돈은 구 법인세법 제18조의3 제1항에 따라 익금불산입 대상이 되는 '수입배당금액'이 아니라고 보아야 한다.

2. 원심판결 이유 및 기록에 의하면 다음과 같은 사실을 알 수 있다.

가. 퍼스텍 주식회사(이하 '퍼스텍'이라고만 한다)는 2003. 12.경 IFJ코리아 주식회사(이하 'IFJ코리아'라고만 한다)를 영업자로 하고 퍼스텍 등을 조합원으로 하는 익명조합계약(이하 '이 사건 익명조합계약'이라 한다)을 체결하면서, "비지니스로 발생된 이익과 손실은 영업자에 의하여 투자배분율에 따라 투자자들과 영업자에 할당된다. 투자자 퍼스텍의 투자배분율은 40%이다."라고 약정하였다.

나. 이 사건 익명조합계약에 따라 퍼스텍은 IFJ코리아에 1,240,000,000원을 투자하였다. 한편 원고는 2006. 11.경 퍼스텍이 분할되어 설립된 법인으로서, 이 사건 익명조합계약에 따른 퍼스텍의 권리와 의무를 승계하였다.

다. 원고는 IFJ코리아로부터 이 사건 익명조합계약에서 정한 손익분배약정에 따라 2007년 6,188,040,930원, 2008년 16,990,173,909원, 2009년 11,536,874,737원, 2010년 1,969,691,204원 등 합계 36,684,780,780원(이하 '이 사건 쟁점소득'이라 한다)을 지급받았다.

라. 원고는 이 사건 쟁점소득이 구 법인세법 제18조의3 제1항에서 정한 수입배당금액에 해당한다고 보아 그중 일부를 익금에 산입하지 아니하고 2007 사업연도 내지 2010 사업연도의 각 법인세를 신고·납부하였다.

마. 피고는 이 사건 쟁점소득이 구 법인세법 제18조의3 제1항에서 정한 수입배당금에 해당하지 아니하므로 그 전부가 익금에 산입되어야 한다는 이유로, 2012. 3. 9. 원고에게 2007 사업연도 내지 2010 사업연도의 각 법인세를 증액경정하는 이 사건 처분을 하였다.

3. 이러한 사실관계를 앞서 본 법리에 비추어 살펴보면, 이 사건 쟁점금액은 익명조합원의 지위에 있는 원고가 영업자의 지위에 있는 IFJ코리아로부터 이 사건 익명조합계약에서 정한 손익분배약정에 따라 지급받은 돈으로서 구 법인세법 제18조의3 제1항에서 익금불산입 대상으로 정한 '수입배당금액'에 해당하지 아니한다고 보아야 한다.

원심의 이유설시에 다소 미흡한 점이 있지만, 이 사건 처분이 적법하다고 본 결론은 정당하고, 거기에 상고이유 주장과 같이 엄격해석의 원칙이나 구 법인세법 제18조의3 제1항에서 정한 '수입배당금액'의 해석 등에 관한 법리를 오해하여 판결 결과에 영향을 미친 잘못이 없다.

4. 그러므로 상고를 기각하고 상고비용은 패소자가 부담하도록 하여, 관여 대법관의 일치된 의견으로 주문과 같이 판결한다. ▶ 대법관 박상옥(재판장) 이상훈 김창석(주심) 조희대

CHAPTER 05 손금과 손금불산입

제1절 손금의 범위
제2절 손금불산입(계정과목별 손금의 계산)
제3절 업무와 관련없는 비용의 손금불산입
제4절 업무용승용차 관련 비용의 손금불산입 등 특례
제5절 기업의 재무구조개선을 위한 지급이자의 손금불산입
제6절 감가상각비의 손금불산입
제7절 충당금
제8절 준비금

30 법인이 사업을 위하여 지출한 비용이 법인세법상 '접대비'인지 판단하는 기준

법인세부과처분취소 [대법원, 2010두14329, 2012. 9. 27.]

【판시사항】

[1] 법인이 사업을 위하여 지출한 비용이 법인세법상 '접대비'인지 판단하는 기준

[2] 甲 주식회사가 乙 주식회사와 하도급계약을 체결하면서 "甲 회사가 재해 발생시 자기 비용으로 피해자와 합의하여 배상한다."는 약정을 체결하고 이에 따라 재해근로자에게 지급한 사고보상비 등을 공상처리비로 회계처리하여 손금산입하였으나 과세관청이 지급의무가 없는 비용으로 보아 전부를 접대비 한도초과액으로서 손금불산입한 사안에서, 위 공상처리비는 甲 회사의 수익과 직접 관련된 비용으로서 접대비로 볼 수 없다는 이유로, 이와 달리 본 원심판결에 법리오해의 위법이 있다고 한 사례

【판결요지】

[1] 구 법인세법(2010. 12. 30. 법률 제10423호로 개정되기 전의 것) 제25조 제1항, 제5항 규정의 문언 내용과 취지 등에 비추어 보면, 법인이 사업을 위하여 지출한 비용 가운데 상대방이 사업에 관련 있는 사람들이고 지출의 목적이 접대 등 행위에 의하여 사업관계자들과 사이에 친목을 두텁게 하여 거래관계의 원활한 진행을 도모하는 데 있는 것이라면 그 비용은 접대비라고 할 것이지만, 법인이 수익과 직접 관련하여 지출한 비용은 섣불리 이를 접대비로 단정하여서는 아니된다.

[2] 甲 주식회사가 원수급자 乙 주식회사와 하도급계약을 체결하면서 "甲 회사가 재해 발생시 자기 비용으로 피해자와 합의하여 배상한다."는 공상처리비 약정을 체결하고 위 약정에 따라 재해근로자에게 지급한 사고보상비 등을 공상처리비로 회계처리하여 손금산입하였으나 과세관청이 지급의무가 없는 비용으로 보아 그 전부를 접대비 한도초과액으로서 손금불산입한 사

안에서, 甲 회사가 공사를 수주받기 위하여 어쩔 수 없이 위 약정에 동의한 점 등에 비추어 위 공상처리비는 하도급계약에 따른 甲 회사의 수익과 직접 관련된 비용으로서 접대비로 볼 수는 없다는 이유로, 이와 달리 본 원심판결에 법리오해의 위법이 있다고 한 사례.

【참조조문】

[1] 구 법인세법(2010. 12. 30. 법률 제10423호로 개정되기 전의 것) 제25조 제1항, 제5항

[2] 구 법인세법(2010. 12. 30. 법률 제10423호로 개정되기 전의 것) 제19조 제1항, 제2항, 제25조 제1항, 제5항

【참조판례】

[1] 대법원 2010. 6. 24. 선고 2007두18000 판결(공2010하, 1477)

【전문】

【원고, 상고인】
대산건설 주식회사(소송대리인 변호사 박요찬 외 2인)

【피고, 피상고인】
경주세무서장

【원심판결】
대구고법 2010. 6. 11. 선고 2009누2123 판결

【주 문】

【주 문】
원심판결 중 2005사업연도 법인세 부과처분 부분을 파기하고, 이 부분 사건을 대구고등법원에 환송한다. 나머지 상고를 기각한다.

【이 유】
상고이유를 판단한다.

1. 노무비에 관한 주장에 대하여

가. 가공노무비의 계상 여부

일반적으로 납세의무자의 과세표준과 세액 등 신고내용에 오류 또는 탈루가 있어서 이를 경정함에는 장부나 증빙 등에 의함이 원칙이나 다른 자료에 의하여 그 신고내용에 오류 또는 탈루가 있음이 인정되고 실지조사가 가능한 경우에는 그 다른 자료에 의하여서도 경정할 수 있다고 할 것이다. 한편 수사 또는 세무조사의 과정에서 작성된 자료라고 하더라도 그 작성의 경위 및 내용을 검토하여 당사자나 관계인의 자유로운 의사에 반하여 작성된 것이 아니고 그 내용 또한 과세자료로서 합리적이어서 진실성이 있다고 인정되는 경우에는 실지조사의 근거가 되는 그 다른 자료의 하나로 삼을 수 있다(대법원 2007. 10. 26. 선고 2006두16137 판결 등 참조).

원심은 피고가 세무조사 당시 원고에게 2003사업연도 내지 2005사업연도 법인세 결산시 원가에 반영되지 아니한 제 경비에 대한 자료의 제출을 공문으로 요청하였으나, 원고는 그 대표이사 명의로 '2003년 내지 2005년 노임 지급현황'을 상세히 기재한 후 "그 외에 추가로 지급된 노무비는 없음을 확인한다"는 내용을 덧붙인 확인서를 제출하였을 뿐이고 다른 자료는 제출하지 아니한 사실 등을 인정한 다음, 위 확인서에 기재되지 아니한 노무비로서 원고가 추가로 지급하였다고 이 사건 소송에서 주장하는 특별상여금 등은 실제의 지출사실을 인정할 증거가 없어 이를 손금에 산입할 수 없으므로, 피고가 위 확인서 등을 근거로 원고가 계상한 노무비 중 2003사업연도 501,727,336원, 2005사업연도 656,056,037원을 가공노무비로 보아 손금불산입하고 그 금액 상당액을 원고의 대표자에 대한 상여로 소득처분한 것은 적법하다는 취지로 판단하였다.

앞서 본 법리에 비추어 기록을 살펴보면, 원심의 위와 같은 판단은 정당하고, 거기에 상고이유의 주장과 같이 납세의무자가 세무조사 당시 작성한 사실확인서의 증명력에 관한 법리 등을 오해한 위법이 있다고 할 수 없다.

상고이유에서 들고 있는 대법원판결들은 이 사건과 사안을 달리하여 이 사건에 원용하기에 적절하지 아니하다.

나. 사외유출 여부

법인이 가공의 비용을 장부에 계상한 경우 특별한 사정이 없는 한 그 가공비용 상당의 법인수익은 사외로 유출된 것으로 보아야 한다. 이 경우 그 가공비용 상당액이 사외로 유출된 것이 아니라고 볼 특별한 사정은 이를 주장하는 법인측에서 증명할 필요가 있다(대법원 1999. 12. 24. 선고 98두16347 판결 등 참조).

원심은 그 판시와 같은 사실을 인정한 다음, 원고가 2003사업연도 및 2005사업연도에 가공노무비로 계상한 금액 상당의 수익은 특별한 사정이 없는 한 사외로 유출되었다고 보아야 하고, 원고가 2004사업연도에 과소계상한 노무비 385,773,856원이 있다는 사실만으로는 가공노무비로 계상된 위 금액 중 위 과소계상 노무비 상당액이 사외로 유출된 것이 아니라고 볼 수 없다고 판단하였다.

기록을 살펴보면, 원심의 위와 같은 판단은 정당한 것으로 수긍이 가고, 거기에 상고이유에서 주장하는 바와 같이 사외유출에 관한 법리를 오해하는 등의 위법이 있다고 할 수 없다.

2. 자재구입비에 관한 주장에 대하여

원심은 그 판시와 같은 사실을 인정한 다음, 원고는 기존에 자재거래를 해오던 거래처들로부터 직접 자재를 공급받을 수 있음에도 특수관계인 보성건업 주식회사(이하 '보성건업'이라고 한다)를 통하여 자재를 공급받음으로써 원고가 직접 구입할 수 있는 정상가격보다 더 높은 가격으로 매입하고 보성건업에 그 차액 상당의 이득을 준 것으로 보이는 점, 위 차액 상당이 원고가 보성건업을 통하여 자재를 공급받지 아니하였더라면 원고가 추가로 부담하였을 판매관리비에 해당한다고 보기도 어려운 점 등을 종합하여 보면, 피고가 보성건업이 거래처들로부터 매입한 자재가격과 원고가 보성건업으로부터 매입한 자재가격의 차액을 시가초과액으로 보아 부당행위계산부인규정을 적용한 것은 정당하다고 판단하였다.

기록을 살펴보면, 원심의 위와 같은 판단은 정당한 것으로 수긍이 가고, 거기에 상고이유의 주장과 같이 부당행위계산 부인에 있어 시가에 관한 법리 등을 오해한 위법이 있다고 할 수 없다.

3. 공상처리비에 관한 주장에 대하여

가. 원심은 원고가 지에스건설 주식회사(이하 '지에스건설'이라고 한다)와 건설공사 하도급계약(이하 '이 사건 하도급계약'이라고 한다)을 체결할 당시 계약특수조건으로 "원고는 재해 발생시 자기 비용으로 피해자측과 합의하여 배상하고 지에스건설과 원고에 대하여 일체의 민·형사상 청구권을 포기하는 내용이 명시된 피해자측 연명의 합의서를 공증받아 지에스건설에 제출하여야 한다"는 내용의 약정(이하 '이 사건 공상처리비 약정'이라고 한다)을 한 사실, 원고는 이 사건 공상처리비 약정에 따라 재해근로자에게 사고보상비 등을 지급하고 그 금액을 공상처리비로 회계처리하여 손금에 산입하였고, 원수급자인 지에스건설로부터 자금지원을 받은 바는 없는 사실 등을 인정하였다.

원심은 위와 같은 사실관계를 토대로 하여, 원수급자인 지에스건설이 산업재해보상보험에 가입하고 보험료를 납부한 후 산업재해가 발생하면 재해근로자 등 수급권자가 산업재해보상보험법에 따라 근로복지공단에 청구하여 보험급여를 지급받아야 함에도 원수급자인 지에스건설이 산업재해율의 상승에 따른 제재를 우려하여 산업재해보상보험법에 의한 처리를 꺼림에 따라 하수급자인 원고가 거래관계를 유지하기 위하여 부득이하게 계약특수조건에 따라 지급의무가 없는 사고보상비 등을 지급하게 된 것으로 보이는 점 등을 종합하여 보면, 원고가 재해근로자측에 사고보상비 등으로 지급하고 공상처리비로 회계처리한 비용은 지급의무가 없는 비용을 약정에 의하여 지급하고 지에스건설로부터 받아야 할 채권을 포기한 것에 해당하므로, 피고가 이를 접대비로 보고 2005사업연도 법인세 과세표준을 산정하면서 그 전부를 접대비 한도초과액으로서 손금불산입한 것은 적법하다고 판단하였다.

나. 그러나 원심의 이러한 판단은 다음과 같은 이유로 수긍하기 어렵다.

(1) 구 법인세법(2010. 12. 30. 법률 제10423호로 개정되기 전의 것. 이하 같다) 제25조 제1항은 내국법인이 각 사업연도에 지출한 접대비로서 그 각 호의 금액을 초과하는 금액은 당해 사업연도의 소득금액 계산에 있어서 이를 손금에 산입하지 아니한다고 정하고, 제5항은 "접대비라 함은 접대비 및 교제비·사례금 기타 명목 여하에 불구하고 이에 유사한 성질의 비용으로서 법인이 업무와 관련하여 지출한 금액을 말한다"고 정하고 있다. 이들 규정의 문언 내용과 취지 등에 비추어 보면, 법인이 사업을 위하여 지출한 비용 가운데 상대방이 사업에 관련 있는 사람들이고 지출의 목적이 접대 등의 행위에 의하여 사업관계자들과의 사이에 친목을 두텁게 하여 거래관계의 원활한 진행을 도모하는 데 있는 것이라면 그 비용은 접대비라고 할 것이지만(대법원 2010. 6. 24. 선고 2007두18000 판결 등 참조), 법인이 수익과 직접 관련하여 지출한 비용은 섣불리 이를 접대비로 단정하여서는 아니된다.

(2) 그런데 원심이 인정한 사실관계에 의하더라도 다음과 같은 사정을 알 수 있다.

① 원고는 지에스건설로부터 공사를 수주받기 위하여 어쩔 수 없이 지에스건설의 요구를 받아들여 이 사건 하도급계약에 이 사건 공상처리비 약정을 두는 것에 동의하였다. 그러한 사정은 계약 체결 여부 또는 다른 계약조건에 영향을 미쳤을 것으로 여겨진다.

② 이 사건 공상처리비 약정은 원고와 지에스건설이 체결한 이 사건 하도급계약의 일부를 이루는 것으로서, 원고가 지에스건설을 대신하여 산업재해를 입은 근로자에게 사고보상비 등을 지급하는 것은 이 사건 하도급계약상의 공사대금과 일정한 대가관계에 있다고 할 수 있다.

위와 같은 사정을 앞서 본 법리에 비추어 살펴보면, 이 사건 공상처리비는 이 사건 하도급계약에 따른 원고의 수익과 직접 관련된 비용으로서, 이를 원고가 지에스건설과 사이에 친목을 두텁게 하여 거래관계의 원활한 진행을 도모하기 위하여 지출한 접대비로 볼 수는 없다고 할 것이다.

다. 그럼에도 원심은 그 판시와 같은 이유만으로 피고가 이 사건 공상처리비를 접대비에 해당한다고 보고 그 전부를 접대비 한도초과액으로서 손금불산입한 것이 적법하다고 판단하였다. 이러한 원심의 판단에는 접대비에 관한 법리를 오해하여 판결에 영향을 미친 위법이 있다. 이 점을 지적하는 상고이유의 주장은 이유 있다.

4. 고철매각대금에 관한 주장에 대하여

이 부분 상고이유 주장은 사실심인 원심의 전권사항인 증거의 취사선택이나 사실인정을 탓하는 것에 불과하여 적법한 상고이유가 될 수 없다.

5. 결론

그러므로 원심판결 중 2005사업연도 법인세 부과처분 부분을 파기하고 이 부분 사건을 다시 심리·판단하게 하기 위하여 원심법원에 환송하며 나머지 상고를 기각하기로 하여, 관여 대법관의 일치된 의견으로 주문과 같이 판결한다.

▶ 대법관 고영한(재판장) 양창수(주심) 박병대 김창석

31. 법인이 지배주주인 임원에게 지급한 보수가 법인에 유보된 이익을 분여하기 위하여 수의 형식을 취한 것에 불과한 경우, 손금산입 여부

법인세부과처분취소 [대법원, 2015두60884, 2017. 9. 21.]

【판시사항】

법인이 지배주주인 임원에게 지급한 보수가 임원의 직무집행에 대한 정상적인 대가라기보다는 주로 법인에 유보된 이익을 분여하기 위하여 대외적으로 보수의 형식을 취한 것에 불과한 경우, 법인세법 시행령 제43조에 따라 손금에 산입할 수 있는지 여부(소극) / 위와 같은 사정이 상당한 정도로 증명된 경우 보수금 전체가 손금불산입 대상이 되는지 여부(적극) 및 보수금에 직무집행의 대가가 일부 포함되어 있어 그 부분이 손금산입의 대상이 된다는 점에 관한 증명책임자(=납세의무자)

【판결요지】

법인이 임원에게 직무집행의 대가로서 지급하는 보수는 법인의 사업수행을 위하여 지출하는 비용으로서 원칙적으로 손금산입의 대상이 된다. 하지만 구 법인세법(2010. 12. 30. 법률 제10423호로 개정되기 전의 것, 이하 같다) 제19조 제1항, 제20조 제1호, 제26조 제1호, 법인세법 시행령 제43조 제1항의 문언과 법인의 소득을 부당하게 감소시키는 것을 방지하기 위한 구 법인세법 제26조, 법인세법 시행령 제43조의 입법 취지 등에 비추어 보면, 법인이 지배주주인 임원(그와 특수관계에 있는 임원을 포함한다)에게 보수를 지급하였더라도, 보수가 법인의 영업이익에서 차지하는 비중과 규모, 해당 법인 내 다른 임원들 또는 동종업계 임원들의 보수와의 현저한 격차 유무, 정기적·계속적으로 지급될 가능성, 보수의 증감 추이 및 법인의 영업이익 변동과의 연관성, 다른 주주들에 대한 배당금 지급 여부, 법인의 소득을 부당하게 감소시키려는 주관적 의도 등 제반 사정을 종합적으로 고려할 때, 해당 보수가 임원의 직무집행에 대한 정상적인 대가라기보다는 주로 법인에 유보된 이익을 분여하기 위하여 대외적으로 보수의 형식을 취한 것에 불과하다면, 이는 이익처분으로서 손금불산입 대상이 되는 상여금과 실질이 동일하므로 법인세법 시행령 제43조에 따라 손금에 산입할 수 없다고 보아야 한다. 또한 증명의 어려움이나 공평의 관념 등에 비추어, 위와 같은 사정이 상당한 정도로 증명된 경우에는 보수금 전체를 손금불산입의 대상으로 보아야 하고, 보수금에 직무집행의 대가가 일부 포함되어 있어 그 부분이 손금산입의 대상이 된다는 점은 보수금 산정 경위나 구성내역 등에 관한 구체적인 자료를 제출하기 용이한 납세의무자가 이를 증명할 필요가 있다.

【참조조문】

구 법인세법(2010. 12. 30. 법률 제10423호로 개정되기 전의 것) 제19조 제1항, 제20조 제1호, 제26조, 법인세법 시행령 제43조

【전문】

【원고, 피상고인】
주식회사 하트캐싱대부(소송대리인 변호사 박재찬 외 2인)

【피고, 상고인】
역삼세무서장

【원심판결】
서울고법 2015. 12. 10. 선고 2015누46552 판결

【주 문】

【주 문】
원심판결 중 2006 사업연도 내지 2009 사업연도 법인세 부과처분에 관한 부분을 파기하고, 이 부분 사건을 서울고등법원에 환송한다. 나머지 상고를 기각한다.

【이 유】
상고이유를 판단한다.

1. 2006 사업연도 내지 2009 사업연도 법인세 부과처분에 대하여

가. 구 법인세법(2010. 12. 30. 법률 제10423호로 개정되기 전의 것, 이하 같다) 제19조 제1항, 제20조 제1호 본문에 의하면 이익처분에 의하여 손비로 계상한 금액을 원칙적으로 손금에 산입하지 않도록 하고 있고, 제26조 제1호는 인건비 중 대통령령이 정하는 바에 따라 과다하거나 부당하다고 인정되는 금액은 내국법인의 각 사업연도의 소득금액을 계산할 때 손금에 산입하지 않도록 규정하고 있으며, 그 위임에 따라 법인세법 시행령 제43조 제1항은 '법인이 그 임원 또는 사용인에게 이익처분에 의하여 지급하는 상여금은 이를 손금에 산입하지 아니한다'고 규정하고 있다.

법인이 임원에게 직무집행의 대가로서 지급하는 보수는 법인의 사업수행을 위하여 지출하는 비용으로서 원칙적으로 손금산입의 대상이 된다. 하지만 앞서 본 규정들의 문언과 법인의 소득을 부당하게 감소시키는 것을 방지하기 위한 구 법인세법 제26조, 법인세법 시행령 제43조의 입법 취지 등에 비추어 보면, 법인이 지배주주인 임원(그와 특수관계에 있는 임원을 포함한다)에게 보수를 지급하였더라도, 그 보수가 법인의 영업이익에서 차지하는 비중과 규모, 해당 법인 내 다른 임원들 또는 동종업계 임원들의 보수와의 현저한 격차 유무, 정기적·계속적으로 지급될 가능성, 보수의 증감 추이 및 법인의 영업이익 변동과의 연관성, 다른 주주들에 대한 배당금 지급 여부, 법인의 소득을 부당하게 감소시키려는 주관적 의도 등 제반 사정을 종합적으로 고려할 때, 해당 보수가 임원의 직무집행에 대한 정상적인 대가라기보다는 주로 법인에 유보된 이익을 분여하기 위하여 대외적으로 보수의 형식을 취한 것에 불과하다면, 이는 이익처분으로서 손금불산입 대상이 되는 상여금과 그 실질이 동일하므로 법인세법 시행령 제43조에 따라 손금에 산입할 수 없다고 보아야 한다.

또한 증명의 어려움이나 공평의 관념 등에 비추어, 위와 같은 사정이 상당한 정도로 증명된 경우에는 보수금 전체를 손금불산입의 대상으로 보아야 하고, 위 보수금에 직무집행의 대가가 일부 포함되어 있어 그 부분이 손금산입의 대상이 된다는 점은 보수금 산정 경위나 그 구성내역 등에 관한 구체적인 자료를 제출하기 용이한 납세의무자가 이를 증명할 필요가 있다.

나. 원심이 인용한 제1심판결 이유와 기록에 의하면 다음과 같은 사실을 알 수 있다.

(1) 원고는 2002. 11. 27. 설립되어 대부업을 영위하고 있고, 소외 1은 원고의 1인 주주 겸 대표이사이다.

(2) 원고는 소외 1에게 월 3,000만 원 이하의 보수를 지급하다가, 2005 사업연도(2004. 4. 1.부터 2005. 3. 31.까지) 중인 2005. 1.부터 월 3억 원으로 인상하는 등 2005 사업연도에는 합계 30억 7,000만 원을 지급하였고, 2006 사업연도부터 2009 사업연도까지는 매년 36억 원을 지급하였다.

(3) 피고는 원고가 2005 사업연도부터 2009 사업연도까지 소외 1에게 지급한 보수가 과다하다는 이유로 동종 대부업체 12개 중 대표이사의 급여가 높은 상위 3개 업체의 대표이사 급여 평균액을 초과하여 지급된 급여를 손금에 산입하지 아니하여 2010. 9. 1. 2005 사업연도 내지 2009 사업연도 법인세를 부과하는 이 사건 처분을 하였다.

다. 이러한 사실관계와 더불어 기록에 의하여 알 수 있는 다음과 같은 사정들을 앞서 본 법리에 비추어 살펴보면, 원고가 소외 1에게 2006 사업연도부터 2009 사업연도까지 지급한 이 사건 보수는 특별한 사정이 없는 한 대표이사의 직무집행에 대한 정상적인 대가라기보다는 법인에 유보된 이익을 분여하기 위하여 보수의 형식을 취한 것으로서 실질적인 이익처분에 해당하여 손금불산입의 대상이 된다고 보아야 한다.

(1) 소외 1은 원고의 1인 주주이면서 대표이사로서 원고 회사에서 자신의 보수를 별다른 제약 없이 자유롭게 정할 수 있는 지위에 있고, 다른 임원들과는 달리 기본급, 수당 등 보수의 구성 항목이 정하여져 있는 연봉계약서를 작성한 사실도 없다.

(2) 2005 사업연도 내지 2009 사업연도 중 소외 1의 보수를 차감하기 전 원고의 영업이익에서 소외 1의 보수가 차지하는 비율은 약 38% 내지 95%에 달하여 동종업체의 평균 수치인 5% 내지 9%에 비하여 비정상적으로 높다.

(3) 이 사건 보수는 같은 기간 원고의 또 다른 대표이사인 소외 2, 이사 소외 3의 보수(연 7,000만 원)의 약 50배에 달하고, 원고와 사업규모가 유사한 동종업체 중 상위 3개 업체의 대표이사들의 평균 연봉(약 5억 원에서 8억 원)과도 현격한 차이를 보이고 있다.

(4) 소외 1의 보수는 영업이 적자 상태였던 2004 사업연도까지는 월 3,000만 원 이하였으나, 최초로 영업이익이 발생하여 증가하기 시작한 2005 사업연도 중인 2005. 1.부터 갑작스럽게 월 3억 원으로 10배가 인상되었다. 한편 2005 사업연도 말인 2005. 3. 31.에는 별다른 이유 없이 19억 원이 별도의 보수로 책정되었고, 월 보수금 중 상당 부분이 인건비로 계상된 때로부터 1, 2년 뒤에야 실제로 지급되었다.

(5) 원고는 설립 이래 지속적인 영업이익의 증가에도 불구하고, 단 한 번도 주주에게 배당금을 지급한 바 없다.

(6) 원고의 직원이 작성한 내부 문건 등에 의하면 '세금 절약을 위하여 미지급이 가능한 사장의 급료를 높인다'는 취지로 기재되어 있고, 본래의 당기순이익에 따른 법인세와 대표이사의 보수금 수준별로 차감된 당기순이익에 따른 법인세를 비교·검토하였던 점 등에 비추어, 소외 1의 보수를 전액 손금으로 인정받아 법인세 부담을 줄이려는 주관적 의도가 뚜렷해 보인다.

라. 그런데도 원심은 이와 달리 이 사건 보수는 주주총회의 결의에 따른 이익잉여금 처분을 통하여 지급된 것이 아니고, 위 보수 중 실질적으로 이익처분에 의하여 지급되는 상여금이 포함되었다고 하더라도 그 금액이 얼마인지를 인정할 증거가 없다는 이유로 전부 손금에 산입되어야 한다고 판단하였으니, 이러한 원심의 판단에는 법인세법 시행령 제43조에 관한 법리를 오해하여 판결에 영향을 미친 위법이 있다. 이 점을 지적하는 이 부분 상고이유 주장은 이유 있다.

2. 2005 사업연도 법인세 부과처분에 대하여

이 사건 상고장에는 이 부분도 상고대상으로 기재하고 있으나 상고장이나 상고이유서에 적법한 상고이유의 기재가 없다.

3. 결론

그러므로 나머지 상고이유에 대한 판단을 생략한 채 원심판결 중 2006 사업연도 내지 2009 사업연도 법인세 부과처분에 관한 부분을 파기하고, 이 부분 사건을 다시 심리·판단하도록 원심법원에 환송하며, 나머지 상고를 기각하기로 하여, 관여 대법관의 일치된 의견으로 주문과 같이 판결한다.

▶ 대법관 조희대(재판장) 고영한 권순일 조재연(주심)

32 의약품 도매상이 약국 등에게 지급한 리베이트의 손금산입 여부

법인세등부과처분취소 [대법원, 2012두7608, 2015. 1. 15.]

【판시사항】

[1] 의약품 도매상이 약국 등 개설자에게 금전을 제공하는 것이 사회질서를 위반하여 지출된 비용에 해당하는지를 판단하는 기준

[2] 의약품 도매상이 약국 등 개설자에게 의약품 판매촉진의 목적으로 이른바 '리베이트'라고 불리는 금전을 지급한 경우, 그 비용을 손금산입할 수 있는지 여부(소극)

【판결요지】

[1] 의약품 도매상이 약국 등 개설자에게 금전을 제공하는 것이 약사법 등 관계 법령에 따라 금지된 행위가 아니라고 하여 곧바로 사회질서에 위반하여 지출된 비용이 아니라고 단정할 수는 없고, 그것이 사회질서에 위반하여 지출된 비용에 해당하는지 여부는 그러한 지출을 허용하는 경우 야기되는 부작용, 그리고 국민의 보건과 직결되는 의약품의 공정한 유통과 거래에 미칠 영향, 이에 대한 사회적 비난의 정도, 규제의 필요성과 향후 법령상 금지될 가능성, 상관행과 선량한 풍속 등 제반 사정을 종합적으로 고려하여 사회통념에 따라 합리적으로 판단하여야 한다.

[2] 의약품 도매상이 약국 등 개설자에게 의약품 판매촉진의 목적으로 이른바 '리베이트'라고 불리는 금전을 지급하는 것은 약사법 등 관계 법령이 이를 명시적으로 금지하고 있지 않더라도 사회질서에 위반하여 지출된 것에 해당하여 그 비용은 손금에 산입할 수 없다고 보아야 한다.

【참조조문】

[1] 구 약사법(2010. 5. 27. 법률 제10324호로 개정되기 전 것) 제47조, 구 약사법 시행규칙(2008. 12. 1. 보건복지가족부령 제77호로 개정되기 전의 것) 제6조 제1항 제7호, 제62조 제1항 제5호(현행 삭제)

[2] 구 법인세법(2010. 12. 30. 법률 제10423호로 개정되기 전의 것) 제19조 제1항, 제2항, 구 약사법(2010. 5. 27. 법률 제10324호로 개정되기 전 것) 제47조, 구 약사법 시행규칙(2008. 12. 1. 보건복지가족부령 제77호로 개정되기 전의 것) 제6조 제1항 제7호, 제62조 제1항 제5호(현행 삭제)

【전문】

【원고, 피상고인】

주식회사 태영약품 소송수계인 회생채무자 주식회사 태영약품 (소송대리인 법무법인(유한) 바른 담당변호사 이성훈 외 1인)

【피고, 상고인】
성동세무서장(소송대리인 정부법무공단 담당변호사 배진재)

【원심판결】
서울고법 2012. 2. 22. 선고 2011누17938 판결

【주 문】

【주 문】
원심판결의 피고 패소 부분 중 각 법인세 부과처분에 관한 부분을 파기하고, 이 부분 사건을 서울고등법원에 환송한다. 나머지 상고를 기각한다.

【이 유】
상고이유를 판단한다.

1. 상고이유 제2점에 대하여

이 부분 상고이유의 주장은, 의약품 도매업을 영위하는 주식회사 태영약품(원심 소송계속 중인 2011. 10. 21. 회생절차개시결정을 받아 원고가 그 관리인으로서 소송절차를 수계하였다. 이하 '태영약품'이라고 한다)이 ① 약국 등 소매상에게 의약품 매출실적에 따른 사례금으로 합계 1,179,366,970원(이하 '제1비용'이라고 한다)을, ② 제약회사인 주식회사 종근당(이하 '종근당'이라고 한다)에 의약품의 안정적 조달, 종합병원의 구매계약 입찰 참가 편의 제공 등을 위한 사례금으로 합계 217,162,638원(이하 '제2비용'이라고 한다)을, ③ 의약품 도매상인 'ㅇㅇ'에게 정산금으로 합계 240,588,629원(이하 '제3비용'이라고 한다)을 각 지급한 사실이 없음에도 태영약품이 위와 같은 부외비용을 실제로 지출하였음을 전제로 손금 산입 대상인지 여부를 따짐과 아울러 지출의 상대방이 존재하는 한 귀속 자체가 불분명한 경우가 아니라고 보아 대표자 인정상여로 처분한 소득금액변동통지 부분이 위법하다고 한 원심의 판단은 잘못이라는 것이다.

그러나 이는 결국 사실심인 원심의 전권사항에 속하는 증거의 취사선택이나 사실인정을 탓하는 것에 불과하여 적법한 상고이유가 될 수 없다. 나아가 원심의 판단을 기록에 비추어 살펴보더라도 거기에 논리와 경험의 법칙에 반하여 사실을 인정하였다거나 필요한 심리를 다하지 아니한 잘못이 없다.

2. 상고이유 제1점에 대하여

가. 구 법인세법(2010. 12. 30. 법률 제10423호로 개정되기 전의 것. 이하 같다) 제19조 제1항은 "손금은 자본 또는 출자의 환급, 잉여금의 처분 및 이 법에서 규정하는 것을 제외하고 당해 법인의 순자산을 감소시키는 거래로 인하여 발생하는 손비의 금액으로 한다"고 정하고, 제2항은 "제1항의 규정에 의한 손비는 이 법 또는 다른 법률에 달리 정하고 있는 것을 제외하고는 그 법인의 사업과 관련하여 발생하거나 지출된 손실 또는 비용으로서 일반적으로 용인되는 통상적인 것이거나 수익과 직접 관련된 것으로 한다"고 정하고 있다.

구 법인세법 제19조 제2항에서 말하는 '일반적으로 용인되는 통상적인 비용'이라 함은 납세의무자와 같은 종류의 사업을 영위하는 다른 법인도 동일한 상황 아래에서는 지출하였을 것으로 인정되는 비용을 의미하고, 그러한 비용에 해당하는지 여부는 지출의 경위와 목적, 그 형태·액수·효과 등을 종합적으로 고려하여 판단하여야 하는데, 특별한 사정이 없는 한 사회질서에 위반하여 지출된 비용은 여기에서 제외된다(대법원 2009. 11. 12. 선고 2007두12422 판결 참조).

나. 원심은, 약사법 시행규칙이 2008. 12. 1. 개정되어 그 시행일인 2008. 12. 14.부터 비로소 도매상과 약국 등 개설자 간에 의약품 판매촉진 목적의 '경품류' 제공행위 이외에 '금전' 제공행위까지 금지된 점, 제약회사와 도매상 또는 도매상 상호 간의 사례금 수수는 지금까지도 법령상 금지되지 아니한 점, 제1비용은 의약품 판매촉진을 위하여 사전 약정에 따라 지급된 장려금이고 제2비용 및 제3비용은 종합병원에 납품하는 데에 제약회사의 협력을 받기 위하여 지급된 사례금인 점 등에 비추어 볼 때, 태영약품이 약국 등 소매상에게 지급한 제1비용 중 2008. 12. 14. 전에 지급한 1,158,599,451원과 태영약품이 종근당에게 또는 그 요구에 따라 'ㅇㅇ'에게 지급한 제2비용 및 제3비용은 모두 판매부대비용으로서 사업과 관련한 '일반적으로 용인되는 통상적인 비용'에 해당하고 사회질서에 위반하여 지출된 비용으로 볼 수 없다는 이유로, 이 사건 각 법인세 부과처분 중 이를 손금에 산입하지 아니한 부분은 위법하다고 판단하였다.

다. 앞서 본 법리에 비추어 기록을 살펴보면, 원심의 이러한 판단 중 제2비용 및 제3비용에 관한 부분은 정당한 것으로 수긍할 수 있다. 거기에 상고이유로 주장하는 바와 같이 구 법인세법상 손금 산입이 허용되지 아니하는 비용에 관한 법리 등을 오해한 위법이 있다고 할 수 없다.

라. 그러나 원심판단 중 태영약품이 약국 등 소매상에게 지급한 제1비용이 손금에 산입되어야 한다고 본 부분은 다음과 같은 이유에서 이를 그대로 수긍할 수 없다.

의약품 도매상이 약국 등 개설자에게 금전을 제공하는 것이 약사법 등 관계 법령에 따라 금지된 행위가 아니라고 하여 곧바로 사회질서에 위반하여 지출된 비용이 아니라고 단정할 수는 없고, 그것이 사회질서에 위반하여 지출된 비용에 해당하는지 여부는 그러한 지출을 허용하는 경우 야기되는 부작용, 그리고 국민의 보건과 직결되는 의약품의 공정한 유통과 거래에 미칠 영향, 이에 대한 사회적 비난의 정도, 규제의 필요성과 향후 법령상 금지될 가능성, 상관행과 선량한 풍속 등 제반 사정을 종합적으로 고려하여 사회통념에 따라 합리적으로 판단하여야 한다.

의약품 도매상이 약국 등 개설자에게 의약품 판매 촉진의 목적으로 경제적 이익을 제공하는 행위는 소비자에게 불필요한 의약품의 판매로 이어져 의약품의 오·남용을 초래할 가능성이 적지 않고, 궁극적으로는 국민 건강에 악영향을 미칠 우려도 있다. 나아가 이러한 경제적 이익제공행위는 의약품 유통체계와 판매질서를 해치고 의약품의 가격 상승으로 연결될 뿐만 아니라 결국 건강보험 재정의 악화를 가져와 그 부담은 현실적으로 의약품에 대하여 제한된 선택권밖에 없는 국민에게 전가된다. 구 약사법(2010. 5. 27. 법률 제10324호로 개정되기 전 것) 제47조의 위임에 따른 구 약사법 시행규칙(2008. 12. 1. 보건복지가족부령 제77호로 개정되기 전의 것) 제62조 제1항 제5호에서 의약품의 품목허가를 받은 자·수입자 및 도매상은 '의약품의 유통체계를 확립하기 위하여' 준수하여야 할 사항을 정하면서 '의료기관·약국 등의 개설자에게 의약품 판매 촉진의 목적으로 현상품·사은품 등 경품류를 제공하지 아니할 것'을 정하고 있었다. 그런데 2008. 12. 1. 보건복지가족부령 제77호로 개정된 약사법 시행규칙은 제62조 제1항 제5호를 '의료인, 의료기관 개설자 또는 약국 등의 개설자에게 의약품 판매 촉진의 목적으로 금전, 물품, 편익, 노무, 향응, 그 밖의 경제적 이익을 제공하지 아니할 것'으로 개정함과 아울러, 제6조 제1항 제7호에서 '약사 또는 한약사가 의약품 구매 등의 업무와 관련하여 부당하게 금품 또는 향응을 수수하는 행위'를 금지하는 규정을 마련하기에 이르렀다. 이는 의약품 도매상 등이 약국 등 개설자에게 의약품 판매 촉진의 목적으로 경제적 이익을 제공하는 행위의 사회적 폐해가 지속된다고 여겨 약사법 등 관계 법령에서 현상품·사은품 등 경품류 제공행위 이외에 일체적 경제적 이익제공행위까지도 금지하고자 한 것이지, 위 개정에 즈음하여 비로소 이러한 행위를 규제할 필요성이 생겼기 때문에 위와 같은 규정을 마련한 것은 아닌 것으로 보인다. 나아가 의약품 도매상이 의약품 판매사업을 영위하면서 상관행상 허용될 수 있는 정도의 견본품 등을 넘어서 제공하거나 지급하는 사례금이나 장려금은 다른 의약품 도매상이 그 사업을 수행하면서 통상적으로 지출하는 것에 해당한다고 보기도 어렵다. 따라서 의약품 도매상이 약국 등 개설자에게 의약품 판매촉진의 목적으로 이른바 '리베이트'라고 불리는 금전을 지급하는 것은 약사법 등 관계 법령이 이를 명시적으로 금지하고 있지 않더라도 사회질서에 위반하여 지출된 것에 해당하여 그 비용은 손금에 산입할 수 없다고 보아야 할 것이다.

그런데도 원심은 그 판시와 같은 이유만으로 태영약품이 약국 등 소매상에게 지급한 제1비용 중 2008. 12. 14. 전에 지급한 1,158,599,451원이 손금에 산입되어야 한다고 판단하였으니, 이러한 원심판단에는 구 법인세법상 손금에 산입할 수 없는 '사회질서에 위반하여 지출된 비용'의 판단 기준과 범위에 관한 법리를 오해하여 판결에 영향을 미친 위법이 있다. 이 점을 지적하는 이 부분 상고이유의 주장은 이유 있다.

3. 결론

그러므로 원심판결의 피고 패소 부분 중 각 법인세 부과처분에 관한 부분을 파기하고, 이 부분 사건을 다시 심리·판단하게 하기 위하여 원심법원에 환송하며, 나머지 상고를 기각하기로 하여 관여 대법관의 일치된 의견으로 주문과 같이 판결한다.

▶ 대법관 박보영(재판장) 민일영 김신 권순일(주심)

33. 사회질서에 위반하여 지출된 비용의 손금산입 여부

법인세등부과처분취소 [대법원, 2017두51310, 2017. 10. 26.]

【판시사항】

[1] 법인세법 제19조 제2항에서 정한 '일반적으로 용인되는 통상적인 비용'의 의미 및 그 비용에 해당하는지 판단하는 방법 / 사회질서에 위반하여 지출된 비용이 위 조항에서 정한 '일반적으로 용인되는 통상적인 비용'이나 '수익과 직접 관련된 비용'에 해당하는지 여부(원칙적 소극)

[2] 파이프(연도)를 설치하는 시공업체인 甲 주식회사가 15개의 동종 업체들과 입찰 포기의 대가 즉 담합사례금을 가장 높게 제시한 업체가 보일러 연도 공사를 낙찰받기로 결정한 다음 낙찰예정 업체가 나머지 업체들에게 공사대금의 일부를 담합사례금으로 분배하는 대신 나머지 업체들은 위 낙찰예정 업체가 실제로 공사를 낙찰받을 수 있도록 낙찰예정 업체의 투찰 금액 이상으로 입찰에 참여하기로 합의하고 이에 따른 담합사례금을 수수하였는데, 위 담합행위가 적발되자 과세관청이 보일러 연도 공사의 입찰·수주와 관련하여 동종 업체들로부터 수령한 담합사례금을 익금산입하는 한편, 동종 업체들에게 지급한 담합사례금을 손금불산입하여 甲 회사에 법인세를 경정·고지하는 부과처분을 한 사안에서, 甲 회사가 동종 업체들에게 지출한 담합사례금은 법인세법 제19조 제2항에서 말하는 '일반적으로 용인되는 통상적인 비용'이나 '수익과 직접 관련된 비용'에 해당한다고 볼 수 없어 이를 손금에 산입할 수 없다고 한 사례

[3] 장부에 기재되지 않고 사외유출되어 대표자에 대한 상여로 소득처분할 수밖에 없는 법인의 수입금에 대하여 그 귀속이 분명하다는 점에 관한 증명책임의 소재(=납세의무자)

【판결요지】

[1] 법인세법 제19조 제1항은 원칙적으로 '손금은 당해 법인의 순자산을 감소시키는 거래로 인하여 발생하는 손비의 금액으로 한다'라고, 제2항은 원칙적으로 '손비는 그 법인의 사업과 관련하여 발생하거나 지출된 손실 또는 비용으로서 일반적으로 용인되는 통상적인 것이거나 수익과 직접 관련된 것으로 한다'라고 각 규정하고 있다. 여기에서 말하는 '일반적으로 용인되는 통상적인 비용'이란 납세의무자와 같은 종류의 사업을 영위하는 다른 법인도 동일한 상황 아래에서는 지출하였을 것으로 인정되는 비용을 의미하고, 그러한 비용에 해당하는지 여부는 지출의 경위와 목적, 형태, 액수, 효과 등을 종합적으로 고려하여 객관적으로 판단하여야 할 것인데, 특별한 사정이 없는 한 사회질서에 위반하여 지출된 비용은 여기에서 제외되며, 수익과 직접 관련된 비용에 해당한다고 볼 수도 없다.

[2] 파이프(연도)를 설치하는 시공업체인 甲 주식회사가 15개의 동종 업체들과 입찰 포기의 대가 즉 담합사례금을 가장 높게 제시한 업체가 보일러 연도 공사를 낙찰받기로 결정한 다음 낙찰예정 업체가 나머지 업체들에게 공사대금의 일부를 담합사례금으로 분배하는 대신 나머지 업체들은 위 낙찰예정 업체가 실제로 공사를 낙찰받을 수 있도록 낙찰예정 업체의 투찰 금

액 이상으로 입찰에 참여하기로 합의하고 이에 따른 담합사례금을 수수하였는데, 위 담합행위가 적발되자 과세관청이 보일러 연도 공사의 입찰·수주와 관련하여 동종 업체들로부터 수령한 담합사례금을 익금산입하는 한편, 동종 업체들에게 지급한 담합사례금을 손금불산입하여 甲 회사에 법인세를 경정·고지하는 부과처분을 한 사안에서, 甲 회사가 동종 업체들에게 지출한 담합사례금은 독점규제 및 공정거래에 관한 법률 제19조 제1항 제8호를 위반하여 다른 사업자와 공동으로 부당하게 입찰에서의 자유로운 경쟁을 제한하기 위하여 지출된 담합금에 해당하므로 그 지출 자체가 사회질서에 반하는 것으로서 법인세법 제19조 제2항에서 말하는 '일반적으로 용인되는 통상적인 비용'이나 '수익과 직접 관련된 비용'에 해당한다고 볼 수 없어 이를 손금에 산입할 수 없다고 한 사례.

[3] 장부에 기재되지 않고 사외유출된 법인의 수입금은 그 귀속이 분명하지 않은 한 과세관청이 법인세법 제67조, 법인세법 시행령 제106조 제1항 제1호 단서의 규정에 따라 대표자에 대한 상여로 소득처분할 수밖에 없고, 이 경우 그 귀속이 분명하다는 점에 관한 증명책임은 이를 주장하는 납세의무자에게 있다.

【참조조문】

[1] 법인세법 제19조 제2항

[2] 법인세법 제19조 제2항

[3] 법인세법 제67조, 법인세법 시행령 제106조 제1항 제1호

【참조판례】

[1] 대법원 2009. 11. 12. 선고 2007두12422 판결(공2009하, 2109), 대법원 2015. 1. 29. 선고 2014두4306 판결

[3] 대법원 1992. 8. 14. 선고 92누6747 판결(공1992, 2694), 대법원 2013. 3. 28. 선고 2010두20805 판결(공2013상, 770)

【전문】

【원고, 상고인】
주식회사 청운기공(소송대리인 법무법인(유한) 바른 담당변호사 박일환 외 1인)

【피고, 피상고인】
서초세무서장

【원심판결】
서울고법 2017. 6. 2. 선고 2016누69750 판결

【주 문】

【주 문】

상고를 기각한다. 상고비용은 원고가 부담한다.

【이 유】

상고이유를 판단한다.

1. 상고이유 제1점에 관하여

가. 법인세법 제19조 제1항은 원칙적으로 '손금은 당해 법인의 순자산을 감소시키는 거래로 인하여 발생하는 손비의 금액으로 한다'라고, 제2항은 원칙적으로 '손비는 그 법인의 사업과 관련하여 발생하거나 지출된 손실 또는 비용으로서 일반적으로 용인되는 통상적인 것이거나 수익과 직접 관련된 것으로 한다'라고 각 규정하고 있다.

여기에서 말하는 '일반적으로 용인되는 통상적인 비용'이라 함은 납세의무자와 같은 종류의 사업을 영위하는 다른 법인도 동일한 상황 아래에서는 지출하였을 것으로 인정되는 비용을 의미하고, 그러한 비용에 해당하는지 여부는 지출의 경위와 목적, 형태, 액수, 효과 등을 종합적으로 고려하여 객관적으로 판단하여야 할 것인데, 특별한 사정이 없는 한 사회질서에 위반하여 지출된 비용은 여기에서 제외되며, 수익과 직접 관련된 비용에 해당한다고 볼 수도 없다(대법원 2009. 11. 22. 선고 2007두12422 판결, 대법원 2015. 1. 29. 선고 2014두4306 판결 등 참조).

나. 원심은 제1심판결 이유를 인용하여, 아래와 같은 사실을 인정하였다.

(1) 원고는 1985. 7. 15. 건물설비 및 설치공사업 등을 목적으로 설립된 회사로 건물 난방설비 중 유독가스를 외부로 배출하는 파이프(연도)를 설치하는 시공업체이다.

(2) 원고는 2008. 10.경 15개의 동종 업체들과 사이에, 입찰 포기의 대가 즉 담합사례금을 가장 높게 제시한 업체가 보일러 연도 공사를 낙찰받기로 결정한 다음 낙찰예정 업체가 나머지 업체들에게 공사대금의 일부를 담합사례금으로 분배하는 대신 나머지 업체들은 위 낙찰예정 업체가 실제로 공사를 낙찰받을 수 있도록 낙찰예정 업체의 투찰 금액 이상으로 입찰에 참여하기로 합의하였고, 이에 따라 2009년부터 2013년까지 원고 대표이사 소외 1의 동생 소외 2 명의의 이 사건 계좌를 이용하여 동종 업체들과 담합사례금을 수수하였다.

(3) 공정거래위원회는 원고와 동종 업체들 사이의 위 담합행위를 적발하였고, 이에 피고는 2014. 10.경 원고에 대한 현장확인을 통해 원고가 2009 내지 2013 사업연도에 보일러 연도 공사의 입찰·수주와 관련하여 동종 업체들로부터 수령한 담합사례금 1,461,900,000원을 익금산입하는 한편, 동종 업체들에게 지급한 담합사례금 1,312,600,000원(이하 '이 사건 지급금'이라고 한다)을 손금불산입하여, 원고에게 2009 내지 2013 사업연도 법인세를 각각 경정·고지하는 이 사건 법인세 부과처분을 하였다.

다. 이러한 사실관계를 앞서 본 규정과 관련 법리에 비추어 살펴보면, 원고가 동종 업체들에게 지출한 이 사건 지급금은 독점규제 및 공정거래에 관한 법률 제19조 제1항 제8호에 위반하여 다른 사업자와 공동으로 부당하게 입찰에서의 자유로운 경쟁을 제한하기 위하여 지출된 담합금에 해당하므로 그 지출 자체가 사회질서에 반하는 것으로서 법인세법 제19조 제2항에서 말하는 '일반적으로 용인되는 통상적인 비용이나 수익과 직접 관련된 비용'에 해당한다고 볼 수 없고, 따라서 이를 손금에 산입할 수 없다고 보아야 한다.

원심의 이유 설시에 일부 부적절한 부분이 있지만, 이 사건 지급금이 손비로서의 요건을 갖추지 못한 이상 이를 손금에 산입할 수 없다고 본 결론은 정당하다. 거기에 상고이유 주장과 같이 법인세법 제19조에서 정한 손금의 범위에 관한 법리를 오해한 위법이 없다.

2. 상고이유 제2점에 관하여

장부에 기재되지 않고 사외유출된 법인의 수입금은 그 귀속이 분명하지 않은 한 과세관청이 법인세법 제67조, 법인세법 시행령 제106조 제1항 제1호 단서의 규정에 의하여 대표자에 대한 상여로 소득처분할 수밖에 없고, 이 경우 그 귀속이 분명하다는 점에 관한 증명책임은 이를 주장하는 납세의무자에게 있다(대법원 2013. 3. 28. 선고 2010두20805 판결 등 참조).

원심은, 원고가 2009 내지 2013 사업연도 말 기준 담합사례금 수령금과 지급금의 차액(이하 '이 사건 차액'이라고 한다)을 법인장부에 기재하지 아니한 사실 등을 인정한 다음, ① 원고가 이 사건 계좌에 예치된 금원을 동종 업체들과 사이의 담합사례금 명목으로만 이용하였다는 점을 입증할 객관적 자료가 없는 점, ② 이 사건 계좌의 명의자인 소외 2는 원고 대표이사인 소외 1의 동생으로서 원고 대표이사가 위 계좌 금원의 일부를 개인적인 용도로 유용하였을 가능성을 배제할 수 없는 점, ③ 원고는 이 사건 담합이 적발된 이후인 2014. 12. 말경에야 비로소 이 사건 계좌에 남아 있던 347,000,000원을 원고 법인 계좌로 송금한 점 등에 비추어 보면, 이 사건 차액이 사외유출된 것이 아니라고 보기 어렵다는 이유로 이 사건 소득금액변동통지가 적법하다고 판단하였다.

앞서 본 법리와 기록에 비추어 살펴보면 원심의 이러한 판단은 정당하고, 거기에 상고이유 주장과 같이 사외유출이나 소득의 귀속 등에 관한 법리를 오해한 위법이 없다.

3. 결론

그러므로 상고를 기각하고 상고비용은 패소자가 부담하도록 하여, 관여 대법관의 일치된 의견으로 주문과 같이 판결한다.

▶ 대법관 권순일(재판장) 고영한(주심) 조희대 조재연

CHAPTER 06 손익의 귀속사업연도와 자산·부채의 평가

제1절 손익인식 기준과 자산·부채의 평가
제2절 손익인식기준으로서의 권리의무확정 주의
제3절 거래유형별 손익귀속시기
제4절 자산의 취득가액과 자산·부채의 평가
제5절 개별자산의 평가(재고자산·유가증권 및 외화자산·부채)

34 사업상 정당한 사유로 인한 대금감액이 후발적 경정청구 사유인지 여부

법인세부과처분취소 [대법원, 2011두1245, 2013. 12. 26.]

【판시사항】

소득의 원인이 되는 권리가 확정적으로 발생하여 납세의무가 성립하였더라도 후발적 사유로 말미암아 소득이 실현되지 아니하는 것으로 확정된 경우, 그에 따른 법인세를 부과할 수 있는지 여부(원칙적 소극) 및 사업상의 정당한 사유로 당초의 매매대금이나 용역대금을 감액한 경우 그 감액분을 당초의 매매대금이나 용역대금에 대한 권리가 확정된 사업연도의 소득금액에 포함하여 법인세를 과세할 수 있는지 여부(원칙적 소극)

【판결요지】

법인세법 제40조 제1항은, "내국법인의 각 사업연도의 익금과 손금의 귀속 사업연도는 그 익금과 손금이 확정된 날이 속하는 사업연도로 한다."고 규정함으로써 현실적으로 소득이 없더라도 그 원인이 되는 권리가 확정적으로 발생한 때에는 그 소득이 실현된 것으로 보고 과세소득을 계산하는 이른바 권리확정주의를 채택하고 있다. 이러한 권리확정주의란 소득의 원인이 되는 권리의 확정시기와 소득의 실현시기와의 사이에 시간적 간격이 있는 경우에는 과세상 소득이 실현된 때가 아닌 권리가 확정적으로 발생한 때를 기준으로 하여 그때 소득이 있는 것으로 보고 당해 사업연도의 소득을 산정하는 방식으로, 실질적으로는 불확실한 소득에 대하여 장래 그것이 실현될 것을 전제로 하여 미리 과세하는 것을 허용하는 것이다. 따라서 소득의 원인이 되는 권리가 확정적으로 발생하여 과세요건이 충족됨으로써 일단 납세의무가 성립하였다 하더라도 일정한 후발적 사유의 발생으로 말미암아 소득이 실현되지 아니하는 것으로 확정되었다면, 당초 성립하였던 납세의무는 그 전제를 상실하여 원칙적으로 그에 따른 법인세를 부과할 수 없다고 보아야 한다. 이러한 해석은 권리확정주의의 채택에 따른 당연한 요청일 뿐 아니라 후발적 경정청구제도를 규정한 국세기본법 제45조의2 제2항의 입법 취지에도 부합한다. 다만 대손금과 같이 법인세법이나 관련 법령에서 특정한 후발적 사유의 발생으로 말미암아 실현되지 아니한 소득금액을 그 후발적 사유가 발생한 사업연도의 소득금액에 대한 차감사유 등으로 별도로 규정하고 있거나, 경상적·반복적으로 발생하는 매출에누리나 매출환입과 같은 후발적 사유에 대하여 납세의무자가 기업회계의 기준이나 관행에 따라 그러한 사유가 발생한 사업연도의 소득금액을 차감하는 방식으로 법인세를 신고해 왔다는 등의 특별한 사정이 있는 경우에는, 그러한 후발적 사유의 발생은 당초 성립하였던 납세의무에 영향을 미칠 수 없다. 나아가 관련 규정의 문언 내용과 취지 및 체계 등에 비추어 볼 때, 여기에서 말하는 후발적 사유에는 사업상의 정당한 사유로 당초의 매매대금이나 용역대금을 감액한 경우도 포함된다고 봄이 타당하므로, 특별한 사정이 없는 한 그 감액분을 당초의 매매대금이나 용역대금에 대한 권리가 확정된 사업연도의 소득금액에 포함하여 법인세를 과세할 수는 없다.

【참조조문】

법인세법 제40조 제1항, 국세기본법 제45조의2 제2항

【참조판례】

대법원 2004. 11. 25. 선고 2003두14802 판결

【전문】

【원고, 피상고인 겸 상고인】
엘에스에프 케이디아이씨 인베스트먼트 컴퍼니 리미티드 (소송대리인 법무법인(유한) 율촌 담당변호사 윤세리 외 4인)

【피고, 상고인 겸 피상고인】
역삼세무서장(소송대리인 정부법무공단 담당변호사 구충서 외 4인)

【원심판결】
서울고법 2010. 12. 9. 선고 2009누39126 판결

【주 문】

【주 문】
원심판결의 원고 패소 부분 중 2004 사업연도 법인세 부과처분에 관한 부분을 파기하고, 이 부분 사건을 서울고등법원에 환송한다. 원고의 나머지 상고 및 피고의 상고를 모두 기각한다.

【이 유】
상고이유(상고이유서 제출기간이 지나 제출된 상고이유보충서 등 서면들의 기재는 상고이유를 보충하는 범위 내에서)를 판단한다.

1. 피고의 상고이유에 관하여

가. 상고이유 제1, 2점

(1) 구 국제조세조정에 관한 법률(2008. 12. 26. 법률 제9266호로 개정되기 전의 것, 이하 '국제조세법'이라 한다) 제4조 제1항은 "과세당국은 거래당사자의 일방이 국외 특수관계자인 국제거래에 있어서 그 거래가격이 정상가격에 미달하거나 초과하는 경우에는 정상가격을 기준으로 거주자(내국법인과 국내사업장을 포함한다)의 과세표준 및 세액을 결정 또는 경정할 수 있다."고 규정하고, 제5조 제1항 본문은 "정상가격은 다음 각 호의 방법 중 가장 합리적인 방법에 의하여 계산한 가격으로 한다."고 규정하면서 그 각 호에서 비교가능 제3자 가격방법(제1호), 재판매가격방법(제2호), 원가가산방법(제3호), 대통령령으로 정하는 기타 합리적이라고 인정되는 방법(제4호)을 들고 있으며, 제5조 제2항은 정상가격 산출방법에 관한 구체적인 사항은 대통령령으로 정하도록 위임하였다.

이에 따라 구 국제조세조정에 관한 법률 시행령(2004. 12. 31. 대통령령 제18628호로 개정되기 전의 것) 제5조 제1항 제1호는 정상가격 산출방법 등을 선택할 때 고려하여야 할 기준의 하나로 '특수관계가 있는 자 간의 국제거래와 특수관계가 없는 자 간의 국제거래 사이에 비교가능성이 높을 것'을 규정하고, 여기에서 비교가능성이 높다는 것은 '비교되는 상황 간의 차이가 비교되는 거래의 가격이나 순이익에 중대한 영향을 주지 아니하는 경우'[(가)목] 또는 '비교되는 상황 간의 차이가 비교되는 가격이나 순이익에 중대한 영향을 주는 경우에도 동 영향에 의한 차이를 제거할 수 있는 합리적 조정이 가능한 경우'[(나)목]를 말한다고 규정하였다. 나아가 국제조세법 시행령 제6조 제2항은 "법 제5조의 규정에 의하여 정상가격을 산출하는 경우 당해 거래와 특수관계가 없는 자 간의 거래 사이에서 수행된 기능, 부담한 위험 또는 거래조건 등의 차이로 인하여 적용하는 가격·이윤 또는 거래순이익에 차이가 발생하는 때에는 그 가격·이윤 또는 거래순이익의 차이를 합리적으로 조정하여야 한다."고 규정하였다.

이들 규정의 문언 내용과 취지 등을 종합하여 보면, 과세관청이 거주자의 국외 특수관계자와의 거래에 대하여 국제조세법 제4조 제1항을 적용하여 정상가격을 기준으로 과세처분을 하기 위해서는 납세의무자에 대한 자료제출 요구 등을 통하여 수집한 자료를 토대로 비교가능성 등을 고려하여 가장 합리적인 정상가격 산출방법을 선택하여야 하고, 비교되는 상황 간의 차이가 비교되는 거래의 가격이나 순이익에 중대한 영향을 주는 경우에는 그 차이를 합리적으로 조정하여 정상가격을 산출하여야 하며, 과세처분의 기준이 된 정상가격이 이와 같은 과정을 거쳐 적법하게 산출되었다는 점에 대한 증명책임은 과세관청에 있다고 할 것이다(대법원 2012. 12. 26. 선고 2011두6127 판결 등 참조).

(2) 원심은 채택 증거에 의하여, 원고와 그 국외 특수관계자인 론스타 인터내셔날 파이낸스 리미티드(Lone Star International Finance Limited, 이하 'LSIF'라 한다) 사이의 이 사건 유동화증권 발행·인수에 따른 이자 지급 거래에 관하여, 피고가 LSIF의 주식회사 하나은행에 대한 이 사건 차입거래의 이자율을 이 사건 유동화증권의 발행시점을 기준으로 환산하여 정상이자율을 산정한 후 이를 초과하여 지급된 이자 부분을 손금불산입하는 등의 방법으로 이 사건

2001 사업연도, 2002 사업연도, 2004 사업연도 각 법인세 부과처분을 한 사실 등을 인정한 다음, 원고의 이 사건 유동화증권 발행거래와 비교대상거래인 이 사건 차입거래는 그 판시와 같은 사정에 비추어 비교되는 상황 및 조건의 차이가 크고 이는 정상이자율의 산정에 중대한 영향을 미치는데, 피고가 이러한 차이를 상쇄할 수 있는 합리적 조정을 거치지 아니한 채 단지 이 사건 차입거래의 이자율을 시점만 조정하여 환산한 다음 이를 그대로 정상이자율로 산정한 것은 위법하다고 판단하였다. 나아가 이처럼 피고가 합리적인 조정을 거쳐 정상이자율을 산정한 것으로 보기 어려운 이상, 다른 독립된 사업자 간의 유동화증권 발행이자율이 신뢰할만한 수치로서 여러 개 존재하여 정상이자율의 범위를 구성하고 이 사건 유동화증권의 발행이자율이 그 범위 내에 들어 있다는 사정을 증명하여야 할 필요가 처분의 적법성을 다투는 원고에게 돌아간다고 보기 어렵다고 판단하였다.

(3) 원심판결 이유를 적법하게 채택된 증거들에 비추어 살펴보면, 원심의 이러한 판단은 앞서 본 법리에 기초한 것으로서, 거기에 상고이유의 주장과 같이 정상가격 산정 시의 비교대상거래 선정이나 증명책임의 소재에 관한 법리 등을 오해하거나 논리와 경험의 법칙에 반하여 자유심증주의의 한계를 벗어난 위법이 없다.

나. 상고이유 제3, 4점
(1) 원심은 채택 증거에 의하여 그 판시와 같은 사실을 인정한 다음, (가) 원고와 주식회사 해밀컨설팅그룹(이하 '해밀'이라 한다)의 이 사건 부지에 관한 3차례에 걸친 매매계약의 체결 경위 및 그 내용 등 제반 사정을 종합하면, 원고와 해밀은 제1차 매매계약 때는 이 사건 부지의 용도변경이 이루어질 것을 전제로 하여 그 매매대금을 1,460억 6,500만 원으로 정하였다가 용도변경의 성사 여부가 불투명해지자 제2차 매매계약을 거쳐 최종적으로 2004. 11. 30. 제3차 매매계약에서 '일단 용도변경이 안 된 상태에서 이 사건 부지를 양도하되 매매대금은 1,100억 원으로 하고, 용도변경이 성사될 경우에는 당초 약정한 1,460억 6,500만 원을 기준으로 매매대금 액수를 사후정산하여 확정하기'로 약정한 것으로 봄이 상당하므로, (나) 원고가 제3차 매매계약에 따라 해밀로부터 매매대금 1,100억 원을 지급받고 이 사건 부지에 대하여 해밀 앞으로 소유권이전등기까지 마친 후인 2004. 12. 28. 이 사건 부지에 대한 용도변경이 사실상 불가능한 상황으로 일단락된 이상, 이 사건 부지의 매매대금 중에서 실제 지급받은 1,100억 원 외에 용도변경이 성사될 경우에 지급받을 수 있는 나머지 매매대금은 그 권리의 발생이 불확정적이어서 이를 2004 사업연도에 귀속되는 익금으로 볼 수 없다고 판단하였다. 나아가 원심은, 원고가 부산종합화물터미널이 자리 잡고 있던 이 사건 부지의 용도변경을 위하여 부산광역시의 요구에 따라 부산종합화물터미널 주식회사(이하 '부산터미널회사'라 한다)에 터미널 이전자금으로 지원하기로 했던 110억 원(이하 '이 사건 이전자금'이라 한다)을 해밀이 이 사건 부지에 관한 매매계약에서 정한 대로 유한회사 창일인베스트먼트(론스타펀드가 이 사건 부지의 임대·관리를 위하여 설립한 회사이다. 이하 '창일'이라 한다)에 대여한 것에 관하여, (가) 원고는 관련 법령에 따라 자산유동화계획에 등록되지 않은 투자 또는 기부행위

를 할 수 없었기 때문에 해밀과 사이에 '이 사건 이전자금을 해밀이 창일에게 무상으로 대여하고 이를 다시 창일이 부산터미널회사에 무이자로 대여하되, 이 사건 부지에 대한 용도변경이 최종적으로 불가능한 것으로 결정될 경우 해밀은 창일에 대한 위 무상대여계약을 해제할 수 있고, 용도변경이 이루어진 경우에는 해밀은 창일의 지분을 모두 인수한 후 창일의 이 사건 이전자금반환채무를 면제하기'로 약정하였던 사실을 인정한 후, (나) 해밀은 이 사건 이전자금을 재무제표에 채권으로 계상하였다가 이 사건 부지에 대한 용도변경이 사실상 불가능한 것으로 확정된 후인 2007년경 이 사건 이전자금을 비롯한 창일에 대한 채권을 창일의 부산터미널회사에 대한 채권으로 대물변제를 받는 방식으로 전액 회수한 사정들을 비롯한 판시 사정들에 비추어 보면, 이 사건 이전자금을 이 사건 부지 매매대금의 일부로 평가할 수 없다는 이유로, 이 사건 이전자금 역시 2004 사업연도에 귀속되는 익금으로 볼 수 없다고 판단하였다.

(2) 원심판결 이유를 관련 법리와 적법하게 채택된 증거들에 비추어 살펴보면, 위와 같은 원심의 판단에 상고이유의 주장과 같이 매매대금의 익금 귀속이나 실질과세의 원칙 등에 관한 법리를 오해한 위법이 없다.

2. 원고의 상고이유에 관하여
가. 2001 내지 2002 사업연도 법인세 부과처분 부분
상고법원은 상고이유에 의하여 불복신청한 한도 내에서만 조사·판단할 수 있으므로, 상고이유서에는 상고이유를 특정하여 원심판결의 어떤 점이 법령에 어떻게 위반되었는지에 관하여 구체적이고도 명시적인 이유의 설시가 있어야 하고, 상고인이 제출한 상고이유서에 위와 같은 구체적이고도 명시적인 이유의 설시가 없는 때에는 상고이유서를 제출하지 않은 것으로 취급할 수밖에 없다(대법원 2006. 3. 9. 선고 2004다25185 판결, 대법원 2009. 11. 26. 선고 2009두11607 판결 등 참조).

그런데 이 사건 상고장에는 원심판결 중 2001 내지 2002 사업연도 법인세 부과처분 부분에 대한 상고이유의 기재가 없고, 원고가 제출한 상고이유서에도 이 부분이 어떻게 법령에 위반되었는지에 관하여는 아무런 언급이 없다. 따라서 원심판결 중 2001 내지 2002 사업연도 법인세 부과처분 부분에 관하여는 적법한 상고이유서가 제출되지 아니한 것이고, 달리 직권조사 대상이 되는 위법사유도 찾아볼 수 없다.

나. 2004 사업연도 법인세 부과처분 부분
(1) 법인세법 제40조 제1항은, "내국법인의 각 사업연도의 익금과 손금의 귀속 사업연도는 그 익금과 손금이 확정된 날이 속하는 사업연도로 한다."고 규정함으로써 현실적으로 소득이 없더라도 그 원인이 되는 권리가 확정적으로 발생한 때에는 그 소득이 실현된 것으로 보고 과세소득을 계산하는 이른바 권리확정주의를 채택하고 있다. 이러한 권리확정주의란 소득의 원인이 되는 권리의 확정시기와 소득의 실현시기와의 사이에 시간적 간격이 있는 경우에는 과세상 소득이 실현된 때가 아닌 권리가 확정적으로 발생한 때를 기준으로 하여 그때 소득이 있는 것으로 보고 당해 사업연도의 소득을 산정하는 방식으로, 실질적으로는 불확실한 소득에 대

하여 장래 그것이 실현될 것을 전제로 하여 미리 과세하는 것을 허용하는 것이다(대법원 2004. 11. 25. 선고 2003두14802 판결 등 참조). 따라서 소득의 원인이 되는 권리가 확정적으로 발생하여 과세요건이 충족됨으로써 일단 납세의무가 성립하였다 하더라도 일정한 후발적 사유의 발생으로 말미암아 소득이 실현되지 아니하는 것으로 확정되었다면, 당초 성립하였던 납세의무는 그 전제를 상실하여 원칙적으로 그에 따른 법인세를 부과할 수 없다고 보아야 한다. 이러한 해석은 권리확정주의의 채택에 따른 당연한 요청일 뿐 아니라 후발적 경정청구제도를 규정한 국세기본법 제45조의2 제2항의 입법 취지에도 부합한다. 다만 대손금과 같이 법인세법이나 관련 법령에서 특정한 후발적 사유의 발생으로 말미암아 실현되지 아니한 소득금액을 그 후발적 사유가 발생한 사업연도의 소득금액에 대한 차감사유 등으로 별도로 규정하고 있거나, 경상적·반복적으로 발생하는 매출에누리나 매출환입과 같은 후발적 사유에 대하여 납세의무자가 기업회계의 기준이나 관행에 따라 그러한 사유가 발생한 사업연도의 소득금액을 차감하는 방식으로 법인세를 신고해 왔다는 등의 특별한 사정이 있는 경우에는, 그러한 후발적 사유의 발생은 당초 성립하였던 납세의무에 영향을 미칠 수 없다고 할 것이다. 나아가 관련 규정의 문언 내용과 취지 및 체계 등에 비추어 볼 때, 여기에서 말하는 후발적 사유에는 사업상의 정당한 사유로 당초의 매매대금이나 용역대금을 감액한 경우도 포함된다고 봄이 타당하므로, 특별한 사정이 없는 한 그 감액분을 당초의 매매대금이나 용역대금에 대한 권리가 확정된 사업연도의 소득금액에 포함하여 법인세를 과세할 수는 없다고 할 것이다.

(2) 원심판결 이유 및 적법하게 채택된 증거들에 의하면, 원고와 해밀은 이 사건 부지에 관한 제3차 매매계약에서 "원고가 그 책임 아래 2005. 5. 30.까지 이 사건 부지의 용도변경이 완료되도록 추진하되, 용도변경이 안 되는 것으로 최종 결정된 경우 또는 위 날짜 이후 연장한 기한까지도 용도변경이 이루어지지 않는 경우에는 해밀은 매매계약을 해제하거나 환매를 요청할 수 있으며, 원고는 해밀에게 발생하는 금융비용을 일부 부담한다."고 약정하였던 사실, 원고와 해밀은 2005. 3. 22.경 제3차 매매계약에서 정한 기한 내에 이 사건 부지에 대한 용도변경이 이루어지는 것이 불가능하다고 보고 매매대금을 1,100억 원에서 1,030억 원으로 70억 원을 감액하기로 합의하였고, 이에 따라 원고는 2005. 3. 28. 해밀에게 위 감액분 70억 원을 반환한 사실 등을 알 수 있다.

(3) 위와 같은 사실관계를 위 법리에 비추어 살펴보면, 원고가 이 사건 부지의 매매대금을 감액하기로 합의한 것은 원고의 주장대로 매매계약의 해제 등으로 인한 불이익을 피하기 위한 것으로서 사업상 정당한 사유가 있었다고 볼 여지도 있으므로, 원심으로서는 이 점에 관하여 심리한 다음 이 사건 2004 사업연도 법인세 부과처분 중 피고가 위 감액분 70억 원을 익금에 산입한 부분의 위법 여부를 판단하였어야 했다.

(4) 그런데 이와 달리 원심은 이에 나아가 심리하지 아니한 채, 위와 같은 감액 합의에 의하여 위 감액분 70억 원 상당의 소득이 소급적으로 소멸된다고 한다면 이미 과세요건이 충족되어 유효하게 성립한 조세법률관계를 당사자의 사후 약정에 의해 자의적으로 변경함으로써 법

인세 과세를 면할 수 있는 조세회피행위를 용인하는 결과가 되어 부당하다는 등의 이유로, 이 사건 2004 사업연도 법인세 부과처분 중 위 감액분 70억 원을 익금에 산입한 부분이 위법하다는 원고의 주장을 배척하였다.

따라서 이러한 원심의 조치에는 권리확정주의나 익금의 차감사유인 대금 감액의 사업상 정당한 사유에 관한 법리 등을 오해하여 필요한 심리를 다하지 아니함으로써 판결 결과에 영향을 미친 위법이 있다. 이를 지적하는 상고이유의 주장은 이유 있다.

원심이 들고 있는 대법원판결은 사안이 다르므로 이 사건에 원용하기에 적절하지 아니하다.

3. 결론

그러므로 원심판결의 원고 패소 부분 중 2004 사업연도 법인세 부과처분에 관한 부분을 파기하고, 이 부분 사건을 다시 심리·판단하게 하기 위하여 원심법원에 환송하며, 원고의 나머지 상고 및 피고의 상고를 모두 기각하기로 하여, 관여 대법관의 일치된 의견으로 주문과 같이 판결한다.

▶ 대법관 신영철(재판장) 이상훈 김용덕(주심) 김소영

CHAPTER 07 합병에 관한 특례

제1절 합병에 따른 법인세 과세체계
제2절 피합병법인에 대한 과세
제3절 합병법인에 대한 과세
제4절 합병시 기타의 과세문제

CHAPTER 08 분할 등에 관한 특례

제1절 분할에 따른 과세체계
제2절 인적분할시 분할법인에 대한 과세
제3절 인적분할시 분할신설법인에 대한 과세문제
제4절 인적분할시 기타의 과세문제
제5절 물적분할시 법인세 과세특례
제6절 기타의 과세특례

CHAPTER 09 부당행위계산의 부인

제1절 부당행위계산부인의 일반론
제2절 거래가격조작에 대한 부당행위
제3절 특수관계인 간의 자금거래에 대한 부당행위
제4절 불공정자본거래에 대한 부당행위

35 특수관계인에 대한 우회적인 자금대여

법인세등부과처분취소 [대법원, 2013두20127, 2014. 4. 10.]

【판시사항】

[1] 구 법인세법 제28조 제1항 제4호 (나)목이 정한 '업무무관 가지급금 등'의 범위 및 법인이 특수관계 없는 자와 거래함으로써 법인과 특수관계에 있는 자가 간접적으로 편익을 누린 경우 위 규정을 적용할 수 있는지 여부(원칙적 소극)

[2] 부당행위계산의 의미와 부당행위계산 부인에 관한 구 법인세법 제52조의 규정 취지 및 법인이 특수관계 없는 자로부터 자산을 매입함으로써 법인과 특수관계에 있는 자가 경제적으로 이익을 얻었더라도 구 법인세법 시행령 제88조 제1항 제2호 또는 제9호의 부당행위계산에 해당하지 않는 경우

【판결요지】

[1] 구 법인세법(2011. 12. 31. 법률 제11128호로 개정되기 전의 것, 이하 '구 법인세법'이라 한다) 제28조 제1항 제4호 (나)목이 규정한 '업무와 관련 없이 지급한 가지급금 등'에는 순수한 의미의 대여금은 물론 채권의 성질상 대여금에 준하는 것도 포함되지만, 업무무관 가지급금 등에 상당한 차입금의 지급이자 손금불산입에 관한 구 법인세법 제28조 제1항 제4호 (나)목은 원칙적으로 법인이 특수관계에 있는 자에게 대여하였거나 이에 준하는 행위를 한 것으로 볼 수 있는 경우에 한하여 적용될 수 있을 뿐이고, 법인이 특수관계 없는 자와 거래함으로써 당해 법인과 특수관계에 있는 자가 간접적으로 편익을 누렸다고 하더라도 법인과 특수관계 없는 자 사이의 거래가 가장행위에 해당한다고 볼 특별한 사정이 있거나 법률에 마련된 개별적이고 구체적인 규정을 통해 이를 부인할 수 있을 정도에 이르지 않는다면 법인이 특수관계에 있는 자와 직접 거래를 한 것으로 보아 위 규정을 적용할 수는 없다.

[2] 부당행위계산이라고 함은 납세자가 정상적인 경제인의 합리적 거래형식에 의하지 아니하고 우회행위, 다단계행위, 그 밖의 이상한 거래형식을 취함으로써 통상의 합리적인 거래형식

을 취할 때 생기는 조세의 부담을 경감 내지 배제시키는 행위계산을 말하고, 구 법인세법(2011. 12. 31. 법률 제11128호로 개정되기 전의 것) 제52조에서 부당행위계산 부인 규정을 둔 취지는 법인과 특수관계 있는 자와의 거래가 구 법인세법 시행령(2009. 2. 4. 대통령령 제21302호로 개정되기 전의 것, 이하 '구 법인세법 시행령'이라 한다) 제88조 제1항 각 호에 정한 제반 거래형태를 빙자하여 남용함으로써 경제적 합리성을 무시하였다고 인정되어 조세법적인 측면에서 부당한 것이라고 보일 때 과세권자가 객관적으로 타당하다고 인정되는 소득이 있었던 것으로 의제하여 과세함으로써 과세의 공평을 기하고 조세회피행위를 방지하고자 하는 것이다. 따라서 법인이 매입한 자산이 수익파생에 공헌하거나 장래에 자산의 운용으로 수익을 얻을 가능성이 있는 등 수익과 관련이 있는 자산에 해당하고 매입행위가 행위 당시를 기준으로 할 때 건전한 사회통념이나 상관행에 비추어 경제적 합리성을 결여한 비정상적인 행위라고 할 수 없다면, 설령 법인이 특수관계 없는 자로부터 자산을 매입함으로써 법인과 특수관계에 있는 자가 경제적으로 어떠한 이익을 얻었다고 하더라도 이를 구 법인세법 시행령 제88조 제1항 제2호 또는 제9호의 부당행위계산에 해당한다고 할 수 없다.

【참조조문】

[1] 구 법인세법(2011. 12. 31. 법률 제11128호로 개정되기 전의 것) 제28조 제1항 제4호 (나)목, 제52조 제1항, 구 법인세법 시행령(2009. 2. 4. 대통령령 제21302호로 개정되기 전의 것) 제53조 제1항, 제88조 제1항 제2호, 제9호

[2] 구 법인세법(2011. 12. 31. 법률 제11128호로 개정되기 전의 것) 제52조, 구 법인세법 시행령(2009. 2. 4. 대통령령 제21302호로 개정되기 전의 것) 제88조 제1항 제2호, 제9호

【참조판례】

[1] 대법원 2009. 4. 23. 선고 2006두19037 판결(공2009상, 768)

[2] 대법원 2006. 1. 13. 선고 2003두13267 판결(공2006상, 258)

【전문】

【원고, 상고인 겸 피상고인】
주식회사 이수페타시스(소송대리인 변호사 김수형 외 5인)

【피고, 피상고인 겸 상고인】
남대구세무서장

【원심판결】
대구고법 2013. 8. 16. 선고 2012누2482 판결

【주 문】

【주 문】

원심판결 중 원고 패소 부분을 파기하고, 이 부분 사건을 대구고등법원에 환송한다. 피고의 상고를 기각한다.

【이 유】

원고와 피고의 상고이유를 함께 판단한다.

1. 구 법인세법(2011. 12. 31. 법률 제11128호로 개정되기 전의 것, 이하 '법인세법'이라고 한다) 제28조 제1항 제4호 (나)목, 구 법인세법 시행령(2009. 2. 4. 대통령령 제21302호로 개정되기 전의 것, 이하 '법인세법 시행령'이라고 한다) 제53조 제1항은 '법인이 법인세법 제52조 제1항의 규정에 의한 특수관계자에게 해당 법인의 업무와 관련 없이 지급한 가지급금 등에 대한 차입금의 이자는 손금에 산입하지 아니한다'고 규정하고, 법인세법 제52조 제1항은 '법인의 행위 또는 소득금액의 계산이 대통령령이 정하는 특수관계자와의 거래로 인하여 그 법인의 소득에 대한 조세의 부담을 부당히 감소시킨 것으로 인정되는 경우 과세관청이 이를 부당행위계산으로 보아 익금에 산입할 수 있다'고 규정하고 있다. 그리고 법인세법 시행령 제88조 제1항은 '무수익 자산을 매입한 경우'(제2호), '그 밖에 제2호 등에 준하는 행위 또는 계산 및 그 외에 법인의 이익을 분여하였다고 인정되는 경우'(제9호) 등을 부당행위계산의 유형으로 들고 있다.

2. 가. 원심은 증거를 종합하여 다음과 같은 사실을 인정하였다.

(1) 이수건설 주식회사(이하 '이수건설'이라고 한다)는 원고와 법인세법 제52조 제1항 소정의 특수관계에 있는 자이다.

(2) 원고는 2007. 12. 10.과 같은 달 21일 시행사인 주식회사 뉴리안디앤씨(이하 '뉴리안디앤씨'라고 한다)로부터 이수건설이 시공하고 있던 대구 수성구(주소 1 생략) 등 지상의 브라운스톤 수성아파트 50세대(이하 '이 사건 아파트'라고 한다)를 매수하는 계약을 체결하고, 그 무렵 뉴리안디앤씨에 계약금과 제1~4차 중도금 합계 15,054,552,500원을 지급하였다. 또한 원고는 2007. 12. 14. 시행사인 메트로랜드에셋 주식회사(이하 '메트로에셋'이라고 한다)로부터 이수건설이 시공한 부산 해운대구(주소 2 생략) 지상의 해운대센텀호텔의 객실 52실(이하 '이 사건 호텔'이라고 한다)을 매수하는 계약을 체결하고, 그 무렵 메트로에셋에 그 대금 14,016,779,270원을 지급하였다.

(3) 뉴리안디앤씨가 원고로부터 받은 분양대금은 2007. 12. 13.과 같은 달 27일 뉴리안디앤씨의 동의 아래 뉴리안디앤씨의 이수건설에 대한 단기대여금채무와 공사미수금채무의 변제에 전부 사용되었다. 또한 메트로에셋이 원고로부터 받은 분양대금은 2007. 12. 14.과 같은 달 21일 메트로에셋의 동의 아래 메트로에셋의 이수건설에 대한 도급공사비채무 6,507,719,270원의 변제와 이수건설이 보증한 메트로에셋의 삼성상호저축은행에 대한 대출금채무 7,509,060,000원의 변제에 사용되었다.

(4) 한편 피고는, 원고가 특수관계자인 이수건설에 부당하게 자금을 제공하기 위한 방편으로 이 사건 아파트와 호텔을 매수하였다는 이유로, 법인세법 제28조 제1항 제4호 (나)목 등에 따라 이 사건 아파트와 호텔에 대한 분양대금 중 기지급 매매대금 27,882,912,500원에 관한 지급이자를 손금불산입하고 법인세법 제52조 제1항 등에 따라 그에 관한 인정이자를 익금에 산입하여, 2011. 6. 11. 원고에게 2007, 2008, 2009 각 사업연도의 법인세와 2007 사업연도의 농어촌특별세를 부과하는 이 사건 처분을 하였다.

나. 원심은 이러한 사실관계를 토대로 하여, 원고가 시행사들과 분양계약을 체결하고 분양대금을 지급한 것과 시행사들이 이수건설에 공사대금 등을 지급한 것은 별개의 법률행위에 기한 것으로서 원고가 이수건설에 직접 자금을 대여한 것으로 볼 수 없어 이 사건 처분 중 법인세법 제28조 제1항 제4호 (나)목에 따라 위 분양대금에 관한 차입금의 지급이자를 손금에 불산입한 부분은 위법하나, 이 사건 아파트와 호텔의 구입 또는 투자는 원고의 주된 목적사업과 관련이 없을뿐더러 실질적인 이용가치가 낮고 가치상승을 통한 부가적인 수익도 기대되지 않으며 원고의 자금사정이나 경영실적, 매수목적물의 분양상황을 고려할 때 원고가 대규모 자금을 투입하여 단시일 내에 분양대금을 지급한 것은 매우 이례적인 점에 비추어 원고가 우회적으로 이수건설에 자금을 제공하기 위해 무수익 자산인 이 사건 아파트와 호텔을 매수한 것으로 보인다는 등의 이유로 법인세법 제52조 제1항, 법인세법 시행령 제88조 제1항 제2호(원심이 들고 있는 '제6호'는 '제2호'의 오기로 보인다), 제9호에 따라 분양대금에 관한 인정이자를 익금에 산입한 부분은 적법하다고 판단하였다.

3. 가. 법인세법 제28조 제1항 제4호 (나)목이 규정한 '업무와 관련 없이 지급한 가지급금 등'에는 순수한 의미의 대여금은 물론 채권의 성질상 대여금에 준하는 것도 포함되지만(대법원 2009. 4. 23. 선고 2006두19037 판결 등 참조), 업무무관 가지급 등에 상당한 차입금의 지급이자 손금불산입에 관한 법인세법 제28조 제1항 제4호 (나)목은 원칙적으로 법인이 특수관계에 있는 자에게 대여하였거나 이에 준하는 행위를 한 것으로 볼 수 있는 경우에 한하여 적용될 수 있을 뿐이고, 법인이 특수관계 없는 자와 거래함으로써 당해 법인과 특수관계에 있는 자가 간접적으로 편익을 누렸다고 하더라도 법인과 특수관계 없는 자 사이의 거래가 가장행위에 해당한다고 볼 특별한 사정이 있거나 법률에 마련된 개별적이고 구체적인 규정을 통해 이를 부인할 수 있을 정도에 이르지 않는다면 법인이 특수관계에 있는 자와 직접 거래를 한 것으로 보아 위 규정을 적용할 수는 없다.

원심이 이러한 법리를 전제로 하여 이 사건 처분 중 분양대금에 관한 차입금의 지급이자를 손금에 불산입한 부분이 위법하다고 판단한 것은 정당하고, 거기에 피고가 상고이유로 주장하는 바와 같이 법인세법 제28조 제1항 제4호 (나)목이나 실질과세의 원칙에 관한 법리를 오해하는 등의 위법이 없다.

나. 그러나 원심이 이 사건 처분 중 분양대금에 관한 인정이자를 익금에 산입한 부분이 적법하다고 본 판단은 다음과 같은 이유에서 수긍할 수 없다.

부당행위계산이라고 함은 납세자가 정상적인 경제인의 합리적 거래형식에 의하지 아니하고 우회행위, 다단계행위, 그 밖의 이상한 거래형식을 취함으로써 통상의 합리적인 거래형식을 취할 때 생기는 조세의 부담을 경감 내지 배제시키는 행위계산을 말하고, 법인세법 제52조에서 부당행위계산 부인 규정을 둔 취지는 법인과 특수관계 있는 자와의 거래가 법인세법 시행령 제88조 제1항 각 호에 정한 제반 거래형태를 빙자하여 남용함으로써 경제적 합리성을 무시하였다고 인정되어 조세법적인 측면에서 부당한 것이라고 보일 때 과세권자가 객관적으로 타당하다고 인정되는 소득이 있었던 것으로 의제하여 과세함으로써 과세의 공평을 기하고 조세회피행위를 방지하고자 하는 것이다(대법원 2006. 1. 13. 선고 2003두13267 판결 참조). 따라서 법인이 매입한 자산이 수익파생에 공헌하거나 장래에 그 자산의 운용으로 수익을 얻을 가능성이 있는 등 수익과 관련이 있는 자산에 해당하고 그와 같은 매입행위가 행위 당시를 기준으로 할 때 건전한 사회통념이나 상관행에 비추어 경제적 합리성을 결여한 비정상적인 행위라고 할 수 없다면, 설령 법인이 특수관계 없는 자로부터 자산을 매입함으로써 법인과 특수관계에 있는 자가 경제적으로 어떠한 이익을 얻었다고 하더라도 이를 법인세법 시행령 제88조 제1항 제2호 또는 제9호 소정의 부당행위계산에 해당한다고 할 수 없다.

원심판결 이유와 기록에 의하면, ① 원고는 기존에 보유하던 임직원들의 기숙사 13채와 독신자숙소 42실이 노후하고 도심 외곽에 위치하였을 뿐만 아니라 1999. 4.경 위 독신자숙소가 토지구획정리사업에 편입됨에 따라 새로운 기숙사를 물색하고 있던 차에 이 사건 아파트를 분양받은 사실, ② 원고는 뉴리안디앤씨와 사이에 이 사건 아파트의 실거래가가 분양가 이하로 낮아지는 경우 환매를 청구할 수 있다는 특약을 체결하였고, 이 사건 아파트의 공사가 2009. 10.경 중단되자 원고의 환매요구로 2010. 8. 31. 분양계약이 합의해제 되었으며, 원고는 2011. 5. 27. 이 사건 아파트의 공매절차에서 그 분양대금과 이에 대한 연 5% 상당의 이자 합계 19,064,619,309원을 반환받은 사실, ③ 이 사건 호텔의 일반분양조건은 연 8%의 확정수익을 보장하고 자산운용에 따른 수익을 추가로 배당받는 것이었으나, 원고는 연 8%의 확정수익을 보장받는 대신 분양금액의 25%를 할인받았던 사실, ④ 원고는 이 사건 호텔을 매수한 이후 연 60일의 한도 내에서 임직원들을 위한 연수 및 휴양시설로 이용하였고, 2007. 12. 14. 위탁관리회사와 자산운용위탁계약을 체결하여 나머지 기간은 위탁관리회사의 자산운용에 따른 수익금을 배분받기로 하였으며, 2011. 3. 4. 자산운용에 따른 배당수익금 141,000,000원을 지급받았던 사실, ⑤ 한편 이수건설과 시행사들이 체결한 사업약정에는 분양수입금으로 이수건설에 대한 공사기성금 변제에 앞서 금융기관 대출금채무 등을 먼저 변제하도록 되어 있었고, 분양수입금에 관한 계좌가 이수건설과 시행사들의 공동 명의로 되어 있어 이수건설은 시행사들의 동의 없이 단독으로 분양수입금을 인출할 수는 없었던 사실 등을 알 수 있다.

이러한 사정을 앞서 본 법리에 비추어 살펴보면, 분양계약 당시를 기준으로 할 때 원고가 매입한 이 사건 아파트와 호텔은 임직원들을 위한 복리후생시설이나 연수시설로 사용될 수 있어서 이를 보유하지 못하였을 경우와 비교하여 그에 관한 비용을 절감함으로써 수익에 기여할 가능성이 없었다고 할 수 없고 이 사건 호텔의 운용수익이나 시세차익을 기대하는 것이 전혀 불합리하다고 볼 수 없으며 시행사들이 원고로부터 지급받은 분양대금을 반드시 이수건설에 지급하게 될 것으로 단정할 수도 없으므로, 원고가 매입한 이 사건 아파트와 호텔을 원고의 수익과 전혀 관련이 없는 자산에 해당한다거나 원고의 매입행위가 건전한 사회통념이나 상관행에 비추어 경제적 합리성을 결여한 비정상적인 행위라고 할 수 없고, 설령 원고와 특수관계에 있는 이수건설이 원고가 지급한 분양대금을 재원으로 하여 공사대금채권을 변제받음으로써 결과적으로 경제적인 이익을 얻었고 분양계약 이후에 원고의 예상과 다른 사정이 일부 발생하였다고 하더라도 원고가 무수익 자산을 매입하거나 이에 준하는 행위를 함으로써 우회적으로 특수관계에 있는 이수건설에 이익분여행위를 한 것으로 볼 수도 없다.

그런데도 원심은 이와 달리 그 판시와 같은 이유만으로 원고가 이 사건 아파트와 호텔을 매입한 행위가 부당행위계산에 해당한다고 보았으니, 이러한 원심판단에는 법인세법 제52조, 법인세법 시행령 제88조 제1항 제2호, 제9호 소정의 부당행위계산에 관한 법리를 오해함으로써 판결에 영향을 미친 잘못이 있다. 이점을 지적하는 원고의 상고이유의 주장은 이유 있다.

4. 결론

그러므로 원심판결 중 원고 패소 부분을 파기하고, 이 부분 사건을 다시 심리·판단하게 하기 위하여 원심법원에 환송하며, 피고의 상고를 기각하기로 하여, 관여 대법관의 일치된 의견으로 주문과 같이 판결한다.

▶ 대법관 이인복(재판장) 민일영 박보영 김신(주심)

36 부당행위계산부인 해당 여부의 기준시기 및 소득처분할 금액산정의 기준시기

근로소득세부과처분취소 [대법원, 2007두14978, 2010. 5. 13.]

【판시사항】

[1] 구 법인세법 제20조에서 정한 부당행위계산 부인의 의미와 그 요건으로서 '경제적 합리성' 유무의 판단 기준

[2] 법인의 대표이사가 자기 소유의 토지에 대하여 법인 비용을 들여 보전임지전용허가와 농지전용허가를 받은 후 법인과 그 토지에 관한 매매계약을 체결하고, 그 매매대금을, 법인비용을 들여 조성한 대지의 현황을 기준으로 산정한 행위는 경제적 합리성이 결여된 비정상적인 행위이므로, 구 법인세법 제20조, 구 법인세법 시행령 제46조 제2항 제4호에서 정한 부당행위계산 부인대상에 해당한다고 한 사례

[3] 고가매입으로 인한 부당행위계산 부인의 경우, 토지 등의 취득이 부당행위계산에 해당하는지 여부의 기준시기(=거래 당시) 및 그 익금에 산입하여 소득처분할 금액산정의 기준시기(=취득시기)

【판결요지】

[1] 구 법인세법(1998. 12. 28. 법률 제5581호로 전부 개정되기 전의 것) 제20조에 정한 부당행위계산 부인이란 법인이 특수관계에 있는 자와의 거래에 있어 정상적인 경제인의 합리적인 방법에 의하지 아니하고 구 법인세법 시행령(1998. 5. 16. 대통령령 제15797호로 개정되기 전의 것) 제46조 제2항 각 호에 열거된 여러 거래형태를 빙자하여 남용함으로써 조세부담을 부당하게 회피하거나 경감시켰다고 하는 경우에 과세권자가 이를 부인하고 법령에 정하는 방법에 의하여 객관적이고 타당하다고 보이는 소득이 있는 것으로 의제하는 제도로서, 경제인의 입장에서 볼 때 부자연스럽고 불합리한 행위계산을 함으로 인하여 경제적 합리성을 무시하였다고 인정되는 경우에 한하여 적용되는 것이고, 경제적 합리성 유무에 관한 판단은 거래행위의 여러 사정을 구체적으로 고려하여 과연 그 거래행위가 건전한 사회통념이나 상관행에 비추어 경제적 합리성을 결한 비정상적인 것인지의 여부에 따라 판단하되, 비특수관계자 간의 거래가격, 거래 당시의 특별한 사정 등도 고려하여야 한다.

[2] 법인의 대표이사가 자기 소유의 토지에 대하여 법인 비용을 들여 보전임지전용허가와 농지전용허가를 받은 후 법인과 그 토지에 관한 매매계약을 체결하고, 그 매매대금을, 법인비용을 들여 조성한 대지의 현황을 기준으로 산정한 행위는 상법상 이사의 충실의무에 위배된 행위이고, 그 매매계약은 시가를 초과하여 법인의 노력과 비용으로 이루어진 지가상승분까지 대표이사 개인에게 귀속시킨 것으로서 경제적 합리성이 결여된 비정상적인 행위이므로, 구 법인세법(1998. 12. 28. 법률 제5581호로 전부 개정되기 전의 것) 제20조, 구 법인세법 시행령(1998. 5. 16. 대통령령 제15797호로 개정되기 전의 것) 제46조 제2항 제4호에서 정한 부당행위계산 부인대상에 해당한다고 한 사례.

[3] 구 법인세법(1998. 12. 28. 법률 제5581호로 전부 개정되기 전의 것) 제20조, 제32조 제5항, 구 법인세법 시행령(1998. 5. 16. 대통령령 제15797호로 개정되기 전의 것) 제46조 제2항 제4호, 제94조의2 제1항 제1호 각 규정과 부당행위계산 부인 제도의 취지, 저가양도로 인한 부당행위계산 부인에서 매매계약체결시기와 양도시기가 다른 경우 토지 등의 양도가 부당행위계산에 해당하는지 여부는 그 대금을 확정 짓는 거래 당시를 기준으로 판단하는 반면, 그 토지의 양도차익을 계산하면서는 양도가액을 양도시기를 기준으로 산정하고 이는 그 선택의 이유와 기준을 달리하므로 양자가 기준시기를 달리 본다고 하여 불합리한 것은 아닌 점, 이러한 기준시기의 구별은 고가매입의 경우의 세무회계 처리방법, 소득처분의 시기와 방법에 비추어 동일하게 적용될 수 있는 점 등을 종합하면, 고가매입으로 인한 부당행위계산 부인의 경우에도 토지 등의 취득이 부당행위계산에 해당하는지 여부의 기준시기는 거래 당시인 반면, 그 익금에 산입하여 소득처분할 금액 산정의 기준시기는 특별한 사정이 없는 한 그 취득시기로 봄이 상당하다.

【참조조문】

[1] 구 법인세법(1998. 12. 28. 법률 제5581호로 전부 개정되기 전의 것) 제20조(현행 제52조 참조), 구 법인세법 시행령(1998. 5. 16. 대통령령 제15797호로 개정되기 전의 것) 제46조 제2항(현행 제88조 제1항 참조)

[2] 구 법인세법(1998. 12. 28. 법률 제5581호로 전부 개정되기 전의 것) 제20조(현행 제52조 참조), 구 법인세법 시행령(1998. 5. 16. 대통령령 제15797호로 개정되기 전의 것) 제46조 제2항 제4호(현행 제88조 제1항 제3호 참조)

[3] 구 법인세법(1998. 12. 28. 법률 제5581호로 전부 개정되기 전의 것) 제20조(현행 제52조 참조), 제32조 제5항(현행 제67조 참조), 구 법인세법 시행령(1998. 5. 16. 대통령령 제15797호로 개정되기 전의 것) 제46조 제2항 제4호(현행 제88조 제1항 제3호 참조), 제94조의2 제1항 제1호(현행 제106조 제1항 제1호 참조)

【참조판례】

[1] 대법원 1996. 7. 26. 선고 95누8751 판결(공1996하, 2711), 대법원 2007. 12. 13. 선고 2005두14257 판결(공2008상, 67), 대법원 2010. 1. 14. 선고 2009두12822 판결

[3] 대법원 1989. 6. 13. 선고 88누5273 판결(공1989, 1088), 대법원 1999. 1. 29. 선고 97누15821 판결(공1999상, 399)

【전문】

【원고, 상고인】

【원고, 상고인】

【피고, 피상고인】
충주세무서장

【원심판결】
대전고법 2007. 6. 21. 선고 2004누2804 판결

【주 문】

【주 문】
원심판결을 파기하고, 사건을 대전고등법원에 환송한다.

【이 유】
상고이유를 판단한다.

1. 상고이유 제1점에 관하여
구 법인세법(1998. 12. 28. 법률 제5581호로 전부 개정되기 전의 것, 이하 같다) 제20조에 정

한 부당행위계산 부인이란 법인이 특수관계에 있는 자와의 거래에 있어 정상적인 경제인의 합리적인 방법에 의하지 아니하고 구 법인세법 시행령(1998. 5. 16. 대통령령 제15797호로 개정되기 전의 것, 이하 같다) 제46조 제2항 각 호에 열거된 여러 거래형태를 빙자하여 남용함으로써 조세부담을 부당하게 회피하거나 경감시켰다고 하는 경우에 과세권자가 이를 부인하고 법령에 정하는 방법에 의하여 객관적이고 타당하다고 보이는 소득이 있는 것으로 의제하는 제도로서, 경제인의 입장에서 볼 때 부자연스럽고 불합리한 행위계산을 함으로 인하여 경제적 합리성을 무시하였다고 인정되는 경우에 한하여 적용되는 것이고, 경제적 합리성의 유무에 대한 판단은 거래행위의 여러 사정을 구체적으로 고려하여 과연 그 거래행위가 건전한 사회통념이나 상관행에 비추어 경제적 합리성을 결한 비정상적인 것인지의 여부에 따라 판단하되, 비특수관계자 간의 거래가격, 거래 당시의 특별한 사정 등도 고려하여야 한다(대법원 1996. 7. 26. 선고 95누8751 판결, 대법원 2007. 12. 13. 선고 2005두14257 판결 등 참조).

원심판결 이유에 의하면, 원심은 그 채용증거를 종합하여 원고는 연구소 부지를 확보하는 과정에서 대표이사이자 대주주인 소외 1 소유의 이 사건 토지 일대의 시가를 전과 답은 평당 300,000원에서 400,000원, 대지는 평당 1,300,000원에서 1,800,000원으로 파악하고, 1994. 6. 11. 이 사건 토지에 인접한 소외 2 소유의 지목이 답인 토지를 평당 350,000원에 매매계약을 체결한 사실, 한편 원고는 1994. 11. 29. 소외 1로부터 이 사건 토지에 관하여 사용승낙을 받아 1995. 4. 3.과 1995. 6. 22. 원고의 비용으로 보전임지전용허가와 농지전용허가를 각 받은 다음, 다시 1995. 8. 25. 소외 1과 사이에 이 사건 토지에 관한 매매계약을 체결하면서 매매대금은 추후 원고가 그 부지조성공사를 마친 후 감정평가를 거쳐 결정된 금액으로 하기로 약정한 사실, 그 후 원고는 1996. 5. 12. 소외 1과 이 사건 토지에 관한 매매대금을 그 현황이 대지로 변경된 상태를 기준으로 한 감정평가액 8,700,000,000원으로 확정하고, 1996. 6. 5. 계약금 및 중도금으로 이미 지급한 금원을 제외한 나머지 금원을 지급한 후, 1996. 6. 19. 소유권이전등기를 마친 사실 등을 인정한 다음, 이러한 사실관계에 의하여 인정되는 다음과 같은 사정, 즉 이 사건 매매계약 당시 원고에게 연구소 건립을 위하여 반드시 이 사건 토지를 사용하지 않으면 안되는 부득이한 사정이 있었다고는 보이지 않는 점, 원고는 지목이 전·답 등인 토지를 매수하여 대지로 조성하는 경우 그 시가가 급격히 상승하리라는 것을 잘 알고 있었던 점 등을 종합하여 보면, 소외 1이 개인 소유의 이 사건 토지에 대하여 원고 비용을 들여 보전임지전용허가와 농지전용허가를 받은 후 이 사건 매매계약을 체결하고 그 매매대금 역시 원고 비용을 들여 이 사건 토지를 대지로 조성한 후 그 변경된 현황을 기준으로 산정한 행위는 상법상 이사의 충실의무에 위배된 행위이고, 이 사건 매매계약은 시가를 초과하여 원고의 노력과 비용으로 이루어진 시가상승분까지 대표이사 개인에게 귀속시킨 것으로서 경제적 합리성이 결여된 비정상적인 행위이므로 구 법인세법 제20조, 구 법인세법 시행령 제46조 제2항 제4호 소정의 부당행위계산 부인대상에 해당한다고 판단하였다.

앞서 본 법리와 기록에 비추어 살펴보면 위와 같은 원심판단은 정당하고, 거기에 상고이유에서 주장하는 바와 같은 부당행위계산 부인에 관한 법리오해 등의 위법이 없다.

2. 상고이유 제2점에 관하여

구 법인세법 제20조, 구 법인세법 시행령 제46조 제2항 제4호는 '출자자 등으로부터 자산을 시가를 초과하여 매입한 때'를 조세의 부담을 부당히 감소시킨 것으로 인정되는 경우의 하나로 들고 있고, 구 법인세법 제32조 제5항, 구 법인세법 시행령 제94조의2 제1항 제1호는 '법인세의 과세표준을 결정 또는 경정함에 있어 익금에 산입한 금액이 사외에 유출된 것이 분명한 경우에는 그 귀속자에 따라 이익처분에 의한 상여·배당·기타소득·기타사외유출로 한다'고 규정하고 있다.

위 각 규정과 부당행위계산 부인 제도의 취지, 저가양도로 인한 부당행위계산 부인에 있어 매매계약체결시기와 양도시기가 다른 경우 토지 등의 양도가 부당행위계산에 해당하는지 여부는 그 대금을 확정 짓는 거래 당시를 기준으로 판단하는 반면, 그 토지의 양도차익을 계산함에 있어서는 양도가액을 양도시기를 기준으로 산정하고 이는 그 선택의 이유와 기준을 달리 하므로 양자가 기준시기를 달리 본다고 하여 불합리한 것은 아닌 점(대법원 1989. 6. 13. 선고 88누5273 판결, 대법원 1999. 1. 29. 선고 97누15821 판결 참조), 이러한 기준시기의 구별은 고가매입의 경우의 세무회계 처리방법, 소득처분의 시기와 방법에 비추어 동일하게 적용될 수 있는 점 등을 종합하면, 고가매입으로 인한 부당행위계산 부인의 경우에도 토지 등의 취득이 부당행위계산에 해당하는지 여부 결정의 기준시기는 거래 당시인 반면, 그 익금에 산입하여 소득처분할 금액 산정의 기준시기는 특별한 사정이 없는 한 그 취득시기로 봄이 상당하다.

그럼에도 원심은 이와 달리 이 사건 매매계약을 고가매입으로 보아 부당행위계산 부인한 후 그 익금에 산입하여 소득처분할 금액을 산정함에 있어서도 그 기준시기를 부당행위계산 여부 결정시기와 동일한 이 사건 매매계약체결일이 되어야 한다는 전제 아래, 이 사건 토지의 취득시기인 1996. 6. 5. 당시 지목이 전·답인 상태에서의 시가 2,294,118,000원이 아닌 매매계약체결일인 1995. 8. 25. 당시 전·답인 상태에서의 시가 1,930,880,000원을 상회하는 2,015,631,050원과 이 사건 매매대금과의 차액을 익금에 산입하여 소득처분한 피고의 처분이 적법하다고 판단하고 말았으니, 이러한 원심판단에는 부당행위계산 부인에 따라 익금에 산입하여 소득처분할 금액 산정의 기준시기에 관한 법리를 오해하여 판결에 영향을 미친 위법이 있고, 이 점을 지적하는 상고이유의 주장은 이유 있다.

3. 결론

그러므로 원심판결을 파기하고, 사건을 다시 심리·판단하게 하기 위하여 원심법원에 환송하기로 하여 관여 대법관의 일치된 의견으로 주문과 같이 판결한다.

▶ 대법관 신영철(재판장) 박시환 안대희(주심) 차한성

37 우회거래나 다단계거래의 부당행위계산부인 대상여부

법인세부과처분취소 [대법원, 2017두63887, 2018. 3. 15.]

【판시사항】

[1] 법인세법 제52조에 정한 부당행위계산부인의 의미와 경제적 합리성에 대한 판단 기준

[2] 카지노업 등을 영위하는 甲 주식회사가 '乙 관광개발공사 정상화 유도를 통한 지역경제 활성화 기여'를 지정기탁사유로 150억 원의 기부금을 丙 지방자치단체에 지급하였고, 乙 공사가 丙 지방자치단체로부터 위 기부금을 교부받아 운영자금으로 사용하였는데, 甲 회사가 위 기부금이 지방자치단체에 무상으로 기증하는 금품에 해당한다고 보아 해당 사업연도의 손금에 산입한 후 법인세를 신고·납부하자, 과세관청이 甲 회사가 특수관계인의 지위에 있는 乙 공사에 제3자인 丙 지방자치단체를 통하여 우회지원을 한 것이므로 법인세법 제52조의 부당행위계산부인 규정을 적용하여 위 기부금 전액을 손금불산입하여 甲 회사에 법인세 부과처분을 한 사안에서, 위 기부금은 손금산입이 허용되는 법정기부금에 해당하고, 甲 회사의 기부행위와 丙 지방자치단체의 자금지원행위를 하나의 행위 또는 거래라고 섣불리 단정하여 과세대상으로 삼아서는 아니 된다고 한 사례

【판결요지】

[1] 법인세법 제52조에서 규정한 부당행위계산부인은 법인이 특수관계에 있는 자와의 거래에 있어 정상적인 경제인의 합리적인 방법에 의하지 아니하고 법인세법 시행령 제88조 제1항 각 호에 열거된 여러 거래형태를 빙자하여 남용함으로써 조세부담을 부당하게 회피하거나 경감시킨 경우에 과세권자가 이를 부인하고 법령에 정하는 방법에 의하여 객관적이고 타당하다고 보이는 소득이 있는 것으로 의제하는 제도로서, 경제인의 입장에서 볼 때 부자연스럽고 불합리한 행위계산을 하여 경제적 합리성을 무시하였다고 인정되는 경우에 한하여 적용되는 것이고, 경제적 합리성의 유무에 관한 판단은 거래행위의 여러 사정을 구체적으로 고려하여 과연 그 거래행위가 건전한 사회통념이나 상관행에 비추어 경제적 합리성을 결여한 비정상적인 것인지의 여부에 따라 판단하여야 한다.

[2] 카지노업 등을 영위하는 甲 주식회사가 '乙 관광개발공사 정상화 유도를 통한 지역경제 활성화 기여'를 지정기탁사유로 150억 원의 기부금을 丙 지방자치단체에 지급하였고, 乙 공사가 丙 지방자치단체로부터 위 기부금을 교부받아 운영자금으로 사용하였는데, 甲 회사가 위 기부금이 지방자치단체에 무상으로 기증하는 금품에 해당한다고 보아 해당 사업연도의 손금에 산입한 후 법인세를 신고·납부하자, 과세관청이 甲 회사가 특수관계인의 지위에 있는 乙 공사에 제3자인 丙 지방자치단체를 통하여 우회지원을 한 것이므로 법인세법 제52조의 부당행위계산부인 규정을 적용하여 위 기부금 전액을 손금불산입하여 甲 회사에 법인세 부과처분을 한 사안에서, 甲 회사의 기부행위는 기부금품의 모집 및 사용에 관한 법률의 규정에 따라 공익적 목적을 달성하기 위하여 상대방 및 수혜자를 丙 지방자치단체로 하여 이루어진 것으로

서 거기에 별다른 조세회피의 목적이 있었다고 보기 어려운 만큼, 위 기부금은 손금산입이 허용되는 법정기부금에 해당하는 것으로 보아야 하고, 최종적인 결과만을 내세워 위 기부행위와 丙 지방자치단체의 자금지원행위를 하나의 행위 또는 거래라고 섣불리 단정하여 과세대상으로 삼아서는 아니 되는데도, 위 기부행위가 경제적 합리성을 무시한 비정상적인 우회행위에 해당하여 부당행위계산부인 규정의 적용대상이 된다는 등의 잘못된 전제 아래 위 처분이 적법하다고 본 원심판단에 법리오해의 잘못이 있다고 한 사례.

【참조조문】

[1] 법인세법 제52조, 법인세법 시행령 제88조 제1항

[2] 법인세법 제24조 제2항 제1호, 제52조, 법인세법 시행령 제88조 제1항, 기부금품의 모집 및 사용에 관한 법률 제5조 제2항, 기부금품의 모집 및 사용에 관한 법률 시행령 제14조

【참조판례】

[1] 대법원 2007. 12. 13. 선고 2005두14257 판결(공2008상, 67), 대법원 2010. 10. 28. 선고 2008두15541 판결(공2010하, 2188), 대법원 2012. 11. 29. 선고 2010두19294 판결(공2013상, 89)

【전문】

【원고, 상고인】
주식회사 강원랜드(소송대리인 법무법인(유한) 율촌 담당변호사 강석훈 외 4인)

【피고, 피상고인】
영월세무서장

【원심판결】
서울고법 2017. 9. 20. 선고 (춘천)2017누300 판결

【주 문】

【주 문】
원심판결을 파기하고, 사건을 서울고등법원에 환송한다.

【이 유】
상고이유를 판단한다.

1. 법인세법 제52조에서 규정한 부당행위계산부인은 법인이 특수관계에 있는 자와의 거래에 있어 정상적인 경제인의 합리적인 방법에 의하지 아니하고 법인세법 시행령 제88조 제1항 각 호에 열거된 여러 거래형태를 빙자하여 남용함으로써 조세부담을 부당하게 회피하거나 경감시킨 경우에 과세권자가 이를 부인하고 법령에 정하는 방법에 의하여 객관적이고 타당하다고 보이는 소득이 있는 것으로 의제하는 제도로서, 경제인의 입장에서 볼 때 부자연스럽고 불합리

한 행위계산을 하여 경제적 합리성을 무시하였다고 인정되는 경우에 한하여 적용되는 것이고, 경제적 합리성의 유무에 관한 판단은 거래행위의 여러 사정을 구체적으로 고려하여 과연 그 거래행위가 건전한 사회통념이나 상관행에 비추어 경제적 합리성을 결여한 비정상적인 것인지의 여부에 따라 판단하여야 한다(대법원 2012. 11. 29. 선고 2010두19294 판결 등 참조).

2. 원심판결 이유에 의하면 다음과 같은 사실을 알 수 있다.

가. 원고는 폐광지역 개발 지원에 관한 특별법에 근거하여 카지노업, 관광호텔업 등을 목적으로 1998. 6. 29. 설립된 주식회사이고, 태백관광개발공사는 태백시가 2001. 12.경 리조트 사업을 하기 위하여 민간업체와 공동출자하여 설립한 공사이다.

나. 원고는 2012. 7. 26. 지정기탁사유를 '태백관광개발공사 정상화 유도를 통한 지역경제 활성화 기여'로, 사용목적과 사용용도를 '태백관광개발공사 긴급운영자금 지원을 통한 정상화 유도 등 지역경제 활성화 기여'로 각 기재하여 태백시에 150억 원을 지정기탁하겠다는 내용의 지정기탁서를 제출하였고, 태백시는 그 무렵 기부심사위원회를 열어 원고가 기탁하는 지정기부금을 접수하기로 하였다.

다. 이에 따라 원고는 2012. 8. 14. 40억 원, 2012. 11. 16. 40억 원, 2013. 1. 2. 40억 원, 2013. 8. 29. 30억 원(이하 위 합계 150억 원을 '이 사건 기부금'이라고 한다)을 태백시에 지급(이하 위 지급행위를 '이 사건 기부행위'라고 한다)하였다. 태백시는 원고로부터 이 사건 기부금을 받은 후 태백관광개발공사에 이 사건 기부금을 교부하였고, 태백관광개발공사는 이를 운영자금으로 사용하였다.

라. 원고는 이 사건 기부금이 법인세법 제24조 제2항 제1호의 지방자치단체에 무상으로 기증하는 금품에 해당한다고 보아 각 해당 사업연도의 손금에 산입한 후 피고에게 2012 및 2013 사업연도 법인세를 신고·납부하였다.

마. 피고는 2015. 6. 18. 원고가 특수관계인의 지위에 있는 태백관광개발공사에 제3자인 태백시를 통하여 우회지원을 한 것이므로 법인세법 제52조의 부당행위계산부인 규정을 적용하여 이 사건 기부금 전액을 손금불산입하여야 한다면서 원고에게 2012 및 2013 사업연도 법인세를 부과하는 이 사건 처분을 하였다.

3. 이러한 사실관계 및 기록을 통하여 알 수 있는 다음과 같은 사정을 앞서 본 법리에 비추어 살펴보면, 이 사건 기부행위가 건전한 사회통념이나 상관행에 비추어 경제적 합리성을 결여한 것으로서 부당행위계산 부인대상에 해당한다고 단정하기는 어렵다고 할 것이다.

가. 법인이 사업과 직접 관계없이 무상으로 지출하는 기부금은 그 공공성의 정도에 따라 손금에 산입될 수 있는데, 국가나 지방자치단체에 무상으로 기증하는 금품으로서 기부금품의 모집 및 사용에 관한 법률(이하 '기부금품법'이라 한다)의 적용을 받는 기부금품은 같은 법 제5조 제2항에 따라 접수하는 것에 해당할 경우 이를 법정기부금으로 보아 일정한 한도 내에서 손금에 산입한다(법인세법 제24조 제2항 제1호).

나. 태백관광개발공사는 설립 이후 오투리조트라는 이름으로 태백시 황지동에 대규모 골프장, 스키장 및 숙박시설을 건설하여 운영하는 사업을 진행하였는데, 이 사건 기부행위가 있기 전부터 위 오투리조트의 건설 및 운영과 관련하여 심각한 재정난을 겪고 있었고, 태백시는 태백관광개발공사의 최대주주로 태백관광개발공사의 채무와 관련하여 농협중앙회에 1,460억 원 상당의 지급보증을 한 상태였으므로, 태백관광개발공사가 부도가 날 경우 태백시 역시 재정상 중대한 위기를 맞이할 수 있었다.

다. 원고는 낙후된 폐광지역의 경제를 진흥시키고 지역 간의 균형 있는 발전과 주민의 생활 향상을 도모함을 그 목적으로 하고 있는 폐광지역 개발 지원에 관한 특별법에 의하여 설립된 법인으로서, 태백관광개발공사에 직접 자금을 지원해 달라는 태백시의 지속적인 요청을 계속 거절하여 왔다. 그러자 태백시는 원고가 태백시에 총 150억 원을 기부하고 태백시가 위 기부금으로 태백관광개발공사에게 자금을 지원하는 방안을 제안하였고, 그 과정에서 태백시장 및 태백시의회 의장은 확약서까지 작성하여 원고에 전달하기도 하였다. 이에 원고는 태백관광개발공사의 정상화를 통하여 지역경제의 활성화에 기여할 공익적 목적으로 이 사건 기부행위에 이르게 된 것이다.

라. 한편 지방자치단체는 기부자가 자발적으로 기탁하는 금품이라도 이를 접수할 수 없는 것이 원칙이지만, 지방자치단체가 출자·출연하여 설립된 법인·단체가 행정목적을 수행하거나 해당 법인·단체의 설립목적을 수행하기 위하여 직접적으로 필요하고 기부심사위원회의 심의를 거친 경우에는 사용용도와 목적이 지정된 자발적인 기탁금품의 접수가 허용되고, 이때 일정한 통보 및 보고의무 등이 부여된다(기부금품법 제5조 제2항, 기부금품법 시행령 제14조).

마. 결국, 원고의 이 사건 기부행위는 이러한 기부금품법의 규정에 따라 공익적 목적을 달성하기 위하여 그 상대방 및 수혜자를 태백시로 하여 이루어진 것으로서 거기에 별다른 조세회피의 목적이 있었다고 보기 어려운 만큼, 이 사건 기부금은 손금산입이 허용되는 법정기부금에 해당하는 것으로 보아야 하고, 그 최종적인 결과만을 내세워 이 사건 기부행위와 태백시의 자금지원행위를 하나의 행위 또는 거래라고 섣불리 단정하여 과세대상으로 삼아서는 아니 된다.

4. 그런데도 원심은 이와 달리 그 판시와 같은 이유만으로 이 사건 기부행위가 경제적 합리성을 무시한 비정상적인 우회행위에 해당하여 부당행위계산부인 규정의 적용대상이 된다는 등의 잘못된 전제 아래 이 사건 처분이 적법하다고 판단하고 말았으니, 이러한 원심의 판단에는 법정기부금의 범위, 부당행위계산부인과 관련하여 경제적 합리성에 관한 법리 등을 오해하여 판결에 영향을 미친 잘못이 있다. 이를 지적하는 상고이유 주장은 이유 있다.

5. 그러므로 나머지 상고이유에 대한 판단을 생략한 채 원심판결을 파기하고, 사건을 다시 심리·판단하도록 원심법원에 환송하기로 하여, 관여 대법관의 일치된 의견으로 주문과 같이 판결한다.

▶ 대법관 박상옥(재판장) 김신 이기택 박정화(주심)

38 금전을 시가보다 높은 이율로 차용하는 경우, 부당행위계산부인의 적용기준이 되는 시가

법인세등부과처분취소 [대법원, 2016두39573, 2018. 10. 25.]

【판시사항】

[1] 법인세법 제52조에 정한 부당행위계산 부인의 의미와 경제적 합리성 유무에 대한 판단 기준

[2] 부당행위계산의 유형 중 하나인 '금전을 시가보다 높은 이율로 차용하는 경우' 법인세법 시행령 제89조 제3항에서 정한 가중평균차입이자율이나 당좌대출이자율을 법인세법 제52조 제2항에 따라 부당행위계산 부인의 적용기준이 되는 시가로 보아야 하는지 여부(원칙적 적극)

【판결요지】

[1] 법인세법 제52조에 정한 부당행위계산 부인이란, 법인이 특수관계에 있는 자와 거래할 때 정상적인 경제인의 합리적인 방법에 의하지 아니하고 법인세법 시행령 제88조 제1항 각호에 열거된 여러 거래형태를 빙자하여 남용함으로써 조세부담을 부당하게 회피하거나 경감시켰다고 하는 경우에 과세권자가 이를 부인하고 법령에 정하는 방법에 의하여 객관적이고 타당하다고 보이는 소득이 있는 것으로 의제하는 제도이다. 경제인의 입장에서 볼 때 부자연스럽고 불합리한 행위계산을 함으로써 경제적 합리성을 무시하였다고 인정되는 경우에 한하여 적용되고, 경제적 합리성의 유무에 대한 판단은 거래행위의 여러 사정을 구체적으로 고려하여 과연 그 거래행위가 건전한 사회통념이나 상관행에 비추어 경제적 합리성을 결한 비정상적인 것인지의 여부에 따라 판단하되, 비특수관계자 간의 거래가격, 거래 당시의 특별한 사정 등도 고려하여야 한다.

[2] 부당행위계산 부인을 적용할 때 기준이 되는 법인세법 제52조 제2항의 시가에 관하여 정하고 있는 법인세법 시행령 제89조 제3항은, 부당행위계산의 유형 중 하나인 '금전을 시가보다 높은 이율로 차용하는 경우'에는 '가중평균차입이자율이나 당좌대출이자율을 시가로 한다'고 규정하고 있으므로, 특별한 사정이 없는 한 위 규정에서 정한 이자율을 그 시가로 보아야 한다.

【참조조문】

[1] 법인세법 제52조, 법인세법 시행령 제88조 제1항

[2] 법인세법 제52조 제2항, 법인세법 시행령 제89조 제3항

【참조판례】

[1]

[2] 대법원 2018. 7. 26. 선고 2016두40375 판결(공2018하, 1881) [1] 대법원 2004. 2. 13. 선고 2002두11479 판결(공2004상, 288), 대법원 2010. 10. 28. 선고 2008두15541 판결(공

2010하, 2188), 대법원 2013. 9. 27. 선고 2013두10335 판결(공2013하, 2006), 대법원 2018. 3. 15. 선고 2017두63887 판결(공2018상, 747), 대법원 2018. 7. 20. 선고 2015두39842 판결(공2018하, 1787), 대법원 2018. 8. 30. 선고 2015두56458 판결

【전문】

【원고, 상고인】
문학개발 주식회사(소송대리인 법무법인(유한) 율촌 담당변호사 소순무 외 4인)

【피고, 피상고인】
남인천세무서장

【원심판결】
서울고법 2016. 4. 19. 선고 2015누57576 판결

【주 문】

【주 문】
상고를 기각한다. 상고비용은 원고가 부담한다.

【이 유】
상고이유를 판단한다.

1. 법인세법 제52조에 정한 부당행위계산 부인이란, 법인이 특수관계에 있는 자와 거래할 때 정상적인 경제인의 합리적인 방법에 의하지 아니하고 법인세법 시행령 제88조 제1항 각호에 열거된 여러 거래형태를 빙자하여 남용함으로써 조세부담을 부당하게 회피하거나 경감시켰다고 하는 경우에 과세권자가 이를 부인하고 법령에 정하는 방법에 의하여 객관적이고 타당하다고 보이는 소득이 있는 것으로 의제하는 제도이다. 경제인의 입장에서 볼 때 부자연스럽고 불합리한 행위계산을 함으로써 경제적 합리성을 무시하였다고 인정되는 경우에 한하여 적용되고, 경제적 합리성의 유무에 대한 판단은 거래행위의 여러 사정을 구체적으로 고려하여 과연 그 거래행위가 건전한 사회통념이나 상관행에 비추어 경제적 합리성을 결한 비정상적인 것인지의 여부에 따라 판단하되, 비특수관계자 간의 거래가격, 거래 당시의 특별한 사정 등도 고려하여야 한다(대법원 2004. 2. 13. 선고 2002두11479 판결, 대법원 2010. 10. 28. 선고 2008두15541 판결 등 참조).

한편 부당행위계산 부인을 적용할 때 기준이 되는 법인세법 제52조 제2항의 시가에 관하여 정하고 있는 법인세법 시행령 제89조 제3항은, 부당행위계산의 유형 중 하나인 '금전을 시가보다 높은 이율로 차용하는 경우'에는 '가중평균차입이자율이나 당좌대출이자율을 시가로 한다'고 규정하고 있으므로, 특별한 사정이 없는 한 위 규정에서 정한 이자율을 그 시가로 보아야 한다(대법원 2018. 7. 26. 선고 2016두40375 판결 참조).

2. 가. 원심은 그 채택 증거를 종합하여 판시와 같은 사실을 인정한 다음, 아래의 사정 등을 고려하면, 원고가 1999. 12. 3.경 주주인 군인공제회로부터 이자율 연 13.06%로 금전을 차입한 이래 2009년부터 2012년까지 사이에 각 이자를 지급할 당시의 이 사건 차입 이자율은, 그 시가인 당좌대출이자율보다 높아 건전한 사회통념이나 상관행에 비추어 경제적 합리성을 결여한 비정상적인 것이라고 할 수 있으므로, 이를 부당행위계산 부인의 대상으로 보고 한 이 사건 부과처분은 적법하다고 판단하였다.

(1) 이 사건 차입과 같이 차용금의 변제기가 장기간인 경우에는 높은 이율을 유지하는 것이 정당하다고 인정될 수 있는 등의 특별한 사정이 없는 한 최초로 금전을 차용한 당시뿐만 아니라 그 이후 이자를 지급할 당시를 기준으로 부당행위에 해당하는지 여부를 판단할 수 있다.

(2) 이 사건 차입의 약정기간 동안 시중금리나 기획재정부령으로 정하는 당좌대출이자율이 대체로 하락하고 있었다. 과세연도인 2009년부터 2012년까지 사이에 시중금리는 가장 높은 이율이 연 5.81%에 불과하고 계속하여 시중금리가 하락추세였으며, 당좌대출이자율은 일반 시중금리보다 높게 고시되거나 정하여졌으므로 이 사건 차입의 약정기간이 장기간이라는 점을 감안하더라도 이 사건 차입 이자율의 시가가 2009년부터 2011년까지의 당좌대출이자율 연 8.5%, 2012년 당좌대출이자율 연 6.9%를 초과할 것으로 보이지 않는다.

(3) 이 사건 차입 약정에 차주가 대출기관의 사전 동의 없이 제3자에 대한 금전채무를 부담하는 행위를 금지하는 조항이 있으나, 이는 원고의 재무상황이 악화되는 것을 방지하기 위하여 둔 조항으로 보일 뿐, 비용을 줄일 수 있도록 높은 이율의 채무를 변제하기 위한 낮은 이율의 채무부담행위까지 금지하는 내용으로는 보이지 않는다.

(4) 이 사건 차입 약정에 원고의 조기 상환을 금지하는 어떠한 제한이 있다고 보이지 않고, 시중금리가 장기간 낮게 형성되었을 때 원고가 다른 금융업자로부터 낮은 이율로 자금을 대여받아 조기 상환을 하거나 이를 근거로 군인공제회를 상대로 이자율을 낮추는 것이 어려웠다고 보이지 않는다.

나. 앞서 본 법리와 기록에 비추어 살펴보면, 원심의 위와 같은 판단은 정당하고 거기에 상고이유 주장과 같은 부당행위계산 부인의 성립 여부 등에 관한 법리를 오해한 잘못이 없다.

3. 그러므로 상고를 기각하고 상고비용은 패소자가 부담하기로 하여, 관여 대법관의 일치된 의견으로 주문과 같이 판결한다.

▶ 대법관 박상옥(재판장) 김소영 조재연 노정희(주심)

CHAPTER 10 영리내국법인의 각 사업연도 소득에 대한 과세표준의 계산

제1절 과세표준 계산의 일반

제2절 과세표준계산의 특례

CHAPTER 11 세액의 계산

제1절 납세의무 승계
제2절 법인세법상 세액공제 및 세액감면
제3절 분식회계에 대한 세법상의 제재

CHAPTER 12 법인세의 부과징수절차

제1절 과세기간 중도의 납부
제2절 확정신고와 자진납부
제3절 과세표준의 결정 및 경정

CHAPTER 13 기타의 법인세

제1절 비영리내국법인에 대한 납세의무
제2절 청산소득에 대한 법인세
제3절 외국법인의 국내원천소득에 대한 납세의무
제4절 연결납세제도

39 비영리내국법인의 고유목적사업준비금 전용시 익금산입시기

법인세부과처분취소 [대법원, 2016두59249, 2017. 3. 9.]

【판시사항】

비영리내국법인이 5년의 유예기간 중 고유목적사업준비금을 고유목적사업 등이 아닌 다른 용도에 사용하여 고유목적사업에 지출할 수 없다는 점이 분명하게 드러난 경우, 구 법인세법 제29조 제3항 제4호에서 정한 5년의 유예기간에도 불구하고 사용금액을 사유가 발생한 사업연도의 익금에 곧바로 산입할 수 있는지 여부(적극)

【판결요지】

구 법인세법(2010. 12. 30. 법률 제10423호로 개정되기 전의 것) 제29조 제1항, 제3항 제4호 규정들은 비영리내국법인이 고유목적사업준비금으로 계상한 부분에 대하여 고유목적사업 등에 지출하기 전이라도 미리 손금에 산입할 수 있도록 허용하는 대신 고유목적사업준비금을 손금에 계상한 사업연도의 종료일 이후 5년이 되는 날까지는 고유목적사업 등에 지출이 이루어져야 한다는 점을 전제로 하여 위 기간 동안 과세를 이연함으로써 비영리내국법인이 공익사업을 원활하게 수행할 수 있도록 하기 위한 것이다. 따라서 비영리내국법인이 5년의 유예기간 중에 고유목적사업준비금을 고유목적사업 등이 아닌 다른 용도에 사용하여 더 이상 고유목적사업에 지출할 수 없다는 점이 분명하게 드러남으로써 앞서 본 바와 같은 과세혜택을 부여할 전제가 상실된 경우라면, 5년의 유예기간에도 불구하고 사용금액 상당을 사유가 발생한 사업연도의 익금에 곧바로 산입할 수 있다.

【참조조문】

구 법인세법(2010. 12. 30. 법률 제10423호로 개정되기 전의 것) 제29조 제1항, 제3항 제4호(현행 제29조 제4항 제4호 참조)

【전문】

【원고, 피상고인】
학교법인 근명학교(소송대리인 법무법인 평안 담당변호사 안대희 외 3인)

【피고, 상고인】
안양세무서장

【원심판결】
서울고법 2016. 10. 5. 선고 2016누35924 판결

【주 문】

【주 문】
원심판결을 파기하고, 사건을 서울고등법원에 환송한다.

【이 유】
상고이유(상고이유서 제출기간 경과 후에 제출된 상고이유보충서는 상고이유를 보충하는 범위 내에서)를 판단한다.

1. 구 법인세법(2010. 12. 30. 법률 제10423호로 개정되기 전의 것) 제29조 제1항은 비영리내국법인이 각 사업연도에 그 법인의 고유목적사업 등에 지출하기 위하여 고유목적사업준비금을 손금으로 계상한 경우에 일정 한도액의 범위 안에서 이를 손금에 산입하도록 규정하고 있고, 제3항 제4호는 고유목적사업준비금을 손금에 계상한 사업연도의 종료일 이후 5년이 되는 날까지 고유목적사업 등에 사용하지 아니한 때에는 그 잔액을 해당 사유가 발생한 날이 속하는 사업연도의 익금에 산입하도록 규정하고 있다.

위와 같은 규정들은 비영리내국법인이 고유목적사업준비금으로 계상한 부분에 대하여 고유목적사업 등에 지출하기 전이라도 미리 손금에 산입할 수 있도록 허용하는 대신 고유목적사업준비금을 손금에 계상한 사업연도의 종료일 이후 5년이 되는 날까지는 고유목적사업 등에 지출이 이루어져야 한다는 점을 전제로 하여 위 기간 동안 과세를 이연함으로써 비영리내국법인이 공익사업을 원활하게 수행할 수 있도록 하기 위한 것이다. 따라서 비영리내국법인이 5년의 유예기간 중에 고유목적사업준비금을 고유목적사업 등이 아닌 다른 용도에 사용하여 더 이상 고유목적사업에 지출할 수 없다는 점이 분명하게 드러남으로써 앞서 본 바와 같은 과세혜택을 부여할 전제가 상실된 경우라면, 5년의 유예기간에도 불구하고 사용금액 상당을 그 사유가 발생한 사업연도의 익금에 곧바로 산입할 수 있다고 봄이 상당하다.

2. 원심판결 이유와 기록에 의하면 다음과 같은 사실을 알 수 있다.
가. 원고는 1962. 3.경 중등교육과 실업에 관한 전문교육을 실시함을 목적으로 설립된 비영리내국법인으로서, 설립 당시 이 사건 토지를 출연받은 이래로 기본재산으로 보유하다가 2005. 4. 21. 주식회사 렉스필드컨트리클럽에게 1,632,033,000원(이하 '이 사건 토지 매각대금'이라 한다)에 매도하였다.

나. 원고는 이 사건 토지 매각대금을 포함한 1,689,657,481원을 고유목적사업준비금으로 손금산입하여 2005 사업연도 법인세 신고를 마쳤다.

다. 그 후 원고는 이 사건 토지 매각대금을 정기예금으로 예치하여 관리하여 오다가, 관할 교육청의 허가를 얻어 2007. 11. 19.부터 2007. 12. 28.까지 사이에 임대사업을 위하여 이 사건 아파트를 1,676,901,250원에 취득하였고, 5년의 유예기간이 지나도록 위 금액 상당을 고유목적사업에 지출하지 아니하였다.

3. 이러한 사실관계를 앞서 본 규정과 법리에 비추어 살펴보면, 원고가 이 사건 토지 매각대금으로 이 사건 아파트를 매입하여 고유목적사업이 아닌 임대사업에 사용한 이상, 그때 이미 이 사건 토지 매각대금은 고유목적사업에 지출할 수 없다는 점이 분명해졌다고 할 것이므로 그 사유가 발생한 2007 사업연도의 익금에 산입할 수 있다고 보아야 한다.

그런데도 원심은 이와 달리 그 판시와 같은 이유만으로 원고가 이 사건 토지 매각대금을 고유목적사업이 아닌 임대사업에 사용하였더라도 아직 손금에 계상한 사업연도 종료일부터 5년이 되는 날에 도달하지 아니하였으므로 이 사건 토지 매각대금을 이 사건 아파트 매입일이 속한 사업연도의 익금에 산입할 수 없다고 판단하였으니, 이러한 원심의 판단에는 고유목적사업준비금의 익금산입시기에 관한 법리를 오해하여 판결에 영향을 미친 잘못이 있다. 이를 지적하는 상고이유의 주장은 이유 있다.

4. 그러므로 원심판결을 파기하고, 사건을 다시 심리·판단하게 하기 위하여 원심법원에 환송하기로 하여, 관여 대법관의 일치된 의견으로 주문과 같이 판결한다.

▶ 대법관 김신(재판장) 김용덕 김소영 이기택(주심)

40 외국의 법인격 없는 단체의 국내원천소득에 대한 과세

양도 소득세 부과 처분 취소 [대법원, 2010두5950, 2012. 1. 27.]

【판시사항】

[1] 외국의 법인격 없는 사단·재단 기타 단체가 구 소득세법 제119조 제8호 내지 제10호의 국내원천소득을 얻어 구성원들에게 분배하는 영리단체인 경우, 해당 소득에 대하여 과세하는 방법 및 해당 단체가 외국법인인지 판단하는 기준

[2] 미국 델라웨어주 법률에 따라 유한 파트너쉽(limited partnership)으로 설립된 甲 등을 그 일원으로 하는 '론스타펀드III'가 乙 벨기에 법인 및 丙 주식회사를 통해 국내 부동산에 투자하여 양도소득이 발생하자, 과세관청이 甲 등을 양도소득의 실질적 귀속자로 보아 구 소득세법 제119조 제9호 등에 따른 양도소득세 부과처분을 한 사안에서, 甲은 구성원들과 독립된

별개의 권리·의무 주체이므로 법인세법상 외국법인으로 보아 법인세를 과세해야 하고, 가사 외국법인으로 볼 수 없더라도 구성원들에게 이익을 분배하는 영리단체이므로 甲 자체를 하나의 비거주자나 거주자로 보아 소득세를 과세할 수는 없다는 이유로, 위 처분이 위법하다고 본 원심판단을 수긍한 사례

【판결요지】

[1] 외국의 법인격 없는 사단·재단 기타 단체가 구 소득세법(2006. 12. 30. 법률 제8144호로 개정되기 전의 것) 제119조 제8호 내지 제10호의 국내원천소득을 얻어 이를 구성원인 개인들에게 분배하는 영리단체에 해당하는 경우, 법인세법상 외국법인으로 볼 수 있다면 그 단체를 납세의무자로 하여 국내원천소득에 대하여 법인세를 과세하여야 하고, 법인세법상 외국법인으로 볼 수 없다면 거주자의 경우와 동일하게 단체의 구성원들을 납세의무자로 하여 그들 각자에게 분배되는 소득금액에 대하여 소득세를 과세하여야 한다. 그리고 여기서 그 단체를 외국법인으로 볼 수 있는지에 관하여는 법인세법상 외국법인의 구체적 요건에 관하여 본점 또는 주사무소의 소재지 외에 별다른 규정이 없는 이상 단체가 설립된 국가의 법령 내용과 단체의 실질에 비추어 우리나라의 사법(私法)상 단체의 구성원으로부터 독립된 별개의 권리·의무의 귀속주체로 볼 수 있는지에 따라 판단하여야 할 것이다.

[2] 미국 델라웨어주 법률에 따라 유한 파트너쉽(limited partnership)으로 설립된 甲 등을 그 일원으로 하는 국제적 사모펀드 '론스타펀드III'가, 乙 벨기에 법인을 설립한 뒤 乙 법인을 통해 丙 주식회사의 주식을 전부 인수하고, 丙 회사를 통해 국내 부동산을 매입한 뒤 丙 회사 주식을 매각하는 방식으로 막대한 양도소득이 발생하자, 과세관청이 甲 등을 양도소득의 실질적 귀속자로 보아 甲에게 구 소득세법(2006. 12. 30. 법률 제8144호로 개정되기 전의 것) 제119조 제9호 등에 따른 양도소득세 부과처분을 한 사안에서, 甲은 고유한 투자목적을 가지고 자금운용을 하면서 구성원들과는 별개의 재산을 보유하고 고유의 사업활동을 하는 영리단체로서 구성원의 개성이 강하게 드러나는 인적 결합체라기보다는 구성원들과는 별개로 권리·의무의 주체가 될 수 있는 독자적 존재이므로 법인세법상 외국법인으로 보아 법인세를 과세하여야 하며, 가사 외국법인으로 볼 수 없다고 하더라도 구성원들에게 약정에 따라 이익을 분배하는 영리단체이므로 甲 자체를 하나의 비거주자나 거주자로 보아 소득세를 과세할 수는 없다는 이유로, 위 처분이 위법하다고 본 원심판단을 수긍한 사례.

【참조조문】

[1] 구 국세기본법(2010. 12. 27. 법률 제10405호로 개정되기 전의 것) 제13조 제4항, 구 법인세법(2010. 12. 30. 법률 제10423호로 개정되기 전의 것) 제2조 제1항 제2호, 구 소득세법(2006. 12. 30. 법률 제8144호로 개정되기 전의 것) 제1조 제1항 제1호(현행 제2조 제1항 제1호 참조), 제3항(현행 제2조 제3항 참조), 제43조 제2항, 제87조 제1항, 제119조, 제121조 제2항, 구 소득세법 시행규칙(2005. 3. 19. 재정경제부령 제424호로 개정되기 전의 것) 제2조 제1항, 제2항

[2] 구 국세기본법(2010. 12. 27. 법률 제10405호로 개정되기 전의 것) 제13조 제4항, 구 법인세법(2010. 12. 30. 법률 제10423호로 개정되기 전의 것) 제2조 제1항 제2호, 구 소득세법(2006. 12. 30. 법률 제8144호로 개정되기 전의 것) 제1조 제1항 제1호(현행 제2조 제1항 제1호 참조), 제3항(현행 제2조 제3항 참조), 제43조 제2항, 제87조 제1항, 제119조, 제121조 제2항, 구 소득세법 시행규칙(2005. 3. 19. 재정경제부령 제424호로 개정되기 전의 것) 제2조 제1항, 제2항

【전문】

【원고, 피상고인】
론스타펀드Ⅲ(U.S.) 엘.피.(소송대리인 변호사 김수형 외 5인)

【피고, 상고인】
역삼세무서장(소송대리인 정부법무공단 외 1인)

【원심판결】
서울고법 2010. 2. 12. 선고 2009누8016 판결

【주 문】

【주 문】
상고를 기각한다. 상고비용은 피고가 부담한다.

【이 유】
상고이유(상고이유서 제출기간 경과 후에 제출된 상고이유보충서의 기재는 상고이유를 보충하는 범위 내에서)를 판단한다.

구 소득세법(2006. 12. 30. 법률 제8144호로 개정되기 전의 것, 이하 같다) 제1조 제1항 제1호는 '국내에 주소를 두거나 1년 이상 거소를 둔 개인(이하 '거주자'라 한다)은 소득세법에 의하여 각자의 소득에 대한 소득세를 납부할 의무를 진다'고 규정하면서, 같은 조 제3항은 '법인격 없는 사단·재단 기타 단체 중 국세기본법 제13조 제4항의 규정에 의하여 법인으로 보는 단체 외의 사단·재단 기타 단체는 이를 거주자로 보아 소득세법을 적용한다'고 규정하고, 구 소득세법 시행규칙(2005. 3. 19. 재정경제부령 제424호로 개정되기 전의 것) 제2조 제1항은 '법인으로 보는 단체 외의 단체 중 대표자 또는 관리인이 선임되어 있으나 이익의 분배방법이나 분배비율이 정하여져 있지 아니한 것은 그 단체를 1거주자로 보아 법을 적용한다'고 규정하고, 제2항은 '제1항의 규정을 적용함에 있어서 명시적으로 이익의 분배방법이나 분배비율이 정하여져 있지 아니하더라도 사실상 이익이 분배되는 경우에는 그 단체의 구성원이 공동으로 사업을 영위하는 것으로 보아 이 법을 적용한다'고 규정하고 있다. 그리고 구 소득세법 제87조 제1항, 제43조 제2항은 부동산임대소득, 사업소득, 산림소득이 있는 공동사업장에 대하여는 당해 소득이 발생한 공동사업장별로 그 소득금액을 계산하되, 각 공동사업자의 지분 또는 손익분배의 비율에 의하여 분배되었거나 분배될 소득금액에 따라 각 거주자별로 그 소

득금액을 계산하도록 규정하고 있다.

위 각 규정의 내용과 입법 취지를 종합하면, 내국의 법인격 없는 사단·재단 기타 단체중 국세기본법 제13조 제4항에 의하여 법인으로 보는 단체의 경우에는 법인세법에 의하여 그 단체를 납세의무자로 하여 법인세를 과세하여야 하고, 그 외의 경우에는 소득세법에 의하여 소득세를 과세하되, 구성원들에게 이익을 분배하지 않는 비영리단체에 해당하면 그 단체를 납세의무자인 1거주자로 보아 소득세를 과세하여야 하며, 구성원들에게 이익을 분배하는 영리단체에 해당하면 그 단체를 납세의무자인 1거주자로 보지 않고 구 소득세법 제87조 제1항, 제43조 제2항이 규정하는 바와 같이 구성원들을 납세의무자로 하여 그들 각자에게 분배되는 소득금액에 대하여 소득세를 과세하여야 한다.

그런데 구 소득세법 제1조 제1항 제2호가 '거주자가 아닌 자(이하 '비거주자'라 한다)로서 국내원천소득이 있는 개인'은 소득세법에 의하여 각자의 소득에 대한 소득세를 납부할 의무를 진다고 규정하면서, 제121조 제2항 후단에서 ' 구 소득세법 제119조 제8호 내지 제10호에 규정하는 소득이 있는 비거주자에 대하여는 거주자와 동일한 방법으로 과세한다'고 규정하는 한편, 구 법인세법(2010. 12. 30. 법률 제10423호로 개정되기 전의 것) 제2조 제1항 제2호는 '국내원천소득이 있는 외국법인은 법인세법에 의하여 그 소득에 대한 법인세를 납부할 의무가 있다'고 규정하고 있다.

따라서 외국의 법인격 없는 사단·재단 기타 단체가 구 소득세법 제119조 제8호 내지 제10호 소정의 국내원천소득을 얻어 이를 구성원인 개인들에게 분배하는 영리단체에 해당하는 경우, 법인세법상 외국법인으로 볼 수 있다면 그 단체를 납세의무자로 하여 국내원천소득에 대하여 법인세를 과세하여야 하고, 법인세법상 외국법인으로 볼 수 없다면 거주자의 경우와 동일하게 단체의 구성원들을 납세의무자로 하여 그들 각자에게 분배되는 소득금액에 대하여 소득세를 과세하여야 한다 .

그리고 여기서 그 단체를 외국법인으로 볼 수 있는지 여부에 관하여는 법인세법상 외국법인의 구체적 요건에 관하여 본점 또는 주사무소의 소재지 외에 별다른 규정이 없는 이상 단체가 설립된 국가의 법령 내용과 단체의 실질에 비추어 우리나라의 사법(私法)상 단체의 구성원으로부터 독립된 별개의 권리·의무의 귀속주체로 볼 수 있는지 여부에 따라 판단하여야 할 것이다.

원심은 그 채택 증거를 종합하여, ① 원고는 국제적인 사모펀드(private equity fund)인 론스타펀드Ⅲ의 일원으로서 미국 델라웨어주 법률에 의하여 유한 파트너십(limited partnership)으로 설립되었으며, 일상업무를 집행하며 무한책임을 지는 무한책임사원(general partner)과 투자한도 내에서만 책임을 지는 유한책임사원(limited partner)으로 구성되어 있는 사실, ② 원고는 론스타펀드Ⅲ의 다른 일원들과 함께 벨기에 법인 스타홀딩스 에스에이치(이하 'SH'라 한다)를 설립하고, SH는 주식회사 씨엔제이트레이딩(나중에 '주식회사 스타타워'로 명칭을 변경하였다. 이하 '스타타워'라 한다)의 주식 전부를 인수한 다음 스타타워를 통하여 서울 강남구 역삼동 737 토지 및 그 지상 건물을 매수한 후 스타타워의 주식 전부를 매각함으로써 약

2,450억 원 상당의 이 사건 양도소득이 발생한 사실, ③ 피고는 이 사건 양도소득이 구 소득세법 제119조 제9호 소정의 소득으로서 원고를 비롯한 론스타펀드Ⅲ의 구성원들에게 실질적으로 귀속되었다고 보아 원고에 대하여는 약 613억 원의 양도소득세를 과세하는 이 사건 처분을 한 사실 등을 인정하였다.

원심은 이러한 사실관계를 토대로 하여, 원고는 고유한 투자목적을 가지고 자금을 운용하면서 구성원들과는 별개의 재산을 보유하고 고유의 사업활동을 하는 영리 목적의 단체로서 구성원의 개성이 강하게 드러나는 인적 결합체라기보다는 구성원들과는 별개로 권리·의무의 주체가 될 수 있는 독자적 존재로서의 성격을 가지고 있으므로 우리 법인세법상 외국법인으로 보아 이 사건 양도소득에 대하여 법인세를 과세하여야 하며, 가사 원고를 외국법인으로 볼 수 없다고 하더라도 원고는 개인이 아닌 영리단체로서 그 구성원들에게 약정에 따라 이익을 분배하므로 원고 자체를 하나의 비거주자나 거주자로 보아 이 사건 양도소득에 대하여 소득세를 과세할 수는 없다는 이유로 이에 반하는 이 사건 처분이 위법하다고 판단하였다.

앞서 본 규정과 법리 및 기록에 비추어 살펴보면 이러한 원심의 판단은 정당한 것으로 수긍할 수 있고, 거기에 상고이유에서 주장하는 바와 같은 외국의 법인격 없는 단체의 과세에 관한 법리오해 등의 위법이 없다.

그러므로 상고를 기각하고, 상고비용은 패소자가 부담하도록 하여 관여 대법관의 일치된 의견으로 주문과 같이 판결한다.

▶ 대법관 전수안(재판장) 양창수 이상훈(주심) 김용덕

03 소득세법

Chapter
01. 현행 소득세제의 기본골격
02. 종합소득의 종류와 각 소득별 과세방법
03. 소득별 소득금액의 계산
04. 소득금액 계산의 특례
05. 종합소득과세표준의 계산
06. 종합소득세액의 계산
07. 종합소득세의 납세절차
08. 원천징수
09. 비거주자에 대한 소득세 납세의무
10. 양도소득세
11. 보칙

CHAPTER 01 현행 소득세제의 기본골격

제1절 소득세의 의의
제2절 거주자와 비거주자의 구별
제3절 소득세법 총론
제4절 소득의 구분
제5절 소득구분별 과세표준 및 세액 계산 통칙

41 비거주자의 유가증권 양도시 소득세 과세여부

양도소득세부과처분취소 [대법원, 2015두52050, 2016. 1. 28.]

【판시사항】

구 소득세법상 국내사업장이 없는 비거주자가 내국법인이 발행한 주식을 양도함으로써 발생하는 소득에 대하여 원천징수의무자가 소득세를 원천징수하지 아니한 경우, 과세관청이 원천납세의무자인 비거주자에게 소득세를 부과할 수 있는지 여부(소극)

【판결요지】

구 소득세법(2008. 12. 26. 법률 제9270호로 개정되기 전의 것, 이하 같다) 제119조 제12호 (가)목, 제121조 제3항, 제156조 제1항에 의하면 구 소득세법상 국내사업장이 없는 비거주자가 내국법인이 발행한 주식을 양도함으로써 발생하는 소득에 대하여는 지급자가 소득세를 원천징수하여 납부하여야 하고, 이러한 소득세의 경우에는 납세의무자의 신고나 과세관청의 부과결정 없이 법령이 정하는 바에 따라 세액이 자동적으로 확정될 뿐만 아니라 구 소득세법 제126조의2와 같이 원천납세의무자인 비거주자의 신고·납부의무나 과세관청의 비거주자에 대한 결정·경정권한을 별도로 정한 규정이 적용되지 아니하는 이상 비거주자와 과세관청 사이에서는 원칙적으로 조세법률관계가 존재하지 아니하게 되므로, 과세관청으로서는 원천징수의무자가 소득세를 원천징수하지 아니하였더라도 원천납세의무자인 비거주자에게 이를 부과할 수는 없다.

【참조조문】

구 소득세법(2008. 12. 26. 법률 제9270호로 개정되기 전의 것) 제119조 제12호 (가)목

[현행 제119조 제11호 (가)목 참조], 제121조 제3항, 제126조의2, 제156조 제1항

【전문】

【원고, 피상고인】

【원고, 피상고인】

【피고, 상고인】
영등포세무서장

【원심판결】
서울고법 2015. 8. 28. 선고 2014누47008 판결

【주 문】

【주 문】
상고를 기각한다. 상고비용은 피고가 부담한다.

【이 유】

상고이유를 판단한다.

1. 상고이유 제1점 내지 제3점에 대하여

가. 구 소득세법(2008. 12. 26. 법률 제9270호로 개정되기 전의 것, 이하 같다) 제1조 제1항 제1호는 소득세 납세의무자의 하나로 "국내에 주소를 두거나 1년 이상 거소를 둔 개인(이하 '거주자'라 한다)"을 규정하고 있다.

그리고 구 소득세법 제1조 제4항의 위임에 따른 구 소득세법 시행령(2010. 2. 18. 대통령령 제22034호로 개정되기 전의 것, 이하 같다) 제2조는 제1항에서 "주소는 국내에서 생계를 같이 하는 가족 및 국내에 소재하는 자산의 유무 등 생활관계의 객관적 사실에 따라 판정한다."라고 규정하고 있고, 제3항 제1호에서 '계속하여 1년 이상 국내에 거주할 것을 통상 필요로 하는 직업을 가진 때'에는 국내에 주소를 가진 것으로 보도록 정하고 있다. 한편 구 소득세법 시행령 제2조 제2항은 "법 제1조에서 '거소'라 함은 주소지 외의 장소 중 상당기간에 걸쳐 거주하는 장소로서 주소와 같이 밀접한 일반적 생활관계가 형성되지 아니한 장소를 말한다."라고 규정하고 있고, 제4조 제1항은 "국내에 거소를 둔 기간은 입국하는 날의 다음날부터 출국하는 날까지로 한다."라고 정하면서, 제2항에서는 "국내에 거소를 두고 있던 개인이 출국 후 다시 입국한 경우에 생계를 같이 하는 가족의 거주지나 자산소재지 등에 비추어 그 출국목적이 명백하게 일시적인 것으로 인정되는 때에는 그 출국한 기간도 국내에 거소를 둔 기간으로 본다."라고 정하고 있으며, 제3항은 "국내에 거소를 둔 기간이 2과세기간에 걸쳐 1년 이상인 경우에는 국내에 1년 이상 거소를 둔 것으로 본다."라고 규정하고 있다.

나. 원심은 채택 증거에 의하여 원고가 2008. 1. 9. 주식회사 유니온상호저축은행(이하 '유니온상호저축은행'이라 한다)의 주식 640,000주(이하 '이 사건 주식'이라 한다)를 소외인과 주식회사 승주에 양도한 사실 등을 인정한 다음, ① 원고의 처와 자녀가 모두 미국에 거주하고

있고, 원고는 국내에 원고와 생계를 같이 하는 가족이 없으며 국내에 소재한 부동산을 보유하고 있지도 않은 점, ② 원고가 2008. 1. 9.까지 유니온상호저축은행의 최대주주로서 등기이사였고, 2008. 2. 1.부터 2008. 4. 30.까지 유니온세이빙스인베스트먼트로부터 합계 2,100,000원의 근로소득을 지급받았으나, 그 업무의 성격과 근로소득의 금액 및 지급기간 등에 비추어 볼 때 원고가 계속하여 1년 이상 국내에 거주할 것을 통상 필요로 하는 직업을 가진 경우에 해당한다고 보기 어렵고, 원고가 이 사건 주식 양도 이후에 제이피에셋자산운용 주식회사를 설립하여 대표이사로 취임하거나 전북상호저축은행의 주식과 경영권을 양수하였다고 하여 달리 보기도 어려운 점, ③ 원고의 국내 체류일수는 2007년에 143일, 2008년에 187일로 '2과세기간에 걸쳐 1년 이상'인 경우에 해당하지 아니하고, 가족들의 거주지 등에 비추어 볼 때 원고의 출국목적이 명백하게 일시적인 것으로 볼 수도 없는 점 등을 종합하면, 원고는 이 사건 주식 양도 당시 구 소득세법상 거주자에 해당하지 아니한다고 판단하였다.

다. 앞서 본 규정과 관련 법리 및 기록에 비추어 살펴보면 원심의 이러한 판단은 정당하고, 거기에 상고이유 주장과 같이 구 소득세법상 거주자의 판정기준 및 구 소득세법 시행령 제4조 제2항 등에 관한 법리오해로 인하여 판결 결과에 영향을 미친 위법이 없다.

2. 상고이유 제4점과 제5점에 대하여

가. 구 소득세법 제119조 제12호 (가)목은 비거주자의 국내원천소득 중 하나로 내국법인이 발행한 주식 등의 양도로 인하여 발생하는 소득을 규정하고 있고, 제121조 제3항은 국내사업장이 없는 비거주자에 대하여는 제119조 각 호(제8호 및 제9호를 제외한다)의 소득별로 분리하여 과세하도록 규정하고 있으며, 제156조 제1항은 비거주자에 대하여 제119조 제12호 등의 규정에 따른 국내원천소득 금액을 국내사업장이 없는 비거주자에게 지급하는 자는 그 지급하는 때에 소득세를 원천징수하여 납부하도록 규정하고 있다.

이들 규정에 의하면 구 소득세법상 국내사업장이 없는 비거주자가 내국법인이 발행한 주식을 양도함으로써 발생하는 소득에 대하여는 지급자가 그 소득세를 원천징수하여 납부하여야 하고, 이러한 소득세의 경우에는 납세의무자의 신고나 과세관청의 부과결정 없이 법령이 정하는 바에 따라 그 세액이 자동적으로 확정될 뿐만 아니라 구 소득세법 제126조의2와 같이 원천납세의무자인 비거주자의 신고·납부의무나 과세관청의 비거주자에 대한 결정·경정권한을 별도로 정한 규정이 적용되지 아니하는 이상 비거주자와 과세관청 사이에서는 원칙적으로 조세법률관계가 존재하지 아니하게 되므로, 과세관청으로서는 원천징수의무자가 그 소득세를 원천징수하지 아니하였다고 하더라도 원천납세의무자인 비거주자에게 이를 부과할 수는 없다고 할 것이다.

나. 원심은, 원고의 이 사건 주식 양도로 인한 소득은 구 소득세법 제119조 제12호에서 정하는 비거주자의 국내원천소득에 해당하고, 원고가 미국 거주자라고 하더라도 2008 과세연도 중 합계 183일 이상을 국내에 체재하였으므로 대한민국과 미합중국 간의 소득에 관한 조세의 이중과세 회피와 탈세방지 및 국제무역과 투자의 증진을 위한 협약 제16조 제1항 제c호 (ii)목

에 따라 대한민국의 과세권이 배제되지 아니한다고 보면서도, 이 사건 주식 양도로 인한 소득은 분리과세대상으로서 그 지급자인 양수인들이 양도소득세를 완납적으로 원천징수하여 납부하여야 하고 달리 과세관청이 원천납세의무자인 원고에게 직접 양도소득세를 부과할 수 있는 근거가 없다는 이유로, 피고가 국내사업장이 없는 비거주자로서 원천납세의무자인 원고에 대하여 양도소득세를 부과한 이 사건 처분은 위법하다고 판단하였다.

다. 원심의 이러한 판단은 앞서 본 법리에 따른 것으로서 정당하고, 거기에 상고이유 주장과 같이 비거주자의 국내원천소득에 대한 원천징수 및 부과권 등에 관한 법리를 오해한 위법이 없다.

3. 상고이유 제6점에 대하여

원심은, 원고가 구 법인세법상 거주자에 해당하는지 여부에 관하여 입장을 번복하였다는 사정만으로는 이 사건 소가 신의성실의 원칙이나 금반언의 원칙에 반한다고 볼 수 없다고 판단하였다.

관련 법리와 기록에 비추어 살펴보면 원심의 이러한 판단은 정당하고, 거기에 상고이유 주장과 같이 신의성실의 원칙이나 금반언의 원칙 등에 관한 법리를 오해한 위법이 없다.

4. 결론

그러므로 상고를 기각하고 상고비용은 패소자가 부담하도록 하여, 관여 대법관의 일치된 의견으로 주문과 같이 판결한다.

▶ 대법관 이기택(재판장) 이인복 고영한(주심) 김소영

CHAPTER 02 종합소득의 종류와 각 소득별 과세방법

제1절 이자소득
제2절 배당소득
제3절 금융소득에 대한 납세의무
제4절 사업소득
제5절 근로소득
제6절 연금소득
제7절 기타소득

42 여러 개의 대여원리금 채권 중 이미 회수되어 소멸한 대여원리금 채권이 있는 경우, 채권에 대하여 이자소득이 있다고 보아야 하는지 여부

종합소득세부과처분취소 [대법원, 2014두35010, 2014. 5. 29.]

【판시사항】

여러 개의 대여원리금 채권 중 과세표준확정신고 또는 과세표준과 세액의 결정·경정 당시 이미 회수되어 소멸한 대여원리금 채권이 있는 경우, 채권에 대하여 이자소득이 있다고 보아야 하는지 여부(원칙적 적극) 및 여러 개의 대여원리금 채권이 동일한 채무자에 대한 것인 경우에도 마찬가지인지 여부(적극)

【판결요지】

비영업대금의 이자소득이 있는지는 개개 대여금 채권별로 구 소득세법 시행령(2010. 2. 18. 대통령령 제22034호로 개정되기 전의 것) 제51조 제7항을 적용하여 판단하여야 하므로, 여러 개의 대여원리금 채권 중 과세표준확정신고 또는 과세표준과 세액의 결정·경정 당시 이미 회수되어 소멸한 대여원리금 채권이 있다면 특별한 사정이 없는 한 채권에 대하여는 이자소득이 있다고 보아야 하고, 이는 여러 개의 대여원리금 채권이 동일한 채무자에 대한 것이라고 하여도 마찬가지이다.

【참조조문】

구 소득세법 시행령(2010. 2. 18. 대통령령 제22034호로 개정되기 전의 것) 제51조 제7항

【전문】

【원고, 상고인 겸 피상고인】

【원고, 상고인 겸 피상고인】

【피고, 피상고인 겸 상고인】
북대구세무서장(소송대리인 법무법인 현 담당변호사 강남규 외 2인)

【원심판결】
대구고법 2013. 12. 6. 선고 2013누10107 판결

【주 문】

【주 문】
원심판결 중 피고 패소 부분을 파기하고, 이 부분 사건을 대구고등법원에 환송한다. 원고의 상고를 기각한다.

【이 유】
상고이유를 판단한다.

1. 피고의 상고이유 제3점에 대하여

금전의 대여로 인한 소득이 이자소득의 일종인 비영업대금의 이익인지 아니면 사업소득인지는 금전대여행위가 소득세법상의 사업에 해당하는지에 달려 있고, 소득세법에서 말하는 사업에의 해당 여부는 금전대여행위의 영리성, 계속성, 반복성의 유무, 거래기간의 장단, 대여액과 이자액의 다과 등 제반 사정을 고려하여 사회통념에 비추어 결정하여야 한다(대법원 2005. 8. 19. 선고 2003두14505 판결 등 참조).

원심은 채택 증거에 의하여 그 판시와 같은 사실을 인정한 다음, 원고가 사촌 동생인 소외인으로부터 주식 투자자금을 빌려달라는 요청을 받고 이 사건 대여금 거래를 한 것으로 보일 뿐 불특정 다수인을 상대로 계속적, 반복적으로 금전대여행위를 하였다고 볼 만한 자료가 없는 점 등에 비추어 볼 때, 이 사건 대여금 거래에 사업활동으로 볼 수 있을 정도의 계속성과 반복성이 있다고 볼 수 없다는 이유로, 이 사건 대여금 거래로 인한 소득이 사업소득에 해당한다는 피고의 주장을 배척하고, 그 소득은 비영업대금의 이익에 해당한다고 판단하였다.

앞서 본 법리와 기록에 비추어 살펴보면, 원심의 이러한 판단은 정당하고, 거기에 피고의 상고이유 주장과 같은 이자소득과 사업소득의 구분에 관한 법리오해 등의 위법이 없다.

2. 원고의 상고이유 및 피고의 상고이유 제1, 2점에 대하여

가. 관련 규정의 내용과 법리

구 소득세법(2009. 12. 31. 법률 제9897호로 개정되기 전의 것, 이하 같다) 제39조 제1항은 "거주자의 각 연도의 총수입금액과 필요경비의 귀속연도는 총수입금액과 필요경비가 확정된 날이 속하는 연도로 한다."고 규정하고, 구 소득세법 제39조 제4항의 위임을 받은 구 소득세법 시행령(2010. 2. 18. 대통령령 제22034호로 개정되기 전의 것, 이하 같다) 제45조 제9호의2는 비영업대금 이익의 수입시기는 원칙적으로 '약정에 의한 이자지급일'로 하되, 이자지급일의 약정이 없거나 약정에 의한 이자지급일 전에 이자를 지급받는 경우 또는 제51조 제7항의 규정에 의하여 총수입금액 계산에서 제외하였던 이자를 지급받는 경우에는 그 이자지급일로

하도록 규정하고 있다. 한편 구 소득세법 시행령 제51조 제7항은 '비영업대금의 이익의 총수입금액을 계산함에 있어서 법 제70조의 규정에 의한 과세표준확정신고 또는 법 제80조의 규정에 의한 과세표준과 세액의 결정·경정 전에 당해 비영업대금이 제55조 제2항 제1호 또는 제2호의 규정에 의한 채권에 해당하여 채무자 또는 제3자로부터 원금 및 이자의 전부 또는 일부를 회수할 수 없는 경우에는 회수한 금액에서 원금을 먼저 차감하여 계산한다. 이 경우 회수한 금액이 원금에 미달하는 때에는 총수입금액은 이를 없는 것으로 한다.'고 규정하고 있다.

구 소득세법 시행령 제51조 제7항은 법인세법과는 달리 소득세법에서는 비영업대금에 대하여 나중에 원금조차 회수하지 못하여 결손이 발생하더라도 이를 이자소득의 차감항목으로 반영할 수 있는 제도적 장치가 마련되어 있지 않아 궁극적으로 이자소득이 있다고 할 수 없음에도 이자소득세를 과세하는 부당한 결과를 방지하기 위한 규정으로 보이는 점, 위 규정은 그 문언에서 과세표준확정신고 또는 과세표준과 세액의 결정·경정 전에 일정한 회수불능사유가 발생할 때까지 회수한 전체 금액이 원금에 미달하는 경우를 그 적용대상으로 하고 있으며 특별한 예외를 두고 있지 않은 점, 소득세법상 이자소득의 발생 여부는 그 소득발생의 원천이 되는 원금채권의 회수 가능성 여부를 떠나서는 논하기 어려운 점 등을 종합하면, 비영업대금의 이자소득에 대한 과세표준확정신고 또는 과세표준과 세액의 결정·경정 전에 대여원리금 채권을 회수할 수 없는 일정한 사유가 발생하여 그때까지 회수한 금액이 원금에 미달하는 때에는 그와 같은 회수불능사유가 발생하기 전의 과세연도에 실제로 회수한 이자소득이 있다고 하더라도 이는 이자소득세의 과세대상이 될 수 없다고 할 것이다(대법원 2012. 6. 28. 선고 2010두9433 판결, 대법원 2013. 9. 13. 선고 2013두6718 판결 등 참조).

그리고 비영업대금의 이자소득이 있는지는 개개 대여금 채권별로 구 소득세법 시행령 제51조 제7항을 적용하여 판단하여야 하므로, 여러 개의 대여원리금 채권 중 과세표준확정신고 또는 과세표준과 세액의 결정·경정 당시 이미 회수되어 소멸한 대여원리금 채권이 있다면 특별한 사정이 없는 한 그 채권에 대하여는 이자소득이 있다고 보아야 하고, 이는 그 여러 개의 대여원리금 채권이 동일한 채무자에 대한 것이라고 하여도 마찬가지이다.

나. 2007년 귀속 종합소득세 부과처분 부분

원심은, 원고가 소외인에게 2007. 1. 31.부터 2007. 3. 2.까지 3회에 걸쳐 4억 원(이하 '제1 대여금'이라 한다)을 대여한 후 2007. 7. 6.부터 2007. 8. 2.까지 5회에 걸쳐 570,000,000원을 변제받음으로써 제1 대여금 채권의 원금 4억 원을 모두 회수하고 170,000,000원의 이자소득을 얻었으므로, 원고가 위와 같은 이자소득을 얻었음을 이유로 한 2007년 귀속 종합소득세 부과처분은 적법하다고 판단하였다.

앞서 본 법리와 기록에 비추어 살펴보면, 원심의 이러한 판단은 정당하고, 거기에 원고의 상고이유 주장과 같이 구 소득세법 시행령 제45조 제9호의2, 제51조 제7항의 해석·적용에 관한 법리를 오해하거나 필요한 심리를 다하지 아니한 위법이 없다.

다. 2008년 및 2009년 귀속 각 종합소득세 부과처분 부분

(1) 원심은, 이자의 수입시기 당시에는 회수불능사유가 발생하지 아니하였더라도 과세표준확정신고 또는 과세표준과 세액의 결정·경정 당시에 회수불능사유가 발생하면 구 소득세법 시행령 제51조 제7항이 적용될 수 있다고 전제한 다음, 원고가 소외인에게 2007. 8. 31.부터 2009. 11. 25.까지 합계 4,907,400,000원(이하 '제2 대여금'이라 한다)을 대여한 후 2008. 2. 29.부터 2009. 11. 17.까지 합계 4,235,680,000원만을 변제받은 상태에서 나머지 대여원리금 채권이 회수불능됨으로써 그 변제받은 금액을 모두 원금에 충당하더라도 제2 대여금 채권의 원금 중 671,720,000원을 회수하지 못하게 된 이상, 제2 대여금에 대하여는 구 소득세법 시행령 제51조 제7항에 따라 이자소득이 없는 것으로 보아야 하므로, 피고가 그와 다른 전제에서 원고에게 한 2008년 및 2009년 귀속 종합소득세 부과처분은 위법하다고 판단하였다. 나아가 원심은, 이 사건 제2 대여금의 거래 횟수가 60여 회에 달하므로 개개 대여금 채권별로 구 소득세법 시행령 제51조 제7항의 적용 여부를 따져야 한다는 취지의 피고 주장에 대하여는, 원고가 제2 대여금에 대하여 변제받은 합계액이 대여원금의 합계액에 미달하는 이상 제2 대여금 전부에 대하여 이자소득이 있다고 볼 수 없다는 이유로, 이를 배척하였다.

(2) 앞서 본 법리에 비추어 살펴보면, 원심의 판단 중 이자의 수입시기 당시에는 회수불능사유가 발생하지 아니하였더라도 과세표준확정신고 또는 과세표준과 세액의 결정·경정 당시에 회수불능사유가 발생하면 구 소득세법 시행령 제51조 제7항이 적용될 수 있다고 전제한 부분은 정당하고, 거기에 피고의 상고이유 주장과 같은 구 소득세법 시행령 제51조 제7항의 해석·적용에 관한 법리오해의 위법이 없다.

(3) 그러나 원심이 개개 대여금 채권별로 구 소득세법 시행령 제51조 제7항의 적용 여부를 따져야 한다는 취지의 피고 주장을 배척한 부분은 다음과 같은 이유에서 수긍할 수 없다.

원심판결 이유 및 원심이 적법하게 채택한 증거에 의하면, 원고가 2007. 1. 31.부터 2009. 11. 25.까지 소외인에게 62회(= 제1 대여금 3회 + 제2 대여금 59회)에 걸쳐 합계 5,307,400,000원을 대여하여 2007. 7. 6.부터 2009. 11. 17.까지 55회에 걸쳐 합계 4,805,680,000원을 변제받은 사실, 원고는 소외인 등을 상대로 대구지방법원 2010가합2255호로 위 대여금의 지급을 구하는 소를 제기하였는데, 위 법원이 각 대여일의 대여금액별로 이자율을 특정한 다음 소외인이 변제한 돈을 대여일의 순서의 따라 각 대여금의 이자와 원금의 변제에 충당한 결과, 최종 대여일인 2009. 11. 25.을 기준으로 잔여 원금은 합계 1,185,205,129원이고, 그 중 2009. 10. 12.까지의 대여금에 대한 잔여 원금은 887,805,129원이며, 이에 대한 2009. 10. 12.까지의 이자가 모두 변제된 것으로 계산된 사실, 이와 같은 변제충당의 결과에 의하면, 제1 대여금 및 제2 대여금 중 2009. 5. 29.까지의 대여금에 대한 원금과 이자가 모두 변제된 것으로 계산되는 사실 등을 알 수 있다.

이러한 사실관계를 앞서 본 법리에 비추어 살펴보면, 피고가 원고에게 2008년 및 2009년 귀속 종합소득세 부과처분을 한 2012. 3. 5. 당시 이미 제2 대여금 중 2009. 5. 29.까지의 대여금에 대한 원금과 이자가 전부 회수됨으로써 그 대여원리금 채권이 소멸하여 적어도 그에

대하여는 구 소득세법 시행령 제51조 제7항이 적용될 수 없다고 볼 여지가 있다.

그런데도 원심은, 2008년 및 2009년 귀속 종합소득세 부과처분 당시 제2 대여금과 관련하여 이미 소멸한 대여원리금 채권이 있는지를 심리·판단하지 아니한 채 그 판시와 같은 이유만으로 제2 대여금 전부를 통산하여 구 소득세법 시행령 제51조 제7항을 적용한 다음 원고에게 발생한 이자소득이 없다고 보아 2008년 및 2009년 귀속 각 종합소득세 부과처분이 모두 위법하다고 판단하였으니, 이러한 원심의 판단에는 구 소득세법 시행령 제51조 제7항의 해석·적용에 관한 법리를 오해하여 필요한 심리를 다하지 아니함으로써 판결에 영향을 미친 위법이 있고, 이 점을 지적하는 피고의 상고이유 주장은 이유 있다.

3. 결론

원심판결 중 피고 패소 부분을 파기하고 이 부분 사건을 다시 심리·판단하게 하기 위하여 원심법원에 환송하며, 원고의 상고를 기각하기로 하여, 관여 대법관의 일치된 의견으로 주문과 같이 판결한다.

▶ 대법관 이상훈(재판장) 신영철 김용덕 김소영(주심)

43 탈퇴한 조합원이 일부 조합재산을 받는 경우에 소득의 성질

종합소득세부과처분취소 [대법원, 2012두8977, 2015. 12. 23.]

【판시사항】

[1] 조합원이 조합체에서 탈퇴하면서 지분의 계산으로 일부 조합재산을 받는 경우, 지분 계산의 법적 성격(=지분 상호 교환 또는 매매) / 탈퇴한 조합원이 다른 조합원들에게 잔존 조합재산에 관한 자신의 지분을 양도하고 일부 조합재산을 받음으로써 얻는 소득의 성질

[2] 탈퇴한 조합원이 탈퇴 당시 지분의 계산으로 얻는 소득이 구 소득세법 제17조 제1항 제3호, 제7호, 제2항 제1호가 정한 배당소득에 해당하는지 여부(소극)

【판결요지】

[1] 어느 조합원이 조합체에서 탈퇴하면서 지분의 계산으로 일부 조합재산을 받는 경우에는 마치 합유물의 일부 양도가 있는 것처럼 개별 재산에 관한 합유관계가 종료하므로(민법 제274조 제1항), 지분의 계산은 세법상 탈퇴한 조합원과 공동사업을 계속하는 다른 조합원들이 조합재산에 분산되어 있던 지분을 상호 교환 또는 매매한 것으로 볼 수 있다. 그런데 공동사업을 목적으로 한 조합체가 조합재산인 부동산을 양도함으로써 얻는 소득은, 그것이 사업용 재고자산이라면 사업소득이 되며 [구 소득세법(2005. 12. 31. 법률 제7837호로 개정되기 전의 것, 이하 같다) 제87조, 제43조] 사업용 고정자산으로서 양도소득세 과세대상이라면 양도

소득이 된다(구 소득세법 제118조). 탈퇴한 조합원이 다른 조합원들에게 잔존 조합재산에 관한 자신의 지분을 양도하고 일부 조합재산을 받음으로써 얻는 소득의 성질도 이와 다르지 않으므로, 탈퇴 당시 조합재산의 구성내역에 따라 탈퇴한 조합원의 사업소득 또는 양도소득 등이 된다.

[2] 구 소득세법(2005. 12. 31. 법률 제7837호로 개정되기 전의 것, 이하 같다) 제17조 제1항 제7호는 '제1호 내지 제6호의 소득과 유사한 소득으로서 수익분배의 성격이 있는 것'을 배당소득으로 규정하고 있다. 그런데 조합체가 공동사업을 통하여 얻는 일정한 소득금액은 각 조합원의 지분 또는 손익분배비율에 따라 분배되어 조합원들 각자에게 곧바로 귀속되고 개별 조합원이 직접 납세의무를 부담하므로(구 소득세법 제87조, 제43조, 제118조) 개별 조합원들이 조합체에서 수익분배를 받는다고 할 수 없으며, 조합원이 탈퇴하면서 지분의 계산으로 일부 조합재산을 받는 경우에도 그로 인한 소득은 곧바로 탈퇴한 조합원에게 귀속할 뿐이다. 따라서 탈퇴한 조합원이 탈퇴 당시 지분의 계산으로 얻는 소득은 구 소득세법 제17조 제1항 제3호, 제7호, 제2항 제1호가 정한 배당소득에 해당한다고 할 수 없다.

【참조조문】

[1] 구 소득세법(2005. 12. 31. 법률 제7837호로 개정되기 전의 것) 제43조, 제87조, 제118조, 민법 제274조 제1항

[2] 구 소득세법(2005. 12. 31. 법률 제7837호로 개정되기 전의 것) 제17조 제1항 제3호, 제7호(현행 제17조 제1항 제9호 참조), 제2항 제1호, 제43조, 제87조, 제118조

【전문】

【원고, 상고인】

【원고, 상고인】

【피고, 피상고인】
동안양세무서장

【원심판결】
서울고법 2012. 3. 30. 선고 2011누32777 판결

【주 문】

【주 문】
원심판결을 파기하고, 사건을 서울고등법원에 환송한다.

【이 유】
상고이유에 대하여 판단한다.

1. 원심은, ① 원고 등 5인의 동업자들이 2003. 5. 30. 상호출자한 자금으로 지상 9층, 지하 4층의 ○○○○○스포츠센터 건물(이하 '이 사건 상가건물'이라 한다)을 매수하여 분양, 매매, 임대 등의 공동사업을 경영하기로 하는 동업계약을 체결하면서 원고의 지분을 3/12으로 정한 사실, ② 동업자들은 2003. 6. 2. 공매절차에서 이 사건 상가건물을 대금 21,407,000,000원에 취득하여 일반 분양 등의 공동사업을 하여 온 사실, ③ 원고는 2004. 2. 5. 위 동업관계에서 탈퇴하면서 다른 동업자들과 사이에 이 사건 상가건물 중 204호를 제외한 2층 전체 및 해당 부지(이하 '이 사건 부동산'이라 한다)를 원고의 단독소유로 하고, 이미 분양한 부분을 제외한 나머지 건물 부분 및 해당 부지를 다른 동업자들의 소유로 하는 방법으로 동업을 해지하기로 하였으며, 그에 따라 이 사건 부동산에 관하여 원고 명의로 소유권이전등기를 마친 사실, ④ 한편 피고는 이 사건 부동산의 분양예정가액 5,865,400,000원에서 원고의 출자금액인 5,351,750,000원을 공제한 513,650,000원을 동업관계 탈퇴에 따른 원고의 배당소득으로 보아 2010. 5. 17. 원고에게 2004년 귀속 종합소득세를 부과하는 이 사건 처분을 한 사실 등을 인정하였다.

나아가 원심은, 원고가 동업관계에서 탈퇴하면서 얻은 소득은 그 실질에 있어서 구 소득세법(2005. 12. 31. 법률 제7837호로 개정되기 전의 것, 이하 같다) 제17조 제1항 제3호, 제7호 및 제2항 제1호가 정한 '탈퇴나 출자의 감소로 인하여 출자자가 취득하는 금전 기타 재산의 가액이 출자자가 출자를 취득하기 위하여 소요된 금액을 초과하는 금액에 유사한 소득으로서 수익분배의 성격이 있는 것'에 해당한다는 이유로, 원고가 동업관계를 탈퇴함에 따라 배당소득을 얻었다고 본 이 사건 처분은 적법하다고 판단하였다.

2. 그러나 원심의 이러한 판단은 다음과 같은 이유로 수긍하기 어렵다.

가. 어느 조합원이 조합체에서 탈퇴하면서 지분의 계산으로 일부 조합재산을 받는 경우에는 마치 합유물의 일부 양도가 있는 것처럼 그 개별 재산에 관한 합유관계가 종료하므로(민법 제274조 제1항), 이와 같은 지분의 계산은 세법상 탈퇴한 조합원과 공동사업을 계속하는 다른 조합원들이 조합재산에 분산되어 있던 지분을 상호 교환 또는 매매한 것으로 볼 수 있다. 그런데 공동사업을 목적으로 한 조합체가 조합재산인 부동산을 양도함으로써 얻는 소득은, 그것이 사업용 재고자산이라면 사업소득이 되며(구 소득세법 제87조, 제43조) 사업용 고정자산으로서 양도소득세 과세대상이라면 양도소득이 된다(구 소득세법 제118조). 탈퇴한 조합원이 다른 조합원들에게 잔존 조합재산에 관한 자신의 지분을 양도하고 일부 조합재산을 받음으로써 얻는 소득의 성질도 이와 다르지 않으므로, 탈퇴 당시 조합재산의 구성내역에 따라 탈퇴한 조합원의 사업소득 또는 양도소득 등이 된다고 할 것이다.

한편 구 소득세법 제17조 제1항 제7호는 '제1호 내지 제6호의 소득과 유사한 소득으로서 수익분배의 성격이 있는 것'을 배당소득으로 규정하고 있다. 그런데 조합체가 공동사업을 통하여 얻는 일정한 소득금액은 각 조합원의 지분 또는 손익분배비율에 따라 분배되어 조합원들 각자에게 곧바로 귀속되고 개별 조합원이 직접 납세의무를 부담하므로(구 소득세법 제87조, 제43조, 제118조) 개별 조합원들이 조합체로부터 수익분배를 받는다고 할 수 없으며, 어느 조합원이 탈퇴하면서 지분의 계산으로 일부 조합재산을 받는 경우에도 그로 인한 소득은 곧바로 탈퇴한 조합원에게 귀속할 뿐이다. 따라서 탈퇴한 조합원이 탈퇴 낭시 시분의 계산으로 얻는 소득은 구 소득세법 제17조 제1항 제3호, 제7호, 제2항 제1호가 정한 배당소득에 해당한다고 할 수 없다.

나. 원심이 인정한 사실관계를 이러한 법리에 비추어 살펴보면, 원고는 동업관계에서 탈퇴하면서 그 지분의 계산으로 재고자산인 이 사건 부동산을 받았으므로 그로 인한 소득이 있다고 하더라도 이는 사업소득이 될 수 있을 뿐, 배당소득이 될 수 없다.

그런데도 원심은 이와 달리 원고가 동업관계에서 탈퇴하면서 얻은 소득이 구 소득세법 제17조 제1항 제3호, 제7호, 제2항 제1호가 정한 배당소득에 해당한다는 이유로 이 사건 처분이 적법하다고 판단하였으니, 이러한 원심의 판단에는 동업관계의 탈퇴에 따른 지분의 계산으로 얻는 소득의 구분에 관한 법리를 오해한 위법이 있다. 이 점을 지적하는 상고이유의 주장에는 정당한 이유가 있다.

3. 그러므로 원심판결을 파기하고, 사건을 다시 심리·판단하도록 원심법원에 환송하기로 하여, 관여 대법관의 일치된 의견으로 주문과 같이 판결한다.

▶ 대법관 김소영(재판장) 이인복(주심) 고영한 이기택

44 사례금과 인적용역의 구분기준

종합소득세부과처분취소 [대법원, 2017두30214, 2017. 4. 26.]

【판시사항】

[1] 일시적 인적용역을 제공하고 지급받은 금품이 용역제공에 대한 보수 등 대가의 성격뿐 아니라 사례금의 성격까지 함께 가지고 있어 전체적으로 용역에 대한 대가의 범주를 벗어난 것으로 인정될 경우, 소득세법 제21조 제1항 제17호에서 정한 '사례금'에 해당하는지 여부(적극)

[2] 甲 주식회사에서 장기간 근무하던 乙이 약 1년 3개월에 걸쳐 甲 회사의 실질적인 최대주주인 丙에 대한 구속수사 및 형사재판이 진행되는 동안 丙 및 그 가족들과 변호인 사이의 연락 담당, 형사재판에 필요한 자료 수집, 丙의 구치소 및 병원생활 지원 등의 일을 맡아 수행하였고, 丙이 집행유예 판결에 따라 석방된 이후 丙으로부터 甲 회사의 주식을 양수받기로 하였다가 민사소송을 거쳐 합계 75억 원을 지급받은 사안에서, 乙이 丙으로부터 수령한 금원은 소득세법 제21조 제1항 제17호에서 정한 사례금에 해당한다고 본 원심판단이 정당하다고 한 사례

【판결요지】

[1] 소득세법 제21조 제1항 제17호, 제19호, 제2항, 제37조 제2항, 소득세법 시행령 제87조

제1호 (나)목의 내용과 문언 및 규정 체계 등을 종합해 보면, 제19호 각 목의 기타소득은 어느 것이나 '인적용역의 제공에 대한 대가'에 해당하여야 하므로, 용역의 제공과 관련하여 얻은 소득이라도 용역에 대한 대가의 성격을 벗어난 경우에는 제19호의 소득으로 볼 수 없다. 제19호에서 제17호의 규정을 적용받는 용역 제공의 대가는 제외한다고 규정한 것도 같은 의미로 이해될 수 있고, 필요경비의 계산에서 제19호의 소득은 최소한 100분의 80을 정률로 산입할 수 있도록 한 반면 제17호의 사례금에 대해서는 일반원칙에 따르도록 한 것도 마찬가지 취지라고 할 것이다. 그러므로 일시적 인적용역을 제공하고 지급받은 금품이, 제공한 역무나 사무처리의 내용, 당해 금품 수수의 동기와 실질적인 목적, 금액의 규모 및 상대방과의 관계 등을 종합적으로 고려해 보았을 때, 용역제공에 대한 보수 등 대가의 성격뿐 아니라 사례금의 성격까지 함께 가지고 있어 전체적으로 용역에 대한 대가의 범주를 벗어난 것으로 인정될 경우에는 제19호가 아니라 제17호의 소득으로 분류하는 것이 타당하다.

[2] 甲 주식회사에서 장기간 근무하던 乙이 약 1년 3개월에 걸쳐 甲 회사의 실질적인 최대주주인 丙에 대한 구속수사 및 형사재판이 진행되는 동안 丙 및 그 가족들과 변호인 사이의 연락 담당, 형사재판에 필요한 자료 수집, 丙의 구치소 및 병원생활 지원 등의 일을 맡아 수행하였고, 丙이 집행유예 판결에 따라 석방된 이후 丙으로부터 甲 회사의 주식을 양수받기로 하였다가 민사소송을 거쳐 합계 75억 원을 지급받은 사안에서, 乙이 丙의 형사재판 과정에 관여하게 된 이유는 乙이 甲 회사에서 장기간 재직하였고 丙과 오랜 친분 관계가 있어서 제반 사정을 잘 알고 있었기 때문인 것으로 보이는 점, 乙이 제공한 역무의 내용도 丙과의 친분 관계에 기초하여 丙의 옥바라지를 하거나 재판에 필요한 자료 등을 전달해 주는 것이었던 점, 乙이 丙으로부터 수령한 금원은 乙이 제공한 역무의 객관적 가치에 비하여 지나칠 정도로 거액이어서 여기에는 乙과 丙의 친분 관계가 더 큰 영향을 미친 것으로 보이는 점 등에 비추어, 위 금원은 소득세법 제21조 제1항 제17호에서 정한 사례금에 해당한다고 본 원심판단이 정당하다고 한 사례.

【참조조문】

[1] 소득세법 제21조 제1항 제17호, 제19호, 제2항, 제37조 제2항, 소득세법 시행령 제87조 제1호 (나)목

[2] 소득세법 제21조 제1항 제17호

【전문】

【원고, 상고인】

【원고, 상고인】

【피고, 피상고인】
반포세무서장

【원심판결】
서울고법 2016. 12. 14. 선고 2016누45242 판결

【주 문】

【주 문】
상고를 기각한다. 상고비용은 원고가 부담한다.

【이 유】
상고이유를 판단한다.

1. 소득세법 제21조 제1항은 "기타소득은 이자소득·배당소득·사업소득·근로소득·연금소득·퇴직소득 및 양도소득 외의 소득으로서 다음 각 호에서 규정하는 것으로 한다."라고 하면서, 제17호에서 "사례금"을 규정하고, 제19호에서는 "다음 각 목의 어느 하나에 해당하는 인적용역(제15호부터 제17호까지의 규정을 적용받는 용역은 제외한다)을 일시적으로 제공하고 받는 대가"를 규정하고 있다(이하 '제17호', '제19호' 등은 위 각 규정을 가리킨다). 그리고 위 제19호의 각 목에는, '고용관계 없이 다수인에게 강연을 하고 강연료 등 대가를 받는 용역'[(가)목], '라디오 등을 통하여 해설 등을 하고 보수 또는 이와 유사한 성질의 대가를 받는 용역'[(나)목], '변호사, 공인회계사 등 그 밖에 전문적 지식 또는 특별한 기능을 가진 자가 그 지식 또는 기능을 활용하여 보수 또는 그 밖의 대가를 받고 제공하는 용역'[(다)목], '그 밖에 고용관계 없이 수당 또는 이와 유사한 성질의 대가를 받고 제공하는 용역'[(라)목]이 규정되어 있다.

한편 기타소득의 금액은 해당 과세기간의 총수입금액에서 필요경비를 공제하여 산정하고(소득세법 제21조 제2항), 그 필요경비는 특별한 규정이 없으면 "해당 과세기간의 총수입금액에 대응하는 비용으로서 일반적으로 용인되는 통상적인 것의 합계액"으로 계산되는데(소득세법 제37조 제2항), 위 제17호의 사례금에 관해서는 달리 정한 바가 없으므로 그 원칙에 따라 필요경비를 산정하게 된다. 반면 제19호의 기타소득에 대해서는 '받은 금액의 100분의 80에 상당하는 금액'을 필요경비로 하고, 실제 소요된 금액이 100분의 80에 상당하는 금액을 초과하면 그 초과하는 금액도 필요경비에 산입하도록 하는 특별규정이 있다[소득세법 제37조 제2항 제2호, 소득세법 시행령 제87조 제1호 (나)목].

위와 같은 소득세법 관련 규정의 내용과 문언 및 규정 체계 등을 종합해 보면, 제19호 각 목의 기타소득은 어느 것이나 '인적용역의 제공에 대한 대가'에 해당하여야 하므로, 용역의 제공과 관련하여 얻은 소득이라도 용역에 대한 대가의 성격을 벗어난 경우에는 제19호의 소득으로 볼 수 없다. 제19호에서 제17호의 규정을 적용받는 용역 제공의 대가는 제외한다고 규정한 것도 같은 의미로 이해될 수 있고, 필요경비의 계산에서 제19호의 소득은 최소한 100분의 80을 정률로 산입할 수 있도록 한 반면 제17호의 사례금에 대해서는 일반원칙에 따르도록 한 것도 마찬가지 취지라고 할 것이다. 그러므로 일시적 인적용역을 제공하고 지급받은 금품이, 제공한 역무나 사무처리의 내용, 당해 금품 수수의 동기와 실질적인 목적, 금액의 규모 및 상대방

과의 관계 등을 종합적으로 고려해 보았을 때, 용역제공에 대한 보수 등 대가의 성격뿐 아니라 사례금의 성격까지 함께 가지고 있어 전체적으로 용역에 대한 대가의 범주를 벗어난 것으로 인정될 경우에는 제19호가 아니라 제17호의 소득으로 분류하는 것이 타당하다.

2. 원심은 그 채택 증거에 의하여 대우정보시스템 주식회사(이하 '소외 회사'라고 한다)에서 1998년경부터 근무하던 원고가, 2008. 3.경부터 2009. 6.경까지 소외 회사의 실질적인 최대주주인 소외인에 대한 구속수사 및 형사재판이 진행되는 동안 소외인 및 그 가족들과 변호인 사이의 연락 담당, 형사재판에 필요한 자료 수집, 소외인의 구치소 및 병원생활 지원 등의 일을 맡아 수행한 사실, 원고는 소외인이 집행유예 판결에 따라 석방된 이후인 2009. 6. 12.경 소외인으로부터 소외 회사의 주식을 양수받기로 하였다가 민사소송을 거쳐 2013. 1. 30. 30억 원, 2013. 6. 28. 45억 원 등 합계 75억 원을 지급받은 사실 등을 인정하였다.

그런 다음 원심은, ① 원고가 소외인의 형사재판 과정에 관여하게 된 이유는 원고가 소외 회사에서 장기간 재직하였고 소외인과 오랜 친분 관계가 있어서 제반 사정을 잘 알고 있었기 때문인 것으로 보이는 점, ② 원고가 제공한 역무의 내용도 소외인과의 친분 관계에 기초하여 소외인의 옥바라지를 하거나 재판에 필요한 자료 등을 전달해 주는 것이었던 점, ③ 원고가 소외인으로부터 수령한 금원은 원고가 제공한 역무의 객관적 가치에 비하여 지나칠 정도로 거액이어서 여기에는 원고와 소외인의 친분 관계가 더 큰 영향을 미친 것으로 보이는 점 등에 비추어 보면, 위 금원은 소득세법 제21조 제1항 제17호에서 정한 사례금에 해당된다고 보는 것이 타당하므로, 이를 전제로 한 이 사건 처분은 적법하다고 판단하였다.

앞에서 본 법리 및 기록에 비추어 살펴보면, 원심의 위와 같은 판단은 정당하다. 거기에 상고이유 주장과 같이 소득세법 제21조 제1항 제17호에서 정한 사례금의 범위나 같은 항 제19호 (라)목에서 정한 인적용역 소득에 관한 법리를 오해한 잘못이 없다.

3. 그러므로 상고를 기각하고, 상고비용은 패소자가 부담하도록 하여, 관여 대법관의 일치된 의견으로 주문과 같이 판결한다.

▶ 대법관 권순일(재판장) 박병대(주심) 박보영 김재형

45 부동산 임대소득 계산시 차입금 지급이자의 필요경비 산입 여부

종합소득세 부과처분 취소 [대법원, 2011두17769, 2013. 8. 22.]

【판시사항】

부동산 임대사업자가 자금을 차입하여 임대사업용 부동산을 취득하였으나 그 부동산으로부터 당해 연도에 임대수입을 얻지 못한 경우, 부동산 임대소득을 계산할 때 차입금에 대한 부동산 취득일 다음날부터 지급이자를 당해 연도의 필요경비에 산입하여야 하는지 여부(원칙적 적극)

【판결요지】

부동산 임대사업용 고정자산의 매입 등에 소요된 차입금에 대한 지급이자 중에서 그 취득일까지 지출된 금액은 당해 연도의 부동산 임대소득을 계산함에 있어서는 필요경비로 불산입하는 대신 이를 자본적 지출로 보아 원가에 산입하여 나중에 그 사업용 자산을 양도할 때 비용으로 인정하지만, 취득일 후에 남은 차입금에 대한 지급이자는 각 연도의 필요경비로 산입하도록 하고 있다[구 소득세법(2006. 12. 30. 법률 제8144호로 개정되기 전의 것) 제33조 제1항 제10호, 구 소득세법 시행령(2008. 2. 29. 대통령령 제20720호로 개정되기 전의 것) 제75조 제1·2·5항]. 한편 소득세법상의 소득금액은 사업소득별로 통산하여 산정하는 것이므로, 부동산 임대사업자가 복수의 부동산을 각각 별도로 사업자등록을 한 임대사업에 제공한 경우에도 그 사업자의 연도별 부동산임대소득 및 필요경비는 각 사업장의 수입금액과 필요경비를 통산하여 산정하여야 한다. 따라서 그 복수의 부동산 임대사업장 중 수입은 없고 필요경비만 발생한 사업장이 있는 경우에도 그 사업장의 필요경비를 당해 연도의 총 부동산임대소득의 계산에서 제외할 것은 아니다. 위와 같은 법령 규정의 내용과 법리에 비추어 보면, 부동산 임대사업자가 자금을 차입하여 임대사업용 부동산을 취득한 경우 그 차입금에 대한 부동산 취득일 다음날부터의 지급이자는 비록 그 부동산으로부터 당해 연도에 임대수입을 얻지 못하였다고 하더라도, 이를 개인적 용도로 전환하여 사용하였다는 등 특별한 사정이 없는 한, 당해 연도의 필요경비에는 산입하여 부동산 임대소득을 계산하여야 한다.

【참조조문】

구 소득세법(2006. 12. 30. 법률 제8144호로 개정되기 전의 것) 제18조 제2항(현행 삭제), 제27조 제1항, 제33조 제1항 제10호, 구 소득세법 시행령(2008. 2. 29. 대통령령 제20720호로 개정되기 전의 것) 제55조 제1항 제13호, 제75조 제1항, 제2항, 제5항

【전문】

【원고, 상고인】

【원고, 상고인】

【피고, 피상고인】
강남세무서장

【원심판결】
서울고법 2011. 6. 28. 선고 2010누28641 판결

【주 문】

【주 문】
원심판결 중 2005년 귀속 종합소득세에 관한 부분을 파기하고, 이 부분 사건을 서울고등법원에 환송한다. 나머지 상고를 기각한다.

【이 유】
상고이유를 판단한다.

1. 상고이유 제1, 2점에 대하여

이 부분 상고이유의 주장은 원고가, ① 금융기관 및 개인들로부터 자금을 차용하여 이 사건 1, 4 부동산을 취득한 뒤 1,970,000,000원을 추가로 대출받아 기존의 차용금을 변제하였고, ② 이 사건 각 부동산의 관리 등을 위하여 소외 1, 2, 3 등을 고용하고 그 인건비로 2004년 60,000,000원, 2005년 63,500,000원을 지출하였음에도, 이를 인정할 수 없다고 본 원심의 판단에는 채증법칙을 위배하여 사실을 오인함으로써 판결 결과에 영향을 미친 위법이 있다는 취지이다.

그러나 사실의 인정과 그 전제로 이루어지는 증거의 취사선택 및 평가는 자유심증주의의 한계를 벗어나지 않는 한 사실심법원의 전권에 속한다. 기록에 비추어 살펴보아도 원심의 사실 인정이 논리와 경험의 법칙에 반하여 자유심증주의의 한계를 벗어난 것이라고는 인정되지 않는다. 따라서 위와 같은 상고이유 주장은 원심법원의 전권에 속하는 사항을 비난하는 것에 불과하여 적법한 상고이유가 되지 못한다.

2. 상고이유 제3점에 대하여

가. 2005년도 귀속 종합소득세에 관한 이 사건 처분 당시의 구 소득세법(2006. 12. 30. 법률 제8144호로 개정되기 전의 것, 이하 '법'이라 한다)에 의하면, 부동산 임대소득 금액은 "당해 연도의 총수입금액에서 이에 소요된 필요경비를 공제한 금액"으로 하되, 필요경비는 "당해 연도의 총수입금액에 대응하는 비용으로서 일반적으로 용인되는 통상적인 것의 합계액"으로 한다고 되어 있고(제18조 제2항, 제27조 제1항), 위 법 시행령(2008. 2. 29. 대통령령 제20720호로 개정되기 전의 것, 이하 '시행령'이라 한다)에서는 "총수입금액을 얻기 위하여 직접 사용된 부채에 대한 지급이자"를 위 필요경비의 하나로 규정하고 있다(제55조 제1항 제13호).

그리고 부동산 임대사업용 고정자산의 매입 등에 소요된 차입금에 대한 지급이자 중에서 그 취득일까지 지출된 금액은 당해 연도의 부동산 임대소득을 계산함에 있어서는 필요경비로 불산입하는 대신 이를 자본적 지출로 보아 원가에 산입하여 나중에 그 사업용 자산을 양도할 때

비용으로 인정하지만, 취득일 후에 남은 차입금에 대한 지급이자는 각 연도의 필요경비로 산입하도록 하고 있다(법 제33조 제1항 제10호, 시행령 제75조 제1·2·5항).

한편 소득세법상의 소득금액은 사업소득별로 통산하여 산정하는 것이므로, 부동산 임대사업자가 복수의 부동산을 각각 별도로 사업자등록을 한 임대사업에 제공한 경우에도 그 사업자의 연도별 부동산임대소득 및 필요경비는 각 사업장의 수입금액과 필요경비를 통산하여 산정하여야 한다. 따라서 그 복수의 부동산 임대사업장 중 수입은 없고 필요경비만 발생한 사업장이 있는 경우에도 그 사업장의 필요경비를 당해 연도의 총 부동산임대소득의 계산에서 제외할 것은 아니다.

위와 같은 법령 규정의 내용과 법리에 비추어 보면, 부동산 임대사업자가 자금을 차입하여 임대사업용 부동산을 취득한 경우 그 차입금에 대한 부동산 취득일 다음날부터의 지급이자는 비록 그 부동산으로부터 당해 연도에 임대수입을 얻지 못하였다고 하더라도, 이를 개인적 용도로 전환하여 사용하였다는 등 특별한 사정이 없는 한, 당해 연도의 필요경비에는 산입하여 부동산 임대소득을 계산하여야 한다.

나. 원심이 인용한 제1심판결 이유와 적법하게 채택된 증거에 의하면, ① 원고는 이 사건 1, 4 부동산에서 임대업을 영위하던 중 자금을 차입하여 2005. 6. 23. 이 사건 2, 3 부동산을 취득한 사실, ② 이 사건 2, 3 부동산은 근린생활시설 및 그 부지로서 이 사건 1, 4 부동산과 연접하여 있는 반면 원고의 주소지는 다른 곳에 있었던 사실, ③ 원고는 경매절차에서 이 사건 2, 3 부동산을 취득하였는데, 당시 이 사건 2, 3 부동산에는 전 소유자와 임대차계약을 체결한 임차인들이 다수 존재하고 있었던 사실, ④ 원고는 이 사건 2, 3 부동산에 대하여는 그 취득일로부터 1년 정도가 지난 2006. 6. 1. 임대사업자등록을 한 사실 등을 알 수 있다.

위와 같은 사실관계, 특히 이 사건 2, 3 부동산의 위치, 구조, 용도 및 취득경위 등에 비추어 보면 원고는 이 사건 2, 3 부동산을 임대사업용으로 취득하였다고 볼 수 있고, 비록 그 취득일로부터 1년 정도가 지나서야 그에 관한 임대사업자등록을 하였지만 그 사이에 이를 임대사업용이 아닌 개인적인 용도 등으로 전환하여 사용한 것은 아니라고 봄이 상당하다.

따라서 앞서 본 법리에 의하면, 원고가 이 사건 2, 3 부동산을 취득한 2005년 중에 그 취득자금에 소요된 차입금의 이자를 지급한 금액이 있다면, 당해 연도에 그 부동산으로부터 얻은 임대수입이 있었는지 여부와 상관없이 그 취득일 다음날부터 지급된 이자는 당해 연도의 부동산임대소득을 계산함에 있어 필요경비로 공제하여야 한다.

다. 그런데도 원심은 이와 달리, 이 사건 2, 3 부동산의 취득과 관련된 차입금의 지급이자는 2005년에 발생한 부분이라 하더라도 소득세법상 수익·비용대응의 원칙상 원고의 2005년 귀속 부동산 임대소득금액을 계산함에 있어 필요경비에 산입될 수 없다는 취지로 판단하였으니, 이러한 원심의 판단에는 임대사업용 부동산의 취득과 관련된 차입금의 지급이자의 필요경비 산입 등에 관한 법리를 오해하여 판결에 영향을 미친 위법이 있다.

원심이 들고 있는 대법원 1994. 9. 30. 선고 94누7980 판결은, 임대사업용 건물을 거주자와 공동으로 건축하여 부동산 임대소득을 함께 얻고 있는 거주자의 처가 위 건물의 신축 이후 줄곧 개인 용도로 사용해 온 부분의 건축비용에 관련된 차입금의 지급이자를 부동산 임대소득의 필요경비로 볼 수 없다고 판시한 것이어서, 사안이 달라 이 사건에 원용하기에 적절하지 아니하다.

3. 결론

그러므로 관여 대법관의 일치된 의견으로, 원심판결 중 2005년 귀속 종합소득세에 관한 부분을 파기하고, 이 부분 사건을 다시 심리·판단하게 하기 위하여 원심법원에 환송하며, 나머지 상고를 기각하기로 하여 주문과 같이 판결한다.

▶ 대법관 김창석(재판장) 양창수 박병대(주심) 고영한

46 권리확정주의와 소득 발생의 구체적 판단 기준

종합소득세부과처분취소 [대법원, 2001두7176, 2003. 12. 26.]

【판시사항】

[1] 과세대상 소득의 발생에 관한 권리확정주의와 소득 발생의 구체적 판단 기준

[2] 소득의 원인이 되는 채권이 발생하였으나 회수불능으로 된 경우, 소득세의 부과 가부(소극) 및 채권의 회수불능 여부에 대한 판정 방법

【판결요지】

[1] 권리확정주의란 소득의 원인이 되는 권리의 확정시기와 소득의 실현시기와의 사이에 시간적 간격이 있는 경우에는 과세상 소득이 실현된 때가 아닌 권리가 발생한 때를 기준으로 하여 그 때 소득이 있는 것으로 보고 당해연도의 소득을 산정하는 방식으로, 실질적으로는 불확실한 소득에 대하여 장래 그것이 실현될 것을 전제로 하여 미리 과세하는 것을 허용하는 것으로 납세자의 자의에 의하여 과세연도의 소득이 좌우되는 것을 방지하고자 하는 데 그 의의가 있는 것이며, 이와 같은 과세대상 소득이 발생하였다고 하기 위하여는 소득이 현실적으로 실현되었을 것까지는 필요 없다고 하더라도 소득이 발생할 권리가 그 실현의 가능성에 있어 상당히 높은 정도로 성숙, 확정되어야 하고, 따라서 그 권리가 이런 정도에 이르지 아니하고 단지 성립한 것에 불과한 단계로서는 소득의 발생이 있다고 할 수 없으며, 여기서 소득이 발생할 권리가 성숙, 확정되었는지 여부는 일률적으로 말할 수 없고 개개의 구체적인 권리의 성질과 내용 및 법률상·사실상의 여러 사항을 종합적으로 고려하여 결정하여야 한다.

[2] 소득의 원인이 되는 채권이 발생된 때라 하더라도 그 과세대상이 되는 채권이 채무자의 도산 등으로 인하여 회수불능이 되어 장래 그 소득이 실현될 가능성이 전혀 없게 된 것이 객

관적으로 명백한 때에는 그 경제적 이득을 대상으로 하는 소득세는 그 전제를 잃게 되고, 그와 같은 소득을 과세소득으로 하여 소득세를 부과할 수 없다고 할 것이나, 이 때 그 채권의 회수불능 여부는 구체적인 거래내용과 그 후의 정황 등을 따져서 채무자의 자산상황, 지급능력 등을 종합하여 사회통념에 의하여 객관적으로 평가하는 방법으로 판정하여야 한다.

【참조조문】

[1] 구 소득세법(1998. 9. 16. 법률 제5552호로 개정되기 전의 것) 제24조, 제25조 제1항, 제39조, 구 소득세법시행령(1998. 12. 31. 대통령령 제15969호로 개정되기 전의 것) 제47조

[2] 구 소득세법(1998. 9. 16. 법률 제5552호로 개정되기 전의 것) 제24조, 제25조 제1항, 제39조, 구 소득세법시행령(1998. 12. 31. 대통령령 제15969호로 개정되기 전의 것) 제47조

【참조판례】

[1] 대법원 1985. 6. 11. 선고 85누26 판결(공1985, 1017), 대법원 1987. 6. 23. 선고 87누166 판결(공1987, 1258), 대법원 1987. 11. 24. 선고 87누828 판결(공1988, 192), 대법원 1988. 9. 20. 선고 86누118 판결(공1988, 1340), 대법원 1992. 7. 14. 선고 92누4048 판결(공1992, 2456), 대법원 1994. 8. 12. 선고 94누4608 판결(공1994하, 2552), 대법원 1997. 4. 8. 선고 96누2200 판결(공1997상, 1477), 대법원 1997. 6. 13. 선고 96누19154 판결(공1997하, 2077), 대법원 1998. 6. 9. 선고 97누19144 판결(공1998하, 1909), 대법원 1998. 6. 23. 선고 97누20366 판결(공1998하, 2022), 대법원 2000. 2. 25. 선고 98두9387 판결(공2000상, 875), 대법원 2002. 7. 9. 선고 2001두809 판결(공2002하, 1973)

[2] 대법원 1984. 3. 13. 선고 83누720 판결(공1984, 742), 대법원 1989. 9. 12. 선고 89누1896 판결(공1989, 1516), 대법원 1996. 12. 10. 선고 96누11105 판결(공1997상, 433), 대법원 2002. 10. 11. 선고 2002두1953 판결(공2002하, 2754), 대법원 2002. 10. 25. 선고 2001두1536 판결(공2002하, 2900)

【전문】

【원고,상고인】

박태병(소송대리인 변호사 김백영)

【피고,피상고인】

수영세무서장

【원심판결】

부산고법 2001. 7. 20. 선고 2000누4088 판결

【주문】

【주문】
상고를 기각한다. 상고비용은 원고의 부담으로 한다.

【이유】
상고이유(상고이유서 제출기간이 경과한 후에 제출된 상고이유보충서의 기재는 상고이유를 보충하는 범위 내에서)를 본다.

1. 상고이유 제1점에 관하여

권리확정주의란 소득의 원인이 되는 권리의 확정시기와 소득의 실현시기와의 사이에 시간적 간격이 있는 경우에는 과세상 소득이 실현된 때가 아닌 권리가 발생한 때를 기준으로 하여 그 때 소득이 있는 것으로 보고 당해연도의 소득을 산정하는 방식으로, 실질적으로는 불확실한 소득에 대하여 장래 그것이 실현될 것을 전제로 하여 미리 과세하는 것을 허용하는 것으로 납세자의 자의에 의하여 과세연도의 소득이 좌우되는 것을 방지하고자 하는 데 그 의의가 있는 것이며, 이와 같은 과세대상 소득이 발생하였다고 하기 위하여는 소득이 현실적으로 실현되었을 것까지는 필요 없다고 하더라도 소득이 발생할 권리가 그 실현의 가능성에 있어 상당히 높은 정도로 성숙, 확정되어야 하고, 따라서 그 권리가 이런 정도에 이르지 아니하고 단지 성립한 것에 불과한 단계로서는 소득의 발생이 있다고 할 수 없으며, 여기서 소득이 발생할 권리가 성숙, 확정되었는지 여부는 일률적으로 말할 수 없고 개개의 구체적인 권리의 성질과 내용 및 법률상·사실상의 여러 사항을 종합적으로 고려하여 결정하여야 하는 것인바(대법원 1984. 3. 13. 선고 83누720 판결, 1987. 11. 24. 선고 87누828 판결, 1997. 4. 8. 선고 96누2200 판결 등 참조), 소득의 원인이 되는 채권이 발생된 때라 하더라도 그 과세대상이 되는 채권이 채무자의 도산 등으로 인하여 회수불능이 되어 장래 그 소득이 실현될 가능성이 전혀 없게 된 것이 객관적으로 명백한 때에는 그 경제적 이득을 대상으로 하는 소득세는 그 전제를 잃게 되고, 그와 같은 소득을 과세소득으로 하여 소득세를 부과할 수 없다고 할 것이나, 이 때 그 채권의 회수불능 여부는 구체적인 거래내용과 그 후의 정황 등을 따져서 채무자의 자산상황, 지급능력 등을 종합하여 사회통념에 의하여 객관적으로 평가하는 방법으로 판정하여야 한다(대법원 2002. 10. 25. 선고 2001두1536 판결 참조).

원심판결 이유에 의하면, 원심은 그 채용 증거들을 종합하여 판시와 같은 사실을 인정한 다음, 이 사건 처분의 과세대상인 임대소득은 원고가 임차인인 김삼수로부터 임대보증금으로 금 1억 원을 수령하고 1993. 12.부터 매월 말일에 월 800만 원씩의 차임을 지급받기로 약정함으로써 그 차임채권의 실현 가능성이 상당히 높은 정도로 성숙, 확정되어 차임 상당의 수입이 그 월 차임 약정 지급일에 원고에게 귀속된 것으로 봄이 상당하고, 그 후 원고가 김삼수로부터 첫달분 차임의 일부조로 600만 원을 지급받은 외에는 그 동안 차임을 전혀 지급받지 못하였다거나, 원고가 위 임대보증금 1억 원의 반환을 담보하기 위하여 이 사건 건물에 대하여 설정하여 준 전세권의 근저당권자인 상은리스 주식회사와의 소송에서 패소하여 임대보증금에서 연체차임을 공제하지 못하고 임대보증금 전액을 상은리스에게 반환한 점, 김삼수에게는 별다른 재산이 없어서 그 연체차임을 회수하기가 여의치 아니한 점 및 1995. 12. 30.자로 금정세무서장이 김삼수에 대한 부가가치세 1,120,240원에 관하여 무재산을 사유로 결손처분하였다는 점 등의 사정만으로는 이 사건 과세대상인 부동산 임대소득의 수입시기인 1993. 12.부터 1995. 2.경까지 사이에 그 임대소득의 실현 가능성이 전혀 없게 된 것이 객관적으로 명백하다고 할 수 없으며, 또한 그 이후에 나타난 위와 같은 사정과 연체차임 채권의 시효소멸 등의 점은 그러한 사정이 발생한 때의 과세연도에 대손금으로 필요경비에 산입할 수 있는지 여부만 문제될 뿐이어서 위 임대소득에 대한 권리가 확정되었다고 보고 이루어진 이 사건 처분은 적법하다고 판단하였다.

위의 법리와 관계 법령 및 기록에 비추어 살펴보면, 위와 같은 원심의 인정과 판단은 정당하고, 거기에 소득세법상 권리확정 여부, 실질과세의 원칙 및 입증책임에 관한 법리오해 등의 위법이 있다고 할 수 없다.

원고가 상고이유에서 들고 있는 대법원판결들은 그 사안을 달리 하는 것이어서 이 사건에 원용하기에 적절하지 아니하다.

2. 상고이유 제2점에 관하여

원심판결 이유에 의하면, 원심은, 그 채용 증거에 의하여 판시와 같은 사실을 인정한 다음, "원고가 소송과정에서 금융기관에 대한 지급이자 등 54,325,434원 상당의 필요경비 지출을 입증한 이상 임대수입금에서 이를 공제하는 등 실지조사의 방법에 의하여 필요경비를 공제함으로써 정당한 세액을 산출하여야 한다."는 원고의 주장에 대하여, 추계조사에 의한 이 사건 처분의 경위 및 내용에다가 원고 주장의 필요경비 중 금융기관에 대한 대출금 지급이자 50,795,864원은 이 사건 임대소득에 대응하는 필요경비에 해당한다고 보기 어려운 점 등을 종합하면, 소득금액을 추계한 이 사건 과세에 그 합리성과 타당성이 있다고 인정되므로 총수입금액에 업종별 소득표준율을 적용하여 산출된 과세표준에서 원고 주장과 같은 제세공과금 등의 필요경비를 별도로 공제할 것은 아니라고 판단하였다.

관계 법령과 기록에 비추어 살펴보면, 원심의 위와 같은 인정과 판단은 정당하고, 거기에 추계과세의 보충성에 대한 법리오해 등의 위법이 있다고 할 수 없다.

3. 상고이유 제3점에 관하여

원고는, 피고가 한 추계결정이 그 요건을 갖추지 못하였다는 이유로 원고로서는 실지조사를 하여 줄 것을 주장하고 있으므로 간주임대료의 계산에 있어 소득세법시행령 제53조 제2항에 의하여 임대보증금에서 건설비 상당액을 공제하여야 한다고 주장하나, 기록에 의하면, 원고는 제1심 2000. 7. 12.자 준비서면에서 원고가 이 사건 임대보증금 1억 원을 상은리스 주식회사에게 반환하여야 하므로 총수입금액을 산출함에 있어 보증금에 대한 간주임대료를 제외하여야 한다고 주장하였을 뿐 상고이유에서 주장하는 바와 같이 간주임대료의 계산에 있어 임대용 부동산의 건설비 상당액을 임대보증금에서 공제하여야 한다는 주장은 원심에 이르기까지 전혀 제출된 바 없음을 알 수 있으므로, 이 부분 상고이유는 적법한 상고이유가 되지 아니할 뿐만 아니라(대법원 2002. 1. 25. 선고 2001다63575 판결 참조), 이 사건 과세대상인 1993., 1994., 1995. 귀속분 부동산 임대소득을 추계의 방법에 의하여 계산함에 있어 임대보증금에서 건설비 상당액을 공제할 법령상의 근거도 없다(1996. 12. 31. 소득세법시행령 개정으로 인하여 비로소 추계의 경우에도 기준시가에 의한 건설비 상당액을 임대보증금에서 공제할 수 있게 되었다).
따라서 위 상고이유는 어느모로 보나 받아들일 수 없다.

4. 결 론

그러므로 상고를 기각하고, 상고비용은 패소자의 부담으로 하기로 하여 관여 법관의 일치된 의견으로 주문과 같이 판결한다.

▶ 대법관 강신욱(재판장) 변재승(주심) 윤재식 고현철

CHAPTER 03 소득별 소득금액의 계산

제1절 총수입금액의 계산 통칙
제2절 이자소득
제3절 사업소득
제4절 기타소득
제5절 배당소득 · 근로소득 · 연금소득

CHAPTER 04 소득금액 계산의 특례

제1절 부당행위계산의 부인
제2절 결손금의 통산과 공제
제3절 공동사업에 대한 특례
제4절 기타의 소득금액계산 특례

CHAPTER 05 종합소득과세표준의 계산

제1절 종합소득과세표준의 계산
제2절 종합소득공제

CHAPTER 06 종합소득세액의 계산

제1절 세액계산의 개관
제2절 산출세액계산 특례
제3절 세액공제

CHAPTER 07 종합소득세의 납세절차

제1절 과세기간 중도의 신고 또는 납부
제2절 확정신고납부
제3절 법인세법상 소득처분에 따른 소득세 납세의무
제4절 결정·경정과 징수
제5절 가산세
제6절 퇴직소득에 대한 납세의무

47 소득 귀속자의 경청청구기간의 기산일

경정 청구거부 처분취소 [대법원, 2009두20274, 2011. 11. 24.]

【판시사항】

종합소득 과세표준 확정신고기한이 경과한 후에 소득처분에 의하여 소득금액에 변동이 발생하여 구 소득세법 시행령 제134조 제1항에 따라 과세표준 및 세액을 추가신고·자진납부한 경우, 구 국세기본법 제45조의2 제1항 제1호에 따른 경정청구기간의 기산일(= 구 소득세법 시행령 제134조 제1항에서 정한 추가신고·자진납부기한 다음날)

【판결요지】

구 소득세법 시행령(2008. 2. 22. 대통령령 제20618호로 개정되기 전의 것, 이하 같다) 제

134조 제1항의 입법취지는 종합소득 과세표준 확정신고기한이 경과한 후에 소득처분에 의하여 소득금액에 변동이 발생한 경우에는 구 소득세법(2009. 12. 31. 법률 제9897호로 개정되기 전의 것) 제70조 등에서 정한 원래의 종합소득 과세표준 확정신고기한 내에 그 변동된 소득금액에 대한 과세표준 및 세액을 신고·납부하는 것이 불가능하므로 그 과세표준 및 세액의 확정신고 및 납부기한을 소득금액변동통지서를 받은 날이 속하는 달의 다음달 말일까지 유예하여 주려는 데 있는 점, 따라서 위 규정에 의한 추가신고 자진납부기한도 구 국세기본법(2007. 12. 31. 법률 제8830호로 개정되기 전의 것, 이하 같다) 제45조의2 제1항 제1호 소정의 '법정신고기한'의 의미에 포함된다고 볼 수 있는 점, 그리고 구 국세기본법 제45조의2 제1항 소정의 감액경정청구제도의 취지 등을 종합하여 보면, 종합소득 과세표준 확정신고기한이 경과한 후에 소득처분에 의하여 소득금액에 변동이 발생하여 구 소득세법 시행령 제134조 제1항에 따라 과세표준 및 세액을 추가신고·자진납부한 경우 그에 대한 구 국세기본법 제45조의2 제1항 제1호 소정의 경정청구기간은 구 소득세법 시행령 제134조 제1항에서 정하는 추가신고·자진납부의 기한 다음날부터 기산된다고 볼 것이다.

【참조조문】

구 국세기본법(2007. 12. 31. 법률 제8830호로 개정되기 전의 것) 제45조의2 제1항 제1호, 구 소득세법(2009. 12. 31. 법률 제9897호로 개정되기 전의 것) 제70조 제1항, 구 소득세법 시행령(2008. 2. 22. 대통령령 제20618호로 개정되기 전의 것) 제134조 제1항

【전문】

【원고, 상고인】

【원고, 상고인】

【피고, 피상고인】
서초세무서장

【원심판결】
서울고법 2009. 10. 6. 선고 2009누9620 판결

【주 문】

【주 문】
원심판결을 파기하고, 사건을 서울고등법원에 환송한다.

【이 유】
상고이유를 판단한다.
구 국세기본법(2007. 12. 31. 법률 제8830호로 개정되기 전의 것. 이하 같다) 제45조의2 제1항 제1호는 "과세표준신고서를 법정신고기한 내에 제출한 자는 그 과세표준신고서에 기재된 과세표준 및 세액(각 세법의 규정에 의하여 결정 또는 경정이 있는 경우에는 당해 결정 또는 경정

후의 과세표준 및 세액을 말한다)이 세법에 의하여 신고하여야 할 과세표준 및 세액을 초과하는 때에는 법정신고기한 경과 후 3년 이내에 최초신고 및 수정신고한 국세의 과세표준 및 세액(각 세법의 규정에 의하여 결정 또는 경정이 있는 경우에는 당해 결정 또는 경정 후의 과세표준 및 세액을 말한다)의 결정 또는 경정을 관할세무서장에게 청구할 수 있다"고 정하고 있다.

한편 구 소득세법(2009. 12. 31. 법률 제9897호로 개정되기 전의 것. 이하 같다) 제70조 제1항은 "당해 연도의 종합소득금액이 있는 거주자는 그 종합소득 과세표준을 당해 연도의 다음 연도 5월 1일부터 5월 31일까지 대통령령이 정하는 바에 의하여 납세지 관할세무서장에게 신고하여야 한다"고 정하고, 또한 구 소득세법 시행령(2008. 2. 22. 대통령령 제20618호로 개정되기 전의 것. 이하 같다) 제134조 제1항은 "종합소득 과세표준 확정신고기한 경과 후에 법인세법에 의하여 세무서장이 법인세 과세표준을 결정 또는 경정함에 있어서 익금에 산입한 금액이 상여 등으로 처분됨으로써 소득금액에 변동이 발생하여 종합소득 과세표준 확정신고 의무가 없었던 자, 세법에 의하여 과세표준 확정신고를 아니하여도 되는 자 및 과세표준 확정신고를 한 자가 소득세를 추가 납부하여야 하는 경우에 있어서 당해 법인(제192조 제1항 단서의 규정에 의하여 거주자가 통지를 받은 경우에는 당해 거주자)이 제192조 제1항의 규정에 의한 소득금액변동통지서를 받은 날이 속하는 달의 다음달 말일까지 추가신고 자진납부한 때에는 법 제70조 또는 법 제74조의 기한 내에 신고납부한 것으로 본다"고 정한다.

구 소득세법 시행령 제134조 제1항의 입법취지는 종합소득 과세표준 확정신고기한이 경과한 후에 소득처분에 의하여 소득금액에 변동이 발생한 경우에는 구 소득세법 제70조 등에서 정한 원래의 종합소득 과세표준 확정신고기한 내에 그 변동된 소득금액에 대한 과세표준 및 세액을 신고·납부하는 것이 불가능하므로 그 과세표준 및 세액의 확정신고 및 납부기한을 소득금액변동통지서를 받은 날이 속하는 달의 다음달 말일까지 유예하여 주려는 데 있는 점, 따라서 위 규정에 의한 추가신고 자진납부기한도 구 국세기본법 제45조의2 제1항 제1호 소정의 '법정신고기한'의 의미에 포함된다고 볼 수 있는 점, 그리고 구 국세기본법 제45조의2 제1항 소정의 감액경정청구제도의 취지 등을 종합하여 보면, 종합소득 과세표준 확정신고기한이 경과한 후에 소득처분에 의하여 소득금액에 변동이 발생하여 구 소득세법 시행령 제134조 제1항에 따라 과세표준 및 세액을 추가신고·자진납부한 경우 그에 대한 구 국세기본법 제45조의2 제1항 제1호 소정의 경정청구기간은 구 소득세법 시행령 제134조 제1항에서 정하는 추가신고·자진납부의 기한 다음날부터 기산된다고 볼 것이다.

그럼에도 원심은 이와 달리 종합소득 과세표준 확정신고기한 경과 후에 소득처분에 의하여 소득금액에 변동이 발생하여 구 소득세법 시행령 제134조 제1항에 따라 과세표준 및 세액을 추가신고·자진납부한 경우에도 구 국세기본법 제45조의2 제1항 제1호 소정의 경정청구기간은 구 소득세법 제70조 등에서 정한 원래의 종합소득 과세표준 확정신고기한 다음날부터 기산된다는 전제 아래에서, 비록 원고가 2006. 7. 21.경 피고로부터 소득의 귀속연도가 2001년도인 이 사건 상여처분에 따른 소득금액변동통지를 받고 2006. 8. 31. 변동된 소득금액에 대한 과세표준 및 세액을 추가신고·자진납부하였다고 하더라도, 그 과세표준 및 세액의 경정을 구하는 이 사건 경정청구는 구 소득세법 제70조에서 정한 원래의 종합소득 과세표준 확정신고기한인 2002. 5. 31.로부터 3년이 지난 2007. 8. 2. 제기되어 부적법하다고 판단하였다. 이러한 원심의 판단에는 경정청구기간의 기산일에 관한 법리를 오해하여 판결에 영향을 미친 위법이 있고, 이 점을 지적하는 상고이유의 주장은 정당하다.

그러므로 원심판결을 파기하고, 사건을 다시 심리·판단하게 하기 위하여 원심법원에 환송하기로 하여, 관여 대법관의 일치된 의견으로 주문과 같이 판결한다.

▶ 대법관 이상훈(재판장) 전수안 양창수(주심)

48 소득처분시 귀속자의 종합소득세 납세의무 성립시기

종합소득세부과처분취소 [대법원, 2004두9944, 2006. 7. 27.]

【판시사항】

[1] 과세관청이 사외유출된 익금가산액이 임원 또는 사용인에게 귀속된 것으로 보고 상여로 소득처분을 한 경우, 그 소득의 귀속자의 종합소득세(근로소득세) 납세의무의 성립시기

[2] 종합소득 과세표준 확정신고기한 경과 후의 변동 소득에 대한 세액의 추가 납부불이행의 제재로서 부과되는 납부불성실가산세의 기산시점

【판결요지】

[1] 과세관청이 사외유출된 익금가산액이 임원 또는 사용인에게 귀속된 것으로 보고 상여로 소득처분을 한 경우 당해 소득금액의 지급자로서 원천징수의무자인 법인에 대하여는 소득금액변동통지서가 당해 법인에게 송달된 날에 그 원천징수의무가 성립하는 것(소득세법 제135조 제4항, 같은 법 시행령 제192조 제2항, 국세기본법 제21조 제2항 제1호)과는 달리, 그 소득의 귀속자에 대하여는 법인에 대한 소득금액변동통지가 송달되었는지 여부와 상관없이 소득처분이 있게 되면 소득세법 제20조 제1항 제1호 (다)목 소정의 '법인세법에 의하여 상여로 처분된 금액'에 해당하여 근로소득세의 과세대상이 되고, 당해 소득금액은 부과처분의 대상이 되는 당해 사업연도 중에 근로를 제공한 날이 수입시기가 되므로(소득세법 제39조 제1항, 같은 법 시행령 제49조 제1항 제3호), 소득의 귀속자의 종합소득세(근로소득세) 납세의무는 국세기본법 제21조 제1항 제1호가 정하는 바에 따라 당해 소득이 귀속된 과세기간이 종료하는 때에 성립한다.

[2] 구 소득세법 시행령(2005. 2. 19. 대통령령 제18705호로 개정되기 전의 것) 제134조 제1항이 종합소득 과세표준 확정신고기한 경과 후에 소득처분에 의하여 변동이 생긴 소득금액에 대한 과세표준 및 세액의 추가 신고·납부기한을 소득금액변동통지서를 받은 날이 속하는 달

의 다음달 말일까지로 유예하여 주고 있는 취지와 납부불성실가산세는 납세의무자가 법정 납부기한까지 그 납부를 게을리한 데 대한 행정상의 제재로서 부과되는 것인 점 등에 비추어 보면, 종합소득 과세표준 확정신고기한 경과 후에 소득처분에 의하여 변동이 생긴 소득금액에 대한 세액의 추가 납부불이행에 대한 제재로서 부과되는 납부불성실가산세는 그 법정 추가 납부기한인 소득금액변동통지서를 받은 날이 속하는 달의 다음달 말일의 다음날부터 기산하여 산정하는 것이 타당하다.

【참조조문】

[1] 소득세법 제20조 제1항 제1호 (다)목, 제39조 제1항, 제135조 제4항, 소득세법 시행령 제49조 제1항 제3호, 제192조 제2항, 국세기본법 제21조 제1항 제1호, 제2항 제1호

[2] 구 소득세법 시행령(2005. 2. 19. 대통령령 제18705호로 개정되기 전의 것) 제134조 제1항, 제192조 제1항

【참조판례】

[1] 대법원 2006.7.13. 선고 2004두4604 판결

【전문】

【원고, 상고인】

【원고, 상고인】

【피고, 피상고인】
동대구세무서장

【원심판결】
대구고법 2004. 7. 30. 선고 2004누375 판결

【주 문】

【주 문】
원심판결 중 각 납부불성실가산세 부과처분에 관한 부분을 파기하고, 이 부분 사건을 대구고등법원에 환송한다. 나머지 상고를 기각한다.

【이 유】

1. 상고이유 제1점에 대하여

원심은 소외 주식회사(이하 '소외 회사'라 한다)에 대한 법인세 납세고지서가 적법하게 송달되었는지 여부가 이 사건 소득처분(소득금액변동통지)의 효력에 어떠한 영향을 미칠 수는 없는 것이므로, 설사 소외 회사에 대한 법인세 부과·고지절차에 하자가 있다고 하더라도 그로 인하여 이 사건 소득금액변동통지가 무효로 되는 것은 아니라고 판단하였는바, 관계 법령과 기

록에 비추어 살펴보면, 원심의 위와 같은 판단은 옳은 것으로 수긍이 가고, 거기에 상고이유에서 주장하는 바와 같은 심리미진 또는 소득금액변동통지에 관한 법리오해 등의 위법이 있다고 할 수 없다.

원고가 상고이유에서 들고 있는 대법원판례는 이 사건과는 사안을 달리하는 것이어서 이 사건에 원용하기에 적절하지 않다.

2. 상고이유 제2점에 대하여

과세관청이 사외유출된 익금가산액이 임원 또는 사용인에게 귀속된 것으로 보고 상여로 소득처분을 한 경우 당해 소득금액의 지급자로서 원천징수의무자인 법인에 대하여는 소득금액변동통지서가 당해 법인에게 송달된 날에 그 원천징수의무가 성립하는 것(소득세법 제135조 제4항, 같은 법 시행령 제192조 제2항, 국세기본법 제21조 제2항 제1호)과는 달리, 그 소득의 귀속자에 대하여는 법인에 대한 소득금액변동통지가 송달되었는지 여부와 상관없이 소득처분이 있게 되면 소득세법 제20조 제1항 제1호 (다)목 소정의 '법인세법에 의하여 상여로 처분된 금액'에 해당하여 근로소득세의 과세대상이 되고, 당해 소득금액은 부과처분의 대상이 되는 당해 사업연도 중에 근로를 제공한 날이 수입시기가 되므로(소득세법 제39조 제1항, 같은 법 시행령 제49조 제1항 제3호), 소득의 귀속자의 종합소득세(근로소득세) 납세의무는 국세기본법 제21조 제1항 제1호가 정하는 바에 따라 당해 소득이 귀속된 과세기간이 종료하는 때에 성립한다고 할 것이다.

비록 원심의 이유 설시에 다소 적절하지 못한 면이 있으나, 원심은 소외 회사에 대하여 '법인통지용 소득금액변동통지서'가 송달된 바가 없다고 하더라도 그 대표이사로서 이 사건 사외유출된 소득금액의 귀속자인 원고에게 '소득자통지용 소득금액변동통지서'가 적법하게 송달된 이상, 그러한 소득처분에 기초하여 원고에게 이 사건 종합소득세부과처분을 한 데에 어떠한 잘못이 있다고 할 수 없다는 취지로 판단한 것으로서 결국, 결론에 있어서는 옳고, 거기에 상고이유에서 주장하는 바와 같은 심리미진 또는 소득금액변동통지의 통지방법에 관한 법리오해 등의 위법이 있다고 할 수 없다.

3. 상고이유 제3점에 대하여

원심은 그 채택 증거에 의하여, 이 사건 처분은 그 법정 추가 신고·납부기한 이후인 2002. 7. 2.에 이루어진 사실을 인정한 다음, 원고가 위 법정 신고·납부기한 내에 과세표준 및 세액의 추가 신고·납부를 이행하지 아니한 이상, 그에 대하여 이 사건 신고·납부불성실가산세를 부과한 것은 옳고, 이와 달리 이 사건 처분이 2002. 6. 28.경에 이루어졌음을 전제로 한 원고의 주장은 이유 없다고 배척하였는바, 관계 법령과 기록에 비추어 살펴보면, 원심의 위와 같은 사실인정과 판단은 옳은 것으로 수긍이 가고, 거기에 상고이유에서 주장하는 바와 같은 심리미진 또는 부과처분의 성립시기에 관한 법리오해 등의 위법이 있다고 할 수 없다.

4. 상고이유 제4점에 대하여

원심은 원고가 이 사건 종합소득세의 추가 신고·납부기한인 2002. 6. 30.까지 자진하여 과세표준 및 세액을 신고·납부하였음을 인정할 아무런 증거가 없으므로, 피고가 각 해당 귀속 사업연도의 종합소득 과세표준 확정신고기한 다음날부터 기산하여 이 사건 각 납부불성실가산세를 산정한 것은 정당하다고 판단하였다.

그러나 구 소득세법 시행령(2005. 2. 19. 대통령령 제18705호로 개정되기 전의 것) 제134조 제1항은 종합소득 과세표준 확정신고기한 경과 후에 법인세법에 의하여 세무서장이 법인세 과세표준을 결정 또는 경정함에 있어서 익금에 산입한 금액이 상여소득 등으로 처분됨으로써 소득금액에 변동이 발생하여 종합소득 과세표준 확정신고를 한 자가 소득세를 추가 납부하여야 하는 경우에 있어서 당해 법인(제192조 제1항 단서의 규정에 의하여 거주자가 통지를 받은 경우에는 당해 거주자)이 제192조 제1항의 규정에 의한 소득금액변동통지서를 받은 날이 속하는 달의 다음달 말일까지 추가신고 자진납부한 때에는 법 제70조 또는 법 제74조의 기한 내에 신고·납부한 것으로 본다고 규정하고 있는바, 위 규정이 종합소득 과세표준 확정신고기한 경과 후에 소득처분에 의하여 변동이 생긴 소득금액에 대한 과세표준 및 세액의 추가 신고·납부기한을 소득금액변동통지서를 받은 날이 속하는 달의 다음달 말일까지로 유예하여 주고 있는 취지와 납부불성실가산세는 납세의무자가 법정 납부기한까지 그 납부를 게을리한 데에 대한 행정상의 제재로서 부과되는 것인 점 등에 비추어 보면, 종합소득 과세표준 확정신고기한 경과 후에 소득처분에 의하여 변동이 생긴 소득금액에 대한 세액의 추가 납부불이행에 대한 제재로서 부과되는 납부불성실가산세는 그 법정 추가 납부기한인 소득금액변동통지서를 받은 날이 속하는 달의 다음달 말일의 다음날부터 기산하여 산정하는 것이 타당하다고 할 것이다.

그럼에도 불구하고, 원심이 이 사건 소득처분에 의하여 변동이 생긴 소득금액의 각 해당 귀속 사업연도 과세표준 확정신고·납부기한 다음날부터 기산하여 이 사건 각 납부불성실가산세를 산정한 피고의 조치가 정당하다고 판단한 것은, 소득처분에 의한 소득금액에 대한 납부불성실가산세의 기산일 등에 관한 법리를 오해한 나머지 판결 결과에 영향을 미친 위법이 있다고 할 것이고, 따라서 이 점을 지적하는 원고의 상고이유 주장은 이유 있다.

5. 결 론

그러므로 원심판결 중 이 사건 각 납부불성실가산세 부과처분에 관한 부분을 파기하고, 이 부분 사건을 다시 심리·판단하게 하기 위하여 원심법원에 환송하며, 나머지 상고를 기각하기로 하여 관여 법관의 일치된 의견으로 주문과 같이 판결한다.

▶ 대법관 김지형(재판장) 고현철(주심) 양승태 전수안

CHAPTER 08 원천징수

제1절 원천징수의 개관
제2절 원천징수당사자 간의 조세법률관계
제3절 원천징수의 기본요소

CHAPTER 09 비거주자에 대한 소득세 납세의무

제1절 비거주자의 국내원천소득에 대한 납세의무
제2절 사업소득에 대한 과세방법

CHAPTER 10 양도소득세

제1절 양도소득세의 개관
제2절 양도소득세 과세대상자산의 범위
제3절 양도의 범위 및 양도시기 · 취득시기
제4절 비과세 양도소득
제5절 양도차익의 계산
제6절 기준시가의 산정
제7절 양도소득금액의 계산
제8절 양도소득과세표준과 세액의 계산
제9절 신고 · 납부 및 국외자산양도에 대한 양도소득세
제10절 거주자의 출국시 국내 주식 등에 대한 과세 특례

49 명의신탁과 양도소득의 환원

양도소득세부과처분취소 [대법원, 2012두10710, 2014. 9. 4.]

【판시사항】

[1] 명의수탁자가 명의신탁자의 위임이나 승낙 없이 임의로 명의신탁재산을 양도하고 양도소득이 명의신탁자에게 환원되지 않은 경우, 명의신탁자가 양도소득세의 납세의무자인지 여부(소극)

[2] 명의수탁자가 명의신탁자의 위임이나 승낙 없이 임의로 처분한 명의신탁재산으로부터 얻은 양도소득을 명의신탁자에게 환원하였다고 하기 위한 경우 / 명의신탁자가 명의수탁자에 대한 소송을 통해 상당한 시간이 경과한 후에 양도대가 상당액을 회수한 경우, 양도소득의 환원이 있다고 할 수 있는지 여부(원칙적 소극)

【판결요지】

[1] 명의신탁자가 자신의 의사에 의해 명의신탁재산을 양도하는 경우에는 그가 양도소득을 사실상 지배, 관리, 처분할 수 있는 지위에 있다고 할 것이어서 양도소득의 납세의무자가 된다고 할 것이지만, 명의수탁자가 명의신탁자의 위임이나 승낙 없이 임의로 명의신탁재산을 양도하였다면 양도주체는 명의수탁자이지 명의신탁자가 아니고 양도소득이 명의신탁자에게 환원되지 않는 한 명의신탁자가 양도소득을 사실상 지배, 관리, 처분할 수 있는 지위에 있지 아니하므로 '사실상 소득을 얻은 자'로서 양도소득세의 납세의무자가 된다고 할 수 없다.

[2] 명의수탁자가 명의신탁자의 위임이나 승낙 없이 임의로 처분한 명의신탁재산으로부터 얻은 양도소득을 명의신탁자에게 환원하였다고 하기 위하여는, 명의수탁자가 양도대가를 수령하는 즉시 전액을 자발적으로 명의신탁자에게 이전하는 등 사실상 위임사무를 처리한 것과

같이 명의신탁자가 양도소득을 실질적으로 지배, 관리, 처분할 수 있는 지위에 있어 명의신탁자를 양도의 주체로 볼 수 있는 경우라야 하고, 특별한 사정이 없는 한 단지 명의신탁자가 명의수탁자에 대한 소송을 통해 상당한 시간이 경과한 후에 양도대가 상당액을 회수하였다고 하여 양도소득의 환원이 있다고 할 수는 없다.

【참조조문】

[1] 국세기본법 제14조, 구 소득세법(2009. 12. 31. 법률 제9897호로 개정되기 전의 것) 제88조, 구 부동산 실권리자명의 등기에 관한 법률(2010. 3. 31. 법률 제10203호로 개정되기 전의 것) 제4조

[2] 국세기본법 제14조, 구 소득세법(2009. 12. 31. 법률 제9897호로 개정되기 전의 것) 제88조, 구 부동산 실권리자명의 등기에 관한 법률(2010. 3. 31. 법률 제10203호로 개정되기 전의 것) 제4조

【참조판례】

[1] 대법원 1999. 11. 26. 선고 98두7084 판결(공2000상, 85)

【전문】

【원고, 상고인】

【원고, 상고인】

【피고, 피상고인】
의정부세무서장

【원심판결】
서울고법 2012. 4. 19. 선고 2011누35387 판결

【주 문】

【주 문】
원심판결을 파기하고, 사건을 서울고등법원에 환송한다.

【이 유】
상고이유를 판단한다.

1. 명의신탁자가 자신의 의사에 의해 명의신탁재산을 양도하는 경우에는 그가 양도소득을 사실상 지배, 관리, 처분할 수 있는 지위에 있다고 할 것이어서 양도소득의 납세의무자가 된다고 할 것이지만 명의수탁자가 명의신탁자의 위임이나 승낙 없이 임의로 명의신탁재산을 양도하였다면 그 양도주체는 명의수탁자이지 명의신탁자가 아니고 양도소득이 명의신탁자에게 환원되지 않는 한 명의신탁자가 양도소득을 사실상 지배, 관리, 처분할 수 있는 지위에 있지 아

니하므로 '사실상 소득을 얻은 자'로서 양도소득세의 납세의무자가 된다고 할 수 없다(대법원 1999. 11. 26. 선고 98두7084 판결 등 참조).

2. 원심은, ① 소외 1이 2003. 11. 8. 사망하자 그 상속인인 원고들이 이 사건 토지를 그 상속지분에 따라 상속한 사실, ② 소외 1의 어머니인 소외 2는 소외 1의 사망 후 이 사건 토지 중 일부가 소외 2의 소유라고 주장하면서 2003. 11. 21. 원고들을 상대로 위 토지 중 원고들의 각 소유지분에 관한 이전등기를 청구하는 소를 제기하는 등 원고들 및 소외 1의 다른 친족 사이에서 상속재산을 둘러싸고 분쟁이 발생한 사실, ③ 원고 1은 친언니인 소외 3의 남편인 소외 4에게 그 소송 등에 관한 업무를 위임하는 한편, 이 사건 토지 등 상속재산을 유지하기 위하여 친언니인 소외 3에게 이 사건 토지 17필지를 명의신탁하면서 2003. 11. 27.부터 2003. 12. 8.까지 소외 3 명의로 소유권이전등기를 마쳐 준 사실, ④ 소외 3은 2004. 7. 21.부터 2005. 6. 28.까지 제3자들에게 이 사건 토지 등을 합계 1,780,000,000원에 매도한 다음 2005. 2. 3.부터 2009. 8. 31.까지 그들에게 소유권이전등기를 마쳐 준 사실, ⑤ 한편 원고들은 2006. 5. 18. 의정부지방법원에 소외 3을 상대로 주위적으로 명의신탁에 따른 소외 3 명의의 소유권이전등기의 말소를, 예비적으로 이 사건 토지의 가액 상당의 반환을 청구하는 소를 제기하였는데, 위 법원은 이 사건 토지 중 15필지에 관하여는 소외 3 명의의 등기 말소를 명하고 나머지 2필지에 관하여는 시가 상당액 281,610,000원의 배상을 명하는 판결을 선고한 사실, ⑥ 이에 대하여 소외 3이 항소하였고, 2009. 10. 8. 그 항소심에서 원고들이 소외 3과 그 남편 소외 4로부터 그들이 원고들 대신 지출한 비용 등을 제외한 나머지 400,000,00원을 지급받기로 하는 조정이 성립된 사실 등을 인정하였다.

원심은 이러한 사실관계를 토대로 하여, 명의수탁자인 소외 3이 원고들의 위임이나 승낙 없이 임의로 이 사건 토지 중 15필지를 처분함으로써 얻은 양도소득은 위 조정 성립에 따라 명의신탁자인 원고들에게 전액 환원되어 원고들이 그 양도소득을 사실상 지배, 관리, 처분할 수 있는 지위에 있게 되었다는 이유로 원고들을 그에 관한 양도소득세의 납세의무자로 보아 원고들에게 양도소득세를 부과한 이 사건 처분은 적법하다고 판단하였다.

2. 그러나 원심의 이러한 판단은 다음과 같은 이유에서 그대로 받아 들일 수 없다.

가. 명의수탁자가 명의신탁자의 위임이나 승낙 없이 임의로 처분한 명의신탁재산으로부터 얻은 양도소득을 명의신탁자에게 환원하였다고 하기 위하여는, 명의수탁자가 양도대가를 수령하는 즉시 그 전액을 자발적으로 명의신탁자에게 이전하는 등 사실상 위임사무를 처리한 것과 같이 명의신탁자가 양도소득을 실질적으로 지배, 관리, 처분할 수 있는 지위에 있어 명의신탁자를 양도의 주체로 볼 수 있는 경우라야 하고, 특별한 사정이 없는 한 단지 명의신탁자가 명의수탁자에 대한 소송을 통해 상당한 시간이 경과한 후에 양도대가 상당액을 회수하였다고 하여 양도소득의 환원이 있다고 할 수는 없다.

나. 원심이 인정한 사실관계를 이러한 법리에 비추어 살펴보면, 소외 3은 이 사건 토지의 양도대가를 수령하는 즉시 자발적으로 원고들에게 이전한 것이 아니라 원고들이 제기한 소송절

차에서 상당한 시간이 경과한 후에 조정 성립에 따라 양도대가 상당액을 지급한 것에 불과하므로, 그 양도소득이 명의신탁자인 원고들에게 환원되었다고 할 수 없다. 따라서 원고들이 이 사건 토지의 양도 당시 그 양도소득을 실질적으로 지배, 관리, 처분할 수 있는 지위에 있었다거나 이 사건 토지에 관한 양도의 주체가 된다고 볼 수 없으므로, 원고들은 양도소득세의 납세의무자가 될 수 없다.

다. 그런데도 원심은 이와 달리 이 사건 토지 중 15필지에 관한 양도소득이 원고들에게 환원되었다고 보아 원고들을 양도소득세의 납세의무자로 한 이 사건 처분이 적법하다고 판단하였으니, 이러한 원심의 판단에는 명의수탁자가 명의신탁자의 위임이나 승낙 없이 명의신탁재산을 임의로 처분한 경우 양도소득의 환원이 있다고 보기 위한 요건에 관한 법리를 오해하여 판결에 영향을 미친 위법이 있다. 이 점을 지적하는 상고이유의 주장은 이유 있다.

3. 그러므로 원심판결을 파기하고, 사건을 다시 심리·판단하게 하기 위하여 원심법원에 환송하기로 하여 관여 대법관의 일치된 의견으로 주문과 같이 판결한다.

▶ 대법관 김용덕(재판장) 신영철(주심) 이상훈 김소영

50 토지거래허가구역 내 토지의 허가 없는 양도에 대한 과세

양도 소득세부과 처분취소[대법원, 2010두23644, 2011. 7. 21.]

【판시사항】

[1] 국토의 계획 및 이용에 관한 법률에서 정한 토지거래허가구역 내 토지를 매도하고 대금을 수수하였으면서도 토지거래허가를 배제하거나 잠탈할 목적으로 매수인 앞으로 매매가 아닌 증여를 원인으로 한 이전등기를 마쳤거나 토지를 제3자에게 전매하여 매매대금을 수수하고서도 최초의 매도인이 제3자에게 직접 매도한 것처럼 토지거래허가를 받아 이전등기를 마친 경우, 위 등기가 말소되지 않은 채 남아 있고 매도인 또는 중간 매도인이 수수한 매매대금을 그대로 보유하고 있는 때에는 예외적으로 양도소득세 과세대상이 되는지 여부(적극)

[2] 甲이 乙과 토지거래허가구역 내 乙 소유 토지에 관하여 매매계약을 체결한 직후 丙 등과 그 토지에 관한 전매계약을 체결한 다음 乙과 丙 등을 직접 당사자로 하는 토지거래허가를 받아 丙 등 명의로 소유권이전등기를 마친 데 대하여, 과세관청이 위 토지 전매가 양도소득세 과세대상에 해당한다며 甲에게 양도소득세 등을 부과하는 처분을 한 사안에서, 이는 예외적으로 양도소득세 과세대상이 된다는 이유로 위 처분은 적법하다고 한 사례

【판결요지】

[1] [다수의견] (가) 구 소득세법(2006. 12. 30. 법률 제8144호로 개정되기 전의 것, 이하 '구 소득세법'이라 한다) 제88조 제1항 본문은 " 제4조 제1항 제3호 및 이 장에서 '양도'라 함은 자산에 대한 등기 또는 등록에 관계없이 매도, 교환, 법인에 대한 현물출자 등으로 인하여 그 자산이 유상으로 사실상 이전되는 것을 말한다."라고 규정하고 있을 뿐 자산이 유상으로 이전된 원인인 매매·교환·현물출자 등(이하 '매매 등'이라 한다) 계약이 법률상 유효할 것까지 요구하고 있지 않다. 한편 매매 등 계약이 처음부터 국토의 계획 및 이용에 관한 법률(이하 '국토계획법'이라 한다)에서 정한 토지거래허가를 배제하거나 잠탈할 목적으로 이루어진 경우와 같이, 위법 내지 탈법적인 것이어서 무효임에도 당사자 사이에서는 매매 등 계약이 유효한 것으로 취급되어 매도인 등이 매매 등 계약의 이행으로 매매대금 등을 수수하여 그대로 보유하고 있는 경우에는 종국적으로 경제적 이익이 매도인 등에게 귀속되고, 그럼에도 매매 등 계약이 법률상 무효라는 이유로 매도인 등이 그로 말미암아 얻은 양도차익에 대하여 양도소득세를 과세할 수 없다고 보는 것은 매도인 등으로 하여금 과세 없는 양도차익을 향유하게 하는 결과로 되어 조세정의와 형평에 심히 어긋난다. (나) 국토계획법이 정한 토지거래허가구역 내 토지를 매도하고 대금을 수수하였으면서도 토지거래허가를 배제하거나 잠탈할 목적으로 매매가 아닌 증여가 이루어진 것처럼 가장하여 매수인 앞으로 증여를 원인으로 한 이전등기까지 마친 경우 또는 토지거래허가구역 내 토지를 매수하였으나 그에 따른 토지거래허가를 받지 않고 이전등기를 마치지도 않은 채 토지를 제3자에게 전매하여 매매대금을 수수하고서도 최초 매도인이 제3자에게 직접 매도한 것처럼 매매계약서를 작성하고 그에 따른 토지거래허가를 받아 이전등기까지 마친 경우, 이전등기가 말소되지 않은 채 남아 있고 매도인 또는 중간 매도인이 수수한 매매대금도 매수인 또는 제3자에게 반환하지 않은 채 그대로 보유하고 있는 때에는 예외적으로 매도인 등에게 자산의 양도로 인한 소득이 있다고 보아 양도소득세 과세대상이 된다고 보는 것이 타당하다.

[대법관 박시환, 대법관 김지형, 대법관 전수안, 대법관 차한성, 대법관 이인복, 대법관 이상훈의 반대의견] (가) 구 소득세법상 양도는 엄연히 권리이전의 원인행위가 유효하게 이루어진 것을 전제로 하는 것으로서 원인행위인 매매계약이 무효여서 매도인이 양도로 인한 소득을 보유할 적법한 권원이 없는 경우에는 자산의 양도가 있다거나 자산의 양도로 인한 소득이 있다고 볼 수 없다. 따라서 위와 같은 한도 내에서는 사법(私法)상 양도 개념과 세법(稅法)상 양도 개념은 별개로 구분될 수 없는 것이고, 이와 달리 구 소득세법상 양도를 원인인 계약의 유·무효와 관계없이 사실상 이전이라고만 해석하는 것은 사법상 양도 개념과 세법상 양도 개념의 통일적 해석에 장애가 되는 것이어서 받아들이기 어렵다.(나) 토지거래허가구역 내 토지에 관한 매매계약이 처음부터 허가를 배제하거나 잠탈할 목적으로 이루어진 경우에는 확정적으로 무효이고, 이와 같이 매매계약이 무효인 이상 매매대금이 양도인에게 지급되었다고 하더라도 이것이 양도소득세 과세대상인 자산의 양도에 해당한다거나 매도인 등에게 자산의 양도로 인한 소득이 있었다고 할 수는 없다.

[2] 甲이 乙과 토지거래허가구역 내 乙 소유의 토지에 관하여 매매계약을 체결한 직후 丙 등과 그 토지에 관한 전매계약을 체결한 다음 乙과 丙 등을 직접 당사자로 하는 토지거래허가를 받아 丙 등 명의로 소유권이전등기를 마친 데 대하여, 과세관청이 토지 전매가 양도소득세 과세대상에 해당한다며 甲에게 양도소득세 등을 부과하는 처분을 한 사안에서, 위 매매계약과 전매계약은 국토의 계획 및 이용에 관한 법률에서 정한 토지거래허가를 배제하거나 잠탈하는 내용의 계약으로 모두 확정적으로 무효이지만, 乙에서 최종매수인 丙 등 앞으로 소유권이전등기가 마쳐진 채 말소되지 않고 남아 있고 甲이 丙 등에게서 받은 매매대금을 반환하지 않고 보유하고 있다면, 이는 위 토지를 사실상 이전함으로써 양도한 것이고 甲에게 자산의 양도로 인한 소득이 있으므로 예외적으로 양도소득세 과세대상된다는 이유로, 위 처분은 적법하다고 한 사례.

【참조조문】

[1] 구 소득세법(2006. 12. 30. 법률 제8144호로 개정되기 전의 것) 제4조 제1항 제3호, 제88조 제1항

[2] 구 소득세법(2006. 12. 30. 법률 제8144호로 개정되기 전의 것) 제4조 제1항 제3호, 제88조 제1항

【참조판례】

[1] 대법원 1997. 3. 20. 선고 95누18383 전원합의체 판결(공1997상, 1005)(변경), 대법원 2000. 6. 13. 선고 98두5811 판결(공2000하, 1683)(변경)

【전문】

【원고, 피상고인】

【원고, 피상고인】

【피고, 상고인】
평택세무서장

【원심판결】
서울고법 2010. 10. 8. 선고 2010누13502 판결

【주 문】

【주 문】
원심판결을 파기하고, 사건을 서울고등법원에 환송한다.

【이 유】
상고이유를 판단한다.

1. 가. 구 소득세법(2006. 12. 30. 법률 제8144호로 개정되기 전의 것, 아래에서는 '구 소득세법'이라고 한다) 제4조 제1항은 거주자의 소득을 종합소득, 퇴직소득, 양도소득, 산림소득으로 구분하면서 그 중 양도소득을 '자산의 양도로 인하여 발생하는 소득'(제3호)이라고 규정하고 있다. 이와 같이 양도소득세는 자산의 양도로 인한 소득에 대하여 과세되는 것이므로, 외관상 자산이 매매·교환·현물출자 등(아래에서는 '매매 등'이라고 한다)에 의하여 양도된 것처럼 보이더라도, 그 매매 등의 계약이 처음부터 무효이거나 나중에 취소되는 등으로 효력이 없는 때에는, 양도인이 받은 매매대금 등은 원칙적으로 양수인에게 원상회복으로 반환되어야 할 것이어서 이를 양도인의 소득으로 보아 양도소득세의 과세대상으로 삼을 수 없음이 원칙이다.

그러나 구 소득세법 제88조 제1항 본문은 " 제4조 제1항 제3호 및 이 장에서 '양도'라 함은 자산에 대한 등기 또는 등록에 관계없이 매도, 교환, 법인에 대한 현물출자 등으로 인하여 그 자산이 유상으로 사실상 이전되는 것을 말한다."라고 규정하고 있을 뿐 자산이 유상으로 이전된 원인인 매매 등 계약이 법률상 유효할 것까지를 요구하고 있지는 않다. 한편 매매 등 계약이 처음부터 국토의 계획 및 이용에 관한 법률(아래에서는 '국토계획법'이라고 한다)이 정한 토지거래허가를 배제하거나 잠탈할 목적으로 이루어진 경우와 같이, 위법 내지 탈법적인 것이어서 무효임에도 불구하고 당사자 사이에서는 그 매매 등 계약이 유효한 것으로 취급되어 매도인 등이 그 매매 등 계약의 이행으로서 매매대금 등을 수수하여 그대로 보유하고 있는 경우에는 종국적으로 경제적 이익이 매도인 등에게 귀속된다고 할 것이고 그럼에도 그 매매 등 계약이 법률상 무효라는 이유로 그 매도인 등이 그로 인하여 얻은 양도차익에 대하여 양도소득세를 과세할 수 없다고 보는 것은 그 매도인 등으로 하여금 과세 없는 양도차익을 향유하게 하는 결과로 되어 조세정의와 형평에 심히 어긋난다.

이러한 점 등을 종합적으로 고려하면, 국토계획법이 정한 토지거래허가구역 내의 토지를 매도하고 그 대금을 수수하였으면서도 토지거래허가를 배제하거나 잠탈할 목적으로 매매가 아닌 증여가 이루어진 것처럼 가장하여 매수인 앞으로 증여를 원인으로 한 이전등기까지 마친 경우 또는 토지거래허가구역 내의 토지를 매수하였으나 그에 따른 토지거래허가를 받지 아니하고 이전등기를 마치지도 아니한 채 그 토지를 제3자에게 전매하여 그 매매대금을 수수하고서도 최초의 매도인이 제3자에게 직접 매도한 것처럼 매매계약서를 작성하고 그에 따른 토지거래허가를 받아 이전등기까지 마친 경우에, 그 이전등기가 말소되지 아니한 채 남아 있고 매도인 또는 중간의 매도인이 수수한 매매대금도 매수인 또는 제3자에게 반환하지 아니한 채 그대로 보유하고 있는 때에는 예외적으로, 매도인 등에게 자산의 양도로 인한 소득이 있다고 보아 양도소득세 과세대상이 된다고 봄이 상당하다.

이와 달리, 위와 같은 예외적인 경우에도 자산의 양도에 해당하지 아니하여 그로 인한 소득이 양도소득세 과세대상이 되지 아니한다는 취지로 판시한 대법원 1997. 3. 20. 선고 95누18383 전원합의체 판결, 대법원 2000. 6. 13. 선고 98두5811 판결 등의 견해는 이 판결의 견해에 저촉되는 범위에서 이를 변경한다.

나. 원심은 다음의 사실들을 확정하였다.

원고는 2005. 4. 18.경 망 소외 1과 토지거래허가구역 내에 위치한 위 망인 소유의 이 사건 각 토지에 관하여 매매대금 2,080,800,000원으로 하는 매매계약(아래에서는 '이 사건 매매계약'이라고 한다)을 체결하였다. 원고는 그 직후에 소외 2 외 6인(아래에서는 '최종매수인들'이라고 한다)과 매매대금 합계 2,741,000,000원에 이 사건 각 토지에 관한 각 전매계약(아래에서는 '이 사건 각 전매계약'이라고 한다)을 체결하고, 그 무렵 최종매수인들과 위 망인을 직접 당사자로 하는 토지거래허가를 받아 이 사건 각 토지에 관하여 최종매수인들 명의로 각 소유권이전등기를 마쳐 주었다. 피고는 2009. 1. 10. 원고가 이 사건 각 토지를 최종매수인들에게 전매한 것이 자산의 사실상 유상 이전으로서 그로 인한 소득이 양도소득세 과세대상에 해당한다는 이유로 원고에게 2005년도 귀속 양도소득세, 신고불성실가산세, 납부불성실가산세 등 합계 686,832,460원을 부과하는 처분(아래에서는 '이 사건 처분'이라고 한다)을 하였다.

다. 그렇다면 이 사건 매매계약과 각 전매계약 및 위 망인과 최종매수인들 사이의 매매계약은 어느 것이나 국토계획법이 정한 토지거래허가를 배제하거나 잠탈하는 내용의 계약으로서 모두 확정적으로 무효라고 할 것이나, 이미 그와 같이 무효인 매매계약에 기하여 위 망인으로부터 최종매수인들 앞으로 소유권이전등기가 마쳐진 채 말소되지 아니하고 남아 있고, 원고는 최종매수인들로부터 받은 매매대금을 반환하지 아니한 채 그대로 보유하고 있다면, 앞서 본 법리에 비추어 원고가 이 사건 각 토지를 최종매수인들에게 전매한 것은 이 사건 각 토지를 사실상 이전함으로써 양도한 것이므로 예외적으로 자산의 양도로 인한 소득이 있다고 보아 양도소득세의 과세대상이 되는 경우에 해당한다고 보아야 할 것이다. 따라서 피고의 이 사건 처분은 이러한 범위 안에서 적법하다.

그럼에도 원심은 이 사건 매매계약 및 각 전매계약이 무효인 이상 양도소득세의 과세대상인 자산의 양도가 있다거나 자산의 양도로 인한 소득이 있다고 볼 수 없다는 이유로 피고의 이 사건 처분이 위법하다고 단정하였으므로, 원심판결에는 양도소득세의 과세대상인 자산의 양도에 관한 법리를 오해하여 판결에 영향을 미친 위법이 있다고 할 것이다. 이 점을 지적하는 상고이유의 주장은 이유 있다.

라. 그러므로 원심판결을 파기하고, 사건을 다시 심리·판단하게 하기 위하여 원심법원에 환송하기로 하여 주문과 같이 판결한다.

이 판결에는 대법관 박시환, 대법관 김지형, 대법관 전수안, 대법관 차한성, 대법관 이인복, 대법관 이상훈의 반대의견이 있는 외에는 관여 대법관들의 의견이 일치되었고, 대법관 김능환, 대법관 안대희의 각 다수의견에 대한 보충의견과 대법관 이인복, 대법관 이상훈의 반대의견에 대한 보충의견이 있다.

2. 대법관 박시환, 대법관 김지형, 대법관 전수안, 대법관 차한성, 대법관 이인복, 대법관 이상훈의 반대의견

다수의견은, 토지거래허가구역 내의 토지를 매도하고 그 매매대금을 수수하였으면서도 매수

인 앞으로 증여를 원인으로 한 이전등기를 마쳤거나 그 토지를 제3자에게 전매하여 그 매매대금을 수수하고서도 최초의 매도인이 제3자에게 직접 매도한 것처럼 토지거래허가를 받아 이전등기를 마친 경우로서 그 이전등기가 말소되지 않은 채 남아 있고 매도인 등이 수수한 매매대금도 그대로 보유하고 있는 때에는 국토계획법이 정한 토지거래허가를 배제하거나 잠탈할 목적으로 이루어진 것이어서 무효라고 하더라도 예외적으로 양도소득세 과세대상이 되는 자산의 양도, 즉 '자산의 사실상 유상이전'에 해당한다고 보아 원심판결을 파기하겠다는 것인데, 이러한 다수의견에는 다음과 같은 이유로 찬성할 수 없다.

가. 우선 '양도'의 개념과 관련하여, 구 소득세법 제88조 제1항 본문에서는 '양도'를 '자산이 유상으로 사실상 이전되는 것'을 말한다고 규정하고 있으나, 위의 '사실상 이전되는 것'을 수식하는 표현으로 위 법조항 앞머리에 '자산에 대한 등기 또는 등록에 관계없이'라는 문언을 사용하고 있으므로, 여기서 '사실상 이전'이란 '법률상 이전'에 대응하는 것으로서 권리 이전의 원인행위가 유효하게 이루어졌으나 권리의 이전을 위한 법률상의 성립요건으로서 등기나 등록만을 갖추지 못하고 있을 때를 의미한다고 보는 것이 위 법조항의 전후 문맥에 비추어 타당하다. 그렇다면 구 소득세법상의 양도는 엄연히 권리이전의 원인행위가 유효하게 이루어진 것을 전제로 하는 것으로서 원인행위인 매매계약이 무효여서 매도인이 양도로 인한 소득을 보유할 적법한 권원이 없는 경우에는 자산의 양도가 있다거나 자산의 양도로 인한 소득이 있다고 볼 수 없다. 따라서 위와 같은 한도 내에서는 사법(私法)상 양도 개념과 세법(稅法)상 양도 개념은 별개로 구분될 수 없는 것이고, 이와 달리 구 소득세법상 양도를 그 원인인 계약의 유·무효와 관계없이 사실상의 이전이라고만 해석하는 것은 사법상 양도 개념과 세법상 양도 개념의 통일적 해석에 장애가 되는 것이어서 받아들이기 어렵다.

그러므로 토지에 관한 매매계약이 토지거래허가를 배제하거나 잠탈할 목적으로 이루어진 것이어서 매매계약 자체가 애초부터 무효인 경우에는 토지거래와 관련하여 사법상 아무런 권리도 이전되지 못하므로, 비록 매매대금이 매도인에게 지급되었다거나 등기가 경료되었다고 하여도 이를 두고 양도소득세의 과세대상인 자산의 양도, 즉 '자산의 사실상 이전'이 있다거나 자산의 양도로 인한 소득이 있다고 볼 수는 없다. 그럼에도 다수의견과 같이 매매대금이 지급되었다거나 등기가 경료되었다는 등의 이유만으로 자산의 양도가 있다고 보는 것은 구 소득세법 제88조 제1항의 규정을 지나치게 확대해석한 것이 된다.

나. 또한 다수의견은, 토지거래허가구역 내의 토지를 매도하고 그 매매대금을 수수하였으면서도 매수인 앞으로 증여를 원인으로 한 이전등기를 마쳤거나 그 토지를 제3자에게 전매하여 매매대금을 수수하고서도 최초의 매도인이 제3자에게 직접 매도한 것처럼 토지거래허가를 받아 이전등기를 마친 경우에, 그 이전등기가 말소되지 않은 채 남아 있고 매도인 등이 수수한 매매대금도 그대로 보유하고 있는 때에 한하여 양도가 무효이더라도 '사실상 이전'에 해당한다 하여 양도소득세의 과세대상이 된다고 보고 있으나, 위의 두 경우 이외에 일반적인 무효·취소·해제의 경우에까지 위와 같은 논리가 확대될 가능성에 대하여 우려하지 않을 수 없다.

설사 양도소득세의 과세대상을 위의 두 경우로 제한하는 것이 가능하다고 하더라도, 일반적인 무효·취소·해제의 경우에도 다수의견이 들고 있는 것처럼 원상회복되지 않고 이전등기 등이 그대로 남아 있는 수가 많을 것인데, 그러한 경우와 토지거래허가를 배제 또는 잠탈하는 경우를 구별하여 후자만을 소득세법상 양도로 보면서 일반적인 무효·취소·해제의 경우는 양도로 보지 아니하는 합리적인 근거나 기준을 발견하기 어렵다.

다. 양도시기의 관점에서 보더라도 다수의견에는 다음과 같은 문제점이 있다. 즉 다수의견에 의하면, 매매대금이 수수되고 나서 매수인 또는 제3자 앞으로 이전등기까지 이루어진 후 그 이전등기가 말소되지 않은 채 남아 있고 매도인 등이 수수한 매매대금도 그대로 보유하고 있는 때에 양도소득세의 과세대상이 된다는 것이므로, 그 경우 양도시기가 대금청산일인지 그 후에 이전등기를 경료한 때인지, 아니면 이전등기를 경료한 후 상당한 기간이 경과하여 원상회복 가능성이 없다고 볼 수 있는 때인지를 특정할 수 없게 된다. 결국 다수의견에 따르면 납세의무가 언제 성립되는지, 양도소득세의 과세요건 및 면제요건이 언제 충족되었다고 볼 수 있는지를 확정할 수 없고 가산세 및 부과제척기간의 기산일 역시 모호하게 되어 양도소득세 과세를 위한 기준으로서 제대로 기능하기 어렵게 된다.

라. 나아가 구 소득세법 제105조 제1항 제1호 단서는 국토계획법상의 토지거래허가구역 내에 있는 토지를 양도함에 있어서 토지거래허가를 받기 전에 대금을 청산한 경우에는 그 허가일이 속하는 달의 말일부터 2월 이내에 양도소득 과세표준의 예정신고를 하도록 규정하고 있고, 제110조 제1항은 제105조 제1항 제1호 단서의 규정에 해당하는 경우에는 토지거래허가일이 속하는 연도의 다음 연도 5월 1일부터 5월 31일까지 확정신고를 하도록 규정하고 있다. 위 규정에 의하면 토지거래허가구역 내에 있는 토지를 양도함에 있어서 그 허가를 받기 전에 대금을 청산한 경우에는 토지거래허가를 받은 후에 예정신고 및 확정신고를 하도록 되어 있으므로, 토지거래허가를 받기 전에는 원칙적으로 양도소득세를 부과할 수 없다고 보아야 한다. 그럼에도 불구하고 다수의견과 같이 대금청산이 있고 이전등기가 경료되었다는 이유만으로 토지거래허가를 받지 않은 경우에도 양도소득세를 부과할 수 있다고 보는 것은 위 규정의 문언내용 및 취지에 반하는 해석으로서 허용될 수 없다.

마. 결국 토지거래허가구역 내의 토지에 관한 매매계약이 처음부터 허가를 배제하거나 잠탈할 목적으로 이루어진 경우에는 확정적으로 무효이며, 이와 같이 매매계약이 무효인 이상 그 매매대금이 양도인에게 지급되었다고 하더라도 양도소득세의 과세대상인 자산의 양도에 해당한다거나 자산의 양도로 인한 소득이 있었다고 할 수는 없다.

같은 취지에서 원심이 토지거래허가구역 내에 위치한 이 사건 각 토지에 관한 원고와 위 망인 사이의 매매계약 및 원고와 최종매수인들 사이의 각 전매계약은 중간생략등기의 합의 아래 전매차익을 얻을 목적으로 체결된 것으로서 처음부터 토지거래허가를 배제하거나 잠탈하는 내용의 계약이라고 할 것이어서 모두 확정적으로 무효이고, 최종매수인들 명의의 이 사건 각 소유권이전등기 또한 무효이므로, 양도소득세 과세대상인 자산의 양도에 해당한다거나 양도소득이 발생하였다고 볼 수 없다는 이유로 원고에게 양도소득세를 부과한 이 사건 처분이 위법하다고 판단한 것은 정당하고, 거기에 상고이유에서 주장하는 바와 같은 양도소득세 과세요건에 관한 법리오해 등의 위법이 있다고 할 수 없다.
이상과 같이 다수의견에 반대하는 이유를 밝혀 둔다.

3. 대법관 김능환의 다수의견에 대한 보충의견

가. '양도'를 '자산에 대한 등기 또는 등록에 관계없이 매도, 교환, 법인에 대한 현물출자 등으로 인하여 그 자산이 유상으로 사실상 이전되는 것'이라고 정의하고 있는 구 소득세법 제88조 제1항 본문의 규정에서 알 수 있듯이, 구 소득세법상 양도소득세 과세대상인 자산의 '양도'는 소득세법 고유의 개념일 뿐 사법(私法)상의 그것과 반드시 일치하여야 하는 것은 아니다. 원래 구 소득세법은 과세소득을 종합소득, 퇴직소득, 양도소득, 산림소득의 네 가지로 한정하여 열거하면서, 그 중 양도소득을 '자산의 양도로 인하여 발생하는 소득'이라고 정의하고(제3조, 제4조 제1항), 다시 '자산의 양도'를 위와 같이 '자산이 유상으로 사실상 이전되는 것'이라고 정의하고 있으므로, 자산이 유상으로 사실상 이전되어 소득이 발생하면 그에 대하여 양도소득세가 과세되어야 하는 것이 원칙이다. 그런데 자산이 양도되는 원인인 매매 등 계약이 처음부터 무효이거나 취소 또는 해제된 때에는, 원상회복되어야 하는 결과, 그 양도인이 수수하였던 매매대금 등의 대가도 양수인에게 반환되어야 한다. 이러한 경우까지 일률적으로 양도인이 매매대금 등을 수수함으로써 양도소득을 얻은 것으로 보아 일단 양도소득세를 과세하였다가 그 매매대금 등을 원상회복으로 반환할 때에 앞서의 과세처분을 경정하여 납부하였던 양도소득세액을 환급받도록 하는 것은 그 절차가 번잡하고 당사자의 구제에 미흡한 측면이 없지 않다. 그러므로 이와 같은 경우에는 처음부터 자산의 양도가 없고 따라서 양도소득도 발생하지 아니하여 양도소득세의 과세대상에 해당하지 아니하는 것으로 취급하는 것이 간명하다. 종래 대법원이 1997. 1. 21. 선고 96누8901 판결 등에서 매매 등 계약이 무효이거나 취소 또는 해제된 때에는 아직 원상회복되지 않고 있더라도 양도소득세의 과세대상인 자산의 양도에 해당한다거나 자산의 양도로 인한 소득이 있다고는 할 수 없다고 판시한 것은 바로 위에서 본 것과 같은 이유에서 나온 것이라고 이해하여야 할 것이고, 그 결론은 일응 타당하다.
그러나 다수의견이 들고 있는 두 경우에는 사정이 다르다. 그 두 경우에 있어서 매매 등 계약이 무효인 이유는 당사자가 국토계획법상의 토지거래허가를 배제하거나 잠탈할 목적으로 계약하였다는 데에 있고, 그 목적은 최종매수인 앞으로 이전등기가 마쳐짐으로써 달성되고 현실화되었으며, 최초의 매도인은 물론 중간의 매도인이나 최종매수인도 각각 매매대금을 수수하거나 목적물에 관하여 소유권취득의 요건인 이전등기를 마친다는 목적을 일응 달성한 결과, 그 매매 등 계약이 무효임에도 불구하고 특별한 사정이 없는 한 당사자 어느 누구도 원상회복을 희망하지 않고 실제로 원상회복될 가능성도 거의 없다. 그리하여 매도인 또는 중간의 매도인이 양도차익을 그대로 보유하게 된다. 이 사건에서도, 원고는 이 사건 각 토지를 매수하여 미등기전매하였으면서도 최초 매도인이 최종매수인에게 직접 매도한 것처럼 허위의 매매계약서를 작성하여 토지거래허가를 받고 그에 따른 이전등기를 마치고서도 그때부터 3년 이상이 경과한 시점에 이루어진 이 사건 양도소득세 부과처분 당시는 물론, 원심의 변론종결 당시까지도 그 이전등기 등을 원상회복하지 않고 있다. 바로 이 점에서 다른 사유로 매매 등 계약이 무효인 경우와는 현저히 구별된다. 이러한 경우까지 앞서 본 일반적인 경우에 관한 법리가 그대로 적용되어 매매 등 계약이 무효이어서 자산의 양도에 해당하지 않는다거나 자산의 양도로 인한 소득이 없다고 보는 것은 지나친 형식논리이고 자산의 양도를 자산이 유상으로 사실상 이전되는 것이라고 정의하고 있는 구 소득세법 제88조 제1항 본문의 취지에도 어긋난다. 뿐만 아니라 토지거래허가의 규제를 배제 또는 잠탈하기 위하여 이전등기까지 경료하고 그 외형을 제거하지 아니하여 경제적 실질이 매도인에게 귀속되어 있음에도 불구하고 양도소득세 부과처분을 다투는 소송에서는 승소하여 매도인에 대하여 양도소득세를 부과할 수 없게 되는 결과를 용인하는 것이라는 점에서도 부당하다. 다수의견은 이러한 부당함을 시정하려는 것일 뿐이라고 이해하여야 할 것이다.

나. 다수의견은 위에서 본 두 경우도 자산의 양도에 해당하고 양도소득세의 과세대상이 된다고 보려는 것일 뿐 양도시기 등에 관한 소득세법상의 일반적인 법리까지 변경하려는 것은 아니다. 그러므로 위 두 경우에 있어서도 구 소득세법 제98조, 구 소득세법 시행령(2010. 12. 30. 대통령령 제22580호로 개정되기 전의 것) 제162조가 규정하는 바에 따라 원칙적으로 대금을 청산한 날이 양도시기가 된다고 볼 것이다.

토지거래허가를 배제하거나 잠탈할 목적으로 이루어진 계약은 처음부터 무효이다. 그러나 그러한 목적은 단순히 매매계약을 체결하였다는 것만으로는 알기 어렵다. 그 가장 뚜렷한 징표는 토지거래허가를 회피하는 방법으로 증여계약 또는 매매계약이 체결되고 매수인 또는 최종매수인 앞으로 이전등기가 마쳐지는 것이다. 한편 그와 같은 거래와 이전등기가 마쳐졌다고 하더라도, 이미 매도인이 수수하였던 매매대금을 매수인에게 반환하여 원상회복한 경우에는, 매도인이 종국적으로 양도차익을 보유하고 있지 아니하므로 굳이 양도소득세의 과세대상으로 삼을 이유나 필요가 없다. 다수의견이 최종매수인 앞으로 이전등기가 마쳐져 말소되지 아니하고 남아 있다거나 매수인이 수수한 매매대금도 반환되지 아니하고 보유하고 있다는 사정을 들고 있는 것은 위와 같은 점을 고려한 결과일 뿐이다.

다만 이와 같은 경우 매수인 앞으로 증여를 원인으로 한 이전등기가 마쳐지거나 최종 매수인 앞으로 이전등기가 마쳐지기 전까지는 토지거래허가를 배제하거나 잠탈할 목적으로 이루어진 계약으로서 원상회복되지 아니하리라는 점이 뚜렷이 드러난다고 볼 수 없고, 위와 같이 이전등기가 마쳐짐으로써 비로소 양도소득세의 납세의무가 확정된다고 볼 수 있으므로 위 시점까지는 구 소득세법 제110조 제1항 소정의 과세표준확정신고의무가 없고, 그 후 이전등기가 경료된 다음 연도 5월 1일부터 5월 31일까지 구 소득세법 제110조 제1항 소정의 과세표준확정신고를 하여야 하며, 양도소득세 부과의 제척기간은 그 다음날부터 진행한다고 보아야 할 것이다. 이 경우의 매매 등 계약은 처음부터 무효이고 토지거래허가를 받을 것을 예정하고 있는 것이 아니므로 토지거래허가일을 기준으로 하여 양도소득 과세표준의 예정신고 및 확정신고

일을 정하고 있는 구 소득세법 제105조 제1항 제1호 단서, 제110조 제1항 괄호 부분의 규정은 여기에 적용될 수 있는 것이 아니다.

다. 다수의견이 예외적으로 양도소득세의 과세대상이라고 본 두 경우에 일단 양도소득세가 과세된 후 어떤 사유로든지 매매대금 등을 상대방에게 반환하여 원상회복한 때의 구제수단이 문제될 수 있다. 그러나 구 국세기본법(2007. 12. 31. 법률 제8830호로 개정되기 전의 것, 이하 같다) 제45조의2 제2항은 '과세표준신고서를 법정기간 내에 제출한 자 또는 국세의 과세표준 및 세액의 결정을 받은 자는 다음 각 호의 1에 해당하는 사유가 발생한 때에는 그 사유가 발생한 것을 안 날부터 2월 이내에 결정 또는 경정을 청구할 수 있다'고 규정하고, 그 제5호의 위임을 받은 구 국세기본법 시행령(2010. 2. 18. 대통령령 제22038호로 개정되기 전의 것, 이하 같다) 제25조의2 제2호는 "최초의 신고·결정 또는 경정에 있어서 과세표준 및 세액의 계산근거가 된 거래 또는 행위 등의 효력에 관계되는 계약이 해제권의 행사에 의하여 해제되거나 당해 계약의 성립 후 발생한 부득이한 사유로 인하여 해제되거나 취소된 때"를, 제4호는 "기타 제1호 내지 제3호에 준하는 사유에 해당하는 때"를 각 규정하고 있으므로, 그 제4호가 적용되어 경정을 청구할 수 있는 것으로 보아도 좋을 것이다.

4. 대법관 안대희의 다수의견에 대한 보충의견
기본적으로 대법관 김능환의 보충의견에 찬동하면서, 다음과 같은 의견을 덧붙이고자 한다.

가. 소득세법은 개인의 소득이라는 경제적 현상에 착안하여 담세력이 있다고 보여지는 것에 과세하는 데 그 근본취지가 있다고 할 것이므로 과세소득은 경제적 측면에서 보아 현실로 이득을 지배·관리하면서 이를 향수하고 있어 담세력이 있는 것으로 판단되면 족하고 그 소득을 얻게 된 원인관계에 대한 법률적 평가가 반드시 적법하고 유효한 것이어야 하는 것은 아니다. 종래 대법원은 법인소득·사업소득·이자소득 등에서는 법률적으로 하자 있는 행위에 의하여 얻은 수입, 이른바 위법소득도 이를 일관되게 과세대상이라고 보아 왔다. 이자제한법 소정의 제한이율을 초과하는 이자, 손해금이라도 현실로 지급된 때에는 과세의 대상이 되는 이자소득을 구성하고(대법원 1985. 7. 23. 선고 85누323 판결), 사법상 유효한 매매계약에 기한 수입뿐 아니라 사법상 무효인 매매계약에 기한 수입도 사업소득에 포함된다(대법원 1979. 8. 28. 선고 79누188 판결)고 하는 등 민사법상 무효인 위법소득도 과세소득으로 인정하여 왔다. 또한 미국의 경우 법에서 예외 또는 배제되는 소득의 유형을 두고 있지 않는 한, 일반적으로 위법소득도 과세소득으로 인정되고 있고, 일본의 판례도 위법소득에 대한 과세를 긍정하고 있는 등 다수의 외국에서도 동일한 입장에 있다. 따라서 국토계획법상의 토지거래허가구역 내의 토지에 대한 매매계약이 그 허가를 배제 또는 잠탈하려는 것이어서 사법상 무효라고 하더라도 경제적인 측면에서 보아 현실로 이득을 지배·관리하면서 향수하고 있어 담세력이 있는 것으로 판단되면 그에 대한 양도소득세를 과세하여야 한다고 보는 것이 법체계의 정합성과 논리적 일관성을 유지하는 것이다.

나. 양도소득에 관하여 양도행위가 무효로 되거나 취소된 경우 매매대금이 양도인에게 지급

되었다 하여도 자산의 사실상 이전이 있다거나 자산의 양도로 인한 소득이 있다고 볼 수 없어 양도소득세를 부과할 수 없다는 종래의 판례는, 무효인 거래행위에 대하여 과세가 이루어진 이후에 원상회복으로 소득을 상실한 경우 그 하자가 중대하고 명백함을 증명하여 부당이득의 법리에 따라 세액의 반환청구를 구하는 방법 외에는 마땅한 구제수단이 없어 거래당사자에게 가혹한 결과를 초래할 수도 있다는 점이 고려된 것이라고 생각된다. 그러나 1994. 12. 22. 개정된 구 국세기본법 제45조의2로 경정청구제도가 신설된 이후에는 신고납부 또는 부과처분 후 무효에 따른 원상회복이 되어 소득을 상실한 경우 구 국세기본법 제45조의2 제2항 소정의 후발적 경정청구사유에 해당한다고 볼 수 있을 것이므로 종래의 판례 법리를 굳이 고집할 필요는 없을 것이다.

다. 구 소득세법 제105조 제1항 제1호 단서 및 제110조 제1항 괄호 부분은 토지거래허가를 받은 이후에 양도소득 과세표준에 대한 예정신고 및 확정신고를 하도록 규정하고 있다. 위 규정은 문언상 토지거래허가가 있는 경우에 한하여 적용되는 것을 명백히 하고 있고, 당초부터 토지거래허가를 배제하거나 잠탈할 목적으로 계약을 체결하는 경우에는 위 규정이 적용된다고 볼 수 없으므로 이를 근거로 다수의견이 드는 두 경우에 양도소득세의 과세대상이 아니라고 보는 논거는 성립되기 어렵다.

라. 무엇보다도 반대의견에 의하면 법을 준수한 경우에는 세금을 납부하여야 하고 법을 침탈한 경우에는 세금을 납부하지 않아도 되는 결과를 초래하게 되어 균형이 맞지 않고 조세정의에도 반한다. "누구도 자신의 잘못으로부터 이득을 취할 수 없다."는 법언에 비추어 보더라도 다수의견은 정당하다고 할 것이다.

5. 대법관 이인복, 대법관 이상훈의 반대의견에 대한 보충의견

가. 다수의견은, 매매 등 계약이 위법 내지 탈법적인 것이어서 무효이지만 당사자 사이에서는 매매대금 등이 수수되고 매도인 등이 이를 그대로 보유하고 있어 종국적으로 경제적 이익이 매도인 등에게 귀속되었다고 볼 수 있는데도 그 매매 등 계약이 법률상 무효라는 이유로 그 양도차익에 대하여 양도소득세를 부과할 수 없다고 하는 것은 그 매도인 등으로 하여금 과세 없는 양도차익을 향유하게 하는 결과로 되어 조세정의와 형평에 심히 어긋난다고 보고, 따라서 토지거래허가구역 내의 토지에 관한 매매계약이 토지거래허가를 배제하거나 잠탈할 목적으로 이루어져 무효인 경우에는 이를 양도소득세 과세대상이 되는 자산의 양도에 해당하는 것으로 보아야 한다고 한다. 그러면서 다수의견은, 그 과세대상을 ① 매매가 아닌 증여가 이루어진 것으로 가장하여 매수인 앞으로 증여를 원인으로 한 이전등기까지 마친 경우, ② 매매에 따른 토지거래허가를 받지 않고 등기도 이전하지 않은 채 그 토지를 제3자에게 전매하여 그 매매대금을 수수하고서도 최초의 매도인이 제3자에게 직접 매도한 것처럼 매매계약서를 작성하고 그에 따른 토지거래허가를 받아 이전등기까지 마친 경우로서, 그 이전등기가 말소되지 않은 채 남아 있고 매도인 또는 중간의 매도인이 수수한 매매대금도 매수인 또는 제3자에게 반환하지 않고 그대로 보유하고 있는 때로 한정하고 있다.

이러한 다수의견은, 스스로 조세정의와 형평에 비추어 부당하다고 본 종전 대법원 판례의 태도, 즉 매매 등 계약이 위법 내지 탈법적인 것이어서 당초부터 무효인 경우에는 당사자 사이에서 매매대금 등이 수수되었다고 하더라도 그에 대하여 양도소득세를 부과할 수 없다는 견해를 비판하면서도, 다른 한편으로는 오히려 이를 원칙적으로는 정당하다고 수긍한 채, 단지 위와 같은 경우 중 일부에 해당하는 앞서 본 두 경우를 따로 떼어 그 경우에만 구 소득세법상의 '자산의 양도'에 해당하고 그에 따른 소득에 대하여 양도소득세를 부과하여야 한다고 보는 것이라고 할 수 있다. 이는 종전의 대법원 판례를 전면적으로 폐기·변경하는 데 따른 부담을 덜고 명확성 결여 등의 시비를 피하기 위한 선택으로 보이기는 하나, 아래에서 보는 바와 같이 그 실질은 법원에 의한 과세요건 및 과세장애사유의 창설이나 다름없어 조세법규의 해석론으로는 수긍할 수 없다.

나. 다수의견이 양도소득세의 과세대상으로 드는 두 경우는 그 요소를 나누어 살펴보면 '등기의 이전'과 '매매대금의 보유'의 두 가지로 구성되어 있음을 알 수 있다.

(1) 먼저 '등기의 이전'의 점과 관련하여, 다수의견도 원칙으로서 긍정하고 있는 바와 같이 등기의 원인이 되는 매매 등이 처음부터 무효이거나 나중에 취소되어 소급적으로 효력을 상실한 경우에는 자산의 양도가 있다고 볼 수 없다고 전제한다면, 매매 등 원인행위와 분리하여 그 자체로서는 권리이전의 실질을 형성한다고 볼 수 없는 등기의 이전이 이루어졌다고 하여 자산의 양도가 있다고 볼 수 없고, 나아가 등기가 이전된 것 가운데 다시 국토계획법상의 토지거래허가구역 내의 토지에 관한 매매계약이 무효인 경우로서 증여를 가장하거나 최초 매도인으로부터 제3자에게 직접 매도된 것으로 가장하여 이전등기를 마친 경우에만 자산의 양도로서 실질을 갖추었다고 볼 근거는 더욱 없다.

만일 다수의견이 매매 등이 처음부터 무효이거나 나중에 취소되어 소급적으로 효력을 상실한 경우에도 일단 매매 등의 행위가 있었던 이상 세법상으로는 자산의 양도에 해당한다고 보는 것이라면, 그 견해의 당부는 별론으로 하고 이는 법률의 해석에 해당한다고 볼 수 있을 것이다. 그러나 위와 같은 경우 세법상으로도 '원칙적으로' 자산의 양도에 해당하지 않는다고 해석하면서, 그 중 특정한 경우에는 조세정의와 형평에 비추어 예외적으로 양도소득세를 부과할 수 있어야 한다고 하고, 그러한 예외적인 경우에 관한 양도소득세 부과의 요건을 판례의 형태로 제시하는 것은 조세법규의 해석이 아닌 과세요건의 창설에 해당한다고 보지 않을 수 없다. 이러한 판례를 통한 과세요건의 창설이 조세법률주의의 원칙에 비추어 허용될 수 없음은 두말할 나위가 없다.

(2) 다음으로 '매매대금의 보유'의 점과 관련하여, 양도소득세가 자산의 양도 및 그에 따른 소득의 발생을 과세대상으로 하는 것이라면 원칙적으로 매매대금을 수령함으로써 과세요건은 완성되고 그 매매대금을 보유하고 있는지는 조세채무의 성립에 직접 영향을 줄 수 없는 것이다. 따라서 이는 양도소득세의 과세요건인 '자산의 양도' 유무에 관한 기준이 될 수 없고, 단지 과세요건의 충족에 따른 조세채무의 성립 후 어떠한 사정으로 그 기초가 상실된 경우 이를

과세처분에 장애가 되는 사유로 볼 것인지의 문제에 불과하다고 할 것이다. 결국 다수의견은 실질적으로 '매매대금의 보유'가 아닌 '매매대금의 반환·상실 등 미보유'를 과세장애사유로 들고 있는 것이나 다름없는데, 법원이 조세법규가 예정하고 있지 않은 과세장애사유를 판례의 형태로 설정하는 것도 조세법률주의의 원칙상 허용될 수 없음은 마찬가지이다.

다. 한편 다수의견에 따른 대법원 판례의 변경과 관련하여 형사법적 고려도 하지 않을 수 없다. 조세법규는 조세범처벌법 및 특정범죄 가중처벌 등에 관한 법률의 관련 규정을 통하여 형벌법규와 직접적으로 연관되는데, 다수의견에 따른 과세요건의 창설 및 과세장애사유의 설정은 형벌에 관련된 구성요건을 창설하는 것이나 다름없는 결과에 이를 수 있다. 더욱이 형벌법규에 관한 대법원 판례의 변경에 소급효가 배제된다고 보기 어려운 점까지 고려하면, 위와 같은 판례변경을 통한 구성요건의 보장적 기능에 대한 위협은 매우 현실적이고 심각하다.

물론 법률 규정이 명확하고 일의적이어서 달리 해석할 여지가 없다면 위와 같은 고려보다도 법원의 올바른 법령해석에 관한 책무가 우선할 수밖에 없겠지만, 종전 대법원 판례의 태도가 법률 해석으로서 잘못되었다고 보기 어려운데도 그 해석에 따른 결과가 사회적·경제적으로 타당하지 않다는 정책적 고려에서 판례를 변경하고자 하는 것이라면, 그리고 그것이 과세요건을 확장하고 나아가 국민에 대한 형사처벌의 범위까지 소급적으로 확대하는 것이 된다면, 이는 결코 바람직한 법률해석의 태도라고 볼 수 없다.

라. 다수의견이 토지거래허가를 배제 또는 잠탈하여 부당한 이득을 얻는 행위에 대해 양도소득세를 부과할 수 있도록 함으로써 형평과 조세정의를 구현하고자 하는 뜻을 이해하지 못하는 것은 아니다. 그리고 반대의견의 취지가 위법소득에 대한 일반적인 과세가능성을 부정하자는 것도 아니다. 다만 대법원이 그동안 이 사건과 같은 경우에 매매계약이 무효인 이상 그 매매대금이 양도인에게 지급되었다고 하더라도 양도소득세 과세대상인 자산의 양도나 자산의 양도로 인한 소득이 있다고 볼 수 없다는 태도를 견지하여 왔음에도 불구하고 이제 와서 위와 같은 종전의 판례를 변경하면서, 그것도 다른 경우와 합리적 이유에서 구분되지 않는 위 두 경우만을 분리하여 양도소득세 과세대상으로 정하는 것은 토지거래허가를 배제 또는 잠탈하려는 행위를 억제한다는 정책적 당위에는 다소 도움이 될지 모르겠으나 조세법규의 해석론으로는 타당하지 않고 법적 안정성도 해치는 것이라고 생각한다.

이상과 같은 점에서도 다수의견이 부당하므로 반대의견을 보충하여 그 이유를 밝혀 둔다.

▶ 대법원장 이용훈(재판장) 박시환 김지형 김능환(주심) 전수안 안대희 차한성 양창수 신영철 민일영 이인복 이상훈 박병대

51. 후발적 경정청구 사유로 통상적 경정청구가 가능한지 여부

양도소득세및증권거래세경정거부처분취소 [대법원, 2015두36003, 2018. 6. 15.]

【판시사항】

[1] 구 소득세법 제95조 제1항에 정한 양도소득의 총수입금액의 의미 / 주식을 매매계약에 의하여 양도한 후 당초 약정된 매매대금을 일부 감액하기로 한 경우, 주식의 양도로 발생하는 양도소득의 총수입금액은 당초의 약정대금이 아닌 감액된 금액으로 보아야 하는지 여부(적극)

[2] 양도인이 주식을 양도하면서 약정된 매매대금에 기초하여 양도소득세를 법정신고기한까지 신고하였으나 사후에 매매대금이 감액되어 주식의 양도가액이 줄어들게 된 경우, 구 국세기본법 제45조의2 제1항 제1호에 따른 경정청구를 하여 당초의 신고를 바로잡을 수 있는지 여부(원칙적 적극) 및 이러한 법리가 주권 등의 양도를 과세대상으로 하는 증권거래세의 경우에도 마찬가지로 적용되는지 여부(적극)

【판결요지】

[1] 구 소득세법(2012. 1. 1. 법률 제11146호로 개정되기 전의 것) 제95조 제1항은 "양도소득금액은 제94조에 따른 양도소득의 총수입금액(이하 '양도가액'이라 한다)에서 제97조에 따른 필요경비를 공제하고, 그 금액에서 장기보유 특별공제액을 공제한 금액으로 한다."라고 정하고 있다. 여기서 양도소득금액의 계산을 위한 양도가액은 양도재산의 객관적인 가액을 가리키는 것이 아니고, 구체적인 경우에 현실의 수입금액을 가리키는 것이다. 따라서 주식을 매매계약에 의하여 양도한 경우 당초 약정된 매매대금을 어떤 사정으로 일부 감액하기로 하였다면, 양도재산인 주식의 양도로 발생하는 양도소득의 총수입금액, 즉 양도가액은 당초의 약정대금이 아니라 감액된 대금으로 보아야 한다.

[2] 양도인이 주식을 양도하면서 약정된 매매대금에 기초하여 양도소득세를 법정신고기한까지 신고하였더라도 사후에 매매대금이 감액되어 주식의 양도가액이 줄어들게 되면, 당초의 신고는 정당한 과세표준 및 세액을 초과한 것이므로, 특별한 사정이 없는 한 양도인은 대금감액을 이유로 구 국세기본법(2013. 1. 1. 법률 제11604호로 개정되기 전의 것) 제45조의2 제1항 제1호에 따른 경정청구를 하여 당초의 신고를 바로잡을 수 있다. 이러한 법리는 주권 등의 양도를 과세대상으로 하는 증권거래세의 경우에도 마찬가지로 적용된다.

【참조조문】

[1] 구 소득세법(2012. 1. 1. 법률 제11146호로 개정되기 전의 것) 제95조 제1항

[2] 구 소득세법(2012. 1. 1. 법률 제11146호로 개정되기 전의 것) 제95조 제1항, 구 국세기본법(2013. 1. 1. 법률 제11604호로 개정되기 전의 것) 제45조의2 제1항 제1호

【참조판례】

[1] 대법원 1982. 7. 27. 선고 81누415 판결(공1982, 832), 대법원 2010. 10. 14. 선고 2010두7970 판결

【전문】

【원고, 상고인】

【원고, 상고인】

【피고, 피상고인】
강남세무서장

【원심판결】
서울고법 2014. 12. 12. 선고 2014누40045 판결

【주 문】

【주 문】
원심판결을 파기하고, 사건을 서울고등법원에 환송한다.

【이 유】
상고이유를 판단한다.

1. 구 소득세법(2012. 1. 1. 법률 제11146호로 개정되기 전의 것) 제95조 제1항은 "양도소득금액은 제94조에 따른 양도소득의 총수입금액(이하 '양도가액'이라 한다)에서 제97조에 따른 필요경비를 공제하고, 그 금액에서 장기보유 특별공제액을 공제한 금액으로 한다."라고 정하고 있다. 여기서 양도소득금액의 계산을 위한 양도가액은 양도재산의 객관적인 가액을 가리키는 것이 아니고, 구체적인 경우에 현실의 수입금액을 가리키는 것이다. 따라서 주식을 매매계약에 의하여 양도한 경우 당초 약정된 매매대금을 어떤 사정으로 일부 감액하기로 하였다면, 양도재산인 주식의 양도로 발생하는 양도소득의 총수입금액, 즉 양도가액은 당초의 약정대금이 아니라 감액된 대금으로 보아야 한다(대법원 2010. 10. 14. 선고 2010두7970 판결 등 참조).

그런데 구 국세기본법(2013. 1. 1. 법률 제11604호로 개정되기 전의 것) 제45조의2 제1항 제1호에 의하면, 과세표준신고서를 법정신고기한까지 제출한 자는 과세표준신고서에 기재된 과세표준 및 세액이 세법에 따라 신고하여야 할 과세표준 및 세액을 초과할 때에는 3년 내에 신고한 과세표준 및 세액의 경정 등을 청구할 수 있다.

따라서 양도인이 주식을 양도하면서 약정된 매매대금에 기초하여 양도소득세를 법정신고기한까지 신고하였더라도 사후에 매매대금이 감액되어 주식의 양도가액이 줄어들게 되면, 당초의 신고는 정당한 과세표준 및 세액을 초과한 것이므로, 특별한 사정이 없는 한 양도인은 대금감액을 이유로 구 국세기본법 제45조의2 제1항 제1호에 따른 경정청구를 하여 당초의 신고를

바로잡을 수 있다. 이러한 법리는 주권 등의 양도를 과세대상으로 하는 증권거래세의 경우에도 마찬가지로 적용된다.

2. 원심판결 이유와 기록에 의하면 다음과 같은 사실을 알 수 있다.

가. 원고는 2009. 8. 4. 소외 1에게 코스닥 상장업체인 주식회사 폴리플러스(이하 '폴리플러스'라고 한다)가 발행한 이 사건 주식 2,455,783주를 대금 12,892,860,750원에 양도하는 양도계약을 체결하고, 같은 날 계약금과 중도금으로 합계 7,193,194,750원을 지급받았으며, 잔금 5,699,666,000원은 2010. 7. 30.까지 지급받기로 하였다.

나. 원고의 어머니인 소외 2, 동생인 소외 3, 소외 3의 남편인 소외 4, 재단법인 우송장학회는 2009. 8. 13. 소외 5와 소외 6에게 폴리플러스가 발행한 주식 합계 1,150,167주를 대금 6,038,376,750원에 양도하기로 하면서, 잔금 2,318,334,000원은 2010. 7. 30.까지 지급받기로 하였다.

다. 그 무렵 원고 등 양도인들과 소외 1 등 양수인들은 위 각 주식양도계약에 부수하여, 양도인들이 양수인들로부터 주식양도계약에 따른 잔금을 지급받아, 폴리플러스로부터 화학제품을 생산·판매하는 주된 사업 부분을 80억 원에 다시 매수하기로 하는 특별약정을 체결하였다. 다만 사업 부분 매각대금은 추후 회계법인 평가금액으로 변경할 수 있고, 이 경우 각 주식양도계약에 따른 잔금 역시 자동 수정되는 것으로 하였다.

라. 원고는 2009. 11. 30. 이 사건 주식양도계약에서 약정한 당초의 매매대금 12,892,860,750원을 기초로 양도소득세와 증권거래세를 신고·납부하였다.

마. 원고 등 양도인들과 소외 1 등 양수인들은, 매매대금 등에 관한 분쟁이 발생하여 잔금지급이 제때 이루어지지 않던 중, 2010. 12. 26. 양도인들이 폴리플러스로부터 다시 매수하기로 했던 사업 부분을 줄여 사업 부분 매각대금을 51억 원으로 변경하고, 각 주식양도계약에 따른 잔금의 합계 역시 51억 원으로 변경하기로 하는 이 사건 정산합의를 하였다. 이에 따라 이 사건 주식의 매매대금은 당초의 12,892,860,750원에서 10,917,855,357원으로 감액되었다.

바. 원고는 2011. 9. 23. 피고에게 이 사건 정산합의 등에 따라 이 사건 주식의 양도가액을 10,917,855,357원으로 감액하였다며 구 국세기본법 제45조의2 제1항에 따라 경정청구를 하였으나, 피고는 이를 거부하는 이 사건 처분을 하였다.

3. 이러한 사실관계를 앞서 본 법리에 비추어 살펴보면, 원고가 이 사건 주식양도계약에서 정한 당초의 매매대금에 기초하여 양도소득세와 증권거래세를 신고하였으나, 이 사건 정산합의에 따라 당초의 매매대금이 일부 감액됨으로써 이 사건 주식양도로 인한 정당한 양도가액은 당초의 매매대금이 아닌 감액된 대금이 되는 것이므로, 원고는 이러한 사정을 들어 구 국세기본법 제45조의2 제1항 제1호에 따른 경정청구를 하여 당초의 신고를 바로잡을 수 있다.

4. 그런데도 원심은 이 사건 정산합의가 별도의 사후약정에 불과하여 구 국세기본법 제45조의2 제1항 제1호의 경정청구사유에 해당하지 않는다는 등의 잘못된 전제에서, 원고의 경정청

구를 거부한 이 사건 처분이 적법하다고 판단하였다. 이러한 원심의 판단에는 구 국세기본법 제45조의2 제1항 제1호의 경정청구사유에 관한 법리를 오해하여 판결에 영향을 미친 잘못이 있다. 이를 지적하는 상고이유의 주장은 이유 있다.

5. 그러므로 원심판결을 파기하고, 사건을 다시 심리·판단하게 하기 위하여 원심법원에 환송하기로 하여, 관여 대법관의 일치된 의견으로 주문과 같이 판결한다.

▶ 대법관 고영한(재판장) 김소영 권순일(주심) 조재연

52 3자간 명의신탁 부동산의 양도시기

양도소득세등부과처분취소 [대법원, 2015두41630, 2018. 11. 9.]

【판시사항】

3자간 등기명의신탁 약정에 따라 명의수탁자 명의로 마친 소유권이전등기가 자산의 취득시기 및 양도시기를 정한 구 소득세법 시행령 제162조 제1항 제2호에서 말하는 소유권이전등기에 해당하는지 여부(소극) / 매도인이 부동산을 양도하면서 3자간 등기명의신탁 약정에 따라 명의수탁자 명의로 소유권이전등기를 마쳐준 다음 매수인인 명의신탁자와 대금을 청산한 경우 해당 부동산의 양도시기(=대금을 청산한 날)

【판결요지】

구 소득세법(2006. 12. 30. 법률 제8144호로 개정되기 전의 것) 제88조 제1항 전문은 양도소득세에서의 양도를 자산에 대한 등기 또는 등록에 관계없이 매도 등으로 인하여 자산이 유상으로 사실상 이전되는 것으로 정의하고 있다. 그리고 같은 법 제98조는 "자산의 양도차익을 계산함에 있어서 그 취득시기 및 양도시기에 관하여는 대통령령으로 정한다."라고 규정하고, 그 위임을 받은 구 소득세법 시행령(2008. 2. 29. 대통령령 제20720호로 개정되기 전의 것, 이하 같다) 제162조 제1항은 '법 제98조의 규정에 의한 취득시기 및 양도시기는 다음 각호의 경우를 제외하고는 당해 자산의 대금을 청산한 날로 한다'고 하면서 제2호에서 '대금을 청산하기 전에 소유권이전등기를 한 경우에는 등기부에 기재된 등기접수일'을 규정하고 있다. 이러한 관련 규정의 문언과 체계에 더하여 구 소득세법 시행령 제162조 제1항 제2호의 입법 취지, 3자간 등기명의신탁 약정에 따른 명의수탁자 명의 등기의 성격과 효력 등을 종합하여 보면, 3자간 등기명의신탁 약정에 따라 명의수탁자 명의로 마친 소유권이전등기는 위 조항에서 말하는 소유권이전등기에 해당하지 않는다고 보는 것이 타당하다. 따라서 매도인이 부동산을 양도하면서 3자간 등기명의신탁 약정에 따라 명의수탁자 명의로 소유권이전등기를 마쳐준 다음 매수인인 명의신탁자와 대금을 청산한 경우 해당 부동산의 양도시기는 구 소득세법 시행령 제162조 제1항 본문에 따라 대금을 청산한 날이라고 보아야 한다.

【참조조문】

구 소득세법(2006. 12. 30. 법률 제8144호로 개정되기 전의 것) 제88조 제1항(현행 제88조 제1호 참조), 제98조, 구 소득세법 시행령(2008. 2. 29. 대통령령 제20720호로 개정되기 전의 것) 제162조 제1항 제2호, 부동산 실권리자명의 등기에 관한 법률 제4조 제2항

【참조판례】

대법원 1997. 1. 21. 선고 96누8901 판결(공1997상, 673), 대법원 2002. 4. 12. 선고 2000두6282 판결(공2002상, 1148)

【전문】

【원고, 상고인】

【원고, 상고인】

【피고, 피상고인】
동대구세무서장

【원심판결】
대구고법 2015. 4. 17. 선고 2014누6358 판결

【주 문】

【주 문】
원심판결을 파기하고, 사건을 대구고등법원에 환송한다.

【이 유】

상고이유(상고이유서 제출기간이 지난 후에 제출된 각 상고이유서의 기재는 상고이유를 보충하는 범위 내에서)를 판단한다.

1. 구 소득세법(2006. 12. 30. 법률 제8144호로 개정되기 전의 것) 제88조 제1항 전문은 양도소득세에서의 양도를 자산에 대한 등기 또는 등록에 관계없이 매도 등으로 인하여 그 자산이 유상으로 사실상 이전되는 것으로 정의하고 있다. 그리고 같은 법 제98조는 "자산의 양도차익을 계산함에 있어서 그 취득시기 및 양도시기에 관하여는 대통령령으로 정한다."라고 규정하고, 그 위임을 받은 구 소득세법 시행령(2008. 2. 29. 대통령령 제20720호로 개정되기 전의 것, 이하 같다) 제162조 제1항은 '법 제98조의 규정에 의한 취득시기 및 양도시기는 다음 각호의 경우를 제외하고는 당해 자산의 대금을 청산한 날로 한다'고 하면서 제2호(이하 '이 사건 조항'이라 한다)에서 '대금을 청산하기 전에 소유권이전등기를 한 경우에는 등기부에 기재된 등기접수일'을 규정하고 있다.

이러한 관련 규정의 문언과 체계에 더하여 이 사건 조항의 입법 취지, 3자간 등기명의신탁 약정에 따른 명의수탁자 명의 등기의 성격과 효력 등 다음과 같은 사정들을 종합하여 보면, 3자

간 등기명의신탁 약정에 따라 명의수탁자 명의로 마친 소유권이전등기는 이 사건 조항에서 말하는 소유권이전등기에 해당하지 않는다고 보는 것이 타당하다. 따라서 매도인이 부동산을 양도하면서 3자간 등기명의신탁 약정에 따라 명의수탁자 명의로 그 소유권이전등기를 마쳐준 다음 매수인인 명의신탁자와 대금을 청산한 경우 해당 부동산의 양도시기는 구 소득세법 시행령 제162조 제1항 본문에 따라 그 대금을 청산한 날이라고 보아야 한다.

가. 이 사건 조항의 문언과 입법 취지 등에 비추어 보면, 위 조항은 자산을 양수하는 자가 대금을 청산하기 전에 그 자산에 관한 소유권이전등기를 한 경우에는 자산의 양도시기를 등기부에 기재된 등기접수일로 의제하는 규정으로(대법원 2002. 4. 12. 선고 2000두6282 판결 등 참조), 여기에서 말하는 소유권이전등기는 원칙적으로 해당 자산을 양수하는 자가 그 양수의 원인이 된 법률행위 등을 등기원인으로 하여 마치는 등기를 의미하는 것으로 이해된다.

나. 한편 부동산의 양도가 무효인 경우에는 특별한 사정이 없는 한 양수인 명의로 소유권이전등기가 마쳐졌더라도 양도소득세의 과세대상인 자산의 양도에 해당한다거나 자산의 양도로 인한 소득이 있다고 할 수 없다(대법원 1997. 1. 21. 선고 96누8901 판결 등 참조). 따라서 이러한 경우에는 설령 양수인이 대금을 청산하기 전에 원인무효의 소유권이전등기를 하였더라도 이 사건 조항을 적용하여 등기접수일을 해당 부동산의 양도시기로 볼 수는 없다.

다. 그런데 부동산을 매수한 명의신탁자가 3자간 등기명의신탁 약정에 따라 명의수탁자 명의로 소유권이전등기를 마치는 경우, 그 등기는 매수인 명의의 것이 아님은 물론이고 매도인과 매수인 사이의 매매계약을 등기원인으로 하는 것도 아니다. 그러한 명의수탁자 명의의 등기는 무효인 명의신탁약정에 따른 것으로서 부동산 실권리자명의 등기에 관한 법률(이하 '부동산실명법'이라 한다) 제4조 제2항 본문에 의하여 무효이다. 그리고 그 효력이 없다는 점에서는 명의수탁자 명의의 등기도 일반적인 원인무효의 등기와 다르지 않다.

다만 명의수탁자가 제3자에게 신탁부동산을 임의로 처분하는 경우 제3자는 유효하게 그 소유권을 취득하게 되는데, 이러한 점에서는 일반적인 원인무효의 등기와 차이가 있다. 하지만 이처럼 제3자가 신탁부동산을 유효하게 취득하게 되는 것은 부동산실명법이 거래의 안전을 도모하기 위하여 명의신탁약정과 그에 따른 등기의 무효를 제3자에게 대항하지 못하도록 규정한 결과일 뿐이다. 즉, 제3자는 위 규정으로 인하여 결과적으로 소유권을 취득하게 되는 것에 불과하므로, 그 소유권 취득의 전제로서 명의수탁자가 신탁부동산의 소유권 내지 이를 처분할 수 있는 지위를 취득하였다고 평가할 수는 없다.

2. 원심판결 이유와 원심이 적법하게 채택한 증거에 의하면 다음과 같은 사실을 알 수 있다.
가. 원고는 2005. 12. 29. 소외 1과 사이에 자신 소유의 이 사건 각 부동산을 6억 5,000만 원에 매도하되(계약금 6,500만 원은 계약 시에, 중도금 3억 1,500만 원은 2005. 12. 29.에, 잔금 2억 7,000만 원은 2006. 1. 19.에 각 지급), 중도금 지급과 동시에 소유권이전등기를 하고, 잔금 2억 7,000만 원은 근저당권(채권최고액 2억 원, 근저당권자 소외 2) 및 전세금

7,000만 원을 승계하여 정산하기로 하는 내용의 이 사건 매매계약을 체결하였는데, 매매계약서상 매수인 명의는 소외 1의 동생인 소외 3으로 기재하였다.

나. 원고와 소외 1은 이 사건 각 부동산의 매매대금을 합계 3억 2,000만 원으로 기재한 매매계약서를 별도로 작성하여 잔금지급일 전인 2005. 12. 29.과 같은 달 30. 소외 3 명의로 그 소유권이전등기를 마쳤다.

다. 이 사건 매매계약에서 소외 1이 잔금지급 대신 승계하여 정산하기로 한 근저당권은 2006. 1. 20. 해지를 원인으로 말소되었다.

라. 원고는 2006. 2. 6. 피고에게 이 사건 각 부동산의 양도가액을 3억 2,000만 원으로 하여 양도소득세 예정신고를 하였다.

마. 피고는 2012. 12. 10. 원고에 대하여 이 사건 각 부동산의 실지거래가액 6억 5,000만 원으로 양도차익을 산정하여 2005년 귀속 양도소득세 189,809,060원(가산세 포함)을 경정·고지하였다(이하 '이 사건 처분'이라 한다).

3. 이러한 사실관계를 앞서 본 규정과 법리에 비추어 살펴보면, 원고는 이 사건 각 부동산을 양도하면서 3자간 등기명의신탁 약정에 따라 명의수탁자인 소외 3 명의로 그 소유권이전등기를 마쳐준 다음 매수인이자 명의신탁자인 소외 1과 대금을 청산하였으므로, 위 각 부동산의 양도시기는 그 대금을 청산한 2006. 1. 20. 무렵이라고 보아야 한다. 따라서 위 각 부동산의 양도에 따른 양도소득이 2005년도에 귀속함을 전제로 한 이 사건 처분은 그 자체로 위법하다.

4. 그런데도 원심은 그 판시와 같은 이유로 이 사건 각 부동산의 양도시기는 등기접수일인 2005. 12. 29.과 같은 달 30.이라고 보아 이 사건 처분이 적법하다고 판단하였다. 이러한 원심의 판단에는 소득세법상 자산의 양도시기에 관한 법리를 오해하여 판결에 영향을 미친 잘못이 있다. 이 점을 지적하는 상고이유 주장은 이유 있다.

5. 그러므로 원심판결을 파기하고, 사건을 다시 심리·판단하도록 원심법원에 환송하기로 하여, 관여 대법관의 일치된 의견으로 주문과 같이 판결한다.

▶ 대법관 이기택(재판장) 권순일 박정화 김선수(주심)

53 양도가액 및 취득가액의 산정

양도소득세부과처분취소 [대법원, 2010두8751, 2010. 9. 30.]

【판시사항】

[1] 상속재산의 양도에 따른 양도소득세를 부과하면서 과세관청이 자산의 상속 당시 시가를 평가하기 어렵다는 이유로 자산의 취득가액을 개별공시지가로 평가하여 과세처분을 했는데, 과세처분 취소소송의 사실심 변론종결시까지 자산의 상속 당시 시가가 입증된 경우 과세처분의 세액이 정당한 세액을 초과하는지 여부를 판단하는 기준가격 및 감정가격도 '시가'로 볼 수 있는지 여부(적극)

[2] 감정평가법인이 평가한 근저당 부동산의 상속 당시 시가가 공동저당된 재산의 평가기준일 현재의 가액으로 안분하여 계산한 근저당 부동산이 담보하는 실제 채권액보다 큰 경우, 양도소득세 산정시 근저당 부동산의 상속 당시 시가를 그 취득가액으로 보아야 한다고 본 원심판단을 수긍한 사례

【판결요지】

[1] 상속재산의 양도에 따른 양도소득세를 부과할 때 과세관청이 비록 자산의 상속 당시 시가를 평가하기 어렵다는 이유로 자산의 취득가액을 개별공시지가로 평가하여 과세처분을 하였다고 하더라도, 그 과세처분 취소소송의 사실심 변론종결 시까지 자산의 상속 당시 시가가 입증된 때에는, 그 시가를 기준으로 정당한 양도차익과 세액을 산출한 다음 과세처분의 세액이 정당한 세액을 초과하는지 여부를 판단하여야 한다. 여기서 '시가'란 원칙적으로 정상적인 거래에 의하여 형성된 객관적 교환가격을 의미하지만 이는 객관적이고 합리적인 방법으로 평가한 가액도 포함하는 개념이므로 거래를 통한 교환가격이 없는 경우에는 공신력 있는 감정기관의 감정가격도 '시가'로 볼 수 있고, 그 가액이 소급감정에 의한 것이라 하여도 달라지지 않는다.

[2] 감정평가법인이 평가한 근저당 부동산의 상속 당시 시가가 공동저당된 재산의 평가기준일 현재의 가액으로 안분하여 계산한 근저당 부동산이 담보하는 실제 채권액보다 큰 경우, 양도소늑세 산정 시 근저당 부동산의 상속 당시 시가를 그 취득가액으로 보아야 한다고 본 원심판단을 수긍한 사례.

【참조조문】

[1] 구 소득세법(2009. 3. 18. 법률 제9485호로 일부 개정되기 전의 것) 제97조 제1항 제1호 (가)목 본문, 구 소득세법 시행령(2008. 2. 22. 대통령령 제20618호로 일부 개정되기 전의 것) 제163조 제9항 본문, 구 상속세 및 증여세법(2010. 1. 1. 법률 제9916호로 일부 개정되기 전의 것) 제60조 제1항, 제2항, 제66조, 구 상속세 및 증여세법 시행령(2008. 2. 29. 대통령령 제20720호로 일부 개정되기 전의 것) 제63조 제1항 제2호, 제3호

[2] 구 소득세법(2009. 3. 18. 법률 제9485호로 일부 개정되기 전의 것) 제97조 제1항 제1호 (가)목 본문, 구 소득세법 시행령(2008. 2. 22. 대통령령 제20618호로 일부 개정되기 전의 것) 제163조 제9항 본문, 구 상속세 및 증여세법(2010. 1. 1. 법률 제9916호로 일부 개정되기 전의 것) 제60조 제1항, 제2항, 제66조, 구 상속세 및 증여세법 시행령(2008. 2. 29. 대통령령 제20720호로 일부 개정되기 전의 것) 제63조 제1항 제2호, 제3호

【참조판례】

[1] 대법원 1999. 4. 27. 선고 99두1595 판결(공1999상, 1086), 대법원 2005. 9. 30. 선고 2004두2356 판결(공2005하, 1712)

【전문】

【원고, 피상고인】

【원고, 피상고인】

【피고, 상고인】
진주세무서장(소송대리인 법무법인 청률 담당변호사 오세화)

【원심판결】
부산고법 2010. 4. 21. 선고 2009누6544 판결

【주 문】

【주 문】
상고를 기각한다. 상고비용은 피고가 부담한다.

【이 유】
상고이유를 판단한다.

1. 구 소득세법(2009. 3. 18. 법률 제9485호로 일부 개정되기 전의 것, 이하 '구 소득세법'이라고 한다) 제97조 제1항 제1호 (가)목 본문, 구 소득세법 시행령(2008. 2. 22. 대통령령 제20618호로 일부 개정되기 전의 것) 제163조 제9항 본문에 의하면, 상속받은 자산에 대하여 구 소득세법 제97조 제1항 제1호 (가)목 본문의 규정을 적용함에 있어서는 '상속개시일 현재 상속세 및 증여세법 제60조 내지 제66조의 규정에 의하여 평가한 가액'을 취득 당시의 실지거래가액으로 본다고 규정하고 있다.

구 상속세 및 증여세법(2010. 1. 1. 법률 제9916호로 일부 개정되기 전의 것, 이하 '구 상증법'이라고 한다) 제60조 제1항, 제2항에 의하면, 상속세가 부과되는 재산의 가액은 상속개시일 현재의 시가에 따르되, 그 시가는 불특정 다수인 사이에 자유로이 거래가 이루어지는 경우에 통상 성립된다고 인정되는 가액으로 하고 수용·공매가격 및 감정가격 등 대통령령이 정하는 바에 의하여 시가로 인정되는 것을 포함한다고 규정하고 있고, 구 상증법 제66조에 의하면,

저당권이 설정된 재산은 구 상증법 제60조의 규정에 불구하고 당해 재산이 담보하는 채권액 등을 기준으로 대통령령이 정하는 바에 의하여 평가한 가액과 구 상증법 제60조의 규정에 의하여 평가한 가액 중 큰 금액을 그 재산의 가액으로 한다고 규정하고 있는바, 구 상증법 제66조에 규정된 '대통령령이 정하는 바에 의하여 평가한 가액'에 관하여 구 상속세 및 증여세법 시행령(2008. 2. 29. 대통령령 제20720호로 일부 개정되기 전의 것) 제63조 제1항 제2호는 '공동저당권이 설정된 재산의 가액은 당해 재산이 담보하는 채권액을 공동저당된 재산의 평가기준일 현재의 가액으로 안분하여 계산한 가액'으로, 제3호는 '근저당권이 설정된 재산의 가액은 평가기준일 현재 당해 재산이 담보하는 채권액'으로 각 규정하고 있다.

한편 상속받은 재산의 양도에 따른 양도소득세를 부과함에 있어, 과세관청이 비록 당해 자산의 상속 당시 시가를 평가하기 어렵다는 이유로 당해 자산의 취득가액을 개별공시지가로 평가하여 과세처분을 하였다고 하더라도, 그 과세처분 취소소송의 사실심 변론종결 시까지 당해 자산의 상속 당시 시가가 입증된 때에는 그 시가를 기준으로 정당한 양도차익과 세액을 산출한 다음 과세처분의 세액이 정당한 세액을 초과하는지 여부를 판단하여야 한다. 여기서 '시가'라 함은 원칙적으로 정상적인 거래에 의하여 형성된 객관적 교환가격을 의미하지만 이는 객관적이고 합리적인 방법으로 평가한 가액도 포함하는 개념이므로 거래를 통한 교환가격이 없는 경우에는 공신력 있는 감정기관의 감정가격도 '시가'로 볼 수 있고, 그 가액이 소급감정에 의한 것이라 하여도 달라지지 않는다(대법원 1999. 4. 27. 선고 99두1595 판결, 대법원 2005. 9. 30. 선고 2004두2356 판결 등 참조).

2. 원심판결 이유에 의하면, 원심은 그 채택 증거를 종합하여 판시와 같은 사실을 인정한 다음, 원심법원의 촉탁에 의하여 삼창감정평가법인은 상속 개시일인 2004. 3. 1. 당시 이 사건 근저당 부동산의 가액을 982,559,000원으로 평가하였고, 이와 같은 감정평가액은 적정한 비교표준지를 선정하고 지가변동률·당해 부동산의 위치·형상·환경·이용 상황 등을 참작하여 객관적이고 합리적인 방법으로 평가한 것으로서 이 사건 근저당 부동산의 객관적 교환가격을 적정하게 반영한 시가로 볼 수 있는 점 등을 종합하면, 이 사건 근저당 부동산의 상속 당시 시가는 공동저당된 재산의 평가기준일 현재의 가액으로 안분하여 계산한 이 사건 근저당 부동산이 담보하는 실제 채권액보다 크다고 할 것이어서, 이 경우 양도소득세 산정 시 이 사건 근저당 부동산의 상속 당시 시가를 그 취득가액으로 보아야 하므로, 이와 다른 전제에서 이루어진 이 사건 처분은 위법하다는 취지로 판단하였다.

위 관계 법령, 법리 및 기록에 비추어 보면, 원심의 이러한 판단은 정당한 것으로 수긍할 수 있다. 거기에 상고이유의 주장과 같은 양도소득세 과세대상인 상속받은 재산의 취득가액에 관한 법리오해 등의 위법이 없다.

3. 그러므로 상고를 기각하고, 상고비용은 패소자가 부담하기로 하여, 관여 법관의 일치된 의견으로 주문과 같이 판결한다.

▶ 대법관 민일영(재판장) 이홍훈(주심) 김능환 이인복

CHAPTER 11 보칙

제1절 본 장의 개관
제2절 보칙

04 상속세 및 증여세법

Chapter 01. 상속세
02. 증여세
03. 상속세와 증여세의 부과징수절차
04. 상속·증여재산의 평가

CHAPTER 01 상속세

제1절 민법과 상속
제2절 상속세의 과세방식
제3절 상속세 납세의무 총론
제4절 총상속재산
제5절 상속추정
제6절 상속세과세가액의 계산
제7절 상속세 과세표준
제8절 상속세의 계산

54 공동상속인의 연대납부의무

상속세부과처분취소 [대법원, 2014두3471, 2016. 1. 28.]

【판시사항】

공동상속인의 연대납부의무의 범위가 다른 공동상속인의 납부 여부에 따라 변동되는지 여부(소극) 및 과세관청이 확정된 세액에 관한 징수고지를 하면서 연대납부의무의 한도를 명시하지 아니한 경우, 연대납부의무의 한도가 없는 징수고지를 한 것인지 여부(적극) / 징수절차상 고유의 하자가 있는 경우, 징수고지 자체를 다툴 수 있는지 여부(적극) 및 공동상속인이 상속재산 중 받았거나 받을 재산을 한도로 한 연대납부의무만을 부담함에도 과세관청이 공동상속인이 부담하는 상속세 전액에 대하여 징수고지를 한 경우, 연대납부의무의 한도를 다투려는 공동상속인이 징수고지를 대상으로 항고소송을 제기할 수 있는지 여부(적극)

【판결요지】

공동상속인의 연대납부의무는 다른 공동상속인이 고유의 상속세 납부의무를 이행하면 그 범위에서 일부 소멸하는 것일 뿐 다른 공동상속인의 납부 여부에 따라 원래부터 부담하는 연대납부의무의 범위가 변동되는 것은 아니다. 또한 국세징수법상 독촉이나 압류 등의 체납처분은 확정된 세액의 납부를 명하는 징수고지를 전제로 이루어지는데, 확정된 세액에 관한 징수고지가 있고 세액이 미납된 경우 과세관청은 확정된 세액 전부에 관하여 독촉이나 압류에 나아갈 수 있으므로 과세관청이 확정된 세액에 관한 징수고지를 하면서 연대납부의무의 한도를 명시하지 아니하였다면 연대납부의무의 한도가 없는 징수고지를 한 것으로 보아야 한다. 한편 징수절차상 고유의 하자가 있는 경우 독촉이나 압류 등의 체납처분뿐만 아니라 징수고지 자체를 다툴 수도 있는데, 어떠한 공동상속인이 상속재산 중 받았거나 받을 재산을 한도로 한 연대납부의무만을 부담함에도 과세관청이 공동상속인이 부담하는 상속세 전액에 대하여 징수고지를 한 경우 연대납부의무의 한도는 다른 공동상속인에 대한 부과처분을 다투는 방법으로는 불복할 수 없는 공동상속인 자신에 한정된 징수절차상 고유의 하자에 해당하므로, 연대납부의무의 한도를 다투려는 공동상속인은 자신의 연대납부의무에 직접 영향을 미치는 과세관청의 처분인 징수고지를 대상으로 항고소송을 제기할 수 있다.

【참조조문】

구 상속세 및 증여세법(2010. 1. 1. 법률 제9916호로 개정되기 전의 것) 제3조 제1항(현행 제3조의2 제1항 참조), 제4항(현행 제3조의2 제3항 참조), 국세징수법 제9조, 행정소송법 제1조, 제12조

【전문】

【원고, 상고인】

【원고, 상고인】

【피고, 피상고인】
강남세무서장

【원심판결】
서울고법 2014. 1. 17. 선고 2013누12128 판결

【주 문】

【주 문】
원심판결을 파기하고, 사건을 서울고등법원에 환송한다.

【이 유】
상고이유를 판단한다.

1. 상고이유 제1점에 관하여

가. 구 상속세 및 증여세법(2010. 1. 1. 법률 제9916호로 개정되기 전의 것, 이하 '상증세법'이라 한다) 제3조 제1항 본문은 '상속인은 상속재산 중 각자가 받았거나 받을 재산을 기준으로 대통령령이 정하는 바에 의하여 계산한 비율에 따라 상속세를 납부할 의무가 있다'고 규정하고, 제4항은 '제1항의 규정에 의한 상속세는 상속인 각자가 받았거나 받을 재산을 한도로 연대하여 납부할 의무를 진다'고 규정하고 있다.

나. 원심은, ① 소외인이 2009. 4. 5. 사망하였으나, 그의 공동상속인인 원고 등 6인은 상속세 신고를 하지 아니한 사실, ② 이에 피고는 생전 증여재산을 상속재산 가액에 합산하여 2011. 7. 6. 원고에게 '납세고지서' 및 '상속인별 납부할 상속세액 및 연대납부의무자 명단'(이하 '연대납부의무자 명단'이라 한다)을 송달하면서, 그 납세고지서에 총세액 1,030,404,760원과 함께 "귀하는 연대납세자 6인 중 1인입니다. 전체 연대납세자 중 한 분만 납부하시면 됩니다."라는 문구를 기재하고, 연대납부의무자 명단에 '원고를 비롯한 공동상속인 6명 각자의

이름, 주민등록번호, 피상속인과의 관계, 상속비율, 납부할 세액'과 함께 '원고의 상속비율 28.606%, 원고가 납부할 세액 294,762,268원'을 기재한 사실 등을 인정하였다.

나아가 원심은, 피고가 납세고지서에 납부할 총세액을 기재한 것은 원고를 비롯한 공동상속인 6인이 연대하여 납부할 의무가 있는 총세액의 징수고지를 한 것이고 위 공동상속인 6인 각자가 납부하여야 할 세액은 연대납부의무자 명단에 의하여 개별적으로 부과고지를 한 것으로 보아야 하는데, 다른 공동상속인이 고유의 상속세 납부의무를 이행하면 원고가 실제로 이행할 연대납부의무의 범위가 변동될 수 있는 점, 피고가 원고에 대하여 독촉이나 압류 등의 징수절차를 진행하면 원고는 그 징수절차 단계에서 자신의 연대납부의무의 한도에 관하여 징수처분을 다툴 수 있는 점 등에 비추어 피고가 원고의 연대납부의무의 한도에 관하여 어떠한 처분을 하였다고 볼 수 없다는 이유로, 피고가 원고의 연대납부의무의 한도를 초과하는 부분에 관하여 별도의 처분을 하였다고 보아 그러한 처분의 취소 또는 부존재 확인을 구하는 원고의 이 사건 소는 부적법하다고 판단하였다.

다. 그러나 원심의 이러한 판단은 다음과 같은 이유에서 수긍하기 어렵다.

(1) 공동상속인의 상속세 연대납부의무는 다른 공동상속인 각자의 고유의 상속세 납부의무가 그들 각자에 대한 과세처분에 의하여 확정되면 상증세법의 규정에 의하여 당연히 확정되는 것이어서 과세관청은 별도의 확정절차 없이 바로 그 연대납부의무자에 대하여 징수절차를 개시할 수 있고, 납세고지에 의하여 공동상속인 중 1인에게 한 다른 공동상속인의 상속세에 대한 연대납부의무의 징수고지는 다른 공동상속인 각자에 대한 부과처분에 뒤따르는 징수절차상의 처분으로서의 성격을 가진다(대법원 2001. 11. 27. 선고 98두9530 판결 등 참조).

공동상속인의 연대납부의무는 다른 공동상속인이 고유의 상속세 납부의무를 이행하면 그 범위에서 일부 소멸하는 것일 뿐 다른 공동상속인의 납부 여부에 따라 원래부터 부담하는 연대납부의무의 범위가 변동되는 것은 아니다. 또한 국세징수법상 독촉이나 압류 등의 체납처분은 확정된 세액의 납부를 명하는 징수고지를 전제로 이루어지는데, 확정된 세액에 관한 징수고지가 있고 그 세액이 미납된 경우 과세관청은 확정된 세액 전부에 관하여 독촉이나 압류에 나아갈 수 있으므로 과세관청이 확정된 세액에 관한 징수고지를 하면서 연대납부의무의 한도를 명시하지 아니하였다면 이는 연대납부의무의 한도가 없는 징수고지를 한 것으로 보아야 한다. 한편 징수절차상 고유의 하자가 있는 경우 독촉이나 압류 등의 체납처분뿐만 아니라 징수고지 자체를 다툴 수도 있는데, 어떠한 공동상속인이 상속재산 중 받았거나 받을 재산을 한도로 한 연대납부의무만을 부담함에도 과세관청이 공동상속인이 부담하는 상속세 전액에 대하여 징수고지를 한 경우 그 연대납부의무의 한도는 다른 공동상속인에 대한 부과처분을 다투는 방법으로는 불복할 수 없는 그 공동상속인 자신에 한정된 징수절차상 고유의 하자에 해당하므로, 연대납부의무의 한도를 다투려는 공동상속인은 자신의 연대납부의무에 직접 영향을 미치는 과세관청의 처분인 징수고지를 대상으로 항고소송을 제기할 수 있다고 보아야 한다.

(2) 원심이 인정한 사실관계를 이러한 법리에 비추어 살펴보면, 피고는 원고에게 납세고지서 및 연대납부의무자 명단을 송달함으로써 연대납부의무의 한도가 없는 총세액을 징수고지하는 처분을 한 것이므로, 만약 상속재산 중 원고가 받았거나 받을 재산이 총세액에 이르지 못하는 경우에는 위 징수고지 중 그 연대납부의무의 한도를 넘는 부분은 위법하여 취소되어야 할 것이다.

그런데도 원심은 이와 달리 피고가 납세고지서에 납부할 총세액을 기재한 것은 원고를 비롯한 공동상속인 6인이 연대하여 납부할 의무가 있는 총세액의 징수고지를 한 것일 뿐 원고의 상속세 연대납부의무의 한도에 관하여 어떠한 처분을 한 것이 아니라고 보아 이 사건 소를 각하하였으니, 이러한 원심의 판단에는 공동상속인의 상속세에 대한 연대납부의무의 징수고지의 성격이나 연대납부의무의 한도에 관한 쟁송방법 등에 관한 법리를 오해한 위법이 있다고 할 것이다. 이를 지적하는 상고이유의 주장은 이유 있다.

2. 결론

그러므로 나머지 상고이유에 대한 판단을 생략한 채 원심판결을 파기하고, 사건을 다시 심리·판단하도록 원심법원에 환송하기로 하여, 관여 대법관의 일치된 의견으로 주문과 같이 판결한다.

▶ 대법관 김창석(재판장) 이상훈 조희대 박상옥(주심)

55 피상속인에게 귀속되는 보험계약상 지위 상속에 따른 상속세 부과

상속세부과처분취소 [대법원, 2015두49986, 2016. 9. 23.]

【판시사항】

피상속인에게 귀속되는 보험계약상 지위에 대하여 상속세를 부과하는 경우, 가액을 산정하는 방법

【판결요지】

피상속인에게 귀속되는 재산으로서 금전으로 환산할 수 있는 재산적 가치가 있는 권리는 상속재산에 포함되고, 가액의 산정은 상속개시일 현재의 시가에 따라야 하지만, 어떤 상속재산이 불특정 다수인 사이에 자유롭게 거래가 이루어지는 것이 아니고 달리 가액을 평가하는 규정도 없어서 그 자체의 시가를 곧바로 산정할 수 없는 때는 상속재산의 재산적 가치에 가장 부합하는 금액을 기준으로 과세할 수밖에 없다. 피상속인에게 귀속되는 보험계약상 지위는 여러 권리를 발생시키고 그 자체의 시가를 곧바로 산정할 수 있는 적절한 방법이 없는 반면, 상속개시 시점에 보험계약을 해지하거나 청약을 철회하여 지급받을 수 있는 각종 환급금 등

보험계약상 여러 권리의 금전적 가치를 산정할 수 있고 그와 같은 권리들이 서로 양립할 수 없는 관계에 있다면, 특별한 사정이 없는 한 그러한 권리들의 가액 중 가장 높은 것이 상속재산의 재산적 가치에 가장 부합하므로, 이를 기준으로 상속세를 부과할 수 있다.

【참조조문】

구 상속세 및 증여세법(2013. 1. 1. 법률 제11609호로 개정되기 전의 것) 제7조 제1항(현행 삭제), 제60조 제1항, 제2항, 제3항

【전문】

【원고, 상고인】

【원고, 상고인】

【피고, 피상고인】
영등포세무서장

【원심판결】
서울고법 2015. 7. 10. 선고 2014누72059 판결

【주 문】

【주 문】
상고를 모두 기각한다. 상고비용은 원고들이 부담한다.

【이 유】
상고이유를 판단한다.

1. 구 상속세 및 증여세법(2013. 1. 1. 법률 제11609호로 개정되기 전의 것. 이하 '상증세법'이라 한다) 제7조 제1항은 상속세 과세대상이 되는 상속재산에는 피상속인에게 귀속되는 재산으로서 '금전으로 환산할 수 있는 경제적 가치가 있는 모든 물건과 재산적 가치가 있는 법률상 또는 사실상의 모든 권리'를 포함한다고 규정하고 있다. 그리고 제60조 제1항은 상속세가 부과되는 재산의 가액을 상속개시일 현재의 시가에 따르도록 함으로써 시가주의 원칙을 선언하고 있고, 제2항은 시가를 '불특정 다수인 사이에 자유롭게 거래가 이루어지는 경우에 통상적으로 성립된다고 인정되는 가액'으로 규정하고 있으며, 제3항은 '제1항을 적용할 때 시가를 산정하기 어려운 경우에는 해당 재산의 종류, 규모, 거래 상황 등을 고려하여 제61조부터 제65조까지에 규정된 방법으로 평가한 가액을 시가로 본다'고 규정하고 있다.

따라서 피상속인에게 귀속되는 재산으로서 금전으로 환산할 수 있는 재산적 가치가 있는 권리는 상속재산에 포함되고, 그 가액의 산정은 상속개시일 현재의 시가에 따라야 할 것이지만, 어떤 상속재산이 불특정 다수인 사이에 자유롭게 거래가 이루어지는 것이 아니고 달리 그 가액을 평가하는 규정도 없어서 그 자체의 시가를 곧바로 산정할 수 없는 때는 해당 상속재산의

재산적 가치에 가장 부합하는 금액을 기준으로 과세할 수밖에 없다. 피상속인에게 귀속되는 보험계약상 지위는 여러 권리를 발생시키는 것이고 그 자체의 시가를 곧바로 산정할 수 있는 적절한 방법이 없는 반면, 상속개시 시점에 보험계약을 해지하거나 청약을 철회하여 지급받을 수 있는 각종 환급금 등 그 보험계약상 여러 권리의 금전적 가치를 산정할 수 있고 그와 같은 권리들이 서로 양립할 수 없는 관계에 있다면, 특별한 사정이 없는 한 그러한 권리들의 가액 중 가장 높은 것이 해당 상속재산의 재산적 가치에 가장 부합한다고 할 것이므로, 이를 기준으로 상속세를 부과할 수 있다고 할 것이다.

2. 원심판결 이유와 기록에 의하면 다음과 같은 사실이 인정된다.

가. 소외 1은 2012. 5. 30. 및 2012. 6. 5. 계약자 및 수익자를 소외 1로, 피보험자를 원고 1로, 일시납 보험료를 540,000,000원 및 500,000,000원으로 정한 즉시연금보험계약 2건을 체결하였고, 2012. 6. 4. 및 2012. 6. 5.에도 계약자 및 수익자를 소외 1로, 피보험자를 원고 2로, 일시납 보험료를 각 500,000,000원으로 정한 즉시연금보험계약 2건을 체결하였으며(이하 '이 사건 즉시연금보험'이라 한다), 그 보험료 합계 2,040,000,000원을 모두 납부하여 그 보험계약상의 권리를 취득하였다.

나. 소외 1이 2012. 6. 18. 사망하자 배우자인 소외 2와 자녀인 원고들이 이 사건 즉시연금보험의 계약상 권리를 포함한 소외 1의 재산을 상속하였다.

다. 원고들은 2012. 12.경 이 사건 즉시연금보험의 계약상 권리가 상증세법 제65조 제1항 및 구 상속세 및 증여세법 시행령(2016. 2. 5. 대통령령 제26960호로 개정되기 전의 것. 이하 '상증세법 시행령'이라 한다) 제62조에 정한 정기금을 받을 권리에 해당한다고 보아 그 상속재산가액을 1,466,223,468원으로 평가하고, 여기에 다른 상속재산의 가액을 더하여 산정한 상속세 4,366,048,218원을 신고하였다.

라. 피고는 2013. 11. 1. 이 사건 즉시연금보험에 의한 정기금 지급이 개시되기 전에 상속이 이루어졌으므로 소외 1이 납부한 보험료를 상속받은 것으로 보아야 한다는 이유로 이 사건 즉시연금보험의 가액을 납입보험료인 2,040,000,000원으로 평가하고, 그에 따라 상속세를 다시 계산한 다음 원고들이 신고한 상속세액과의 차액 540,781,690원(가산세 포함)을 원고들에게 각 결정·고지하는 이 사건 처분을 하였다.

3. 이러한 사실관계를 앞서 본 규정과 법리에 비추어 보면 다음과 같은 사정을 알 수 있다.

가. 원고들이 상속받은 이 사건 즉시연금보험은 불특정 다수인 사이에 자유롭게 거래가 이루어지는 것이 아니고 달리 그 가액을 평가하는 규정도 없으므로 그 자체의 시가를 곧바로 산정할 수 있는 적절한 방법이 없다. 한편 이 사건 즉시연금보험에 의한 생활자금 또는 종신연금은 소외 1의 사망으로 인하여 원고들이 지급받게 되는 보험금이 아니므로, 피상속인의 사망으로 인하여 받는 생명보험의 보험금에 관한 규정인 상증세법 제8조 제1항이 적용될 수도 없다.

나. 원고들은 이 사건 즉시연금보험의 계약상 권리를 상속받음에 따라 그 청약을 철회하거나

계약을 해지하고 보험료를 환급받을 수 있는 권리를 취득하게 되었는데, 이 사건 즉시연금보험의 약관에 의하면 보험계약자는 청약한 날부터 15일 이내에 청약을 철회하고 납입한 보험료 전액을 환급받거나 계약이 소멸하기 전에 언제든지 계약을 해지하고 미리 정해진 산출방법에 따라 계산된 해지환급금을 지급받을 수 있도록 되어 있다. 따라서 이 사건 즉시연금보험의 보험료 환급권의 가액은 청약철회기간 내에 상속이 개시된 경우에는 납입보험료 전액이고 그 이후에 상속이 개시된 경우에는 약관에 따라 계산되는 해지환급금 상당액이라고 봄이 타당하며, 원고들이 상속개시일 당시 실제로 이 사건 즉시연금보험의 청약을 철회하거나 계약을 해지한 바 없었다고 하여 보험료 환급권을 취득하지 아니하였다고 보거나 그 가액을 달리 산정하여야 할 것은 아니다.

다. 한편 원고들은 이 사건 즉시연금보험을 유지한 채 연금개시 시점 전에는 생활자금을, 연금개시 시점 후에는 종신연금을 지급받을 수 있는 지위도 아울러 취득하였으나, 약관에 의하면 생활자금은 '매월 또는 매년 보험계약 해당일에 보험계약이 유효할 것'을, 종신연금은 '피보험자가 매년 연금지급 해당일에 살아 있을 것'을 각각 보험사고로 하여 그와 같은 보험사고가 발생하여야 비로소 받을 수 있는 데다가 액수 역시 매년 해당일을 기준으로 변동되는 공시이율에 연동되는 것이어서 상속개시일 당시에는 앞으로 생활자금 또는 종신연금을 받을 수 있는지의 여부 및 그 정확한 액수를 알 수 없고, 상속개시일이 속하는 해에 받을 수 있는 액수를 바탕으로 상증세법 시행령 제62조를 적용하여 가액을 추산하여 보더라도 그와 양립할 수 없는 이 사건 즉시연금보험의 보험료 환급권의 가액보다 적은 이상 이를 원고들의 상속재산의 가액이라고 볼 수는 없다.

4. 이와 같은 사정들을 종합하여 보면, 상속개시일 당시를 기준으로 한 보험료 환급금의 가액이 원고들의 상속재산인 이 사건 즉시연금보험의 계약상 권리의 재산적 가치에 가장 부합하는 금액이라고 봄이 타당하다.

원심이 이와 달리 이 사건 즉시연금보험의 가액을 소외 1이 당초 납부한 보험료 상당액으로 보아야 한다는 이유로 이 사건 처분이 전부 적법하다고 판단한 것에는 이 사건 즉시연금보험의 가액 평가에 관한 법리를 오해한 잘못이 있다고 할 것이다. 그런데 제1심은 이 사건 즉시연금보험 중 상속개시일 현재 청약철회기간이 경과하지 아니한 것은 납입보험료 전액을, 청약철회기간이 이미 경과한 것은 해지환급금 상당액을 기준으로 하여 산정한 상속세액을 초과하는 범위에서 이 사건 처분을 일부 취소하였고, 원심은 불이익변경금지 원칙을 적용하여 원고들의 항소를 기각함으로써 제1심의 결론을 유지하였다. 이러한 원심의 조치는 결과적으로 정당하므로 위와 같은 잘못이 판결 결과에 영향을 미쳤다고 할 수 없다.

5. 그러므로 상고를 모두 기각하고, 상고비용은 패소자들이 부담하도록 하여 관여 대법관의 일치된 의견으로 주문과 같이 판결한다.

▶ 대법관 조희대(재판장) 이상훈(주심) 김창석 박상옥

56 조합채무가 순금융재산 계산에서 제외되는지 여부

상속세부과처분취소 [대법원, 2015두60167, 2016. 5. 12.]

【판시사항】

상속개시 당시 상속인이 환급을 청구할 수 있는 조합의 잔여재산이 있는 경우, 피상속인이 사망으로 인하여 조합을 탈퇴하기 이전에 생긴 조합의 채무가 상속재산가액에서 제외되는지 여부(적극) / 위 채무 중 피상속인의 지분에 해당하는 부분이 금융재산 상속공제에서 순금융재산의 가액을 산정할 때 차감되어야 할 금융채무인지 여부(소극)

【판결요지】

상속개시 당시 상속인이 환급을 청구할 수 있는 조합의 잔여재산이 있는 경우 피상속인이 사망으로 인하여 조합을 탈퇴하기 이전에 생긴 조합의 채무는 탈퇴로 인한 계산에 따라 상속재산가액에서 제외된다. 그리고 상속인은 탈퇴로 인한 계산에도 불구하고 여전히 조합과 함께 조합의 채권자에게 위 채무 중 피상속인의 지분에 해당하는 부분을 직접 부담하기는 하지만, 이는 특별한 사정이 없는 한 상속개시 당시 피상속인이 종국적으로 부담하여 이행하여야 할 것이 확실하다고 인정되는 채무가 아니므로 금융재산 상속공제에서 순금융재산의 가액(상속재산가액 중 금융재산의 가액에서 금융채무를 뺀 가액)을 산정할 때 차감되어야 할 금융채무로 볼 수 없다.

【참조조문】

상속세 및 증여세법 제22조 제1항, 민법 제717조, 제719조 제1항, 제2항

【전문】

【원고, 피상고인】

【원고, 피상고인】

【피고, 상고인】
잠실세무서장

【원심판결】
서울고법 2015. 11. 25. 선고 2015누51561 판결

【주 문】

【주 문】
상고를 기각한다. 상고비용은 피고가 부담한다.

【이 유】
상고이유를 판단한다.

1. 상고이유 제1점에 관하여

가. 상속세 및 증여세법(이하 '상증세법'이라 한다) 제60조 제1항은 상속세가 부과되는 재산의 가액은 상속개시일 현재의 시가에 따르도록 규정하고 있고, 제2항은 "제1항의 규정에 의한 시가는 불특정 다수인 사이에 자유롭게 거래가 이루어지는 경우에 통상적으로 성립된다고 인정되는 가액으로 하고 수용가격·공매가격 및 감정가격 등 대통령령이 정하는 바에 따라 시가로 인정되는 것을 포함한다."라고 규정하고 있으며, 그 위임에 따른 구 상속세 및 증여세법 시행령(2010. 12. 30. 대통령령 제22579호로 개정되기 전의 것) 제49조 제1항 제1호 본문은 시가로 인정되는 것의 하나로 '당해 재산에 대한 매매사실이 있는 경우에는 그 거래가액'을 들면서 그 단서에서 '그 거래가액이 특수관계에 있는 자와의 거래 등 그 가액이 객관적으로 부당하다고 인정되는 경우를 제외한다'고 규정하고 있다. 한편 상증세법 제60조 제3항은 '상속재산의 시가를 산정하기 어려운 경우에는 당해 재산의 종류, 규모, 거래상황 등을 감안하여 제61조부터 제65조까지에 규정된 방법으로 평가한 가액을 시가로 본다'고 규정하고 있다.

따라서 시장성이 적은 비상장주식의 경우에도 그에 대한 거래 실례가 있는 경우에는 그 거래가액을 시가로 보아 주식의 가액을 평가하여야 하고 상증세법이 규정한 보충적 평가방법에 의하여 평가해서는 아니 된다고 할 것이나, 시가라 함은 일반적이고 정상적인 거래에 의하여 형성된 객관적 교환가격을 의미하므로 그와 같은 거래가액이 시가로 인정되기 위해서는 해당 거래가 일반적이고 정상적인 방법으로 이루어져 상속개시일 당시의 객관적 교환가치를 적정하게 반영하고 있다고 볼 수 있는 사정이 인정되어야 한다(대법원 2012. 4. 26. 선고 2010두26988 판결 등 참조).

나. 원심은 그 채택 증거에 의하여 판시와 같은 사실을 인정한 다음, 상속재산 중 ○○건축종합건축사사무소(이하 '○○건축'이라 한다)의 발행주식과 피상속인이 ○○건축과 공동 운영한 임대사업용 자산 중 1/2 지분의 시가에 대하여, ① ○○건축이 상속개시 전 다른 주주들로부터 주식을 소각하기 위하여 매수한 가격은 특수관계인 사이의 거래이고 위 주식거래 전후로 ○○건축의 1주당 가치가 변동될 수 있는 점, ② ○○건축이 상속개시 전 피상속인 소외 1의 동생 소외 2로부터 임대사업용 자산 및 부채 중 1/2 지분을 양수하면서 지급한 대가 역시 특수관계인 사이의 거래일뿐만 아니라 감정평가 등 특별한 기준이 없이 산정된 점 등의 사정을 들어 위 각 거래가액은 불특정 다수인 사이에서 자유롭게 형성된 객관적인 교환가격으로 볼 수 없으므로 상증세법이 규정한 보충적 평가방법에 따라 상속재산가액을 산정하여야 한다는 이유로, 이와 다른 전제에 선 이 사건 처분은 위법하다고 판단하였다.

다. 원심판결 이유를 앞서 본 규정과 법리에 비추어 살펴보면, 원심의 이러한 판단은 정당하고, 거기에 상고이유 주장과 같이 시가에 포함되는 매매사례가액에 관한 법리 등을 오해한 위법이 없다.

2. 상고이유 제2점에 관하여

가. 금융재산 상속공제에 관하여 상증세법 제22조 제1항은 상속개시일 현재 상속재산가액 중

금융재산의 가액에서 금융채무를 뺀 가액(이하 '순금융재산의 가액'이라 한다)이 있으면 2억 원의 한도 내에서 일정 금액을 상속세 과세가액에서 공제한다고 규정하고 있다.

한편 민법상 조합인 동업체에 있어서 조합원의 1인이 사망한 때에는 민법 제717조에 의하여 그 조합관계로부터 당연히 탈퇴되고, 특별한 약정이 없는 한 사망한 조합원의 지위는 상속인에게 승계되지 아니하므로, 동업체의 재산인 합유재산은 잔존 조합원이 2인 이상일 경우에는 잔존 조합원의 합유로 귀속되고 잔존 조합원이 1인인 경우에는 잔존 조합원의 단독소유로 귀속되는 반면(대법원 1994. 2. 25. 선고 93다39225 판결 등 참조), 그 상속인은 특단의 사정이 없는 한 민법 제719조 제1항, 제2항의 규정에 따라 잔존 조합원에 대하여 상속개시 당시 조합의 적극재산과 소극재산을 반영한 재산상태를 기준으로 평가한 조합재산 중 피상속인의 지분에 해당하는 금액의 환급을 청구할 권리만이 있으므로[대법원 2006. 3. 9. 선고 2004다49693, 49709(병합) 판결 등 참조], 상속개시 당시 상속인이 환급을 청구할 수 있는 조합의 잔여재산이 있는 경우 피상속인이 사망으로 인하여 조합을 탈퇴하기 이전에 생긴 조합의 채무는 탈퇴로 인한 계산에 따라 상속재산가액에서 제외되게 된다. 그리고 상속인은 탈퇴로 인한 계산에도 불구하고 여전히 조합과 함께 조합의 채권자에게 위 채무 중 피상속인의 지분에 해당하는 부분을 직접 부담하기는 하지만, 이는 특별한 사정이 없는 한 상속개시 당시 피상속인이 종국적으로 부담하여 이행하여야 할 것이 확실하다고 인정되는 채무가 아니므로 금융재산 상속공제에서 순금융재산의 가액을 산정함에 있어 차감되어야 할 금융채무로 볼 수 없다.

나. 원심은 그 채택 증거에 의하여 판시와 같은 사실을 인정한 다음, 피상속인 소외 1이 ○○건축과 함께 부동산 임대업 등을 목적으로 결성한 조합인 '△△개발'을 운영하면서 주식회사 국민은행으로부터 대출받은 채무는 피상속인과 ○○건축에게 합유적으로 귀속되는 채무로서 금융재산 상속공제에서 순금융재산의 가액을 산정함에 있어 차감되어야 할 금융채무가 아니라고 보아, 이와 다른 전제에 선 이 사건 처분은 위법하다고 판단하였다.

다. 원심판결 이유를 앞서 본 규정과 법리에 비추어 살펴보면, 원심의 이러한 판단은 정당하고, 거기에 상고이유 주장과 같이 금융재산 상속공제에 관한 법리 등을 오해한 위법이 없다.

3. 결론

그러므로 상고를 기각하고, 상고비용은 패소자가 부담하기로 하여 관여 대법관이 일치된 의견으로 주문과 같이 판결한다.

▶ 대법관 김창석(재판장) 이상훈 조희대 박상옥(주심)

CHAPTER 02 증여세

제1절 증여세 총론
제2절 증여재산의 범위
제3절 유형별 증여재산가액의 계산(증여 예시)
제4절 증여추정
제5절 증여의제
제6절 증여세 과세표준 및 세액의 계산
제7절 공익법인에 대한 과세특례

57 제3자를 이용한 교차증여를 직접증여로 재구성하여 한 증여세부과

증여세부과처분취소(교차증여를 직접증여로 재구성하여 한 증여세부과처분의 취소를 구하는 사건)
[대법원, 2015두46963, 2017. 2. 15.]

【판시사항】

[1] 구 상속세 및 증여세법 제2조 제4항, 제3항에 의하여 당사자가 거친 여러 단계의 거래 등 법적 형식이나 법률관계를 재구성하여 직접적인 하나의 거래에 의한 증여로 보고 증여세 과세대상에 해당한다고 하기 위한 요건 및 판단 기준

[2] 甲 주식회사의 주주들이며 남매 사이인 乙과 丙 및 丙의 배우자가 각자 소유 중인 甲 회사 주식을 乙은 丙 부부의 직계비속들에게 丙 부부는 乙의 직계비속들에게 교차증여하자 과세관청이 실질은 각자가 자신의 직계비속들에게 직접 증여한 것으로 보아 乙과 丙 부부의 직계비속들에게 증여세 부과처분을 한 사안에서, 구 상속세 및 증여세법 제2조 제4항에 따라 실질에 맞게 재구성하여 그와 같이 과세할 수 있다고 한 사례

[3] 재차 증여일 전 10년 이내에 동일인으로부터 받은 종전 증여재산가액을 합친 금액이 1천만 원 이상인 경우, 재차 증여에 관한 과소신고가산세를 산정하는 방법 / 이때 '과소신고분 과세표준'에 합산신고를 하지 아니한 종전 증여 부분을 포함하여 산정하는지 여부(적극)

【판결요지】

[1] 구 상속세 및 증여세법(2013. 1. 1. 법률 제11609호로 개정되기 전의 것) 제2조 제4항, 제3항에 의하여 당사자가 거친 여러 단계의 거래 등 법적 형식이나 법률관계를 재구성하여 직접적인 하나의 거래에 의한 증여로 보고 증여세 과세대상에 해당한다고 하려면, 납세의무자가 선택한 거래의 법적 형식이나 과정이 처음부터 조세 회피의 목적을 이루기 위한 수단에 불과하여 재산 이전의 실질이 직접적인 증여를 한 것과 동일하게 평가될 수 있어야 하고, 이는

당사자가 그와 같은 거래 형식을 취한 목적, 제3자를 개입시키거나 단계별 거래 과정을 거친 경위, 그와 같은 거래 방식을 취한 데에 조세부담의 경감 외에 사업상의 필요 등 다른 합리적 이유가 있는지 여부, 각각의 거래 또는 행위 사이의 시간적 간격, 그러한 거래 형식을 취한 데 따른 손실 및 위험부담의 가능성 등 관련 사정을 종합하여 판단하여야 한다.

[2] 甲 주식회사의 주주들이며 남매 사이인 乙과 丙 및 丙의 배우자가 각자 소유 중인 甲 회사 주식을 乙은 丙 부부의 직계비속들에게 丙 부부는 乙의 직계비속들에게 교차증여하자 과세관청이 실질은 각자가 자신의 직계비속들에게 직접 증여한 것으로 보아 乙 및 丙 부부의 직계비속들에게 증여세 부과처분을 한 사안에서, 乙과 丙 부부는 각자의 직계비속들에게 甲 회사 주식을 증여하면서도 증여세 부담을 줄이려는 목적 아래 그 자체로는 합당한 이유를 찾을 수 없는 교차증여를 의도적인 수단으로 이용한 점 등을 고려하여, 그러한 교차증여를 구 상속세 및 증여세법(2013. 1. 1. 법률 제11609호로 개정되기 전의 것) 제2조 제4항에 따라 실질에 맞게 재구성하여 乙과 丙 부부가 각자의 직계비속들에게 직접 추가로 증여한 것으로 보아 증여세를 과세할 수 있다고 한 사례.

[3] 종전 증여가 있은 후 10년 이내에 동일인으로부터 재차 증여가 이루어질 경우에 수증자는 증여세 과세표준으로 재차 증여의 증여재산가액에 종전 증여의 증여재산가액을 합친 금액을 신고하여야 한다[구 상속세 및 증여세법(2013. 1. 1. 법률 제11609호로 개정되기 전의 것) 제68조, 제47조 등]. 그런데 종전 증여에 관하여 무신고나 과소신고 등으로 신고불성실가산세를 부과하고 다시 재차 증여에 관하여 종전 증여의 증여재산가액을 합산하여 신고하지 아니하였다고 하여 그 부분에 대하여 추가로 신고불성실가산세를 부과하는 것은 납세의무자에게 이중의 부담을 지우는 결과가 될 수 있다. 이러한 이중 부담의 소지를 제거하면서도 적정한 범위 내에서 과소신고가산세를 부과하기 위하여 구 국세기본법(2011. 12. 31. 법률 제11124호로 개정되기 전의 것, 이하 '구 국세기본법'이라고 한다) 제47조의3 제3항에 의하여 준용되는 제47조의2 제8항은 재차 증여에 관한 과소신고가산세를 부과할 때 산정기준이 되는 '산출세액'에서 '종전 증여재산가액에 관한 산출세액'을 차감하도록 규정하였다. 이와 같은 규정 문언과 체계, 입법 취지 등을 고려하여, 재차 증여일 전 10년 이내에 동일인으로부터 받은 종전 증여재산가액을 합친 금액이 1천만 원 이상인 경우에 재차 증여에 관한 과소신고가산세는 구 국세기본법 제47조의3 제1항의 산식이 아니라 제3항에 따라 준용되는 제47조의2 제8항에 의하여 수정된 산식[=(산출세액-종전 증여 산출세액)×(과소신고분 과세표준÷과세표준)]에 따라 계산하고, 이때 '과소신고분 과세표준'에는 재차 증여에 관한 과소신고분뿐만 아니라 합산신고를 하지 아니한 종전 증여 부분도 포함하여 산정한다.

【참조조문】

[1] 구 상속세 및 증여세법(2013. 1. 1. 법률 제11609호로 개정되기 전의 것) 제2조 제1항, 제3항, 제4항, 국세기본법 제14조 제3항

[2] 구 상속세 및 증여세법(2013. 1. 1. 법률 제11609호로 개정되기 전의 것) 제2조 제4항

[3] 구 국세기본법(2011. 12. 31. 법률 제11124호로 개정되기 전의 것) 제47조의2 제8항, 제47조의3 제1항, 제3항, 구 상속세 및 증여세법(2013. 1. 1. 법률 제11609호로 개정되기 전의 것) 제47조 제2항, 제58조 제1항, 제68조

【참조판례】

[1] 대법원 2017. 1. 25. 선고 2015두3270 판결(공2017상, 475)

[3] 대법원 1997. 6. 27. 선고 96누15862 판결(공1997하, 2207)

【전문】

【원고, 상고인】
별지 원고 명단 기재와 같다.(소송대리인 변호사 손지열 외 4인)

【피고, 피상고인】
성북세무서장 외 3인(소송대리인 변호사 진행섭)

【원심판결】
서울고법 2015. 6. 17. 선고 2014누62625 판결

【주 문】

【주 문】
1. 원심판결 중 피고 반포세무서장이 원고 8, 원고 9에 대하여 한 증여자가 소외 1인 2010. 12. 30.자 증여에 관한 각 신고불성실가산세 부과처분 부분을 파기하고, 이 부분 사건을 서울고등법원에 환송한다.

2. 원고 1, 원고 2, 원고 3, 원고 4, 원고 5, 원고 6, 원고 7의 상고 및 원고 8, 원고 9의 나머지 상고를 각 기각한다.

3. 원고 1, 원고 2, 원고 3, 원고 4, 원고 5, 원고 6, 원고 7의 상고비용은 위 원고들이 부담한다.

【이 유】
상고이유(상고이유서 제출기간이 경과한 후에 제출된 상고이유보충서의 기재는 상고이유를 보충하는 범위 내에서)를 판단한다.

1. 상고이유 제1점 및 제2점에 대하여

가. 구 상속세 및 증여세법(2013. 1. 1. 법률 제11609호로 개정되기 전의 것, 이하 '구 상증세법'이라고 한다) 제2조는 제1항에서 증여세는 타인의 증여로 인한 증여재산을 과세대상으로 한다고 규정하고, 제3항에서 "증여란 그 행위 또는 거래의 명칭·형식·목적 등과 관계없이 경제적 가치를 계산할 수 있는 유형·무형의 재산을 직접 또는 간접적인 방법으로 타인에게 무상으로 이전(현저히 저렴한 대가를 받고 이전하는 경우를 포함한다)하는 것 또는 기여에 의하

여 타인의 재산가치를 증가시키는 것을 말한다."라고 하면서, 제4항에서 "제3자를 통한 간접적인 방법이나 둘 이상의 행위 또는 거래를 거치는 방법으로 상속세나 증여세를 부당하게 감소시킨 것으로 인정되는 경우에는 그 경제적인 실질에 따라 당사자가 직접 거래한 것으로 보거나 연속된 하나의 행위 또는 거래로 보아 제3항을 적용한다."라고 규정하고 있다(위 제4항의 규정 취지는 현행 국세기본법 제14조 제3항에 그대로 승계·반영되어 있다).

위와 같이 구 상증세법 제2조 제4항에서 제3자를 개입시키거나 여러 단계의 거래를 거치는 등의 방법으로 증여세를 부당하게 감소시키는 조세회피행위에 대하여 그 경제적 실질에 따라 증여세를 부과하도록 한 것은, 증여세의 과세대상이 되는 행위 또는 거래를 우회하거나 변형하여 여러 단계의 거래를 거침으로써 증여의 효과를 달성하면서도 부당하게 증여세를 감소시키는 조세회피행위에 대처하기 위하여 그와 같은 여러 단계의 거래 형식을 부인하고 실질에 따라 증여세의 과세대상인 하나의 행위 또는 거래로 보아 과세할 수 있도록 한 것으로서, 실질과세 원칙의 적용 태양 중 하나를 증여세 차원에서 규정하여 조세공평을 도모하고자 한 것이다. 다만 납세의무자는 경제활동을 할 때 특정 경제적 목적을 달성하기 위하여 어떤 법적 형식을 취할 것인지 임의로 선택할 수 있고 과세관청으로서도 특별한 사정이 없는 한 당사자들이 선택한 법적 형식에 따른 법률관계를 존중하여야 하며, 또한 여러 단계의 거래를 거친 후의 결과에는 손실 등 위험 부담에 대한 보상뿐 아니라 당해 거래와 직접적 관련성이 없는 당사자의 행위 또는 외부적 요인 등이 반영되어 있을 수 있으므로, 최종적인 경제적 효과나 결과만을 가지고 그 실질이 직접 증여에 해당한다고 쉽게 단정하여 증여세의 과세대상으로 삼아서는 안 된다(대법원 2017. 1. 25. 선고 2015두3270 판결 참조).

그러므로 구 상증세법 제2조 제4항, 제3항에 의하여, 당사자가 거친 여러 단계의 거래 등 법적 형식이나 법률관계를 재구성하여 직접적인 하나의 거래에 의한 증여로 보고 증여세 과세대상에 해당한다고 하려면, 납세의무자가 선택한 거래의 법적 형식이나 과정이 처음부터 조세회피의 목적을 이루기 위한 수단에 불과하여 그 재산이전의 실질이 직접적인 증여를 한 것과 동일하게 평가될 수 있어야 하고, 이는 당사자가 그와 같은 거래형식을 취한 목적, 제3자를 개입시키거나 단계별 거래 과정을 거친 경위, 그와 같은 거래방식을 취한 데에 조세부담의 경감 외에 사업상의 필요 등 다른 합리적 이유가 있는지 여부, 각각의 거래 또는 행위 사이의 시간적 간격, 그러한 거래형식을 취한 데 따른 손실 및 위험부담의 가능성 등 관련 사정을 종합하여 판단하여야 한다.

나. 원심판결 이유와 기록에 의하면 다음과 같은 사실을 알 수 있다.

1) 소외 2, 소외 1, 소외 3은 모두 단암산업 주식회사(이하 '단암산업'이라고 한다)의 주주이고, 소외 1은 소외 2의 여동생이며 소외 3은 소외 1의 배우자이다. 원고 1, 원고 2, 원고 5는 소외 2의 자녀들이고, 원고 3, 원고 4는 원고 2의 자녀들이며, 원고 6, 원고 7은 원고 5의 자녀들이다. 그리고 원고 8, 원고 9는 소외 1과 소외 3 부부의 자녀들이다.

2) 소외 2는 2010년경 자녀인 원고 1, 원고 2, 원고 5와 외손자녀인 원고 3, 원고 4, 원고 6,

원고 7(이하 소외 2의 직계후손들인 위 원고들을 통칭하여 '원고 1 외 6인'이라고 한다)에게 단암산업의 주식을 증여하려고 하였고, 그 무렵 소외 3과 소외 1도 소유 중인 단암산업 주식을 자녀인 원고 8, 원고 9에게 증여하려고 하였는데, 각자의 직계후손에게 직접 증여하기보다는 서로의 후손에게 교차하여 증여하는 경우 조세부담이 경감된다는 세무사의 조언에 따라 증여세를 줄이기 위한 목적으로 일정 주식을 상대방의 직계후손에게 상호 교차증여하기로 약정하였다.

3) 위 약정에 따라 소외 2와 소외 3, 소외 1은 각 16,000주의 단암산업 주식을 상호 교차증여하였다. 즉, ① 소외 2는 먼저 2010. 12. 30. 단암산업 주식을 자녀인 원고 1에게 7,500주, 원고 2에게 2,000주, 원고 5에게 6,340주를 각 증여하였고, 외손자인 원고 3, 원고 4, 원고 6, 원고 7에게 1,750주씩을 증여하는 한편, 소외 3과 소외 1의 자녀인 원고 8, 원고 9에게도 8,000주씩을 증여하였다. ② 소외 3은 같은 날 원고 8, 원고 9에게 단암산업 주식 3,000주씩을 증여하는 한편, 원고 1에게 2,000주, 원고 2, 원고 5, 원고 3, 원고 4, 원고 6, 원고 7에게 1,000주씩을 각 증여하였다. 소외 1도 같은 날 원고 8, 원고 9에게 단암산업 주식 3,000주씩을 증여하는 한편, 원고 1 외 6인에게도 소외 3과 동일한 수의 단암산업 주식을 각각 증여하였다(이하 소외 2가 소외 3, 소외 1의 자녀인 원고 8, 원고 9에게 한 총 16,000주의 증여와 소외 3, 소외 1이 소외 2의 직계 후손인 원고 1 외 6인에게 한 총 16,000주의 증여를 합하여 '이 사건 교차증여'라고 한다).

4) 원고들은 2011. 3. 30. 소외 2, 소외 3, 소외 1로부터 각 증여받은 단암산업 주식에 대한 증여세를 신고·납부하였다.

5) 피고들은, 이 사건 교차증여의 경제적 실질은 소외 2가 직계비속인 원고 1 외 6인에게 합계 16,000주를 직접 증여하고 소외 3, 소외 1이 그 자녀인 원고 8, 원고 9에게 합계 16,000주를 직접 증여한 것이라고 보아, 구 상증세법 제2조 제4항을 적용하여, 원고들에게 2010년분 증여세에 관하여 ① 원고 1 외 6인에 대하여는 소외 3과 소외 1로부터 받은 증여분을 소외 2로부터 받은 증여분에 포함하고, ② 원고 8, 원고 9에 대하여는 소외 2로부터 받은 증여분을 반분하여 각각 소외 3, 소외 1로부터 받은 증여분에 포함하여, 다시 산정한 증여세를 원고들에게 부과하는 이 사건 처분을 하였다.

다. 위와 같은 사실관계와 기록에 나타난 사정에 비추어 보면, 소외 2가 원고 8과 원고 9에게 단암산업 주식 합계 16,000주를 증여한 것과 소외 3, 소외 1이 원고 1 외 6인에게 단암산업 주식 합계 16,000주를 증여한 것은 증여자들 사이에 상대방의 직계후손에게 동일한 수의 동일 회사 주식을 교차증여하기로 한 약정에 따른 것으로서, 약정 상대방이 자신의 직계후손에게 주식을 증여하지 않는다면 자신도 증여를 하지 않았을 것이다. 이 사건 교차증여로써 증여자들은 자신의 직계후손에게 단암산업 주식을 직접 증여하는 것과 동일한 효과를 얻으면서도 합산과세로 인한 증여세 누진세율 등의 적용을 회피하고자 하였고, 이러한 목적이 아니라면 굳이 교차증여 약정을 체결하고 직계후손이 아닌 조카 등에게 주식을 증여할 이유가 없었다.

결국 소외 2와 소외 3, 소외 1은 각자의 직계비속인 원고들에게 단암산업 주식을 증여하면서도 증여세 부담을 줄이려는 목적 아래 그 자체로는 합당한 이유를 찾을 수 없는 이 사건 교차증여를 의도적으로 그 수단으로 이용한 것으로 볼 수 있다. 이러한 점들을 종합하여 보면, 이 사건 교차증여는 구 상증세법 제2조 제4항에 따라 그 실질에 맞게 재구성하여 소외 3, 소외 1의 원고 1 외 6인에 대한 각 증여분은 소외 2가 위 원고들에게 직접 추가로 증여한 것으로, 소외 2의 원고 8, 원고 9에 대한 각 증여분은 소외 3, 소외 1이 위 원고들에게 직접 추가로 증여한 것으로 보아 증여세를 과세할 수 있다고 할 것이다.

라. 원심이 제1심판결 이유를 인용하여 한 이 부분 이유설시 중 이 사건 교차증여를 가장행위로 보아 거래를 재구성할 수 있다고 한 부분은 부적절하지만, 이 사건 교차증여에 대하여 구 상증세법 제2조 제4항을 적용하여 소외 2, 소외 3, 소외 1의 직계후손에 대한 직접 증여로 보고 증여세를 과세한 이 사건 처분이 적법하다고 판단한 결론은 정당하다. 거기에 상고이유 주장과 같이 구 상증세법 제2조 제4항의 해석 등에 관한 법리를 오해하여 판결에 영향을 미친 잘못이 없다.

2. 상고이유 제3점에 대하여

가. 구 국세기본법(2011. 12. 31. 법률 제11124호로 개정되기 전의 것, 이하 같다) 제47조의3 제1항은 과소신고가산세는 [산출세액×(과소신고분 과세표준÷과세표준)]의 산식에 따른 금액의 100분의 10에 상당하는 금액으로 하도록 규정하고 있고, 제3항에 의하여 준용되는 제47조의2 제8항은 '증여세의 과세표준신고서를 법정신고기간까지 제출하지 아니한 경우로서 구 상증세법 제47조 제2항에 따라 가산하는 금액이 있는 경우에는 구 상증세법에 따른 산출세액에서 같은 법 제58조 제1항에 따라 공제되는 증여세액을 차감한 금액을 증여세의 산출세액으로 보아 제1항을 적용한다'고 규정하고 있다. 한편 구 상증세법 제47조 제2항 본문은 "해당 증여일 전 10년 이내에 동일인(증여자가 직계존속인 경우에는 그 직계존속의 배우자를 포함한다)으로부터 받은 증여재산가액을 합친 금액이 1천만 원 이상인 경우에는 그 가액을 증여세 과세가액에 가산한다."라고 규정하고 있고, 제58조 제1항 본문은 "제47조 제2항에 따라 증여세 과세가액에 가산한 증여재산의 가액에 대하여 납부하였거나 납부할 증여세액은 증여세산출세액에서 공제한다."라고 규정하고 있다.

종전 증여가 있은 후 10년 이내에 동일인으로부터 재차 증여가 이루어질 경우에 수증자는 증여세 과세표준으로 재차 증여의 증여재산가액에 종전 증여의 증여재산가액을 합친 금액을 신고하여야 한다(구 상증세법 제68조, 제47조 등). 그런데 종전 증여에 관하여 이미 무신고나 과소신고 등으로 신고불성실가산세를 부과하고 다시 재차 증여에 관하여 종전 증여의 증여재산가액을 합산하여 신고하지 아니하였다고 하여 그 부분에 대하여 추가로 신고불성실가산세를 부과하는 것은 납세의무자에게 이중의 부담을 지우는 결과가 될 수 있다(대법원 1997. 6. 27. 선고 96누15862 판결 참조). 이러한 이중 부담의 소지를 제거하면서도 적정한 범위 내에서 과소신고가산세를 부과하기 위하여 구 국세기본법 제47조의3 제3항에 의하여 준용되는

제47조의2 제8항은 재차 증여에 관한 과소신고가산세를 부과할 때 산정기준이 되는 '산출세액'에서 '종전 증여재산가액에 관한 산출세액'을 차감하도록 규정하였다. 이와 같은 규정 문언과 체계, 입법 취지 등에 비추어 보면, 재차 증여일 전 10년 이내에 동일인으로부터 받은 종전 증여재산가액을 합친 금액이 1천만 원 이상인 경우에 재차 증여에 관한 과소신고가산세는 구 국세기본법 제47조의3 제1항의 산식이 아니라 제3항에 따라 준용되는 제47조의2 제8항에 의하여 수정된 산식[=(산출세액−종전 증여 산출세액)×(과소신고분 과세표준÷과세표준)]에 따라 계산하고, 이때 '과소신고분 과세표준'에는 재차 증여에 관한 과소신고분뿐만 아니라 합산신고를 하지 아니한 종전 증여 부분도 포함하여 산정함이 타당하다.

나. 앞에서 본 사실관계와 기록에 의하면, 원고 8과 원고 9는 모(母) 소외 1로부터 받은 주식의 증여세에 관하여 단암산업 주식 7,000주씩을 증여받은 것으로 신고하였어야 함에도 3,000주만 증여받았다고 신고하였을 뿐만 아니라, 그 종전 증여에 해당하는 부(父) 소외 3으로부터 받은 단암산업 주식도 7,000주가 아닌 3,000주만 합산신고를 하였다. 그러므로 증여자가 소외 1인 재차 증여에 관하여 원고 8과 원고 9에게 과소신고가산세를 부과할 때에는, 위 수정된 산식에 따라 합계 14,000주의 단암산업 주식 증여에 관한 산출세액에서 소외 3으로부터의 종전 증여인 7,000주에 관한 산출세액을 차감한 다음, 전체 과세표준에서 위와 같은 합계 8,000주(=재차 증여 과소신고분 4,000주+종전 증여 합산신고 미이행분 4,000주)의 과소신고분 과세표준이 차지하는 비율을 곱하는 방식으로 그 세액을 산정하여야 한다.

그런데도 피고 반포세무서장은 재차 증여의 과소신고분 4,000주에 관하여는 구 국세기본법 제47조의3 제1항의 산식을 적용하고, 종전 증여의 합산신고 미이행분 4,000주에 관하여는 제47조의3 제3항에 따른 수정된 산식을 적용하여 각각 계산한 세액을 더하는 방식으로 재차 증여에 관한 과소신고가산세를 산정하여, 원고 8과 원고 9에게 각각 47,058,896원의 과소신고가산세를 부과하였고, 원심은 그 처분이 적법하다고 판단하였다. 이러한 원심 판단에는 합산신고 대상이 되는 종전 증여가 있는 경우에 구 국세기본법 제47조의3에 따른 과소신고가산세의 산정방법 등에 관한 법리를 오해하여 판결에 영향을 미친 잘못이 있다. 이 점을 지적하는 상고이유 주장은 이유 있다.

3. 상고이유 제4점에 대하여

원심은 그 판시와 같은 이유를 들어 원고들이 증여세 신고납부의무를 제대로 이행하지 아니한 데에 가산세를 면할 정당한 사유가 있다고 보기 어렵다고 판단하였다.

관련 법리 및 기록에 비추어 살펴보면 원심의 위와 같은 판단은 정당하다. 거기에 상고이유 주장과 같이 가산세를 면할 정당한 사유에 관한 법리를 오해한 잘못이 없다.

4. 결론

그러므로 원심판결 중 피고 반포세무서장이 원고 8, 원고 9에 대하여 한 증여자가 소외 1인 2010. 12. 30.자 증여에 관한 각 신고불성실가산세 부과처분 부분을 파기하고, 이 부분 사건을 다시 심리·판단하게 하기 위하여 원심법원에 환송한다. 원고 1, 원고 2, 원고 3, 원고 4,

원고 5, 원고 6, 원고 7의 상고 및 원고 8, 원고 9의 나머지 상고는 이를 모두 기각한다. 원고 1, 원고 2, 원고 3, 원고 4, 원고 5, 원고 6, 원고 7의 상고비용은 패소자인 위 원고들의 부담으로 한다. 이 판결에는 관여 대법관의 의견이 일치되었다.

[[별 지] 원고 명단 : 생략]

▶ 대법관 권순일(재판장) 박병대(주심) 박보영 김재형

58 금전을 증여받은 경우에 증여세 신고기한 이내에 반환하더라도 증여세의 부과대상에 해당

증여세부과처분취소 [대법원, 2013두7384, 2016. 2. 18.]

【판시사항】

[1] 금전을 증여받은 경우에 증여세 신고기한 이내에 같은 금액 상당의 금전을 반환하더라도 증여세의 부과대상으로 삼고 있는 구 상속세 및 증여세법 제31조 제4항의 '(금전을 제외한다)' 부분이 재산권의 본질적인 내용을 침해하거나 과잉금지원칙 또는 평등원칙에 위배되어 위헌·무효인지 여부(소극)

[2] 구 상속세 및 증여세법 제31조 제4항의 '(금전을 제외한다)' 부분이 기부받은 불법정치자금에 대하여 증여세가 부과되는 경우에 적용되는지 여부(적극)

【판결요지】

[1] 증여받은 금전은 증여와 동시에 본래 수증자가 보유하고 있던 현금자산에 혼입되어 수증자의 재산에서 분리하여 특정할 수 없게 되는 특수성이 있어 현실적으로 '당초 증여받은 금전'과 '반환하는 금전'의 동일성을 확인할 방법이 없고, 또한 금전은 증여와 반환이 용이하여 증여세의 신고기한 이내에 증여와 반환을 반복하는 방법으로 증여세를 회피하는 데 악용될 우려가 크기 때문에, 구 상속세 및 증여세법(2010. 1. 1. 법률 제9916호로 개정되기 전의 것) 제31조 제4항의 '(금전을 제외한다)' 부분(이하 '괄호규정'이라 한다)은 과세행정의 능률을 높이고 증여세 회피시도를 차단하기 위하여, 증여세의 신고기한 이내에 반환한 경우 처음부터 증여가 없었던 것으로 보도록 하는 대상에서 금전을 제외하였다. 괄호규정의 문언 내용 및 입법취지와 아울러, 일단 수증자가 증여자에게서 금전을 증여받은 이상 그 후 합의해제에 의하여 같은 금액 상당의 금전을 반환하더라도 법률적인 측면은 물론 경제적인 측면에서도 이미 수증자의 재산은 실질적으로 증가되었다고 할 수 있고, 또한 증여계약의 합의해제에 의한 반환은 원래의 증여와 다른 별개의 재산 처분행위에 해당하는 사정 등에 비추어 보면, 괄호규정이 금전을 증여받은 경우에는 증여세의 신고기한 이내에 같은 금액 상당의 금전을 반환하더라도 증여가 없었던 것으로 보지 않고 증여세의 부과대상으로 삼고 있다 하여도, 재산권의 본질적

인 내용을 침해하거나 과잉금지원칙 또는 평등원칙에 위배되는 위헌·무효의 규정이라고 할 수는 없다.

[2] 구 조세특례제한법(2010. 1. 1. 법률 제9921호로 개정되기 전의 것) 제76조 제3항에 따라 불법정치자금의 기부를 증여로 보아 증여세를 부과하는 경우에, 기부받은 불법정치자금을 반환하는 것을 증여받은 금전을 반환하는 것과 달리 취급할 이유가 없으므로, 구 상속세 및 증여세법(2010. 1. 1. 법률 제9916호로 개정되기 전의 것) 제31조 제4항의 '(금전을 제외한다)' 부분은 기부받은 불법정치자금에 대하여 증여세가 부과되는 경우에도 적용된다.

【참조조문】

[1] 구 상속세 및 증여세법(2010. 1. 1. 법률 제9916호로 개정되기 전의 것) 제31조 제4항(현행 제4조 제4항 참조)

[2] 정치자금법 제2조 제1항, 제32조 제1호, 구 조세특례제한법(2010. 1. 1. 법률 제9921호로 개정되기 전의 것) 제76조, 구 상속세 및 증여세법(2010. 1. 1. 법률 제9916호로 개정되기 전의 것) 제31조 제4항(현행 제4조 제4항 참조)

【참조판례】

[1] 헌법재판소 2015. 12. 23. 선고 2013헌바117 결정(헌공231, 103)

【전문】

【원고, 상고인】
미래희망연대의 소송수계인 새누리당(소송대리인 변호사 이영규)

【피고, 피상고인】
영등포세무서장

【원심판결】
서울고법 2013. 3. 22. 선고 2012누470 판결

【주 문】

【주 문】
상고를 기각한다. 상고비용은 원고가 부담한다.

【이 유】
상고이유를 판단한다.

1. 상고이유 제2점 및 제5점에 관하여
법원은 변론 전체의 취지와 증거조사의 결과를 참작하여 자유로운 심증으로 사회정의와 형평의 이념에 입각하여 논리와 경험의 법칙에 따라 사실 주장이 진실한지 아닌지를 판단하며(민

사소송법 제202조), 원심판결이 이와 같은 자유심증주의의 한계를 벗어나지 아니하여 적법하게 확정한 사실은 상고법원을 기속한다(같은 법 제432조).

원심은 그 판시와 같은 사정을 종합하여, 친박연대('친박연대'는 2010. 2. 12. '미래희망연대'로 당명을 변경하였고, '한나라당'은 2012. 2. 2.경 '미래희망연대'를 흡수합당하고 2012. 2. 14. '새누리당'으로 당명을 변경한 후 원심에서 소송절차를 수계하였다)가 2008. 3. 25.부터 2008. 4. 9.까지 소외 1, 소외 2 및 소외 3으로부터 정치자금수입용 계좌로 입금받거나 회계책임자를 통하여 받은 합계 32억 1,000만 원(이하 '이 사건 금전'이라 한다)이 공직선거에 있어서 특정인을 후보자로 추천하는 일과 관련하여 기부받은 정치자금에 해당한다고 판단하면서, 친박연대가 이 사건 금전을 이자 지급 조건으로 차용하였다가 선거비용을 보전받으면 이를 반환하기로 하는 약정에 따라 이를 반환함으로써 금융기회의 재산상 이익을 얻었을 뿐이라고 다투는 원고의 주장을 배척하였다.

이러한 원심의 판단을 다투는 취지의 상고이유 주장은 실질적으로 사실심 법원의 자유심증에 속하는 증거의 취사선택이나 증거가치의 판단 및 이에 기초한 사실인정을 탓하는 것에 불과하다. 그리고 원심판결 이유를 적법하게 채택된 증거들에 비추어 살펴보아도, 원심의 판단에 상고이유 주장과 같이 증여세 과세요건의 증명책임, 상속세 및 증여세법 제31조 제4항의 해석, 약정 해제 등에 관한 법리를 오해하고 판단을 누락하거나 논리와 경험의 법칙을 위반하여 자유심증주의의 한계를 벗어난 위법이 없다.

2. 상고이유 제1점, 제3점 및 제4점에 관하여

가. 정치자금법은 정치자금의 적정한 제공을 보장하고 정치자금과 관련한 부정을 방지함으로써 민주정치의 건전한 발전에 기여할 수 있도록 하기 위하여 정치자금을 기부하거나 받는 방법을 법정하는 한편, 제2조 제1항에서 "누구든지 이 법에 의하지 아니하고는 정치자금을 기부하거나 받을 수 없다."는 기본원칙을 천명하고, 나아가 제32조에서 "누구든지 다음 각 호의 어느 하나에 해당하는 행위와 관련하여 정치자금을 기부하거나 받을 수 없다."고 규정함으로써 특정행위와 관련한 기부를 제한하면서 '공직선거에 있어서 특정인을 후보자로 추천하는 일(제1호)'을 특정행위의 하나로 들고 있다.

그리고 구 조세특례제한법(2010. 1. 1. 법률 제9921호로 개정되기 전의 것, 이하 같다) 제76조는 제1항에서 '거주자가 정치자금법에 따라 정당에 기부한 정치자금은 세액공제 또는 소득공제하거나 손금에 산입한다'고 규정함과 아울러 제2항에서 "제1항의 규정에 의하여 기부하는 정치자금에 대하여는 상속세 또는 증여세를 부과하지 아니한다."고 규정하고 있으나, 제3항에서 "제1항의 규정에 의한 정치자금 외의 정치자금에 대하여는 상속세 및 증여세법 제12조 제4호·제46조 제3호 및 다른 세법의 규정에 불구하고 그 기부받은 자가 상속 또는 증여받은 것으로 보아 상속세 또는 증여세를 부과한다."고 규정하고 있다.

한편 구 상속세 및 증여세법(2010. 1. 1. 법률 제9916호로 개정되기 전의 것, 이하 같다) 제31조 제4항은 "증여를 받은 후 그 증여받은 재산(금전을 제외한다)을 당사자 사이의 합의에 따라 제68조의 규정에 의한 신고기한 이내에 반환하는 경우에는 처음부터 증여가 없었던 것으로 본다. 다만 반환하기 전에 제76조의 규정에 의하여 과세표준과 세액의 결정을 받은 경우에는 그러하지 아니하다."고 규정하고 있다.

나. 증여받은 금전은 증여와 동시에 본래 수증자가 보유하고 있던 현금자산에 혼입되어 수증자의 재산에서 이를 분리하여 특정할 수 없게 되는 특수성이 있어 현실적으로 '당초 증여받은 금전'과 '반환하는 금전'의 동일성 여부를 확인할 방법이 없고, 또한 금전은 그 증여와 반환이 용이하여 증여세의 신고기한 이내에 증여와 반환을 반복하는 방법으로 증여세를 회피하는 데 악용될 우려가 크기 때문에, 구 상속세 및 증여세법 제31조 제4항의 '(금전을 제외한다)' 부분(이하 '이 사건 괄호규정'이라 한다)은 과세행정의 능률을 높이고 증여세 회피시도를 차단하기 위하여, 증여세의 신고기한 이내에 반환한 경우 처음부터 증여가 없었던 것으로 보도록 하는 대상에서 금전을 제외하였다.

이러한 이 사건 괄호규정의 문언 내용 및 입법 취지와 아울러, 일단 수증자가 증여자로부터 금전을 증여받은 이상 그 후 합의해제에 의하여 동액 상당의 금전을 반환하더라도 법률적인 측면은 물론 경제적인 측면에서도 이미 수증자의 재산은 실질적으로 증가되었다고 할 수 있고, 또한 증여계약의 합의해제에 의한 반환은 원래의 증여와 다른 별개의 재산 처분행위에 해당하는 사정 등에 비추어 보면, 이 사건 괄호규정이 금전을 증여받은 경우에는 증여세의 신고기한 이내에 같은 금액 상당의 금전을 반환하더라도 증여가 없었던 것으로 보지 않고 증여세의 부과대상으로 삼고 있다 하여도, 이를 재산권의 본질적인 내용을 침해하거나 과잉금지원칙 또는 평등원칙에 위배되는 위헌·무효의 규정이라고 할 수는 없다(헌법재판소 2015. 12. 23. 선고 2013헌바117 결정 참조).

그리고 구 조세특례제한법 제76조 제3항에 의하여 불법정치자금의 기부를 증여로 보아 증여세를 부과하는 경우에, 기부받은 불법정치자금을 반환하는 것을 증여받은 금전을 반환하는 것과 달리 취급할 이유가 없으므로, 이 사건 괄호규정은 기부받은 불법정치자금에 대하여 증여세가 부과되는 경우에도 적용된다고 보아야 한다.

다. 원심판결 이유 및 원심이 적법하게 채택한 증거에 의하면, ① 친박연대가 2008. 3. 25.부터 2008. 4. 9.까지 소외 1로부터 15억 1,000만 원, 2008. 3. 27. 소외 2로부터 1억 원, 2008. 3. 28.부터 2008. 4. 7.까지 소외 2의 어머니 소외 3으로부터 16억 원 등 합계 32억 1,000만 원의 이 사건 금전을 정치자금으로 기부받은 사실, ② 친박연대는 2008. 3. 26. 소외 1을 제18대 국회의원선거의 비례대표 후보자 3순위로, 소외 2를 같은 후보자 1순위로 추천하여 중앙선거관리위원회에 등록하였고, 그들은 2008. 4. 9. 제18대 국회의원선거에서 비례대표로 당선된 사실, ③ 친박연대는 2008. 5. 13. 중앙선거관리위원회로부터 지급받을 선거비용보전금 중 1,421,479,452원의 채권을 소외 3의 남편 소외 4에게, 101,380,821원의 채권을 소외 3의 어머니 소외 5에게, 101,726,027원의 채권을 소외 3의 아들 소외 6에게 각 양도하여 그들로 하여금 2008. 6. 5. 중앙선거관리위원회로부터 위 각 금액을 지급받도록 하였고, 또한 2008. 6. 5. 중앙선거관리위원회로부터 지급받은 선거비용보전금 중 1,532,963,292원을 소외 1과 그의 처 소외 7에게 지급한 사실, ④ 피고는 친박연대가 정치자금법 제32조 제1호를 위반하여 정치자금을 받은 것으로 보아 구 조세특례제한법 제76조 제3항을 적용하여 2010. 7. 19. 미래희망연대에 합계 1,330,711,060원의 증여세를 부과하는 이 사건 처분을 한 사실 등을 알 수 있다.

라. 이러한 사실관계를 앞에서 본 규정과 법리에 비추어 살펴보면, 친박연대가 소외 1 등으로부터 정치자금법 제32조 제1호를 위반하여 정치자금으로 기부받은 이 사건 금전은 구 조세특례제한법 제76조 제3항에 따라 증여받은 것으로 보아야 하고, 이 사건 금전이 증여세의 신고기한 이내에 반환되었더라도 이 사건 괄호규정에 따라 여전히 증여세의 부과대상이 된다. 그리고 금전을 계좌에 입금하거나 이체하는 것은 금전을 수수하는 방법에 불과하므로, 이 사건 금전을 친박연대의 계좌로 입금받은 경우에도 마찬가지라고 보아야 할 것이다.

따라서 원심이 이와 같은 취지에서 이 사건 금전의 정치자금 기부에 관하여 증여세를 부과한 이 사건 처분이 적법하다고 판단한 것은 앞에서 본 법리에 기초한 것으로서, 거기에 상고이유 주장과 같이 구 조세특례제한법 제76조 제3항, 구 상속세 및 증여세법 제31조 제4항, 응능과세 원칙, 헌법상의 과잉금지 원칙 및 평등 원칙, 합의해제 등에 관한 법리를 오해하는 등의 위법이 없다.

3. 결론

그러므로 상고를 기각하고, 상고비용은 패소자가 부담하기로 하여, 관여 대법관의 일치된 의견으로 주문과 같이 판결한다.

▶ 대법관 김신(재판장) 김용덕(주심) 박보영 권순일

59 부부 사이에서 일방 배우자 명의의 예금이 타방 배우자 명의의 예금계좌로 입금되는 경우, 증여추정 여부

증여세부과처분취소(배우자 예금 증여 사건) [대법원, 2015두41937, 2015. 9. 10.]

【판시사항】

조세부과처분 취소소송에서 과세요건사실에 관한 증명책임 / 부부 사이에서 일방 배우자 명의의 예금이 인출되어 타방 배우자 명의의 예금계좌로 입금되는 경우, 경험칙에 비추어 해당 예금이 타방 배우자에게 증여되었다는 과세요건사실이 추정되는지 여부(소극)

【판결요지】

조세부과처분 취소소송의 구체적인 소송과정에서 경험칙에 비추어 과세요건사실이 추정되는 사실이 밝혀진 경우에는 과세처분의 위법성을 다투는 납세의무자가 문제 된 사실이 경험칙을 적용하기에 적절하지 아니하다거나 해당 사건에서 그와 같은 경험칙의 적용을 배제하여야 할 만한 특별한 사정이 있다는 점 등을 증명하여야 하지만, 그와 같은 경험칙이 인정되지 아니하는 경우에는 원칙으로 돌아가 과세요건사실에 관하여 과세관청이 증명하여야 한다. 부부 사이에서 일방 배우자 명의의 예금이 인출되어 타방 배우자 명의의 예금계좌로 입금되는 경우에는 증여 외에도 단순한 공동생활의 편의, 일방 배우자 자금의 위탁 관리, 가족을 위한 생활비 지급 등 여러 원인이 있을 수 있으므로, 그와 같은 예금의 인출 및 입금 사실이 밝혀졌다는 사정만으로는 경험칙에 비추어 해당 예금이 타방 배우자에게 증여되었다는 과세요건사실이 추정된다고 할 수 없다.

【참조조문】

구 상속세 및 증여세법(2010. 1. 1. 법률 제9916호로 개정되기 전의 것) 제44조 제1항, 민법 제830조

【전문】

【원고, 상고인】

【원고, 상고인】

【피고, 피상고인】
마포세무서장

【원심판결】
서울고법 2015. 4. 3. 선고 2014누59872 판결

【주 문】

【주 문】
원심판결을 파기하고, 사건을 서울고등법원에 환송한다.

【이 유】
상고이유(상고이유서 제출기간이 경과한 후에 제출된 상고이유보충서의 기재는 상고이유를 보충하는 범위 내에서)를 판단한다.

1. 원심은, 원고의 배우자인 소외인이 2006. 3. 9.부터 2008. 10. 31.까지 총 35회에 걸쳐 자신의 급여 합계 1,338,511,690원(이하 '이 사건 금전'이라 한다)을 자기앞수표 입금이나 계좌이체의 방법으로 원고 명의의 씨티은행 연희동지점 계좌, 국민은행 연희동지점 계좌, 외환은행 연희동지점 계좌, 외환은행 일원역지점 계좌(이하 통틀어 '이 사건 계좌'라 한다)에 입금한 사실 등을 인정하였다. 이어서 원심은, 이 사건 금전이 원고에게 증여된 것으로 추정된다는 전제 아래, 이 사건 금전이 원고 명의의 이 사건 계좌에 입금된 것이 증여가 아닌 다른 원인으로 이루어졌다는 점에 관한 원고의 증명이 부족하다는 이유를 들어, 피고가 이 사건 금전이 원고에게 증여된 것으로 보아 증여세를 부과한 이 사건 처분은 적법하다고 판단하였다.

2. 그러나 원심의 판단은 다음과 같은 이유로 수긍하기 어렵다.

조세부과처분 취소소송의 구체적인 소송과정에서 경험칙에 비추어 과세요건사실이 추정되는 사실이 밝혀진 경우에는 과세처분의 위법성을 다투는 납세의무자가 문제 된 사실이 경험칙을 적용하기에 적절하지 아니하다거나 해당 사건에서 그와 같은 경험칙의 적용을 배제하여야 할 만한 특별한 사정이 있다는 점 등을 증명하여야 하지만, 그와 같은 경험칙이 인정되지 아니하는 경우에는 원칙으로 돌아가 과세요건사실에 관하여 과세관청이 증명하여야 한다. 부부 사이에서 일방 배우자 명의의 예금이 인출되어 타방 배우자 명의의 예금계좌로 입금되는 경우에는 증여 외에도 단순한 공동생활의 편의, 일방 배우자 자금의 위탁 관리, 가족을 위한 생활비 지급 등 여러 원인이 있을 수 있으므로, 그와 같은 예금의 인출 및 입금 사실이 밝혀졌다는 사정만으로는 경험칙에 비추어 해당 예금이 타방 배우자에게 증여되었다는 과세요건사실이 추정된다고 할 수 없다.

원심이 들고 있는 대법원 2001. 11. 13. 선고 99두4082 판결은 사안이 달라 이 사건에 원용하기에 적절하지 아니하다.

그럼에도 원심은 이와 달리, 그 판시와 같은 이유만을 들어 소외인의 급여인 이 사건 금전이 처인 원고 명의의 이 사건 계좌에 입금되었다는 사정만으로 곧바로 이 사건 금전이 원고에게 증여된 것으로 추정된다고 전제한 다음, 이 사건 금전이 증여가 아닌 다른 원인으로 원고 명의의 이 사건 계좌에 입금된 것이라는 점에 관한 원고의 증명이 부족하다는 이유를 들어 이 사건 처분이 적법하다고 판단하였으니, 원심의 판단에는 조세부과처분 취소소송에서의 과세요건사실에 관한 증명책임이나 경험칙에 관한 법리를 오해하여 판결에 영향을 미친 위법이 있다. 이 점을 지적하는 상고이유의 주장은 이유 있다.

3. 그러므로 나머지 상고이유에 대한 판단을 생략한 채 원심판결을 파기하고, 사건을 다시 심리·판단하게 하기 위하여 원심법원에 환송하기로 하여 관여 대법관의 일치된 의견으로 주문과 같이 판결한다.

▶ 대법관 조희대(재판장) 이상훈(주심) 김창석 박상옥

60 금전 무상대출에 따른 증여시기의 판단

상속세부과처분취소 [대법원, 2011두10959, 2012. 7. 26.]

【판시사항】

구 상속세 및 증여세법 제41조의4 제1항에 의하여 금전 무상대부 등에 따른 이익을 증여로 보는 경우 이익의 증여시기(=금전을 대부받은 날 및 그 후 1년마다 도래하는 대부받은 날의 다음날) 및 위 이익이 같은 법 제13조 제1항 제2호에 의하여 상속세 과세가액에 포함되는 '상속개시일 전 5년 이내에 피상속인이 상속인 아닌 자에게 증여한 재산가액'에 해당하는지를 판단하는 기준시기(=위 각 증여시기)

【판결요지】

구 상속세 및 증여세법(2007. 12. 31. 법률 제8828호로 개정되기 전의 것, 이하 '법'이라 한다) 제41조의4 제1항 전문이 금전을 무상 또는 낮은 이자율로 대부받는 경우에 '금전을 대부받은 날'에 그 각 호에서 정한 금액을 대부받은 자의 증여재산가액으로 한다고 규정하면서 아울러 후문에서 대부기간이 1년 이상인 경우에는 그 1년이 되는 날의 다음날에 '매년 새로이 대부받은 것으로 보아' 적정이자율과의 차액을 계산한다고 규정한 점, 그 입법 취지는 특수관계자 간의 직접 증여에 따른 증여세 부담을 회피하기 위하여 금전을 무상대여하거나 낮은 이자율로 대여하는 경우 적정이자율과의 차액에 대해 증여세를 과세하려는 데 있는 점 등에 비추어 보면, 법 제41조의4 제1항에 의하여 특수관계자로부터의 대부기간이 1년 이상인 1억 원 이상의 금전 무상대부 또는 낮은 이자율에 의한 대부에 있어 그 이익의 증여시기는 금전을 대부받은 날 및 그 후 1년마다 도래하는 그 대부받은 날의 다음날이 된다고 보아야 하고, 법 제13조 제1항 제2호에 의하여 상속세 과세가액에 포함되는 '상속개시일 전 5년 이내에 피상속인이 상속인이 아닌 자에게 증여한 재산가액'에 해당하는지도 위 각 증여시기를 기준으로 결정하여야 한다.

【참조조문】

구 상속세 및 증여세법(2007. 12. 31. 법률 제8828호로 개정되기 전의 것) 제13조 제1항 제2호, 제41조의4 제1항

【전문】

【원고, 피상고인】

【원고, 피상고인】

【피고, 상고인】
남양주세무서장

【원심판결】
서울고법 2011. 4. 22. 선고 2010누26508 판결

【주 문】

【주 문】
원심판결을 파기하고, 사건을 서울고등법원에 환송한다.

【이 유】
상고이유를 판단한다.

구 상속세 및 증여세법(2007. 12. 31. 법률 제8828호로 개정되기 전의 것, 이하 '법'이라 한다) 제13조 제1항 제2호는 상속재산의 가액에 상속개시일 전 5년 이내에 피상속인이 상속인이 아닌 자에게 증여한 재산가액을 가산하여 상속세 과세가액을 산정하도록 규정하고 있는데, 제41조의4 제1항은 "특수관계에 있는 자로부터 1억 원 이상의 금전을 무상 또는 적정이자율보다 낮은 이자율로 대부받은 경우에는 그 금전을 대부받은 날에 다음 각 호의 1의 금액을 당해 금전을 대부받은 자의 증여재산가액으로 한다. 이 경우 대부기간이 정하여지지 아니한 경우에는 그 대부기간을 1년으로 보고, 대부기간이 1년 이상인 경우에는 1년이 되는 날의 다음날에 매년 새로이 대부받은 것으로 보아 당해 금액을 계산한다. 1. 무상으로 대부받은 경우에는 대부금액에 적정이자율을 곱하여 계산한 금액 2. 적정이자율보다 낮은 이자율로 대부받은 경우에는 대부금액에 적정이자율을 곱하여 계산한 금액에서 실제 지급한 이자상당액을 차감한 금액"이라고 규정하고 있다.

그런데 법 제41조의4 제1항 전문이 금전을 무상 또는 낮은 이자율로 대부받는 경우에 '금전을 대부받은 날'에 그 각 호에서 정한 금액을 대부받은 자의 증여재산가액으로 한다고 규정하면서 아울러 후문에서 대부기간이 1년 이상인 경우에는 그 1년이 되는 날의 다음날에 '매년 새로이 대부받은 것으로 보아' 적정이자율과의 차액을 계산한다고 규정한 점, 그 입법 취지는 특수관계자 간의 직접 증여에 따른 증여세 부담을 회피하기 위하여 금전을 무상대여하거나 낮은 이자율로 대여하는 경우 적정이자율과의 차액에 대해 증여세를 과세하려는 데 있는 점 등에 비추어 보면, 법 제41조의4 제1항에 의하여 특수관계자로부터의 대부기간이 1년 이상인 1억 원 이상의 금전 무상대부 또는 낮은 이자율에 의한 대부에 있어 그 이익의 증여시기는 금전을 대부받은 날 및 그 후 1년마다 도래하는 그 대부받은 날의 다음날이 된다고 보아야 하고, 법 제13조 제1항 제2호에 의하여 상속세 과세가액에 포함되는 '상속개시일 전 5년 이내에 피상속인이 상속인이 아닌 자에게 증여한 재산가액'에 해당하는지 여부도 위 각 증여시기를 기준으로 결정하여야 한다.

그럼에도 원심이 그 판시와 같은 이유로 법 제13조 제1항 제2호에 의하여 상속세 과세가액에 포함되는 '상속개시일 전 5년 이내에 피상속인이 상속인이 아닌 자에게 증여한 재산가액'에 해당하는지 여부는 법 제41조의4 제1항에서 규정한 각 증여시기가 아니라 최초로 무상대부를 한 때를 기준으로 결정하여야 한다고 판단한 것은 법 제41조의4 제1항 소정의 금전의 무상대

부 또는 낮은 이자율에 의한 대부에 있어 그 이익의 증여시기 등에 관한 법리를 오해하여 판결 결과에 영향을 미친 위법이 있다. 이 점을 지적하는 상고이유의 주장은 이유 있다. 원심이 들고 있는 대법원판결들은 이 사건과 사안을 달리하므로 이 사건에 그대로 원용하기에 적절하지 않다.

그러므로 원심판결을 파기하고 사건을 원심법원에 환송하기로 하여, 관여 대법관의 일치된 의견으로 주문과 같이 판결한다.

▶ 대법관 신영철(재판장) 민일영 박보영(주심)

61 재산 취득자금에 대한 증여추정의 증명책임

증여세부과처분취소 [대법원, 2008두20598, 2010. 7. 22.]

【판시사항】

[1] 출처 불명의 재산 취득자금에 대한 증여추정 규정에 따른 과세요건에 관한 증명책임의 소재 및 범위

[2] 재산취득자금의 증여추정을 규정한 구 상속세 및 증여세법 제45조 제1항이 2003. 12. 30. 증여세에 있어서 완전포괄주의 과세방식을 채택한 법으로 개정되었으므로, 재산취득자의 직계존속이나 배우자 등에게 재산을 증여할 만한 재력이 있다는 점에 관한 과세관청의 증명책임이 소멸했는지 여부(소극)

【참조조문】

[1] 구 상속세 및 증여세법(2003. 12. 30. 법률 제7010호로 개정되기 전의 것) 제45조 제1항, 구 상속세 및 증여세법(2010. 1. 1. 법률 제9916호로 개정되기 전의 것) 제45조 제1항, 상속세 및 증여세법 시행령 제34조 제1항

[2] 구 상속세 및 증여세법(2003. 12. 30. 법률 제7010호로 개정되기 전의 것) 제45조 제1항, 구 상속세 및 증여세법(2010. 1. 1. 법률 제9916호로 개정되기 전의 것) 제45조 제1항, 상속세 및 증여세법 시행령 제34조 제1항

【참조판례】

[1] 대법원 1995. 8. 11. 선고 94누14308 판결(공1995하, 3136), 대법원 2004. 4. 16. 선고 2003두10732 판결

【전문】

【원고, 상고인】

【원고, 상고인】

【피고, 피상고인】
서광주세무서장

【원심판결】
광주고법 2008. 10. 23. 선고 2008누1152 판결

【주 문】

【주 문】
원심판결을 파기하고, 사건을 광주고등법원에 환송한다.

【이 유】
상고이유(상고이유서 제출기간이 경과한 후에 제출된 상고이유보충서의 기재는 상고이유를 보충하는 범위 내에서)를 판단한다.

재산취득자금의 증여추정에 관하여 구 상속세 및 증여세법(2003. 12. 30. 법률 제7010호로 개정되기 전의 것, 이하 '개정 전 법'이라 한다) 제45조 제1항(이하 '개정 전 규정'이라 한다)은 "직업·연령·소득 및 재산상태 등으로 보아 재산을 자력으로 취득하였다고 인정하기 어려운 경우로서 대통령령이 정하는 경우에는 당해 재산을 취득한 때에 당해 재산의 취득자가 '다른 자로부터' 취득자금을 증여받은 것으로 추정한다."고 규정하고 있었는데, 2003. 12. 30. 법률 제7010호로 개정된 구 상속세 및 증여세법(2010. 1. 1. 법률 제9916호로 개정되기 전의 것, 이하 '개정 후 법'이라 한다) 제45조 제1항(이하 '개정 후 규정'이라 한다)은 "직업·연령·소득 및 재산상태 등으로 보아 재산을 자력으로 취득하였다고 인정하기 어려운 경우로서 대통령령이 정하는 경우에는 당해 재산을 취득한 때에 당해 재산의 취득자금을 그 재산의 취득자가 증여받은 것으로 추정하여 이를 그 재산취득자의 증여재산가액으로 한다."고 규정하면서 '다른 자로부터'라는 문구를 삭제하였다.

종래 대법원은 개정 전 규정에 따른 과세요건 판단 기준과 증명책임의 소재나 범위에 관하여, 증여세의 부과요건인 재산의 증여사실은 원칙적으로 과세관청이 증명할 사항이므로 재산취득 당시 일정한 직업과 상당한 재력이 있고, 또 그로 인하여 실제로도 상당한 소득이 있었던 자라면, 그 재산을 취득하는 데 소요된 자금을 일일이 제시하지 못한다고 하더라도 특별한 사정이 없는 한 재산의 취득자금 중 출처를 명확히 제시하지 못한 부분이 다른 사람으로부터 증여받은 것이라고 인정할 수 없다고 할 것이나, 일정한 직업 또는 소득이 없는 사람이 당해 재산에 관하여 납득할 만한 자금출처를 대지 못하고, 그 직계존속이나 배우자 등이 증여할 만한 재력이 있는 경우에는 그 취득자금을 그 재력있는 자로부터 증여받았다고 추정함이 옳다고 할 것인데, 이와 같이 증여를 추정하기 위하여는 수증자에게 일정한 직업이나 소득이 없다는

점 외에도 증여자에게 재산을 증여할 만한 재력이 있다는 점을 과세관청이 증명하여야 한다고 판시하여 왔는바(대법원 1995. 8. 11. 선고 94누14308 판결, 대법원 2004. 4. 16. 선고 2003두10732 판결 등 참조), 개정 후 법은 증여세에 있어서 이른바 완전포괄주의 과세방식을 채택하였으나 이와 같은 완전포괄주의 과세제도와 재산취득자금의 증여추정 규정에 따른 과세요건에 관한 증명책임의 소재나 범위와는 직접 관련이 있다고 보기 어려운 점, 개정 후 법 제2조 제1항은 개정 전 법과 마찬가지로 '타인의 증여로 인하여 증여재산이 있는 경우에는 그 증여재산에 대하여 증여세를 부과한다'고 규정하고 있을 뿐만 아니라 개정 후 법 제4조 제4항 단서도 개정 전 법과 마찬가지로 증여자의 연대납세의무 제외 대상에 개정 후 규정을 포함시키지 아니함으로써 개정 후 규정이 적용되는 경우에도 여전히 증여자의 존재를 전제로 하고 있는 점 등을 고려하면, 위와 같은 개정이 있었다고 하여 재산취득자의 직계존속이나 배우자 등에게 재산을 증여할 만한 재력이 있다는 점에 관한 과세관청의 증명책임이 소멸되었다고 볼 것은 아니다.

그럼에도 원심은 이와 달리 개정 후 법에 의하여 완전포괄주의 과세방식이 도입되고 개정 후 규정에서 '다른 자로부터'라는 문구가 삭제된 후에는 과세관청이 증여자나 구체적인 증여사실을 증명할 필요 없이 그 재산의 취득자금을 증여받은 것으로 추정할 수 있다고 전제한 다음, 원고가 2001년경부터 2005년경까지의 소득액이 연 1,000만 원 내외이고 달리 이 사건 부동산 취득자금을 취득할 만한 자력이 없다고 보인다는 이유만으로 과세관청이 원고의 직계존속이나 배우자 등에게 증여할 만한 재력이 있는지를 증명하였는지 여부에 관하여 나아가 살펴보지 아니한 채 이 사건 처분이 적법하다고 판단하고 말았으니, 이러한 원심판단에는 재산취득자금의 증여추정에 있어서 증명책임의 소재나 범위에 관한 법리를 오해하여 필요한 심리를 다하지 아니함으로써 판결에 영향을 미친 위법이 있고, 이 점을 지적하는 상고이유의 주장은 이유 있다.

그러므로 원심판결을 파기하고, 사건을 다시 심리·판단하게 하기 위하여 원심법원에 환송하기로 하여 관여 대법관의 일치된 의견으로 주문과 같이 판결한다.

▶ 대법관 박시환(재판장) 차한성 신영철(주심)

62 이익잉여금을 자본에 전입함에 따라 기존 주식의 명의수탁자에게 보유주식에 비례하여 배정된 무상주가 증여의제의 적용대상이 되는지 여부

증여세 부과 처분취소 [대법원, 2009두21352, 2011. 7. 14.]

【판시사항】

주식 발행법인이 이익잉여금을 자본에 전입함에 따라 기존 주식의 명의수탁자에게 보유주식에 비례하여 배정된 무상주가 구 상속세 및 증여세법 제45조의2 제1항 본문에서 정한 증여의제의 적용대상이 되는지 여부(원칙적 소극)

【판결요지】

구 상속세 및 증여세법(2007. 12. 31. 법률 제8828호로 개정되기 전의 것, 이하 '구 상증세법'이라 한다) 제45조의2 제1항의 본문은 국세기본법 제14조에서 정한 실질과세원칙에 대한 예외의 하나로서 명의신탁이 조세회피 수단으로 악용되는 것을 방지하여 조세정의를 실현하고자 하는 한도 내에서 제한적으로 적용되는 규정인 점, 주식의 실제소유자와 명의자가 다른 상태에서 주식 발행법인이 이익잉여금을 자본에 전입함에 따라 명의인에게 무상주가 배정되더라도 발행법인의 순자산이나 이익 및 실제주주의 지분비율에는 변화가 없으므로 실제주주가 무상주에 대하여 자신의 명의로 명의개서를 하지 아니하였다고 해서 기존 주식의 명의신탁에 의한 조세회피 목적 외에 추가적인 조세회피 목적이 있다고 할 수 없는 점 등을 고려하면, 특별한 사정이 없는 한 기존 명의신탁 주식 외에 이익잉여금의 자본전입에 따라 기존 명의수탁자에게 보유주식에 비례하여 배정된 무상주는 구 상증세법 제45조의2 제1항 본문에 의한 증여의제 규정의 적용대상이 아니다.

【참조조문】

국세기본법 제14조, 구 상속세 및 증여세법(2007. 12. 31. 법률 제8828호로 개정되기 전의 것) 제45조의2 제1항, 구 소득세법(2007. 12. 31. 법률 제8825호로 개정되기 전의 것) 제17조

【참조판례】

대법원 2004. 12. 23. 선고 2003두13649 판결(공2005상, 211), 대법원 2005. 1. 28. 선고 2004두1223 판결, 대법원 2006. 9. 22. 선고 2004두11220 판결(공2006하, 2016)

【전문】

【원고, 피상고인】

【원고, 피상고인】

【피고, 상고인】
강동세무서장 외 1인

【원심판결】
서울고법 2009. 11. 5. 선고 2009누12312 판결

【주 문】

【주 문】
상고를 모두 기각한다. 상고비용은 피고들이 부담한다.

【이 유】
상고이유를 판단한다.

1. 구 상속세 및 증여세법(2007. 12. 31. 법률 제8828호로 개정되기 전의 것, 이하 '구 상증세법'이라 한다) 제45조의2 제1항 본문은 "권리의 이전이나 그 행사에 등기 등을 요하는 재산(토지와 건물을 제외한다. 이하 이 조에서 같다)에 있어서 실제소유자와 명의자가 다른 경우에는 국세기본법 제14조의 규정에 불구하고 그 명의자로 등기 등을 한 날(그 재산이 명의개서를 요하는 재산인 경우에는 소유권취득일이 속하는 연도의 다음 연도 말일의 다음 날을 말한다)에 그 재산의 가액을 명의자가 실제소유자로부터 증여받은 것으로 본다."고 규정하면서, 그 단서 제1호에서는 '조세회피의 목적 없이 타인의 명의로 재산의 등기 등을 하거나 소유권을 취득한 실제소유자 명의로 명의개서를 하지 아니한 경우'에는 그러하지 아니하다고 규정하고 있다.

이와 같은 구 상증세법 제45조의2 제1항의 본문은 국세기본법 제14조 소정의 실질과세원칙에 대한 예외의 하나로서 명의신탁이 조세회피의 수단으로 악용되는 것을 방지하여 조세정의를 실현하고자 하는 한도 내에서 제한적으로 적용되는 규정인 점 (대법원 2006. 9. 22. 선고 2004두11220 판결 등 참조), 주식의 실제소유자와 명의자가 다른 상태에서 당해 주식의 발행법인이 이익잉여금을 자본에 전입함에 따라 그 명의인에게 무상주가 배정되더라도 그 발행법인의 순자산이나 이익 및 실제주주의 그에 대한 지분비율에는 변화가 없으므로 실제주주가 그 무상주에 대하여 자신의 명의로 명의개서를 하지 아니하였다고 해서 기존 주식의 명의신탁에 의한 조세회피의 목적 외에 추가적인 조세회피의 목적이 있다고 할 수 없는 점 등을 고려하면, 특별한 사정이 없는 한 기존의 명의신탁 주식 외에 이익잉여금의 자본전입에 따라 기존의 명의수탁자에게 그 보유주식에 비례하여 배정된 무상주는 구 상증세법 제45조의2 제1항 본문에 의한 증여의제 규정의 적용대상이 아니라고 할 것이다.

2. 원심은 그 채용 증거에 의하여 판시와 같은 사실을 인정한 다음, 금호개발상사 주식회사가 이익잉여금을 자본에 전입함에 따라 원고들이 소외인 등 실제주주들로부터 명의신탁받은 위 회사의 주식에 그 주식 수의 비율에 따라 배정된 무상주에 대하여는 구 상증세법 제45조의2 제1항 본문에 의한 증여의제 규정이 적용되지 아니한다고 보아 피고들의 이 사건 증여세 과세

처분이 위법하다고 판단하였는바, 앞서 본 규정과 법리에 비추어 보면 원심의 이러한 판단은 정당하고, 거기에 상고이유로 주장하는 바와 같은 구 상증세법 제45조의2 등에 관한 법리를 오해하여 판결에 영향을 미친 위법이 없다.

3. 그러므로 상고를 모두 기각하고, 상고비용은 패소자들이 부담하도록 하여 관여 대법관의 일치된 의견으로 주문과 같이 판결한다.

▶ 대법관 민일영(재판장) 김능환(주심) 안대희 이인복

63. 주식등변동상황명세서 등에 의하여 명의개서 여부를 판정하는 경우, 증여세 목적에 따른 증여의제일

양도소득세등부과처분취소 [대법원, 2017두32395, 2017. 5. 11.]

【판시사항】

구 상속세 및 증여세법 제45조의2 제3항에 따라 주식등변동상황명세서 등에 의하여 명의개서 여부를 판정하는 경우, 증여세 목적에 따른 증여의제일(=주식등변동상황명세서 등의 제출일)

【판결요지】

구 상속세 및 증여세법(2007. 12. 31. 법률 제8828호로 개정되기 전의 것, 이하 '상증세법'이라고 한다) 제45조의2 제3항은 주식등변동상황명세서 등에 주식 등의 소유자 명의를 실제 소유자와 다르게 기재하여 조세를 회피하려고 하였더라도 주주명부나 사원명부 그 자체가 없어 명의개서가 이루어지지 아니한 경우에는 상증세법 제45조의2 제1항 본문을 적용할 수 없었던 문제점을 보완하여 그러한 경우에도 증여세를 과세하려는 것이다. 그런데 위 조항은 납세지 관할 세무서장에게 제출한 주식등변동상황명세서 등에 의하여 명의개서 여부를 판정한다고 규정하고 있을 뿐 구체적으로 어떤 일자를 주식등변동상황명세서 등에 따른 증여의제일로 볼 것인지에 대하여 규정하고 있지 않다. 한편 과세관청이 주식등변동상황명세서 등을 과세자료로 활용할 수 있다고 하더라도 이는 과세목적상 협력의무 이행의 일환으로 사업연도 중 주식 등의 변동 상황을 기록하는 문서에 불과한 것이어서, 주주권 행사 등의 기초가 되는 주주명부와는 본질적으로 차이가 있다. 또한 주식등변동상황명세서에는 주주명부의 명의개서일과 같이 당해 회사가 주식양도사실을 확인한 일자가 별도로 나타나 있지도 않다. 따라서 이러한 주식등변동상황명세서 등에 비록 주식의 양도일이나 취득일이 기재되어 있다고 하더라도, 바로 그 시점에 다수의 주주와 관련된 법률관계를 처리할 목적에서 마련된 주주명부에 명의개서가 이루어진 것과 동등한 효력을 부여할 수는 없다. 다만 주식등변동상황명세서 등이 제출되면 그때 비로소 주식 등의 변동상황이 회사를 비롯한 외부에 명백하게 공표되어 명의신탁으로

인한 증여의제 여부가 판정될 수 있는 것이므로, 그와 같이 실제소유자와 명의자가 다른 주식의 변동사실이 외부에 분명하게 표시되었다고 볼 수 있는 위 명세서 등의 제출일을 증여세 목적에 따른 증여의제일로 보아야 한다.

【참조조문】

구 상속세 및 증여세법(2007. 12. 31. 법률 제8828호로 개정되기 전의 것) 제45조의2 제1항, 제3항(현행 제45조의2 제4항 참조)

【참조판례】

대법원 2014. 5. 16. 선고 2011두11099 판결(공2014상, 1241)

【전문】

【원고, 피상고인】

【원고, 피상고인】

【피고, 상고인】

강남세무서장 외 5인(소송대리인 정부법무공단 담당변호사 손호철 외 2인)

【원심판결】

서울고법 2016. 12. 21. 선고 2016누42687 판결

【주 문】

【주 문】

상고를 모두 기각한다. 상고비용은 피고들이 부담한다.

【이 유】

상고이유(상고이유서 제출기간이 경과한 후에 제출된 상고이유보충서의 기재는 상고이유를 보충하는 범위 내에서)를 판단한다.

구 상속세 및 증여세법(2007. 12. 31. 법률 제8828호로 개정되기 전의 것, 이하 '상증세법'이라고 한다) 제45조의2는 명의신탁재산의 증여의제에 관하여 제1항 본문에서 '권리의 이전이나 그 행사에 등기 등을 요하는 재산(토지와 건물을 제외한다)에 있어서 실제소유자와 명의자가 다른 경우에는 국세기본법 제14조의 규정에도 불구하고 그 명의자로 등기 등을 한 날에 그 재산의 가액을 명의자가 실제 소유자로부터 증여받은 것으로 본다'고 규정하고, 제3항(이하 '이 사건 법률조항'이라고 한다)에서 "제1항의 규정을 적용함에 있어서 주주명부 또는 사원명부가 작성되지 아니한 경우에는 법인세법 제109조 제1항 및 제119조의 규정에 의하여 납세지 관할 세무서장에게 제출한 주주 등에 관한 서류 및 주식등변동상황명세서에 의하여 명의개서 여부를 판정한다."라고 규정하고 있다.

이 사건 법률조항은 주식등변동상황명세서 등에 주식 등의 소유자 명의를 실제 소유자와 다

르게 기재하여 조세를 회피하려고 하였더라도 주주명부나 사원명부 그 자체가 없어 명의개서가 이루어지지 아니한 경우에는 상증세법 제45조의2 제1항 본문을 적용할 수 없었던 문제점을 보완하여 그러한 경우에도 증여세를 과세하려는 것이다(대법원 2014. 5. 16. 선고 2011두11099 판결 참조). 그런데 이 사건 법률조항은 납세지 관할 세무서장에게 제출한 주식등변동상황명세서 등에 의하여 명의개서 여부를 판정한다고 규정하고 있을 뿐 구체적으로 어떤 일자를 주식등변동상황명세서 등에 따른 증여의제일로 볼 것인지에 대하여 규정하고 있지 않다. 한편 과세관청이 주식등변동상황명세서 등을 과세자료로 활용할 수 있다고 하더라도 이는 과세목적상 협력의무 이행의 일환으로 사업연도 중 주식 등의 변동 상황을 기록하는 문서에 불과한 것이어서, 주주권 행사 등의 기초가 되는 주주명부와는 본질적으로 차이가 있다. 또한 주식등변동상황명세서에는 주주명부의 명의개서일과 같이 당해 회사가 주식양도사실을 확인한 일자가 별도로 나타나 있지도 않다. 따라서 이러한 주식등변동상황명세서 등에 비록 주식의 양도일이나 취득일이 기재되어 있다고 하더라도, 바로 그 시점에 다수의 주주와 관련된 법률관계를 처리할 목적에서 마련된 주주명부에 명의개서가 이루어진 것과 동등한 효력을 부여할 수는 없다. 다만 주식등변동상황명세서 등이 제출되면 그때 비로소 주식 등의 변동상황이 회사를 비롯한 외부에 명백하게 공표되어 명의신탁으로 인한 증여의제 여부가 판정될 수 있는 것이므로, 그와 같이 실제소유자와 명의자가 다른 주식의 변동사실이 외부에 분명하게 표시되었다고 볼 수 있는 위 명세서 등의 제출일을 증여세 목적에 따른 증여의제일로 보아야 한다.

원심은 같은 취지에서, 원고들에 대한 주식 양도사실이 기재된 주식등변동상황명세서가 관할 세무서에 제출된 2007. 3. 31.을 증여의제일로 보아야 한다고 판단하였다. 거기에 상고이유 주장과 같이 이 사건 법률조항에 따른 명의개서 판정의 기준일에 관한 법리를 오해한 잘못이 없다.

그러므로 상고를 모두 기각하고, 상고비용은 패소자들이 부담하도록 하여, 관여 대법관의 일치된 의견으로 주문과 같이 판결한다.

▶ 대법관 이기택(재판장) 김용덕 김신(주심) 김소영

64 이혼시 재산분할의 실질이 증여라고 평가할 만한 특별한 사정이 있는 경우 증여세 과세대상

증여세부과처분취소 [대법원, 2016두58901, 2017. 9. 12.]

【판시사항】

이혼이 가장이혼으로서 무효가 되기 위한 요건 / 이혼이 가장이혼으로서 무효가 아닌 이상 이혼에 따른 재산분할은 원칙적으로 증여세 과세대상이 아닌지 여부(적극) 및 재산분할의 실질이 증여라고 평가할 만한 특별한 사정이 있는 경우 상당한 부분을 초과하는 부분에 한하여 증여세 과세대상이 될 수 있는지 여부(적극)

【판결요지】

법률상의 부부관계를 해소하려는 당사자 간의 합의에 따라 이혼이 성립한 경우 그 이혼에 다른 목적이 있다 하더라도 당사자 간에 이혼의 의사가 없다고 말할 수 없고, 이혼이 가장이혼으로서 무효가 되려면 누구나 납득할 만한 특별한 사정이 인정되어야 한다. 그리고 이혼에 따른 재산분할은 부부가 혼인 중에 취득한 실질적인 공동재산을 청산·분배하는 것을 주된 목적으로 하는 제도로서 재산의 무상이전으로 볼 수 없으므로 이혼이 가장이혼으로서 무효가 아닌 이상 원칙적으로 증여세 과세대상이 되지 않는다. 다만 민법 제839조의2 제2항의 규정 취지에 반하여 상당하다고 할 수 없을 정도로 과대하고 상속세나 증여세 등 조세를 회피하기 위한 수단에 불과하여 그 실질이 증여라고 평가할 만한 특별한 사정이 있는 경우에는 상당한 부분을 초과하는 부분에 한하여 증여세 과세대상이 될 수 있다.

【참조조문】

민법 제839조의2 제2항, 상속세 및 증여세법 제4조의2 제1항

【전문】

【원고, 상고인】

【원고, 상고인】

【피고, 피상고인】
반포세무서장(소송대리인 법무법인(유한) 동인 담당변호사 오지원 외 1인)

【원심판결】
서울고법 2016. 10. 20. 선고 2016누38183 판결

【주 문】

【주 문】
원심판결을 파기하고, 사건을 서울고등법원에 환송한다.

【이 유】

상고이유(상고이유서 제출기간이 경과한 후에 제출된 상고이유보충서의 기재는 상고이유를 보충하는 범위 내에서)를 판단한다.

1. 법률상의 부부관계를 해소하려는 당사자 간의 합의에 따라 이혼이 성립한 경우 그 이혼에 다른 목적이 있다 하더라도 당사자 간에 이혼의 의사가 없다고 말할 수 없고, 이혼이 가장이혼으로서 무효가 되려면 누구나 납득할 만한 특별한 사정이 인정되어야 한다. 그리고 이혼에 따른 재산분할은 부부가 혼인 중에 취득한 실질적인 공동재산을 청산·분배하는 것을 주된 목적으로 하는 제도로서 재산의 무상이전으로 볼 수 없으므로 그 이혼이 가장이혼으로서 무효가 아닌 이상 원칙적으로 증여세 과세대상이 되지 않는다. 다만 민법 제839조의2 제2항의 규정 취지에 반하여 상당하다고 할 수 없을 정도로 과대하고 상속세나 증여세 등 조세를 회피하기 위한 수단에 불과하여 그 실질이 증여라고 평가할 만한 특별한 사정이 있는 경우에는 그 상당한 부분을 초과하는 부분에 한하여 증여세 과세대상이 될 수 있다.

2. 원심판결 이유와 원심이 적법하게 채택한 증거에 의하면, 다음과 같은 사실을 알 수 있다.

가. 원고는 1982. 5. 24. 망 소외 1(이하 '망인'이라고 한다)과 혼인신고를 한 후 약 30년간 혼인생활을 하여 왔다. 혼인 당시 망인에게는 전처와 사이에서 낳은 소외 2 등 5명의 자녀가 있었고, 원고와 망인 사이에는 자녀가 없었다.

나. 원고는 2011. 3. 2. 전처의 자녀들인 소외 2 등과의 상속재산분쟁을 회피하기 위하여 당시 만 82세인 망인을 상대로 이혼 및 재산분할 청구소송을 제기하였다. 위 소송절차가 진행되던 중 2011. 4. 15. 원고와 망인 사이에 '원고와 망인은 이혼하되, 망인이 원고에게 재산분할로 현금 10억 원을 지급하고 액면금 40억 원의 약속어음금 청구채권을 양도한다'는 등의 내용으로 조정이 성립되어 그에 따라 현금지급 등이 모두 이행되었다.

다. 원고는 이혼 후에도 망인의 사망 시까지 망인의 수발을 들고 재산을 관리하면서 망인과 함께 종전과 같은 주소지에서 동거하였다. 망인은 이혼 후 약 7개월이 경과한 2011. 12. 1. 위암으로 사망하였다.

라. 피고는 원고가 망인의 사망 직전 가장이혼을 하고 재산분할 명목으로 재산을 증여받은 것으로 보아 2014. 2. 18. 원고에 대하여 증여세를 부과하는 이 사건 처분을 하였다.

3. 위와 같은 사실관계를 앞서 본 법리에 비추어 살펴보면, 이 사건 이혼은 법률상의 부부관계를 해소하려는 원고와 망인 간의 합의에 따라 성립된 것으로 보인다. 설령 그 이혼에 다른 목적이 있다 하더라도 원고와 망인에게 이혼의 의사가 없다고 할 수 없으며, 장차 망인이 사망했을 때 발생할 수 있는 소외 2 등과의 상속재산분쟁을 회피하기 위하여 원고와 망인이 미리 의견을 조율하여 망인의 사망이 임박한 시점에 이혼을 한 것으로 의심되는 사정이나, 이혼 후에도 원고가 망인과 동거하면서 사실혼 관계를 유지한 사정만으로는 이 사건 이혼을 가장이혼으로 인정하기 어렵다. 따라서 이 사건 재산분할은 원칙적으로 증여세 과세대상이 될 수

없고, 다만 그 재산분할이 민법 제839조의2 제2항의 규정 취지에 반하여 상당하다고 할 수 없을 정도로 과대하고 상속세나 증여세 등 조세를 회피하기 위한 수단에 불과하여 그 실질이 증여라고 평가할 수 있는 경우에 해당한다면, 그 상당한 부분을 초과하는 부분에 한하여 증여세 과세대상이 될 수 있을 뿐이다.

4. 그럼에도 원심은 이와 달리 이 사건 이혼이 법률상 이혼이라는 외형만을 갖춘 가장이혼에 해당한다고 잘못 전제한 후, 이 사건 재산분할이 상당한 정도를 넘는 과대한 것으로서 상속세나 증여세 등 조세를 회피하기 위한 수단에 불과한지에 관하여 심리하지 아니한 채 이 사건 처분이 적법하다고 판단하였다. 이러한 원심의 판단에는 가장이혼에 관한 법리를 오해하여 필요한 심리를 다하지 아니함으로써 판결에 영향을 미친 잘못이 있다. 이를 지적하는 상고이유 주장은 정당하다.

5. 그러므로 원심판결을 파기하고, 사건을 다시 심리·판단하게 하기 위하여 원심법원에 환송하기로 하여, 관여 대법관의 일치된 의견으로 주문과 같이 판결한다.

▶ 대법관 이기택(재판장) 박보영(주심) 김창석 김재형

65 완전포괄주의 증여과세의 한계

증여세부과처분취소 [대법원, 2015두40941, 2018. 12. 13.]

【판시사항】

[1] 구 상속세 및 증여세법 제33조부터 제42조까지 정해진 개별 증여재산가액산정 규정이 특정한 유형의 거래나 행위를 규율하면서 증여세 부과의 범위와 한계를 설정한 것으로 볼 수 있는 경우, 위 규정에서 증여세 부과대상이나 과세범위에서 제외된 거래나 행위가 구 상속세 및 증여세법 제2조 제3항의 증여의 개념에 해당한다면 증여세를 부과할 수 있는지 여부(소극)

[2] 구 상속세 및 증여세법 제41조의3에서 정한 '주식 또는 출자지분의 상장 등에 따른 이익'에 해당하는 금액을 증여재산가액으로 정하기 위한 요건 / 법인 설립 전 발기인이 자금을 증여받아 신설 법인의 주식을 인수한 경우, 이후 상장에 따른 이익에 대하여 구 상속세 및 증여세법 제41조의3 제1항을 유추하여 증여세를 부과할 수 있는지 여부(소극)

【판결요지】

[1] 어떤 거래나 행위가 구 상속세 및 증여세법(2007. 12. 31. 법률 제8828호로 개정되기 전의 것, 이하 '구 상속증여세법'이라 한다) 제2조 제3항에서 정한 증여의 개념에 해당하는 경우에는 원칙적으로 증여세를 부과할 수 있다. 그러나 납세자의 예측가능성을 보장하기 위하여 구 상속증여세법 제33조부터 제42조까지 정해진 개별 증여재산가액산정 규정이 특정한 유형

의 거래나 행위를 규율하면서 그중 일정한 거래나 행위만을 증여세 부과대상으로 한정하고 과세범위도 제한적으로 규정함으로써 증여세 부과의 범위와 한계를 설정한 것으로 볼 수 있는 경우에는, 그 규정에서 증여세 부과대상이나 과세범위에서 제외된 거래나 행위가 구 상속증여세법 제2조 제3항의 증여의 개념에 해당할 수 있더라도 증여세를 부과할 수 없다.

[2] 구 상속세 및 증여세법(2007. 12. 31. 법률 제8828호로 개정되기 전의 것, 이하 '구 상속증여세법'이라 한다) 제41조의3은 '주식 또는 출자지분의 상장 등에 따른 이익의 증여'에 관하여 정하고 있다. 위와 같은 이익에 해당하는 금액을 증여재산가액으로 정하기 위한 요건은 다음과 같다. 첫째, 증여자가 기업의 경영 등에 관한 미공개 정보를 이용할 수 있는 지위에 있다고 인정되는 최대주주 등이고, 수증자가 최대주주 등과 특수관계에 있을 것, 둘째, 특수관계인이 ① 최대주주 등으로부터 법인의 주식 등을 증여받거나 유상으로 취득할 것, 또는 ② 최대주주 등으로부터 증여받은 재산으로 최대주주 등 외의 자로부터 법인의 주식 등을 취득할 것, 셋째, 위 주식 등을 취득한 날부터 5년 이내에 주식 등이 한국증권거래소에 상장되는 등으로 일정 기준 이상의 이익을 얻을 것이다(제1항). 그 이익은 상장일 등으로부터 3월이 되는 날을 기준으로 계산한다(제2항). 이 규정의 입법 취지는 최대주주 등에 대한 특수관계인이 얻은 비상장주식의 상장이익에 대하여 증여세를 부과하여 최초 증여 또는 취득 당시 실현이 예견되는 부의 무상이전까지 과세함으로써 조세평등을 도모하려는 데에 있다. 이 규정의 문언을 보면, 이 규정은 특수관계인이 법인의 주식 등을 증여받거나 유상으로 취득한 경우에 그 주식 등의 상장 등에 따른 이익을 증여재산으로 정하고 있을 뿐이고, 법인 설립 전 발기인이 자금을 증여받아 신설 법인의 주식을 인수한 경우에 대해서까지 규율한 것이라고 볼 수는 없다. 구 상속증여세법 제41조의3 제1항은 그 규정에서 상세히 정한 법인의 주식 취득 등에 대해서만 적용되고, 그 밖에 법인 설립 전 발기인의 주식 인수 등 다른 유형의 주식 취득에 대해서는 이후 상장으로 이익을 얻더라도 증여세를 부과하지 않도록 한계를 정하였다고 봄이 타당하다. 이러한 결론은 이 규정의 내용과 문언, 입법 취지, 법인 설립 전 발기인의 주식 인수와 설립 이후 미공개 경영 정보를 이용한 주식 취득 사이의 성질상 차이, 납세자의 예측가능성 등을 종합하여 도출할 수 있다. 따라서 이 규정의 적용 요건에 해당하지 않는 주식의 취득 등에 대해서는 위 규정을 유추하여 증여세를 부과할 수 없다.

【참조조문】

[1] 구 상속세 및 증여세법(2007. 12. 31. 법률 제8828호로 개정되기 전의 것) 제2조 제1항(현행 제4조 제1항 참조), 제3항(현행 제2조 제6호 참조), 제33조, 제34조, 제35조, 제36조, 제37조, 제38조, 제39조, 제39조의2, 제39조의3, 제40조, 제41조(현행 제45조의5), 제41조의3, 제41조의4, 제41조의5, 제42조(현행 제42조, 제42조의2, 제42조의3 참조)

[2] 구 상속세 및 증여세법(2007. 12. 31. 법률 제8828호로 개정되기 전의 것) 제2조 제1항(현행 제4조 제1항 참조), 제3항(현행 제2조 제6호 참조), 제41조의3

【참조판례】

[1]

[2] 대법원 2017. 3. 30. 선고 2016두55926 판결(공2017상, 899), 대법원 2017. 9. 21. 선고 2017두35691 판결 [1] 대법원 2015. 10. 15. 선고 2013두13266 판결(공2015하, 1683), 대법원 2015. 10. 29. 선고 2014두1864 판결, 대법원 2015. 12. 23. 선고 2014두40722 판결

【전문】

【원고, 피상고인】

【원고, 피상고인】

【피고, 상고인】
성남세무서장 (소송대리인 법무법인(유한) 태평양 담당변호사 조일영 외 2인)

【원심판결】
서울고법 2015. 3. 25. 선고 2014누67095 판결

【주 문】

【주 문】
상고를 기각한다. 상고비용은 피고가 부담한다.

【이 유】
상고이유(상고이유서 제출기간이 지난 다음 제출된 상고이유보충서 등은 이를 보충하는 범위에서)를 판단한다.

1. 이 사건 쟁점은 신설 법인의 최대주주로 예정되어 있는 자의 특수관계인이 증여받은 자금으로 신설 법인 발행주식을 인수한 경우 그 주식의 상장에 따른 이익이 구 상속세 및 증여세법(2007. 12. 31. 법률 제8828호로 개정되기 전의 것, 이하 '구 상속증여세법'이라 한다) 제2조 제3항, 제41조의3에 따른 증여세 부과대상인지 여부이다.

어떤 거래나 행위가 구 상속증여세법 제2조 제3항에서 정한 증여의 개념에 해당하는 경우에는 원칙적으로 증여세를 부과할 수 있다. 그러나 납세자의 예측가능성을 보장하기 위하여 구 상속증여세법 제33조부터 제42조까지 정해진 개별 증여재산가액산정 규정이 특정한 유형의 거래나 행위를 규율하면서 그중 일정한 거래나 행위만을 증여세 부과대상으로 한정하고 과세범위도 제한적으로 규정함으로써 증여세 부과의 범위와 한계를 설정한 것으로 볼 수 있는 경우에는, 그 규정에서 증여세 부과대상이나 과세범위에서 제외된 거래나 행위가 구 상속증여세법 제2조 제3항의 증여의 개념에 해당할 수 있더라도 증여세를 부과할 수 없다(대법원 2015. 10. 15. 선고 2013두13266 판결 등 참조).

구 상속증여세법 제41조의3은 '주식 또는 출자지분의 상장 등에 따른 이익의 증여'에 관하여 정하고 있다. 위와 같은 이익에 해당하는 금액을 증여재산가액으로 정하기 위한 요건은 다음

과 같다. 첫째, 증여자가 기업의 경영 등에 관한 미공개 정보를 이용할 수 있는 지위에 있다고 인정되는 최대주주 등이고, 수증자가 최대주주 등과 특수관계에 있을 것, 둘째, 특수관계인이 ① 최대주주 등으로부터 법인의 주식 등을 증여받거나 유상으로 취득할 것, 또는 ② 최대주주 등으로부터 증여받은 재산으로 최대주주 등 외의 자로부터 법인의 주식 등을 취득할 것, 셋째, 위 주식 등을 취득한 날부터 5년 이내에 주식 등이 한국증권거래소에 상장되는 등으로 일정 기준 이상의 이익을 얻을 것이다(제1항). 그 이익은 상장일 등으로부터 3월이 되는 날을 기준으로 계산한다(제2항).

이 규정의 입법 취지는 최대주주 등에 대한 특수관계인이 얻은 비상장주식의 상장이익에 대하여 증여세를 부과하여 최초 증여 또는 취득 당시 실현이 예견되는 부의 무상이전까지 과세함으로써 조세평등을 도모하려는 데에 있다(대법원 2017. 3. 30. 선고 2016두55926 판결 등 참조). 이 규정의 문언을 보면, 이 규정은 특수관계인이 법인의 주식 등을 증여받거나 유상으로 취득한 경우에 그 주식 등의 상장 등에 따른 이익을 증여재산으로 정하고 있을 뿐이고, 법인 설립 전 발기인이 자금을 증여받아 신설 법인의 주식을 인수한 경우에 대해서까지 규율한 것이라고 볼 수는 없다.

구 상속증여세법 제41조의3 제1항은 그 규정에서 상세히 정한 법인의 주식 취득 등에 대해서만 적용되고, 그 밖에 법인 설립 전 발기인의 주식 인수 등 다른 유형의 주식 취득에 대해서는 이후 상장으로 이익을 얻더라도 증여세를 부과하지 않도록 한계를 정하였다고 봄이 타당하다. 이러한 결론은 이 규정의 내용과 문언, 입법 취지, 법인 설립 전 발기인의 주식 인수와 설립 이후 미공개 경영 정보를 이용한 주식 취득 사이의 성질상 차이, 납세자의 예측가능성 등을 종합하여 도출할 수 있다. 따라서 이 규정의 적용 요건에 해당하지 않는 주식의 취득 등에 대해서는 위 규정을 유추하여 증여세를 부과할 수 없다.

2. 원심은, 원고가 주식회사 락앤락의 법인 설립 시 최대주주로 예정되어 있던 소외인으로부터 증여받은 돈으로 발기인으로서 취득한 최초 발행주식과 관련해서는 구 상속증여세법 제41조의3을 적용하거나 유추적용할 수 없다고 판단하였다. 이러한 판단은 위에서 본 법리에 기초한 것으로서 정당하다. 원심의 판단에 상고이유 주장과 같이 증여세 완전포괄주의에 따른 증여재산가액의 산정방법, 구 상속증여세법 제41조의3의 요건이나 그 유추적용에 관한 법리를 오해한 잘못이 없다.

3. 그러므로 상고를 기각하고 상고비용은 패소자가 부담하도록 하여, 대법관의 일치된 의견으로 주문과 같이 판결한다.

▶ 대법관 이동원(재판장) 조희대 김재형(주심) 민유숙

66 공익법인에 출연한 동일내국법인 주식에 대한 증여세 과세

증여세부과처분취소 [대법원 2017. 4. 20., 선고, 2011두21447, 전원합의체 판결]

【판시사항】

[1] 구 상속세 및 증여세법 제48조 제1항의 입법 취지 및 구 상속세 및 증여세법 시행령 제13조 제4항 제1호에서 정한 '출연자 및 그와 특수관계에 있는 자가 보유하고 있는 주식의 합계가 가장 많은 내국법인'에 해당하는지 판단하는 기준 시점(=주식이 출연된 후의 시점)

[2] 구 상속세 및 증여세법 시행령 제19조 제2항 제4호에서 정한 '재산을 출연하여 비영리법인을 설립한 자'의 의미

【판결요지】

[1] [다수의견] 구 상속세 및 증여세법(2007. 12. 31. 법률 제8828호로 개정되기 전의 것, 이하 '법'이라고 한다) 제48조 제1항과 제16조 제2항 단서의 규정을 종합하여 보면, 공익법인에 출연된 내국법인의 주식이 내국법인 발행주식 총수의 100분의 5를 초과하는 경우라고 하더라도 출연된 주식에 대하여 증여세를 부과하기 위해서는 출연자와 내국법인 사이에 '특수관계'가 인정되어야 한다.

이와 관련하여 위 단서 규정의 위임에 따른 구 상속세 및 증여세법 시행령(2003. 12. 30. 대통령령 제18177호로 개정되기 전의 것, 이하 '시행령'이라고 한다) 제13조 제4항은 "법 제16조 제2항 단서에서 '당해 공익법인의 출연자와 특수관계에 있지 아니하는 내국법인'이라 함은 다음 제1호 및 제2호에 해당하지 아니하는 내국법인을 말한다."라고 규정하고 있고, 제1호에서는 '출연자 또는 그와 특수관계에 있는 자(출연자와 제6항 각 호의 1의 관계에 있는 자를 말하되, 당해 공익법인을 제외한다)가 주주이거나 임원의 현원 중 5분의 1을 초과하는 내국법인'이라는 요건(이하 '주주 요건'이라고 한다)과 '출연자 및 그와 특수관계에 있는 자(출연자와 제6항 각 호의 1의 관계에 있는 자를 말한다)가 보유하고 있는 주식의 합계가 가장 많은 내국법인'이라는 요건(이하 '최대주주 요건'이라고 한다)을 모두 갖춘 내국법인을 '당해 공익법인의 출연자와 특수관계에 있는 내국법인'으로 규정하고 있다.

법 제48조 제1항의 입법 취지가 내국법인 주식의 출연 전에 '내국법인의 최대주주였던 자'의 출연을 규제하고자 하는 것이라면 '최대주주 요건'을 주식이 출연되기 전의 시점을 기준으로 판단하여야 하고, 주식의 출연 후에 '내국법인의 최대주주가 되는 자'의 출연을 규제하고자 하는 것이라면 '최대주주 요건'을 주식이 출연된 후의 시점을 기준으로 판단하여야 한다.

공익법인에 출연한 주식이 '출연자 및 그와 특수관계에 있는 자(이하 '출연자 등'이라고 한다)가 보유하고 있는 주식의 합계가 가장 많은 내국법인'의 주식인 경우에는, 내국법인에 대한 지배력을 바탕으로 배당 등에 관한 영향을 통하여 공익법인에 영향을 미침으로써 공익법인을 내국법인에 대한 지배수단으로 이용할 수 있으면서도 이러한 공익법인에 대한 주식 출연의 방법으로 상속세 또는 증여세를 회피할 수 있으므로, 이러한 폐해를 방지하고자 이와 같은 규

정을 두게 된 것으로 이해된다.

따라서 '최대주주 요건'에 해당하는지는 주식이 출연되기 전의 시점이 아닌 줄연된 후의 시점을 기준으로 판단하여야 한다. 비록 주식이 출연되기 전에 최대주주였다고 하더라도 출연에 따라 최대주주로서의 지위를 상실하게 되었다면 출연자는 더 이상 내국법인에 대한 지배력을 바탕으로 공익법인에 영향을 미칠 수 없고 공익법인을 내국법인에 대한 지배수단으로 이용할 수 없기 때문이다.

[대법관 김용덕, 대법관 김소영, 대법관 박상옥의 반대의견] 법 제48조 제1항 단서는 다수의견이 이해하는 바와 같이 공익법인을 이용한 기업의 간접적 지배구조의 형성 자체를 차단하고자 하는 것이 아니라, 출연자기 기존에 지배하고 있던 특징한 기입의 주식을 출연함으로써 공익법인을 특정기업의 간접적 승계의 수단으로 이용하는 경우에만 증여세를 과세하도록 규정하고 있음이 명확하다. 다시 말하면, 종전에는 증여세가 비과세되는 출연한도를 발행주식 총수의 5%로 정하였다가, '5%를 초과하나 출연자가 최대주주는 아닌 경우'까지로 완화하여 비과세 한도를 높여 준 것이다.

따라서 법 제48조 제1항과 관련한 주주 요건과 최대주주 요건의 판단 기준시점은 주식의 출연 당시라고 볼 수밖에 없다. 법 문언이 "출연자와 '특수관계에 있지 아니하는' 내국법인의 주식 등을 '출연하는' 경우"라고 규정하여 출연 당시를 기준으로 출연자와 내국법인 사이의 특수관계 유무를 판단하도록 규정한 것은 이러한 취지를 정확히 반영한 것이고, 따라서 최대주주 요건이 충족되었는지를 다수의견과 같이 주식이 출연된 이후의 시점을 기준으로 판단할 여지는 없다.

[2] [다수의견] 공익법인에 주식 출연 시 비과세 혜택을 받기 위해서는 출연자 등이 내국법인의 최대주주에 해당하지 않아야 하는데, 주식이 출연된 후의 시점에서 최대주주 여부를 판단할 때에는 내국법인의 주식을 출연받은 '당해 공익법인'이 출연자와 특수관계에 있는 자에 해당하는지도 따져보아야 한다. 이와 관련하여 구 상속세 및 증여세법 시행령(2003. 12. 30. 대통령령 제18177호로 개정되기 전의 것, 이하 '시행령'이라고 한다) 제13조 제6항 제3호에 따라 준용되는 시행령 제19조 제2항 제4호는 '주식 출연자 등이 이사의 과반수를 차지하거나 재산을 출연하여 설립한 비영리법인'을 출연자와 특수관계에 있는 자로 규정하고 있다.

위 규정들의 문언에 따르면 '당해 공익법인'도 비영리법인에 당연히 포함되므로, 위 규정들의 요건에 해당하는 경우에는 '출연자와 특수관계에 있는 비영리법인'이 될 수 있다. 시행령 제13조 제4항 제1호에서도 최대주주 요건과 관련된 특수관계에 있는 자의 범위에 당해 공익법인을 포함시킴으로써 이러한 점을 명확히 하고 있다. 따라서 '주식 출연자 등이 당해 공이법인 이사의 과반수를 차지'하거나 당해 공익법인이 '주식 출연자 등이 재산을 출연하여 설립한 공익법인'에 해당한다면 출연자와 특수관계에 있는 자에 해당하게 되므로, 그 경우에는 출연으로 인하여 당해 공익법인이 보유하게 된 주식은 물론 출연 당시 당해 공익법인이 이미 보유하고 있던 내국법인의 주식을 포함시켜 최대주주에 해당하는지를 판단하여야 한다.

조세법규의 해석 원칙과 입법 취지, 시행령 제19조 제2항 제4호의 입법 연혁, 특수관계에 있는 비영리법인의 범위를 정한 다른 조세법규의 내용, 정관작성이나 이사선임 등의 설립행위가 공익법인의 운영과정에 미치는 영향력 등을 종합적으로 고려하면, 시행령 제19조 제2항 제4호에서 정한 '재산을 출연하여 비영리법인을 설립한 자'란 비영리법인의 설립을 위하여 재산을 출연하고 정관작성, 이사선임, 설립등기 등의 과정에서 비영리법인의 설립에 실질적으로 지배적인 영향력을 행사한 자를 의미하는 것으로 보아야 한다.

다만 주식 출연자가 비영리법인의 설립에 실질적으로 지배적인 영향력을 행사하였는지는 반드시 발기인 등의 지위에서 정관작성 또는 이사선임 과정 등에 참여한 경우로 한정할 것은 아니고 정관작성이나 이사선임에서 출연자의 관여 정도 등과 같이 그 실질을 따져 판단하여야 하며, 설립 이후 주식 출연자의 행태 등을 통하여 이를 추단할 수도 있다.

[대법관 김용덕, 대법관 김소영, 대법관 박상옥의 반대의견] 출연자와 공익법인 사이의 특수관계를 가리는 요건으로서 시행령 제19조 제2항 제4호에 정한 '재산을 출연하여 설립한 비영리법인'은 출연자가 재산을 출연함으로써 설립에 이른 비영리법인을 의미한다.

시행령 제19조 제2항 제4호의 '재산을 출연하여 설립한'이라는 문언을 다수의견과 같이 '출연행위를 하고 정관작성, 최초 이사선임, 설립등기 등의 과정에서 그 공익법인의 설립에 지배적인 영향력을 행사한 점이 인정되는 경우'로 해석할 근거가 없다. 위 시행령 조항의 '출연하여 설립한'의 의미는 출연에 중점을 두어 특수관계의 유무를 판단하도록 한 것이라는 데에서 찾아야 하고, 출연자가 '재산을 출연하여 설립에 이르게 된' 법인이라면 특수관계자에 해당한다고 보아야 한다.

출연자가 공익법인의 설립 당시에 정관작성, 최초 이사선임 등에 관여하지 않았다고 해서 언제나 공익법인을 지배할 여지가 없다고 볼 수는 없다. 민법 등 관계 법령에 따라 출연자가 이미 설립되어 있던 공익법인의 이사장이나 이사 지위를 차지함으로써 공익법인을 지배하는 것이 충분히 가능하고, 현실적으로도 그와 같은 공익법인의 지배력 이전이 엄연히 일어나고 있다. 이러한 경우에 출연자가 공익법인을 지배할 여지가 없어 간접적 기업 승계가 불가능하다고 볼 수는 없다.

【참조조문】

[1] 구 상속세 및 증여세법(2007. 12. 31. 법률 제8828호로 개정되기 전의 것) 제16조 제2항, 제48조 제1항, 구 상속세 및 증여세법 시행령(2003. 12. 30. 대통령령 제18177호로 개정되기 전의 것) 제13조 제4항 제1호

[2] 구 상속세 및 증여세법 시행령(2003. 12. 30. 대통령령 제18177호로 개정되기 전의 것) 제13조 제4항 제1호, 제6항 제3호, 제19조 제2항 제4호

【전문】

【원고, 상고인】
재단법인 구원장학재단(소송대리인 법무법인 충정 외 1인)

【피고, 피상고인】
수원세무서장(소송대리인 변호사 조인호)

【원심판결】
서울고법 2011. 8. 19. 선고 2010누26003 판결

【주 문】
원심판결을 파기하고, 사건을 서울고등법원에 환송한다.

【이 유】
상고이유(상고이유서 제출기간이 지난 후에 제출된 각 상고이유보충서 등의 기재는 상고이유를 보충하는 범위 내에서)를 판단한다.

1. 가. 구 상속세 및 증여세법(2007. 12. 31. 법률 제8828호로 개정되기 전의 것, 이하 '법'이라고 한다) 제48조 제1항 본문은 '공익법인이 출연받은 재산'에 대하여는 증여세를 부과하지 아니한다고 규정하고 있다. 이는 공익법인의 활동을 조세정책적 차원에서 지원하기 위한 규정으로서, 공익법인이 영위하는 공익사업은 원래 국가 또는 지방자치단체가 수행하여야 할 업무라는 점을 고려한 것이다.

그런데 법 제48조 제1항 단서는 '공익법인이 내국법인의 주식을 출연받은 경우 출연받은 주식 등이 당해 내국법인의 의결권 있는 발행주식 총수의 100분의 5를 초과하는 경우'에는 증여세를 부과하도록 규정하고 있다. 공익법인에 출연한 재산에 대하여 증여세를 부과하지 않는 점을 틈타서 공익법인에 대한 주식 출연의 방법으로 공익법인을 내국법인에 대한 지배수단으로 이용하면서도 상속세 또는 증여세를 회피하는 것을 막기 위한 것이다.

한편 법 제48조 제1항 단서는 그 괄호 안에서 '법 제16조 제2항 각 호 외의 부분 단서(이하 '제16조 제2항 단서'라고만 한다)의 규정에 해당하는 경우를 제외한다'고 규정함으로써 법 제48조 제1항 단서 규정에 의하여 증여세가 부과되는 범위를 제한하고 있다. 즉 법 제16조 제2항 단서는 '공익법인에 출연자와 특수관계에 있지 아니하는 내국법인의 주식을 출연하는 경우'에는 증여세가 부과되지 않도록 규정하고 있다. 내국법인의 의결권 있는 발행주식 총수의 100분의 5를 초과하는 주식을 공익법인에 출연하더라도, 공익법인에 대한 주식 출연의 방법으로 공익법인을 내국법인에 대한 지배수단으로 이용할 우려가 없는 경우에는 다시 원칙으로 돌아가 증여세를 부과하지 않으려고 하는 것이다.

나. 앞서 본 법 제48조 제1항과 제16조 제2항 단서의 규정을 종합하여 보면, 출연된 내국법인의 주식이 그 내국법인 발행주식 총수의 100분의 5를 초과하는 경우라고 하더라도 출연된 주식에 대하여 증여세를 부과하기 위해서는 그 출연자와 내국법인 사이에 '특수관계'가 인정되어야 한다.

이와 관련하여 위 단서 규정의 위임에 따른 구 상속세 및 증여세법 시행령(2003. 12. 30. 대통령령 제18177호로 개정되기 전의 것, 이하 '시행령'이라고 한다) 제13조 제4항은 "법 제16조 제2항 단서에서 '당해 공익법인의 출연자와 특수관계에 있지 아니하는 내국법인'이라 함은 다음 제1호 및 제2호에 해당하지 아니하는 내국법인을 말한다."라고 규정하고 있고, 제1호에서는 '출연자 또는 그와 특수관계에 있는 자(출연자와 제6항 각 호의 1의 관계에 있는 자를 말하되, 당해 공익법인을 제외한다)가 주주이거나 임원의 현원 중 5분의 1을 초과하는 내국법인'이라는 요건(이하 '주주 요건'이라고 한다)과 '출연자 및 그와 특수관계에 있는 자(출연자와 제6항 각 호의 1의 관계에 있는 자를 말한다)가 보유하고 있는 주식의 합계가 가장 많은 내국법인'이라는 요건(이하 '최대주주 요건'이라고 한다)을 모두 갖춘 내국법인을 '당해 공익법인의 출연자와 특수관계에 있는 내국법인'으로 규정하고 있다.

그러므로 위와 같은 '주주 요건'과 '최대주주 요건'을 모두 갖추어야 출연자와 내국법인 사이에 '특수관계'가 있다고 볼 수 있고, 그러한 경우에 비로소 공익법인에 출연된 내국법인의 주식에 대하여 증여세를 부과할 수 있는 것이다.

다. 공익법인은 '종교·자선·학술 기타 공익을 목적으로 하는 사업을 영위하는' 법인이다(법 제16조 제1항). '공익을 목적으로 하는 사업'은 사회 구성원의 적극적인 참여가 있을 때 보다 성숙하고 완전한 모습으로 실현될 수 있는데, 공익법인은 여기서 중요한 역할을 담당한다. 이러한 인식에서 조세법은 오랫동안 공익법인에 재산을 출연하는 것에 대하여는 출연재산의 종류를 묻지 않고 과세를 하지 않았던 것이다. 따라서 공익법인에 대한 출연행위를 과세대상으로 하여, 통상적인 증여와 마찬가지로 최고 50%에 이르는 무거운 세율을 적용한 증여세를 수증자인 공익법인에게 부담시키기 위해서는 그에 합당한 근거가 뒷받침되어야 한다.

그런데 주식 출연행위에 대해서만 법 제48조 제1항 단서를 신설하여 증여세를 부과하게 된 것은 일부 대기업이 상속세나 증여세를 회피하면서 공익법인을 내국법인에 대한 지배수단으로 악용하는 현상이 발생하자 이를 막기 위한 방책에서 비롯된 것이다. 이는 악용사례에 대한 예외적 대책이라 할 수 있다. 예외적 대책은 그 폐해를 막기 위하여 필요한 범위 내에서 적용되어야 한다. 공익법인에 대한 주식 출연행위 자체를, 상속세나 증여세를 회피하면서 내국법인에 대한 지배수단으로 악용하는 것이라고 함부로 낙인찍거나 추정해서는 아니 된다. 이 같은 잘못된 인식에 기초한 법 해석은 합헌적 해석의 테두리를 벗어날 위험이 크다. 오히려 현금 출연이 아닌 주식 출연의 방법이 공익법인의 견실한 재정적 기초를 위하여 긴요할 수도 있다.

그렇다면 법 제48조 제1항 단서는, 상속세나 증여세를 회피하면서 내국법인에 대한 지배수단으로 악용할 가능성이 큰 주식 출연행위와 그렇지 않은 주식 출연행위를 합리적이고 조화롭게 구분해 낼 수 있는 방향으로 해석되어야 한다.

2. 출연자가 공익법인에 내국법인의 주식을 출연하는 경우 출연과 동시에 출연자 자신이 보유하는 내국법인 주식의 합계는 출연한 주식의 수만큼 감소하고 공익법인이 보유하는 내국법인 주식의 합계는 출연받은 주식의 수만큼 증가한다.

그런데 '최대주주 요건'은 출연자가 보유하고 있는 주식 및 그와 특수관계에 있는 자가 보유하고 있는 주식의 합계로서 결정되고, 출연자와 특수관계에 있는 자의 범위에서 출연을 받은 당해 공익법인도 제외되지 않는다. 시행령 제13조 제6항 제3호, 제19조 제2항 제4호에 의하면 시행령 제19조 제2항 제1호 내지 제3호의 자(이하 '주식 출연자 등'이라고 한다)가 공익법인 이사의 과반수를 차지하거나 그 공익법인이 주식 출연자 등이 재산을 출연하여 설립한 공익법인에 해당하면 그 공익법인도 출연자와 특수관계에 있는 자에 해당한다. 따라서 출연자와 주식을 출연받은 공익법인이 이러한 특수관계에 있으면 공익법인이 출연받은 결과 보유하게 된 내국법인 주식이나 출연 당시 이미 보유하고 있던 내국법인 주식이 '최대주주 요건'을 결정하는 주식의 수에 포함된다.

그러므로 출연자와 주식을 출연받은 공익법인 사이에 특수관계가 있는지, 어느 시점에 그러한 특수관계가 있게 되었는지에 따라 '최대주주 요건'에 해당하는지 여부가 달라질 수 있다. 이에 따라 '최대주주 요건'을 어느 시점을 기준으로 판단하느냐에 따라 출연자가 출연 전에 내국법인의 최대주주였다고 하더라도 출연 후에 최대주주가 되지 않을 수도 있고 출연 전에 최대주주가 아니었다고 하더라도 출연 후에 최대주주가 될 수도 있다.

가. 법 제48조 제1항의 입법 취지가 내국법인 주식의 출연 전에 그 '내국법인의 최대주주였던 자'의 출연을 규제하고자 하는 것이라면 '최대주주 요건'을 주식이 출연되기 전의 시점을 기준으로 판단하여야 하고, 주식의 출연 후에 그 '내국법인의 최대주주가 되는 자'의 출연을 규제하고자 하는 것이라면 '최대주주 요건'을 주식이 출연된 후의 시점을 기준으로 판단하여야 한다. 공익법인에 출연한 주식이 '출연자 및 그와 특수관계에 있는 자(이하 '출연자 등'이라고 한다)가 보유하고 있는 주식의 합계가 가장 많은 내국법인'의 주식인 경우에는, 내국법인에 대한 지배력을 바탕으로 배당 등에 관한 영향을 통하여 그 공익법인에 영향을 미침으로써 공익법인을 내국법인에 대한 지배수단으로 이용할 수 있으면서도 이러한 공익법인에 대한 주식 출연의 방법으로 상속세 또는 증여세를 회피할 수 있으므로, 이러한 폐해를 방지하고자 이와 같은 규정을 두게 된 것으로 이해된다.

따라서 '최대주주 요건'에 해당하는지 여부는 주식이 출연되기 전의 시점이 아닌 출연된 후의 시점을 기준으로 판단하여야 한다. 비록 주식이 출연되기 전에 최대주주였다고 하더라도 그 출연에 따라 최대주주로서의 지위를 상실하게 되었다면 출연자는 더 이상 내국법인에 대한 지배력을 바탕으로 공익법인에 영향을 미칠 수 없고 공익법인을 내국법인에 대한 지배수단으로 이용할 수 없기 때문이다.

이와 달리 '최대주주 요건'에 해당하는지 여부를 주식이 출연되기 전의 시점을 기준으로 판단하게 되면, 출연 전에 출연자 등이 내국법인의 최대주주였던 이상 증여세가 부과되어야 하고, 나아가 출연 후에 공익법인을 내국법인에 대한 지배수단으로 이용할 수 있는 사정이 있는지를 살펴볼 여지가 없게 된다. 이는 출연 전에 출연자 등이 내국법인의 최대주주였던 이상 공익법인을 내국법인에 대한 지배수단으로 악용하는 것으로 간주하는 결과가 된다. 이러한 해석은 합리적이라고 볼 수 없을 뿐만 아니라 입법 취지에도 어긋나며 합헌적 해석의 한계를 크게 벗어나는 것이라고 할 수 있다.

또한 이러한 판단 기준에 따르면 출연을 하면서 비로소 출연자와 공익법인 사이에 특수관계가 성립되어 공익법인이 이미 보유하고 있던 주식과 합하여 출연자 등이 내국법인의 최대주주가 되어 내국법인에 대한 지배력을 바탕으로 공익법인에 영향을 미침으로써 공익법인을 내국법인에 대한 지배수단으로 이용할 수 있게 되었는데도 출연 전에 출연자 등이 내국법인의 최대주주가 아니었다는 사정만으로 증여세를 부과할 수 없게 된다. 그 결과 공익법인에 대한 주식 출연의 방법으로 상속세 또는 증여세를 회피할 수 있게 되어 입법 취지를 관철할 수 없게 된다.

그러므로 법 제48조 제1항의 입법 취지는 주식의 출연 전에 '내국법인의 최대주주였던 자'의 출연을 규제하고자 하는 것이 아니라 주식의 출연 후에 '내국법인의 최대주주가 되는 자'의 출연을 규제하고자 하는 것으로 이해된다.

나. '내국법인의 최대주주였던 자'의 출연을 규제하고자 하는 것이 아니라 '내국법인의 최대주주가 되는 자'의 출연을 규제하고자 하는 것이라는 점은 법 제48조 제1항 단서의 규정과 법 제48조 제11항의 규정에서도 확인된다.

(1) 법 제48조 제1항 단서는 '공익법인이 내국법인의 주식을 출연받은 경우로서, 출연받은 주식과 출연자가 출연할 당시 당해 공익법인이 보유하고 있는 동일한 내국법인의 주식, 출연자 및 그와 특수관계에 있는 자가 당해 공익법인 외의 다른 공익법인에 출연한 동일한 내국법인의 주식을 합한 것이 당해 내국법인의 의결권 있는 발행주식 총수의 100분의 5를 초과하는 경우'에는 증여세를 부과하도록 규정하고 있다.

이는 공익법인이 출연을 받은 후의 시점에서, 그 '출연받은 주식과 출연자가 출연할 당시 당해 공익법인이 보유하고 있는 동일한 내국법인의 주식 등을 합한 것이 그 내국법인 발행주식 총수의 100분의 5를 초과하는 경우'를 과세요건으로 정한 것이다.

이처럼 과세요건을 출연한 후의 시점을 기준으로 정하고 있다면, 그 적용을 배제하는 비과세요건인 법 제16조 제2항 단서 규정 역시 출연한 후의 시점을 기준으로 정하고 있다고 보아야 한다. 따라서 출연자와 내국법인 사이에 특수관계에 있는지를 결정하는 기준으로서의 '최대주주 요건'은 출연하기 전의 시점이 아니라 출연한 후의 시점을 기준으로 판단하여야 한다.

그리고 위 단서 규정이 정하고 있는 다른 비과세요건인 '법 제49조 제1항 각 호 외의 부분 단서에 해당하는 공익법인'이라는 요건은 뒤에서 보는 바와 같이 주식 출연자 등이 공익법인 이사 현원의 5분의 1을 초과하지 아니하는 경우에만 충족된다. 이러한 요건도 주식을 출연하기 전의 시점이 아니라 출연한 후의 시점을 기준으로 판단하여야 출연자에 의한 공익법인의 지배를 규제하고자 하는 입법 취지에 부합할 것이다. 따라서 같은 단서 규정이 정하고 있는 '출연자와 특수관계에 있지 아니하는 내국법인의 주식'이라는 요건 또한 같은 시점에 충족되어야 한다고 보아야 한다. 이 점에서도 위 요건이 구체적으로 규정된 '최대주주 요건'을 주식이 출연된 후의 시점을 기준으로 판단하여야 하는 것이 옳다는 것을 확인할 수 있다.

(2) 법 제48조 제11항은 '제16조 제2항 단서에 해당하는 공익법인이 당해 출연자와 특수관계에 있는 내국법인의 주식을 당해 법인의 발행주식 총수의 100분의 5를 초과하여 보유하게 된 때에는 제48조 제1항의 규정에 의하여' 증여세를 부과하도록 규정하고 있다. 이는 공익법인이 주식을 출연받은 때에는 법 제16조 제2항 단서가 규정하는 비과세요건을 충족하였으나 그 후 비과세요건을 충족하지 못하게 되는 때에는 공익법인이 내국법인의 지배수단으로 악용될 수 있다는 우려가 현실화된 것으로 보아 증여세를 부과하도록 한 것이다.

출연자가 공익법인에 내국법인의 주식을 출연할 당시에는 공익법인 이사의 과반수를 차지하지 아니하여 출연자와 공익법인 사이에 특수관계가 없었으나 그 후 기존의 이사들로부터 공익법인에 대한 지배력을 이전받아 출연자 및 그의 친족·사용인 등이 공익법인 이사의 과반수를 차지한 때에는 그 시점에서 출연자와 공익법인 사이에 특수관계가 있게 된다.

그에 따라 출연자의 출연으로 인하여 공익법인이 보유하게 되었던 내국법인의 주식뿐만 아니라 출연 당시 공익법인이 이미 보유하고 있던 내국법인의 주식까지 '최대주주 요건'을 결정하는 주식의 수에 포함되게 된다. '최대주주 요건'을 충족하게 되면 그 시점에서 법 제48조 제11항이 적용되어 공익법인에 증여세가 부과된다. '내국법인의 최대주주였던 자'의 출연이 아니라 '내국법인의 최대주주가 되는 자'의 출연을 규제하고자 하는 것임을 의미한다.

(가) 출연 전에 출연자 등이 내국법인의 최대주주가 아니었으나 출연 당시 공익법인이 보유하고 있던 내국법인의 주식을 합하면 최대주주가 되는 경우를 상정한다.

출연을 하면서 출연자 등이 공익법인 이사의 과반수를 차지하여 출연자와 공익법인 사이에 특수관계가 있게 된 경우, '최대주주 요건'을 주식이 출연된 후의 시점을 기준으로 판단하면 출연자의 출연으로 인하여 공익법인이 보유하게 된 내국법인의 주식뿐만 아니라 공익법인이 출연 당시 이미 보유하고 있던 내국법인의 주식까지 '최대주주 요건'을 결정하는 주식의 수에 포함되어 최대주주가 되는 결과 증여세가 부과된다. 반면에 '최대주주 요건'을 주식이 출연되기 전의 시점을 기준으로 판단하면 출연으로 인하여 공익법인이 보유하게 된 내국법인의 주식은 출연자 자신이 출연 전에 보유한 주식으로서 '최대주주 요건'을 결정하는 주식의 수에 포함되나 공익법인이 출연 당시 이미 보유하고 있던 내국법인의 주식은 포함되지 않게 되어 최대주주가 될 수 없는 결과 증여세가 부과되지 않는다.

따라서 '최대수수 요건'을 주식이 출연되기 전의 시점을 기준으로 판단하면, 출연자 등이 출연을 하면서 공익법인 이사의 과반수를 차지하여 특수관계가 있게 된 경우에는 과세할 수 없는 반면, 출연 당시에는 출연자와 공익법인 사이에 이러한 특수관계가 없었으나 그 후에 공익법인 이사의 과반수를 차지함으로써 특수관계가 있게 된 경우에는 과세할 수 있다는 이상한 결과가 생겨난다. 즉 출연을 하면서 최대주주가 된 경우에는 납세의무가 성립하지 않는 반면, 출연 당시에는 최대주주가 아니었으나 그 후 최대주주가 된 경우에는 납세의무가 성립하는 것이 된다. 법 제48조 제11항은 '최대주주 요건'을 주식이 출연된 후의 시점을 기준으로 판단함을 전제로 규정하고 있는데도, 법 제48조 제1항을 적용함에 있어서 '최대주주 요건'을 주식이 출연되기 전의 시점을 기준으로 해석하는 데에서 비롯되는 것이다. 납세의무의 성립은 그 성립 시점이 출연 당시이든 그 후이든 동일한 기준에 따라 확정되어야 옳다.

(나) 출연 전에 출연자 등이 내국법인의 최대주주였으나 출연자가 공익법인에 출연한 내국법인의 주식을 제외하면 최대주주가 될 수 없는 경우를 상정한다.

출연 당시 출연자와 공익법인 사이에 특수관계가 없는 경우, '최대주주 요건'을 주식이 출연된 후의 시점을 기준으로 판단하면 출연자의 출연으로 인하여 공익법인이 보유하게 된 내국법인의 주식은 '최대주주 요건'을 결정하는 주식의 수에 포함되지 않게 되어 최대주주가 될 수 없는 결과 공익법인에 증여세가 부과되지 않는다. 반면에 '최대주주 요건'을 주식이 출연되기 전의 시점을 기준으로 판단하면 출연 전에 출연자 등이 내국법인의 최대주주였으므로 공익법인에 증여세가 부과된다.

따라서 '최대주주 요건'을 주식이 출연되기 전의 시점을 기준으로 판단하면, 출연 당시 출연자와 공익법인 사이에 특수관계가 없어 최대주주가 아니었음에도 출연 전에 내국법인의 최대주주였던 사정만으로 납세의무의 성립이 인정되는 한편, 그 후 주식 출연자 등이 공익법인 이사의 과반수를 차지하여 출연자와 공익법인 사이에 특수관계가 있게 됨으로써 '최대주주 요건'을 충족하게 되는 경우 그 시점에서도 법 제48조 제11항에 의한 납세의무의 성립이 인정되는지가 문제 된다. 출연 당시에는 최대주주가 아니었음에도 납세의무가 성립하고, 그 후 최대주주가 됨으로써 다시 납세의무가 성립할 수 있게 된 것이다. 납세의무의 성립은 그 성립 시점이 출연 당시이든 그 후이든 동일한 기준에 따라 확정되어야 함에도, 법 제48조 제11항이 전제하고 있는 시점이 아니라 그와 다른 시점을 법 제48조 제1항의 해석 기준으로 삼은 데에서 비롯된 결과이다. 또한 주식 출연 후에 출연자 등이 공익법인 이사의 과반수를 차지하여 공익법인을 악용할 수 있는 상황이 그때서야 발생하였는데도, 이러한 사정과 무관하게 그보다 앞서 납세의무의 성립을 긍정하는 결과가 된다. 결국 출연 시점에서의 납세의무의 성립이 잘못된 것임을 알 수 있다.

다. 법 제16조 제2항 단서는 '① 제49조 제1항 각 호 외의 부분 단서에 해당하는 것으로서, ② 독점규제 및 공정거래에 관한 법률 제9조의 규정에 의한 상호출자제한기업집단과 특수관계에 있지 아니하는 공익법인에, ③ 당해 공익법인의 출연자와 특수관계에 있지 아니하는 내국법인의 주식을 출연하는 경우로서, ④ 대통령령으로 정하는 경우에는' 증여세를 부과하지 아니한다고 규정하고 있다.

공익법인을 내국법인에 대한 지배수단으로 이용할 우려가 없다고 인정받기 위해서는 위 네 가지 요건을 모두 충족하여야 한다.

이 사건의 쟁점은 그 가운데 '③ 당해 공익법인의 출연자와 특수관계에 있지 아니하는 내국법인의 주식을 출연하는 경우'에 관한 것이다. 이 요건은 내국법인에 대한 지배력을 바탕으로 배당 등에 관한 영향을 통하여 그 공익법인에 영향을 미침으로써 공익법인을 내국법인에 대한 지배수단으로 이용할 가능성을 차단하기 위한 것이다.

반면에 '① 제49조 제1항 각 호 외의 부분 단서에 해당하는 공익법인'이라는 요건은 주식을 출연받은 공익법인이 그 목적에 맞게 합리적으로 운영되도록 규제하는 한편, 주식 출연자가 공익법인을 직접적으로 지배함으로써 그 공익법인을 내국법인에 대한 지배수단으로 이용할 가능성을 차단하기 위한 것이다.

②의 요건은 ①과 ③의 요건이 충족되더라도 일정한 대기업집단과 특수관계에 있는 공익법인에 내국법인의 주식을 출연하는 경우에는 비과세 혜택을 부여하지 않겠다는 것이다. 나아가 ①, ②, ③의 요건이 모두 충족되더라도 '주무부 장관이 공익법인의 목적사업을 효율적으로 수행하기 위하여 필요하다고 인정하는 경우'(시행령 제13조 제5항)라는 ④의 요건까지 충족되어야 비과세 혜택을 받게 된다. 뿐만 아니라 2015. 2. 3. 대통령령 제26069호로 개정된 상속세 및 증여세법 시행령 제13조 제5항에 의하면 이후 5년마다 ①의 공익법인에 해당하는지 여부를 재확인하도록 하고 있다.

그런데 2007. 12. 31. 법률 제8828호로 개정된 상속세 및 증여세법과 2008. 2. 22. 대통령령 제20621호로 개정된 상속세 및 증여세법 시행령에 의하여 ①의 요건이 매우 강화되었다.

개정된 법령에 따르면, ①의 요건이 충족되기 위해서는 '출연자(재산출연일 현재 해당 공익법인의 총출연재산가액의 100분의 1에 상당하는 금액과 2천만 원 중 적은 금액을 출연한 자는 제외한다) 또는 그와 특수관계에 있는 자(제19조 제2항 각 호의 어느 하나의 관계에 있는 자를 말한다)가 공익법인의 이사 현원(이사 현원이 5명에 미달하는 경우에는 5명으로 본다)의 5분의 1을 초과하지 아니하는 공익법인'이어야 한다(위 상속세 및 증여세법 시행령 제13조 제3항 제2호). 즉 공익법인이 주식을 출연받은 때에 출연자 또는 그와 특수관계에 있는 자가 공익법인 이사 현원의 5분의 1을 초과하고 있다면 ①의 요건을 충족하지 못하여 증여세가 부과된다. 그리고 주식을 출연받은 때에 위 요건을 충족하더라도 이후 이사 현원의 5분의 1을 초과하게 되면 '제16조 제2항 단서에 해당하는 공익법인이 제49조 제1항 각 호 외의 부분 단서에서 규정하는 공익법인에 해당하지 아니하게 되는 때에는 제48조 제1항의 규정에 의하여 증여세 과세가액에 산입한다'라는 법 제48조 제11항의 규정이 적용되어 증여세가 부과된다.

이에 따라 출연자 등이 공익법인의 이사 현원 가운데 그 의사결정을 지배할 수 있는 이사의 과반수에 훨씬 미달하는 5분의 1을 초과하여 차지하더라도 언제나 증여세가 부과되는 것이다. 이 규정에 의하여 출연자에 의한 공익법인의 직접적 지배가능성은 법적으로 확고하게 봉쇄된다. 이로써 공익법인이 직접적 지배에 의한 내국법인의 지배가 차단된다. 결국 출연자 등이 공익법인의 이사 현원 가운데 5분의 1 이하를 차지하는 경우에만 증여세가 부과되지 않는다.

라. 이상에서 살펴본 바와 같이 '최대주주 요건'을 출연 후의 시점을 기준으로 판단하면, 출연자 등이 출연 전에 내국법인의 최대주주였음에도 출연 후에 증여세를 부과 받지 아니하는 경우는 출연 후의 시점에서 출연자와 공익법인 사이에 특수관계가 없어 최대주주의 지위를 상실할 뿐만 아니라 출연자 등이 공익법인 이사의 5분의 1 이하를 차지하는 때뿐임을 알 수 있다. 나아가 그에 더하여 일정한 대기업집단과 특수관계에 있는 공익법인에 대한 출연이어서는 아니 되고, 주무부 장관으로부터 주식 출연이 공익법인의 목적사업을 효율적으로 수행하기 위하여 필요하다고 인정을 받아야 한다. 입법자는 이러한 경우에는 출연자가 공익법인을

내국법인에 대한 지배수단으로 이용할 우려가 없다고 본 것으로 이해할 수 있다. 결국 위와 같은 매우 엄격한 요건의 충족을 전제로 내국법인의 최대주주에 대하여도 공익법인에 대한 주식 출연의 길을 열어주고 있는 것이다.

그런데도 주식을 출연한 후에 출연자 등이 내국법인의 최대주주 지위에 있는지, 공익법인 이사 현원의 5분의 1을 초과하여 차지하고 있는지에 관계없이, 출연 전에 내국법인의 최대주주였던 이상, 공익법인을 내국법인에 대한 지배수단으로 이용하는 것으로 간주하여 증여세를 부과함으로써 최대주주의 주식 출연을 사실상 봉쇄하여야 한다는 관점은 위와 같은 비과세요건 규정을 의미 없는 것으로 만들고 궁극적으로 조세법률주의를 중대하게 침해한다. 또한 이러한 관점은 출연 후에 출연자가 공익법인을 내국법인에 대한 지배수단으로 이용할 수 있게 되었는데도 증여세를 부과할 수 없는 문제를 발생시키고, 납세의무 성립에 있어서의 납득하기 어려운 모순 또는 충돌을 야기한다는 점에서도 받아들일 수 없다.

결론적으로 '최대주주 요건'을 주식이 출연된 후의 시점을 기준으로 판단하여야 상속세나 증여세를 회피하면서 내국법인에 대한 지배수단으로 악용할 가능성이 큰 주식 출연행위와 그렇지 않은 주식 출연행위를 합리적이고 조화롭게 구분할 수 있으며, 조세법률주의를 지켜낼 수 있다고 할 수 있다. 그리고 위와 같은 규제 방식과 해석을 유지할 때 과잉금지의 원칙에 위배되지 아니하여 합헌적 입법과 해석의 테두리 안에 있을 수 있다.

3. 가. 한편 앞서 본 바와 같이, 주식 출연 시 비과세 혜택을 받기 위해서는 출연자 등이 내국법인의 최대주주에 해당하지 않아야 하는데, 주식이 출연된 후의 시점에서 최대주주 여부를 판단함에 있어서는 내국법인의 주식을 출연받은 '당해 공익법인'이 출연자와 특수관계에 있는 자에 해당하는지도 따져보아야 한다. 이와 관련하여 시행령 제13조 제6항 제3호에 따라 준용되는 시행령 제19조 제2항 제4호(이하 '이 사건 시행령 조항'이라고 한다)는 '주식 출연자 등이 이사의 과반수를 차지하거나 재산을 출연하여 설립한 비영리법인'을 그 출연자와 특수관계에 있는 자로 규정하고 있다.

위 규정들의 문언에 따르면 '당해 공익법인'도 비영리법인에 당연히 포함되므로, 위 규정들의 요건에 해당하는 경우에는 '출연자와 특수관계에 있는 비영리법인'이 될 수 있다. 시행령 제13조 제4항 제1호에서도 최대주주 요건과 관련된 특수관계에 있는 자의 범위에 당해 공익법인을 포함시킴으로써 이러한 점을 명확히 하고 있다. 따라서 '주식 출연자 등이 당해 공익법인 이사의 과반수를 차지'하거나 당해 공익법인이 '주식 출연자 등이 재산을 출연하여 설립한 공익법인'에 해당한다면 출연자와 특수관계에 있는 자에 해당하게 되므로, 그 경우에는 출연으로 인하여 당해 공익법인이 보유하게 된 주식은 물론 출연 당시 당해 공익법인이 이미 보유하고 있던 내국법인의 주식을 포함시켜 최대주주에 해당하는지 여부를 판단하여야 한다.

나. 이 사건에서는 당해 공익법인이 '주식 출연자 등이 재산을 출연하여 설립한 공익법인'에 해당하는지, 즉 '재산을 출연하여 비영리법인을 설립한 자'의 의미가 쟁점이다.

아래에서 살펴보는 바와 같이 조세법규의 해석 원칙과 입법 취지, 이 사건 시행령 조항의 입법 연혁, 특수관계에 있는 비영리법인의 범위를 정한 다른 조세법규의 내용, 정관작성이나 이사선임 등의 설립행위가 공익법인의 운영과정에 미치는 영향력 등을 종합적으로 고려하면, 이 사건 시행령 조항에서 정한 '재산을 출연하여 비영리법인을 설립한 자'란 비영리법인의 설립을 위하여 재산을 출연하고 정관작성, 이사선임, 설립등기 등의 과정에서 그 비영리법인의 설립에 실질적으로 지배적인 영향력을 행사한 자를 의미하는 것으로 보아야 한다.

(1) 조세법률주의의 원칙상 과세요건이나 비과세요건 또는 조세감면요건을 막론하고 조세법규의 해석은 특별한 사정이 없는 한 법문대로 해석할 것이고, 합리적 이유 없이 확장해석하거나 유추해석하는 것은 허용되지 아니하므로(대법원 2012. 7. 5. 선고 2012두3972 판결 등 참조), 이 사건 시행령 조항 중 '설립'의 의미를 도외시하거나 무의미한 것으로 만드는 해석은 허용될 수 없다. 납세의무자에게 불리한 결과를 초래하는 경우에는 더욱 그러하다.

대법원은 법인세의 부당행위계산부인 규정의 적용요건인 특수관계자의 범위(대법원 2011. 7. 21. 선고 2008두150 전원합의체 판결 참조)나 소득세의 부당행위계산부인 규정의 적용요건인 특수관계자의 범위(대법원 2010. 11. 25. 선고 2009두4746 판결 참조) 등과 관련하여 그동안 조세법규를 엄격하게 해석하여 왔다. 마찬가지로 주식 출연자와 특수관계에 있는 비영리법인의 범위를 정한 이 사건 시행령 조항의 의미를 해석하는 때에도 주식 출연자 등이 재산을 출연하여 '설립한' 법인이라는 문언에 충실하여야 한다. 이러한 문언에도 불구하고 이 사건 시행령 조항을 '주식 출연자 등이 재산을 출연하여 설립에 이른 비영리법인'이라는 의미로 해석하는 것은, 이 사건 시행령 조항 중 '설립'이라는 문언을 사실상 삭제함으로써 주식 출연자 등이 비영리법인의 설립을 위하여 재산을 '출연'한 경우에는 설립과정에 관여하지 않더라도 언제나 그 비영리법인을 특수관계자의 범위에 포함시키는 결과가 되어 채택할 수 없다.

(2) 이 사건 시행령 조항의 문언에 충실하게 재산을 출연하여 비영리법인을 '설립'한 자로 해석하여야 비로소 관련 규정들과의 조화로운 해석이 가능하게 되고, 이 사건 시행령 조항의 입법 연혁에도 부합한다.

이 사건 시행령 조항의 해석은 법 제16조 제2항 단서가 적용되는 범위에만 영향을 미치는 것이 아니라 상속세와 증여세 전반에 걸쳐 문제가 되는 특정인과 특수관계에 있는 비영리법인의 범위와 관련된다. 시행령 제19조 제2항의 규정은 저가양수·고가양도 시의 증여의제 규정(법 제35조), 증자에 따른 증여의제 규정(법 제39조), 전환사채 등에 대한 증여의제 규정(법 제40조), 특정법인과의 거래를 통한 이익에 대한 증여의제 규정(법 제41조), 주식 또는 출자지분의 상장 등에 따른 이익의 증여의제 규정(법 제41조의3), 금전의 대부에 따른 증여의제 규정(법 제41조의4) 등에서 정한 '특수관계에 있는 자'의 범위를 정한 총칙적인 규정이기 때문이다. 그런데도 공익법인에 대한 주식 출연행위와 관련하여 이 사건 시행령이 적용되어 증여세가 부과되는 때에만 다른 경우와 달리 예외적으로 '특수관계에 있는 비영리법인'의 범위를 훨씬 넓게 해석할 수는 없다.

그리고 이 사건 시행령 조항은 저가양수행위에 대하여 증여세를 부과하는 것과 관련하여 특수관계에 있는 자의 범위를 정한 규정인 '양도자와 제1호 및 제2호의 자가 이사의 과반수이거나 설립을 위한 출연금의 100분의 50 이상을 출연하고 그중 1인이 설립자인 비영리법인'이라는 조항(1990. 12. 31. 대통령령 제13196호로 개정된 상속세법 시행령 제41조 제2항 제4호)이 개정과정에서 다소 변형된 것이고, 위 시행령 제41조 제2항 제4호는 법인세의 부당행위계산부인 규정과 관련하여 특수관계에 있는 자의 범위를 정한 규정인 '제1호 및 제2호에 게기하는 자가 이사의 과반수이거나 출연금(설립을 위한 출연금에 한한다)의 100분의 50 이상을 출연하고 그중 1인이 설립자로 되어 있는 비영리법인'이라는 조항(1990. 12. 31. 대통령령 제13195호로 개정된 법인세법 시행령 제46조 제1항 제7호)을 그대로 본받아 입법한 것이다. 한편 현행 법인세법은 부당행위계산 부인규정의 적용과 관련하여 '해당 법인이 직접 또는 그와 제1호부터 제3호까지의 관계에 있는 자를 통하여 비영리법인의 이사의 과반수를 차지하거나 비영리법인의 출연재산(설립을 위한 출연재산만 해당한다)의 100분의 30 이상을 출연하고 그중 1인이 설립자인 경우'에 해당 법인이 그 비영리법인과 특수관계에 있는 것으로 정하고 있다(법인세법 제52조 제1항, 법인세법 시행령 제87조 제1항 제4호, 제2항, 국세기본법 시행령 제1조의2 제4항 제2호). 이러한 상속세법 시행령 제41조 제2항 제4호의 규정 등에 따르면, 특정인이 비영리법인의 설립을 위한 출연금의 100분의 50 이상 또는 100분의 30 이상을 '출연'한 것만으로는 그 특정인이 비영리법인과 특수관계에 있다고 볼 수 없다.

(3) 또한 이 사건 시행령 조항의 '비영리법인'에는 재단법인뿐만 아니라 '사단법인'도 포함되므로 이 또한 염두에 두어야 한다. 비영리사단법인은 2인 이상의 설립자가 법인의 근본규칙인 정관을 작성한 다음 주무관청의 허가를 얻어 설립등기를 함으로써 설립한다. 재산의 출연은 재단법인을 설립하는 데 불가결한 요소이지만, 비영리사단법인의 설립을 위하여 재산을 출연하여야 하는 것은 아니다. 비영리사단법인의 경우에는 재산의 출연이 아니라 정관작성 등 설립행위가 법인설립의 핵심적인 요소라고 할 수 있으므로, 주식 출연자가 재산을 출연함으로써 비영리사단법인이 설립에 이르게 된다고 볼 수 없다. 한편 재단법인의 경우에도 재산의 출연만으로 재단법인이 설립되는 것은 아니고 정관작성 등 설립행위가 있어야만 재단법인이 설립될 수 있다는 점에서 이 사건 시행령 조항 중 '설립'이라는 문언은 중대한 의미를 갖는다.

(4) 한편 시행령 제19조 제2항은 제6호에서 출연자와 '출연자와 제1호 내지 제5호의 자가 발행주식 총수의 100분의 30 이상을 출자하고 있는 법인'이 특수관계에 있다고 규정하고 있다. 이는 출연자와 특수관계에 있는 '영리법인'의 범위를 정한 규정이다.

영리법인에 '출자'한 주식 출연자는 출자자의 지위에서 영리법인의 의사결정과정에 참여할 수 있는 반면, 비영리법인에 '출연'한 주식 출연자는 출자자와 달리 출연자의 지위에서 비영리법인의 의사결정과정에 참여할 방법이 없다.

이 사건 시행령 조항을 '주식 출연자 등이 재산을 출연하여 설립에 이른 비영리법인'이라고 해석하면, 비영리법인의 설립을 위하여 출연한 적이 있는 주식 출연자는 그 비영리법인의 의사결정과정에 참여할 아무런 방법이 없는 경우에도 단지 비영리법인 설립을 위하여 출연하였다는 이유만으로 특수관계에 있게 된다. 영리법인의 출자자의 지위에 있는 주식 출연자가 영리법인이 발행한 주식총수의 100분의 30 이상을 보유한 때에 한하여 그 영리법인과 특수관계에 있는 점을 고려하면, 이와 같은 해석은 비영리법인과 특수관계에 있는 자의 범위를 합리적 이유 없이 확장하는 해석으로 받아들이기 어렵다.

(5) 나아가 위와 같은 '설립'의 구체적 의미에 관하여 살펴본다.

공익법인의 사무집행은 정관에 다른 규정이 없으면 이사의 과반수로써 결정하므로(민법 제58조), 주식 출연자 등이 공익법인 이사의 과반수를 차지하는 경우 주식 출연자가 그 공익법인에 대하여 지배적인 영향력을 행사할 수 있다. 이 사건 시행령 조항은 이처럼 비영리법인에 지배적인 영향력을 행사할 수 있는 자를 그 비영리법인과 특수관계에 있는 자로 정한 규정이다. 따라서 '주식 출연자 등이 재산을 출연하여 설립한 비영리법인'의 문언 또한 이와 같은 입법 취지에 부합할 수 있도록 그 의미를 새겨야 한다.

출연재산은 재단법인의 물적 기초이고, 그것이 없으면 재단법인은 설립될 수 없다. 그러나 설립 이후의 재단법인의 운영은 설립 당시 작성된 정관과 최초 선임된 이사들에 의하여 지배된다고 할 수 있다.

재단법인의 목적이나 이사의 임면에 관한 규정, 사무집행에 있어서의 의사결정방법 등은 정관에 기재되고, 재단법인의 정관은 그 변경방법을 정관에 정한 때에 한하여 변경할 수 있으며(민법 제45조 제1항), 정관의 변경은 주무관청의 허가를 받지 아니하면 그 효력이 없다(민법 제42조 제2항, 제45조 제3항). 이로써 설립 당시 작성된 재단법인의 정관은 특별한 사정이 없는 한 이후 재단법인의 근본규칙으로서 재단법인의 운영을 영속적으로 지배하게 된다. 그리고 설립 당시 선임된 이사들은 설립된 법인의 기초를 세우는 사무집행을 할 뿐만 아니라, 이후 후임 이사의 선출 등을 통하여 사무집행의 연속성을 확보할 수 있다. 이와 같이 설립 당시의 정관작성이나 이사선임 등은 이후 재단법인의 운영 방식과 내용에 결정적 영향을 미친다.

이 사건 시행령 조항은 이러한 점을 고려하여 비영리법인의 설립을 위하여 재산을 출연하고 정관작성, 이사선임 등의 과정에서 그 비영리법인의 설립에 실질적으로 지배적인 영향력을 행사한 자는 그 비영리법인의 의사결정을 좌우할 수 있다고 보아 그 비영리법인과 특수관계에 있다고 정하고 있는 것이다.

다만 주식 출연자가 비영리법인의 설립에 실질적으로 지배적인 영향력을 행사하였는지는 반드시 발기인 등의 지위에서 정관작성 또는 이사선임 과정 등에 참여한 경우로 한정할 것은 아니고 정관작성이나 이사선임에서 출연자의 관여 정도 등과 같이 그 실질을 따져 판단하여야 하며, 설립 이후 주식 출연자의 행태 등을 통하여 이를 추단할 수도 있다.

4. 가. 원심판결 이유에 의하면, 원심은 '재산을 출연하여 비영리법인을 설립한 자'는 '재산을 출연하여 비영리법인의 설립에 이른 자'를 의미하고 설립행위를 할 것을 필요로 하는 것은 아니라고 전제한 다음, 소외 1이 공익법인인 원고의 설립과정에서 재산을 출연한 이상 원고는 소외 1이 '재산을 출연하여 설립한 비영리법인'에 해당하고, 따라서 소외 1과 원고 사이에는

특수관계가 있다고 판단하였다.

나. 그러나 앞서 본 바와 같이 이 사건 시행령 조항에서 정한 '재산을 출연하여 비영리법인을 설립한 자'란 비영리법인의 설립을 위하여 재산을 출연하고 나아가 정관작성, 이사선임 등의 과정에서 그 비영리법인의 설립에 실질적으로 지배적인 영향력을 행사한 자를 의미한다. 그런데 원심판결 이유에 의하면, 소외 1과 그의 6촌 동생인 소외 2가 원고에게 내국법인인 주식회사 수원교차로(이하 '수원교차로'라고만 한다) 발행의 주식을 출연한 후에 소외 1이 같은 주식의 10%를, 원고가 같은 주식의 90%를 각 보유하고 있음을 알 수 있다. 따라서 원고가 소외 1 등이 '재산을 출연하여 설립한 공익법인'에 해당하여야 주식의 출연자인 소외 1이 주식을 출연받은 원고와 '특수관계에 있는 자'에 해당하게 되고, 그 결과 원고가 보유하게 된 수원교차로 주식 90%도 '최대주주 요건'을 결정하는 주식의 수에 포함시킬 수 있다.

따라서 소외 1 등이 원고에게 주식을 출연한 사실이 인정된다고 하더라도, 원심으로서는 나아가 소외 1 등이 원고의 정관작성, 이사선임 등의 설립과정에서 실질적으로 지배적인 영향력을 행사함으로써 원고를 설립한 것으로 볼 수 있는지를 더 면밀하게 심리할 필요가 있다.

다. 그럼에도 원심은 원고가 소외 1 등이 재산을 출연하여 설립한 공익법인에 해당함을 전제로, 소외 1 등이 원고와 이 사건 시행령 조항에서 정한 '특수관계에 있는 자'에 해당한다고 보아 이 사건 처분이 적법하다고 판단하였으니, 이러한 원심판단에는 이 사건 시행령 조항의 해석 등에 관한 법리를 오해하여 심리를 다하지 아니함으로써 판결에 영향을 미친 잘못이 있다. 이 점을 지적하는 상고이유 주장은 이유 있다.

5. 그러므로 나머지 상고이유에 대한 판단을 생략한 채 원심판결을 파기하고, 사건을 다시 심리·판단하도록 원심법원에 환송하기로 하여, 주문과 같이 판결한다.

이 판결에는 대법관 김용덕, 대법관 김소영, 대법관 박상옥의 반대의견이 있는 외에는 관여 법관의 의견이 일치되었고, 다수의견에 대한 대법관 김창석의 보충의견, 반대의견에 대한 대법관 김용덕의 보충의견이 있다.

6. 대법관 김용덕, 대법관 김소영, 대법관 박상옥의 반대의견은 다음과 같다.

가. 상속세 및 증여세법은 공익법인이 출연받은 재산이 주식인지 여부에 따라 증여세 부과를 달리하도록 하는 구분을 유지하여 왔다.

공익법인이라고 하여 당연히 증여세를 면할 수는 없다. 법 제2조는 재산을 타인에게 무상으로 이전하는 것 등을 증여세 과세대상으로 규정하고, 제4조 제1항은 비영리법인을 포함한 수증자는 증여세를 납부할 의무가 있다고 규정하고 있으므로, 비영리법인의 하나인 공익법인이 재산을 무상으로 이전받으면 원칙적으로 증여세를 납부할 의무가 있다. 다만 법 제48조 제1항에서 공익법인이 출연받은 재산이 주식인지 여부에 따라 일정한 경우에 증여세 과세가액에 산입하지 아니하도록 규정하고 있을 따름이다.

연혁적으로 살펴보더라도, 법은 이미 오래전부터 출연재산이 주식인지 아닌지에 따라 공익법인에 대한 증여세 부과를 달리하도록 정하여 왔다. 1990. 12. 31. 개정법은 공익법인이 일정한 한도를 초과하는 주식을 출연받은 경우 그 초과분을 증여세 과세가액에 산입하도록 규정하였고, 다시 1993. 12. 31. 개정법에서는 공익법인이 출연받은 재산을 사용하여 위 한도를 초과하는 주식을 취득한 경우 초과분 주식의 취득에 사용한 재산 가액을 증여세 과세가액에 산입하도록 정하였다. 공익법인이 주식을 보유하고 영리법인인 주식회사를 운영하는 것은 종교·자선·학술 기타 공익을 목적으로 하는 사업을 영위한다는 공익법인 본래의 목적과 어울리지 아니하기 때문이다. 미국의 경우 공익법인이 보유한도 20%를 넘어 주식을 보유하면 보유주식 가치의 10%에 상당하는 규제세를 부과하는 것도 바로 이러한 고려에 바탕을 둔 것이다.

다만 공익법인이 주식을 보유하여 얻는 수익을 공익사업의 재원으로 활용할 수 있다면 결국 공익사업의 원활한 수행에 도움이 될 수 있다는 점을 반영하여, 2000. 12. 29. 개정된 법 제48조 제1항과 제2항에서 종전의 엄격한 태도를 완화하여 한도를 초과하는 주식의 출연이나 취득이라도 일정한 요건 아래 증여세 과세가액에 산입하지 아니하도록 하였다.

공익법인은 다수의 이익, 즉 공익에 관계되는 사업을 하는 것이지 국가나 지방자치단체를 대신하는 것이 아니므로, 공익법인이 출연받은 재산에 관하여 증여세를 부과할지 여부는 순전히 입법정책에 달린 문제이다. 더욱이 공익법인이 영리법인인 주식회사의 주식을 보유하는 것은 공익법인의 본래 목적과 존재 의의에 맞지 아니한다. 이에 우리 법은 이미 오래전부터 공익법인이 주식을 출연받은 경우에는 원칙적으로 증여세를 과세하는 태도를 취하여 오다가, 이 사건에서 문제 되는 2000. 12. 29. 개정법에서부터 이를 완화하여 절충적인 태도를 취한 것이다.

나. 법 제48조 제1항은 출연자가 지배하고 있던 특정한 기업의 승계수단으로 공익법인을 이용할 수 있는 경우에만 증여세를 과세하도록 정한 것이다.

(1) 공익법인이 기업을 지배할 수 있는 정도의 주식을 보유하면 곧바로 공익법인을 지배하는 자가 공익법인을 통하여 주식 발행기업을 간접적으로 지배할 수 있는 구조가 생성된다. 이러한 간접적 지배구조 자체를 차단하고자 한다면 앞서 본 2000. 12. 29. 개정 전의 법과 같이 공익법인이 일정한 한도를 초과하여 주식을 보유할 경우 예외 없이 증여세를 과세하는 것이 맞다. 그런데 2000. 12. 29. 개정된 법 제48조 제1항 단서의 괄호 부분은 이와 달리 한도를 초과한 주식 출연이라도 '출연자와 특수관계에 있지 아니하는 내국법인의 주식'인 경우에는 증여세를 비과세하도록 하였고, 시행령은 주주 요건 및 최대주주 요건이 충족되는 경우 위 특수관계가 있는 것으로 규정하였다.

규정의 형식과 구조가 복잡하지만 이를 단순하게 풀어보면 출연자와 특수관계에 있는 내국법인의 주식이 출연되는 경우에만 증여세를 과세하고, 그 외의 주식인 경우에는 증여세를 비과세한다는 뜻이다. 주주 요건과 최대주주 요건은 출연자와 그 특수관계자가 주주이면서 최대주주인 내국법인, 즉 출연자가 지배하는 기업인 경우를 의미한다. 따라서 법 제48조 제1항 단서는 다수의견이 이해하는 바와 같이 공익법인을 이용한 기업의 간접적 지배구조의 형성 자체를 차단하고자 하는 것이 아니라, 출연자가 기존에 지배하고 있던 특정한 기업의 주식을 출연함으로써 공익법인을 특정기업의 간접적 승계의 수단으로 이용하는 경우에만 증여세를 과세하도록 규정하고 있음이 명확하다. 다시 말하면, 종전에는 증여세가 비과세되는 출연한도를 발행주식 총수의 5%로 정하였다가, '5%를 초과하나 출연자가 최대주주는 아닌 경우'까지로 완화하여 비과세 한도를 높여 준 것이다.

법 제48조 제2항의 입법 취지 역시 이와 동일하다. 이 규정은 공익법인이 출연받은 재산을 일정 한도를 초과하는 내국법인의 주식 취득에 사용하는 경우 그 사용재산의 가액을 원칙적으로 증여세 과세가액에 산입하되, 다만 '출연자와 특수관계에 있지 아니하는 내국법인의 주식'의 취득인 경우에는 증여세를 비과세하도록 규정하고 있다. 공익법인이 출연재산을 사용하여 출연자가 지배하고 있는 기업의 주식을 취득하는 경우에는 출연자의 간접적인 기업 승계에 이용되는 것이므로 증여세를 과세하고, 출연자가 지배하지 아니하는 기업의 주식을 취득하는 경우에는 순수하게 공익사업의 재원을 확보하기 위한 공익법인의 활동으로 볼 수 있으므로 증여세를 비과세하도록 한 것이다.

따라서 법 제48조 제1항과 관련한 주주 요건과 최대주주 요건의 판단 기준시점은 주식의 출연 당시라고 볼 수밖에 없다. 법 문언이 "출연자와 '특수관계에 있지 아니하는' 내국법인의 주식 등을 '출연하는' 경우"라고 규정하여 출연 당시를 기준으로 출연자와 내국법인 사이의 특수관계 유무를 판단하도록 규정한 것은 이러한 취지를 정확히 반영한 것이고, 따라서 최대주주 요건이 충족되었는지를 다수의견과 같이 주식이 출연된 이후의 시점을 기준으로 판단할 여지는 없다.

(2) 출연 당시를 기준으로 볼 때에만 비로소 '주주 요건'의 기능과 취지가 모순 없이 드러난다. 이 요건은 법 제48조 제1항보다도 제2항에서 중요한 의미를 갖게 된다.

제1항을 보완하기 위한 것으로 제1항보다 3년 늦게 1993. 12. 31. 개정법에서 신설된 법 제48조 제2항은 공익법인이 일단 주식 외의 재산을 출연받은 후에 그 재산을 사용하여 주식을 취득하는 경우 일정한 요건 아래 당초 출연받은 재산에 대하여 증여세를 과세하도록 하고 있다. 2000. 12. 29. 개정법에서 법 제48조 제1항과 제2항이 동시에 개정되면서 종전의 일률적인 '5% 초과 출연 또는 취득 제한'을 동일하게 완화한 것은, 앞서 본대로 출연자가 지배하던 특정한 기업의 승계수단으로 이용되지 않는 한도에서 공익법인의 주식 취득을 허용하고자 한 것이다.

이에 따라 공익법인이 출연받은 재산으로 주식을 취득할 당시를 기준으로 하여 출연자 및 그 특수관계자가 위 주식을 발행한 내국법인의 주주가 아니라면, 출연자가 지배하는 기업의 간접적 승계에 이용된다고 볼 여지가 없으므로 '주주 요건'을 결여하여 증여세 비과세대상이 되도록 한 것이다. 이때 '주주 요건'에서 당해 공익법인을 특수관계자의 범위에서 제외한 이유는, 출연자 및 당해 공익법인을 제외한 출연자의 특수관계자가 해당 내국법인의 주식을 보유하지 않고 있을 경우, 출연자가 공익법인의 의사결정에 영향을 미쳐 자기가 지배하는 기업을 간접적으로 승계하려는 경우라기보다 공익법인이 자율적으로 이미 보유하던 내국법인 주식을 추가로 취득하는 경우로 볼 수 있으므로, 이를 허용하여 공익사업의 재원 마련에 길을 열어주기 위한 것이다.

또한 '주주 요건'을 충족하더라도 '최대주주 요건'을 충족하지 않는다면 출연자가 지배하고 있는 기업의 승계에 이용되는 경우가 아니므로 증여세 비과세대상이 되도록 하였다. 출연자가 지배하는 내국법인인지 여부를 판정할 때에는 당해 공익법인이 특수관계자일 경우 그 보유주식까지 포함하여 살펴볼 필요가 있으므로 '최대주주 요건'에서는 출연자의 특수관계자의 범위에서 당해 공익법인이 당연히 제외되지 않도록 규정한 것이다.

한편 법 제48조 제1항에서는 출연자가 직접 공익법인에 주식을 출연하는 경우가 적용대상이기 때문에 '주주 요건'은 '최대주주 요건'과 따로 따질 필요 없이 항상 자동적으로 충족되는 결과가 되지만, 이는 2000. 12. 29. 개정법에 법 제48조 제1항과 제2항을 개정하면서 그에 관한 시행령을 마련할 때 각각의 하위규정을 따로 두는 대신에 '주주 요건'과 '최대주주 요건'을 정한 조문으로 시행령 제13조 제4항 제1호만을 두고 이를 준용하는 구조를 택한 탓에 이러한 내용을 반영하여 동일한 모습이 된 것으로 보이고, 그렇다고 해도 '주주 요건'과 '최대주주 요건'을 출연 당시를 기준으로 해석하는 데 아무런 모순이나 장애가 없다. 더욱이 시행령 조항에서 모법의 위임을 받아 특수관계 유무의 판단시점을 정한 것도 아니다. 그렇다면 특수관계 유무의 판단시점은 법률 규정을 근거로 하여 출연 당시를 기준으로 판단하면 족하다.

다. 이와 달리 출연 직후를 기준으로 출연자와 내국법인 간의 특수관계 유무를 판단하는 다수의견은 법 제48조의 취지와 규율대상을 잘못 이해한 것이다.

(1) 다수의견은 법률 문언을 벗어난 견해이다. "출연자와 '특수관계에 있지 아니하는' 내국법인의 주식 등을 '출연하는' 경우"라는 문언을 "출연자와 '출연 직후 특수관계에 있지 않게 되는' 내국법인의 주식 등을 출연하는 경우"라고 법 문언을 고쳐서 읽어야만 비로소 도출될 수 있는 해석이다. 다수의견은 출연자가 공익법인에게 내국법인 주식을 출연한 결과 그 내국법인의 최대주주가 되는지 여부를 판단한다는 것으로서, 출연자가 자기 손에 있던 주식을 내어 놓음으로써 곧바로 자신이 최대주주가 된다는 상상하기 어려운 상황을 전제로 한 해석이다. 한편 다수의견은 공익법인에 출연한 주식이 출연자 및 그 특수관계자가 보유하고 있는 주식의 합계가 가장 많은 내국법인의 주식인 경우에는 내국법인에 대한 지배력을 바탕으로 배당 등에 관한 영향을 통하여 그 공익법인에 영향을 미칠 수 있게 된다고 한다. 이를 바탕으로 다수의견은, 주식이 출연됨에 따라 출연 직후에 출연자 및 그 특수관계자가 내국법인의 최대주주 지위를 상실하게 되었다면 더 이상 내국법인에 대한 지배력을 바탕으로 공익법인에 영향을 미칠 수 없게 된다고 하면서, 주식이 출연된 시점을 기준으로 최대주주 요건이 충족되었는지를 판단하는 것이 타당하다고 보고 있다.

그러나 이러한 논거는 다수의견이 설정한 법 제48조의 규율 대상인 '공익법인을 통한 내국법인의 간접적 지배구조'의 관점에서 보더라도 잘못된 논리이다. 출연자가 공익법인에 재산을 상당 부분 출연하거나 그 운영진을 장악함으로써 지배력을 갖고 있다면 굳이 공익법인이 보유하는 주식의 배당을 통하여 공익법인에 영향을 미칠 수 있는지를 따질 필요가 없다. 반면 출연자가 위와 같은 지배력을 갖고 있지 않다면 그 자체로 곧바로 공익법인에 영향을 미칠 수 있는 지위가 아니라는 결론에 이르러야 할 것이지, 배당을 통하여 공익법인에 대한 영향력이 있다고 볼 수는 없다. 공익법인에 주식을 출연한 후 주식 발행법인의 배당에 영향을 미쳐 간접적으로 출연자의 의사를 공익법인에 반영할 수 있는지 여부는 재산 출연에 따른 부수적인 효과 중 하나에 불과한 것이지, 공익법인의 지배수단이 될 수는 없는 것이다. 만약 입법자가 이를 토대로 출연자의 공익법인에 대한 지배력 유무를 판단하도록 하였다면 '출연된 주식이 당해 공익법인의 재산 중 차지하는 비중'을 요건으로 두었어야 할 터이다. 무엇보다 위 논거는 '내국법인에 대한 지배'를 바탕으로 '공익법인에 영향'을 미쳐 다시 '공익법인을 내국법인의 지배수단으로 이용'한다는 것인데, 이는 이미 지배하고 있는 내국법인을 다시 공익법인을 통하여 지배한다는 순환논법에 불과하다.

(2) 다수의견에 의하면 법 제48조 제1항에 관하여 합리화할 수 없는 과세공백이 발생한다. 먼저 특정한 기업의 최대주주인 출연자가 보유주식 전부를 출연하는 경우, 다수의견에 따르면 출연자는 출연 직후 더 이상 해당 내국법인의 주주가 아니어서 '주주 요건'을 충족할 수 없게 되므로, 이어 살펴 볼 출연자와 공익법인 사이의 특수관계 유무 등과 상관없이 항상 증여세가 비과세된다. 그러나 이와 같은 경우에 다수의견의 논리에 의하더라도 출연자가 공익법인을 통하여 내국법인에 대한 지배력을 가질 수 있는 경우에 해당하고, 반대의견의 입장에서 보면 특정한 기업의 승계수단으로 이용하는 경우이므로, 어떠한 견해에 의하더라도 증여세가 과세되어야 한다.

이러한 문제점은 '주주 요건'이 왜 필요한지를 설명하지 못하는 다수의견의 근본적인 난점에서 비롯되는 것이다. 다수의견은 출연 직후를 기준으로 출연자와 당해 공익법인을 포함한 특수관계자가 내국법인의 최대주주인 경우 출연자가 공익법인을 내국법인에 대한 지배수단으로 이용하는 것이므로 증여세를 과세하여야 한다고 본다. 이에 따르자면 앞서의 주식 전부 출연의 경우에도, 당해 공익법인이 다수의견의 기준에 따른 출연자의 특수관계자에 해당하고 동시에 출연 직후를 기준으로 최대주주가 된다면, 출연자와 특수관계자가 공익법인을 내국법인의 지배수단으로 이용하는 것이 아니라고 할 도리가 없으므로 마땅히 증여세를 과세하여야 한다. 출연자와 그 특수관계자가 최대주주가 된 이상, 출연 직후에 출연자의 명의로 내국법인 주식을 여전히 1주 보유하든 전혀 보유하지 않든 간에 내국법인을 지배하는 데에는 아무런 차이가 없다. 그런데도 다수의견은 '주주 요건'을 출연 직후 시점으로 판단하도록 하는 결과 이 경우 증여세가 비과세된다는 결론에 이르게 되며, 다수의견의 논리에 따르면 '주주 요건'은 있어서는 안 되는 규정이 되어버리는 것이다.

또한 다수의견에 따르면 이미 다른 사람에 의하여 설립되어 있는 공익법인에 주식을 출연함으로써 손쉽게 증여세를 피할 수 있는 불합리한 결과가 초래된다. 다수의견에 따라 주식이 출연된 후의 시점을 기준으로 '최대주주 요건'을 판정할 때에는 출연 직후 주식을 넘겨받게 되는 당해 공익법인이 출연자의 특수관계자, 즉 다음에서 보는 출연자가 주식을 '출연하여 설립한 공익법인'인지 여부가 매번 문제 된다. 그런데 다른 사람에 의하여 이미 설립되어 있는 공익법인인 경우에는 위와 같은 출연자의 특수관계자에 해당할 여지가 없으므로, 그 결과 주식 출연이 많이 이루어질수록 출연 직후에 당해 공익법인을 제외한 출연자 및 특수관계자만으로는 '최대주주 요건'을 충족하기 어려워 증여세 비과세대상이 될 가능성이 높아진다. 이를 용인하게 되면, 출연자가 새로 공익법인을 설립할 것이 아니라 이미 설립된 작은 규모의 공익법인에 보유주식을 전부 또는 일부 출연하는 방법으로 증여세를 피한 후 그 공익법인의 운영진을 장악하여 간접적인 기업 승계를 이룰 수 있게 된다. 이런 불합리한 결과를 초래하고자 하는 것이 다수의견의 의도는 아닐 것이다.

그런데도 다수의견과 같이 주식이 출연된 후의 시점을 기준으로 '주주 요건'과 '최대주주 요건'을 판단하도록 한다면, 이는 공익법인을 이용하여 기업을 간접적으로 승계하고자 하는 출연자에게 손쉬운 조세회피의 길을 닦아주는 결과가 되고 만다.

(3) 이와 같은 과세공백은 법 제48조 제11항에 의하여도 해결되지 아니한다. 다수의견은 법 제48조 제11항의 사후관리 규정에 의하여 확고한 통제가 가능하나고 하지만, 이는 주식 출연단계에서 법 제48조 제1항에 따른 증여세 비과세 범위를 어떻게 볼 것인가라는 물음에 관한 적절한 대답이 아니다. 사후관리 규정이 있으니 비과세 범위를 넓게 보아도 된다는 식이라면 애초에 법이 주식 출연단계에서 왜 굳이 증여세를 과세하는 요건을 두고 있는지 설명할 수 없다. 더군다나 법 제48조 제11항에 의하여 충분한 사후관리가 이루어질 수도 없다. 즉 이미 다른 사람에 의하여 설립된 공익법인에 주식을 출연하는 경우에, 사후에 출연자가 공익법인의 이사장이 되는 등의 방법으로 공익법인과 내국법인을 차례로 지배할 경우에도 법 제48조 제11항에 의한 사후관리대상은 되지 않는다.

한편 출연자가 공익법인의 이사 현원의 5분의 1을 초과하여 차지하는 경우에 법 제48조 제11항에 따라 증여세를 과세하도록 하는 규정은 2007. 12. 31. 법률 제8828호로 개정된 상속세 및 증여세법과 그에 따라 2008. 2. 22. 대통령령 제20621호로 개정된 상속세 및 증여세법 시행령(이하 '2007. 12. 31. 개정법령'이라 한다)에서 비로소 추가된 내용이므로, 다수의견에서 법 제48조 제1항 단서 괄호의 비과세요건 중 '제49조 제1항 각 호 외의 부분 단서에 해당하는 공익법인' 부분이 출연자가 공익법인을 직접적으로 지배하는 것을 차단하기 위한 요건이라고 보는 것은 이 사건의 적용법령인 2007. 12. 31. 개정 전 법에 관하여는 맞지 아니하는 내용이다. 더욱이 출연자가 공익법인의 이사 현원의 5분의 1을 초과하지 않더라도 이사장 지위만 차지하는 등 공익법인을 장악할 수 있는 길이 얼마든지 있으므로, 2007. 12. 31. 개정법령에 의하더라도 완전한 사후관리가 이루어진다고 할 수는 없다. 법은 기본적으로 공익법인에 대한 주식 출연단계에서 증여세 과세 여부를 가려내고, 이후 사후관리규정으로 일부 보완하는 데 그치고 있는 것이지, 온전히 사후관리에만 맡겨둔 것이 아니다.

(4) 한편 다수의견은 법 제48조 제1항 단서가 공익법인이 출연을 받은 후의 시점에서, 그 '출연받은 주식과 출연자가 출연할 당시 당해 공익법인이 부유하고 있는 동일한 내국법인의 주식 등을 합한 것이 그 내국법인 발행주식 총수의 100분의 5를 초과하는 경우'를 과세요건으로 정하고 있으므로, 비과세요건인 법 제16조 제2항 단서도 출연한 후의 시점을 기준으로 정하고 있다고 주장한다.

그러나 법 제48조 제1항 단서는 출연 전에 당해 공익법인이 이미 '보유하고 있는 주식' 등과

'출연받은 주식'을 합산하여 출연 한도의 초과 여부를 판정하도록 하는 규정이다. 이러한 합산 규정은 1993. 12. 31. 개정법에서 처음 도입되었는데, 출연 한도를 20%에서 5%로 낮추는 한편, 출연주식에 대한 증여세 과세제도가 도입된 1990. 12. 31. 개정법 이전부터 당해 공익법인이 이미 보유하던 주식이 있는 경우에도 이를 합산함으로써 공익법인에 대한 주식의 출연 제한을 보다 강화하고, 주식의 분산출연도 방지하기 위하여 마련된 것이다. 이처럼 법 제48조 제1항 단서는 출연 시 증여세가 비과세되는 한도를 규정하고 있는 것이고, 그에 따른 출연 한도의 초과 여부가 출연 시점에서 판정되는 것에 불과하다. 이를 두고 법 제48조 제1항 단서가 그 과세요건을 출연한 후의 시점을 기준으로 정하고 있다고 보는 것은 출연에 따른 증여세 납세의무가 출연 이후에 성립한다는 점을 지적하는 의미를 가질 뿐이다. 반면 출연자가 위와 같은 한도를 초과하는 주식 출연을 하였을 때 그 주식이 '출연자와 특수관계에 있지 아니하는 내국법인의 주식'에 해당하는지 여부는 예외적으로 비과세되는 주식인지 여부, 구체적으로는 시행령 제13조 제4항 제1호의 '주주 요건' 및 '최대주주 요건'을 '출연 직전'과 '출연 직후' 중 어느 시점을 기준으로 판정해야 하는지에 관한 문제이다. 다수의견의 논지는 출연 시 비과세되는 주식의 '한도'를 정하는 문제와 그 한도를 초과하였음에도 예외적으로 과세되지 않는 비과세요건의 판정 시점을 정하는 문제를 구분하지 않은 전제에서 이루어진 것이다.

(5) 또한 다수의견은, 출연 직전 시점으로 출연자와 내국법인의 특수관계 유무를 판단하는 반대의견이 법 제48조 제11항과 양립할 수 없는 모순을 초래한다고 주장한다.

(가) 먼저 다수의견은 "출연 전 출연자 등이 내국법인의 최대주주가 아니었으나 출연을 하면서 출연자 등이 공익법인 이사의 과반수를 차지하여 출연자와 공익법인 사이에 특수관계가 성립하고, 공익법인이 보유하고 있던 내국법인의 주식을 합하면 출연자 등이 최대주주가 되는 경우 '최대주주 요건'을 출연 직전을 기준으로 판단하면 출연자만으로는 최대주주가 될 수 없어서 증여세가 부과되지 않는 반면, 그 출연 '이후에' 출연자가 공익법인 이사의 과반수를 차지함으로써 특수관계가 성립된 경우에는 법 제48조 제11항에 따라 납세의무가 성립하는 이상한 결과를 초래한다."라고 주장한다.

그러나 다수의견이 들고 있는 사례와 같이 출연자 등이 출연을 하면서 공익법인 이사의 과반수를 차지하여 특수관계가 있게 된 경우 반대의견에 의하면 증여세를 과세할 수 없다는 주장은 타당하지 않다. 출연자와 공익법인 사이에 특수관계가 성립한다는 것은 출연 시, 즉 특정한 시점의 상태를 의미하는 것이므로, 특수관계의 존부는 그 출연 시점을 기준으로 판단하면 된다. 출연 시점의 전후로 언제 특수관계가 성립하였는지에 따라 법 제48조 제1항 단서 또는 법 제48조 제11항이 적용되는 것이지 다수의견의 주장과 같이 과세공백이 발생하는 경우는 없다. 출연자 등이 출연을 하면서 공익법인 이사의 과반수를 차지하는 경우와 출연 이후에 과반수를 차지하는 경우가 과연 어떠한 기준에 의해 구분되는지는 알기 어려우나, 적어도 이는 출연의 효과가 언제 완성되느냐를 살펴서 그 시점에 출연자 등이 공익법인 이사의 과반수를 차지하고 있는 상태였는지를 가리는 문제에 불과하다. 이러한 점에서 다수의견은 반대의견의 취지를 오해한 것이다.

(나) 다수의견은 또다른 예로 출연 전에 출연자 등이 내국법인의 최대주주였으나 그 당시 출연자와 공익법인이 특수관계가 없는 경우, '최대주주 요건'을 주식이 출연된 후의 시점을 기준으로 판단하는 다수의견에 따르면 증여세를 부과받지 않으나 출연 직전의 시점을 기준으로 판단하는 반대의견에 의하면 증여세를 부과받는데, 그 후 출연자 등이 공익법인 이사의 과반수를 차지하여 출연자와 공익법인 사이에 특수관계가 성립함으로써 '최대주주 요건'을 충족하게 되는 경우 반대의견에 따르면 그 시점에서 다시 법 제48조 제11항에 의한 납세의무 성립이 문제 된다고 주장한다.

그러나 이러한 주장은 먼저 법 제48조 제11항의 문언에 부합하지 않는다. 법 제48조 제11항은 '제16조 제2항 단서'에 해당하는 공익법인 등이 당해 출연자와 '특수관계에 있는 내국법인의 주식 등을 당해 법인의 발행주식 총수 등의 100분의 5를 초과하여 보유하게 된 때'를 증여세 과세요건으로 삼고 있다. 반대의견에 의하면 주식이 당초 출연된 시점에서 법 제48조 제1항 단서에 따라 증여세가 이미 부과되므로 '제16조 제2항 단서'에 해당하는 공익법인이 될 수 없고, 사후에 출연자가 공익법인 이사의 과반수를 차지하여 법 제48조 제11항에 따라 과세되는 결과는 다수의견을 취할 때에만 발생하는 문제이다.

또한 법 제48조 제11항은 출연자가 법 제48조 제1항을 잠탈하고자 하는 경우를 대비하여 그 보완규정으로 마련된 것이다. 당해 공익법인이 '법 제49조 제1항 각 호 외의 부분 단서에 따른 공익법인에 해당하지 아니하게 된 경우' 또는 '당해 출연자와 특수관계에 있는 내국법인의 주식 등을 당해 법인의 발행주식 총수 등의 100분의 5를 초과하여 보유하게 된 경우'에는 출연자가 법 제48조 제1항을 잠탈하고자 한 것으로 볼 수 있어 제11항의 적용대상이 되도록 규정하고 있다. 주식 출연 시 비과세요건을 갖춘다면 증여세가 당연히 비과세되어야 하지만, 사후적으로 당초의 비과세요건이 유지되지 아니하여 법 제48조 제1항을 잠탈한 것으로 볼 수 있다면 그 또한 과세되어야 하기 때문이다. 이때에는 '해당하지 아니하게 된 경우' 또는 '보유하게 된 경우'와 같은 문언에서 알 수 있듯이 출연 후의 시점으로 제11항의 과세요건이 충족되었는지를 살펴야 한다. 하지만 이는 출연 후의 시점에서야 출연자와 공익법인 사이에 특수관계가 성립하는 새로운 상태가 발생한 것에 기인한 것일 뿐이다. 이와 반대로 사전에 특수관계가 성립하는 상태에 있다면 그 즉시 과세대상이다. 위와 같이 출연자와 공익법인 사이에 특수관계가 출연 당시 또는 출연 이후에 성립하는지 여부에 따라 법 제48조 제1항과 법 제48조 제11항이 달리 적용되는 것일 뿐이므로, 다수의견과 같이 사후관리 규정인 제48조 제11항을 이유로 사전통제에 해당하는 법 제48조 제1항도 동일한 기준으로 해석하여야 한다고 볼 수는 없다.

(6) 요컨대 법에서 정한 특수관계 존부의 판단시점은 법 문언과 그 입법 취지로부터 출발하여 해석하여야 하고, 법률의 문언과 취지를 제쳐둔 채 거꾸로 시행령 조항에서부터 법률로 거슬러 올라가는 해석방법을 택하여서는 안 되는 것이다.

라. 출연자와 공익법인 사이의 특수관계를 가리는 요건으로서 시행령 제19조 제2항 제4호에 정한 '재산을 출연하여 설립한 비영리법인'은 출연자가 재산을 출연함으로써 설립에 이른 비영리법인을 의미한다고 보아야 한다.

(1) 재산을 출연하여 재단법인이 설립되도록 한 출연자라면 그 법인의 특수관계자라고 보는 것이 타당하다.

시행령 제19조 제2항 제4호의 '재산을 출연하여 설립한'이라는 문언을 다수의견과 같이 '출연행위를 하고 정관작성, 최초 이사선임, 설립등기 등의 과정에서 그 공익법인의 설립에 지배적인 영향력을 행사한 점이 인정되는 경우'로 해석할 근거가 없다. 위 시행령 조항의 '출연하여 설립한'의 의미는 출연에 중점을 두어 특수관계의 유무를 판단하도록 한 것이라는 데에서 찾아야 하고, 출연자가 '재산을 출연하여 설립에 이르게 된' 법인이라면 특수관계자에 해당한다고 보아야 한다.

재산을 출연받는 공익법인은 대개 재단법인일 것이고, 사단법인이라면 시행령 제19조 제2항 제4호 중 출연자가 '이사의 과반수를 차지하는 비영리법인'인지 여부로 규율될 것이므로, '재산을 출연하여 설립한 비영리법인'인지는 주로 재단법인이 문제 된다. 재단법인은 사단법인과 같은 인적 결합이 아니라 설립자가 정한 목적의 실현을 위한 재산의 집합체이므로, 재산 출연이 그 설립에 가장 핵심적이고 중요한 요소가 된다. 재단법인이 실현하고자 하는 설립목적에는 재산을 출연하여 재단법인이 설립되도록 한 사람의 의사가 반영되기 마련이고, 설립과정에서 상당한 재산을 출연한 자는 구체적인 설립행위에 개입하지 않더라도 공익법인에 영향을 미칠 수 있는 길이 얼마든지 있다. 따라서 재산을 출연하여 재단법인이 설립되도록 한 자라면 그 재단법인 사이에 특수관계가 있다고 보는 것이 타당하다.

(2) 다수의견은 주식 출연자가 공익법인의 설립에 실질적으로 지배적인 영향력을 행사하였는지는 반드시 발기인 등의 지위에서 정관작성 등에 참여한 경우로 한정할 것은 아니고 출연자의 관여 정도 등과 같은 그 실질을 따져야 한다고 보고 있다. 그러나 그와 같이 실질을 따지면서도 정관작성 또는 이사선임 과정을 판단 기준으로 들고 있는 것은 적절한 해석이 못 된다. 출연자가 공익법인의 설립 당시에 정관작성, 최초 이사선임 등에 관여하지 않았다고 해서 언제나 공익법인을 지배할 여지가 없다고 볼 수는 없다. 민법 등 관계 법령에 따라 출연자가 이미 설립되어 있던 공익법인의 이사장이나 이사 지위를 차지함으로써 그 공익법인을 지배하는 것이 충분히 가능하고, 현실적으로도 그와 같은 공익법인의 지배력 이전이 엄연히 일어나고 있다. 이러한 경우에 출연자가 공익법인을 지배할 여지가 없어 간접적 기업 승계가 불가능하다고 볼 수는 없다. 그런데도 이에 대하여 증여세를 비과세하여야 한다는 다수의견은 부당하다.

이 사건에서 만일 소외 1이 원고의 설립과정에 직접 참여하였다면 다수의견의 논리에 의하더라도 증여세 비과세대상으로 볼 수 없게 된다. 이러한 다수의견은 공익법인의 설립을 위한 재산의 전부 또는 상당 부분을 출연한 자가 의도적으로 또는 우연한 사정으로 정관작성, 최초 이사선임, 설립등기 등의 과정에 관여하였다는 사유만으로 증여세 비과세 여부가 달라진다는 것이므로, 규범적으로도 받아들이기 어려운 견해이다.

더욱이 다수의견이 제시하는 '실질적인 지배적 영향력 행사'라는 기준에 의하더라도 소외 1 등이 원고의 설립과정에 지배적인 영향력을 행사하지 않았다고 보기 위하여는, 과연 정관작성, 이사선임, 설립등기 중 어느 행위에 어느 정도로 관여해야만 그와 같은 지배적인 영향력 행사가 인정되는 것인지 구체적인 판단 기준을 제시하여야만 한다.

마. 다수의견은 이 사건 과세처분이 반드시 취소되어야 하는 부당한 처분이라는 입장에서 출발하고 있는 것으로 보이지만, 이 점에 관하여도 동의하기 어렵다.

(1) 2007. 12. 31. 개정 전의 법에서는 출연자가 어떠한 경우에 공익법인을 지배한다고 볼 것인지에 관하여는 전혀 규정하지 않았다. 법 제48조 제1항은 공익법인이 기업에 대한 지배력을 가질 만큼의 주식을 출연한 때에는 출연자가 그 공익법인의 최대출연자인 경우가 보통이고, 공익법인의 최대출연자는 그 공익법인에 대한 지배력을 갖는 것이 현실이라는 점만을 고려한 것으로 보인다. 그로 인하여 실제로는 출연자가 공익법인을 지배한다고 보기 어려운 경우까지 증여세 과세대상에 해당하는 것이 아닌지 논란이 발생할 소지가 있다. 다수의견은 시행령 제19조 제2항 제4호의 '출연자와 비영리법인 사이의 특수관계' 요건에서 이를 고려하고자 하는 것으로 보이지만, 그로 인하여 오히려 과세공백 등이 발생한다는 점은 앞서 본 바와 같다. 다수의견은 이 사건에서 원고를 구제한다는 제한된 범위에는 들어맞는 견해이지만, 법 제48조를 그 문언과 취지에 맞게 운용하기 위한 타당한 해석은 못 된다는 비판을 면하기 어렵다.

(2) 입법론으로는 출연자가 공익법인에 대하여 지배력을 갖는다고 인정되는 요건에 관한 법률규정을 정비하거나, 아예 주식 출연이라 하더라도 출연단계에서는 증여세를 비과세하되 나중에 출연자나 그 특수관계자가 공익법인의 이사나 이사장이 되는 등의 방법으로 공익법인에 대한 지배를 현실화하였을 때 과세하는 사후관리 방식을 채택할 수 있을 것이다. 그러나 입법자가 간접적 기업승계에 대처하기 위하여 사전통제 방식과 사후관리 방식 중 어떠한 것을 선택할지는 입법재량의 영역에 속하는 것이고, 사전통제 방식으로 입법이 이루어졌다고 하여 잘못된 입법이라고 단정할 수는 없다.

이 사건이 법이 내포한 근본적인 문제점이 드러난 경우라고 볼 수도 없다. 이 사건에서 재단법인인 원고가 설립된 경위를 보면, 수원교차로의 최대주주인 소외 1이 그 주식을 아주대학교에 출연하려고 하자 아주대학교 측에서 직접 주식을 출연받는 대신 공익법인을 세워 주식을 출연받는 방안을 제안함으로써 원고가 설립되기에 이르렀다. 원고의 설립 당시인 2002. 10. 17.경 총 출연재산은 현금 3억 1,000만 원이었고 그중 소외 1이 2,465만 원을, 수원교차로가 1억 7,535만 원을 각각 출연하였다. 소외 1은 그 이후 2003. 2. 1.경까지 수원교차로의 대표이사로 재직하였다. 원고가 설립되고 약 4개월 뒤인 2003. 2. 20.경 당초 예정된 바에 따라 소외 1이 보유하던 수원교차로 주식 8만 4,000주 가운데 발행주식 총수 약 60%에 해당하는 7만 2,000주를, 소외 1의 6촌 동생인 소외 2가 3만 6,000주를 원고에게 기부하는 내용의 재산기부승낙서를 작성하였다. 소외 1은 2005. 12. 15.경 원고의 3대 이사장으로 취임하기도 하였다.

소외 1과 그 특수관계자인 소외 2는 수원교차로 주식을 출연할 당시에 수원교차로의 총 발행주식 전부를 보유하는 최대주주였고, 그중 90%를 원고에게 출연함으로써 원고가 수원교차로에 대한 지배력을 갖게 되었다. 원고는 소외 1의 수원교차로 주식 출연의사에 따라 설립된 법인으로서 최초 출연재산뿐만 아니라 설립 당시 예정된 바에 따라 출연이 이루어진 수원교차로 주식까지 포함하면 소외 1 측이 출연한 재산이 절대적인 비중을 차지하고, 설립 이후에 실제로 소외 1이 원고의 이사장에 취임하기도 하였으므로, 소외 1이 원고에 대한 지배력을 갖지 않는다고 볼 수도 없다. 이처럼 소외 1이 원고를 통하여 수원교차로에 대한 지배력을 계속 유지하는 상황이 되었고, 향후 소외 1 또는 그 특수관계자가 원고의 이사나 이사장이 되더라도 추가로 과세대상이 되지는 아니하므로, 이 사건에서 증여세가 비과세될 경우 아무런 조세부담 없이 수원교차로를 승계할 수 있도록 하는 결과가 된다. 이러한 경우 과연 증여세가 비과세되어야 할지는 매우 의문이다.

(3) 이 사건 과세처분은 공익사업을 위하여 개인 재산을 내놓은 출연자를 대상으로 한 것이 아니라, 무상으로 주식을 출연받은 수증자를 대상으로 증여세를 과세한 것이다. 법이 정한 증여세율은 최고 50%의 누진세 구조이므로 원초적으로 증여세 본세액은 수증재산가액의 절반을 넘지 못하도록 되어 있다. 이 사건 과세처분의 과세범위 또한 본세를 놓고 보면 수증자인 원고가 무상으로 받은 수원교차로 주식 중 법 제48조 제1항 단서가 정한 주식 출연 한도인 발행주식 총수의 5%를 초과하는 부분만을 과세표준으로 하여 법이 정한 세율을 적용하여 이루어진 것이고, 여기에 원고가 제때 본세를 납부하지 않은 탓에 부과된 가산세를 더하더라도 무상으로 받은 재산의 가액을 넘어서지 아니한다. 다만 원고가 부과세액을 먼저 납부하고 불복절차에 임하는 대신에 미납상태로 쟁송에 이른 결과 가산금과 중가산금까지 보태어져 부담이 가중된 상태이지, 일부 항간에 잘못 알려진 바와 같이 '선의의 출연자를 상대로 하여 출연재산을 훌쩍 넘는 세금폭탄이 부과'된 사안은 아닌 것이다. 또한 이 사건 과세처분으로 인하여 당장 원고가 재산 전부를 빼앗기고 파산하는 상황이 초래될 것으로도 보이지 아니한다.

이 사건 과세처분으로 인하여 선의의 기부문화를 장려하는 데 커다란 장해가 초래된다고 할 것도 못 된다. 주식이 아닌 재산을 공익법인에 출연하는 것은 법 제48조 제1항 본문에 의하여 전면 비과세되므로, 주식만 보유하는 사람이 순수한 기부의사로 출연하고자 한다면 주식을 환가하여 금전을 출연하는 방법으로 공익법인에 증여세 부담을 초래하지 않고 기부목적을 달성할 수 있다. 출연자가 주식을 환가하는 것이 번거롭고 그 과정에서 양도소득세 등이 발생할 수는 있지만, 어차피 자기 소유의 주식을 기부하는 마당에 그중 일부가 양도소득세의 형태로 국가에 귀속된다고 하여 기부 자체를 꺼리게 될 것이라고 단정할 수는 없을 것이다. 기부문화의 장려를 위하여 이러한 절차적 번거로움과 증여세 외의 조세부담까지도 경감하는 방안은 다수의견과 같은 법 제48조 제1항의 해석론이 아니라 완전한 사후관리 방식으로의 입법 전환만이 그 해법이다.

바. 결론적으로 법에서 정한 출연자와 내국법인 사이의 특수관계 유무, 즉 '주주 요건'과 '최대주주 요건'은 출연자가 주식을 출연하는 당시를 기준으로 보아야 하고, 출연자와 공익법인 사이의 특수관계 유무는 출연자가 재산을 출연하여 설립에 이르게 된 공익법인인지 여부로 판단하는 것이 타당한 해석이다.

따라서 원고가 소외 1과 소외 2로부터 수원교차로 주식을 출연받은 것이 법 제48조 제1항 단서 괄호 부분에서 정한 증여세 비과세대상에 해당하지 아니한다고 보아 증여세를 과세한 이 사건 처분은 적법하다. 원심의 이유설시에 일부 적절하지 아니한 부분이 있지만 이 사건 처분이 적법하다고 본 결론은 정당하다. 그러므로 원고의 상고는 기각되어야 한다.

이상과 같은 이유로 다수의견에 반대한다.

7. 다수의견에 대한 대법관 김창석의 보충의견은 다음과 같다.

가. 이 사건의 첫째 쟁점은, 공익법인에 대한 주식 출연의 규제대상이 내국법인의 최대주주였던 자의 출연이냐, 아니면 내국법인의 최대주주가 되는 자에 대한 출연이냐의 문제이다. 주식 출연 이후에 공익법인을 통한 내국법인의 지배를 막고자 하는 것이 법 제48조 제1항 단서의 입법 취지라는 점에 관하여는 이견이 없어 보인다. 이를 관철하기 위하여 입법자는 출연 이후에 내국법인의 최대주주가 되는 자의 출연을 규제하고자 하였다는 것이 다수의견이고, 출연 이전에 내국법인의 최대주주였던 자의 출연을 규제하고자 하였다는 것이 반대의견이다.

둘째 쟁점은, 최대주주 여부를 판단하는 주식의 수에 출연자와 특수관계에 있는 자가 보유하고 있는 주식의 수도 포함되고 그 특수관계에 있는 자의 범위에 주식 출연자 등이 출연하여 설립한 공익법인(비영리법인)도 포함되는데, 어떤 경우에 주식 출연자 등이 출연하여 설립한 공익법인에 해당하는 것으로 볼 수 있느냐의 문제이다. 법률의 문언에 충실하게 주식 출연자 등이 공익법인에 출연을 한 점만으로는 부족하고 설립과정에서 실질적으로 지배적인 영향력을 행사한 점도 인정되어야 한다는 것이 다수의견이고, 공익법인에 출연을 한 것으로 충분하고 설립과정에서 관여의 정도를 고려할 필요가 없다는 것이 반대의견이다.

최대주주였던 자의 공익법인에 대한 주식의 출연을 원천적으로 봉쇄하는 해석이나 공익법인에 출연을 한 점만으로 그 공익법인을 출연하여 설립한 것으로 볼 수 있다는 해석은 어느 것이나 조세법률주의에 위배되어 합헌적 해석의 한계를 벗어날 뿐만 아니라 입법 취지에도 어긋난다. 이러한 결과를 야기하지 않으면서 입법 취지를 합리적으로 실현하는 해석이 다수의견의 법리라는 점에 관하여는 이미 살펴보았다. 그러므로 나아가 반대의견이 내세우는 주요한 논거들이 타당한지 여부를 살펴보기로 한다.

나. (1) 반대의견은 출연 전에 내국법인의 최대주주로서 내국법인을 지배하였던 자가 공익법인에 그 내국법인의 주식을 출연한 경우에는 출연 후에 그 주식을 출연받은 공익법인에 대하여 지배적인 영향력을 행사할 수 있다고 보는 전제에서 출발한다. 그에 따라 그러한 자로부터 주식을 출연받은 공익법인에 대하여는 출연 후의 사정을 고려할 필요 없이 언제나 증여세가 부과되어야 한다는 취지의 주장을 한다.

그러나 내국법인의 최대주주였던 자가 공익법인에 주식을 출연하였다고 하여 그 출연자가 당연히 그 공익법인에 대하여 지배력을 갖는다고 단정할 근거가 없으며, 법이 이를 의제하고 있지도 않다. 오히려 ① 시행령 제19조 제2항 제4호는 주식 출연자 등이 공익법인 이사의 과반수를 차지하거나 재산을 출연하여 공익법인을 설립한 때에, 주식 출연자 등이 공익법인에 대하여 지배적인 영향력을 행사할 수 있다고 보아 출연자와 그 공익법인 사이에 특수관계가 있는 것으로 규정하고 있고, ② 2007. 12. 31. 개정된 법과 2008. 2. 22. 개정된 시행령에 의하면 출연자 등이 공익법인 이사 현원의 5분의 1을 초과하는 경우에 출연자가 공익법인에 영향력을 행사할 수 있다고 보아 비과세대상에서 배제하고 있다. 위와 같이 입법자는 합리적인 기준을 설정하여 그 기준이 충족될 때에 비로소 출연자의 공익법인에 대한 지배력을 인정하고 있다.

또한 반대의견은 위와 같이 입법자가 영향력의 징표로 인정하는 법정요건들이 충족되지 아니하는 경우에도 출연자가 공익법인 이사장의 지위를 차지하는 등의 방법으로 그 공익법인에 대하여 지배적인 영향력을 행사할 수 있으므로 증여세가 부과되어야 한다고 주장한다. 이는 최대주주였던 출연자가 공익법인에 주식을 출연하는 때에는 공익법인은 언제나 출연자에 의하여 내국법인의 지배수단으로 악용될 수 있고, 그렇지 않을 가능성은 없다고 보아 최대주주가 공익법인에 주식을 출연하는 것은 원천적으로 봉쇄되어야 한다는 주장과 다름없다. 이러한 해석은 아무런 근거 없이 입법자의 결단에 반하여 최대주주에 의한 주식의 출연을 제한하는 것으로 조세법률주의를 침해하는 것일 뿐만 아니라 합헌적 법률 해석의 한계를 벗어난다.

(2) 반대의견에 따르면 내국법인의 최대주주가 내국법인 주식의 100분의 5를 초과하는 주식을 출연하는 때에는 공익법인으로서는 언제나 증여세를 납부하여야 한다. 그러나 출연된 주식이 비상장주식인 경우에는 공익법인이 그중 일부를 처분하여 증여세를 납부하는 것이 현실적으로 어려울 수 있다. 그리고 2007. 12. 31. 법률 제8828호로 개정된 상속세 및 증여세법 제73조 제1항에 따르면 증여받은 비상장주식은 물납대상에서 제외되어 출연된 주식으로 증여세를 물납하는 것 또한 허용되지 않으므로, 공익법인이 출연받은 주식 이외에 별다른 재산이 없는 때에는 불가피하게 증여세를 체납할 수밖에 없다. 나아가 출연 이후 비상장주식의 가액이 하락하여 수증자인 공익법인이 증여세를 납부할 능력이 없게 되면 증여자인 출연자가 그 고유의 재산으로 증여세 연대납세의무를 고스란히 부담해야 하는 상황이 초래될 수 있다. 출연자에게 이러한 위험부담을 감수하면서까지 공익법인에 주식을 출연할 것을 기대할 수는 없다. 현재의 경제 상황에서는 공익법인이 현금을 보유하는 것보다 주식을 보유하는 것이 오히려 안정적이고 지속적인 재원확보 수단이 될 수 있다는 점을 고려하면, 이러한 해석이 부당한 것임을 알 수 있다. 특히 공익법인의 의사결정에 아무런 영향력을 미칠 수 없는 출연자에게까지 단지 주식이 출연되기 전의 시점에 최대주주였다는 이유만으로 이와 같은 불이익을 가하는 것은 정의 관념에도 반한다.

다. 법 제16조 제2항 단서의 문언이 반대의견을 뒷받침하는 근거가 될 수도 없다.

반대의견은, 다수의견이 법 제16조 제2항 단서의 "출연자와 '특수관계에 있지 아니하는' 내국법인의 주식을 출연하는 경우"라는 문언을 "출연자와 '출연 직후 특수관계에 있지 않게 되는' 내국법인의 주식을 출연하는 경우"라고 고쳐 읽어야 도출될 수 있는 해석으로서 법률 문언을 벗어난 견해라고 주장한다.

이러한 주장에 따른다면, 반대의견은 같은 문언을 "출연자와 '출연 직전 특수관계에 있지 않았던' 내국법인의 주식을 출연하는 경우"라고 고쳐 읽어야 도출될 수 있는 해석이라고 마찬가지로 비판할 수 있다. 그러나 '특수관계에 있지 아니하는'이란 문언 자체는 특수관계가 존재하지 않는 상태를 중립적으로 기술한 것이어서, 반드시 '특수관계에 있었던' 과거의 상태만을 규율하는 것이라거나 '특수관계에 있게 될' 장래의 상태만을 규율하는 것이라고 단정할 수 없다. 오히려 특수관계를 규정한 개별 세법규정의 입법 취지와 규율목적 등에 부합하는 해석을 필요로 하는 것이다.

예컨대 법인세법상 부당행위계산 부인규정 등을 적용할 때에 행위자와 상대방의 특수관계 여부는 문제 되는 행위가 이루어지기 이전의 상태를 기준으로 하여 판단하는 것이 타당하다. 거래 당사자들 사이에 과거에 '존재하였던' 특수관계자의 지위가 거래에 관한 의사결정에 중대한 영향을 미치게 되어 경제적으로 합리성이 없는 거래결과를 가져올 수 있기 때문이다.

반면에 출연자가 공익법인에 내국법인 주식의 100분의 5를 초과하는 주식을 출연하였으나, 출연자의 내국법인 지배와 무관하여 과세대상으로 볼 수 없는 '출연자와 특수관계에 있지 아니하는 내국법인의 주식'에 해당하는지 여부는 주식이 출연된 이후에 출연자가 여전히 내국법인의 의사결정 과정에 영향력을 미칠 수 있는지를 살펴야 한다. 출연자와 내국법인 사이에 특수관계가 있는지, 구체적으로 출연자 등이 내국법인의 최대주주인지를 주식이 출연된 이후의 사정을 기준으로 판단하는 것이 옳다.

그러므로 반대의견이 법 제16조 제2항 단서의 문언에 충실한 견해라는 주장은 타당하지 않고, 오히려 반대의견은 특수관계의 판단에 있어서 개별 세법규정의 입법 취지와 규율목적 등을 고려하여야 한다는 점을 간과하고 있는 것이다.

라. 출연자와 특수관계에 있는 내국법인의 주식인지는 공익법인이 그 주식을 출연받아 보유하게 된 시점을 기준으로 판단하여야 한다는 점에서, 시행령 제13조 제4항 제1호에서 정한 '주주 요건'이 충족되었는지 또한 '최대주주 요건'의 경우와 마찬가지로 주식이 출연되기 전의 시점이 아니라 출연된 후의 시점을 기준으로 판단하는 것이 타당하다.

(1) '주주 요건'을 출연 전의 시점을 기준으로 판단하면 '주주 요건'을 규정한 이유를 설명할 수가 없다. 공익법인에 내국법인의 주식을 출연한 자는 출연 전에 그 내국법인의 주주였음은 당연하기 때문이다. 또한 주주였던 사실만으로 '주주 요건'을 충족하므로 '주주 요건'에 '특수관계에 있는 자'를 함께 규정한 이유도 설명할 수 없다. 마찬가지로 '특수관계에 있는 자'의 범위에서 '당해 공익법인을 제외한다'고 규정한 이유 역시 설명할 수 없다. 주식이 출연된 후의 시점

을 기준으로 '주주 요건'을 판단할 때 비로소 그 의미를 설명할 수 있다. 출연자 등이 보유한 주식 전부를 공익법인에 출연하는 경우 출연자와 공익법인 사이에 특수관계가 있다고 하더라도 그 공익법인을 '특수관계에 있는 자'의 범위에서 제외하면 '주주 요건'을 충족할 수 없기 때문이다. 이러한 경우를 증여세 부과 대상에서 제외하려는 입법자의 의사가 분명하게 드러난다. 이와 달리 입법자가 이러한 경우에도 증여세를 부과하고자 하였다면 '특수관계에 있는 자'의 범위에서 '당해 공익법인을 제외한다'고 따로 규정하지 않는 것으로 충분하였기 때문이다.

(2) 시행령 제13조 제4항 제1호는 '주주 요건'과 관련된 특수관계에 있는 자의 범위에서 '당해 공익법인'을 제외하면서도 '최대주주 요건'과 관련된 특수관계에 있는 자의 범위에서 '당해 공익법인'을 제외하지 않고 있다. 이와 같이 '주주 요건'과 '최대주주 요건'에서 출연자와 특수관계에 있는 자의 범위를 달리 정하고 있는 것은, 출연자 및 그와 특수관계에 있는 자가 당해 공익법인에 그 보유 주식 전부를 출연함으로써 출연 주식을 발행한 내국법인의 주식을 보유하지 않게 되어 주주의 지위를 상실하고 나아가 출연자 또는 그와 특수관계에 있는 자가 출연 주식을 발행한 내국법인 임원 현원의 5분의 1을 초과하지 아니하는 때에는, 출연자가 더 이상 그 내국법인에 대한 지배력을 바탕으로 공익법인에 영향을 미칠 수 없다고 보아 당해 공익법인이 내국법인의 최대주주가 되더라도, 출연자가 공익법인을 직접 지배함으로써 내국법인을 지배할 수 있는 별도의 요건이 인정되지 않는 한, 주식보유 한도의 예외를 인정하여 공익법인에 출연된 주식을 과세대상에서 제외하기 위한 것이다. 이러한 규정은 '주주 요건'과 '최대주주 요건'이 충족되었는지를 주식이 출연된 후의 시점을 기준으로 판단하는 것을 전제로 한 것이다.

결국 시행령 제13조 제4항 제1호의 '주주 요건'은 출연자 등이 주주나 임원으로서 내국법인의 주주총회 또는 이사회에서 의결권을 행사함으로써 내국법인의 의사결정과정에 직접 참여할 수 있는 경우와 출연자 등이 그러한 지위에 있지 아니하여 내국법인의 의사결정과정에 직접 참여할 수 없는 경우를 달리 취급하고 있는 규정이고, 최대주주 요건은 출연자 등이 최대주주로서 내국법인의 의사결정과정을 지배할 수 있는지에 따라 달리 취급하고 있는 규정이다.

(3) 이와 관련하여 반대의견은 주식 출연 전에 내국법인의 최대주주였던 자가 그 보유 주식 전부를 특수관계에 있는 공익법인에 출연하면 그 공익법인을 통하여 내국법인에 대한 지배력을 여전히 가지게 되므로, 이와 같은 경우에 법 제16조 제2항 단서 규정을 적용하여 증여세를 부과하지 않는 것은 입법 취지에 어긋난다고 주장한다.

그러나 이와 같은 결과는 '주주 요건'과 관련된 특수관계에 있는 자의 범위에서 '당해 공익법인'을 제외하였기 때문에 발생하는 것이다. 그리고 이는 출연자가 보유 주식 전부를 출연한 결과 출연자가 더 이상 내국법인을 직접 지배할 수 없는 이상 내국법인에 대한 지배력을 바탕으로 공익법인에 영향을 미칠 수 없다고 보아야 하고, 다만 출연자가 공익법인을 직접 지배함으로써 공익법인을 이용하여 내국법인을 지배할 우려만 남게 되는데, 이러한 문제는 다른 비과세요건인 ① 출연자 등이 공익법인 이사 현원의 5분의 1을 초과하지 아니하고, ② 공익법인이 독점규제 및 공정거래에 관한 법률 제9조의 규정에 의한 상호출자제한기업집단과 특수관계에 있지 아니하며, ③ 주무부장관으로부터 주식 출연이 공익법인의 목적사업을 효율적으로 수행하기 위하여 필요하다고 인정받아야 한다는 요건을 통하여 규제함으로써 충분하다고 본 입법자의 결단에 따른 것이다.

마. (1) 반대의견은 법 제48조 제1항 단서가 공익법인이 출연받은 주식과 다른 주식 등을 합산하여 내국법인 주식의 100분의 5를 초과하는지 여부를 판단하는 것은 증여세 납세의무가 출연 이후에 성립한다는 의미를 가질 뿐이고, 출연 한도를 초과하는 주식 출연을 하였을 때 그 주식이 '출연자와 특수관계에 있지 아니하는 내국법인의 주식'에 해당하는지 여부는 별개의 문제라고 주장한다.

그러나 내국법인 주식의 100분의 5라는 주식 출연 한도는 과세요건으로서, '최대주주 요건'은 비과세요건으로서 대응하여 함께 증여세의 부과 여부를 결정하는 기준이다. 법 제48조 제1항 단서는 출연자가 당해 공익법인에 출연한 주식뿐만 아니라 출연 당시 공익법인이 이미 보유하고 있던 동일한 내국법인의 주식(제1호), 출연자 등이 다른 공익법인에 출연한 동일한 내국법인의 주식(제2호)을 합산하여 출연 한도의 초과 여부를 판단하도록 하고 있다. 제1호에 의하여 합산되는 당해 공익법인이 보유하고 있는 주식은 반드시 출연자에 의하여 출연된 주식에 한정되는 것은 아니므로, 출연자와 무관하게 당해 공익법인이 취득한 주식도 포함되고, 제2호에 의하여 출연자 등의 출연에 의하여 다른 공익법인이 보유하고 있는 주식도 합산된다.

위와 같이 출연자로부터 공익법인에 출연된 주식만으로 출연의 한도를 따지는 것이 아니라 출연자와 일정한 관련을 갖는 주식까지 합산하는 것은, 법 제16조 제2항 단서의 위임을 받은 시행령 제13조 제4항 제1호에서 출연자와 그 특수관계자(당해 공익법인을 포함한다)가 보유하고 있는 주식을 모두 합산하여 최대주주 여부를 판단하는 것과 궤를 같이하는 것이다. 즉 위 규정들은 최대주주였던 출연자가 특정 공익법인에 주식을 출연하는 사정만을 염두에 둔 것이 아니라, 주식이 출연된 이후 출연받은 주식과 일정한 관련을 갖는 주식을 합산하여 공익법인이 내국법인의 지배수단으로 악용될 수 있는지를 살펴서 과세 여부를 판단하도록 한 것이다.

(2) 출연 전에 출연자 등이 최대주주가 아니었으나 출연 당시 공익법인이 보유하고 있는 주식을 합하면 최대주주가 되는데, 출연을 하면서 주식 출연자 등이 공익법인 이사의 과반수를 차지하여 출연자와 공익법인 사이에 특수관계가 있게 된 경우, '최대주주 요건'을 주식이 출연되기 전의 시점을 기준으로 판단하면, 출연자 등이 출연 후에 최대주주가 되었음에도 공익법인에 증여세가 부과되지 않는 부당한 결과가 생겨난다는 다수의견의 지적에 대하여, 반대의견은 다수의견이 반대의견의 취지를 오해한 것이라고 주장한다. 그러므로 구체적인 사례를 통하여 살펴보기로 한다.

① 출연자가 출연을 하고 그 다음 날에 이사의 과반수를 주식 출연자 등으로 선임하는 결의가 있는 경우, ② 이사의 과반수를 주식 출연자 등으로 선임하는 결의가 있고 그 다음날에 출연을 하는 경우, ③ 출연을 하는 당일 이사의 과반수를 주식 출연자 등으로 선임하는 결의가 있는 경우를 상정한다.

다수의견에 의하면 출연 행위와 주식 출연자 등을 이사의 과반수로 선임하는 결의라는 두 사실 모두가 충족되는 시점에서 비로소 출연자 등은 최대주주가 됨으로써 납세의무가 성립된다고 보므로 ①의 경우에는 이사 선임 결의가 있는 날, ②의 경우에는 출연을 하는 날, ③의 경우에는 출연을 하는 당일 법 제48조 제1항 단서에 의하여 증여세 납세의무가 성립한다.

어느 경우든 출연을 하면서 비로소 출연자 등이 공익법인과 특수관계에 있게 되어 최대주주가 되었을 뿐이고 출연 전에 최대주주가 아니었으므로, 반대의견에 의하면 내국법인에 대한 지배력의 승계 또는 간접적인 기업의 승계가 이루어지는 것이 아니다. 따라서 공익법인에 증여세가 부과되어서는 아니 된다. 이러한 결론이 반대의견이 강조하는 법 제48조 제1항 단서의 규정 취지에 부합하는 것이다. 다수의견은 이 점을 지적하는 것이다.

그런데도 이러한 지적에 대하여 반대의견은 출연을 하는 시점을 기준으로 특수관계에 있는지를 판단하여 법 제48조 제1항 단서 또는 법 제48조 제11항에 의하여 과세하면 된다고 주장한다. 이러한 주장은 위와 같은 반대의견의 논지를 근본적으로 부정하는 것이다. 최대주주가 되는 자의 출연이 아니라 최대주주였던 자의 출연을 규제하기 위한 것이 법 제48조 제1항 단서의 입법 취지라는 것이 반대의견의 출발점이기 때문이다.

설사 그러한 모순된 주장에 따른다고 하더라도, ①의 경우에는 이사 선임 결의가 있는 날에 법 제48조 제11항에 의하여, ②의 경우에는 출연을 하는 날에 법 제48조 제1항 단서에 의하여, ③의 경우에는 출연을 하는 날에, 법 제48조 제1항 단서 또는 법 제48조 제11항에 의하여 납세의무가 성립한다고 주장할 것으로 여겨진다. 출연 시점에서의 증여세 부과에 대하여는 법 제48조 제1항 단서를 적용하여야 함에도, 출연 시점에서는 비과세요건을 충족하였으나 그 후에 비과세요건을 충족하지 못하는 사정이 생겨나는 경우에 증여세 부과를 위해 규정한 법 제48조 제11항을 적용할 수밖에 없는 것이다. 이 점에서 반대의견의 위와 같은 주장도 납득하기 어렵다.

(3) 또한 반대의견은 출연 전에 출연자 등이 내국법인의 최대주주였으나 출연 당시 출연자와 공익법인 사이에 특수관계가 없는 경우, 주식이 출연된 시점에서 법 제48조 제1항 단서에 따라 납세의무가 성립하여 증여세가 부과되므로, 그 후 출연자 등이 공익법인 이사의 과반수를 차지하는 상황이 발생하더라도 법 제48조 제11항에 따른 납세의무의 성립은 문제 되지 않으므로, 납세의무의 성립에 모순이 없다는 취지의 주장을 한다.

그러나 다수의견의 논지는, 법 제48조 제11항은 출연 당시에는 최대주주가 아니었으나 그 후에 최대주주가 되는 경우 그 시점에서 납세의무의 성립을 인정하여 증여세를 부과하고자 하는 규정인데, 이러한 규정에 정확하게 부합하는 과세요건사실이 생겨났음에도 이 시점에서의 과세를 부정할 수밖에 없고 출연 당시에는 최대주주가 아니었음에도 납세의무의 성립을 인정하여 과세를 긍정하는 반대의견의 부당성을 지적한 것이다. 반대의견에 따를 경우 최대주주가 되는 시점에서 과세관청이 법 제48조 제11항에 의한 납세의무의 성립을 인정하여 증여세를 부과한다면 그 과세처분은 취소되어야 하고, 출연 당시의 출연을 과세대상으로 할 경우 이미 부과제척기간이 경과하였다면 그 출연에 대하여서도 과세를 할 수 없게 된다. 법 제48조

제11항에 의한 납세의무의 성립이 인정되는 상황임에도 사정에 따라 그 성립이 배제됨으로써 일관성이 결여되어 혼란이 예상되는 것이다.

바. 이미 살펴본 것처럼 '재산을 출연하여 비영리법인을 설립한 자'란 비영리법인의 설립을 위하여 재산을 출연하고 정관작성, 이사선임 등의 과정에서 그 비영리법인의 설립에 실질적으로 지배적인 영향력을 행사하는 자를 의미한다고 보아야 하고, 이와 달리 비영리법인에 출연을 한 것으로 충분하고 설립과정에서 관여의 정도를 고려할 필요가 없다고 본다면 '설립'이라는 법률 문언을 사문화(死文化)함으로써 조세법률주의에 위배되어 타당하지 않다.

이 사건 시행령 조항은 특수관계를 인정하는 두 유형으로 주식 출연자 등이 '비영리법인 이사의 과반수를 차지하는 경우'와 주식 출연자 등이 '재산을 출연하여 설립한 비영리법인인 경우'를 규정하고 있다. 두 유형은 비영리법인에 지배적인 영향력을 미칠 수 있는 경우로서 규정된 것이다. 따라서 주식 출연자 등이 '재산을 출연하여 설립한 비영리법인인 경우'라는 요건은 주식 출연자 등이 '비영리법인 이사의 과반수를 차지하는 경우'와 같은 정도로, 비영리법인의 설립과정에서 영향력을 행사함으로써 비영리법인을 지배하고 있다고 평가되는 경우에 그 요건의 충족이 인정되어야 한다. 이 사건 시행령 조항 안에 그 해석의 기준을 갖고 있다고 할 수 있다. 이미 살펴본 입법 연혁도 이러한 해석을 뒷받침한다. 해석의 기준이 분명하지 않다는 반대의견의 지적은 타당하지 않다.

반대의견의 해석에 따르면 비영리법인의 설립 당시 출연을 하였으나 설립과정에 관여하지 않음은 물론 그 후 비영리법인의 운영에 아무런 관여를 하지 않으면서 추가적으로 주식을 출연하는 경우에도 예외 없이 비영리법인과 특수관계에 있게 되고, 특히 주식 출연자가 비영리법인의 설립 당시 소액의 출연을 한 경우라도 마찬가지로 특수관계에 있게 되는 수긍하기 어려운 문제를 발생시킨다.

이상과 같이 다수의견에 대한 보충의견을 밝혀 둔다.

8. 반대의견에 대한 대법관 김용덕의 보충의견은 다음과 같다.

가. (1) 조세법률주의 원칙상 조세법규는 법 문언대로 합리적으로 해석하여야 한다. 조세법규의 문언을 합리적으로 해석하기 위하여는 우선 문언의 사전적 의미에 바탕을 두고 출발하여 전·후 맥락에서 드러나는 어법상 한계를 벗어나지 않도록 하여야 함은 당연하고, 이에 그칠 것이 아니라 나아가 그와 같은 해석으로써 도출되는 결과가 관련 규정의 체계와 모순되지 않는지, 해당 규정의 입법 취지와 구체적 타당성에 부합하는지 등을 살펴봄으로써 문언의 진정한 의미를 밝혀내야 한다.

(2) 법 제48조 제1항 단서는 '출연받은 주식과 각 호에서 정한 주식, 즉 ① 출연자가 출연할 당시 해당 공익법인이 보유하고 있는 동일한 내국법인의 주식(이하 '제1호 주식'이라 한다), ② 출연자 및 그와 특수관계에 있는 자가 해당 공익법인 외의 다른 공익법인에 출연한 동일한 내국법인의 주식(이하 '제2호 주식'이라 한다)을 합한 것이 해당 내국법인의 의결권 있는 발행주식 총수의 100분의 5를 초과하는 경우'에 증여세 과세가액에 산입될 수 있도록 정하고 있다.

(가) 위 규정은 '출연받은 주식'이 '해당 내국법인의 의결권 있는 발행주식 총수의 100분의 5'를 넘는 경우를 대상으로 하는데, 그 100분의 5를 넘는지 여부에 관하여, '해당 출연자가 보유하고 있다가 출연한 주식'뿐 아니라, ① '해당 공익법인이 보유하고 있는 동일한 내국법인의 주식'과 ② '출연자 및 그와 특수관계에 있는 자가 해당 공익법인 외의 다른 공익법인에 출연한 동일한 내국법인의 주식'을 합산하도록 하고 있다. 그런데 제1호 주식에 관하여 그에 해당하는지 여부는 '출연자가 출연할 당시'를 기준으로 함은 분명하다. 또한 제2호 주식의 경우에도 '출연자 및 그와 특수관계에 있는 자가 다른 공익법인에 출연한 주식'이라고 하고 있으므로 이 역시 출연 당시를 기준으로 하여 이미 다른 공익법인에 출연이 이루어져 그 다른 공익법인이 보유하고 있는 주식을 의미한다고 보인다.

(나) 한편 위 규정은 이에 대한 예외로서 괄호 부분에서 '제16조 제2항 단서의 규정에 해당하는 경우를 제외한다'고 규정하고 있다. 이는 상속에 의하여 100분의 5를 넘는 주식을 출연하는 경우에 제16조 제2항 단서에서 상속세 과세대상에서 제외하는 예외를 인정하는 것과 마찬가지의 예외를 인정하기 위하여 상속세에 관한 해당 규정을 원용한 것이다.

그런데 제16조 제2항 단서 규정은 '제49조 제1항 각 호 외의 부분 단서에 해당하는 것으로서 독점규제 및 공정거래에 관한 법률 제9조의 규정에 의한 상호출자제한 기업집단과 특수관계에 있지 아니하는 공익법인에 해당 공익법인의 출연자와 특수관계에 있지 아니하는 내국법인의 주식 등을 출연하는 경우로서 대통령령으로 정하는 경우에는 그러하지 아니하다'라고 규정하고 있다.

'제49조 제1항 각 호 외의 부분 단서'의 규정은 '직접 공익목적사업에의 사용실적 기타 해당 공익법인의 공익기여도 등을 감안하여 대통령령이 정하는 기준에 해당하는 공익법인과 국가·지방자치단체가 출연하여 설립한 공익법인 및 이에 준하는 것으로서 대통령령이 정하는 공익법인에 대하여는 그러하지 아니하다'라고 규정하고 있으므로, '제49조 제1항 각 호 외의 부분 단서에 해당하는 것으로서 독점규제 및 공정거래에 관한 법률 제9조의 규정에 의한 상호출자제한기업집단과 특수관계에 있지 아니하는 공익법인'이라는 부분은 '주식을 출연받는 공익법인에 관한 요건'을 정한 것으로서, 해당 공익법인이 주식 출연 당시에 그 요건을 갖추어야 함은 분명하다.

그리고 과세대상의 예외에 해당하려면 '출연자와 특수관계에 있지 아니하는 내국법인의 주식 등을 출연하는 경우로서 대통령령으로 정하는 경우'라야 하는데, 이는 '출연 대상인 주식에 관한 요건'을 정한 것으로서, 그 문언상 '특수관계에 있지 아니하는 내국법인'의 주식을 '출연하는' 경우라고 되어 있으므로 그 특수관계의 판단시점은 '출연하는' 당시를 기준으로 보아야 하며, 따라서 이는 출연 당시 해당 내국법인이 출연자와 특수관계에 있지 아니하는 경우라고 해석함이 자연스럽다. 이와 달리 만약 위 규정이 주식의 출연의 결과 출연자와 내국법인 사이에 특수관계가 발생되지 아니하는 경우를 대상으로 삼으려 하였다면, '출연 결과 특수관계가 발생하지 아니하는 내국법인' 또는 '출연 결과 특수관계에 있지 아니하는 내국법인'이라고 표현하였을 것이다. 오히려 2010. 1. 1. 개정법 제16조 제2항 단서는 "공익법인의 출연자와 특수관계에 '있지 아니한' 내국법인의 주식 등을 출연하는 경우로서"라고 하여, 출연자와 내국법인의 특수관계는 출연 당시를 기준으로 판단하여야 함을 명확히 하고 있다.

(다) 결국 법 제48조 제1항 단서 및 그 괄호 부분은 출연 대상인 주식을 기준으로 과세대상인지 또는 그 예외인지에 관하여 요건을 정하고 있고, 또한 그 요건의 한 내용으로 출연자의 내국법인에 대한 특수관계를 기준으로 삼고 있는데, 이러한 출연 대상인 주식의 내용 및 특수관계에 해당하는지에 관하여는 모두 그 문언상 출연 당시를 기준으로 정하였다고 해석된다. 특히 위 규정이 과세대상인 주식인지 또는 그 예외인지에 관하여 위 규정에서 동일한 문언을 이용하고 있음에도, 그 문언과 달리 과세대상인 주식에 해당하는지에 관하여는 출연 당시를 기준으로 정하고 한편 그 예외에 해당하는지에 관하여는 출연 결과를 기준으로 정하였다고 해석할 수는 없다.

따라서 이러한 과세대상의 예외로서 출연대상인 주식의 요건에 관하여 대통령령으로 정한 부분, 즉 시행령 제13조 제4항 역시 이를 전제로 하여 그에 관한 구체적인 내용을 정한 것으로서, 거기에서 정한 요건에 해당하는지 여부 역시 마찬가지로 출연 당시를 기준으로 해석하여야 할 뿐 아니라, 위 시행령 규정의 구체적인 문언을 보더라도 법과 마찬가지로 '특수관계에 있는'이라고 표현하고 있으므로 이와 달리 볼 이유가 없다.

(3) 더욱이 법의 해석은 법 문언과 입법 취지에 의하여 이루어져야 하며, 법 제48조 제1항 규정의 문언과 체계를 제쳐두고 하위법령인 시행령 제13조 제4항을 이유로 그 해석을 달리할 수 없다. 시행령의 규정을 가지고 법 해석의 근거로 삼거나 법의 문언과 달리 해석한다면, 이는 조세법률주의에 정면으로 배치된다.

그뿐 아니라 시행령 제13조 제4항 제1호는 공익법인에 출연한 재산의 상속세 과세대상 재산 산입에 관한 것으로서, '출연자(출연자가 사망한 경우에는 그 상속인을 말한다) 또는 그와 특수관계에 있는 자가 주주 등인 내국법인'으로 '주주 요건'을 규정하고 있으므로, 그 요건이 가지는 의미는 이러한 상속세 과세대상 자체에서 찾아야 한다. 즉, 피상속인이 유언 등으로 공익법인에 내국법인의 주식을 출연하는 경우에 상속인을 출연자로 보는데, 상속인은 공익법인에 출연된 위 주식을 상속받지 못하므로 상속인이 위 출연 당시 동일한 내국법인의 주식을 별도로 보유하지 않는 한, 주식이 출연되었어도 출연 당시 상속인을 기준으로 보면 주주 요건이 충족되지 아니할 수 있으므로, 이러한 사정을 고려하기 위한 것으로 볼 수 있다. 따라서 주식 출연이 증여세의 과세대상이 되는 경우만을 상정하여, 출연 전의 시점을 기준으로 판단하면 출연자는 언제나 주주였으므로 위 시행령 제13조 제4항 제1호에서 '최대주주 요건' 이외에 '주주 요건'을 별도로 규정한 것이 무의미하다고 단정할 수 없다.

(4) 그리고 '특수관계에 있는'이라는 용어는 법을 비롯한 여러 법률에서 사용하고 있고, 법 및 시행령 내에서도 여러 조항에서 사용하고 있을 뿐 아니라, 법 제48조 제1항 단서 및 그 괄호 부분이 원용하는 법 제49조와 위 시행령 규정에서도 사용하고 있다.

어느 행위자와 상대방 사이에 특수관계가 있는지의 여부는 해당 규정의 내용과 취지 등에 따라 판단하여야 할 사항이지만, 대법원은 위와 같은 용어를 사용하고 있는 법인세법상 부당행위계산 부인규정의 경우(대법원 2010. 5. 27. 선고 2010두1484 판결 등 참조), 상속세 및 증여세법상 저가양도와 고가양도, 감자에 따른 이익 증여, 주식의 상장 등에 따른 이익의 증여 등의 경우(대법원 1990. 4. 10. 선고 90누837 판결, 대법원 2012. 9. 27. 선고 2012두11430 판결, 대법원 2012. 5. 10. 선고 2010두11559 판결 등 참조) 등에서 모두 문제 되는 행위 당시를 기준으로 하여 특수관계가 있었는지 여부를 판단하여야 한다고 보아 왔다.

특히 상속세 및 증여세법 사안에서는 그 근거로 '실질과세나 공평과세 등 과세원칙의 법리'를 들기도 하였는데, 특수관계의 유무에 따라 조세법상 취급이 달라진다면 납세의무자가 문제되는 행위를 할 당시에 그와 같은 특수관계의 유무를 고려하여 선택할 수 있도록 하는 것이 바람직하다는 것도 그 이유 중 하나로 볼 수 있다. 또한 일정한 거래에 대한 과세요건이나 비과세요건은 그 거래 당시를 기준으로 충족되어야만 적용할 수 있다고 보는 것이 통상적인데, 그 거래로 인하여 발생한 결과를 기준으로 과세요건이나 비과세요건의 충족 여부를 가리자는 것은 매우 이례적인 경우에 해당한다고 볼 수밖에 없다.

그럼에도 법 문언에 기초한 이러한 일반적인 해석과 달리 행위 직후 즉 문제 되는 행위로 인하여 발생한 결과를 기준으로 하여 특수관계를 가리는 규정으로 볼 수 있으려면 그 문언과 체계 등에 비추어 명확히 그와 같은 취지임이 드러나는 경우라야 할 것이다. '특수관계에 있는'이라는 동일한 용어를 사용하고 있음에도 불구하고 그 용어를 그대로 적용할 경우에 발생될 수 있는 결과가 마음에 들지 아니한다고 하여 달리 해석한다면, 세법 관련 규정의 해석 및 적용에 일관성·객관성을 해칠 뿐만 아니라, 실무상 커다란 혼란을 초래할 수 있고, 자칫 특수한 사례만을 고려한 기교적인 해석론이라는 지적을 받을 우려도 있다.

(5) (가) 반대의견에 의하면 출연자와 내국법인 사이의 특수관계는 출연자가 최대주주이면 성립하므로 출연 결과를 따질 필요가 없다. 법 제48조 제1항 단서는 출연 주식이 내국법인의 의결권 있는 발행주식 총수의 100분의 5를 초과하는 경우와 같이 내국법인의 지배권에 영향을 미칠 수 있는 주식을 출연하면 과세대상으로 규정하고 있고, 나아가 그 괄호 규정 및 시행령 제13조 제4항 제1호는 그 출연 대상인 주식 수가 출연자를 중심으로 하여 실질적으로 내국법인의 지배권을 형성하고 있는 경우에 당연히 과세대상으로 삼고 그렇지 아니하면 다른 요건을 갖춘 경우에 비과세대상이 될 수 있다고 정한 것이다. 즉 출연자를 중심으로 하여 실질적으로 내국법인의 지배권을 형성하고 있는 주식을 출연하면 그 자체로서 과세대상이 된다.

(나) 그런데 이와 달리 다수의견에 의하면 출연자와 내국법인 사이의 특수관계에 관한 '최대주주 요건'을 출연 직후를 기준으로 판단하여야 비로소 출연대상 공익법인이 출연자의 특수관계자에 해당하는지를 알 수 있게 되고, 그 판단 결과 출연자와 공익법인 사이에 특수관계가 인정되어 출연자 등이 내국법인의 최대주주가 되어야 내국법인에 대한 지배력을 바탕으로 공익법인에 영향을 미침으로써 공익법인을 내국법인에 대한 지배수단으로 이용할 수 있게 되어 과세대상에 해당한다고 본다. 주식 출연의 결과 출연자는 출연 주식 수만큼 주주의 지위를 상

실하여 최대주주 지위를 잃는 경우가 발생하므로, 출연자가 계속 보유하는 주식과 출연을 받은 공익법인이 출연 결과로 보유하는 주식을 합산할 것인지 여부를 가리기 위하여 출연자와 공익법인 사이의 특수관계 여부를 다시 판단하려는 것이다. 즉, 주식 출연이 가지는 의미, 즉 지배권을 형성하는 주식의 이전이라는 것에서 더 나아가, 주식 출연 후에 출연자가 계속하여 내국법인에 대한 지배권을 가지는 경우만을 과세대상으로 삼으려다 보니, 출연자가 종전에 최대주식을 보유하였던 사실을 무시하고 출연 이후 공익법인에 대하여 시행령 제13조 제4항 각 호에 해당하는 사유로 출연자가 지배권을 행사하는 특수관계가 있는지 여부를 가려, 그 특수관계가 있으면 과세대상으로 삼는다는 것이다.

그러나 내국법인인 회사가 그 주주인 공익법인에 대하여 영향력을 행사한다거나 그 주주를 지배수단으로 이용한다는 것은 회사법상 인정하기 어려운 개념이며, 내국법인에 대한 지배를 바탕으로 한 공익법인에 대한 '간접적인 영향력' 역시 반대의견의 지적에서 드러난 것과 같이 그 실체가 모호하고 불명확하다. 출연자의 공익법인에 대한 영향력은 공익법인 자체에 대한 지배력이 있는지 여부로 판단하면 충분하다. 실제로 출연자의 공익법인에 대한 영향력에 관하여 2007. 12. 31. 법률 제8828호로 개정된 법 제16조 제2항 및 2008. 2. 22. 대통령령 20621호로 개정된 시행령 제13조 제3항 제2호는 출연자 또는 그와 특수관계에 있는 자가 공익법인의 '이사 현원의 5분의 1을 초과하는 경우'에는 성실공익법인의 요건을 갖추지 못한 것으로 명시하여 비과세대상에서 제외함으로써 공익법인에 대한 출연자의 지배력은 '출연 대상인 주식에 관한 요건'이 아니라, '주식을 출연받는 공익법인에 관한 요건'으로 정하고 있다. 즉, 위 경우에는 출연자와 내국법인 사이의 특수관계의 판단 기준인 '최대주주 요건'이 충족되는지를 굳이 따질 필요가 없고, 출연자가 내국법인과 특수관계가 없더라도 공익법인에 대한 지배력이 있기만 하면 과세대상이 된다. 따라서 2007. 12. 31. 개정법령에서 강화된 '성실공익법인' 요건에 의하면, 출연자와 내국법인 사이의 특수관계의 판단 기준인 '최대주주 요건'을 판정할 때 출연자의 공익법인과의 특수관계 내지는 공익법인에 대한 지배력을 요구하는 다수의견의 해석은 출연자의 공익법인에 대한 지배력 유무를 '성실공익법인' 요건과 '출연자의 특수관계자' 요건 두 곳에서 중복하여 규율한 셈이 되어 충돌되며 관련 규정 체계에 오류가 있는 결과가 된다.

그리고 공익법인에 대한 사후관리 규정 중 하나인 법 제48조 제8항은 출연자가 공익법인의 '이사 현원의 5분의 1을 초과하여 이사가 되거나 임직원으로 되는 경우'에 관하여 규정하고 있지만, 증여세 본세가 아니라 관련 경비 상당액의 가산세만 부과하도록 하고 있음에 비추어 보아도, 출연자의 공익법인에 대한 지배력이 증여세 비과세요건인 출연자와 내국법인의 특수관계 부존재 판단에 기준이 된다고 보기 어렵다.

결국 2007. 12. 31. 이후의 개정 법령에 비추어 보면 위 개정 전후를 막론하고 '출연자와 특수관계에 있지 아니하는 내국법인'의 요건은 출연자와 출연 대상 공익법인 사이의 출연 후의 지배관계를 고려할 필요 없이, 어디까지나 출연자와 해당 내국법인 사이에 출연 당시 존재하는 특수관계를 규율하는 규정이라고 해석함이 타당하다.

(6) 2007. 12. 31. 개정 전·후를 통하여, 다수의견의 논리와 배치되는 사례를 살펴본다. 이는 내국법인의 주식 100%를 보유한 사람이 타인에 의하여 설립되어 운영 중인 공익법인에 그 주식 중 50% 미만을 출연한다고 가정하면, 출연자와 공익법인 사이에 특수관계가 인정될 여지는 없는 반면에, '출연 직후'를 기준으로 하더라도 출연자는 여전히 주주이면서 동시에 최대주주이므로 증여세 과세대상이 된다. 이에 관하여 반대의견은 출연자가 출연 당시에 지배권을 형성하고 있는 주식을 이전하는 경우이므로 과세대상이 된다고 본다. 그런데 다수의견은 출연자와 공익법인 사이의 특수관계 및 이를 통한 내국법인에 대한 '간접 지배'를 내국법인 주식에 관한 증여세 과세의 논거로 삼고 있는데, 위의 사례에서는 이러한 '간접 지배'가 불가능함에도 왜 증여세 과세대상이 되는지를 설명할 수 없다.

이는 주식이 출연된 후의 시점을 기준으로 최대주주 요건이 충족되었는지를 판단하는 다수의견의 해석이 법 제48조 제1항의 규율체계 및 입법 취지와 조화되지 아니함을 보여준다.

(7) 위에서 살펴본 법 문언과 관련 규정의 체계 및 정확한 입법 취지, 구체적 타당성 등을 종합하여 보면, 법 제48조 제1항은 출연자가 출연 당시에 이미 지배하던 특정 내국법인에 관하여 보유하고 있는 주식을 출연함으로써 실질적인 지배권을 형성하는 주식의 전부 또는 일부가 이전되는 경우에 과세하도록 하는 규정으로서, 출연자와 내국법인 사이의 특수관계는 그 출연 당시를 기준으로 해석함이 타당하며, 이와 달리 출연 후의 결과를 가지고 판단하여서는 아니 될 것이다.

나. 다수의견은 출연자와 공익법인 사이의 특수관계 요건인 시행령 제19조 제2항 제4호의 '출연하여 설립한'의 의미를 공익법인의 설립을 위하여 재산을 출연하고 나아가 정관작성, 이사선임, 설립등기 등의 과정에서 그 설립에 '실질적으로 지배적인 영향력을 행사'한 경우로 보고, 이에 기초하여 출연자와 출연받은 공익법인과의 특수관계를 판단하고 있다. 그러나 시행령 제19조 제2항 제4호는 법 제48조의 공익법인에 대한 주식 출연에 한정하여 적용되는 것이 아니라 상속세 및 증여세법 전반에 걸쳐 비영리법인이 특수관계자에 해당하는 요건을 정한 규정이므로, 다수의견과 같이 법 제48조의 맥락에서만 바라보아서는 아니 된다.

앞에서 본 것과 같이 조세에 관한 규정은 그 문언에 따라 엄격하게 해석하여야 한다. 따라서 출연자와 비영리법인 사이의 특수관계에 관하여 법령에 명확한 규정이 없음에도 이를 '실질적으로 지배적인 영향력을 행사'하는지 등의 애매모호하고 불확정적인 개념으로 파악할 수는 없다. 일반적으로 특수관계자 규정은, 예컨대 친족이나 사용인과 같이 별개의 인격체이지만 규율대상이 되는 행위를 할 때에는 사회통념이나 경제적 이해관계 등에 비추어 동일한 인격체인 경우와 마찬가지로 의사결정이나 행위를 할 수 있다고 볼 수 있는 일정한 범위의 자들을 법령에서 일률적으로 정하여 열거해두는 규정이다. 법이 정한 특수관계자의 범주에 속하는 이상, 실제로는 서로 대립관계에 있다거나 사이가 좋지 않다는 등의 개별적이고 구체적인 사정들은 원칙적으로 고려대상에서 배제하여야 하는 한편, 그 범주를 벗어나는 경우에는 설령 개인적으로나 경제적으로 아주 밀접한 관계가 있다 하더라도 특수관계자로 보아서는 아니 된다. 대법원 2011. 7. 21. 선고 2008두150 전원합의체 판결은 이와 같은 취지에서 구 법인세법상 부당행위계산 부인규정이 정한 납세의무자 법인과 특수관계에 있는 자는 그 문언상 납세의무자 법인을 기준으로 하여야 하고 그 거래상대방을 기준으로 판단할 수 없다고 보았다.

만약 이러한 특수관계 자체를 '실질적'이고 '지배적'인지 여부로 판정하도록 하면 문제 되는 사안마다 제반 사정을 종합하여 특수관계 유무를 개별적·구체적으로 따져보아야 한다. 그러나 이는 납세의무자와 과세관청으로 하여금 법원의 최종 판단이 있기 전까지는 과연 어떠한 경우가 특수관계자에 해당하는지를 도저히 알 수 없게 함으로써 성실한 납세와 적정한 과세 모두를 곤란하게 만든다. 특수관계자 규정 중에서도 입법기술이나 취지상 불가피하게 다소간 불확정적인 개념을 사용한 경우가 있지만, 출연자와 비영리법인 사이의 특수관계에 관하여 법령의 문언에도 없는 '정관작성과 이사선임, 설립등기 등의 과정에서 실질적으로 지배적인 영향력을 행사'하였는지 여부라는 불확정개념을 굳이 해석론으로 끌어들이는 것은 바람직한 일이 아니며, 가능한 한 객관적이고 일률적인 기준에 의하여 이를 판단할 수 있도록 하여야 한다. 공익법인 출연재산에 대한 상속세 비과세요건의 하나로 시행령 제13조 제2항 제2호가 '이사 현원의 5분의 1을 초과하여 이사가 되지 아니하여야 하며, 이사의 선임 등 공익법인의 사업운영에 관한 중요사항을 결정할 권한을 가지지 아니할 것'을 규정함으로써 필요한 경우 공익법인에 대한 '실질적 지배력 행사'를 구체화한 요건을 명시하고 있음에 비추어 보더라도, 그와 같은 문언을 두고 있지 아니한 시행령 제19조 제2항 제4호를 다수의견과 같이 해석할 수는 없다.

따라서 시행령 제19조 제2항 제4호가 정한 '재산을 출연하여 설립한 비영리법인'에 해당하는지 여부는, '실질적인 지배력'이 아니라 그 문언대로 출연을 기준으로 객관적으로 해석하여야 한다. 즉, 상당한 규모의 재산을 출연하여 비영리법인으로서 목적 수행이 가능한 재산적 기초를 이룸으로써 비영리법인이 설립되었다고 인정되는 경우를 대상으로 한 규정이라고 보아야 하며, 특수관계자에 해당하는 영리법인의 범위를 정하고 있는 시행령 제19조 제2항 제6호 및 제7호가 '발행주식 총수의 100분의 30 이상' 또는 '발행주식 총수의 100분의 50 이상'을 규정하고 있는데, 특수관계 유무를 가리는 재산 출연·형성의 기준에 관하여 같은 조항 내에서 영리법인과 비영리법인을 특별히 달리 취급할 사정이 없음에 비추어 보면, 여기서 '재산 출연에 의한 설립'이라고 인정될 수 있는 경우는 적어도 비영리법인 재산의 30% 이상을 출연한 경우를 의미한다고 해석할 수도 있을 것이다.

특히 앞에서 본 것처럼 2007. 12. 31. 개정법령은 '성실공익법인' 요건을 강화하여 출연자 및 그 특수관계자가 '이사 현원의 5분의 1을 초과하는 경우'에는 법 제48조의 비과세대상에서 배제하고 있다. 따라서 공익법인에 대한 주식 출연이 증여세 과세대상이 되는지 여부를 정한 법 제48조 제1항과 관련하여, 출연자가 해당 공익법인의 설립에 관하여 '정관작성, 이사선임, 설립등기 등의 과정에서 실질적으로 지배적 영향력을 행사'하였는지는 '주식을 출연받는 공익법인에 관한 요건'에 대한 별도의 규정에서 판단할 사항이며, '출연 대상인 주식에 관한 요건'과 관련하여 시행령 제19조 제2항 제4호의 특수관계를 판단할 때 고려하기에 적절한 사항이라고 보이지 아니한다.

다. 결론적으로 법 제48조 제1항에서 '출연자와 특수관계에 있지 아니하는 내국법인의 주식' 인지는 그 출연 당시를 기준으로 판단하여야 하고, 한편 출연받은 공익법인이 출연자의 특수관계자인지의 여부와 관련하여 시행령 제19조 제2항 제4호의 '출연하여 설립한'의 의미는 공익법인의 재산 중 30% 이상을 출연하여 설립에 이르게 한 경우 등과 같은 객관적이고 구체적인 기준에 따라 해석되어야 한다.

이상과 같이 반대의견에 대한 보충의견을 밝혀 둔다.

▸ 대법원장 양승태(재판장) 박병대 김용덕 박보영 김창석(주심) 김신 김소영 조희대 권순일 박상옥 이기택 김재형

CHAPTER 03 상속세와 증여세의 부과징수절차

제1절 신고와 납부
제2절 연부연납과 물납
제3절 결정과 경정

CHAPTER 04 상속 · 증여재산의 평가

제1절 재산평가의 기본원칙
제2절 보충적 평가방법

67 고가양도로서 증여세 부과대상이 되는지를 판단하는 기준이 되는 '시가'

증여세부과처분취소 [대법원, 2012두3200, 2012. 6. 14.]

【판시사항】

구 상속세 및 증여세법 제35조 제2항 등의 고가양도로서 증여세 부과대상이 되는지를 판단하는 기준이 되는 '시가'에 같은 법 제60조 제3항 등에 따른 보충적 평가방법으로 평가한 가액이 포함되는지 여부(적극)

【판결요지】

구 상속세 및 증여세법(2006. 12. 30. 법률 제8139호로 개정되기 전의 것, 이하 '상증세법'이라 한다) 제35조 제2항, 구 상속세 및 증여세법 시행령(2007. 2. 28. 대통령령 제19899호로 개정되기 전의 것) 제26조 제6항 규정들의 내용, 입법 취지와 상증세법 제60조 제2항은 시가의 본질에 부합하는 정의 규정으로 상증세법상 시가의 정의에 관한 다른 규정이 없는 점, 상증세법 제60조 제3항이 현실적으로 제2항에 의한 시가를 산정하기 어려운 경우의 대안으로 상증세법 제61조 내지 제65조에 따른 평가액을 들고 있는 점, 상증세법 제61조 내지 제65조는 시가를 합리적으로 추정하는 평가방법을 규정하고 있는 점 등을 종합하면, 상증세법 제60조 제3항에 따라 제61조 내지 제65조에 규정된 방법으로 평가한 가액은 증여세가 부과되는 재산의 가액을 산정하는 기준이 되는 시가에 해당함은 물론이고, 상증세법 제35조 제2항 등에 의하여 증여세 부과대상이 되는지를 판단하는 기준이 되는 시가에도 해당한다고 봄이 타당하다.

【참조조문】

구 상속세 및 증여세법(2006. 12. 30. 법률 제8139호로 개정되기 전의 것) 제35조 제2항, 제60조 제2항, 제3항, 구 상속세 및 증여세법 시행령(2007. 2. 28. 대통령령 제19899호로 개정되기 전의 것) 제26조 제6항

【전문】

【원고, 피상고인】

【원고, 피상고인】

【피고, 상고인】
반포세무서장 외 4인(소송대리인 변호사 진행섭)

【원심판결】
서울고법 2012. 1. 11. 선고 2011누21623 판결

【주 문】

【주 문】
원심판결을 파기하고, 사건을 서울고등법원에 환송한다.

【이 유】
상고이유(상고이유서 제출기간이 지나 제출된 상고이유보충서의 기재는 상고이유를 보충하는 범위 내에서)를 판단한다.

1. 상고이유 제1점에 대하여

가. 구 상속세 및 증여세법(2006. 12. 30. 법률 제8139호로 개정되기 전의 것, 이하 '상증세법'이라 한다) 제35조 제2항은 '특수관계가 없는 자 사이에 재산을 양도한 경우에는 거래의 관행상 정당한 사유 없이 시가보다 현저히 높은 가액으로 재산을 양도한 경우에 한하여 그 대가와 시가의 차액에 상당하는 금액을 증여받은 것으로 추정하여 대통령령이 정하는 이익에 상당하는 금액을 그 이익을 얻은 자의 증여재산가액으로 한다'고 규정하고, 그 위임에 의한 구 상속세 및 증여세법 시행령(2007. 2. 28. 대통령령 제19899호로 개정되기 전의 것) 제26

조 제6항은 상증세법 제35조 제2항의 '현저히 높은 가액'이란 양도한 자산의 대가에서 그 시가(상증세법 제60조 내지 제66조의 규정에 따라 평가한 가액을 말한다)를 차감한 가액이 시가의 100분의 30 이상 차이가 있는 경우의 그 대가를 말한다고 규정하고 있다.

한편 상증세법 제60조 제1항은 '증여세가 부과되는 재산의 가액은 증여일 현재의 시가에 의한다'고 규정하고, 제2항은 ' 제1항의 규정에 의한 시가는 불특정다수인 사이에 자유로이 거래가 이루어지는 경우에 통상 성립된다고 인정되는 가액으로 하고, 수용, 공매가격 및 감정가격 등 대통령령이 정하는 바에 의하여 시가로 인정되는 것을 포함한다'고 규정하면서, 제3항은 ' 제1항의 규정을 적용함에 있어서 시가를 산정하기 어려운 경우에는 당해 재산의 종류·규모·거래상황 등을 감안하여 제61조 내지 제65조에 규정된 방법에 의하여 평가한 가액에 의한다'고 규정하고 있다.

나. 원심은 그 채택 증거에 의하여, 원고들이 특수관계가 없는 주식회사 폴리비전(이하 '폴리비전'이라 한다)에 비상장주식인 이 사건 주식을 1주당 750,000원에 양도한 사실, 피고들은 상증세법 제63조 제1항 제1호 (다)목에 따라 평가한 이 사건 주식 1주당 가액 14,676원을 기준으로 위 주식 양도가 상증세법 제35조 제2항의 고가양도에 해당한다고 보아 이 사건 증여세 부과처분을 한 사실 등을 인정하였다. 나아가 원심은, 이 사건 주식 양도가 상증세법 제35조 제2항의 고가양도로서 증여세 부과대상이 되는지를 판단하기 위해서는 먼저 이 사건 주식의 시가가 밝혀져야 하고, 그 시가에 대한 증명책임은 과세관청인 피고들에게 있다고 전제하면서, 상증세법 제63조 제1항 제1호 (다)목을 비롯한 상증세법 제60조 내지 제65조는 증여세가 부과되는 경우 그 재산가액을 정하는 규정일 뿐이므로, 위 규정들에 따른 가액을 기준으로 상증세법 제35조 제2항의 고가양도 등에 해당하는지 여부를 판단하여서는 아니 된다는 이유로 이와 다른 전제에 선 이 사건 증여세 부과처분이 위법하다고 판단하였다.

다. 그러나 앞서 본 규정들의 내용, 입법 취지와 상증세법 제60조 제2항은 시가의 본질에 부합하는 정의 규정으로 상증세법상 시가의 정의에 관한 다른 규정이 없는 점, 상증세법 제60조 제3항은 현실적으로 제2항에 의한 시가를 산정하기 어려운 경우의 대안으로 상증세법 제61조 내지 제65조에 따른 평가액을 들고 있는 점, 상증세법 제61조 내지 제65조는 시가를 합리적으로 추정하는 평가방법을 규정하고 있는 점 등을 종합하면, 상증세법 제60조 제3항에 따라 제61조 내지 제65조에 규정된 방법으로 평가한 가액은 증여세가 부과되는 재산의 가액을 산정하는 기준이 되는 시가에 해당함은 물론이고, 상증세법 제35조 제2항 등에 의하여 증여세 부과대상이 되는지 여부를 판단하는 기준이 되는 시가에도 해당한다고 봄이 타당하다.

라. 그럼에도 원심은 이와 달리 그 판시와 같은 이유로 이 사건 주식에 대하여 상증세법 제63조 제1항 제1호 (다)목의 방법으로 평가한 가액을 기준으로 삼아 그 주식 양도가 상증세법 제35조 제2항의 고가양도에 해당한다고 볼 수는 없다고 판단하였으니, 이러한 원심 판단에는 상증세법 제35조 제2항 등에서 규정하는 '시가'에 관한 법리를 오해하여 판결 결과에 영향을 미친 위법이 있다. 이 점을 지적하는 상고이유 주장은 이유 있다.

2. 상고이유 제2점에 대하여

가. 증여세와 양도소득세는 납세의무의 성립 요건과 시기 및 납세의무자를 서로 달리하는 것이어서 과세관청이 각 부과처분을 할 경우에는 각각의 과세요건에 따라 실질에 맞추어 독립적으로 판단하여야 할 것으로 각각의 과세요건에 모두 해당할 경우 양자의 중복적용을 배제하는 특별한 규정이 없는 한 어느 한 쪽의 과세만 가능한 것은 아니라 할 것이다. 상증세법 제2조 제2항이 제1항에 규정된 증여재산에 대하여 수증자에게 소득세법에 따른 소득세가 부과되는 때에는 증여세를 부과하지 아니한다고 규정하고 있다 하더라도 이는 그 문언 내용이나 증여세가 소득세의 보완세로서의 성격도 가지는 점에 비추어 보면, 수증자에 대하여 증여세를 부과하는 경우 그에 대하여 소득세가 부과되는 때에는 증여세를 부과하지 아니한다는 뜻으로서 양도소득세 규정과 증여세 규정의 중복적용을 배제하는 특별한 규정에 해당하지 않는다(대법원 1999. 9. 21. 선고 98두11830 판결, 대법원 2004. 12. 10. 선고 2003두11575 판결 참조).

나. 전항에서 본 사실 등 원심이 적법하게 확정한 사실에 의하면, 원고들이 폴리비전에 이 사건 주식을 고가로 양도한 것에 대하여, 피고들은 그 주식의 실지양도가액과 상증세법 제63조 제1항 제1호 (다)목의 방법에 따른 평가액과의 차액 부분에 대하여는 증여세를 부과하는 이 사건 처분을 하는 한편 그 평가액을 양도가액으로 하여 양도소득세를 부과(당초 실지양도가액에 따라 양도소득세를 신고한 원고 1, 2, 3에 대하여는 그 평가액에 따라 감액경정)하였음을 알 수 있다.

다. 이러한 사실관계를 위 법리에 비추어 살펴보면, 이 사건 처분과 양도소득세 부과처분은 과세 대상을 달리하여 이중과세에 해당한다고 볼 수 없으므로 이 사건 처분이 상증세법 제2조 제2항을 위반하였다고 할 수 없다.

라. 그럼에도 원심은 그 판시와 같은 사정을 들어, 피고들이 소득구간을 나누어 증여세와 양도소득세를 각각 과세한 것은 위법하다고 판단하였는바, 이는 상증세법 제2조 제2항의 해석을 잘못하여 판결 결과에 영향을 미친 위법이 있다. 이 점을 지적하는 상고이유 주장도 이유 있다.

3. 결론

그러므로 원심판결을 파기하고, 사건을 다시 심리·판단하게 하기 위하여 원심법원에 환송하기로 하여 관여 대법관의 일치된 의견으로 주문과 같이 판결한다.

▶ 대법관 박보영(재판장) 박일환 신영철(주심) 민일영

68. 공익법인이 출연받은 재산을 공익목적사업에 사용하지 않는 경우의 증여재산가액 평가기준일

과세처분취소 [대법원, 2015두50696, 2017. 8. 18.]

【판시사항】

공익법인 등이 출연받은 재산을 직접 공익목적사업 등의 용도 외에 사용하거나 출연받은 날부터 3년 이내에 직접 공익목적사업 등에 사용하지 아니하는 경우 공익법인 등에 출연된 재산에 대하여 증여세를 부과하도록 규정한 구 상속세 및 증여세법 제48조 제2항 제1호 본문을 적용할 때 증여재산가액의 평가기준일(=위 규정이 정한 과세사유가 발생함으로써 증여로 의제되는 시점)

【판결요지】

구 상속세 및 증여세법(2010. 12. 27. 법률 제10411호로 개정되기 전의 것, 이하 '상증세법'이라고 한다) 제48조는 제1항 본문에서 공익법인 등이 출연받은 재산의 가액은 증여세 과세가액에 산입하지 아니한다고 규정하는 한편, 제2항 제1호 본문에서 공익법인 등이 출연받은 재산을 직접 공익목적사업 등의 용도 외에 사용하거나 출연받은 날부터 3년 이내에 직접 공익목적사업 등에 사용하지 아니하는 경우에는 대통령령으로 정하는 가액을 공익법인 등이 증여받은 것으로 보아 즉시 증여세를 부과하도록 규정하고 있다. 그리고 상속세 및 증여세법 시행령 제40조 제1항 제1호 (나)목은 상증세법 제48조 제2항의 위임에 따라 증여로 의제되는 가액을 '직접 공익목적사업 등에 사용하지 아니하거나 미달하게 사용한 재산의 가액'으로 규정하고 있다. 상증세법 제48조 제1항은 공익법인 등에 출연된 재산에 대하여 공익법인 등이 해당 재산이나 그 운용소득을 출연목적에 사용할 것을 조건으로 증여세 과세가액에 산입하지 않음으로써 공익법인 등이 재산을 출연받은 시점에는 원칙적으로 증여세 과세대상에서 제외하고 있다. 그리고 상증세법 제48조 제2항은 그 사후관리를 위하여 각호에 규정된 일정한 사유가 발생한 때에는 증여세를 부과하도록 규정하고 있는데, 이때의 증여세 과세대상은 공익법인 등이 당초 출연받은 재산 자체가 아니라, 각호에 규정된 사유가 발생할 경우에 증여로 의제되는 '대통령령으로 정하는 가액'으로 법문상 규정되어 있다. 이러한 규정들의 문언, 체계와 취지 등을 종합적으로 고려하여 보면, 상증세법 제48조 제2항 제1호 본문을 적용하는 경우 증여재산가액의 평가기준일은 공익법인 등이 재산을 출연받은 이후에 위 규정이 정한 과세사유가 발생함으로써 증여로 의제되는 시점으로 보아야 한다. 이러한 해석은 증여재산가액을 증여일 현재의 시가에 따르도록 한 상증세법 제60조 제1항 전단의 규정에도 부합한다.

【참조조문】

구 상속세 및 증여세법(2010. 12. 27. 법률 제10411호로 개정되기 전의 것) 제48조 제1항, 제2항 제1호, 제60조 제1항, 상속세 및 증여세법 시행령 제40조 제1항 제1호 (나)목

【전문】

【원고, 피상고인】
재단법인 지역재단(소송대리인 법무법인 우성 담당변호사 신종한)

【피고, 상고인】
서초세무서장(소송대리인 법무법인(유한) 바른 담당변호사 천재민)

【원심판결】
서울고법 2015. 8. 13. 선고 2014누68319 판결

【주 문】

【주 문】
원심판결 중 피고 패소 부분을 파기하고, 이 부분 사건을 서울고등법원에 환송한다.

【이 유】
상고이유를 판단한다.

1. 구 상속세 및 증여세법(2010. 12. 27. 법률 제10411호로 개정되기 전의 것, 이하 '상증세법'이라고 한다) 제48조는 제1항 본문에서 공익법인 등이 출연받은 재산의 가액은 증여세 과세가액에 산입하지 아니한다고 규정하는 한편, 제2항 제1호 본문에서 공익법인 등이 출연받은 재산을 직접 공익목적사업 등의 용도 외에 사용하거나 출연받은 날부터 3년 이내에 직접 공익목적사업 등에 사용하지 아니하는 경우에는 대통령령으로 정하는 가액을 공익법인 등이 증여받은 것으로 보아 즉시 증여세를 부과하도록 규정하고 있다. 그리고 상속세 및 증여세법 시행령 제40조 제1항 제1호 (나)목은 상증세법 제48조 제2항의 위임에 따라 증여로 의제되는 가액을 '직접 공익목적사업 등에 사용하지 아니하거나 미달하게 사용한 재산의 가액'으로 규정하고 있다.

상증세법 제48조 제1항은 공익법인 등에 출연된 재산에 대하여 공익법인 등이 해당 재산이나 그 운용소득을 출연목적에 사용할 것을 조건으로 증여세 과세가액에 산입하지 않음으로써 공익법인 등이 그 재산을 출연받은 시점에는 원칙적으로 증여세 과세대상에서 제외하고 있다. 그리고 상증세법 제48조 제2항은 그 사후관리를 위하여 각호에 규정된 일정한 사유가 발생한 때에는 증여세를 부과하도록 규정하고 있는데, 이때의 증여세 과세대상은 공익법인 등이 당초 출연받은 재산 자체가 아니라, 각호에 규정된 사유가 발생할 경우에 증여로 의제되는 '대통령령으로 정하는 가액'으로 법문상 규정되어 있다. 이러한 규정들의 문언, 체계와 취지 등을 종합적으로 고려하여 보면, 상증세법 제48조 제2항 제1호 본문을 적용함에 있어 증여재산가액의 평가기준일은 공익법인 등이 재산을 출연받은 이후에 위 규정이 정한 과세사유가 발생함으로써 증여로 의제되는 시점으로 보아야 한다. 이러한 해석은 증여재산가액을 증여일 현재의 시가에 따르도록 한 상증세법 제60조 제1항 전단의 규정에도 부합한다.

2. 원심판결 이유와 기록에 의하면, 원고는 공익목적사업을 위해 설립된 재단법인으로서 소외인으로부터 이 사건 각 토지에 관하여 2007. 5. 17.자 증여를 원인으로 하여 2007. 6. 8. 과 같은 달 15.에 소유권이전등기를 마친 사실, 피고는 원고가 이 사건 각 토지를 출연받은 날부터 3년 이내에 직접 공익목적사업 등에 사용하지 않았음을 이유로, 상증세법 제48조 제2항 제1호 본문에 따라 이 사건 각 토지를 출연받은 날부터 3년이 경과한 날을 기준으로 과세표준을 산정하여, 2013. 2. 13. 원고에게 증여세를 결정·고지한 사실(이하 '이 사건 처분'이라고 한다)을 알 수 있다.

이러한 사실관계를 앞서 본 법리에 비추어 살펴보면, 원고는 이 사건 각 토지를 출연받고도 3년 이내에 직접 공익목적사업 등에 사용하지 아니함으로써 그때에 비로소 상증세법 제48조 제2항 제1호 본문이 정한 증여세의 과세사유가 발생하였으므로, 이 사건 각 토지에 대한 가액 역시 위 과세사유가 발생한 시점을 기준으로 평가하여야 할 것이다.

그런데도 원심은 이와 달리 원고가 이 사건 각 토지에 관하여 소유권이전등기를 마친 날을 기준으로 증여재산가액을 평가하여야 한다고 보아, 이 사건 처분 중 위 기준에 따라 산출된 판시 세액을 초과하는 부분은 위법하다고 판단하였다. 이러한 원심의 판단에는 상증세법 제48조 제2항 제1호 본문에 따른 증여재산가액의 산정기준일 등에 관한 법리를 오해하여 판결에 영향을 미친 잘못이 있다. 이 점을 지적하는 상고이유 주장은 이유 있다.

3. 그러므로 나머지 상고이유에 대한 판단을 생략한 채 원심판결 중 피고 패소 부분을 파기하고, 이 부분 사건을 다시 심리·판단하게 하기 위하여 원심법원에 환송하기로 하여, 관여 대법관의 일치된 의견으로 주문과 같이 판결한다.

▶ 대법관 이기택(재판장) 박보영(주심) 김창석 김재형

69 '저당권 또는 질권이 설정된 재산'의 평가

증여세 부과처분 취소 [대법원, 2013두1850, 2013. 6. 13.]

【판시사항】

당해 재산에 관하여 증여일 당일에 근저당권이 설정된 경우 구 상속세 및 증여세법 제66조 제1호에서 정하는 '저당권 또는 질권이 설정된 재산'에 해당하는지 여부(원칙적 적극)

【판결요지】

담보로 제공된 재산에 관한 평가의 특례를 규정한 구 상속세 및 증여세법(2010. 1. 1. 법률 제9916호로 개정되기 전의 것. 이하 '상증세법'이라고 한다) 제66조는 증여재산의 평가에 관하여 시가주의 원칙을 정한 상증세법 제60조 제1항의 규정을 보충하여 시가에 보다 근접한 가

액을 산정하려는 취지에서 마련된 것인 점, 증여일 당일에 설정된 근저당권에 의하여 담보되는 채권액은 통상 당해 재산에 관한 증여시점의 시가를 정확히 반영할 가능성이 크므로 증여와 근저당 사이의 선후관계를 분명히 가려 증여 이전에 설정된 근저당권에 의해 담보되는 채권액만이 증여재산의 시가를 제대로 반영하는 것으로 한정하여 볼 필요가 없는 점 등을 종합하여 보면, 당해 재산에 관하여 증여일 당일에 근저당권이 설정되었다면 다른 특별한 사정이 없는 한 이는 상증세법 제66조 제1호에서 정하는 '저당권 또는 질권이 설정된 재산'에 해당한다고 할 것이고, 결국 그 근저당권이 담보하는 채권액은 구 상속세 및 증여세법 시행령(2010. 2. 18. 대통령령 제22042호로 개정되기 전의 것) 제63조 제1항 제3호 소정의 '평가기준일 현재 당해 재산이 담보하는 채권액'에 해당된다고 할 것이다.

【참조조문】
구 상속세 및 증여세법(2010. 1. 1. 법률 제9916호로 개정되기 전의 것) 제60조, 제66조 제1호, 구 상속세 및 증여세법 시행령(2010. 2. 18. 대통령령 제22042호로 개정되기 전의 것) 제63조 제1항 제3호

【전문】

【원고, 피상고인】

【원고, 피상고인】

【피고, 상고인】
서대문세무서장(소송대리인 법무법인 로월드 담당변호사 김학근)

【원심판결】
서울고법 2012. 12. 13. 선고 2012누17423 판결

【주 문】

【주 문】
원심판결을 파기하고, 사건을 서울고등법원에 환송한다.

【이 유】
상고이유를 판단한다.

1. 구 상속세 및 증여세법(2010. 1. 1. 법률 제9916호로 개정되기 전의 것. 이하 '상증세법'이라고 한다) 제60조는 증여세가 부과되는 재산의 가액은 증여일(이하 '평가기준일'이라고 한다) 현재의 시가에 의하되, 그 시가를 산정하기 어려운 경우에는 상증세법 제61조 내지 제65조에 규정된 보충적 평가방법에 의하도록 정하고 있다. 한편 상증세법 제66조는 "다음 각 호의 1에 해당하는 재산은 제60조의 규정에 불구하고 당해 재산이 담보하는 채권액 등을 기준으로 대통령령이 정하는 바에 의하여 평가한 가액과 제60조의 규정에 의하여 평가한 가액 중

큰 금액을 그 재산의 가액으로 한다"고 정하면서, 그 제1호에서 '저당권 또는 질권이 설정된 재산'을 들고 있다. 이를 받은 구 상속세 및 증여세법 시행령(2010. 2. 18. 대통령령 제22042호로 개정되기 전의 것. 이하 '상증세법 시행령'이라고 한다) 제63조 제1항 제3호는 근저당권이 설정된 재산의 경우 상증세법 제66조 소정의 '대통령령이 정하는 바에 의하여 평가한 가액'으로 '평가기준일 현재 당해 재산이 담보하는 채권액'을 정하고 있다.

담보로 제공된 재산에 관한 평가의 특례를 규정한 상증세법 제66조는 증여재산의 평가에 관하여 시가주의 원칙을 정한 상증세법 제60조 제1항의 규정을 보충하여 시가에 보다 근접한 가액을 산정하려는 취지에서 마련된 것인 점, 증여일 당일에 설정된 근저당권에 의하여 담보되는 채권액은 통상 당해 재산에 관한 증여시점의 시가를 정확히 반영할 가능성이 크므로 증여와 근저당 사이의 선후관계를 분명히 가려 증여 이전에 설정된 근저당권에 의해 담보되는 채권액만이 증여재산의 시가를 제대로 반영하는 것으로 한정하여 볼 필요가 없는 점 등을 종합하여 보면, 당해 재산에 관하여 증여일 당일에 근저당권이 설정되었다면 다른 특별한 사정이 없는 한 이는 상증세법 제66조 제1호에서 정하는 '저당권 또는 질권이 설정된 재산'에 해당한다고 할 것이고, 결국 그 근저당권이 담보하는 채권액은 상증세법 시행령 제63조 제1항 제3호 소정의 '평가기준일 현재 당해 재산이 담보하는 채권액'에 해당된다고 할 것이다.

2. 원심판결의 이유에 의하면, 다음과 같은 사실을 알 수 있다.
① 원고와 소외 1은 2008. 3. 15. 소외 2와 사이에 소외 2 소유의 이 사건 제1부동산을 2분의 1 지분씩 증여받기로 하는 계약을 체결하였고, 원고는 2008. 3. 25. 다시 소외 1과 사이에 원고가 증여받을 위 2분의 1 지분(이하 '이 사건 증여재산'이라고 한다)을 소외 1에게 매도하기로 하는 계약을 체결하였다.
② 이 사건 제1부동산의 각 2분의 1 지분에 관하여 2008. 4. 3. 원고와 소외 1 명의로 2008. 3. 15.자 증여를 원인으로 한 소유권이전등기가 경료되었고, 같은 날 이 사건 증여재산에 관하여 다시 소외 1 명의로 2008. 3. 25.자 매매를 원인으로 한 소유권이전등기가 경료되었다.
③ 한편 소외 1은 2008. 4. 3. 주식회사 미래상호저축은행으로부터 35억 원을 대출받으면서 이 사건 제1부동산과 제2부동산을 공동근저당의 목적물로 하여 이들 부동산에 관하여 그 명의로 채권최고액 45억 5,000만 원의 근저당권설정등기를 마쳐 주었다.

3. 이와 같은 사실관계를 앞서 본 규정과 법리, 그리고 상증세법 시행령 제63조 제1항 제2호가 공동저당권이 설정된 재산의 가액은 당해 재산이 담보하는 채권액을 공동저당된 재산의 평가기준일 현재의 가액으로 안분하여 계산하도록 정하고 있는 점 등에 비추어 살펴보면, 이 사건 증여재산에 관하여 증여일인 2008. 4. 3.에 공동근저당권이 설정되었으므로 다른 특별한 사정이 없는 한 이 사건 증여재산이 담보하는 채권액, 즉 이 사건 제1부동산과 제2부동산이 담보하는 채권액 중 증여일 현재의 각 부동산 가액으로 안분하여 계산한 금액을 상증세법 시행령 제63조 제1항 제3호 소정의 '평가기준일 현재 당해 재산이 담보하는 채권액'으로 볼 수 있다.

그럼에도 원심은 이와 달리 증여 이후에 증여재산에 관하여 제3자에 의해 근저당권이 설정된 경우에는 그것이 증여와 같은 날 설정되었더라도 그 근저당권의 피담보채권액은 상증세법 시행령 제63조 제1항 제3호 소정의 '평가기준일 현재 당해 재산이 담보하는 채권액'에 해당하지 아니한다는 등의 이유로 이 사건 처분이 위법하다고 판단하였다. 원심의 이러한 판단에는 상증세법 제66조, 상증세법 시행령 제63조 제1항 제3호에서 정하는 저당권 등이 설정된 재산의 평가에 관한 법리를 오해하여 판결에 영향을 미친 위법이 있다. 이 점을 지적하는 상고이유의 주장은 이유 있다.

4. 그러므로 원심판결을 파기하고, 사건을 다시 심리·판단하게 하기 위하여 원심법원에 환송하기로 하여, 관여 대법관의 일치된 의견으로 주문과 같이 판결한다.

▶ 대법관 고영한(재판장) 양창수(주심) 박병대 김창석

세법학 2부

05_부가가치세법
06_개별소비세법
07_지방세법
08_조세특례제한법

세법학 2부

- 05 국세징수법
- 06 개별소비세법
- 07 주세법
- 08 조세특례제한법

01 부가가치세법

Chapter 01. 부가가치세의 기본이론
02. 부가가치세법 총칙
03. 과세거래
04. 영세율과 면세
05. 과세표준
06. 거래징수와 세금계산서 및 기타 과세자료
07. 납부세액의 계산
08. 부가가치세의 납세절차
09. 간이과세
10. 보 칙

CHAPTER 01 부가가치세의 기본이론

제1절 부가가치세의 유형과 과세방법
제2절 국경세 조정
제3절 현행 부가가치세제의 특징

CHAPTER 02 부가가치세법 총칙

제1절 과세요건
제2절 납세지(VAT과세단위)
제3절 총괄납부와 사업자단위과세
제4절 사업자등록

70. 재화 또는 용역을 공급한 '사업자'에 해당하려면 부가가치세법에 따른 사업자등록을 필요로 하는지 여부

특정범죄가중처벌등에관한법률위반(허위세금계산서교부등)(예비적죄명: 조세범처벌법위반)· 조세범처벌법위반[대법원 2019. 6. 27., 선고, 2018도14148, 판결]

【판시사항】

구 조세범 처벌법 제10조 제1항 제1호와 같은 조 제2항 제1호의 취지 / 2013. 6. 7. 법률 제11873호로 전부 개정된 부가가치세법이 시행된 2013. 7. 1. 이후에 재화 또는 용역을 공급한 '사업자'는 부가가치세법에 따른 사업자등록을 하였는지와 상관없이 구 조세범 처벌법 제10조 제1항 제1호의 '부가가치세법에 따라 세금계산서를 작성하여 발급하여야 할 자'에 해당하는지 여부(적극) 및 이때 '사업자'의 의미와 범위

【판결요지】

구 조세범 처벌법(2018. 12. 31. 법률 제16108호로 개정되기 전의 것, 이하 같다)은 '부가가치세법에 따라 세금계산서를 작성하여 발급하여야 할 자'가 세금계산서를 발급하지 아니한 행위(제10조 제1항 제1호)와 '부가가치세법에 따라 세금계산서를 발급받아야 할 자'가 공급자와 통정하여 세금계산서를 발급받지 아니한 행위(제10조 제2항 제1호)를 각 처벌하도록 정하고 있다. 이는 세금계산서 발급을 강제하여 거래를 양성화하고, 세금계산서를 발급하지 않거나 발급받지 않아 조세의 부과와 징수를 불가능하게 하거나 현저히 곤란하게 하는 것을 막고자 하는 취지이다.

한편 '세금계산서를 발급하여야 할 자'에 관하여, 구 부가가치세법(2013. 6. 7. 법률 제11873호로 전부 개정되기 전의 것)에서는 '납세의무자로 등록한 사업자'가 재화 또는 용역을 공급하는 경우에는 세금계산서를 발급하여야 한다고 규정하고 있다가(제16조 제1항), 위 법률 제11873호로 전부 개정되어 2013. 7. 1. 시행된 부가가치세법에서는 '납세의무자로 등록한 사업자'가 '사업자'로 개정되었다(제32조 제1항). 여기서 '사업자'란 부가가치세법상 사업자등록 여부를 불문하고 사업 목적이 영리이든 비영리이든 관계없이 사업상 독립적으로 재화 또는 용역을 공급하는 자를 말한다(개정된 부가가치세법 제2조 제3호).

이와 같은 관련 규정의 체계와 입법 취지 및 개정된 부가가치세법의 문언 내용 등에 비추어 보면, 개정된 부가가치세법이 시행된 2013. 7. 1. 이후에 재화 또는 용역을 공급한 '사업자'는 부가가치세법에 따른 사업자등록을 하였는지와 상관없이 구 조세범 처벌법 제10조 제1항 제1호의 '부가가치세법에 따라 세금계산서를 작성하여 발급하여야 할 자'에 해당한다. 다만 위에서 '사업자'는 일반과세자를 말하므로 간이과세자 및 면세사업자는 이에 해당하지 않고, 일반과세자도 세금계산서 발급의무가 면제되는 경우(부가가치세법 제33조)와 영수증 발급대상인 경우(같은 법 제36조)에는 구 조세범 처벌법 제10조 제1항 제1호의 '부가가치세법에 따라 세금계산서를 작성하여 발급하여야 할 자'에 해당하지 않는다.

【참조조문】

구 조세범 처벌법(2018. 12. 31. 법률 제16108호로 개정되기 전의 것) 제10조 제1항 제1호, 제2항 제1호, 구 부가가치세법(2013. 6. 7. 법률 제11873호로 전부 개정되기 전의 것) 제16조 제1항(현행 제32조 제1항 참조), 부가가치세법 제2조 제3호, 제32조 제1항, 제33조, 제36조

【참조판례】

대법원 1995. 7. 14. 선고 95도569 판결(공1995하, 2852)

【전문】

【피고인】

피고인

【상고인】
검사

【변호인】
변호사 박문길 외 2인

【원심판결】
서울고법 2018. 8. 29. 선고 2017노3791 판결

【주 문】
원심판결을 파기하고, 사건을 서울고등법원에 환송한다.

【이 유】
상고이유를 판단한다.

1. 이 사건 공소사실 중 예비적 공소사실의 요지는, 피고인이 2015. 7. 1.경부터 2016. 6. 28.경까지 공소외 1로부터 총 374회에 걸쳐 합계 약 6,203,434,887원 상당의 컴퓨터 부품(이하 '이 사건 물품'이라고 한다)을 구입하면서 세금계산서를 받지 않음으로써, 공소외 1과 통정하여 위 금액 상당의 세금계산서를 발급받지 않았다는 내용이다.

2. 구 조세범 처벌법(2018. 12. 31. 법률 제16108호로 개정되기 전의 것, 이하 같다)은 '부가가치세법에 따라 세금계산서를 작성하여 발급하여야 할 자'가 세금계산서를 발급하지 아니한 행위(제10조 제1항 제1호)와 '부가가치세법에 따라 세금계산서를 발급받아야 할 자'가 공급자와 통정하여 세금계산서를 발급받지 아니한 행위(제10조 제2항 제1호)를 각 처벌하도록 정하고 있다. 이는 세금계산서 발급을 강제하여 거래를 양성화하고, 세금계산서를 발급하지 않거나 발급받지 않아 조세의 부과와 징수를 불가능하게 하거나 현저히 곤란하게 하는 것을 막고자 하는 취지이다(대법원 1995. 7. 14. 선고 95도569 판결 참조).

한편 '세금계산서를 발급하여야 할 자'에 관하여, 구 부가가치세법(2013. 6. 7. 법률 제11873호로 전부 개정되기 전의 것)에서는 '납세의무자로 등록한 사업자'가 재화 또는 용역을 공급하는 경우에는 세금계산서를 발급하여야 한다고 규정하고 있다가(제16조 제1항), 위 법률 제11873호로 전부 개정되어 2013. 7. 1. 시행된 부가가치세법에서는 '납세의무자로 등록한 사업자'가 '사업자'로 개정되었다((제32조 제1항). 여기서 '사업자'란 부가가치세법상 사업자등록 여부를 불문하고 사업 목적이 영리이든 비영리이든 관계없이 사업상 독립적으로 재화 또는 용역을 공급하는 자를 말한다(개정된 부가가치세법 제2조 제3호).

이와 같은 관련 규정의 체계와 입법 취지 및 개정된 부가가치세법의 문언 내용 등에 비추어 보면, 개정된 부가가치세법이 시행된 2013. 7. 1. 이후에 재화 또는 용역을 공급한 '사업자'는 부가가치세법에 따른 사업자등록을 하였는지와 상관없이 구 조세범 처벌법 제10조 제1항 제1호의 '부가가치세법에 따라 세금계산서를 작성하여 발급하여야 할 자'에 해당한다고 봄이 타당하다. 다만 위에서 '사업자'는 일반과세자를 말하므로 간이과세자 및 면세사업자는 이에 해

당하지 않고, 일반과세자도 세금계산서 발급의무가 면제되는 경우(부가가치세법 제33조)와 영수증 발급대상인 경우(같은 법 제36조)에는 구 조세범 처벌법 제10조 제1항 제1호의 '부가가치세법에 따라 세금계산서를 작성하여 발급하여야 할 자'에 해당하지 않는다고 할 것이다.

3. 기록에 의하면 다음 사실을 알 수 있다.

가. 공소외 1은 처음부터 부가가치세를 포탈하기 위해 자신 명의로는 사업자등록을 하지 않은 채 단기간 내에 허위 세금계산서를 발급하고 폐업할 이른바 '폭탄업체'를 설립하고자 공소외 2로부터 1심 공동피고인 2 등의 명의대여자들을 소개받았다.

나. 공소외 1은 2014. 12.경부터 2015. 12.경까지 위 명의대여자들에게 약 4,500만 원씩 주고 명의를 차용하여 각 사업자등록을 마쳤고, 이후 등록된 폭탄업체들의 명의로 합계 약 62억 원 상당의 허위 신용카드매출전표 등을 발급한 다음 약 3 내지 7개월 만에 각 사업자등록을 폐지하였다.

다. 피고인은 2015. 7. 1.경부터 2016. 6. 28.경까지 공소외 1로부터 합계 약 62억 원 상당의 이 사건 물품을 구입하면서 공소외 1 명의의 세금계산서를 발급받지 않았다.

4. 가. 위와 같은 사실관계를 앞서 본 법리에 비추어 보면, 공소외 1이 부가가치세법에 따른 사업자등록을 하지 않았다고 하더라도 피고인에게 이 사건 물품을 공급한 사업자인 이상, 구 조세범 처벌법 제10조 제1항 제1호의 '부가가치세법에 따라 세금계산서를 작성하여 발급하여야 할 자'에 해당한다. 그렇다면 피고인이 공소외 1로부터 이 사건 물품을 공급받았음에도 공소외 1과 통정하여 세금계산서를 발급받지 않았을 경우 위와 같은 행위는 구 조세범 처벌법 제10조 제2항 제1호에 해당한다.

나. 따라서 원심으로서는 피고인이 공소외 1로부터 이 사건 물품을 공급받았을 당시 공소외 1과 통정하여 세금계산서를 발급받지 않았던 것인지 여부 등을 심리하여 예비적 공소사실이 구 조세범 처벌법 제10조 제2항 제1호 위반죄를 구성하는지에 관하여 판단하였어야 한다.

그런데도 원심은 구 부가가치세법이 적용되는 사안에 관한 대법원 1999. 7. 13. 선고 99도2168 판결의 판시를 원용하여 부가가치세법에 따른 사업자등록을 하지 않은 자는 구 조세범 처벌법 제10조 제1항 제1호의 '부가가치세법에 따라 세금계산서를 작성하여 발급하여야 할 자'에 해당하지 않는다는 등의 이유로 위 예비적 공소사실을 무죄로 판단하였으니, 이러한 원심의 판단에는 구 조세범 처벌법 제10조 제1항 제1호의 '부가가치세법에 따라 세금계산서를 작성하여 발급하여야 할 자'에 관한 법리를 오해하여 판결에 영향을 미친 잘못이 있다.

5. 그러므로 원심판결 중 예비적 공소사실 부분을 파기하여야 하는데, 예비적 공소사실 부분을 파기하는 이상, 주위적 공소사실을 포함한 원심판결 전부가 파기되어야 하므로, 나머지 상고이유에 대한 판단을 생략한 채 원심판결을 파기하고 사건을 다시 심리·판단하게 하기 위하여 원심법원에 환송하기로 하여, 관여 대법관의 일치된 의견으로 주문과 같이 판결한다.

▶ 대법관 조희대(재판장) 김재형 민유숙(주심) 이동원

CHAPTER 03 과세거래

제1절 본 장의 개관
제2절 원칙적인 재화의 공급
제3절 재화 공급의 특례
제4절 용역의 공급
제5절 재화의 수입
제6절 공급시기
제7절 공급장소

71 수탁자가 위탁자로부터 이전받은 신탁재산을 관리·처분하면서 재화를 공급하는 경우, 부가가치세 납세의무자의 판단

부가가치세부과처분취소 [대법원, 2012두22485, 2017. 5. 18.]

【판시사항】

수탁자가 위탁자로부터 이전받은 신탁재산을 관리·처분하면서 재화를 공급하는 경우, 재화의 공급이라는 거래행위를 통하여 재화를 사용·소비할 수 있는 권한을 거래상대방에게 이전한 수탁자가 부가가치세 납세의무자인지 여부(적극)

【판결요지】

부가가치세는 재화나 용역이 생산·제공되거나 유통되는 모든 단계에서 창출된 부가가치를 과세표준으로 하고 소비행위에 담세력을 인정하여 과세하는 소비세로서의 성격을 가지고 있지만, 부가가치세법은 부가가치 창출을 위한 '재화 또는 용역의 공급'이라는 거래 그 자체를 과세대상으로 하고 있을 뿐 그 거래에서 얻은 소득이나 부가가치를 직접적인 과세대상으로 삼고 있지 않다. 이와 같이 우리나라의 부가가치세는 실질적인 소득이 아닌 거래의 외형에 대하여 부과하는 거래세의 형태를 띠고 있으므로, 부가가치세법상 납세의무자에 해당하는지 역시 원칙적으로 그 거래에서 발생한 이익이나 비용의 귀속이 아니라 재화 또는 용역의 공급이라는 거래행위를 기준으로 판단하여야 한다. 그리고 부가가치세의 과세원인이 되는 재화의 공급으로서 인도 또는 양도는 재화를 사용·소비할 수 있도록 소유권을 이전하는 행위를 전제로 하므로, 재화를 공급하는 자는 위탁매매나 대리와 같이 부가가치세법에서 별도의 규정을 두고 있지 않는 한 계약상 또는 법률상의 원인에 의하여 재화를 사용·소비할 수 있는 권한을 이전하는 행위를 한 자를 의미한다. 그런데 신탁법상의 신탁은 위탁자가 수탁자에게 특정한 재산권을 이전하거나 기타의 처분을 하여 수탁자로 하여금 신탁 목적을 위하여 그 재산권을 관리·처분하게 하는 것이다. 이는 위탁자가 금전채권을 담보하기 위하여 금전채권자를 우선

수익자로, 위탁자를 수익자로 하여 위탁자 소유의 부동산을 신탁법에 따라 수탁자에게 이전하면서 채무불이행 시에는 신탁부동산을 처분하여 우선수익자의 채권 변제 등에 충당하고 나머지를 위탁자에게 반환하기로 하는 내용의 담보신탁을 체결한 경우에도 마찬가지이다. 따라서 수탁자가 위탁자로부터 이전받은 신탁재산을 관리·처분하면서 재화를 공급하는 경우 수탁자 자신이 신탁재산에 대한 권리와 의무의 귀속주체로서 계약당사자가 되어 신탁업무를 처리한 것이므로, 이때의 부가가치세 납세의무자는 재화의 공급이라는 거래행위를 통하여 재화를 사용·소비할 수 있는 권한을 거래상대방에게 이전한 수탁자로 보아야 하고, 그 신탁재산의 관리·처분 등으로 발생한 이익과 비용이 거래상대방과 직접적인 법률관계를 형성한 바 없는 위탁자나 수익자에게 최종적으로 귀속된다는 사정만으로 달리 볼 것은 아니다. 그리고 세금계산서 발급·교부 등을 필수적으로 수반하는 다단계 거래세인 부가가치세의 특성을 고려할 때, 위와 같이 신탁재산 처분에 따른 공급의 주체 및 납세의무자를 수탁자로 보아야 신탁과 관련한 부가가치세법상 거래당사자를 쉽게 인식할 수 있고, 과세의 계기나 공급가액의 산정 등에서도 혼란을 방지할 수 있다.

【참조조문】

구 부가가치세법(2010. 1. 1. 법률 제9915호로 개정되기 전의 것) 제1조 제1항 제1호(현행 제4조 제1호 참조), 제2조 제1항 제1호(현행 제3조 제1호 참조), 제6조 제1항(현행 제9조 제1항 참조), 구 신탁법(2011. 7. 25. 법률 제10924호로 전부 개정되기 전의 것) 제1조 제2항(현행 제2조 참조)

【참조판례】

대법원 2003. 4. 22. 선고 2000다57733, 57740 판결(변경), 대법원 2003. 4. 25. 선고 99다59290 판결(공2003상, 1232)(변경), 대법원 2003. 4. 25. 선고 2000다33034 판결(공2003상, 1236)(변경), 대법원 2006. 1. 13. 선고 2005두2254 판결(변경), 대법원 2008. 12. 24. 선고 2006두8372 판결(변경)

【전문】

【원고, 피상고인】

【원고, 피상고인】

【피고, 상고인】
성남세무서장

【피고보조참가인】
한국저축은행 주식회사(소송대리인 법무법인(유한) 에이펙스 담당변호사 박종백 외 3인)

【원심판결】
서울고법 2012. 9. 6. 선고 2012누2421 판결

【주 문】

【주 문】
상고를 기각한다. 상고비용은 피고가, 보조참가로 인한 비용은 피고보조참가인이 각 부담한다.

【이 유】
상고이유(상고이유서 제출기간이 지난 후에 피고보조참가인이 제출한 준비서면과 피고가 제출한 상고이유보충서의 기재는 상고이유를 보충하는 범위 내에서)를 판단한다.

1. 상고이유 제1점에 대하여

가. 구 부가가치세법(2010. 1. 1. 법률 제9915호로 개정되기 전의 것) 제1조 제1항 제1호는 '재화 또는 용역의 공급'이라는 거래를 부가가치세 과세대상으로 규정하고 있고, 제2조 제1항 제1호는 '영리목적의 유무에 관계없이 사업상 독립적으로 재화 또는 용역을 공급하는 자'인 사업자를 부가가치세 납세의무자로 정하고 있으며, 제6조 제1항은 재화의 공급을 '계약상 또는 법률상의 모든 원인에 의하여 재화를 인도 또는 양도하는 것'으로 정하고 있다.

부가가치세는 재화나 용역이 생산·제공되거나 유통되는 모든 단계에서 창출된 부가가치를 과세표준으로 하고 소비행위에 담세력을 인정하여 과세하는 소비세로서의 성격을 가지고 있지만, 앞서 본 바와 같이 부가가치세법은 부가가치 창출을 위한 '재화 또는 용역의 공급'이라는 거래 그 자체를 과세대상으로 하고 있을 뿐 그 거래에서 얻은 소득이나 부가가치를 직접적인 과세대상으로 삼고 있지 않다. 이와 같이 우리나라의 부가가치세는 실질적인 소득이 아닌 거래의 외형에 대하여 부과하는 거래세의 형태를 띠고 있으므로, 부가가치세법상 납세의무자에 해당하는지 여부 역시 원칙적으로 그 거래에서 발생한 이익이나 비용의 귀속이 아니라 재화 또는 용역의 공급이라는 거래행위를 기준으로 판단하여야 한다. 그리고 부가가치세의 과세원인이 되는 재화의 공급으로서의 인도 또는 양도는 재화를 사용·소비할 수 있도록 소유권을 이전하는 행위를 전제로 하므로, 재화를 공급하는 자는 위탁매매나 대리와 같이 부가가치세법에서 별도의 규정을 두고 있지 않는 한 계약상 또는 법률상의 원인에 의하여 그 재화를 사용·소비할 수 있는 권한을 이전하는 행위를 한 자를 의미한다고 보아야 한다.

그런데 구 신탁법(2011. 7. 25. 법률 제10924호로 전부 개정되기 전의 것) 제1조 제2항은 '신탁이라 함은 위탁자와 수탁자간 특별한 신임관계에 기하여 위탁자가 특정의 재산권을 수탁자에게 이전하거나 기타의 처분을 하고 수탁자로 하여금 수익자의 이익을 위하여 또는 특정의 목적을 위하여 그 재산권을 관리, 처분하게 하는 법률관계를 말한다'고 규정하고 있다. 이와 같이 신탁법상의 신탁은 위탁자가 수탁자에게 특정한 재산권을 이전하거나 기타의 처분을 하여 수탁자로 하여금 신탁 목적을 위하여 그 재산권을 관리·처분하게 하는 것이다. 이는 위탁자가 금전채권을 담보하기 위하여 금전채권자를 우선수익자로, 위탁자를 수익자로 하여 위탁자 소유의 부동산을 신탁법에 따라 수탁자에게 이전하면서 채무불이행 시에는 신탁부동산을 처분하여 우선수익자의 채권 변제 등에 충당하고 나머지를 위탁자에게 반환하기로 하는 내용의 담보신탁을 체결한 경우에도 마찬가지이다.

따라서 수탁자가 위탁자로부터 이전받은 신탁재산을 관리·처분하면서 재화를 공급하는 경우 수탁자 자신이 신탁재산에 대한 권리와 의무의 귀속주체로서 계약당사자가 되어 신탁업무를 처리한 것이므로, 이때의 부가가치세 납세의무자는 재화의 공급이라는 거래행위를 통하여 그 재화를 사용·소비할 수 있는 권한을 거래상대방에게 이전한 수탁자로 보아야 하고, 그 신탁재산의 관리·처분 등으로 발생한 이익과 비용이 거래상대방과 직접적인 법률관계를 형성한 바 없는 위탁자나 수익자에게 최종적으로 귀속된다는 사정만으로 달리 볼 것은 아니다. 그리고 세금계산서 발급·교부 등을 필수적으로 수반하는 다단계 거래세인 부가가치세의 특성을 고려할 때, 위와 같이 신탁재산 처분에 따른 공급의 주체 및 납세의무자를 수탁자로 보아야 신탁과 관련한 부가가치세법상 거래당사자를 쉽게 인식할 수 있고, 과세의 계기나 공급가액의 산정 등에서도 혼란을 방지할 수 있다.

이와 달리 신탁재산의 공급에 따른 부가가치세의 납세의무자는 그 처분 등으로 발생한 이익과 비용이 최종적으로 귀속되는 신탁계약의 위탁자 또는 수익자가 되어야 한다는 취지로 판시한 대법원 2003. 4. 22. 선고 2000다57733, 57740 판결, 대법원 2003. 4. 25. 선고 99다59290 판결, 대법원 2003. 4. 25. 선고 2000다33034 판결, 대법원 2006. 1. 13. 선고 2005두2254 판결, 대법원 2008. 12. 24. 선고 2006두8372 판결 등은 이 판결의 견해에 저촉되는 범위에서 이를 변경한다.

나. 원심이 인용한 제1심판결은 증거에 의하여, ① 원고가 성남시 분당구 (주소 생략)에 있는 ○○○○○(호수 1, 호수 2, 호수 3, 호수 4, 호수 5, 호수 6 생략) 등 6개 상가건물(이하 '이 사건 건물'이라고 한다)의 매수자금에 사용하기 위하여 피고보조참가인으로부터 42억 원을 대출받은 사실, ② 원고는 위 대출금채무를 담보하기 위하여 2008. 6. 30. 수탁자인 케이비부동산신탁 주식회사(이하 '케이비부동산신탁'이라고 한다)와 이 사건 건물에 관하여 신탁원본의 우선수익자를 피고보조참가인으로, 수익권증서 금액을 58억 8,000만 원으로 정한 부동산담보신탁계약(이하 '이 사건 신탁계약'이라고 한다)을 체결하면서, 신탁부동산이 환가되는 경우 피고보조참가인의 채권을 우선적으로 변제하고 잔액은 원고에게 지급하기로 약정한 사실, ③ 이 사건 부동산에 관하여 2008. 7. 1. 원고 명의의 소유권이전등기를 마친 다음, 곧이어 신탁을 원인으로 하여 케이비부동산신탁 명의의 소유권이전등기를 마친 사실, ④ 원고가 위 대출금채무를 제때 변제하지 못하자 피고보조참가인은 케이비부동산신탁에 환가를 요청하였으나 공개매각이 수차례 유찰되었고, 이에 피고보조참가인이 2009. 2. 23. 수의계약으로 위 대출원리금과 같은 액수인 4,517,005,143원에 이 사건 건물의 소유권을 취득한 사실, ⑤ 피고는 위탁자인 원고가 피고보조참가인에게 이 사건 건물을 공급함으로써 부가가치세의 납세의무자가 되었다고 보아 2010. 1. 16. 원고에게 2009년 제1기분 부가가치세를 부과하는 이 사건 처분을 한 사실을 인정하였다.

다. 이러한 사실관계를 앞서 본 법리에 비추어 살펴보면, 수탁자인 케이비부동산신탁은 신탁계약을 원인으로 위탁자인 원고로부터 신탁재산인 이 사건 건물을 이전받은 다음 신탁재산의 관리·처분권한에 기초하여 이를 처분한 거래행위를 한 것이므로, 이 사건 건물이 2009. 2. 23. 피고보조참가인에게 공급됨에 따라 발생하는 부가가치세 납세의무를 부담하여야 하는 자는 원칙적으로 수탁자인 케이비부동산신탁이다.

원심의 이유설시는 부적절하지만, 원고가 이 사건 건물의 공급으로 인한 부가가치세 납세의무자가 아니라는 이유로 이 사건 처분이 위법하다고 본 결론은 정당하고, 거기에 상고이유 주장과 같이 부가가치세의 납세의무자 등에 관한 법리를 오해하여 판결 결과에 영향을 미친 잘못이 없다.

2. 상고이유 제2점에 대하여

피고의 이 부분 상고이유 주장은, 재화의 자가공급에 해당하여 부가가치세가 과세되지 않으려면 그 사업자가 재화를 취득하면서 매입세액공제를 받았어야 하는데, 이 사건에서 우선수익자인 피고보조참가인이 이 사건 건물을 수의계약으로 매수하기 전까지 이를 취득한 적이 없고 매입세액공제도 받지 않았으므로 재화의 자가공급에 해당할 여지가 없는데도 원심이 이에 관한 판단을 그르쳤다는 것이다.

그러나 원심의 이 부분 판단은 피고보조참가인에 대하여 과세처분이 이루어졌을 경우를 가정한 부가적인 판단에 불과하고, 앞에서 본 바와 같이 원고를 상대로 한 이 사건 처분이 위법하다고 본 원심의 판단이 정당한 이상, 설령 원심의 위와 같은 가정적·부가적 판단에 상고이유 주장과 같은 잘못이 있다고 하더라도 판결 결과에 영향을 미칠 수 없으므로, 그에 관한 상고이유 주장은 더 나아가 살펴볼 필요 없이 받아들일 수 없다.

3. 결론

그러므로 상고를 기각하고, 상고비용은 피고가, 보조참가로 인한 비용은 피고보조참가인이 각 부담하도록 하여, 관여 법관의 일치된 의견으로 주문과 같이 판결한다.

▶ 대법원장 양승태(재판장) 박병대 김용덕 박보영 김창석 김신(주심) 김소영 조희대 권순일 박상옥 이기택 김재형

72 게임머니 판매시 재화의 공급 여부
부가가치세 및 종합소득세부과처분취소 [대법원, 2011두30281, 2012. 4. 13.]

【판시사항】

과세관청이, 게임아이템 중개업체의 인터넷 사이트를 통해 온라인 게임 '리니지'에 필요한 게임머니를 게임제공업체나 게임이용자에게서 매수한 후 다른 게임이용자에게 매도하고 대금을 중개업체를 경유하여 지급받은 甲이 사업자로서 게임머니를 판매하면서도 매출신고를 누락하였다는 이유로 甲에게 부가가치세 부과처분을 한 사안에서, 게임머니는 구 부가가치세법상의 '재화'에 해당하고, 甲의 게임머니 매도거래는 재화의 '공급'에 해당하며, 甲은 부가가치를 창출해 낼 수 있는 정도의 사업형태를 갖추고 계속적이고 반복적인 의사로 재화인 게임머니를 게임이용자에게 공급하였다고 봄이 타당하므로 구 부가가치세법상의 '사업자'에 해당한다고 보아 부가가치세 부과처분이 적법하다고 한 원심판단을 수긍한 사례

【참조조문】

구 부가가치세법(2008. 12. 26. 법률 제9268호로 개정되기 전의 것) 제1조 제1항 제1호, 제2항, 제2조 제1항, 제6조 제1항, 부가가치세법 시행령 제1조 제2항

【전문】

【원고, 상고인】

【원고, 상고인】

【피고, 피상고인】
남대구세무서장

【원심판결】
대구고법 2011. 10. 14. 선고 2011누1277 판결

【주 문】

【주 문】
상고를 기각한다. 상고비용은 원고가 부담한다.

【이 유】
상고이유를 판단한다.

1. 부가가치세 부과처분에 관한 상고이유에 대하여

구 부가가치세법(2008. 12. 26. 법률 제9268호로 개정되기 전의 것. 이하 같다) 제1조 제1항은 "부가가치세는 다음 각호의 거래에 대하여 부과한다."고 하면서 그 제1호로 "재화 또는 용역의 공급"을 규정하고 있고, 제1조 제2항은 " 제1항에서 재화라 함은 재산적 가치가 있는 모

든 유체물과 무체물을 말한다."고 규정하고 있으며, 같은 법 시행령 제1조 제2항은 " 법 제1조 제2항에서 규정하는 무체물에는 동력·열 기타 관리할 수 있는 자연력 및 권리 등으로서 재산적 가치가 있는 유체물 이외의 모든 것을 포함한다."고 규정하고 있다. 그리고 구 부가가치세법 제6조 제1항은 "재화의 공급은 계약상 또는 법률상의 모든 원인에 의하여 재화를 인도 또는 양도하는 것으로 한다."고 규정하고 있고, 제2조 제1항은 "영리목적의 유무에 불구하고 사업상 독립적으로 재화(제1조에 규정하는 재화를 말한다. 이하 같다) 또는 용역(제1조에 규정하는 용역을 말한다. 이하 같다)을 공급하는 자(이하 '사업자'라 한다)는 이 법에 의하여 부가가치세를 납부할 의무가 있다."고 규정하고 있다.

원심판결 이유에 의하면 원심은, 그 채택 증거를 종합하여 원고는 2004년 부가가치세 과세기간 동안 게임아이템 중개업체의 인터넷사이트를 통하여 온라인 게임인 '리니지'에 필요한 사이버 화폐인 게임머니를 게임제공업체나 게임이용자로부터 매수한 후 이를 다시 다른 게임이용자에게 매도하고, 그 대금을 게임이용자로부터 중개업체를 경유하여 지급받은 사실, 피고는 원고가 구 부가가치세법상의 납세의무자인 사업자로서 게임머니(원심판결의 판시 이유 1. 나.에 기재된 '게임아이템'은 '게임머니'를 지칭한 것으로 보인다)를 판매하면서도 이에 대한 매출신고를 누락하였다는 이유로 이 사건 부가가치세 부과처분을 한 사실 등 판시와 같은 사실을 인정한 다음, 게임머니는 구 부가가치세법상의 '재화'에 해당하고, 원고의 게임머니 매도거래는 재화의 '공급'에 해당하며, 원고는 부가가치를 창출해 낼 수 있는 정도의 사업형태를 갖추고 계속적이고 반복적인 의사로 재화인 게임머니를 게임이용자에게 공급하였다고 봄이 상당하므로 원고는 구 부가가치세법상의 '사업자'에 해당한다고 판단하였다.

앞에서 본 관련 법령규정과 기록에 비추어 살펴보면 원심의 위와 같은 판단은 정당한 것으로 수긍할 수 있고, 거기에 상고이유의 주장과 같이 구 부가가치세법상의 과세대상과 납세의무자에 관한 법리를 오해하는 등의 위법이 없다.

2. 종합소득세 부과처분에 관한 상고이유에 대하여

소득세의 과세대상인 사업소득은 영리를 목적으로 독립된 지위에서 계속적·반복적으로 행해지는 사회적 활동인 사업에서 발생하는 소득을 말한다(대법원 2010. 9. 9. 선고 2010두8430 판결 참조).

원심판결 이유에 의하면 원심은, 피고가 원고의 위와 같은 게임머니 거래에서 발생한 소득을 사업소득에 해당한다고 보고, 업종을 전자상거래업으로 하여 종합소득금액을 산정한 다음 그 세액을 산출한 방식이 적법하다고 판단하였다.

위 법리와 기록에 비추어 살펴보면 원심의 위와 같은 판단은 정당한 것으로 수긍할 수 있고, 거기에 상고이유의 주장과 같이 소득세법상의 사업소득에 관한 법리를 오해한 위법이 없다.

3. 조세법률주의, 공평과세원칙, 소급과세금지원칙, 비과세관행에 위반된다는 상고이유에 대하여 원심판결 이유에 의하면 원심은, 원고의 게임머니 거래행위가 구 부가가치세법상 재화의 공급에 해당하는지 여부는 법률해석 문제로서 원고의 납세의무 성립 당시에도 이 사건 부

가가치세 및 종합소득세 부과처분의 근거법령은 이미 존재하고 있었고 새로운 세법의 제정에 의하여 그 부과처분이 가능해진 것이 아니므로 조세법률주의나 소급과세금지원칙의 위반 여부는 문제되지 아니한다고 판단하는 한편 원고의 게임머니 거래 당시 그 거래에 대하여 과세하지 않겠다는 공적 견해의 표명이 있었다거나 비과세의 관행이 성립되었음을 인정할 아무런 증거가 없다고 판단하였다.

관련 법리와 기록에 비추어 살펴보면 원심의 위와 같은 판단은 정당한 것으로 수긍할 수 있고, 거기에 상고이유의 주장과 같이 조세법률주의, 소급과세금지원칙, 비과세관행에 관한 법리를 오해하는 등의 위법이 없다.

그리고 이 사건 부가가치세 및 종합소득세 부과처분이 공평과세원칙에 위반된다는 주장은 원고가 상고심에 이르러 비로소 내세우는 새로운 주장으로서 적법한 상고이유가 되지 못할 뿐더러, 원심의 판단에 그와 같은 위법이 있다고 할 수 없다.

4. 결론

그러므로 상고를 기각하고, 상고비용은 패소자가 부담하도록 하여 관여 대법관의 일치된 의견으로 주문과 같이 판결한다.

▶ 대법관 전수안(재판장) 양창수 이상훈(주심) 김용덕

73 영업용으로 취득한 승용차에 대한 재화의 공급의제

부가가치세부과처분취소 [대법원, 2014두1956, 2016. 7. 7.]

【판시사항】

[1] 사업자가 영업용 소형승용자동차를 비영업용으로 전용한 것으로 보는 경우 / 사업자가 자기의 사업과 관련하여 영업용 소형승용자동차 등을 생산·취득한 후 비영업용으로 사용하는 경우, 비영업용으로 사용하는 때에 재화의 공급으로 의제되는지 여부(적극) 및 재화의 공급으로 의제되어 과세되었는데 사업자가 계약상 또는 법률상의 원인에 의하여 그 재화를 다시 인도 또는 양도하는 경우, 부가가치세 과세대상 거래에 해당하는지 여부(원칙적 적극)

[2] 구 부가가치세법 제6조 제2항에 따라 재화의 공급으로 보는 경우, 공급가액인 '재화의 시가'를 산정하는 기준 / 판매용 재고자산인 소형승용자동차가 비영업용으로 전용된 경우와 같이 사업자의 과세사업에 사용되지 아니한 재화가 공급으로 의제된 경우, 구 부가가치세법 시행령 제49조 제1항에 따라 공급가액을 산정할 수 있는지 여부(소극)

【판결요지】

[1] 사업자가 영업용 소형승용자동차(이하 '소형승용차'라 한다)를 상당한 기간 비영업용으로 사용하여 가치가 상당한 수준으로 하락한 경우에는 비영업용으로 전용한 것으로 봄이 타당하고, 이를 일시적·잠정적인 사용행위로 볼 수 없다. 또한 구 부가가치세법(2007. 12. 31. 법률 제8826호로 개정되기 전의 것 및 2010. 1. 1. 법률 제9915호로 개정되기 전의 것) 제17조 제2항 제3호, 구 부가가치세법(2011. 12. 31. 법률 제11129호로 개정되기 전의 것) 제6조 제2항, 제17조 제2항 제4호, 구 부가가치세법 시행령(2010. 2. 18. 대통령령 제22043호로 개정되기 전의 것 및 2012. 2. 2. 대통령령 제23595호로 개정되기 전의 것) 제15조 제1항 제2호의 문언 내용과 체계에, 사업자가 부가가치세 매입세액을 공제받은 재화를 비영업용 소형승용차나 그 유지를 위한 용도로 사용하는 경우에 이를 재화의 공급으로 의제하는 취지는 사업자가 이러한 재화를 비영업용으로 취득하여 부가가치세 매입세액을 공제받지 못한 경우와 과세의 형평을 유지하기 위한 데 있는 점 등을 더하여 보면, 사업자가 자기의 사업과 관련하여 비영업용 소형승용차나 그 유지를 위한 재화를 생산·취득한 경우에는 그에 대한 매입세액이 공제되지 아니할 뿐 재화의 공급으로 의제되지는 않지만, 영업용 소형승용차나 그 유지를 위한 재화 또는 용도가 특정되지 않은 재화를 생산·취득한 경우에는 그에 대한 매입세액은 공제되고 그 이후에 이를 비영업용으로 사용하는 때에 비로소 재화의 공급으로 의제된다. 그리고 이와 같이 재화의 공급으로 의제되어 과세된 경우라도 사업자가 계약상 또는 법률상의 원인에 의하여 그 재화를 다시 인도 또는 양도하는 경우에는 특별히 면세되거나 비과세한다는 별도의 규정이 없는 한 부가가치세 과세대상 거래에 해당한다.

[2] 구 부가가치세법(2011. 12. 31. 법률 제11129호로 개정되기 전의 것) 제6조 제2항에 따라 재화의 공급으로 보는 경우의 공급가액인 '재화의 시가'는 원칙적으로 공급의제 당시의 정상적인 거래에 의하여 형성된 객관적인 교환가격으로 산정하여야 한다. 한편 구 부가가치세법 시행령(2012. 2. 2. 대통령령 제23595호로 개정되기 전의 것) 제49조 제1항은 이러한 재화가 사업자의 과세사업에 사용되어 온 감가상각자산인 경우에는 낮은 유통성으로 인하여 거래가격에 의하여 시가를 산정하기 어려운 점을 감안하여, 재화의 취득가액을 기준으로 하여 부가가치세 과세기간의 경과에 비례하여 일정률로 감액된 금액을 시가로 보아 공급가액을 산정하도록 하고 있으나, 판매용 재고자산인 소형승용자동차가 비영업용으로 전용된 경우와 같이 사업자의 과세사업에 사용되지 아니한 재화가 공급으로 의제된 경우에는 위 규정에 따라 공급가액을 산정할 수 없다.

【참조조문】

[1] 구 부가가치세법(2007. 12. 31. 법률 제8826호로 개정되기 전의 것) 제17조 제2항 제3호(현행 제39조 제1항 제5호 참조), 구 부가가치세법(2010. 1. 1. 법률 제9915호로 개정되기 전의 것) 제17조 제2항 제3호(현행 제39조 제1항 제5호 참조), 구 부가가치세법(2011. 12. 31. 법률 제11129호로 개정되기 전의 것) 제6조 제2항(현행 제10조 참조), 제17조 제2항 제4호(현

행 제39조 제1항 제5호 참조), 구 부가가치세법 시행령(2010. 2. 18. 대통령령 제22043호로 개정되기 전의 것) 제15조 제1항 제2호(현행 제19조 참조), 구 부가가치세법 시행령(2012. 2. 2. 대통령령 제23595호로 개정되기 전의 것) 제15조 제1항 제2호(현행 제19조 참조)

[2] 구 부가가치세법(2011. 12. 31. 법률 제11129호로 개정되기 전의 것) 제6조 제2항(현행 제10조 참조), 제13조 제1항(현행 제29조 참조), 구 부가가치세법 시행령(2012. 2. 2. 대통령령 제23595호로 개정되기 전의 것) 제49조 제1항(현행 제66조 참조), 제50조 제1항 제1호(현행 제62조 제1호 참조), 제2항(현행 삭제)

【전문】

【원고, 상고인 겸 피상고인】
메르세데스벤츠코리아 주식회사(소송대리인 변호사 정병문 외 3인)

【피고, 피상고인 겸 상고인】
남대문세무서장(소송대리인 법무법인 송경 담당변호사 최승만 외 1인)

【원심판결】
서울고법 2013. 12. 13. 선고 2013누14582 판결

【주 문】

【주 문】
상고를 모두 기각한다. 상고비용은 각자가 부담한다.

【이 유】
상고이유(상고이유서 제출기간이 경과한 후에 제출된 상고이유보충서의 기재는 상고이유를 보충하는 범위 내에서)를 판단한다.

1. 원고의 상고이유에 대한 판단

가. 상고이유 제1, 2, 4점에 관하여

구 부가가치세법(2007. 12. 31. 법률 제8826호로 개정되기 전의 것 및 2010. 1. 1. 법률 제9915호로 개정되기 전의 것) 제17조 제2항 제3호, 구 부가가치세법(2011. 12. 31. 법률 제11129호로 개정되기 전의 것, 이하 같다) 제17조 제2항 제4호는 부가가치세 매출세액에서 공제하지 아니하는 매입세액의 하나로 "비영업용 소형승용자동차(이하 '소형승용차'라 한다)의 구입과 유지에 관한 매입세액"을 들고 있다. 그리고 구 부가가치세법 제6조 제2항, 구 부가가치세법 시행령(2010. 2. 18. 대통령령 제22043호로 개정되기 전의 것 및 2012. 2. 2. 대통령령 제23595호로 개정되기 전의 것) 제15조 제1항 제2호는 "사업자가 자기의 사업과 관련하여 생산하거나 취득한 재화를 자기의 사업을 위하여 직접 사용하거나 소비하는 경우 대통령령으로 정하는 것은 재화의 공급으로 본다."라고 규정하면서, 이러한 재화의 하나로 '비영업용 소형승용차와 그 유지를 위한 재화(매입세액이 공제되지 아니한 것을 제외한다)'를 들고 있다.

사업자가 영업용 소형승용차를 상당한 기간 비영업용으로 사용하여 그 가치가 상당한 수준으로 하락한 경우에는 비영업용으로 전용한 것으로 봄이 타당하고, 이를 일시적·잠정적인 사용행위로 볼 수 없다.

또한 앞서 본 규정들의 문언 내용과 체계에, 사업자가 부가가치세 매입세액을 공제받은 재화를 비영업용 소형승용차나 그 유지를 위한 용도로 사용하는 경우에 이를 재화의 공급으로 의제하는 취지는 사업자가 이러한 재화를 비영업용으로 취득하여 부가가치세 매입세액을 공제받지 못한 경우와 과세의 형평을 유지하기 위한 데 있는 점 등을 더하여 보면, 사업자가 자기의 사업과 관련하여 비영업용 소형승용차나 그 유지를 위한 재화를 생산·취득한 경우에는 그에 대한 매입세액이 공제되지 아니할 뿐 재화의 공급으로 의제되지는 않지만, 영업용 소형승용차나 그 유지를 위한 재화 또는 그 용도가 특정되지 않은 재화를 생산·취득한 경우에는 그에 대한 매입세액은 공제되고 그 이후에 이를 비영업용으로 사용하는 때에 비로소 재화의 공급으로 의제된다고 할 것이다. 그리고 이와 같이 재화의 공급으로 의제되어 과세된 경우라도 사업자가 계약상 또는 법률상의 원인에 의하여 그 재화를 다시 인도 또는 양도하는 경우에는 특별히 면세되거나 비과세한다는 별도의 규정이 없는 한 부가가치세 과세대상 거래에 해당한다.

원심판결 이유 및 원심이 적법하게 채택한 증거에 의하면, ① 원고는 메르세데스 벤츠(Mercedes-Benz) 차량(이하 '벤츠 차량'이라 한다)을 수입하여 원고와 대리점 계약을 체결한 국내 소매업자(이하 '딜러'라 한다)에게 판매하는 자동차판매업자인 사실, ② 원고는 2007년 제1기부터 2011년 제1기까지의 부가가치세 과세기간에 수입한 벤츠 차량 중 295대의 소형승용차를 임직원의 출장이나 대리점 방문 등의 용도로 사용하였는데, 그중 224대에 대하여는 처음부터 매입세액을 공제받지 않았고, 9대에 대하여는 자가공급을 이유로 부가가치세를 신고·납부하였으며, 나머지 62대(이하 '이 사건 임직원용 차량'이라 한다)에 대하여는 매입세액을 공제받았다가 그중 27대에 대하여 매입세액 불공제대상으로 수정신고를 하면서 139,456,300원을 납부하였으나 35대에 대하여는 수정신고를 하지 아니한 사실, ③ 이에 대해 피고는 원고가 이 사건 임직원용 차량을 비영업용 소형승용차로 전용하였다는 이유로, 2011. 7. 13. 원고에게 자가공급으로 인한 부가가치세 매출세액에서 위 139,456,300원을 공제한 세액을 부과하는 이 사건 처분을 한 사실, ④ 한편 원고는 이 사건 임직원용 차량을 그 수입일부터 일정한 기간이 지난 후에 임직원의 출장 등의 용도로 사용을 개시하고(위 27대는 수입일부터 약 20일 내지 283일이 지난 후에 사용을 개시한 것으로 보인다), 이를 약 6개월 정도 사용하다가 딜러에게 신차보다 할인하여 판매한 후 그에 따른 부가가치세를 신고·납부한 사실 등을 알 수 있다.

이러한 사실관계를 앞서 본 규정과 법리에 비추어 살펴보면, (1) 원고가 이 사건 임직원용 차량을 상당한 기간 비영업용으로 사용하여 그 가치가 상당한 수준으로 하락한 경우에 해당하므로, 이를 비영업용으로 전용한 것으로 봄이 타당하고, (2) 원고가 이 사건 임직원용 차량을 판매용 또는 그 용도를 특정하지 아니하고 수입하였다가 이를 비영업용으로 전용한 경우로 보아야 하므로, 그 전용 시에 재화의 공급으로 의제되며, (3) 이후 자동차판매업자인 원고가 이 사건 임직원용 차량을 딜러에게 다시 양도한 거래는 별도의 부가가치세 과세대상 거래에 해당한다고 할 것이다.

원심이 인용한 제1심판결의 이유 설시에 일부 미흡한 부분이 있으나, 이 사건 임직원용 차량에 대하여 구 부가가치세법 제6조 제2항의 공급의제 규정을 적용하여 한 이 사건 처분이 적법하다고 본 원심의 결론은 앞서 본 법리에 기초한 것으로서, 거기에 상고이유 주장과 같이 비영업용 소형승용차에 대한 매입세액 불공제 및 자가공급 의제, 부가가치세 과세거래의 범위 등에 관한 법리를 오해하여 판결 결과에 영향을 미친 위법이 없다.

그리고 상고이유에서 들고 있는 대법원 1984. 1. 24. 선고 83누30 판결 등은 사안이 달라 이 사건에 원용하기에 적절하지 아니하다.

나. 상고이유 제3점에 관하여

구 부가가치세법 제13조 제1항은 "재화 또는 용역의 공급에 대한 부가가치세의 과세표준은 다음 각 호의 가액을 합한 금액(이하 '공급가액'이라 한다)으로 한다."라고 규정하면서, 그 각 호에서 '금전으로 대가를 받는 경우에는 그 대가'(제1호), '금전 외의 대가를 받는 경우 자기가 공급한 재화 또는 용역의 시가'(제2호), '재화의 공급에 대하여 부당하게 낮은 대가를 받거나 대가를 받지 아니하는 경우 자기가 공급한 재화의 시가'(제3호), '용역의 공급에 대하여 부당하게 낮은 대가를 받는 경우 자기가 공급한 용역의 시가'(제4호) 등을 규정하고 있고, 구 부가가치세법 시행령(2012. 2. 2. 대통령령 제23595호로 개정되기 전의 것, 이하 같다) 제50조 제1항 제1호는 이러한 '시가'에 관하여 '사업자가 특수관계에 있는 자 외의 자와 당해 거래와 유사한 상황에서 계속적으로 거래한 가격 또는 제3자 간에 일반적으로 거래된 가격'으로 규정하는 한편, 그 제2항 본문에서 '제1항은 구 부가가치세법 제6조 제2항 등에 따라 공급으로 보는 재화의 과세표준의 계산에 관하여 준용한다'고 규정하고 있다. 다만 구 부가가치세법 시행령 제49조 제1항은 '과세사업에 공한 재화가 감가상각자산에 해당하는 경우에 당해 재화를 구 부가가치세법 제6조 제2항 등에 의하여 공급으로 보는 때에는 다음 각 호의 산식에 의하여 계산한 금액을 당해 재화의 시가로 본다'고 규정하면서, 제2호에서 건물 또는 구축물을 제외한 기타의 감가상각자산에 대하여 '당해 재화의 취득가액 × (1 − 25/100 × 경과된 과세기간의 수) = 시가'의 산식을 규정하고 있다.

따라서 구 부가가치세법 제6조 제2항에 의하여 재화의 공급으로 보는 경우의 공급가액인 '재화의 시가'는 원칙적으로 공급의제 당시의 정상적인 거래에 의하여 형성된 객관적인 교환가격으로 산정하여야 한다. 한편 구 부가가치세법 시행령 제49조 제1항은 이러한 재화가 사업자의 과세사업에 사용되어 온 감가상각자산인 경우에는 낮은 유통성으로 인하여 거래가격에 의하여 시가를 산정하기 어려운 점을 감안하여, 그 재화의 취득가액을 기준으로 하여 부가가치세 과세기간의 경과에 비례하여 일정률로 감액된 금액을 시가로 보아 공급가액을 산정하도록 하고 있으나, 판매용 재고자산인 소형승용차가 비영업용으로 전용된 경우와 같이 사업자의 과세사업에 사용되지 아니한 재화가 공급으로 의제된 경우에는 위 규정에 의하여 공급가액을 산정할 수 없다고 할 것이다.

원심이 인용한 제1심판결의 이유 설시에 일부 미흡한 부분이 있으나, 이 사건 임직원용 차량은 원고가 이를 판매용 재고자산으로 보유하다가 비영업용 소형승용차로 전용한 것이므로, 그 공급의제에 따른 공급가액을 구 부가가치세법 시행령 제49조 제1항에 따라 취득가액을 기초로 하여 산정할 수 없고 당해 차량의 거래가격에 의하여 산정하여야 한다는 이유로, 원고가 이 사건 임직원용 차량을 딜러들에게 판매한 가격을 공급가액으로 보아 한 이 사건 처분이 적법하다고 본 결론은 앞서 본 법리에 기초한 것으로서, 거기에 상고이유 주장과 같이 비영업용 소형승용차의 공급의제로 인한 공급가액의 산정에 관한 법리 등을 오해하여 판결 결과에 영향을 미친 위법이 없다.

2. 피고의 상고이유에 대한 판단

원심은 채택 증거에 의하여, 원고가 2007년 제1기부터 2011년 제1기까지의 부가가치세 과세기간에 수입한 벤츠 차량 중 199대의 소형승용차를 소비자의 시승 등의 용도로 사용한 사실 등을 인정한 다음, 이는 고가의 벤츠 차량을 구입하려는 상당수의 소비자들이 품질 확인을 위한 시승을 요구함에 따라 그들의 구매의사를 강화하여 판매 촉진에 기여하기 위해 원고의 고객인 딜러의 요청에 따라 판매용 차량 중 일부를 소비자들에게 시승 등의 용도로 제공한 것이므로, 이러한 시승용 차량은 원고의 자동차판매업에 직접 사용하는 영업용 차량에 해당할 뿐 구 부가가치세법 제6조 제2항의 공급의제 대상인 비영업용 소형승용차에 해당하지 않는다고 판단하였다.

관련 법리와 기록에 비추어 살펴보면, 원심의 이러한 판단은 정당하고, 거기에 상고이유 주장과 같이 비영업용 소형자동차에 관한 법리를 오해하는 등의 위법이 없다.

3. 결론

그러므로 상고를 모두 기각하고, 상고비용은 각자가 부담하도록 하여, 관여 대법관의 일치된 의견으로 주문과 같이 판결한다.

▶ 대법관 김용덕(재판장) 이인복 김소영 이기택(주심)

74 임차보증금 공제시 용역의 공급 여부

부가가치세부과처분취소 [대법원, 2002두8534, 2003. 11. 28.]

【판시사항】

임대차계약 해지 후 임차인이 임차건물을 계속 점유·사용하고 있고 임대인은 임차보증금을 반환하지 않고 임료 상당액을 공제하고 있는 경우, 부가가치세의 과세대상인 용역의 공급에 해당하는지 여부(적극)

【판결요지】

임대인의 해지통고로 건물 임대차계약이 해지되어 임차인의 점유가 불법점유가 된다고 하더라도, 임차인이 건물을 명도하지 아니하고 계속 사용하고 있고 임대인 또한, 임차보증금을 반환하지 아니하고 보유하면서 향후 월 임료 상당액을 보증금에서 공제하는 관계에 있다면, 이는 부가가치세의 과세대상인 용역의 공급에 해당하고, 대가를 받기로 하고 타인에게 용역을 공급한 이상 실제로 그 대가를 받았는지의 여부는 부가가치세 납부의무의 성립 여부를 결정하는 데 아무런 영향을 미칠 수 없다.

【참조조문】

부가가치세법 제1조, 제2조 제1항, 제7조 제1항, 제9조 제2항

【참조판례】

대법원 1986. 8. 19. 선고 86누110 판결(공1986, 1243), 대법원 1989. 4. 25. 선고 87누863 판결(공1989, 822), 대법원 1995. 7. 14. 선고 95누4018 판결(공1995하, 2840), 대법원 1995. 11. 28. 선고 94누11446 판결(공1996상, 272), 대법원 2002. 11. 22. 선고 2002다38828 판결(공2003상, 154)

【전문】

【원고, 피상고인】
국민연금관리공단

【피고, 상고인】
강남세무서장

【원심판결】
서울고법 2002. 8. 22. 선고 2001누12897 판결

【주문】

【주문】
원심판결을 파기하고, 사건을 서울고등법원에 환송한다.

【이유】

1. 원심판결 이유에 의하면 원심은, 원고가 1998. 1. 30. 주식회사 시네마강남(이하 '소외 회사'라 한다)에 원고 소유의 서울 강남구 논현동 4-15 지상건물 중 1,315.55평(이하 '이 사건 임대목적물'이라 한다)을 임차보증금 4억 1,000만 원, 월 임료 33,825,000원, 월 관리비 19,075,400원(월 임료 및 관리비는 각 부가가치세 별도, 이하 같은 항목은 동일하다), 임대차기간 1998. 2. 21.부터 1999. 2. 20.까지로 정하여 임대하고, 소외 회사가 기간만료 후 원상회복하지 아니하는 등 의무를 위반하는 경우에는 명도나 복구된 날까지 통상 임료 및 관리비의 2배액과 임차보증금의 3% 상당액을 지급하기로 약정(이하 '이 사건 임대차계약'이라 한다)한 사실, 계약기간 만료 후 3차례에 걸쳐 계약기간을 1999. 4. 30.까지 연장하기로 당사자 사이에 합의하면서 임차보증금은 80,268,780원, 월 임료는 27,680,860원, 월 관리비는 18,509,800원으로 변경한 사실, 소외 회사가 최종적으로 연장된 기간을 지나고도 이 사건 임대목적물을 계속 점유·사용하자 원고는 여러 차례 그 명도와 아울러 약정된 월 임료의 2배 상당액 등 약정된 금원의 지급을 요구하는 한편, 서울지방법원에 명도 및 손해배상을 구하는 소송을 제기하여 1999. 11. 25. 소외 회사는 원고에게 임대목적물을 명도하고 1999. 5. 1.부터 명도시까지 매월 78,622,649원(월 임료 및 관리비의 1.5배 상당액을 포함한 액수)의 비율에 의한 금원을 지급하라는 판결을 받아 그 무렵 확정된 사실 등을 인정한 다음, 이 사건 임대차계약의 연장경위, 연체임료 등을 공제하면 1999. 6. 1.경에는 보증금 잔액이 남지 아니하여 소외 회사에 동시이행항변권 등 점유를 정당화할 법률상 권원이 존재하지 않게 되는 점, 새로운 임대차계약 체결에 따라 즉시 명도를 촉구한 점, 명도를 위한 소송 이외에는 소외 회사를 퇴거시킬 합법적인 방법이 없었던 점, 계약 종료 이후에는 임료 등을 수령할 가능성이 별로 없었던 점 등을 들어 소외 회사의 1999. 6. 1.부터의 점유는 계약상 또는 법률상의 원인을 결한 불법점유이어서 원고가 소외 회사에 부가가치세의 과세대상인 임대용역이나 관리용역 등을 공급하였다고 볼 수 없다고 판단하였다.

2. 임대인의 해지통고로 건물 임대차계약이 해지되어 임차인의 점유가 불법점유가 된다고 하더라도, 임차인이 건물을 명도하지 아니하고 계속 사용하고 있고 임대인 또한, 임차보증금을 반환하지 아니하고 보유하면서 향후 월 임료 상당액을 보증금에서 공제하는 관계에 있다면, 이는 부가가치세의 과세대상인 용역의 공급에 해당하고(대법원 1995. 7. 14. 선고 95누4018 판결, 2002. 11. 22. 선고 2002다38828 판결 등 참조), 대가를 받기로 하고 타인에게 용역을 공급한 이상 실제로 그 대가를 받았는지의 여부는 부가가치세 납부의무의 성립 여부를 결정하는 데 아무런 영향을 미칠 수 없다(대법원 1995. 11. 28. 선고 94누11446 판결 등 참조).

이러한 법리를 기록에 비추어 살펴보면, 원심이 드는 바와 같이 소외 회사가 계약종료 후 점유·사용하는 도중에 연체임료 등을 공제하면 임차보증금 잔액이 남지 않게 된다든가, 계약 종료 이후에 임료 등을 받을 가능성이 별로 없다는 등의 사정이 그대로 인정된다 하더라도, 임대차기간 만료 후 소외 회사가 원상회복하지 않는 등 의무에 위반하는 경우 통상 임료 및 관리비의 2배액 등을 지급하기로 약정함으로써 그 기간 만료 이후에도 임차인이 목적물을 계속 점유·사용한다면 원고가 그에 대한 대가를 지급받기로 하였다는 점을 넉넉히 알 수 있는 이 사건에서, 원심이 드는 것과 같은 사정만으로 소외 회사의 점유가 계약상 또는 법률상 원인이 없는 불법점유가 되어 부가가치세 과세대상인 용역의 공급에 해당하지 않게 된다고 볼 수 없고, 원심이 설시한 그 밖의 사정을 감안하더라도 달리 볼 수는 없다 할 것이다.

따라서 원심에는 부가가치세법상 과세대상이 되는 용역의 공급에 관한 법리를 오해하여 판결결과에 영향을 미친 위법이 있다 할 것이니, 이를 지적하는 상고이유의 주장은 그 이유 있다.

3. 그러므로 원심판결을 파기하고, 사건을 다시 심리·판단하게 하기 위하여 원심법원에 환송하기로 하여 관여 법관의 일치된 의견으로 주문과 같이 판결한다.

▶ 대법관 고현철(재판장) 변재승 윤재식(주심) 강신욱

CHAPTER 04 영세율과 면세

제1절 영세율과 면세의 개관
제2절 영세율
제3절 면세
제4절 영세율과 면세의 경제적 효과

75 장의용역과 함께 공급하는 음식물 제공용역의 부수성

부가가치세 부과처분 무효확인등 [대법원, 2013두932, 2013. 6. 28.]

【판시사항】

甲 학교법인이 병원 장례식장을 임차·운영하면서 상주 등에게 음식물 제공용역을 공급하고 이에 대한 부가가치세를 면세로 신고하였는데 과세관청이 부가가치세 부과처분을 한 사안에서, 제반 사정에 비추어 거래의 관행상 장례식장에서 음식물 제공용역의 공급이 부가가치세 면세 대상인 장의용역의 공급에 통상적으로 부수되고 있음을 인정할 수 있다고 본 원심판단이 정당하다고 한 사례

【판결요지】

甲 학교법인이 병원 장례식장을 임차·운영하면서 상주 등에게 음식물 제공용역을 공급하고 이에 대한 부가가치세를 면세로 신고하였는데 과세관청이 이를 부가가치세 과세대상에 해당한다고 보아 부가가치세 부과처분을 한 사안에서, 구 부가가치세법(2010. 1. 1. 법률 제9915호로 개정되기 전의 것) 제12조 제3항에 따른 면세 대상 여부를 결정함에 있어서도 구 부가가치세법 시행령(2010. 2. 18. 대통령령 제22043호로 개정되기 전의 것, 이하 같다) 제3조 제2호의 규정을 적용하여야 하는데, 음식물 제공용역의 공급이 장의용역(시신의 보관, 염습 및 매장과 그 과정에서 망인에 대한 예를 갖추기 위한 빈소와 제단 설치, 조문을 위한 장례식장의 임대 등 노무 제공 등)에 해당하지 않는 것은 사실이나, 어떤 재화 또는 용역의 공급이 위와 같은 부가가치세법령의 규정에 의하여 면세 대상인지를 가릴 때에는 관련 규정을 바탕으로 여러 사정을 종합하여 결정하여야지 면세 대상인 주된 재화 또는 용역 본래의 의미에 해당하지 않는다는 이유만으로 어떤 재화 또는 용역의 공급의 부수성을 함부로 부정할 것은 아니라고 전제한 다음, 구 부가가치세법 시행령 제3조 제2호의 문언 내용, 국민의 복지후생 차원에서 장례의식을 위한 비용의 부담을 가볍게 하기 위한 부가가치세 면세제도의 취지 등에 비추어 볼 때, 부수성 인정 여부의 핵심은 거래 관행상 장의용역 공급 과정에서 누구에 의해서건 음식물 제공용역의 공급이 부수되어 이루어지고 있는 것인지에 있을 뿐, 음식물 제공용역

의 공급이 장의용역 공급자에 의해 직접 이루어져야만 부수성을 인정할 수 있는 것으로 제한하여 해석할 아무런 이유가 없는 점, 장례식장에서의 음식물 제공용역의 공급은 일반인이 아니라 특정 조문객만을 대상으로 빈소 바로 옆 공간이라는 제한된 장소에서 이루어지는 것이 일반적인 점 등에 비추어 보면, 거래의 관행상 장례식장에서 음식물 제공용역의 공급이 부가가치세 면세 대상인 장의용역의 공급에 통상적으로 부수되고 있음을 충분히 인정할 수 있다고 본 원심판단이 정당하다고 한 사례.

【참조조문】

구 부가가치세법(2010. 1. 1. 법률 제9915호로 개정되기 전의 것) 제1조 제4항(현행 제14조 제1항 참조), 제12조 제1항 제4호(현행 제26조 제1항 제5호 참조), 제3항(현행 제26조 제2항 참조), 구 부가가치세법 시행령(2010. 2. 18. 대통령령 제22043호로 개정되기 전의 것) 제3조 제2호, 제29조 제6호

【전문】

【원고, 피상고인 겸 상고인】
학교법인 을지학원(소송대리인 법무법인 광장 담당변호사 고원석 외 2인)

【피고, 상고인 겸 피상고인】
노원세무서장(소송대리인 법무법인 로월드 담당변호사 황경남 외 1인)

【원심판결】
서울고법 2012. 12. 7. 선고 2011누24820 판결

【주 문】

【주 문】
상고를 모두 기각한다. 상고비용은 상고인 각자가 부담한다.

【이 유】
상고이유에 대하여 판단한다.

1. 원고의 상고이유에 대하여

가. 과세대상이 되지 아니하는 어떤 법률관계나 사실관계에 대하여 이를 과세대상이 되는 것으로 오인할 만한 객관적인 사정이 있는 경우에 그것이 과세대상이 되는지의 여부가 그 사실관계를 정확히 조사하여야 비로소 밝혀질 수 있는 경우라면, 그 하자가 중대하더라도 외관상 명백하다고 할 수 없어 그와 같이 과세요건 사실을 오인한 위법의 과세처분을 당연무효라고는 볼 수 없다(대법원 2012. 2. 23. 선고 2011두22723 판결 등 참조).

원심판결 이유에 의하면, 원심은 그 채택 증거를 종합하여, 원고가 을지병원 장례식장(이하 '이 사건 장례식장'이라 한다)을 임차·운영하면서 2004년 제1기부터 2009년 제2기까지 상주 등에게 공급가액 5,771,061,920원 상당의 음식물 제공용역(이하 '이 사건 음식물 제공용역'이

라 한다)을 공급하고 이에 대한 부가가치세를 면세로 신고한 사실, 피고는 이 사건 음식물 제공용역의 공급이 부가가치세 과세대상에 해당한다고 보아 2010. 1. 6. 및 2010. 2. 8. 원고에게 2004년 제1기부터 2009년 제2기까지의 부가가치세 354,588,300원 및 가산세 172,208,540원을 부과하는 이 사건 처분을 한 사실 등을 인정한 다음, 이 사건 음식물 제공용역의 공급이 부가가치세 면세대상에 해당하는지 여부는 주된 거래인 장의용역의 공급에 통상적으로 부수하여 공급되는 거래관행이 있는지 등에 관해 조사하여 사실관계를 확정한 뒤 이를 바탕으로 관련 법령을 검토하여야만 비로소 밝혀질 수 있는 것이라는 이유로, 이 사건 처분에 중대한 하자가 있다고 하더라도 이 사건 처분을 당연무효로 볼 수 없다고 판단함으로써 원고의 주위적 청구를 모두 배척하였다.

원심의 이러한 판단은 앞서 본 법리에 따른 것으로서 정당하고, 거기에 상고이유로 주장하는 바와 같은 과세처분의 당연무효에 관한 법리오해 등의 위법이 없다.

나. 가산세는 본세와 별도로 납세의무가 성립하는 별개의 세목으로서 본세와는 독립한 불복대상이 되며 수 개의 과세처분에 대한 전심절차는 원칙적으로 당해 과세처분마다 따로 거쳐야 하므로, 납세의무자가 과세처분에 대한 심사청구 또는 심판청구를 하면서 본세에 관하여는 불복하지 않고 가산세의 취소만을 구하다가 그 청구가 기각된 후 항고소송을 제기하여 본세와 가산세 전부의 취소를 구하는 경우 본세에 관한 소는 전심절차를 거치지 아니한 것이어서 부적법하다(대법원 1982. 12. 14. 선고 82누315 판결 등 참조).

같은 취지에서 원심이 이 사건 소 중 원고가 예비적 청구로써 부가가치세 본세의 취소를 구하는 부분이 부적법하다고 판단한 것은 정당하고, 거기에 상고이유로 주장하는 바와 같은 전심절차의 준수에 관한 법리오해 등의 위법이 없다.

2. 피고의 상고이유에 대하여

가. 구 부가가치세법(2010. 1. 1. 법률 제9915호로 개정되기 전의 것, 이하 같다) 제12조 제1항 제4호는 면세대상의 하나로 '의료보건용역으로서 대통령령이 정하는 것'을 들고 있고, 구 부가가치세법 시행령(2010. 2. 18. 대통령령 제22043호로 개정되기 전의 것, 이하 같다) 제29조는 "법 제12조 제1항 제4호에 규정하는 의료보건용역은 다음 각 호에 규정하는 것(…)으로 한다."고 규정하면서 그 제6호에서 '장의업자가 제공하는 장의용역'을 들고 있으며, 구 부가가치세법 제12조 제3항은 "제1항의 규정에 의하여 면세되는 재화 또는 용역의 공급에 필수적으로 부수되는 재화 또는 용역의 공급은 면세되는 재화 또는 용역의 공급에 포함되는 것으로 본다."고 규정하고 있다.

한편 구 부가가치세법 제1조 제4항은 주된 거래인 용역의 공급에 필수적으로 부수되는 재화 또는 용역의 공급은 주된 거래인 용역의 공급에 포함되는 것으로 규정하고, 구 부가가치세법 시행령 제3조는 그 제2호에서 주된 거래인 재화 또는 용역의 공급에 포함되는 것으로 보는 재화 또는 용역의 하나로 '거래의 관행으로 보아 통상적으로 주된 거래인 재화 또는 용역의 공급에 부수하여 공급되는 것으로 인정되는 재화 또는 용역'을 들고 있다.

그리고 면세되는 재화 또는 용역의 공급에 '필수적으로 부수되는' 재화 또는 용역의 공급을 부가가치세 면세 대상으로 규정하고 있는 구 부가가치세법 제12조 제3항을 해석함에 있어서는 그 내용을 구체화하였다고 할 수 있는 구 부가가치세법 제1조 제4항 및 구 부가가치세법 시행령 제3조가 열거하고 있는 각 호의 규정을 고려하여 해석하여야 한다(대법원 1985. 10. 22. 선고 83누616 판결 등 참조).

나. 원심은 그 판시와 같은 이유를 들어 구 부가가치세법 제12조 제3항에 따른 면세 대상 여부를 결정함에 있어서도 구 부가가치세법 시행령 제3조 제2호의 규정을 적용하여야 하는데, 이 사건 음식물 제공용역의 공급이 장의용역(시신의 보관, 염습 및 매장과 그 과정에서 망인에 대한 예를 갖추기 위한 빈소와 제단 설치, 조문을 위한 장례식장의 임대 등 노무 제공 등)에 해당하지 않는 것은 사실이나, 어떤 재화 또는 용역의 공급이 위와 같은 부가가치세법령의 규정에 의하여 면세 대상인지를 가릴 때에는 관련 규정을 바탕으로 여러 사정을 종합하여 결정하여야지 면세 대상인 주된 재화 또는 용역 본래의 의미에 해당하지 않는다는 이유만으로 어떤 재화 또는 용역의 공급의 부수성을 함부로 부정할 것은 아니라고 전제한 다음, ① 구 부가가치세법 시행령 제3조 제2호의 문언 내용, 국민의 복지후생 차원에서 장례의식을 위한 비용의 부담을 가볍게 하기 위한 부가가치세 면세제도의 취지 등에 비추어 볼 때, 부수성 인정 여부의 핵심은 거래 관행상 장의용역 공급 과정에서 누구에 의해서건 음식물 제공용역의 공급이 부수되어 이루어지고 있는 것인지에 있을 뿐, 음식물 제공용역의 공급이 장의용역 공급자에 의해 직접 이루어져야만 부수성을 인정할 수 있는 것으로 제한하여 해석할 아무런 이유가 없는 점, ② 원심법원의 뉴타운장례식장 등 다수의 장례식장들에 대한 각 사실조회결과에 의하면, 위 각 장례식장에서는 장의용역을 제공하면서 동시에 빈소를 찾는 조문객들에게 조문에 필요한 범위 내에서 음식물(밥, 반찬, 약간의 다과 등) 등을 공급하고 있는 사실을 인정할 수 있는 점, ③ 장례식장에서의 음식물 제공용역의 공급은 일반인이 아니라 특정 조문객만을 대상으로 빈소 바로 옆 공간이라는 제한된 장소에서 이루어지는 것이 일반적인 점 등에 비추어 보면, 거래의 관행상 장례식장에서의 음식물 제공용역의 공급이 부가가치세 면세 대상인 장의용역의 공급에 통상적으로 부수되고 있음을 충분히 인정할 수 있다고 판단하였다.

다. 앞서 본 규정과 관련 법리 및 기록에 비추어 살펴보면 원심의 판단은 정당하고 거기에 상고이유에서 주장하는 바와 같은 구 부가가치세법 시행령 제3조의 적용범위나 제3조 제2호 소정의 '거래 관행'의 성립에 관한 법리오해 등의 위법이 없다.

3. 결론
그러므로 상고를 모두 기각하고 상고비용은 패소자 각자가 부담하도록 하여 관여 대법관의 일치된 의견으로 주문과 같이 판결한다.

▶ 대법관 김신(재판장) 민일영 이인복(주심)

76 국외에서 제공된 용역

부가가치세부과처분취소 [대법원, 2014두8766, 2016. 1. 14.]

【판시사항】

[1] 구 부가가치세법 제11조 제1항 제2호에 따라 영(零)의 세율이 적용되는 '국외에서 제공하는 용역'에서 용역을 공급받는 상대방이 내국법인인지 혹은 외국법인의 국내사업장이 존재하는지를 가리는지 여부(소극)

[2] 영세율이 적용되는 거래인지 판단하는 기준(=용역이 제공되는 장소) 및 내국법인이 제공한 단일한 용역의 중요하고 본질적인 부분이 국외에서 이루어지고 제공한 용역의 일부가 국내에서 이루어진 경우, 용역의 제공 장소(=국외)

【판결요지】

[1] 구 부가가치세법(2013. 6. 7. 법률 제11873호로 전부 개정되기 전의 것) 제11조 제1항 제2호는 '국외에서 제공하는 용역'의 공급에 대하여 영(零)의 세율을 적용하도록 규정하고 있다. 그리고 '국외에서 제공하는 용역'은 용역을 공급받는 상대방이 내국법인인지 아니면 외국법인인지, 혹은 외국법인의 국내사업장이 존재하는지를 가리지 않는다.

[2] 구 부가가치세법(2013. 6. 7. 법률 제11873호로 전부 개정되기 전의 것) 제10조 제2항 제1호는 용역이 공급되는 장소를 '역무가 제공되거나 재화·시설물 또는 권리가 사용되는 장소'로 정하고 있으므로, 영세율이 적용되는 거래인지는 용역이 제공되는 장소를 기준으로 판단하여야 하고, 내국법인이 제공한 단일한 용역의 중요하고 본질적인 부분이 국외에서 이루어진 경우에는 제공한 용역의 일부가 국내에서 이루어졌다고 하더라도 용역의 제공 장소는 국외로 보아야 한다.

【참조조문】

[1] 구 부가가치세법(2013. 6. 7. 법률 제11873호로 전부 개정되기 전의 것) 제11조 제1항 제2호(현행 제22조 참조)

[2] 구 부가가치세법(2013. 6. 7. 법률 제11873호로 전부 개정되기 전의 것) 제10조 제2항 제1호(현행 제20조 제1항 제1호 참조), 제11조 제1항 제2호(현행 제22조 참조)

【참조판례】

[2] 대법원 2006. 6. 16. 선고 2004두7528, 7535 판결(공2006하, 1375)

【전문】

【원고, 피상고인】
주식회사 와이앤와이리서치(소송대리인 변호사 김수형 외 5인)

【피고, 상고인】
역삼세무서장

【원심판결】
서울고법 2014. 5. 28. 선고 2013누28444 판결

【주 문】

【주 문】
상고를 기각한다. 상고비용은 피고가 부담한다.

【이 유】
상고이유를 판단한다.

1. 상고이유 제1점, 제3점에 대하여

구 부가가치세법(2013. 6. 7. 법률 제11873호로 전부 개정되기 전의 것, 이하 같다) 제11조 제1항 제2호는 '국외에서 제공하는 용역'의 공급에 대하여 영(零)의 세율을 적용하도록 규정하고 있다. 그리고 '국외에서 제공하는 용역'은 그 용역을 공급받는 상대방이 내국법인인지 아니면 외국법인인지, 혹은 외국법인의 국내사업장이 존재하는지를 가리지 않는다.

따라서 원고로부터 용역을 공급받은 상대방이 내국법인에 해당한다거나 외국법인이라고 하더라도 그 고정사업장이 국내에 존재함에도 이와 달리 본 원심의 판단에 사실오인과 법리오해의 위법이 있다는 상고이유의 주장은 더 나아가 살펴볼 필요 없이 받아들일 수 없다.

2. 상고이유 제2점에 대하여

가. 구 부가가치세법 제10조 제2항 제1호는 용역이 공급되는 장소를 '역무가 제공되거나 재화·시설물 또는 권리가 사용되는 장소'로 정하고 있으므로, 영세율이 적용되는 거래인지 여부는 용역이 제공되는 장소를 기준으로 판단하여야 하고, 내국법인이 제공한 단일한 용역의 중요하고 본질적인 부분이 국외에서 이루어진 경우에는 제공한 용역의 일부가 국내에서 이루어졌다고 하더라도 그 용역의 제공 장소는 국외로 보아야 한다(대법원 2006. 6. 16. 선고 2004두7528, 7535 판결 등 참조).

나. 원심은, ① 싱가포르법에 따라 설립된 법인인 매지링크 피티이 엘티디(Magilink Pte. Ltd., 이하 'MLPL'이라고 한다)가 2009년 초순경 크레딧 스위스(Credit-Suisse, 이하 'CS'라고 한다)은행 홍콩지점으로부터 우리나라 상장회사가 발행한 해외 전환사채(이하 'CS채권'이라고 한다)를 매수하여 회수하는 사업을 영위한 사실, ② 그 과정에서 내국법인인 원고는 MLPL에 CS채권의 인수를 중개·알선하고 이를 회수하는 이 사건 용역을 제공하여 2010. 3. 19. 그 전체 용역에 대한 대가로 미화 85만 달러를 지급받은 사실 등을 인정한 다음, 이 사건 용역의 대가는 인지도가 낮은 MLPL이 대규모 투자은행으로부터 CS채권을 저가로 인수할 수 있도록 알선·중개하는 업무를 중시하여 결정된 점, 원고의 대표이사 소외인이 CS은행 홍콩지점을 수회 방문하여 거래조건에 관한 협상을 진행하였고 CS채권은 국내거주자에게 매도할

수 없는 조건이 붙어 있는 채권이 다수 포함되어 있었고, CS채권 인수대금의 결제도 해외결제기관을 통해 이루어진 점, CS채권은 모두 코스닥 상장회사에서 발행한 것으로 회수 가능성이 크고, CS채권을 추심하여 원리금을 회수하는 업무는 각 발행회사들에 만기를 고지하고 구체적인 상환방법을 협의하는 등 정해진 만기와 이자율 등의 조건에 따라 기계적·반복적으로 이루어진 단순한 업무에 불과한 점 등에 비추어, 원고가 제공한 이 사건 용역의 중요하고 본질적인 부분이 국외에서 이루어진 것으로 보아 영세율을 적용하여야 한다는 이유로, 이와 달리 이 사건 용역의 공급장소가 국내라는 전제에서 피고가 2010. 12. 1. 원고에게 2010년 제1기분 부가가치세를 부과한 이 사건 처분은 위법하다고 판단하였다.

이러한 원심의 판단은 앞서 본 규정과 법리에 따른 것으로서, 거기에 하나의 용역거래에서 수개의 역무가 제공되는 경우 공급장소의 판단 방법 등에 관한 법리를 오해한 위법이 없다.

3. 상고이유 제4점에 대하여

원심은, 이 사건 용역이 국외에서 제공한 용역에 해당하여 영세율 적용대상이라는 이유로 이 사건 처분이 위법하다고 판단하였을 뿐, 구 부가가치세법 제11조 제1항 제4호에서 정한 '외화를 획득하는 용역'에 해당하여 영세율 적용대상인지에 관하여는 아무런 판단을 한 바 없으므로, 원심의 판단에 구 부가가치세법 제11조 제1항 제4호의 해석에 관한 법리오해의 위법이 있다는 상고이유의 주장은 나아가 살펴볼 필요 없이 이유 없다.

4. 결론

그러므로 상고를 기각하고 상고비용은 패소자가 부담하도록 하여, 관여 대법관의 일치된 의견으로 주문과 같이 판결한다.

▶ 대법관 김용덕(재판장) 박보영 김신(주심) 권순일

77 정육식당에서의 음식물 제공용역

부가가치세부과처분취소 [대법원, 2012두28636, 2015. 1. 29.]

【판시사항】

甲 영농조합법인이 건물 1층에서는 쇠고기와 부산물들을 판매하는 정육매장을, 2층에서는 고객들이 구입하여 온 쇠고기를 조리하여 먹을 수 있는 접객시설을 갖춘 식당을 운영하면서 부가가치세를 신고·납부하였는데, 과세관청이 1층 정육매장에서 이루어진 쇠고기 매출 중 일부 고객들이 2층 식당에서 소비한 부분의 매출을 음식점 용역의 공급으로 인한 매출로 보아 부가가치세 부과처분을 한 사안에서, 고객들이 1층 정육매장에서 쇠고기를 구입하고 계산함으로써 1층 정육매장에서의 재화 공급행위는 종료되었을 뿐만 아니라 甲 법인이 2층 식당에서 고객들에게 쇠고기 자체를 조리하여 제공하지도 않았으므로, 비록 고객들이 그의 선택으로 1

층 정육매장에서 쇠고기를 구입한 즉시 2층 식당으로 가서 별도로 구입한 음식부재료와 함께 이를 조리하여 먹었다거나 甲 법인이 단일한 사업자로서 1층 정육매장과 2층 식당을 함께 운영하였다는 등의 사정만으로는, 甲 법인이 고객들에게 음식점 용역을 제공한 것으로 볼 수 없다는 이유로 위 처분이 위법하다고 한 사례

【참조조문】

구 부가가치세법(2010. 1. 1. 법률 제9915호로 개정되기 전의 것) 제1조 제1항 제1호(현행 제4조 참조), 제3항(현행 제9조 제1항, 제11조 제1항 참조), 제5항(현행 제9조 제2항 참조, 제11조 제2항 참조), 제12조 제1항 제1호(현행 제26조 제1항 참조), 구 부가가치세법 시행령(2010. 12. 30. 대통령령 제22578호로 개정되기 전의 것) 제2조 제1항 제2호(현행 제3조 제1항 제2호 참조), 제3항(현행 제3조 제2항 참조), 제28조 제1항(현행 제34조 제1항 참조), 제4항(현행 제34조 제1항 참조), 구 부가가치세법 시행규칙(2012. 2. 28. 기획재정부령 제269호로 개정되기 전의 것) 제10조 제1항

[별표 1](현행 제24조 제1항 참조), 국세기본법 제14조 제2항

【전문】

【원고, 피상고인】

영월한우영농조합법인(소송대리인 법무법인(유한) 화우 외 1인

【피고, 상고인】

영월세무서장(소송대리인 법무법인 어울림 담당변호사 안혜림)

【원심판결】

서울고법 2012. 11. 28. 선고 (춘천)2012누541 판결

【주 문】

【주 문】

상고를 기각한다. 상고비용은 피고가 부담한다.

【이 유】

상고이유(상고이유서 제출기간이 경과한 후 제출된 상고이유보충서의 기재는 상고이유를 보충하는 범위 내에서)를 판단한다.

1. 가. 구 부가가치세법(2010. 1. 1. 법률 제9915호로 개정되기 전의 것, 이하 '부가가치세법'이라고 한다) 제1조 제1항 제1호, 제3항, 제5항, 구 부가가치세법 시행령(2010. 12. 30. 대통령령 제22578호로 개정되기 전의 것. 이하 '부가가치세법 시행령'이라고 한다) 제2조 제1항은 부가가치세의 과세대상인 용역을 '다음 각 호의 사업에 해당하는 모든 역무 및 그 밖의 행위'로 규정하면서, 제2호에서 '음식점업'을 들고 있다. 그리고 부가가치세법 시행령 제2조 제3항은 "제1항

의 사업구분은 이 영에 특별한 규정이 있는 경우를 제외하고는 통계청장이 고시하는 당해 과세기간 개시일 현재의 한국표준산업분류에 의하되, 제1항에 규정하는 사업과 유사한 사업은 한국표준산업분류에 불구하고 동항의 사업에 포함되는 것으로 본다."고 규정하고 있는데, 한국표준산업분류는 대분류항목인 음식점업을 "구내에서 직접 소비할 수 있도록 접객시설을 갖추고 조리된 음식을 제공하는 식당, 음식점, 간이식당, 카페, 다과점, 주점 및 음료점업 등을 운영하는 활동과 독립적인 식당차를 운영하는 산업활동을 말한다."고 정의하고 있다.

한편 부가가치세법 제12조 제1항 제1호는 부가가치세가 면제되는 재화의 하나로 '가공되지 아니한 식료품(식용에 공하는 농산물·축산물·수산물과 임산물을 포함한다) 및 우리나라에서 생산된 식용에 공하지 아니하는 농산물·축산물·수산물과 임산물로서 대통령령이 정하는 것'을 규정하고, 부가가치세법 시행령 제28조 제1항은 "법 제12조 제1항 제1호에 규정하는 가공되지 아니한 식료품(이하 이 조에서 '미가공식료품'이라고 한다)은 다음 각 호에 규정하는 것으로서 가공되지 아니하거나 탈곡·정미·정맥·제분·정육·건조·냉동·염장·포장 기타 원생산물의 본래의 성질이 변하지 아니하는 정도의 1차 가공을 거쳐 식용에 공하는 것으로 한다."고 하면서, 제7호에서 '수육류'를 규정하고 있으며, 제28조 제4항의 위임에 의하여 미가공식료품의 범위를 규정한 구 부가가치세법 시행규칙(2012. 2. 28. 기획재정부령 제269호로 개정되기 전의 것) 제10조 제1항의 별표 1 미가공식료품분류표는 '쇠고기'를 수육류의 하나로 들고 있다.

나. 국세기본법 제14조 제2항은 "세법 중 과세표준의 계산에 관한 규정은 소득, 수익, 재산, 행위 또는 거래의 명칭이나 형식에 관계없이 그 실질 내용에 따라 적용한다."고 규정하고 있다. 그러나 납세의무자가 경제활동을 함에 있어서는 동일한 경제적 목적을 달성하기 위하여서도 여러 가지의 법률관계 중 하나를 선택할 수 있으므로 그것이 과중한 세금의 부담을 회피하기 위한 행위라고 하더라도 가장행위에 해당한다고 볼 특별한 사정이 없는 이상 유효하다고 보아야 한다(대법원 2011. 5. 13. 선고 2010두3916 판결 등 참조).

2. 원심은 그 채택 증거를 종합하여, 원고는 2009. 4.경부터 2011. 6.경까지 강원 영월읍(주소 생략)에 있는 건물(이하 '이 사건 건물'이라고 한다) 중 1층에서는 쇠고기와 부산물들을 판매하는 정육매장을, 2층에서는 고객들이 구입하여 온 쇠고기를 조리하여 먹을 수 있는 접객시설을 갖춘 식당을 운영한 사실, 원고가 운영하는 1층 정육매장과 2층 식당은 출입문이 별도로 구분되어 있고, 각 층마다 별도의 계산대를 설치하여 계산이 이루어지고 있으며, 2층 식당의 메뉴는 기본 상차림, 양념, 된장찌개, 공기밥, 냉면류, 주류 및 음료 등으로서 쇠고기를 제외한 음식부재료 등으로만 이루어져 있는 사실, 피고는 원고의 1층 정육매장에서 이루어진 쇠고기 매출 중 일부 고객들이 2층 식당에서 소비한 부분의 매출을 음식점 용역의 공급으로 인한 매출로 보아 2010. 7. 1. 원고에게 2009년 제1기 및 제2기 각 부가가치세를 부과하는 이 사건 처분을 한 사실 등을 인정하였다.

나아가 원심은 세금부과처분 취소소송에서 과세요건사실에 관한 증명책임이 과세권자에게 있다고 전제한 다음, 위와 같은 사실관계에 터잡아 1층 정육매장 및 2층 식당의 영업형태나 방식, 매출액 비중, 규모, 주변 식당과의 시세차이 등에 관하여 아무런 입증이 없는 이 사건에서, 고객들이 1층 정육매장에서 쇠고기를 구입하고 계산함으로써 1층 정육매장에서의 재화 공급행위는 종료되었을 뿐만 아니라 원고가 2층 식당에서 고객들에게 쇠고기 자체를 조리하여 제공하지도 않았으므로, 비록 고객들이 그의 선택으로 1층 정육매장에서 쇠고기를 구입한 즉시 2층 식당으로 가서 별도로 구입한 음식부재료와 함께 이를 조리하여 먹었다거나 원고가 단일한 사업자로서 1층 정육매장과 2층 식당을 함께 운영하였다는 등의 사정만으로는, 원고가 고객들에게 음식점 용역을 제공한 것으로 볼 수 없다는 이유로 이 사건 처분이 위법하다고 판단하였다.

앞서 본 관련 규정과 법리에 비추어 기록을 살펴보면, 원심의 이러한 판단은 정당하고, 거기에 상고이유의 주장과 같이 국세기본법 제14조 제2항이 규정한 실질과세의 원칙 등에 관한 법리를 오해하는 등의 잘못이 없다.

3. 결론

그러므로 상고를 기각하고 상고비용은 패소자가 부담하도록 하여, 관여 대법관의 일치된 의견으로 주문과 같이 판결한다.

▶ 대법관 박보영(재판장) 민일영 김신 권순일(주심)

78 면세 교육용역을 제공하는 비영리단체의 범위

부가가치세부과처분등취소 [대법원, 2016두57472, 2017. 4. 13.]

【판시사항】

[1] 부가가치세 면세대상인 교육용역의 범위에 관하여 구 부가가치세법 시행령 제30조에서 정한 '그 밖의 비영리단체'의 의미

[2] 학교나 학원 등에 대한 구체적 시설 및 설비의 기준을 정한 법률이 아닌 다른 법령에 따라 설립된 비영리단체가 평생교육을 주된 목적으로 하여 설치된 평생교육기관으로서 주무관청에 의하여 지도·감독이 이루어지는 경우, 구 부가가치세법 제12조 제1항 제6호 및 구 부가가치세법 시행령 제30조에서 정한 '그 밖의 비영리단체'에 포함되는지 여부(적극)

[3] 구 박물관 및 미술관 진흥법에 따라 제2종 박물관으로 등록된 유리공예품·조형물 등을 전시하는 사립박물관에서 유리만들기 체험학습 프로그램을 운영하여 박물관 입장료와 별도로 체험학습 신청자들로부터 체험학습비를 받았는데, 관할 세무서장이 위 박물관에서의 체험학습이 부가가치세 과세대상에 해당한다고 보아 부가가치세를 결정·고지한 사안에서, 위 박물관에서 제공하는 유리만들기 체험학습은 부가가치세가 면제되는 교육용역에 해당한다고 한 사례

【판결요지】

[1] 구 부가가치세법(2013. 6. 7. 법률 제11873호로 전부 개정되기 전의 것) 제12조 제1항 제6호 및 구 부가가치세법 시행령(2013. 2. 15. 대통령령 제24359호로 개정되기 전의 것) 제30조에 의하면 '주무관청의 허가 또는 인가를 받거나 주무관청에 등록 또는 신고된 학교·학원·강습소·훈련원·교습소 또는 그 밖의 비영리단체나 청소년활동 진흥법에 따른 청소년수련시설에서 학생 등에게 지식·기술 등을 가르치는 교육용역'의 공급에 대하여는 부가가치세가 면제된다. 이와 같이 면세대상 교육용역의 요건으로 '주무관청의 허가나 인가 등'을 요구하고 있는 이유는 주무관청이 해당 학교나 학원 등의 교육기관을 지도·감독하겠다는 것이며, 위 시행령 제30조가 '그 밖의 비영리단체'를 학원·강습소·훈련원·교습소와 병렬적으로 나열하고 있는 점 등을 종합하면, 위 시행령 제30조에서 정한 '그 밖의 비영리단체'는 주무관청의 허가나 인가 등을 받아 설립된 모든 비영리단체를 의미하는 것은 아니며 원칙적으로 초·중등교육법, 고등교육법, 영유아보육법, 유아교육법, 학원의 설립·운영 및 과외교습에 관한 법률, 체육시설의 설치·이용에 관한 법률, 평생교육법 등과 같이 학교나 학원 등에 대한 구체적 시설 및 설비의 기준을 정한 법률에 따른 허가나 인가 등을 받아 설립된 비영리단체를 의미한다.

[2] 평생교육법 제2조 제2호는 '평생교육법에 따라 인가·등록·신고된 시설·법인 또는 단체' [(가)목]뿐만 아니라 '그 밖에 다른 법령에 따라 평생교육을 주된 목적으로 하는 시설·법인 또는 단체'

[(다)목]를 평생교육기관으로 정하고 있고, 평생교육은 '학교의 정규교육과정을 제외한 학력보완교육, 성인 문자해득교육, 직업능력 향상교육, 인문교양교육, 문화예술교육, 시민참여교육 등을 포함하는 모든 형태의 조직적인 교육활동'을 말하므로, 학교나 학원 등에 대한 구체적 시설 및 설비의 기준을 정한 법률이 아닌 다른 법령에 따라 설립된 비영리단체라 하더라도 위와 같은 평생교육을 주된 목적으로 하여 설치된 평생교육기관으로서 주무관청에 의하여 지도·감독이 이루어지는 경우에는 평생교육법에 따라 인가 등을 받아 설립되어 평생교육프로그램을 실시하는 평생교육기관인 단체 등과 차이가 없어, 구 부가가치세법(2013. 6. 7. 법률 제11873호로 전부 개정되기 전의 것) 제12조 제1항 제6호 및 구 부가가치세법 시행령(2013. 2. 15. 대통령령 제24359호로 개정되기 전의 것) 제30조에서 정한 '그 밖의 비영리단체'에 포함된다.

[3] 구 박물관 및 미술관 진흥법(2016. 5. 29. 법률 제14204호로 개정되기 전의 것, 이하 '구 박물관미술관법'이라 한다) 제16조 제1항에 따라 제2종 박물관으로 등록된 유리공예품·조형물 등을 전시하는 사립박물관에서 유리만들기 체험학습 프로그램을 운영하여 박물관 입장료와 별도로 체험학습 신청자들로부터 체험학습비를 받았는데, 관할 세무서장이 위 박물관에서의 체험학습이 부가가치세 과세대상에 해당한다고 보아 부가가치세를 결정·고지한 사안에서, 구 박물관미술관법에 따라 박물관자료 및 시설 등을 갖추어 등록한 사립박물관인 위 박물관은 수집·관리·보존·조사·연구·전시하는 박물관자료에 관하여 실시하는 문화예술교육 및

시민참여교육 등의 교육활동과 관련하여 평생교육법 제2조 제2호 (다)목에서 정한 평생교육기관에 해당하는 점 등에 비추어, 위 박물관은 평생교육법에 따른 평생교육기관으로서 구 부가가치세법(2013. 6. 7. 법률 제11873호로 전부 개정되기 전의 것) 제12조 제1항 제6호 및 구 부가가치세법 시행령(2013. 2. 15. 대통령령 제24359호로 개정되기 전의 것) 제30조에서 정한 '그 밖의 비영리단체'에 해당하며, 유리공예품·조형물 등을 전시하는 위 박물관에서 제공하는 유리만들기 체험학습은 박물관자료에 관한 지식·기술 등을 가르치는 문화예술교육 내지 시민참여교육으로서 부가가치세가 면제되는 교육용역에 해당한다고 한 사례.

【참조조문】

[1] 구 부가가치세법(2013. 6. 7. 법률 제11873호로 전부 개정되기 전의 것) 제12조 제1항 제6호(현행 제26조 제1항 제6호 참조), 구 부가가치세법 시행령(2013. 2. 15. 대통령령 제24359호로 개정되기 전의 것) 제30조(현행 제36조 참조)

[2] 구 부가가치세법(2013. 6. 7. 법률 제11873호로 전부 개정되기 전의 것) 제12조 제1항 제6호(현행 제26조 제1항 제6호 참조), 구 부가가치세법 시행령(2013. 2. 15. 대통령령 제24359호로 개정되기 전의 것) 제30조(현행 제36조 참조), 평생교육법 제2조 제1호, 제2호 (가)목, (다)목

[3] 구 박물관 및 미술관 진흥법(2016. 5. 29. 법률 제14204호로 개정되기 전의 것) 제2조 제1호, 제4조 제1항 제2호, 제16조 제1항, 구 부가가치세법(2013. 6. 7. 법률 제11873호로 전부 개정되기 전의 것) 제12조 제1항 제6호(현행 제26조 제1항 제6호 참조), 구 부가가치세법 시행령(2013. 2. 15. 대통령령 제24359호로 개정되기 전의 것) 제30조(현행 제36조 참조), 평생교육법 제2조 제2호 (다)목

【참조판례】

[1] 대법원 2008. 6. 12. 선고 2007두23255 판결(공2008하, 986)

【전문】

【원고, 상고인】

【원고, 상고인】

【피고, 피상고인】
제주세무서장

【원심판결】
광주고법 2016. 10. 19. 선고 (제주)2016누1075 판결

【주 문】

【주 문】

원심판결 중 2012년 제1기 및 제2기 부가가치세 부과처분에 관한 부분을 파기하고, 이 부분 사건을 광주고등법원에 환송한다. 나머지 상고를 기각한다.

【이 유】

상고이유를 판단한다.

1. 2012년 제1기 및 제2기 부가가치세 부과처분 부분에 대하여

가. 구 부가가치세법(2013. 6. 7. 법률 제11873호로 전부 개정되기 전의 것) 제12조 제1항 제6호 및 구 부가가치세법 시행령(2013. 2. 15. 대통령령 제24359호로 개정되기 전의 것) 제30조(이하 위 각 조항을 통틀어 '이 사건 면세조항'이라 한다)에 의하면 '주무관청의 허가 또는 인가를 받거나 주무관청에 등록 또는 신고된 학교·학원·강습소·훈련원·교습소 또는 그 밖의 비영리단체나 청소년활동 진흥법에 따른 청소년수련시설에서 학생 등에게 지식·기술 등을 가르치는 교육용역'의 공급에 대하여는 부가가치세가 면제된다.

이와 같이 면세대상 교육용역의 요건으로 '주무관청의 허가나 인가 등'을 요구하고 있는 이유는 주무관청이 해당 학교나 학원 등의 교육기관을 지도·감독하겠다는 것이며, 위 시행령 제30조가 '그 밖의 비영리단체'를 학원·강습소·훈련원·교습소와 병렬적으로 나열하고 있는 점 등을 종합하면, 위 시행령 제30조에서 정한 '그 밖의 비영리단체'는 주무관청의 허가나 인가 등을 받아 설립된 모든 비영리단체를 의미하는 것은 아니며 원칙적으로 초·중등교육법, 고등교육법, 영유아보육법, 유아교육법, 학원의 설립·운영 및 과외교습에 관한 법률, 체육시설의 설치·이용에 관한 법률, 평생교육법 등과 같이 학교나 학원 등에 대한 구체적 시설 및 설비의 기준을 정한 법률(이하 '교육시설관련법'이라 한다)에 따른 허가나 인가 등을 받아 설립된 비영리단체를 의미한다(대법원 2008. 6. 12. 선고 2007두23255 판결 참조). 그런데 평생교육법 제2조 제2호는 '평생교육법에 따라 인가·등록·신고된 시설·법인 또는 단체'[(가)목]뿐만 아니라 '그 밖에 다른 법령에 따라 평생교육을 주된 목적으로 하는 시설·법인 또는 단체'[(다)목]를 평생교육기관으로 정하고 있고, 평생교육은 '학교의 정규교육과정을 제외한 학력보완교육, 성인 문자해득교육, 직업능력 향상교육, 인문교양교육, 문화예술교육, 시민참여교육 등을 포함하는 모든 형태의 조직적인 교육활동'을 말하므로, 교육시설관련법이 아닌 다른 법령에 따라 설립된 비영리단체라 하더라도 위와 같은 평생교육을 주된 목적으로 하여 설치된 평생교육기관으로서 그 주무관청에 의하여 지도·감독이 이루어지는 경우에는 평생교육법에 따라 인가 등을 받아 설립되어 평생교육프로그램을 실시하는 평생교육기관인 단체 등과 차이가 없어, 이 사건 면세조항에서 정한 '그 밖의 비영리단체'에 포함된다고 해석함이 타당하다.

나. 원심이 인용한 제1심판결 이유 및 적법하게 채택된 증거들에 의하면, 다음과 같은 사실들을 알 수 있다.

(1) 원고는 2008. 3. 1. 유리공예품·조형물 등을 전시하는 사립박물관인 'ㅇㅇㅇㅇ박물관'(이하 '이 사건 박물관'이라 한다)을 설립하고 2010. 11. 2. 구 박물관 및 미술관 진흥법(2016. 5.

29. 법률 제14204호로 개정되기 전의 것, 이하 '구 박물관미술관법'이라 한다) 제16조 제1항에 따라 제주특별자치도지사에게 제2종 박물관으로 등록하였다.

(2) 이 사건 박물관에서는 유리만들기 체험학습 프로그램을 운영하여 박물관 입장료와 별도로 체험학습 신청자들로부터 체험학습비를 받았는데, 원고는 이를 부가가치세 면세수입금액으로 신고하였다.

(3) 피고는 이 사건 박물관에서의 체험학습이 부가가치세 과세대상에 해당한다고 보아, 2014. 12. 8. 원고에게 2012년 1기분 및 2기분 부가가치세를 결정·고지하였다(이하 '이 사건 부과처분'이라 한다).

다. 구 박물관미술관법 제2조 제1호에 의하면 박물관이란 '문화·예술·학문의 발전과 일반 공중의 문화향유 증진에 이바지하기 위하여 역사·고고(考古)·인류·민속·예술·동물·식물·광물·과학·기술·산업 등에 관한 자료를 수집·관리·보존·조사·연구·전시·교육하는 시설'을 말하며, 구 박물관미술관법 제4조 제1항 제2호는 박물관의 사업으로 박물관자료에 관한 교육을 규정하고 있다. 따라서 박물관미술관법에 따라 박물관자료 및 시설 등을 갖추어 등록한 사립박물관인 이 사건 박물관은 그 수집·관리·보존·조사·연구·전시하는 박물관자료에 관하여 실시하는 문화예술교육 및 시민참여교육 등의 교육활동과 관련하여 평생교육법 제2조 제2호 (다)목에서 정한 평생교육기관에 해당한다.

그리고 이 사건 박물관은 그 시설과 관리·운영에 관하여 구 박물관미술관법을 준수하여야 하고 구 박물관미술관법이나 설립 목적을 위반하면 구 박물관미술관법 제28조 제1항에 따라 문화체육관광부장관 또는 제주특별자치도지사로부터 시정을 요구받는 등 제주특별자치도지사 등에 의한 지도·감독을 받는다.

라. 이 사건 박물관에 관한 위와 같은 사실관계 및 사정과 관련 법률 규정들을 앞에서 본 법리에 비추어 살펴보면, 이 사건 박물관은 평생교육법에 따른 평생교육기관으로서 이 사건 면세조항에서 정한 '그 밖의 비영리단체'에 해당하며, 유리공예품·조형물 등을 전시하는 이 사건 박물관에서 제공하는 유리만들기 체험학습은 박물관자료에 관한 지식·기술 등을 가르치는 문화예술교육 내지 시민참여교육으로서 부가가치세가 면제되는 교육용역으로 봄이 타당하다. 그럼에도 이와 달리 원심은, 원고가 이 사건 박물관에 대하여 박물관미술관법에 따라 등록절차를 마쳤더라도 교육시설관련법에 따라 등록을 하여 설립한 것으로 볼 수 없다는 이유만을 들어, 이 사건 박물관에서 제공한 체험학습이 이 사건 면세조항에 의하여 부가가치세가 면제되는 교육용역에 해당하지 아니한다고 판단하였다.

따라서 이러한 원심의 판단에는 부가가치세 면세대상인 교육용역의 범위에 관한 법리를 오해하여 판결에 영향을 미친 위법이 있다. 이를 지적하는 상고이유 주장은 이유 있다.

2. 나머지 부분에 대하여

원고는 원심판결 중 2011년 제1기, 2013년 제1기 및 제2기, 2014년 제1기 부가가치세의 수정신고 권고행위에 대한 취소청구의 소를 각하한 제1심판결을 그대로 유지한 부분에 관하여도 상고하였으나, 상고장 및 상고이유서에 이에 관한 구체적인 상고이유를 적지 아니하였다.

3. 결론

그러므로 원심판결 중 2012년 제1기 및 제2기 부가가치세 부과처분에 관한 부분을 파기하고, 이 부분 사건을 다시 심리·판단하게 하기 위하여 원심법원에 환송하기로 하며, 나머지 상고를 기각하기로 하여, 관여 대법관의 일치된 의견으로 주문과 같이 판결한다.

▶ 대법관 김소영(재판장) 김용덕(주심) 김신 이기택

CHAPTER 05 과세표준

제1절 일반적인 거래에 대한 과세표준의 계산

제2절 과세표준계산의 특례

79 단말기 보조금의 매출에누리 여부

부가가치세경정거부처분취소 [대법원, 2013두19615, 2015. 12. 23.]

【판시사항】

[1] 구 부가가치세법 제13조 제2항 제1호에서 정한 에누리액은 공급자가 재화나 용역의 공급 시 공급가액을 전부 받은 후 그중 일정액을 반환하거나 이와 유사한 방법에 의하여 발생할 수 있는지 여부(적극)

[2] 이동통신사업자인 甲 주식회사가 대리점 사업자에게 단말기를 판매하면서 출고가격 전액을 공급가액으로 하여 부가가치세를 신고·납부하였다가, 단말기 구입 보조금이 구 부가가치세법 제13조 제2항 제1호의 에누리액에 해당한다고 주장하면서 부가가치세 감액 및 환급을 구하는 경정청구를 하였으나 과세관청이 거부한 사안에서, 보조금 상당액은 단말기의 공급과 관련된 에누리액에 해당한다고 한 사례

【판결요지】

[1] 재화나 용역의 공급과 관련하여 품질·수량이나 인도·공급대가의 결제 등의 공급조건이 원인이 되어 통상의 공급가액에서 직접 공제·차감되는 에누리액은, 발생시기가 재화나 용역의 공급시기 전으로 한정되지 아니하고 공제·차감의 방법에도 특별한 제한이 없다. 따라서 공급자가 재화나 용역의 공급 시 통상의 공급가액에서 일정액을 공제·차감한 나머지 가액만을 받는 방법뿐만 아니라, 공급가액을 전부 받은 후 그중 일정액을 반환하거나 또는 이와 유사한 방법에 의하여 발생할 수 있다.

[2] 이동통신사업자인 甲 주식회사가 이동통신용역과 관련된 업무를 대행하는 대리점 사업자(이하 '대리점'이라 한다)에게 이동통신 단말장치(이하 '단말기'라 한다)를 판매하면서 출고가격 전액을 공급가액으로 하여 부가가치세를 신고·납부하였다가, 일정한 기간 동안 이동통신용역을 이용하기로 약정한 이동통신용역의 가입자(이하 '가입자'라 한다)에게 지원한 단말기 구입 보조금이 구 부가가치세법(2013. 6. 7. 법률 제11873호로 전부 개정되기 전의 것) 제13

조 제2항 제1호의 에누리액에 해당한다고 주장하면서 부가가치세 감액 및 환급을 구하는 경정청구를 하였으니 과세관청이 기부한 사안에서, 甲 회사와 대리점 사이에 대리점이 보조금 지원 요건을 갖춘 가입자에게 보조금 상당액만큼 할인 판매하는 것을 조건으로 단말기의 공급가액에서 보조금 상당액을 감액하여 결제하기로 하는 약정이 있었고, 보조금 상당액은 甲 회사의 대리점에 대한 단말기 공급가액에서 직접 공제되는 가액으로서 단말기의 공급과 관련된 에누리액에 해당한다고 한 사례.

【참조조문】

[1] 구 부가가치세법(2013. 6. 7. 법률 제11873호로 전부 개정되기 전의 것) 제13조 제2항 제1호(현행 제29조 제5항 제1호 참조), 구 부가가치세법 시행령(2013. 6. 28. 대통령령 제24638호로 전부 개정되기 전의 것) 제48조 제1항(현행 삭제), 제52조 제2항(현행 삭제)

[2] 구 부가가치세법(2013. 6. 7. 법률 제11873호로 전부 개정되기 전의 것) 제13조 제2항 제1호(현행 제29조 제5항 제1호 참조), 구 부가가치세법 시행령(2013. 6. 28. 대통령령 제24638호로 전부 개정되기 전의 것) 제52조 제2항(현행 삭제)

【참조판례】

[1] 대법원 2003. 4. 25. 선고 2001두6586, 6593, 6609, 6616, 6623, 6630, 6647, 6654, 6661 판결(공2003상, 1347)

【전문】

【원고, 상고인】
주식회사 케이티(소송대리인 법무법인(유한) 태평양 외 1인)

【피고, 피상고인】
송파세무서장 외 12인(소송대리인 변호사 김수형 외 5인)

【원심판결】
서울고법 2013. 9. 4. 선고 2012누31030 판결

【주 문】

【주 문】
원심판결을 파기하고, 사건을 서울고등법원에 환송한다.

【이 유】
상고이유(상고이유서 제출기간이 경과한 후에 제출된 상고이유보충서들의 기재는 상고이유를 보충하는 범위 내에서)를 판단한다.

1. 구 부가가치세법(2013. 6. 7. 법률 제11873호로 전부 개정되기 전의 것, 이하 같다) 제13조 제1항은 "재화 또는 용역의 공급에 대한 부가가치세의 과세표준은 다음 각 호의 가액을 합한 금

액(이하 '공급가액'이라 한다)으로 한다."고 규정하면서, 그 각 호에서 '금전으로 대가를 받는 경우, 그 대가'(제1호), '금전 외의 대가를 받는 경우, 자기가 공급한 재화 또는 용역의 시가'(제2호) 등을 들고 있다. 그리고 구 부가가치세법 시행령(2013. 6. 28. 대통령령 제24638호로 전부 개정되기 전의 것, 이하 같다) 제48조 제1항은 "구 부가가치세법 제13조 제1항에 규정하는 과세표준에는 거래상대자로부터 받은 대금·요금·수수료 기타 명목 여하에 불구하고 대가관계에 있는 모든 금전적 가치 있는 것을 포함한다."고 규정하고 있다.

한편 구 부가가치세법 제13조 제2항 각 호는 '과세표준에 포함하지 아니하는 금액'을 규정하고 있는데, 그중의 하나로 같은 항 제1호는 '에누리액'을 들고 있다. 그리고 구 부가가치세법 시행령 제52조 제2항은 "법 제13조 제2항 제1호에 규정하는 에누리액은 재화 또는 용역의 공급에 있어서 그 품질·수량 및 인도·공급대가의 결제 기타 공급조건에 따라 그 재화 또는 용역의 공급 당시의 통상의 공급가액에서 일정액을 직접 공제하는 금액으로 한다."고 규정하고 있다.

이와 같이 재화나 용역의 공급과 관련하여 그 품질·수량이나 인도·공급대가의 결제 등의 공급조건이 원인이 되어 통상의 공급가액에서 직접 공제·차감되는 에누리액은, 그 발생시기가 재화나 용역의 공급시기 전으로 한정되지 아니하고 그 공제·차감의 방법에도 특별한 제한이 없다(대법원 2003. 4. 25. 선고 2001두6586, 6593, 6609, 6616, 6623, 6630, 6647, 6654, 6661 판결 참조). 따라서 공급자가 재화나 용역의 공급 시 통상의 공급가액에서 일정액을 공제·차감한 나머지 가액만을 받는 방법뿐만 아니라, 공급가액을 전부 받은 후 그중 일정액을 반환하거나 또는 이와 유사한 방법에 의하여 발생할 수 있다.

그리고 당사자 사이에 계약을 둘러싸고 의사표시의 해석이 문제 되는 경우에는 그 의사표시의 내용, 그러한 의사표시가 이루어진 동기와 경위, 그 의사표시에 의하여 달성하려는 목적, 당사자의 진정한 의사 등을 종합적으로 고찰하여 논리와 경험칙에 따라 합리적으로 해석하여야 한다(대법원 2005. 5. 27. 선고 2004다60065 판결, 대법원 2007. 9. 20. 선고 2006다15816 판결 등 참조).

2. 원심판결 이유 및 원심이 적법하게 채택한 증거에 의하면, 아래와 같은 사실을 알 수 있다.

가. 원고는 이동통신용역의 가입자(이하 '가입자'라 한다)에게 이동통신용역을 제공하고 이동통신 단말장치(이하 '단말기'라 한다)를 판매하는 이동통신사업자로서, 이동통신용역과 관련된 업무를 대행하는 대리점 사업자(이하 '대리점'이라 한다)에게 단말기를 판매하면서 그 출고가격 전액을 공급가액으로 하여 부가가치세를 신고·납부하였다.

나. 그런데 2006. 3. 24. 법률 제7916호로 개정된 전기통신사업법 제36조의4 제1항에 의하여 이동통신용역의 이용기간이 연속하여 18개월 이상인 이용자에 대한 단말기의 할인 판매, 현금지급, 가입비의 보조 등의 방법에 의한 단말기 구입비용의 지원이 허용되자, 원고는 아래와 같은 방식에 의하여 일정한 기간 동안 이동통신용역을 이용하기로 약정한 가입자에게 단말기 구입 보조금(이하 '이 사건 보조금'이라 한다)을 지원하고, 이러한 가입자에게 공급된 단말기에 대해서는 대리점으로부터 그 단말기의 출고가격에서 이 사건 보조금을 제외한 나머지 금액만을 대금으로 받았다.

① 원고와 대리점은 원고가 대리점에 공급하는 단말기를 포함한 물품의 공급가격에 대하여 원고가 정한 출고가격을 기준으로 하되, 시장여건 등에 따라 공급가격을 상호 협의하여 변경할 수 있도록 약정하였다(위탁대리점계약서 제21조).

② 원고는 가입자가 일정 기간 이동통신용역을 이용하는 것을 조건으로 개통이력이 없는 새로운 단말기를 대상으로 하여 보조금을 지원하되(이동전화서비스 이용약관 제34조, 제35조), 그 보조금은 약관보조금 지급표, 쇼킹스폰서 신청서 등을 통하여 단말기 가격을 할인하는 방식으로 제공하였다.

③ 이에 따라 원고가 제조사로부터 단말기를 납품받아 대리점에 출고가격으로 판매하지만, 대리점은 원고가 사전에 대리점에 공시한 보조금 지원 요건을 갖춘 가입자에 대하여는 위 매입 가격에서 보조금을 공제하여 감액된 가격으로 단말기를 판매하고 그 대금을 받았으며, 대리점이 그 가입자로부터 받는 대금액수만을 원고에게 지급하면 원고에 대한 위 매입 대금이 모두 결제된 것으로 처리되었다.

3. 이러한 사실관계를 앞에서 본 규정과 법리에 비추어 살펴보면, 다음과 같이 판단된다.

가. 원고는 보조금 지원 요건을 갖춘 가입자에게 보조금을 지원하되 그 보조금의 용도를 단말기의 대가를 결제하는 것으로 제한함으로써 실질적으로 가입자에게 대리점으로부터 보조금 상당액을 할인받을 수 있는 권리를 부여하였고, 가입자도 보조금 상당액을 감액한 나머지 가액을 대리점에 지급하고 단말기를 공급받았으며, 대리점 역시 그 보조금 상당액만큼 감액된 대금을 원고에게 지급하여 원고에 대한 단말기 매입 대금을 모두 결제하였으므로, 원고와 대리점 사이에 대리점이 보조금 지원 요건을 갖춘 가입자에게 보조금 상당액만큼 할인 판매하는 것을 조건으로 하여 단말기의 공급가액에서 보조금 상당액을 감액하여 결제하기로 하는 약정이 있었다고 볼 수 있고, 결국 그 보조금 상당액은 원고의 대리점에 대한 단말기 공급가액에서 직접 공제되는 가액에 해당한다고 볼 수 있다.

나. 그리고 이 사건 보조금이 이동통신용역의 공급거래에서 수익을 얻기 위한 목적에서 지원되었더라도, 이동통신용역을 일정한 기간 동안 공급받을 것을 조건으로 하여 단말기의 공급가액에서 직접 공제된 이상, 특별한 사정이 없는 한 단말기의 공급과 관련된 에누리액에 해당한다고 할 것이다.

다. 또한 이 사건 보조금이 공제된 금액에 의한 단말기 대금의 결제는 원고의 대리점에 대한 단말기 공급 시부터 예정되어 있었던 사정에 비추어 보면, 비록 원고가 이 사건 보조금을 판매장려금 등으로 계상하고 단말기의 공급가액의 감소에 따른 수정세금계산서를 발급하지 않았으며 마치 대리점이 가입자로부터 보조금채권을 승계취득하여 원고의 대리점에 대한 단말기 대금채권과 상계하는 형식으로 정산을 하였더라도, 이러한 회계 및 세무처리는 이 사건 보조금을 에누리액으로 보지 않던 당시 과세행정을 고려한 부득이한 조치로 볼 수 있으며, 그로 인하여 이 사건 보조금의 성격이 달라진다고 하기도 어렵다.

4. 그럼에도 이와 달리 원심은, 원고와 대리점 사이에 보조금 지원 요건을 갖춘 가입자에게 단말기를 보조금 액수만큼 할인 판매하기로 하는 약정이 있다고 보기 어렵다고 잘못 인정하고, 그 전제에서 이 사건 보조금이 원고와 가입자 사이의 이동통신용역 공급거래와 관련되어 있다거나 이 사건 대리점이 가입자로부터 승계한 보조금채권과 원고의 대리점에 대한 단말기 대금채권을 상계하는 형식으로 정산된 것으로 보인다는 등과 같이 위 인정 사정들과 어긋나는 판시와 같은 이유로, 이 사건 보조금이 원고의 단말기 공급가액에 대한 에누리액에 해당하지 아니한다고 단정하여 그 공급가액에 포함된다고 판단하고 말았다.

따라서 원심의 판단에는 부가가치세법에서 정한 에누리액의 요건과 판단기준 및 의사표시의 해석에 관한 법리 등을 오해하여 판결에 영향을 미친 잘못이 있다. 이를 지적하는 상고이유 주장은 이유 있다.

5. 그러므로 원심판결을 파기하고, 사건을 다시 심리·판단하게 하기 위하여 원심법원에 환송하기로 하여 관여 대법관의 일치된 의견으로 주문과 같이 판결한다.

▶ 대법관 김신(재판장) 김용덕(주심) 박보영 권순일

80 판매수수료의 매출에누리 여부

부가가치세부과처분취소 [대법원, 2014두144, 2016. 6. 23.]

【판시사항】

[1] 공급자가 공급과 관련하여 재화나 용역을 공급받는 자가 아닌 제3자에게서 금전 또는 금전적 가치가 있는 것을 받는 경우, 금전 등이 부가가치세 과세표준에 포함되기 위한 요건(=해당 공급과 대가관계에 있을 것) / 제3자가 지급하는 금전 등이 해당 공급과 대가관계에 있는지 판단하는 기준

[2] 甲 주식회사가 홈쇼핑업체와 위탁판매계약을 체결하고 컴퓨터 등을 판매하였고, 홈쇼핑업체가 甲 회사와의 약정에 따라 할인쿠폰 등을 발행하여 할인된 가격으로 상품구매자에게 상품을 판매하고 甲 회사에게서도 상품할인액만큼 차감된 판매수수료만 지급받았는데, 甲 회사가 할인액을 부가가치세 과세표준에 포함되지 아니하는 에누리액으로 보아 이를 제외한 나머지 매출액만을 부가가치세 과세표준으로 신고하자, 과세관청이 이에 대하여 부가가치세 부과처분을 한 사안에서, 할인액이 구 부가가치세법상 에누리액에 해당하므로 과세처분이 위법하다고 한 사례

【판결요지】

[1] 구 부가가치세법(2010. 1. 1. 법률 제9915호로 개정되기 전의 것) 제13조 제1항, 구 부가

가치세법 시행령(2013. 6. 28. 대통령령 제24638호로 전부 개정되기 전의 것) 제48조 제1항, 제52조 제2항의 각 문언과 내용 및 취지를 살펴보면, 공급자가 어떠한 공급과 관련하여 재화나 용역을 공급받는 자가 아닌 제3자에게서 금전 또는 금전적 가치가 있는 것을 받는 경우에 그것이 공급과 대가관계에 있는 때에는 부가가치세의 과세표준에 포함될 수 있으나, 그것이 해당 공급과 구별되는, 제3자와 공급자 사이의 다른 공급과 관련되어 있을 뿐 해당 공급과 대가관계에 있다고 볼 수 없는 경우에는 해당 공급에 관한 부가가치세의 과세표준에 포함되지 아니한다. 나아가 제3자가 지급하는 금전 또는 금전적 가치가 있는 것이 해당 공급과 대가관계에 있는지는 지급의 명목과 근거, 이와 관련하여 공급자와 제3자가 추구하는 목적과 동기, 공급자와 제3자 사이의 별도의 계약관계 등 법률관계의 존부 및 문제 된 금전 등의 지급이 그러한 법률관계에 따른 이행으로 평가될 수 있는지 등을 비롯한 여러 사정을 종합하여 해당 공급과 직접적 관련성이 인정될 수 있는지에 따라 판단하여야 한다.

[2] 甲 주식회사가 홈쇼핑업체와 위탁판매계약을 체결하고 컴퓨터 등을 판매하였고, 홈쇼핑업체가 甲 회사와의 약정에 따라 할인쿠폰 등을 발행하여 할인된 가격으로 상품구매자에게 상품을 판매하고 甲 회사에게서도 상품할인액만큼 차감된 판매수수료만 지급받았는데, 甲 회사가 할인액을 부가가치세 과세표준에 포함되지 아니하는 에누리액으로 보아 이를 제외한 나머지 매출액만을 부가가치세 과세표준으로 신고하자, 과세관청이 이에 대하여 부가가치세 부과처분을 한 사안에서, 甲 회사와 홈쇼핑업체 사이의 계약관계는 명시적인 위탁매매관계로서, 수탁자인 홈쇼핑업체는 상품구매자에게서 판매대금을 교부받아 위탁자인 甲 회사에 지급하여야 하고 甲 회사는 홈쇼핑업체에 상품판매대금에 관한 소정의 판매수수료를 지급하여야 하는 점 등을 종합하면, 할인액은 상품의 공급조건에 따라 재화의 공급대가인 통상의 상품가격에서 직접 공제되는 것으로서 구 부가가치세법(2010. 1. 1. 법률 제9915호로 개정되기 전의 것)상 에누리액에 해당한다는 이유로, 이와 달리 할인액의 실질이 홈쇼핑업체가 상품구매자를 대신하여 甲 회사에 지급한 상품판매대금이라고 보아 이를 부가가치세 과세표준에 포함시킨 과세처분이 위법하다고 본 원심판단에 잘못이 없다고 한 사례.

【참조조문】

[1] 구 부가가치세법(2010. 1. 1. 법률 제9915호로 개정되기 전의 것) 제13조 제1항 제1호(현행 제29조 제3항 제1호 참조), 제2호(현행 제29조 제3항 제2호 참조), 제2항 제1호(현행 제29조 제5항 제1호 참조), 구 부가가치세법 시행령(2013. 6. 28. 대통령령 제24638호로 전부 개정되기 전의 것) 제48조 제1항(현행 삭제), 제52조 제2항(현행 삭제)

[2] 구 부가가치세법(2010. 1. 1. 법률 제9915호로 개정되기 전의 것) 제13조 제1항 제1호(현행 제29조 제3항 제1호 참조), 제2호(현행 제29조 제3항 제2호 참조), 제2항 제1호(현행 제29조 제5항 제1호 참조), 구 부가가치세법 시행령(2013. 6. 28. 대통령령 제24638호로 전부 개정되기 전의 것) 제48조 제1항(현행 삭제), 제52조 제2항(현행 삭제)

【전문】

【원고, 피상고인】
주식회사 큐로컴(소송대리인 법무법인 신촌 담당변호사 송재원)

【피고, 상고인】
용산세무서장

【원심판결】
서울고법 2013. 11. 27. 선고 2013누14254 판결

【주 문】

【주 문】
상고를 기각한다. 상고비용은 피고가 부담한다.

【이 유】
상고이유를 판단한다.

1. 구 부가가치세법(2010. 1. 1. 법률 제9915호로 개정되기 전의 것, 이하 같다) 제13조 제1항은 재화 또는 용역의 공급에 대한 부가가치세의 과세표준은 다음 각 호의 가액을 합한 금액(이하 '공급가액'이라고 한다)으로 한다고 규정하면서, 제1호에서는 금전으로 대가를 받는 경우 '그 대가'를, 제2호에서는 금전 외의 대가를 받는 경우에는 '자기가 공급한 재화 또는 용역의 시가'를 각 들고 있다. 그리고 구 부가가치세법 시행령(2013. 6. 28. 대통령령 제24638호로 전부 개정되기 전의 것, 이하 같다) 제48조 제1항은 구 부가가치세법 제13조 제1항에 규정하는 과세표준에는 거래상대자로부터 받은 대금·요금·수수료 기타 명목 여하에 불구하고 대가관계에 있는 모든 금전적 가치 있는 것을 포함한다고 규정하고 있다.

한편 구 부가가치세법 제13조 제2항 각 호는 '과세표준에 포함하지 아니하는 금액'을 규정하고 있는데, 그중의 하나로 같은 항 제1호는 '에누리액'을 들고 있다. 그리고 구 부가가치세법 시행령 제52조 제2항은 "법 제13조 제2항 제1호에 규정하는 에누리액은 재화 또는 용역의 공급에 있어서 그 품질·수량 및 인도·공급대가의 결제 기타 공급조건에 따라 그 재화 또는 용역의 공급 당시의 통상의 공급가액에서 일정액을 직접 공제하는 금액으로 한다."라고 규정하고 있다.

구 부가가치세법 제13조 제1항, 구 부가가치세법 시행령 제48조 제1항, 제52조 제2항의 각 문언과 내용 및 그 취지를 살펴보면, 공급자가 어떠한 공급과 관련하여 재화나 용역을 공급받는 자가 아닌 제3자로부터 금전 또는 금전적 가치가 있는 것을 받는 경우에 그것이 그 공급과 대가관계에 있는 때에는 부가가치세의 과세표준에 포함될 수 있을 것이나, 그것이 해당 공급과 구별되는, 제3자와 공급자 사이의 다른 공급과 관련되어 있을 뿐 해당 공급과 대가관계에 있다고 볼 수 없는 경우에는 해당 공급에 관한 부가가치세의 과세표준에 포함되지 아니한다고 보는 것이 옳다. 나아가 제3자가 지급하는 금전 또는 금전적 가치가 있는 것이 해당 공급과 대가관계에 있는지 여부는 그 지급의 명목과 근거, 이와 관련하여 공급자와 제3자가 추구

하는 목적과 동기, 공급자와 제3자 사이의 별도의 계약관계 등 법률관계의 존부 및 문제 된 금전 등의 지급이 그러한 법률관계에 따른 이행으로 평가될 수 있는지 등을 비롯한 여러 사정을 종합하여 해당 공급과 직접적 관련성이 인정될 수 있는지에 따라 판단하여야 한다.

2. 가. 원심은 그 채택 증거에 의하여, ① 원고는 통신기기, 컴퓨터 주변기기의 제조 및 판매업 등을 영위하는 회사로서, 2006년부터 2009년까지 씨제이 홈쇼핑과 지에스 홈쇼핑(이하 '이 사건 홈쇼핑업체'라고 한다)과 위탁판매계약을 체결하고 휴렛팩커드사의 컴퓨터 및 주변기기 등을 판매한 사실, ② 이 사건 홈쇼핑업체는 원고와의 약정에 따라 할인쿠폰 등을 발행하여 당초 지정된 가격보다 할인된 가격으로 상품구매자에게 상품을 판매하기도 하였는데, 이때 이 사건 홈쇼핑업체는 상품구매자로부터는 할인된 판매대금만 지급받고 원고로부터도 역시 약정에 따라 상품할인액(이하 '이 사건 할인액'이라고 한다)만큼 차감된 판매수수료만을 지급받은 사실, ③ 원고는 이 사건 할인액을 부가가치세 과세표준에 포함되지 아니하는 에누리액으로 보아 이를 제외한 나머지 매출액만을 부가가치세 과세표준으로 신고한 사실 등을 인정하였다.

그런 다음 원심은, ① 원고와 이 사건 홈쇼핑업체 사이의 계약관계는 명시적인 위탁매매관계로서, 수탁자인 이 사건 홈쇼핑업체는 상품구매자로부터 판매대금을 교부받아 위탁자인 원고에게 지급하여야 하고 원고는 이 사건 홈쇼핑업체에게 상품판매대금에 관한 소정의 판매수수료를 지급하여야 하는 점, ② 상품구매자는 이 사건 홈쇼핑업체가 발행한 할인쿠폰 등에 의하여 할인된 가격을 상품의 대가로 지급하였고, 이와 같은 상품 할인판매와 이에 따른 판매수수료의 차감은 위·수탁자 사이의 약정에 따라 이루어진 것인 점, ③ 이 사건 할인액은 상품구매자를 상대로 하여 상품의 판매가격 자체를 인하한 것인 반면, 판매수수료의 차감은 원고와 이 사건 홈쇼핑업체 사이에서 이루어진 용역의 공급대가를 낮춘 것인 점 등을 종합하여 보면, 이 사건 할인액은 상품의 공급조건에 따라 그 재화의 공급대가인 통상의 상품가격에서 직접 공제되는 것으로서 구 부가가치세법상 에누리액에 해당한다고 봄이 상당하다는 이유로, 이와 달리 이 사건 할인액의 실질이 이 사건 홈쇼핑업체가 상품구매자를 대신하여 원고에게 지급한 상품판매대금이라고 보아 이를 부가가치세 과세표준에 포함시킨 이 사건 과세처분은 위법하다고 판단하였다.

나. 앞서 본 법 조항과 법리에 비추어 살펴보면, 원심의 위와 같은 판단에 구 부가가치세법상 에누리액에 관한 법리를 오해하거나 논리와 경험의 법칙을 위반하여 자유심증주의의 한계를 벗어나는 등의 잘못이 없다.

3. 그러므로 상고를 기각하고 상고비용은 패소자가 부담하도록 하여, 관여 대법관의 일치된 의견으로 주문과 같이 판결한다.

▶ 대법관 박보영(재판장) 박병대 김신 권순일(주심)

81 마일리지 점수 사용시 매출에누리 여부

부가가치세경정거부처분취소 [대법원 2016. 8. 26., 선고, 2015두58959, 전원합의체 판결]

【판시사항】

사업자가 점수(포인트) 적립에 의한 대금 공제 제도를 다른 사업자들과 함께 운영하면서 각자의 1차 거래에서 고객에게 점수를 적립해주고 그 후 고객이 사업자들과 2차 거래를 할 때에 적립된 점수 상당의 가액을 대금에서 공제하고 나머지 금액만 현금 등으로 결제할 수 있도록 한 경우, 2차 거래에서 적립된 점수 상당만큼 감액된 가액이 에누리액에 해당하여 2차 거래의 공급가액에 포함할 수 없는지 여부(적극)

【판결요지】

[다수의견] 사업자가 고객에게 재화를 공급하는 1차 거래를 하면서 매출액의 일정비율에 해당하는 점수를 적립해 주고, 향후 고객에게 다시 재화를 공급하는 2차 거래를 하면서 적립된 점수 상당의 가액을 공제하고 나머지 금액만 현금 등으로 결제할 수 있도록 한 경우에, 2차 거래에서 적립된 점수 상당만큼 감액된 가액은 결국 사업자와 고객 사이에서 미리 정해진 공급대가의 결제 조건에 따라 공급가액을 직접 공제·차감한 것으로서 에누리액에 해당한다. 즉 1차 거래에서 적립된 점수는 사업자가 1차 거래 때 고객에게 약속한 할인 약정의 내용을 수치화하여 표시한 것에 불과하며 할인 약정에 따라 그 점수 상당만큼 공제된 가액은 2차 거래의 공급가액에 포함할 수 없다.

또한 사업자가 점수 적립에 의한 대금 공제 제도를 다른 사업자들과 함께 운영하면서 각자의 1차 거래에서 고객에게 점수를 적립해주고 그 후 고객이 사업자들과 2차 거래를 할 때에 적립된 점수 상당의 가액을 대금에서 공제하고 나머지 금액만 현금 등으로 결제할 수 있도록 한 경우에, 이 역시 여러 사업자들과 고객 사이에 미리 정해진 공급가액 결제 조건에 따라 공급가액을 직접 공제·차감한 것으로서 에누리액에 해당하며, 그 점수 상당의 공제된 가액을 2차 거래의 공급가액에 포함할 수 없음은 마찬가지이다.

한편 사업자들 사이에 2차 거래에서 대금 공제에 사용된 점수와 관련하여 내부적으로 일정한 기간 등을 정하여 상호 간에 사용된 점수를 정산하고 차액 상당액을 정산금으로 지급하도록 하였더라도, 이는 특정한 2차 거래뿐만 아니라 사업자들 사이의 사전에 약정된 점수 적립 및 사용에 따른 계속적인 정산관계를 전제로 하여 각자 적립한 점수를 넘는 공급가액 공제와 관련한 손실을 서로 전보해 주는 것으로서, 다수 사업자들이 점수 적립에 의한 대금 공제 제도를 통합 운영함에 따른 위험을 분담하는 한편 대금 공제가 기능한 대상 거래를 확대하여 고객들의 활발한 구매를 유도함으로써 관련 사업자들 전체의 이익을 도모하려는 것이다. 즉 이 경우에도 적립된 점수는 여러 사업자들이 공통적으로 고객과 사전에 마친 할인 약정에 따라 할인 가능 금액을 수치화하여 표시한 것에 불과하고, 2차 거래의 공급자 자신이 1차 거래에서 적립한 점수에 관하여는 2차 거래에서 사용하더라도 다른 사업자들로부터 정산금을 받을 수 없으며, 또한 사업자들 사이의 정산금은 2차 거래와 별도로 이루어진 통합 정산약정 및 계속적인 거래의 결과에 의하여 산정된다. 따라서 여러 사업자들 사이의 정산약정에 따라 사업자가 고객이 아닌 다른 사업자들로부터 정산금을 지급받더라도 이는 2차 거래의 공급과 대가관계에 있다고 볼 수 없고, 적립된 점수의 교차사용 및 정산이 예정되어 있다는 사정만을 가지고 적립된 점수에 의하여 할인된 가격이 에누리액이 아니고 2차 거래의 공급가액에 포함되어야 한다고 보기도 어렵다.

[대법관 이인복, 대법관 박병대, 대법관 김창석, 대법관 김신, 대법관 박상옥의 반대의견] 부가가치세의 과세표준인 공급가액은 재화의 공급 대가로 받은 금전과 금전 외의 대가를 합한 금액이고(구 부가가치세법 제13조 제1항), '금전 외의 대가'에는 '명목 여하에 불구하고 대가관계에 있는 모든 금전적 가치 있는 것'이 포함된다(구 부가가치세법 시행령 제48조 제1항). 2차 거래에서 사업자가 거래상대자로부터 받은 포인트가 공급가액에 포함될 '금전 외의 대가'인지 아니면 에누리액인지는 그것이 '금전적 가치 있는 것'에 해당하는지에 따라 결정된다.

사업자들이 2차 거래에서 지급받은 포인트는 나중에 포인트 상당의 금전을 지급받을 수 있는 권리를 표창하는 것으로서 '금전적 가치'가 있는 '금전 외의 대가'에 해당하고, 따라서 당연히 공급가액에 포함되어야 한다. 2차 거래에서 사용된 포인트가 2차 거래의 공급자가 아닌 다른 제휴사에서 적립된 포인트인 경우는 물론이고 2차 거래에서 사용된 포인트의 전부 또는 일부가 사업자 자신이 1차 거래에서 적립해 준 것(이하 '자사 적립 포인트'라 한다)인 경우에도 포인트 자체는 '금전적 가치 있는 것'임에 변함이 없다. 2차 거래에서 자사 적립 포인트가 사용되면, 나중에 지급받는 포인트 정산금까지 감안해도 사업자가 받는 금액은 1·2차 거래의 통상의 공급가액의 합계액보다 적어지게 되지만, 이는 1차 거래에서 장려금으로 포인트를 적립해 준 때문이지 2차 거래에서 사용된 포인트가 에누리액에 해당하기 때문이 아니다.

위 포인트는 2차 거래 때 고객이 이를 사용함과 동시에 바로 기능이 소멸하는 것이 아니라 제휴 사업자들 사이에서 여전히 정산의 단위로 가치를 유지하고 금전으로 상환받을 수 있는 근거가 되므로, 2차 거래의 사업자 입장에서 볼 때 포인트는 2차 거래를 원인으로 고객으로부터 받은 '대가'가 아닐 수 없다.

결론적으로 위 포인트는 '금전적 가치 있는 것'으로서 '금전 외의 대가'에 해당하고 '에누리액'에 해당하지 아니하므로 2차 거래의 과세표준인 공급가액에 포함된다고 보는 것이 부가가치세법의 공급가액 산정에 관한 원칙에 부합할 뿐만 아니라 거래현실과 당사자의 의사에 부합하고 기존의 거래관행에 혼란을 초래하지 않는 타당한 해석이다.

【참조조문】

구 부가가치세법(2010. 1. 1. 법률 제9915호로 개정되기 전의 것) 제13조 제1항(현행 제29조 제3항 참조), 제2항(현행 제29조 제5항 참조), 제3항(현행 제29조 제6항 참조), 제5항(현행 제29조 제12항 참조), 구 부가가치세법(2011. 12. 31. 법률 제11129호로 개정되기 전의 것) 제13조 제1항(현행 제29조 제3항 참조), 제2항(현행 제29조 제5항 참조), 제3항(현행 제29조

제6항 참조), 제5항(현행 제29조 제12항 참조), 부가가치세법 제29조 제3항, 구 부가가치세법 시행령(2012. 2. 2. 대통령령 제23595호로 개정되기 전의 것) 제48조 제1항(현행 부가가치세법 제29조 제3항 참조), 제13항(현행 삭제), 제52조 제2항(현행 제61조 제4항 참조)

【전문】

【원고, 상고인】
롯데쇼핑 주식회사 외 1인 (소송대리인 법무법인 광장 담당변호사 권광중 외 5인)

【피고, 피상고인】
별지 피고 명단 기재와 같다. (소송대리인 법무법인(유한) 바른 외 1인)

【원심판결】
서울고법 2015. 10. 29. 선고 2014누71704 판결

【주 문】
원심판결을 파기하고, 사건을 서울고등법원에 환송한다.

【이 유】
상고이유를 판단한다.

1. 상고이유 제1점 내지 제4점에 대하여

가. 구 부가가치세법(2011. 12. 31. 법률 제11129호로 개정되기 전의 것) 제13조는 제1항에서 "재화 또는 용역의 공급에 대한 부가가치세의 과세표준은 다음 각 호의 가액을 합한 금액(이하 '공급가액'이라 한다)으로 한다."라고 규정하면서 그 각 호로 '금전으로 대가를 받는 경우: 그 대가'(제1호), '금전 외의 대가를 받는 경우: 자기가 공급한 재화 또는 용역의 시가'(제2호) 등을 규정하고 있고, 제2항에서 부가가치세의 과세표준에 포함하지 아니하는 금액으로 에누리액(제1호) 등을 들고 있으며, 제3항에서 장려금과 이와 유사한 금액 등을 부가가치세의 과세표준에서 공제하지 아니하도록 규정하고 있고, 제5항에서는 "제1항부터 제4항까지에서 규정한 사항 외에 과세표준의 계산에 필요한 사항은 대통령령으로 정한다."라고 규정하고 있다(2010. 1. 1. 법률 제9915호로 개정되기 전의 구 부가가치세법 제13조 제1항, 제2항, 제3항 및 제5항도 같은 취지이다. 이하 위 각 부가가치세법을 구분하지 아니하고 '구 부가가치세법'이라 통칭한다).

그리고 구 부가가치세법 시행령(2012. 2. 2. 대통령령 제23595호로 개정되기 전의 것, 이하 같다) 제48조 제1항은 "구 부가가치세법 제13조 제1항에 규정하는 과세표준에는 거래상대자로부터 받은 대금·요금·수수료 기타 명목 여하에 불구하고 대가관계에 있는 모든 금전적 가치 있는 것을 포함한다."라고 규정하고 있고, 제52조 제2항은 "구 부가가치세법 제13조 제2항 제1호에서 규정하는 에누리액은 재화 또는 용역의 공급에 있어서 그 품질·수량 및 인도·공급대가의 결제 기타 공급조건에 따라 그 재화 또는 용역의 공급 당시의 통상의 공급가액에서 일정액을 직접 공제하는 금액으로 한다."라고 규정하고 있다.

나. 이와 같은 구 부가가치세법 제13조 제1항 및 구 부가가치세법 시행령 제48조 제1항의 문언 내용과 체계에 의하면 부가가치세의 과세표준에 포함되기 위해서는 재화나 용역의 공급과 대가관계에 있는 것을 받아야 할 뿐만 아니라 그것이 금전 또는 금전적 가치가 있는 것이어야 한다. 그런데 에누리액은 재화나 용역의 공급과 관련하여 그 품질·수량이나 인도·공급대가의 결제 등의 공급조건이 원인이 되어 통상의 공급가액에서 직접 공제·차감되는 것으로서 거래상대방으로부터 실제로 받은 금액이 아니므로 부가가치세의 과세표준에서 제외되며, 그 공제·차감의 방법에 특별한 제한은 없다(대법원 2003. 4. 25. 선고 2001두6586, 6593, 6609, 6616, 6623, 6630, 6647, 6654, 6661 판결, 대법원 2013. 4. 11. 선고 2011두8178 판결 등 참조).

따라서 고객이 재화를 구입하면서 사업자와 사이의 사전 약정에 따라 그 대가의 일부를 할인받은 경우에 이는 통상의 공급가액에서 직접 공제·차감되는 에누리액에 해당하므로 그 할인액은 과세표준에 포함되지 아니한다.

다. (1) 이러한 법리에 비추어 보면, 사업자가 고객에게 재화를 공급하는 1차 거래를 하면서 매출액의 일정비율에 해당하는 점수를 적립해 주고, 향후 그 고객에게 다시 재화를 공급하는 2차 거래를 하면서 그 적립된 점수 상당의 가액을 공제하고 나머지 금액만 현금 등으로 결제할 수 있도록 한 경우에, 2차 거래에서 그 적립된 점수 상당만큼 감액된 가액은 결국 사업자와 고객 사이에서 미리 정해진 공급대가의 결제 조건에 따라 공급가액을 직접 공제·차감한 것으로서 에누리액에 해당한다. 즉 1차 거래에서 적립된 점수는 사업자가 1차 거래 때 고객에게 약속한 할인 약정의 내용을 수치화하여 표시한 것에 불과하며 그 할인 약정에 따라 그 점수 상당만큼 공제된 가액은 2차 거래의 공급가액에 포함할 수 없다고 보아야 한다.

(2) 또한 사업자가 위와 같은 점수 적립에 의한 대금 공제 제도를 다른 사업자들과 함께 운영하면서 각자의 1차 거래에서 고객에게 점수를 적립해주고 그 후 고객이 사업자들과 2차 거래를 할 때에 그 적립된 점수 상당의 가액을 대금에서 공제하고 나머지 금액만 현금 등으로 결제할 수 있도록 한 경우에, 이 역시 여러 사업자들과 고객 사이에 미리 정해진 공급가액 결제조건에 따라 공급가액을 직접 공제·차감한 것으로서 에누리액에 해당하며, 그 점수 상당의 공제된 가액을 2차 거래의 공급가액에 포함할 수 없음은 마찬가지라 할 것이다.

한편 사업자들 사이에 2차 거래에서 대금 공제에 사용된 점수와 관련하여 내부적으로 일정한 기간 등을 정하여 상호 간에 사용된 점수를 정산하고 그 차액 상당액을 정산금으로 지급하도록 하였더라도, 이는 특정한 2차 거래뿐만 아니라 사업자들 사이의 사전에 약정된 점수 적립 및 그 사용에 따른 계속적인 정산관계를 전제로 하여 각자 적립한 점수를 넘는 공급가액 공제와 관련한 손실을 서로 전보해 주는 것으로서, 다수 사업자들이 점수 적립에 의한 대금 공제 제도를 통합 운영함에 따른 위험을 분담하는 한편 대금 공제가 가능한 대상 거래를 확대하여 고객들의 활발한 구매를 유도함으로써 관련 사업자들 전체의 이익을 도모하려는 것이다. 즉 이 경우에도 적립된 점수는 여러 사업자들이 공통적으로 고객과 사전에 마친 할인 약정에 따라 할인 가능 금액을 수치화하여 표시한 것에 불과하고, 2차 거래의 공급자 자신이 1차 거래에서 적립한 점수에 관하여는 2차 거래에서 사용하더라도 다른 사업자들로부터 정산금을 받을 수 없으며, 또한 사업자들 사이의 정산금은 2차 거래와 별도로 이루어진 통합 정산약정 및 계속적인 거래의 결과에 의하여 산정된다. 따라서 여러 사업자들 사이의 정산약정에 따라 사업자가 고객이 아닌 다른 사업자들로부터 정산금을 지급받더라도 이는 2차 거래의 공급과 대가관계에 있다고 볼 수 없고, 적립된 점수의 교차사용 및 정산이 예정되어 있다는 사정만을 가지고 적립된 점수에 의하여 할인된 가격이 에누리액이 아니고 2차 거래의 공급가액에 포함되어야 한다고 보기도 어렵다.

(3) 한편 구 부가가치세법 시행령 제48조 제13항(이하 '이 사건 시행령 조항'이라 한다)은 "사업자가 고객에게 매출액의 일정비율에 해당하는 마일리지를 적립해 주고 향후 해당 고객이 재화를 공급받고 그 대가의 일부 또는 전부를 적립된 마일리지로 결제하는 경우 해당 마일리지 상당액은 과세표준에 포함한다."라고 규정하고 있다.

그러나 앞에서 본 것과 같이 구 부가가치세법 제13조는 부가가치세의 과세표준에 관하여 그 산정의 기초가 되는 공급가액의 기준과 범위를 구체적으로 정하고(제1항), 에누리액 등 공급가액에 포함되지 아니하는 가액(제2항)과 장려금 등 공급가액에 포함되는 가액(제3항)을 각 규정한 다음, 이들 사항 외에 과세표준의 계산에 필요한 사항만을 시행령에서 정하도록 위임하고 있으므로(제5항), 이 사건 시행령 조항은 그 범위 내에서 의미를 가진다. 그리고 이 사건 시행령 조항은 '마일리지' 및 '마일리지로 결제하는 경우'의 구체적인 의미에 관하여 정하고 있지도 아니하다.

이에 비추어 보면, 이 사건 시행령이 개별적인 '마일리지'가 에누리액에 해당하는지 여부를 가리지 아니하고 '마일리지' 상당액을 무조건 과세표준인 공급가액에 포함하는 취지라고 단정할 수 없으며, 결국 이 사건 시행령 조항만을 가지고 구 부가가치세법 제13조에서 정한 과세표준의 범위 및 에누리액의 해석에 관하여 위와 달리 볼 수 없다.

라. 원심판결 이유와 원심이 적법하게 채택한 증거에 의하면 아래와 같은 사실들을 알 수 있다.
(1) 롯데그룹의 계열사로서 유통업 등을 영위하는 법인인 원고들은 다른 롯데그룹 계열사들과 함께 롯데카드 주식회사와 롯데멤버스 업무제휴계약을 체결하여, 고객이 원고들을 포함한 롯데그룹 계열사들이 운영하는 전국의 롯데백화점, 롯데마트, 롯데시네마 등의 영업점에서 물품 또는 용역을 구입하면서 롯데카드로 결제하거나 멤버십카드를 제시하면 구매금액의 일정률을 점수화하여 '포인트'라는 명칭으로 통합하여 적립해주고(이하 적립된 점수를 '이 사건 포인트'라 한다), 그 후 고객이 위 영업점에서 물품 또는 용역을 구입하여 대금을 결제할 때에 이 사건 포인트를 그 대금에서 공제하거나 이 사건 포인트를 사은품으로 교환할 수 있도록 하는 롯데포인트 제도를 운영하고 있다.

이에 따라 원고들은 롯데멤버스카드 서비스에 가입한 고객들이 원고들의 영업점에서 결제한 금액의 0.1% 내지 1%에 해당하는 금액을 이 사건 포인트로 적립하여 주고, 고객별로 통합 적립된 이 사건 포인트가 1,000점 이상이 되는 경우에 이를 사용할 수 있도록 하였고, 고객들은 롯데멤버스카드 서비스에 가입하고 그 서비스 약정에서 정한 내용에 따라 이 사건 포인트를 적립·사용하여 왔다.

(2) 또한 원고들은 고객이 일정금액 이상의 물품을 구매할 경우에 사전에 약정된 상품권(이하 '이 사건 상품권'이라 한다)을 증정하고, 고객이 위 영업점에서 물품 또는 용역을 구입하고 대금을 결제할 때에 이 사건 상품권 가액을 대금에서 공제하여 주었으며, 이와 같이 증정한 이 사건 상품권에 대하여는 고객들에게 판매하는 상품권과 전산상 별도로 구분하여 관리하였다.

(3) 한편 롯데멤버스 업무제휴계약에 따라 원고들과 다른 롯데그룹 계열사들은 2차 거래의 결제에 사용된 이 사건 포인트가 그 전까지 해당 고객이 각 계열사별로 적립해 두었던 이 사건 포인트 비율대로 사용된 것으로 보아 분담비율을 계산하는 한편, 일정 기간을 단위로 하여 2차 거래의 공급자인 법인이 다른 법인들로부터 정산금을 지급받기로 하였다. 다만 편의상 롯데카드 주식회사가 정산 과정을 주도하여, 우선 2차 거래의 공급자인 법인에게 다른 법인들이 지급할 정산금을 일괄하여 대신 지급하는 한편, 다른 법인들로부터 해당 정산금을 지급받는 방식으로 정산하여 왔다. 그리고 2차 거래에서 이 사건 상품권에 의하여 대금을 결제 처리한 경우에도 이와 마찬가지로 정산하였다.

(4) 그런데 원고들은 고객들이 원고들의 영업점에서 재화를 구입하는 2차 거래를 하는 과정에서 이 사건 포인트 또는 상품권에 의하여 처리되어 현실적으로 대금을 지급받지 아니한 금액(이하 '이 사건 쟁점금액'이라 한다) 부분까지 모두 과세표준에 합하여 2009년 제1기 내지 2010년 제2기분 부가가치세를 신고·납부하였다가, 이 사건 쟁점금액이 구 부가가치세법 제13조 제2항 제1호의 에누리액에 해당한다는 이유로 해당 부분의 환급을 구하는 경정청구를 하였다.

(5) 이에 대하여, 피고들은 이 사건 쟁점금액이 부가가치세 과세표준에 포함된다고 보아 이를 거부하는 뜻을 통지하거나 2개월 이내에 아무런 통지를 하지 아니함으로써 원고들의 경정청구를 거부하는 이 사건 처분을 하였다.

마. 이러한 사실관계를 앞에서 본 법리에 비추어 살펴보면, 아래와 같이 판단된다.
이 사건 포인트는 원고들과 다른 롯데그룹의 계열사들 사이에 이루어진 롯데멤버스 업무제휴계약 및 롯데포인트 통합결제 약정에 의하여 적립되어 고객이 원고들이나 위 계열사들의 영업점에서 2차 거래를 할 때에 대금을 할인받을 수 있도록 사전에 약정된 지위를 수치화하여 표시한 것으로서, 고객들이 이 사건 포인트를 사용하여 2차 거래의 대금 결제 과정에서 그 상당의 대금을 공제받은 것은 결국 위 약정 등에서 미리 정해진 사용 조건에 따라 공급가액을 직접 공제받은 것이라 할 것이다. 비록 2차 거래와 관련하여 원고들이 롯데카드 주식회사로부터 정산금을 지급받더라도 이는 대금 할인 약정을 수치화한 이 사건 포인트를 함께 운영하는 다른 롯데그룹 계열사들과 맺은 통합결제 약정 및 업무제휴 계약에 따라 발생되는 계속적인 정산관계에 따른 것이지 2차 거래에서 받은 공급 대가라고는 할 수 없으므로, 이 사건 포인트의 교차사용 및 정산금 약정을 이유로 이 사건 포인트에 의한 공급가액의 할인·공제를 부정하거나 그 정산금 상당액이 2차 거래의 공급가액에 포함되어야 한다고 볼 수도 없다.

그리고 이 사건 상품권도 1차 거래의 구매실적에 따라 별도의 대가 없이 증정된 것으로서 대가를 받고 판매된 다른 상품권과 구분하여 관리되었고 롯데그룹 계열사들 사이에 이 사건 포인트와 마찬가지로 통합정산 처리되었으므로, 원고들로서는 이 사건 상품권 회수 자체만으로는 대가를 받았다고 할 수 없으며, 결국 이 사건 상품권은 실질적으로 이 사건 포인트와 마찬가지로 2차 거래에서 그 금액 상당을 대금에서 할인받을 수 있는 지위에 그치며 고객은 원고들과 사이에 미리 정해진 사용 조건에 따라 이 사건 상품권 가액 상당의 공급가액을 직접 공제받은 것으로 볼 수 있다.

따라서 이 사건 포인트 또는 상품권에 관한 이 사건 쟁점금액 부분은 2차 거래의 공급가액에서 직접 공제·차감되는 에누리액에 해당하며, 이를 2차 거래의 공급가액에 포함할 수 없다.

바. 그럼에도 원심은 이에 어긋나는 판시와 같은 이유를 들어, 이 사건 쟁점금액이 1차 거래 이후에 제공되는 장려금 또는 이와 유사한 금액에 해당하는 것으로서 2차 거래의 공급가액에 포함된다고 잘못 판단하여, 이 사건 처분이 적법하다고 인정하였다. 이러한 원심판단에는 부가가치세의 과세표준인 공급가액의 범위, 에누리액 및 이 사건 시행령 조항의 효력 등에 관한 법리를 오해하여 판결에 영향을 미친 잘못이 있다. 이를 지적하는 상고이유 주장은 이유 있다.

2. 결론

그러므로 나머지 상고이유에 대한 판단을 생략하고 원심판결을 파기하며, 사건을 다시 심리·판단하게 하기 위하여 원심법원에 환송하기로 하여, 주문과 같이 판결한다.
이 판결에는 대법관 이인복, 대법관 박병대, 대법관 김창석, 대법관 김신, 대법관 박상옥의 반대의견이 있는 외에는 관여 법관들의 의견이 일치되었다.

3. 대법관 이인복, 대법관 박병대, 대법관 김창석, 대법관 김신, 대법관 박상옥의 반대의견

다수의견은, 이 사건 포인트 제도를 운영하는 롯데카드 주식회사(이하 '롯데카드'라 한다)와 롯데멤버스 업무제휴계약을 체결한 원고들 및 다른 제휴사들이 고객과 1차 거래를 하면서 매출액의 일정비율에 해당하는 포인트를 적립해 주고, 그 후 그 고객에게 다시 재화를 공급하는 2차 거래를 하면서 적립된 포인트 상당의 가액을 공제하고 나머지 금액만 현금 등으로 결제할 수 있도록 한 경우에, 1차 거래에서 적립된 포인트는 사업자들이 1차 거래 때 고객에게 약속한 할인 약정의 내용을 수치화하여 표시한 것에 불과하고 2차 거래에서 그 적립된 포인트가 사용되었다 하더라도 그에 따라 2차 거래에서 감액된 가액은 사업자들과 고객 사이에서 미리 정해진 공급대가의 결제 조건에 따라 공급가액을 직접 공제·차감한 것으로서 에누리액에 해당할 뿐이므로, 결국 그 포인트 상당의 공제된 가액은 2차 거래의 공급가액에 포함되어서는 아니 된다고 한다.

그러나 이와 같은 다수의견에는 다음과 같은 이유로 찬성할 수 없다.

가. 부가가치세의 과세표준인 공급가액은 재화의 공급 대가로 받은 금전과 금전 외의 대가를

합한 금액이고(구 부가가치세법 제13조 제1항), '금전 외의 대가'에는 '명목 여하에 불구하고 대가관계에 있는 모든 금전적 가치 있는 것'이 포함된다(구 부가가치세법 시행령 제48조 제1항). 따라서 이 사건 포인트가 '금전 외의 대가'로서 공급가액에 포함되는지는 그것이 '금전적 가치 있는 것'에 해당함으로써 2차 거래의 대가로서 받은 것으로 볼 수 있는지 여부에 달려 있다.

한편 에누리액은 부가가치세의 과세표준에 포함하지 않는 것으로 구 부가가치세법 제13조 제2항 제1호에 명시되어 있으나, 에누리액은 원래 통상의 공급가액에서 일정액을 깎아 주는 것일 뿐 대가로 받는 것이 없으므로, 사업자가 무슨 '금전적 가치 있는 것'을 받았다고 평가할 여지가 없다. 따라서 에누리액은 법령에 규정이 없더라도 그 성질상 당연히 공급가액 산정에서 제외될 대상이다.

그러므로 '금전 외의 대가'의 의미를 정의하고 있는 구 부가가치세법 시행령 제48조 제1항은 '에누리액'의 의미를 정의하고 있는 구 부가가치세법 시행령 제52조 제2항의 성립범위를 제한하는 원칙적 규정으로서의 의미를 갖는다고 할 수 있다. 이와 같은 원칙적 규정으로서의 의미를 반영하여 현행 부가가치세법 제29조 제3항은 "제1항의 공급가액은 다음 각 호의 가액을 말한다. 이 경우 대금, 요금, 수수료, 그 밖에 어떤 명목이든 상관없이 재화 또는 용역을 공급받는 자로부터 받는 금전적 가치 있는 모든 것을 포함하되, 부가가치세는 포함하지 아니한다."라고 규정함으로써 종래 구 부가가치세법 시행령 제48조 제1항에 규정된 사항에 관하여 보다 강한 법적 효력을 부여하고 있기도 하다.

결국 2차 거래에서 사업자가 거래상대자로부터 받은 이 사건 포인트가 공급가액에 포함될 '금전 외의 대가'인지 아니면 에누리액인지는 그것이 '금전적 가치 있는 것'에 해당하는지 여부에 따라 결정된다고 할 것이다. 즉 이 사건 포인트가 '금전적 가치 있는 것'으로 평가되어 '금전 외의 대가'로 볼 수 있으면 더 이상 '에누리액'에 해당할 여지는 없게 된다. 사업자가 거래상대자로부터 이 사건 포인트를 받음으로써 '금전 외의 대가'를 받은 것으로 볼 수 있음에도 그 포인트 상당의 가액을 '그 재화 공급 당시의 통상의 공급가액에서 일정액을 직접 공제하는 금액'이라고 할 수는 없기 때문이다.

나. 그런데 이 사건 포인트는 아래에서 보는 바와 같이 그 자체로 금전적 가치가 있는 것임이 분명하다.

(1) 2차 거래와 관련하여 사업자가 고객으로부터 받은 이 사건 포인트가 금전적 가치가 있는지 여부는 사업자의 입장에서 판단하여야 한다. 이 사건 포인트가 사용된 거래에 따른 부가가치세는 그 재화나 용역을 공급한 사업자에게 부과되므로, 그 사업자 측에서 볼 때 이 사건 포인트가 '금전적 가치 있는 것'이면 과세표준에 포함되어야 하고 그렇지 않으면 거기에서 제외되어야 한다. 거래 상대자인 고객의 입장에서 그것이 어떤 의미와 가치를 지니는 것인지는 사업자에 대한 부가가치세의 과세표준과는 관계가 없다.

2차 거래에서 이 사건 포인트가 대금의 일부로 결제된 경우에 고객으로서는 그 금액만큼 할인을 받은 것으로 받아들일 수 있지만, 사업자 측에서 볼 때는 이 사건 포인트를 단순히 거래상대자가 어떤 할인조건을 보유한 고객인지를 확인하는 증명자료 정도의 의미로 받는 것이 아니다. 포인트 수치 1점을 1원으로 환산하여 금전으로 지급받을 수 있는 권리를 표창하는 '금전 외의 대가'를 받은 것이고, 이 사건 포인트 제휴 거래의 주관 운영사인 롯데카드로부터 포인트 상당의 금전을 지급받음으로써 그 권리는 그대로 실현된다. 이것을 '금전적 가치 있는 것'이 아니라고 할 수는 없다.

이 사건 포인트 시스템에 참여한 제휴사들 사이의 약정에 의하면, 주관 운영사인 롯데카드는 각 제휴사가 고객과의 거래에서 받은 포인트에 관하여 일정 기간마다 정산 요청을 받아 제휴사 사이에 주고받을 포인트를 상호 계산한 결과에 따라 각 제휴사가 정산금을 납부하게 하거나 상환받도록 하는 방식으로 결제가 이루어진다. 이는 2차 거래에서 사용된 포인트가 어느 사업자의 사업장에서 적립된 것이든 상관없이 제휴사 상호 간 교차사용이 가능하도록 한 데 따른 사후정산을 간편하게 처리하고자 하는 것일 뿐이다. 그러한 정산절차는 개별적인 2차 거래가 있은 후에 별도로 이루어지지만, 이는 거래 시점에서 지급받은 대가를 제휴사 사이에 사후정산을 하는 것뿐이고, 그러한 방식으로 정산을 한다고 하여 '금전적 가치 있는 것'이라는 이 사건 포인트의 본질적 성격이 달라지는 것은 아니다.

결국 사업자들이 2차 거래에서 지급받은 포인트는 나중에 포인트 상당의 금전을 지급받을 수 있는 권리를 표창하는 것으로서 '금전적 가치'가 있는 '금전 외의 대가'에 해당하고, 따라서 당연히 공급가액에 포함되어야 한다. 엄연히 '금전적 가치'가 있는 것을 현실적으로 지급받았음에도 다수의견은 이를 할인약정의 내용을 표시한 증표 정도로 보고 있다. 이러한 이해는 '금전적 가치' 여부는 사업자 입장에서 파악하여야 한다는 부가가치세법의 기본 원칙에 부합한다고 볼 수 없다.

(2) 2차 거래에서 사용된 이 사건 포인트가 2차 거래의 사업자가 아닌 다른 제휴사가 적립해 준 것이라면 2차 거래의 사업자는 나중에 그 포인트 상당 금전을 지급받음으로써 결국 통상의 공급가액 전부를 지급받게 되므로 에누리가 있다고 볼 여지는 없다. 문제는 2차 거래에서 사용된 포인트의 전부 또는 일부가 당해 사업자 자신이 1차 거래에서 적립해 준 것(이하 '자사 적립 포인트'라 한다)이라면 정산 과정을 거치더라도 최종적으로 그 포인트 금액만큼은 적게 지급받는 것으로 볼 여지가 있는데 그럼에도 이를 에누리액이 아니라고 할 수 있느냐 하는 의문이 제기될 수 있다.

어느 사업자가 단독으로 1차 거래에서 할인쿠폰을 발행하고 2차 거래에서 그 쿠폰 금액만큼 대금에서 깎아 주는 제도를 운영하는 경우라면 그 쿠폰에 표시된 금액은 다수의견에서 말하는 것처럼 할인 가능 금액을 수치화하여 표시한 것에 불과하므로 에누리액으로 볼 수 있다. 그 사업자는 쿠폰 상당의 대가를 어느 곳에서도 받을 여지가 없기 때문이다. 그러나 이 사건에서처럼 여러 제휴사들이 포인트 시스템에 참여하여 포인트 금액만큼을 사후에 상호 정산하여 수수하는 거래 구조에서 각 제휴사가 1차 거래를 할 때 적립해 준 포인트는 위와 같은 경우의 할인쿠폰과는 법적 성격이 사뭇 다르다. 이 사건 포인트는 1차 거래에서 이를 적립해 준 사업자에게는 해당 액수의 금전을 롯데카드에 지급할 의무를 발생시키고(다만 그 지급의무는 이 사건 포인트가 2차 거래에서 사용되는 것을 조건으로 발생한다), 동시에 2차 거래에서 그 사용을 받아 준 사업자에게는 해당 액수의 금전을 롯데카드로부터 지급받을 권리를 발생시킨다. 사사 적립 포인트의 경우에는 이러한 금전을 지급할 의무와 금전을 지급받을 권리가 동일한 사업자에게 귀속되기 때문에 외관상으로는 롯데카드와 그에 해당하는 금전을 수수하지 않게 되지만, 이는 굳이 같은 액수의 돈을 서로 주고 받을 필요가 없어 정산의 편의상 생략하는 것일 뿐 그 실질을 들여다보면 자사 적립 포인트에 상응하는 금전을 받을 권리로서의 성격은 그대로 유지된다. 따라서 이 사건 포인트 거래를 위한 제휴약정의 성격을 사업자가 단독으로 할인쿠폰 제도를 운영하는 경우와 마찬가지로 어느 사업자든 자기 사업장에서 이루어진 거래가액에 연동하여 일정 비율의 금액을 다른 제휴사의 거래가액에서 깎아주도록 하는 에누리 쿠폰을 발행한 것과 같은 것이라고 볼 수는 없다. 오히려 다수의 제휴사가 연결되어 있는 경우에 1차 거래에서 사업자가 적립해 준 포인트가 2차 거래에서 사용된 경우 이는 그 고객으로 하여금 향후 그 사업자 자신을 포함하여 그 포인트 시스템에 가입한 다른 사업자와 2차 거래를 하도록 장려하고자 하는 목적으로 제공하는 장려금에 해당한다고 볼 수 있을 뿐이다.

그리고 장려금은 사업자가 재화를 공급받는 자에게 지급하는 것임을 전제로 하므로, 이 사건 포인트가 장려금인지 여부가 문제되는 국면은 사업자가 고객에게 이를 적립해주는 1차 거래에 관계되는 것이고 이 사건 포인트가 사용되는 2차 거래와는 관계가 없다. 2차 거래에서는 이 사건 포인트가 금전적 가치가 있는 것으로서 '금전 외의 대가'에 해당하는지 여부만이 문제될 뿐이다. 결국 2차 거래에서 이 사건 포인트가 사용된 경우 1·2차 거래의 공급가액의 합계액은 그 각 거래를 통틀어 고객이 실제로 지출한 금액과 1차 거래에서 적립받아 사용된 이 사건 포인트 상당 금액(장려금)의 합계액이 되는 것이고, 이는 구 부가가치세법 제13조 제3항에서 이미 예정한 결과일 뿐 거기에 어떠한 모순도 없다.

(3) 따라서 2차 거래에서 사용된 포인트가 2차 거래의 공급자가 아닌 다른 제휴사에서 적립된 포인트인 경우는 물론이고 자사 적립 포인트인 경우에도 그 포인트 자체는 '금전적 가치 있는 것'임에 변함이 없다. 2차 거래에서 자사 적립 포인트가 사용되면, 나중에 지급받는 포인트 정산금까지 감안해도 사업자가 받는 금액은 1·2차 거래의 통상의 공급가액의 합계액보다 적어지게 되지만, 이는 1차 거래에서 장려금으로 포인트를 적립해 준 때문이지 2차 거래에서 사용된 포인트가 에누리액에 해당하기 때문이 아니다. 장려금의 지급으로 인한 수입의 감소는 부가가치세의 과세표준에는 영향이 없고(구 부가가치세법 제13조 제3항) 사업자의 소득에 대한 법인세의 과세표준을 산정할 때 손금으로 산입될 수 있을 뿐이다. 그럼에도 다수의견은 2차 거래에서 자사 적립 포인트가 사용된 경우에 사업자가 실제로 지급받는 금액과 통상의 공급가액의 합계액에 차이가 생기는 것을 에누리액으로 해석할 뿐만 아니라 나아가 어느 모로 보나 '금전적 가치 있는 것'임을 부인할 수 없는 타사 적립 포인트가 사용된 경우까지도 포인트 상당액을 모조리 공급가액에서 제외시키는 부당한 해석을 하고 있다. 말하자면 에누리가 없음이 의심할 여지가 없는 경우조차도 과세표준인 공급가액 계산에서는 에누리액이 있었던 것으로 무리한 의제를 하고 있는 것이다.

(4) 이 사건 포인트와 캐쉬백 포인트를 비교해 보더라도 이 사건 포인트가 '금전적 가치 있는 것'임이 드러난다.

1차 거래에서 사업자로부터 적립받은 포인트를 현금으로 바꿀 수 있는 캐쉬백 포인트의 경우 고객은 캐쉬백 포인트를 현금으로 바꿀 수도 있고 2차 거래에서 대금결제에 사용할 수도 있다. 이와 같은 캐쉬백 포인트를 '금전적 가치 있는 것'이 아니라고 할 수는 없을 것이다.

이러한 캐쉬백 포인트를 고객이 2차 거래에서 대금결제에 사용할 경우 그 캐쉬백 포인트를 고객으로부터 받은 사업자는 캐쉬백 포인트의 운영사로부터 그 캐쉬백 포인트 상당의 금전을 지급받을 수 있다. 이 점에서 캐쉬백 포인트는 이 사건 포인트와 전혀 다르지 않다. 캐쉬백 포인트는 고객이 2차 거래에서 대금결제에 사용하는 이외에 현금으로 바꿀 수 있다는 점에서 이 사건 포인트와 차이를 가질 뿐이다. 그러나 이와 같은 차이점은 사업자의 입장에서는 아무런 의미가 없다. 사업자는 고객으로부터 캐쉬백 포인트를 받았든 이 사건 포인트를 받았든 마찬가지로 포인트 운영사로부터 포인트 상당의 금전을 지급받을 수 있을 뿐 다르지 않기 때문이다. 결국 사업자가 고객으로부터 받은 캐쉬백 포인트를 '금전적 가치 있는 것'이라고 볼 수밖에 없다면 이 사건 포인트 또한 '금전적 가치 있는 것'이라고 볼 수밖에 없으며, 따라서 어느 경우이든 과세표준인 공급가액에 포함되어야 한다.

다. 또한 이 사건 포인트 제도의 근거가 되는 약관, 거래현실 등의 관점에서 살펴보더라도 이 사건 포인트는 사업자가 2차 거래의 대가로 받은 것이라고 볼 수밖에 없다.

(1) 만약 이 사건 포인트가 단지 1차 거래 때 고객에게 약속한 할인 약정의 내용을 수치화하여 표시하는 것으로서 순전히 그것을 확인하는 용도로 제공받는 것에 불과하다면 2차 거래의 '대가'로 결제된 것이 아니라고 할 수 있을 것이다. 그러나 이미 살펴본 것처럼 이 사건 포인트는 2차 거래 때 고객이 이를 사용함과 동시에 바로 그 기능이 소멸하는 것이 아니라 제휴 사업자들 사이에서 여전히 정산의 단위로 가치를 유지하고 금전으로 상환받을 수 있는 근거가 되는 것이므로, 2차 거래의 사업자 입장에서 볼 때 이 사건 포인트는 2차 거래를 원인으로 고객으로부터 받은 '대가'가 아닐 수 없다.

(2) 이 사건 포인트가 2차 거래 후에도 정산을 위하여 여전히 기능한다는 것은 이 사건 포인트 제도 운영을 위한 업무제휴계약에서도 확인된다. 이 사건 포인트 시스템에 참여하는 제휴사들과 주관 운영사인 롯데카드가 이 사건 포인트에 관하여 체결한 롯데멤버스 업무제휴계약에 따르면, 고객이 일정한 이익 또는 혜택을 향유할 수 있는 포인트를 '롯데포인트'라 하고(제2조 제12호), 2차 거래 시에 제휴사와 운영사 간의 정산 단위가 되는 포인트를 '정산포인트'라고 하면서(제11호), 이 둘을 모두 합하여 '포인드'라고 정의하고 있나(세13호). 결국 이 사건 포인트는 그 근거가 되는 계약에서부터 단지 사업자와 고객 사이에서 할인약정의 내용을 수치화하여 표시한 것, 즉 '롯데포인트'에 그치는 것이 아니라 제휴자들과 롯데카드 사이에서 정산의 단위가 되는 '정산포인트'의 성격을 함께 보유하고 있는 것으로 명확히 정리되어 있다.

(3) 이에 따라 이 사건 포인트가 사용되는 거래에서도 사업자와 고객 모두 이로써 2차 거래의 대가 중 일부를 결제한 것으로 인식하는 것이 엄연한 현실이고, 이 사건 포인트와 유사한 다른 포인트에 관한 거래관행 역시 마찬가지이다. 거래의 대가 중 일부를 이 사건 포인트로 결제받은 2차 거래의 사업자로서는 사후에 롯데카드로부터 포인트 상당의 금전을 지급받음으로써 통상의 공급가액 전액을 보전받을 것으로 여기고 있을 뿐 통상의 공급가액에서 이 사건 포인트 상당 금액만큼 적게 받을 의사로 거래한다고 볼 수는 없다. 이 사건 포인트가 재화 공급의 대가라고 하는 것은 위와 같은 거래의 실질과 그 법적 성격을 직시하고자 하는 것이며, 단순히 거래 당사자들 사이에서 이 사건 포인트가 오랜 기간 동안 에누리액이 아닌 공급가액의 일부로 처리되어 왔다는 세무 실무의 관행에 따르자고 하는 것이 아니다.

라. 그리고 이 사건 포인트가 '금전 외의 대가'로서 2차 거래의 공급가액 중 일부를 구성하는지 아니면 거기에서 제외되는 에누리액인지 여부는 2차 거래만을 기준으로 판단하여야 한다. 부가가치세법은 개별 거래를 기본으로 하여 일정한 과세기간을 과세단위로 삼도록 하고 있으므로, 설령 1차 거래와 2차 거래가 동일한 과세기간에 속하는 경우라도 2차 거래의 공급가액은 1차 거래와 무관하게 정해져야 한다. 1차 거래와 2차 거래에서 고객이 지출한 금액의 합계와 부가가치세 과세의 전제가 되는 공급가액의 합계가 서로 일치하지 않는다고 하여 1·2차 거래를 통틀어서 그 차액을 에누리라고 설명하는 것은 개별 거래 단위로 공급가액을 파악하는 부가가치세법의 인식 체계와 조화를 이룰 수 없다. 1·2차 거래의 과세기간이 서로 다른 경우는 더 말할 필요도 없다.

2차 거래에서 받은 이 사건 포인트가 사업자에게 '금전적 가치 있는 것'임을 부정할 수 없음에도 불구하고 이를 에누리액이라고 보는 것은 결국 1·2차 거래를 통틀어서 공급가액이 얼마라고 정하는 것과 다름이 없다. 그러나 그와 같이 관련성이 있는 거래라고 하여 이를 연계하여 묶어서 판단하기 시작하면 그 관련성의 범위를 어디까지로 할 것인지부터 문제가 될 것이기도 하지만, 적어도 현행 부가가치세법의 테두리 안에서 그러한 방식의 공급가액 산정이 인정될 여지는 없다.

마. 한편 이 사건 포인트와 관련된 사업자들 사이의 형평과 법적 안정성 등의 관점에서도 이 사건 포인트가 공급가액에 포함된다고 보아야 한다.

(1) 사용된 이 사건 포인트 상당 금액을 지급할 의무를 부담하는 쪽은 1차 거래에서 이 사건 포인트를 적립해준 사업자인데 정작 매출세액이 줄어드는 쪽은 2차 거래에서 이 사건 포인트의 사용을 받아준 사업자라고 보는 것은 경제적 부담의 측면에서 보더라도 불합리하다. 그 포인트 상당 금액을 지급할 의무를 부담하는 사업자는 1차 거래에서 장려금을 교부한 셈이므로 1차 거래의 매출세액이 줄어들지 않는 것은 당연하지만, 2차 거래의 사업자는 이 사건 포인트 상당의 금액을 지급받았음에도 오히려 그 포인트 상당 금액만큼 매출세액이 줄어든다고 하면 이는 거래의 실질과 전혀 부합하지 않는다.

이러한 불합리는 2차 거래의 고객, 즉 공급받는 자의 입장에서도 생길 수 있다. 2차 거래의 고객이 최종소비자가 아닌 '사업자'인 경우에 이 사건 포인트를 2차 거래의 공급가액에서 제외하게 되면 매입세액 공제가 그만큼 줄어들 수밖에 없는 불리한 결과가 초래되기 때문이다. 결국 이 사건 포인트는 관련된 사업자들 사이의 형평이라는 측면에서 보더라도 2차 거래의 공급가액에 포함되어야 한다.

(2) 납세의무자의 혼란과 과세행정의 부담을 방지하기 위해서도 새삼스럽게 이 사건 포인트를 공급가액에서 제외하는 해석을 하는 것은 바람직하지 않다.

고객이 최종소비자가 아닌 '사업자'인 경우에 이 사건 포인트가 2차 거래의 공급가액에서 제외되어야 하는 것으로 보게 되면 결과적으로 그 고객은 지금까지 2차 거래와 관련한 매입세액을 과다하게 공제받아 온 것이 되므로 부과제척기간이 남아 있는 한 과세되어야 할 것이다. 이는 해당 고객의 입장에서 전혀 예상하지 못하였던 불이익이 될 뿐만 아니라 합당하지도 않다.

수많은 거래행위를 과세대상으로 삼는 부가가치세에 관해서는 특히 법적 안정성을 존중하면서 가능한 한 간명하게 해석할 필요가 있다. 이 사건 포인트와 같이 유통업체와 불특정 다수의 고객 사이에서 이루어지는 거래와 관련하여 공급가액이 문제 되는 경우에는 더욱 그러하다.

바. 결론적으로 이 사건 포인트는 '금전적 가치 있는 것'으로서 '금전 외의 대가'에 해당하고 '에누리액'에 해당하지 아니하므로 2차 거래의 과세표준인 공급가액에 포함된다고 보는 것이 부가가치세법의 공급가액 산정에 관한 원칙에 부합할 뿐만 아니라 거래현실과 당사자의 의사에 부합하고 기존의 거래관행에 혼란을 초래하지 않는 타당한 해석이라고 본다. 원고들과 롯데카드 사이에서 동일한 구조로 운용된 이 사건 상품권의 경우에도 마찬가지이다.

한편 이 사건 시행령 조항은 이 사건 포인트와 상품권에 관한 한 당연한 법리를 규정한 확인적인 것에 불과하므로 그 효력을 부인할 이유가 없다.

따라서 원고들이 고객으로부터 받은 이 사건 포인트와 상품권이 재화의 공급에 대한 부가가치세의 과세표준인 공급가액에서 제외됨을 전제로 하여 경정청구를 한 데 대하여, 피고가 이를 거부하는 이 사건 처분을 한 것은 적법하고, 같은 취지의 원심판단은 정당하다. 그러므로 원고들의 상고는 모두 기각되어야 한다.

이상과 같은 이유로 다수의견에 반대한다.

4. 다수의견에 대한 대법관 김용덕, 대법관 이기택의 보충의견

가. 구 부가가치세법 제13조 제1항은 재화의 공급에 관하여, '금전의 대가를 받는 경우에 그 대가', '금전 외의 대가를 받는 경우에 자기가 공급한 재화 또는 용역의 시가', '재화의 공급에 대하여 부당하게 낮은 대가를 받거나 대가를 받지 아니한 경우에 자기가 공급한 재화의 시가'를 합한 금액을 부가가치세의 과세표준으로 보고 이를 공급가액이라고 명칭하는 한편, 같은 조 제2항은 에누리액(제1호), 국고보조금과 공공보조금(제4호), 재화 또는 용역을 공급한 후의 그 공급가액에 대한 할인액으로서 대통령령으로 정하는 할인액(제6호) 등을 과세표준에서 제외하고 있다.

구 부가가치세법 제13조의 위임에 따라 구 부가가치세법 시행령 제48조 제1항은 과세표준에서 제외되는 에누리액에 대하여 '재화 또는 용역의 공급에 있어서 그 품질·수량 및 인도·공

급대가의 결제 기타 공급조건에 따라 그 재화 또는 용역의 공급당시의 통상의 공급가액에서 일정액을 직접 공제한 금액'이라고 규정하고 있다.

따라서 고객이 사업자로부터 재화를 구입하면서 통상의 공급가액에서 일정액을 직접 공제받은 경우에 그 공제가 그 품질·수량 및 인도·공급대가의 결제 기타 공급조건에 따라 정하여진 것이라면, 이는 구 부가가치세법 제13조 제2항 제1호에서 정한 에누리액으로서 같은 조 제1항의 과세표준에서 제외되어야 하며, 그와 같은 에누리를 받을 수 있는 사유 내지 지위가 금전적 가치를 가지는지 여부는 결론에 영향을 주지 못한다.

그리고 에누리액은 이와 같이 재화 또는 용역을 공급받으면서 통상의 공급가액에서 일정액을 공제하는 것을 말한다. 공급가액에서 일정액이 공제되었는지 여부를 가리기 위한 전제에서, 사업자가 고객으로부터 할인된 후의 공급가액에 해당하는 금전 등을 받은 외에 추가로 고객으로부터 받은 금품 등이 있는지 여부를 고려할 필요는 있다. 그렇지만 고객이 재화 또는 용역을 공급받으면서 사업자와의 사전 약정에 따라 통상의 공급가액보다 할인을 받아 그 대금을 지급하지 아니한 이상 통상의 공급가액에서 그 할인액이 공제되었다고 보아야 할 것이며, 특별한 사정이 없는 한 그 공제 사유에 따라 공제 자체가 부정될 수 있다고 보기는 어렵다.

나. 이 사건에서의 쟁점은 여러 사업자들과 고객 사이에서 계속되는 거래를 예정하여 1차 거래의 실적을 2차 이후의 거래에 반영하여 대금을 할인하여 주기로 하는 약정을 맺고, 그 약정에 따라 2차 이후의 거래에서 고객으로부터 할인된 대금을 받은 경우에, 그 할인이 에누리액에 해당하는지 여부이다.

그런데 이와 같이 1차 거래의 실적을 반영하여 2차 이후의 거래에서 대금을 할인하여 주는 것은 구 부가가치세법 시행령 제48조 제1항에서 정한 '기타 공급조건에 따라 재화 또는 용역의 공급 당시의 통상의 공급가액에서 일정액을 직접 공제'한 것에 해당한다. 고객이 1차 거래와 2차 거래를 통하여 지급한 돈은 통상의 거래가액에서 이와 같이 할인된 금액을 공제한 나머지에 불과하며, 사업자들이 그 할인·공제된 금액을 넘어서는 대금을 받았다고 할 수 없다.

여기서 어느 사업자나 위와 같이 공동 약정을 맺은 사업자들이 2차 이후의 거래에서 고객이 할인받을 수 있는 금액을 수치화하여 포인트라는 이름을 부여하였다고 하더라도, 이는 2차 이후의 거래가 다양하게 이루어지고 실제 할인 여부 및 할인받는 금액이 고객의 선택에 따라 달라질 수 있음을 고려하여 그 대금을 할인받을 수 있는 지위를 관리하기 위한 방법에 불과하다. 2차 이후의 거래에서 할인을 받게 되면 고객으로서는 그 수치화된 포인트가 감소되어 그만큼 향후 대금을 할인받을 수 있는 지위가 소멸될 뿐 대금을 할인받을 수 있는 지위라는 그 포인트 자체를 거래 사업자에게 양도하는 것이 아니므로, 이러한 대금 할인의 결과를 가지고 고객으로부터 사업자에게 대금이 지급되었다고 할 수 없다. 그리고 구 부가가치세법 제13조 제2항에서 정한 '에누리액' 등 과세표준 제외 사유에 해당한다면 설령 그 '에누리액' 자체에 금전적 가치가 있다 하더라도 이를 과세표준에서 제외하여야 할 것이므로, 이 사건에서 이와 같은 대금 할인의 가능성이나 그 감소에 대하여 금전적 가치를 가진다고 평가할 수 있는지 여부는 에누리액 내지는 과세표준 제외 사유 해당 여부에 대한 판단에 영향을 미치지 아니한다.

또한 위와 같이 고객이 공급대금을 할인받은 2차 이후의 거래를 한 사업자와 그 할인의 기초가 된 1차 거래의 사업자들이 일치하지 아니함에 따라 사업자들 사이에서 소멸된 포인트에 관하여 정산을 한다 하더라도, 이는 2차 이후의 거래를 마친 후에 그 거래와 별도로 사전에 공동 사업자들이 한 약정에 따라 고객이 아닌 사업자들 내부에서 이루어지는 것에 불과하며, 그 할인 내지 정산에 따른 손익은 소득 및 그에 대한 법인세 등의 과세에 반영된다. 사업자들이 정산을 할 것인지 여부 그리고 정산을 하면서 얼마를 주고받을 것인지는 모두 사업자들 사이에서 이루어진 약정에 의하여 이루어지며, 이에 관하여 고객은 아무런 이해관계가 없다. 이러한 정산이 가지는 실질적인 의미는 아래 다.항에서 살펴보는 바와 같으며, 실제로 이 사건의 경우에도 사업자들은 내부 정산과정에서 일정 기간별 최종 정산 결과에 따른 금액만을 지급하거나 받게 되어 그 금액이 2차 이후의 거래에서 실제로 공제된 가액과 일치하지 아니할 뿐 아니라, 이 사건 포인트의 통합 관리 등과 관련한 수수료가 공제되므로 정산과정에 반영되는 금액도 소멸되는 이 사건 포인트의 수치와 일치하지 아니한다. 이처럼 사업자들 내부의 사후적인 정산관계 내지는 그 이행 여부가 고객의 이 사건 포인트를 이용한 가격 할인에 아무런 영향을 주지 못하므로, 위 정산관계와 무관한 사업자와 고객 사이의 2차 이후의 거래관계에서 할인·공제된 가액에 관하여 고객이 위 정산관계를 통하여 사업자에게 공급대가를 지급하였다 할 수 없다. 결국 고객으로서는 2차 이후의 거래에서 가격을 할인·공제받고 그에 따라 포인트가 소멸되는 결과가 발생될 뿐인데, 위 정산관계를 이유로 고객으로부터 그 상당의 공급대가가 지급되어 할인·공제가 이루어지지 아니하였다고 할 수 없다.

다. 이 사건 포인트에 관한 이러한 해석은 1차 거래에 이어 2차 이후의 거래가 예정된 거래관계에서 고객이 지급한 대가, 즉 부가가치세의 과세대상인 재화 또는 용역의 공급가액에 관한 실질에도 부합한다.

(1) 이 사건 포인트가 2차 거래의 공급가액에서 공제되는 에누리액에 해당하는지 여부를 판단하기 위해서는 2차 거래뿐만 아니라 1차 거래를 함께 살펴볼 수밖에 없다.

부가가치세법이 개별 거래를 기본으로 일정한 과세기간을 과세단위로 삼고 있으므로 이 사건 포인트가 2차 거래의 에누리액인지 여부를 판단할 때에도 2차 거래를 기준으로 판단하여야 할 것이지만, 그렇다고 해서 이 사건 포인트의 성격을 판단할 때 2차 거래 외의 다른 거래를 일체 고려할 수 없다고 할 것은 아니다. 부가가치세법상의 과세기간은 과세단위를 획정하기 위한 기술적·편의적 제도일 뿐 이 사건에서 2차 거래의 공급가액을 판단하면서 고려하여야 할 대상과 범위까지 그에 좌우되어야 할 필연적인 이유는 없기 때문이다. 오히려 이 사건 포인트는 1차 거래에서 적립·발생되어 2차 거래에서 사용·소멸되므로, 그것이 2차 거래의 에누리액인지에 관하여는 1·2차 거래를 통틀어 살펴봄으로써 그 성격을 파악하는 것이 가능하고 나아가 당연히 요구되는 과정이기도 하다.

(2) 1차 거래에서 원고들을 비롯한 사업자들은 고객으로부터 대가 전액을 받고 그와 관련한 일정 금액에 상당하는 이 사건 포인트를 적립해 주는 반면, 2차 거래에서 그 포인트가 다른 사업자를 상대로 사용되면 그에 해당하는 금액을 롯데카드에게 정산금으로 지급하여야 하고 자신을 상대로 사용되면 정산금을 받지 못하게 된다. 따라서 2차 거래에서 고객으로 하여금 대가 중 일부를 지급하지 않을 수 있도록 하는 이 사건 포인트는 실질적으로 1차 거래에서 받은 대가 중 일부로써 충당되는 것이라고 할 수 있다. 반대의견과 같이 이 사건 포인트가 2차 거래의 에누리액이 아니라고 보게 되면 결국 1차 거래에서 받은 대가 중 일부로서 충당되는 실질을 갖는 이 사건 포인트가 1차 거래와 2차 거래의 공급가액에 모두 포함되는 결과가 되는데 이는 하나의 대가를 중복하여 과세표준에 산입하는 것이나 다름없다.

예컨대 동일한 물건을 2개 구입하는 고객이 이 사건 포인트와 같은 고객충성제도를 운영하는 소매점과 거래한 경우를 그와 달리 즉시할인 제도를 운영하는 소매점과 거래한 경우와 비교해 보면 이러한 실질이 더욱 분명하게 드러난다. 어떤 소매점이 즉시할인 제도를 운영하면서 동일한 물건을 2개 구입하는 고객에게 두 번째 물건을 10% 할인가에 제공할 경우에, 고객이 그 소매점에서 공급가액이 10,000원인 물건 2개를 구입하면 두 번째 물건의 공급가액은 9,000원이 된다는 점에 관해서는 반대의견도 이견이 없을 것이다. 그런데 그 고객이 포인트 제도를 운영하는 소매점에서 1차 거래를 하여 공급가액이 10,000원인 물건을 구입하면서 1,000포인트를 적립받고 곧바로 2차 거래를 하여 동일한 물건을 구입하면서 1,000포인트를 모두 사용하였을 경우에 반대의견에 의하면 2차 거래의 공급가액을 9,000원이 아닌 10,000원으로 보아야 한다는 결론에 이르게 된다. 나아가 1차 거래 때 포인트 대신에 1,000원 할인권을 제공하는 소매점과 거래한 경우에도 반대의견은 그 할인권에 관한 정산이 이루어지는 한 할인권이 사용되는 2차 거래의 공급가액을 10,000원으로 보게 될 것이다.

이러한 세 가지 거래는 순전히 유통업체들 사이의 마케팅 기법상 차이에 따른 것일 뿐 고객에게 제공되는 재화의 종류와 수량, 고객이 지출하는 대가의 액수 등은 모두 동일하다. 부가가치세가 공급자가 아닌 고객에게 전가되는 세금으로서 그 실질적인 담세자는 최종소비자라는 점을 고려하면 위 세 가지 거래로 인하여 창출되는 부가가치의 크기는 모두 동일하다고 보는 것이 타당하다. 거래과정에서 포인트 또는 할인권이라는 마케팅 수단이 발생하였다가 소멸하더라도 이는 부가가치세 과세표준을 따질 때 아무런 의미가 없는 것이다.

(3) 반대의견은 이 사건 포인트에 관하여 정산이 이루어진다는 점에 근거하여 이를 '금전적 가치 있는 대가'에 해당한다고 보는 것이지만, 이는 거래현실에서 이루어지는 다양한 형태의 정산을 도외시한 견해이다. 고객에 대하여는 모두 1점당 1원의 할인가치를 갖는 포인트라고 하더라도 거기에 참여하는 공급자들 사이에서 실제 이루어지는 정산의 내용은 포인트 운영자와 그 참여자 사이의 경제적 우열관계에 따라 1점당 1원일 수도 있고 그와 달리 0.9원이거나 또는 0.1원일 수도 있다. 예컨대 1,000포인트를 사용하는 고객으로부터 1,000원을 덜 받는 경우에 어떤 포인트 제도에서는 공급자가 포인트 운영자로부터 1,000원을 그대로 보전받는 반면에 다른 포인트 제도에 참여하는 공급자는 100원만 보전받을 수도 있는 것이다. 그런데도

반대의견과 같이 정산이 이루어진다는 사실에만 착안하여 부가가치세 과세표준을 파악하게 되면 위와 같은 경우에 공급한 재화의 시가를 공급가액으로 보게 되므로 공급자들은 무차별적으로 포인트 사용액 1,000원에 대한 부가가치세를 모두 납부하여야만 하는 결과가 된다. 이는 결국 1포인트에 관하여 1원을 보전받는 공급자와 0.1원을 보전받는 공급자를 동일하게 취급하는 것이 되어 형평에 맞지 않는다. 이와 같은 문제점은 이 사건 포인트가 2차 거래의 에누리액인지 여부를 판단함에 있어 1·2차 거래를 전체적으로 고찰하지 아니한 채 정산의 유무만을 기준으로 삼아서는 안 된다는 점을 명확히 드러내는 것이다.

(4) 만일 반대의견과 같이 이 사건 포인트에 금전적 가치가 있다고 본다면 오히려 이를 1차 거래의 에누리액으로 보아야만 이와 같은 중복계산을 피하는 길이지, 이를 1차 거래의 장려금으로 보아 공급가액에서 제외되지 않는다고 보는 것은 부당하다. 공급자가 공급받는 자로부터 공급대가를 받으면서 그와 반대로 금전을 지급하더라도 이를 공급가액에서 제외하지 않는다는 장려금 규정은 위와 같은 중복계산을 초래할 우려가 있으므로 한정적으로만 적용된다고 보는 것이 타당하다. 다수의견은 이 사건 포인트가 1차 거래에서 적립된 상태만으로는 아직 에누리액이라고 하기 어렵고 그것이 공급가액을 직접 공제·차감하는 효과를 발생시키는 2차 거래의 에누리액이라고 보는 것이고, 이와 같이 해석하는 것이 중복계산을 피하면서도 합리적으로 공급가액을 산정해낼 수 있는 견해이다.

라. 대법원판례는 그동안 이 사건 포인트와 유사한 사안에 관하여 이미 일관되게 에누리액에 해당한다고 판단하였다.

대법원 2015. 12. 23. 선고 2013두19615 판결은 이동통신회사가 대리점 사업자에게 단말기를 판매하면서 대리점 사업자가 일정한 요건을 갖춘 가입자에게 보조금 상당액만큼 단말기를 할인 판매하는 조건으로 이동통신회사의 대리점 사업자에 대한 단말기 공급가액 중 보조금 상당액을 감액해주기로 한 사안에서, 그 보조금 상당액은 이동통신회사의 대리점 사업자에 대한 단말기 공급가액을 직접 공제하는 에누리액에 해당한다고 판단함으로써 공급가액의 감액이라는 실질에 근거하여 에누리액을 인정하였다.

그리고 대법원 2016. 6. 23. 선고 2014두144 판결은 홈쇼핑 운영업체가 할인쿠폰을 발행하면 홈쇼핑 입점업체는 이를 사용하는 상품구매자에게 할인된 가격으로 판매하고 그 대신 홈쇼핑 운영업체에게 상품할인액만큼 차감된 판매수수료를 지급한 사안에서, 그 할인액은 홈쇼핑 입점업체가 공급한 상품의 가격에서 직접 공제되는 에누리액에 해당한다고 판단하였다. 또한 대법원 2016. 6. 23. 선고 2014두298, 304, 311 판결은 인터넷상의 오픈 마켓을 운영하는 회사가 할인쿠폰을 발행하여 상품구매자로 하여금 오픈 마켓에 입점한 업체로부터 할인된 가격에 상품을 구매할 수 있도록 하고 그 대신 입점업체로부터 받은 서비스 이용료에서 상품할인액만큼을 공제한 나머지만 지급받은 사안에서, 그 공제액은 서비스 이용료에서 직접 차감되는 에누리액에 해당한다고 판단하였다.

이는 상품 거래 시장 운영자와 그 시장 내 사업자 사이에서 사전 약정에 따라 할인쿠폰 상당의 할인액에 대해 사후적인 보상이 이루어진다 하더라도, 고객과 사업자 사이에서는 할인쿠폰 상당의 상품 가격이 직접 공제된다는 실질에 근거하여 구 부가가치세법 시행령 제48조 제1항에서 정한 에누리액에 해당한다고 판단한 것으로서, 사업자들 사이의 사전 약정에 따라 할인이 이루어지는 이 사건 포인트와 상품권에 대하여도 고객에 대한 관계에서 에누리액으로 보는 것이 이러한 대법원판례의 취지에 부합한다.

마. (1) 현금으로 바꿀 수 있는 캐쉬백 포인트의 경우에, 그 캐쉬백 포인트의 성질이나 기능이 다양할 수 있으므로 이를 단순히 이 사건 포인트와 비교할 수 없다. 다만 어떠한 포인트가 현금으로 바꿀 수 있는 기능과 상품 가격 할인을 위하여 사용할 수 있는 기능을 모두 가지고 있는 경우에, 고객이 이를 단순히 상품 가격 할인을 위하여 사용한다면 고객이 현금으로 지급하는 상품 가격이 줄어든다는 실질을 쉽게 부정할 수 없다. 한편 위와 같은 포인트가 있다 하더라도 이를 이용하여 할인 등을 받지 아니하고 현금을 지급한 경우에는 상품 가격이 줄어들지 아니하며, 고객이 지급한 현금의 형성 과정을 고려할 필요는 없다. 또한 고객이 위와 같은 포인트를 이용하지 아니함에 따라 일정한 기간 경과 등의 약정된 사유에 의하여 그 포인트가 소멸될 수도 있다. 결국 고객이 위와 같은 포인트를 사용할 것인지 여부 그리고 어떠한 방법으로 사용할 것인지는 고객의 선택에 달려 있으며, 그 사용 방법의 실질에 따라 과세를 하면 충분하다.

(2) 그리고 반대의견에서는 기존의 거래 현실에서 사업자가 2차 거래의 대가로 고객으로부터 현금과 이 사건 포인트를 함께 받는 경우에 현금 부분뿐만 아니라 이 사건 포인트로 받는 부분에 대해서까지 부가가치세를 계산하여 이를 포함한 거래가액을 산정하여 왔다는 것을 다수의견에 대한 반대 논거로 들고 있다. 그러나 설령 실제 거래 과정에서 위와 같은 사례가 있다 하더라도, 이는 이 사건 포인트가 에누리액이 아니라는 잘못된 전제를 바탕으로 이루어진 것으로 더 이상 유지될 수 없다. 다수의견에 의하여 그와 같은 세무처리가 잘못되었다고 보게 되면 올바른 법리에 따라 잘못된 세무처리 사례가 바뀌어야 할 것이지, 거꾸로 거래 사례를 이유로 법리에 반하는 잘못된 세무처리 내용을 계속 유지하도록 하여야 할 이유는 되지 못한다. 오히려 고객으로서는 이 사건 포인트가 소멸되었을 뿐 그에 관하여 사업자에게 지급한 것이 없음에도 이 사건 포인트에서 부가가치세가 지급된 것으로 보아 고객이 이를 환급받을 수 있다는 것은 거래의 실질에 어긋난다. 위와 같은 거래 사례는 공급자인 원고들이 이 사건 포인트를 에누리액이 아닌 것으로 취급함에 따라 결과적으로 포인트 결제 부분에 대한 부가가치세 상당액만큼의 포인트를 고객으로부터 과다 차감한 것으로 보이며, 그 사업자들로서는 고객에게 그에 해당하는 포인트 부분을 회복하여야 할 것이다.

바. 결론적으로 이 사건 포인트는 사업자가 1인인 포인트와 동일하게 1차 거래 때 사업자가 고객에게 약속한 할인 약정의 내용을 수치화한 것에 불과하여 그 상당액이 고객이 지급할 공급가액에서 직접 할인·공제되므로, 그 공제한 금액은 에누리액에 해당하며 부가가치세의 과세표준인 공급가액에 포함되지 아니한다고 봄이 타당하다.

이상과 같이 다수의견에 대한 보충의견을 밝혀 둔다.

5. 반대의견에 대한 대법관 김창석의 보충의견

가. 이 사건 포인트가 '금전적 가치 있는 것'에 해당한다고 보는 이상 이를 2차 거래의 에누리액으로 볼 수 있는 여지는 없다.

(1) '에누리액'은 통상의 대가에서 일정액을 직접 깎아 주는 금액을 뜻한다. 따라서 그 부분에 관하여는 사업자가 어떠한 대가를 지급받는 것이 아니므로 사업자의 입장에서 볼 때 에누리액에 금전적 가치 있다고 할 수는 없다. 반대로 사업자가 '금전적 가치 있는 것'을 대가로 받았다면 에누리액에 해당될 여지는 사라진다. 그럼에도 다수의견에 대한 보충의견의 논리는 이와 달리 사업자인 원고들이 받은 이 사건 포인트가 '금전적 가치 있는 것'이더라도 에누리액에 해당하여 과세표준에서 제외될 수 있다는 것이다.

물론 사업자가 대가 전부를 받은 후에 그 중 일정액을 고객에게 되돌려주는 경우에 이른바 '사후 에누리액'에 해당되는지가 문제 될 수 있고, 이러한 사후 에누리액은 대가 전부를 받은 후에 발생한다는 점에서 일단 과세표준에 포함된 후에 '에누리액'에 해당하여 과세표준에서 제외되는 경우라고 할 수 있다. 그러나 이 사건에서 사업자는 2차 거래의 대가 전부를 받은 후에 다시 일정액을 되돌려준 것이 아니라 처음부터 대가 중 일부를 이 사건 포인트로 결제받은 것이고 고객에게 이를 되돌려준 것이 아니므로 사후 에누리액에 해당될 여지가 없다. 따라서 이 사건 포인트가 '금전적 가치 있는 것'이 아닌 경우에 비로소 다수의견과 같이 대가 중 일부를 깎아 준 것으로서 '에누리액'에 해당한다고 볼 수 있으나, 이 사건 포인트가 '금전적 가치 있는 것'에 해당한다는 점은 반대의견에서 밝힌 바와 같다.

(2) 다수의견은 구 부가가치세법 제13조 제1항에 따라 "부가가치세의 과세표준에 포함되기 위해서는 재화나 용역의 공급과 대가관계에 있는 것을 받아야 할 뿐만 아니라 그것이 금전 또는 금전적 가치가 있는 것이어야 한다."라고 기본적인 법리로서 전제하였다.

그런데 사업자인 원고들이 거래상대자로부터 받은 이 사건 포인트가 '금전적 가치 있는 것'이라면 원고들은 거래상대자로부터 '금전 외의 대가'를 받았다고 할 수밖에 없다. 그럼에도 다수의견에 대한 보충의견은 이 사건 포인트가 '금전적 가치 있는 것'이라고 하더라도 구 부가가치세법 제13조 제2항 제1호의 에누리액에 해당할 수 있다고 한다. 이는 모순이라고 할 수밖에 없다. 그리고 다수의견이 이 사건 포인트로 결제된 부분을 '에누리액'에 해당하는 것으로 볼 수 있다고 할 뿐 더 이상 구 부가가치세법 제13조 제1항 제2호의 '금전 외의 대가'에 해당하는지 여부에 관하여 따져보지 않고 있는 것 또한 위와 같이 스스로 전제한 법리를 무의미한 것으로 만든다. 이는 구 부가가치세법 제13조 제1항 제2호 및 구 부가가치세법 시행령 제48조 제1항이 원칙적 규정으로서의 의미를 갖는 것임에도 오히려 구 부가가치세법 제13조 제2항 제1호 및 구 부가가치세법 시행령 제52조 제2항이 원칙적 규정으로서의 의미를 갖는 것으로 그 관계를 전도(顚倒)시키는 것이다. 구 부가가치세법 제13조 제2항 제1호는 제1항 제2호에 우선하여 적용되는 특별규정과 같은 지위에 있는 것이 아니다.

다수의견이 정당화될 수 있으려면 이 사건 포인트가 '금전적 가치 있는 것'이라고 하더라도 왜 구 부가가치세법 제13조 제1항 제2호의 '금전 외의 대가'에 해당하지 아니하고 제2항 제1호의

'에누리액'에 해당하여 과세표준에서 제외될 수 있는지에 관하여 합당한 설명을 하여야 한다. 그렇지 못하면 다수의견은 구 부가가치세법 제13조 제1항 제2호를 근거 없이 사문화(死文化)시킴으로써 제2항 제1호와의 관계를 구분 짓는 기준을 포기하는 결과를 초래한다.

이에 관하여 다수의견과 그 보충의견은 이 사건 포인트가 2차 거래에서 사용되는 즉시 소멸되어 버리고 이후에 롯데카드로부터 이 사건 포인트에 상당하는 가액을 상환받는 관계는 이 사건 포인트 거래와는 무관한 별개의 국면이라고 봄으로써 이러한 비판을 피해나가고자 하는 것으로 보인다. 그러나 이 사건 포인트를 받은 사업자가 롯데카드로부터 그에 상당하는 가액을 상환받을 권리를 갖는다는 사실 자체를 부정할 수는 없으며, 이러한 포인트 상당 가액을 상환받을 권리를 그 포인트를 받은 거래 자체로부터 분리하여 따로 법적 평가를 한다는 것이 순리적이라고 할 수도 없다. 원고들을 포함한 사업자들과 롯데카드가 체결한 롯데멤버스 업무제휴계약에서조차 이 사건 포인트를 고객이 사업자로부터 할인받을 수 있는 권리와 이 사건 포인트를 받은 사업자가 롯데카드로부터 이 사건 포인트에 상당하는 가액을 상환받을 수 있는 권리를 포괄하는 것으로 정의하고 있음은 반대의견에서 본 바와 같다.

나. 이 사건 포인트와 관련된 거래의 실질에 비추어 보더라도 이 사건 포인트는 부가가치세 과세표준에 포함된다고 보는 것이 타당하다.

(1) 다수의견에 대한 보충의견은 실제 정산과정에서 1포인트가 1원에 미치지 못하는 0.9원 또는 0.1원의 가치로써 정산되는 경우도 있을 수 있음을 들어 반대의견에 의할 경우 형평상 문제가 발생한다고 하고 있다.

이 사건 포인트의 경우에는 1포인트가 1원의 가치로 정산된다고 정해져 있으므로 그러한 점에서 보더라도 오히려 이 사건 포인트는 결제수단으로서 과세표준에 포함된다고 보아야 할 근거가 된다고 할 수 있다.

다수의견에 대한 보충의견에서 들고 있는 것과 같은 예외적인 사례가 존재한다면 이는 2차 거래의 사업자에 대하여 부가가치세 과세표준을 산정할 때 불리하게 취급될 것임을 무릅쓰고 그와 같이 약정한 것이므로 그로 인한 조세상 불이익은 부득이하게 스스로 감수할 수밖에 없을 것이다. 그러나 1포인트가 고객에게는 1원의 할인 가치를 갖는 반면에 사업자가 포인트 운영사로부터 포인트 상당 가액을 상환받는 과정에서는 1원 미만의 가치를 갖는 것으로 약정할 만한 이유를 선뜻 상정하기 어렵고, 그렇다면 1포인트가 1원 미만의 가치로써 상환되는 경우란 현실성이 없는 가정적 사례에 불과할 것으로 보인다. 이 사건 포인트 외의 다른 포인트에서도 1포인트가 할인과정에서 갖는 가치와 상환과정에서 갖는 가치가 동일하게 정하여질 것이다. 사업자들이나 그들과 포인트 운영사 사이의 이해관계는 1차 거래 때 공급되는 재화의 종류나 기타 사정에 따라 적립되는 포인트의 비율을 달리 약정하는 방법으로 조정하는 것이 통상적일 것이다.

(2) 이 사건 포인트의 정산과정에서 롯데카드가 수수료를 공제한 잔액만 사업자들에게 지급한다고 하여 이 사건 포인트의 성격을 달리 볼 것도 아니다.

롯데카드가 공제하는 수수료는 이 사건 포인트 제도를 운영하면서 사업자들에게 제공하는 용역에 대한 대가로서 이 사건 포인트가 적립되어 사용되는 1·2차 거래와는 별도의 원인에 기한 것이고, 다만 편의상 이를 포인트의 정산과정에서 함께 계산하여 결제하는 것에 불과하다. 예컨대, 사업자가 고객으로부터 대가를 신용카드로 결제받은 경우에 이후 신용카드회사로부터 가맹점 수수료를 공제하고 남은 잔액만 실제로 지급받게 되지만 이를 이유로 과세표준을 달리 볼 수 없는 것과 마찬가지이다.

(3) 다수의견에 대한 보충의견은 또한 동일한 물건을 2개 구입하는 고객이 이 사건 포인트와 같은 고객충성제도를 운영하는 소매점에서 거래한 경우와 즉시할인 제도를 운영하는 소매점에서 거래한 경우를 나란히 놓고 비교하면서 둘 사이에 차이가 없음에도 달리 취급하게 되는 반대의견은 부당하다고 비판한다.

그러나 위 사례 중 전자의 경우는 반대의견에서 이미 밝힌 '자사 적립 포인트'에 관한 것으로서, 2차 거래의 사업자가 포인트 운영사에게 금전을 지급할 의무와 그로부터 금전을 지급받을 권리가 우연히 동일 사업자에게 귀속되는 결과 외관상으로 정산이 발생하지 않는 것과 같이 보일 뿐 그 포인트에 상당하는 금전을 포인트 운영사로부터 받을 권리로서의 실질이 그대로 유지된다는 점은 이미 반대의견에서 설명한 바와 같다. 오히려 2차 거래의 사업자 입장에서 보면, 만약 그 포인트가 다른 사업자를 상대로 사용되었다면 그 전부에 상응하는 금전을 포인트 운영사에게 지급할 의무를 부담하였을 것인데도 그것이 자신을 상대로 사용됨으로써 포인트 운영사에게 그러한 금전을 지급할 의무를 면하게 되었다는 점에서 보더라도, 그와 같은 포인트에 금전적 가치가 있다는 점에서 즉시할인의 경우와는 본질적인 차이가 있다고 보아야 한다. 즉시할인의 경우에는 사업자가 그 누구에 대하여 금전을 지급할 의무를 면하게 된다든지 그 누구로부터 금전을 상환받을 권리를 갖게 된다든지 하는 문제는 발생하지 않는다. 어떤 사업자가 다른 사업자들과 함께 이 사건 포인트 제도와 같은 고객충성제도를 운용하는지, 아니면 혼자서 즉시할인 제도를 운영하는지에 따라 언뜻 비슷해 보이는 거래에 관하여 서로 다른 부가가치세 과세표준이 산정되는 것은 당연한 결과이다. 외관이 비슷하다 하더라도 그 실질이 다르기 때문이다.

다. 다수의견에 대한 보충의견에서 들고 있는 판례들은 반대의견의 입장과 배치되는 것이 아니라 오히려 그에 정확히 부합한다.

(1) 대법원 2015. 12. 23. 선고 2013두19615 판결의 사안에서는 이동통신회사가 대리점 사업자에게 단말기를 공급한 거래가 문제 되었다. 원고인 이동통신회사는 이동통신서비스에 가입하는 고객이 일정한 요건을 갖춘 경우에 지급하는 보조금 상당액을 대리점 사업자로부터 지급받을 단말기 대금에서 감액하여 주었다. 이 경우에 사업자인 이동통신회사의 입장에서는 거래상대자인 대리점 사업자로부터 지급받을 단말기 대금을 감액해주었으나 어느 곳으로부터도 그에 상응하는 금전을 받은 바 없으므로, 이를 에누리액으로 본 것은 반대의견에 전적으로 부합한다.

(2) 대법원 2016. 6. 23. 선고 2014두298, 304, 311 판결(이하 '오픈마켓 용역공급 판결'이라 한다)은 인터넷 오픈마켓 운영회사가 원고인 경우로서 입점업체에게 제공한 오픈마켓 관련 용역의 공급가액이 문제 되었고, 대법원 2016. 6. 23. 선고 2014두144 판결(이하 '홈쇼핑 상품공급 판결'이라 한다)은 홈쇼핑 입점업체가 원고인 경우로서 고객에게 공급한 상품의 공급가액이 문제 되었다.

(가) 오픈마켓 용역공급 판결에서 원고인 인터넷 오픈마켓 운영회사는 할인쿠폰을 발행하여 입점업체로 하여금 고객에게 할인된 가격으로 상품을 공급하도록 한 대신에 자신이 입점업체로부터 받을 용역 수수료를 같은 액수만큼 할인하여 주었다. 이로써 원고인 인터넷 오픈마켓 운영회사는 자신이 받을 수수료를 감액하여 주었을 뿐 그에 상당하는 금전을 다른 어느 누구로부터도 받은 바 없으므로, 이를 에누리액으로 본 것은 반대의견에 부합한다.

(나) 홈쇼핑 상품공급 판결에서 원고인 홈쇼핑 입점업체로서는 홈쇼핑 운영업체가 발행한 할인쿠폰으로 인하여 고객으로부터 받는 상품대금이 감액된 반면에 홈쇼핑 운영업체에게 지급할 수수료가 같은 액수만큼 감액되어 경제적으로는 변동이 없게 되었다.

이에 할인쿠폰으로써 감액된 수수료 상당액이 실질적으로 원고가 거래상대자인 고객이 아닌 제3자 즉 홈쇼핑 운영업체로부터 지급받은 이른바 '제3자 지급 대가'에 해당되는지가 쟁점이 되었으나, 그와 같은 수수료 감액으로 인한 이익은 원고의 고객에 대한 상품공급 거래가 아니라 홈쇼핑 운영업체의 원고에 대한 용역공급 거래에만 직접 관련된 것이므로 상품공급의 과세표준에는 포함되지 않는다고 판단하였다. 즉 원고의 고객에 대한 상품공급 거래와 홈쇼핑 운영업체의 원고에 대한 용역공급 거래를 한꺼번에 파악함으로써 에누리액이 아니라고 판단할 수도 있었을 것이나, 쟁점이 된 원고의 상품공급 거래만 놓고 판단함으로써 위와 같은 결론에 이르렀다.

할인쿠폰으로 인하여 원고는 상품공급 거래와 관련하여 거래상대자인 고객이나 홈쇼핑 운영업체로부터 어떠한 금전을 지급받을 권리를 취득하게 되는 것이 아니라 용역공급 거래와 관련하여 홈쇼핑 운영업체에게 지급할 수수료 금액을 감액받을 수 있게 되는 것이므로, 할인쿠폰 상당의 가액을 원고가 고객에게 제공한 상품공급의 과세표준에 포함되는 '금전 외의 대가'를 받은 것으로 보지 않고 홈쇼핑 운영업체가 원고에게 제공한 용역공급의 과세표준에서 제외되는 '에누리액'에 해당하는 것으로 본 것이다. 이러한 결론은 구체적 타당성의 관점에서도 수긍된다. 이와 같이 보지 않으면 원고로서는 홈쇼핑 운영업체로부터 공급받는 용역의 과세표준이 낮아져 매입세액이 감소하는 반면에 고객에게 공급하는 상품의 과세표준은 그대로 유지되어 매출세액은 감소하지 않게 되는데, 이는 할인쿠폰의 발행주체도 아닌 입점업체인 원고에게만 불리한 결과가 되어 부당하기 때문이다.

결국 상품공급 거래와 용역공급 거래가 별개의 부가가치세 과세대상인 이상 각각의 거래를 단위로 하여 사업자가 그 각 거래와 관련하여 '금전적 가치 있는 것'을 받았다고 볼 수 있는지 판단하여야 하고 두 개의 거래를 통틀어 판단하여서는 아니된다는 반대의견의 원칙이 정확하게 관철되었다고 할 수 있다.

라. 이 사건 포인트 제도를 운영하는 롯데카드와 롯데멤버스 업무제휴계약을 체결한 원고들을 포함한 사업자들이 1차 거래를 하면서 고객에게 이 사건 포인트를 적립해주고 그 후 적립된 그 포인트를 그 사업자들 중 어느 누구에게 사용하더라도 1차 거래와 2차 거래를 함께 살펴보면 그 사용된 포인트 상당 가액을 '에누리액'으로 볼 수 있다는 다수의견은, 그 사업자들 전체를 하나의 사업자로 의제하고 포인트 운영사는 따로 존재하지 않는 것처럼 볼 수 있는 경우에만 성립할 수 있는 견해이다. 이는 다른 사업자들과 포인트 운영사의 법인격을 투시하거나 형해화하는 것이라고 할 수 있다. 그와 같은 해석을 허용하는 법리는 없다. 그러므로 부가가치세의 기본원칙에 따라, 문제 되는 개별 거래별로 그 거래에 관여하는 사업자와 거래 상대자 사이에서 각각 과세표준 포함 여부를 판단하여야 하고, 그러한 전제 위에서 이 사건 포인트가 금전적 가치 있는 '금전 외의 대가'로서 2차 거래의 과세표준에 포함되어야 하는지를 살펴보아야 한다.

이상과 같이 반대의견에 대한 보충의견을 밝힌다.

[별 지] 피고 명단 : 생략

▶ 대법원장 양승태(재판장) 이인복 이상훈 박병대 김용덕(주심) 박보영 김창석 김신 김소영 조희대 권순일 박상옥 이기택

CHAPTER 06 거래징수와 세금계산서 및 기타 과세자료

제1절 거래징수
제2절 세금계산서
제3절 신용카드매출전표 등과 영수증

CHAPTER 07 납부세액의 계산

제1절 납부세액의 계산 구조
제2절 매입세액공제의 요건
제3절 공제하지 아니하는 매입세액
제4절 공통매입세액의 안분계산
제5절 납부세액 또는 환급세액의 재계산
제6절 면세농산물 등 의제매입세액공제 특례
제7절 과세전환 감가상각자산의 매입세액공제 특례
제8절 대손세액공제

82 매출세액에서 공제하는 매입세액의 기준인 '사업 관련성' 유무의 판단

부가가치세부과처분등취소 [대법원, 2010두12552, 2012. 7. 26.]

【판시사항】

[1] 구 부가가치세법 제17조 제1항, 제2항 제2호에서 정한 매출세액에서 공제하는 매입세액의 기준인 '사업 관련성' 유무의 판단 기준

[2] 甲 주식회사가 시장정비사업을 추진하면서 사업구역 내 토지의 대부분을 소유한 乙 주식회사의 주식인수를 위해 지출한 컨설팅대금에 대한 매입세액을 공제하여 부가가치세 환급신청을 하였는데, 과세관청이 구 부가가치세법 제17조 제2항 제2호에서 정한 '사업과 직접 관련이 없는 지출에 대한 매입세액'에 해당한다는 이유로 거부한 사안에서, 제반 사정에 비추어 컨설

팅대금 지출에 사업 관련성이 있고, 그에 대한 매입세액은이 위 규정상 불공제대상 매입세액에 해당하지 않는다는 이유로, 이와 달리 본 원심판결에 법리오해의 위법이 있다고 한 사례

【판결요지】

[1] 현행 부가가치세 과세방법은 원칙적으로 사업자의 자기생산 부가가치에 대해서만 과세가 이루어지도록 하기 위하여 납부세액 산출방식에 있어 자기생산 부가가치와 매입 부가가치를 합한 금액을 공급가액으로 하고, 이에 대하여 징수할 매출세액에서 매입 부가가치에 대하여 지출된 매입세액을 공제하도록 하는 기본적 구조를 채택하고 있다. 이러한 구조하에서 구 부가가치세법(2010. 1. 1. 법률 제9915호로 개정되기 전의 것, 이하 '법'이라 한다) 제17조는 매출세액에서 공제하는 매입세액에 관하여 제1항에서 '자기의 사업을 위하여 사용되었거나 사용될' 재화 또는 용역의 공급이나 수입에 대한 세액에 해당하는 이상 그 전부를 공제하도록 규정함으로써 그 기준을 사업 관련성에 두고 있으며, 같은 조 제2항 제2호에서 공제하지 아니하는 매입세액의 하나로 들고 있는 '사업과 직접 관련이 없는 지출에 대한 매입세액'은 부가가치세의 원리상 당연히 매출세액에서 공제될 수 없는 경우를 규정하고 있는 것으로 이해된다. 따라서 사업 관련성이 없는 지출에 대한 매입세액은 법 제17조 제1항, 제2항 제2호에 의하여 매출세액에서 공제될 수 없고, 여기에서 사업 관련성의 유무는 지출의 목적과 경위, 사업의 내용 등에 비추어 그 지출이 사업의 수행에 필요한 것이었는지를 살펴 개별적으로 판단하여야 한다.

[2] 甲 주식회사가 시장정비사업을 추진하면서 사업구역 내 토지의 대부분을 소유한 乙 주식회사의 주식인수를 위해 지출한 컨설팅대금 25억 원에 대한 매입세액을 공제하여 부가가치세 환급신청을 하였는데, 과세관청이 위 매입세액이 구 부가가치세법(2010. 1. 1. 법률 제9915호로 개정되기 전의 것, 이하 '법'이라 한다) 제17조 제2항 제2호에서 정한 '사업과 직접 관련이 없는 지출에 대한 매입세액'에 해당한다는 이유로 거부한 사안에서, 제반 사정에 비추어 甲 회사가 시장정비사업을 추진하기 위해서는 사업구역 내 토지의 대부분을 소유한 乙 회사를 인수할 필요가 있어 그 주식인수를 위한 컨설팅대금 지출은 위 사업에 필요한 것으로서 사업 관련성이 있으므로, 그에 대한 매입세액은 법 제17조 제1항, 제2항 제2호에서 정한 불공제대상 매입세액에 해당하지 않는다는 이유로, 이와 달리 본 원심판결에 법리오해의 위법이 있다고 한 사례.

【참조조문】

[1] 구 부가가치세법(2010. 1. 1. 법률 제9915호로 개정되기 전의 것) 제17조 제1항, 제2항 제2호(현행 제17조 제2항 제3호 참조)
[2] 구 부가가치세법(2010. 1. 1. 법률 제9915호로 개정되기 전의 것) 제17조 제1항, 제2항 제2호(현행 제17조 제2항 제3호 참조)

【참조판례】

[1] 대법원 1995. 12. 21. 선고 94누1449 전원합의체 판결(1996상, 283)

【전문】

【원고, 피상고인 겸 상고인】
주식회사 동언(소송대리인 법무법인 케이씨엘 담당변호사 최종길 외 2인)

【피고, 상고인 겸 피상고인】
동대문세무서장

【원심판결】
서울고법 2010. 5. 27. 선고 2009누25394 판결

【주 문】

【주 문】
원심판결 중 원고 패소 부분을 파기하고, 이 부분 사건을 서울고등법원에 환송한다. 피고의 상고를 기각한다.

【이 유】
상고이유를 판단한다.

1. 원고의 상고이유에 대하여

가. 구 부가가치세법(2010. 1. 1. 법률 제9915호로 개정되기 전의 것, 이하 '법'이라 한다) 제17조 제1항은 사업자가 납부하여야 할 부가가치세액은 '자기가 공급한 재화 또는 용역에 대한 세액(매출세액)에서 자기의 사업을 위하여 사용되었거나 사용될 재화 또는 용역의 공급 및 재화의 수입에 대한 세액(매입세액)을 공제한 금액'으로 하도록 규정하고, 같은 조 제2항 제2호는 매출세액에서 공제하지 아니하는 매입세액의 하나로 '사업과 직접 관련이 없는 지출에 대한 매입세액'을 규정하고 있다.

나. 원심은 그 채택 증거를 종합하여, ① 원고는 재래시장인 서울 동대문구 (주소 생략) 일대의 동부청과시장 부지에 주상복합건물을 신축·판매하는 내용의 시장정비사업(이하 '이 사건 시장정비사업'이라 한다)을 추진하는 계획을 수립한 다음, 이 사건 시장정비사업구역 내 토지면적의 75.6%를 소유하고 있는 동부청과 주식회사(이하 '동부청과'라 한다)의 주식인수에 필요한 자문을 제공받기 위하여 2006. 8. 7. 주식회사 씨썬이엔씨(이하 '씨썬이엔씨'라 한다)와 이 사건 컨설팅계약을 체결하고, 2007. 1. 5. 그 용역대금으로 25억 원(이하 '이 사건 컨설팅대금'이라 한다)을 지급한 사실, ② 이 사건 컨설팅계약에 따른 씨썬이엔씨의 주요 업무는 인수대상 기업의 정보수집·분석·평가 및 선정을 위한 자문, 인수대상 기업 주주와의 교섭 및 투자의향서 작성을 위한 자문, 기타 인수의 성공적 종료를 위하여 필요하다고 인정되는 각종 자문 등인 사실, ③ 동부청과는 약 67명의 주주가 820주 정도를 거의 균등하게 보유하고 있었는데, 2003년경부터 자체적인 시장개발계획을 추진하다가 2005년경 개별 주주의 주식을 매각하는 방식으로 시장개발을 하기로 방침을 정하였고, 이에 따라 2006. 4.경부터 여러 개발사업시행업체가 동부청과에게 주식 등의 매도를 제의한 사실, ④ 원고는 이 사건 컨설팅계

약에 의한 자문을 거쳐 동부청과의 주식을 인수한 다음, 2006. 12. 29. 동부청과와 사이에 이 사건 시장정비사업에 관하여 사업승인신청 전의 제반 업무 및 소요자금조달, 사업과 관련된 인허가 업무 등 실질적인 업무 일체를 원고가 수행하되, 사업주체는 동부청과와 공동명의로 하기로 하는 내용의 공동사업약정을 체결한 사실 등을 인정하였다.

원심은 이러한 사실관계에 기초하여, 이 사건 컨설팅대금은 이 사건 시장정비사업 자체의 추진을 위하여 직접 필요한 것이라기보다는 원고가 이 사건 시장정비사업 추진과정에서 지배적 지위를 확보하고 아울러 사업수익의 증대방안을 모색하기 위한 사업기반의 조성을 위하여 투입한 비용에 지나지 아니하여 이 사건 시장정비사업과 직접 관련이 있다고 볼 수 없으므로, 그에 대한 매입세액은 법 제17조 제2항 제2호에서 규정한 불공제대상 매입세액에 해당한다는 취지로 판단하였다.

다. 그러나 원심의 판단은 아래와 같은 이유로 수긍하기 어렵다.

(1) 현행 부가가치세 과세방법은 원칙적으로 사업자의 자기생산 부가가치에 대해서만 과세가 이루어지도록 하기 위하여 납부세액 산출방식에 있어 자기생산 부가가치와 매입 부가가치를 합한 금액을 공급가액으로 하고, 이에 대하여 징수할 매출세액에서 매입 부가가치에 대하여 지출된 매입세액을 공제하도록 하는 기본적 구조를 채택하고 있다. 이러한 구조 하에서 법 제17조는 매출세액에서 공제하는 매입세액에 관하여 제1항에서 '자기의 사업을 위하여 사용되었거나 사용될' 재화 또는 용역의 공급이나 수입에 대한 세액에 해당하는 이상 그 전부를 공제하도록 규정함으로써 그 기준을 사업 관련성에 두고 있으며, 같은 조 제2항 제2호에서 공제하지 아니하는 매입세액의 하나로 들고 있는 '사업과 직접 관련이 없는 지출에 대한 매입세액'은 부가가치세의 원리상 당연히 매출세액에서 공제될 수 없는 경우를 규정하고 있는 것으로 이해된다 (대법원 1995. 12. 21. 선고 94누1449 전원합의체 판결 등 참조).

따라서 사업 관련성이 없는 지출에 대한 매입세액은 법 제17조 제1항, 제2항 제2호에 의하여 매출세액에서 공제될 수 없다고 할 것이고, 여기에서 사업 관련성의 유무는 지출의 목적과 경위, 사업의 내용 등에 비추어 그 지출이 사업의 수행에 필요한 것이었는지를 살펴 개별적으로 판단하여야 한다.

(2) 원심판결 이유 및 원심이 적법하게 채택한 증거에 의하면, ① 동부청과는 이 사건 시장정비사업구역 내 토지면적의 약 75%를 소유하고 있어 원고로서는 이 사건 시장정비사업을 시행하기 위해서는 동부청과의 동의가 필수적이었던 사실, ② 그런데 동부청과는 60여 명의 주주들이 거의 균등한 비율로 주식을 보유하는 한편 그 주주들이 동부청과로부터 점포를 임차하여 운영하거나 이를 제3자에게 전대하는 등 이해관계가 복잡하게 얽혀 있었던 사실, ③ 동부청과이 주주들은 2003년경부터 자체적인 시장개발계획을 추진하였으나, 개발비용조달 및 시장 휴장 등의 문제에 관하여 주주들 및 입점 상인들의 의견이 일치하지 아니하여 2005년경 이를 중단하는 대신 주식을 매각하여 새로운 주주들로 하여금 시장개발을 하도록 하는 방침을 세웠고, 이에 따라 시장정비사업을 추진하려는 개발사업시행업체들이 동부청과 주식의 인수를 위한 경

쟁을 벌이게 되었던 사실, ④ 이에 원고도 동부청과의 주식을 인수하여 이 사건 시장정비사업을 추진하기로 계획을 세우고 이 사건 컨설팅계약에 의한 자문 등을 거쳐 2006. 12. 28.까지 동부청과의 주주 55명으로부터 주식을 인수하고, 그 다음날인 2006. 12. 29. 동부청과와 이 사건 시장정비사업을 공동으로 시행하는 내용의 공동사업약정을 체결한 사실, ⑤ 그 후에도 원고는 주식인수를 계속하여 동부청과의 주식을 2006. 12. 31. 기준으로 89.55%, 2007. 12. 31. 기준으로 95.52%를 소유하게 되었는데, 동부청과의 주주들로부터 주식을 인수하면서 주주들과 동부청과 사이의 임대차계약에 따른 주주들의 임차인 지위 및 주주들과 입점 상인들 사이의 전대차계약에 따른 주주들의 전대인 지위도 아울러 인수한 사실 등을 알 수 있다.

이러한 사실관계를 앞서 본 법리에 비추어 살펴보면, 원고가 이 사건 시장정비사업을 추진하기 위해서는 이 사건 시장정비사업구역 내 토지면적의 대부분을 소유하고 있던 동부청과의 주식을 인수할 필요가 있었던 것으로 보이므로, 그 주식인수를 위한 이 사건 컨설팅대금의 지출은 이 사건 시장정비사업의 수행에 필요한 것으로서 사업 관련성이 있어 그에 대한 매입세액은 법 제17조 제1항, 제2항 제2호에서 규정한 불공제대상 매입세액에 해당하지 않는다고 봄이 상당하다.

그럼에도 원심은 그 판시와 같은 이유로 이 사건 컨설팅대금이 이 사건 시장정비사업과 직접 관련이 없는 지출에 해당하여 그에 대한 매입세액은 법 제17조 제2항 제2호에서 규정한 불공제대상 매입세액에 해당한다고 판단하였으니, 이러한 원심의 판단에는 법 제17조 제1항, 제2항 제2호에서 규정한 불공제대상 매입세액에 관한 법리를 오해하여 판결에 영향을 미친 위법이 있다. 이 점을 지적하는 원고의 상고이유 주장은 이유 있다.

2. 피고의 상고이유에 대하여

법 제17조 제2항 제4호는 매출세액에서 공제하지 아니하는 매입세액의 하나로 '부가가치세가 면제되는 재화 또는 용역을 공급하는 사업에 관련된 매입세액(투자에 관련된 매입세액을 포함한다)과 대통령령이 정하는 토지 관련 매입세액'을 들고 있고, 그 위임에 따른 구 부가가치세법 시행령(2010. 2. 18. 대통령령 제22043호로 개정되기 전의 것, 이하 '시행령'이라 한다) 제60조 제6항은 "법 제17조 제2항 제4호에서 '대통령령이 정하는 토지 관련 매입세액'이라 함은 토지의 조성 등을 위한 자본적 지출에 관련된 매입세액으로서 다음 각 호의 1에 해당하는 매입세액을 말한다."고 규정하면서, 그 제1호에서 '토지의 취득 및 형질변경, 공장 부지 및 택지의 조성 등에 관련된 매입세액'을, 그 제3호에서 '토지의 가치를 현실적으로 증가시켜 토지의 취득원가를 구성하는 비용에 관련된 매입세액'을 들고 있다.

원심은 그 판시와 같은 사실을 인정한 다음, 이 사건 각 용역계약의 내용에는 이 사건 시장정비사업구역에 대한 균형발전촉진지구 지정을 위한 내용이 포함되어 있었으나, 이 사건 각 용역계약에 따라 실제로 제공된 용역은 이 사건 시장정비사업 시행을 위한 업무대행용역이었을 뿐 균형발전촉진지구 편입을 위한 용역은 포함되지 않은 점, 이 사건 시장정비사업구역은 용도구역의 변경 없이도 원고가 신축하려 한 주상복합건물의 용적률 및 주상비율을 충족할 수 있었던 점 등을 종합하면, 이 사건 각 용역계약에 따른 매입세액은 법 제17조 제2항 제4호,

시행령 제60조 제6항에서 규정한 토지 관련 매입세액에 해당하지 않는다고 판단하였다.

앞서 본 관련 법령규정과 기록에 비추어 살펴보면, 원심의 위와 같은 판단은 정당한 것으로 수긍이 가고, 거기에 피고가 상고이유에서 주장하는 바와 같은 법 제17조 제2항 제4호, 시행령 제60조 제6항에서 규정한 토지 관련 매입세액에 관한 법리오해 등의 위법이 없다.

3. 결론

그러므로 원고의 나머지 상고이유에 대한 판단을 생략한 채 원심판결 중 원고 패소 부분을 파기하고, 이 부분 사건을 다시 심리·판단하게 하기 위하여 원심법원에 환송하기로 하며, 피고의 상고를 기각하기로 하여 관여 대법관의 일치된 의견으로 주문과 같이 판결한다.

▶ 대법관 김용덕(재판장) 양창수 이상훈(주심)

83 '공급하는 사업자의 성명'이 사실과 다르게 적힌 세금계산서

부가가치세등부과처분취소 [대법원, 2016두43077, 2016. 10. 13.]

【판시사항】

[1] 甲 주식회사 등이 인테리어 업체들에서 교부받은 세금계산서의 '상호'란에는 인테리어 업체들의 상호가, '성명'란에는 인테리어 업체들을 실제 운영하는 乙 대신 乙에게 명의를 대여한 丙 등의 성명이 기재되어 있었는데, 甲 회사 등이 관련 매입세액을 매출세액에서 공제하여 부가가치세를 신고·납부하자, 과세관청이 세금계산서는 공급자의 기재가 사실과 다른 세금계산서에 해당한다고 보아 甲 회사 등에 부가가치세 등 부과처분을 한 사안에서, 위 세금계산서는 '공급하는 사업자의 성명'이 사실과 다르게 적힌 세금계산서에 해당하므로 세금계산서의 매입세액은 매출세액에서 공제될 수 없다고 한 사례

[2] 국세기본법 제18조 제3항에 정한 비과세관행이 성립하기 위한 요건

【판결요지】

[1] 甲 주식회사 등이 인테리어 업체들에서 교부받은 세금계산서의 '상호'란에는 인테리어 업체들의 상호가, '성명'란에는 인테리어 업체들을 실제 운영하는 乙 대신 乙에게 명의를 대여한 丙 등의 성명이 기재되어 있었는데, 甲 회사 등이 관련 매입세액을 매출세액에서 공제하여 부가가치세를 신고·납부하자, 과세관청이 세금계산서는 공급자의 기재가 사실과 다른 세금계산서에 해당한다고 보아 甲 회사 등에 부가가치세 등 부과처분을 한 사안에서, 위 세금계산서는 필요적 기재사항인 '공급하는 사업자의 성명'이 사실과 다르게 적힌 세금계산서에 해당하고, 나아가 구 부가가치세법 시행령(2013. 6. 28. 대통령령 제24638호로 전부 개정되기 전의 것) 제60조 제2항 제2호에서 정한 경우로 볼 수 없다는 전제하에 세금계산서의 매입세액은

매출세액에서 공제될 수 없다고 본 원심판단이 정당하다고 한 사례.

[2] 국세기본법 제18조 제3항에 규정된 비과세관행이 성립하려면, 상당한 기간에 걸쳐 과세를 하지 아니한 객관적 사실이 존재할 뿐만 아니라, 과세관청 자신이 그 사항에 관하여 과세할 수 있음을 알면서도 어떤 특별한 사정 때문에 과세하지 않는다는 의사가 있어야 한다. 위와 같은 공적 견해나 의사는 명시적 또는 묵시적으로 표시되어야 하며, 묵시적 표시가 있다고 하기 위하여는 단순한 과세누락과는 달리 과세관청이 상당기간의 불과세 상태에 대하여 과세하지 않겠다는 의사표시를 한 것으로 볼 수 있는 사정이 있어야 한다.

【참조조문】

[1] 구 부가가치세법(2013. 6. 7. 법률 제11873호로 전부 개정되기 전의 것) 제16조 제1항(현행 제32조 제1항 참조), 제17조 제2항 제2호(현행 제39조 제1항 제2호 참조), 구 부가가치세법 시행령(2013. 6. 28. 대통령령 제24638호로 전부 개정되기 전의 것) 제60조 제2항 제2호(현행 제75조 제2호 참조)
[2] 국세기본법 제18조 제3항

【참조판례】

[2] 대법원 2012. 12. 13. 선고 2011두3913 판결(공2013상, 187)

【전문】

【원고, 상고인】
주식회사 동광인터내셔날 외 2인(소송대리인 법무법인(유한) 율촌 담당변호사 소순무 외 5인)

【피고, 피상고인】
금천세무서장 외 2인

【원심판결】
서울고법 2016. 5. 12. 선고 2015누53888 판결

【주 문】

【주 문】
상고를 모두 기각한다. 상고비용은 원고들이 부담한다.

【이 유】
상고이유(상고이유서 제출기간이 지난 후에 제출된 상고이유보충서 기재는 상고이유를 보충하는 범위 내에서)를 판단한다.

1. 상고이유 제1, 2점에 관하여

구 부가가치세법(2013. 6. 7. 법률 제11873호로 전부 개정되기 전의 것, 이하 '법'이라 한다) 제16조 제1항 제1호는 세금계산서의 필요적 기재사항 중 하나로 '공급하는 사업자의 등록번호와

성명 또는 명칭'을 규정하고 있고, 제17조 제2항 제2호는 발급받은 세금계산서에 법령의 규정에 따른 필요적 기재사항의 전부 또는 일부가 사실과 다르게 적힌 경우의 매입세액은 매출세액에서 공제하지 아니한다고 규정하면서, 다만 대통령령으로 정하는 경우의 매입세액은 공제할 수 있도록 하고 있고, 그 위임에 따라 구 부가가치세법 시행령(2013. 6. 28. 대통령령 제24638호로 전부 개정되기 전의 것, 이하 '시행령'이라 한다) 제60조 제2항 제2호는 '세금계산서의 필요적 기재사항 중 일부가 착오로 적혔으나 해당 세금계산서의 그 밖의 필요적 기재사항 또는 임의적 기재사항으로 보아 거래사실이 확인되는 경우'를 공제가 허용되는 사유로 들고 있다.

원심은 그 채택 증거에 의하여, ① 원고들의 대표이사인 원고 1이 원고 2 등 친인척들로부터 명의를 차용하여 사업자등록을 마친 후 이 사건 인테리어 업체들을 실제 운영한 사실, ② 원고들은 2008년 2기부터 2012년 2기까지 사이에 이 사건 인테리어 업체들로부터 이 사건 세금계산서를 교부받았는데, 그 세금계산서의 '상호'란에는 이 사건 인테리어 업체들의 상호가, '성명'란에는 원고 1 대신 명의대여자들의 성명이 각각 기재된 사실 등을 인정한 다음, 이 사건 세금계산서는 필요적 기재사항인 '공급하는 사업자의 성명'이 사실과 다르게 적힌 세금계산서에 해당하고, 나아가 시행령 제60조 제2항 제2호에서 정한 경우로 볼 수 없다는 전제하에 이 사건 세금계산서의 매입세액은 매출세액에서 공제될 수 없다고 판단하였다.

앞서 본 규정과 관련 법리에 비추어 살펴보면, 원심의 위와 같은 판단은 정당하고, 거기에 상고이유 주장과 같이 법 제16조 제1항, 제17조 제2항, 시행령 제60조 제2항 제2호의 해석·적용에 관한 법리를 오해한 위법이 없다.

2. 상고이유 제3점에 관하여

국세기본법 제18조 제3항에 규정된 비과세관행이 성립하려면, 상당한 기간에 걸쳐 과세를 하지 아니한 객관적 사실이 존재할 뿐만 아니라, 과세관청 자신이 그 사항에 관하여 과세할 수 있음을 알면서도 어떤 특별한 사정 때문에 과세하지 않는다는 의사가 있어야 한다. 위와 같은 공적 견해나 의사는 명시적 또는 묵시적으로 표시되어야 하며, 묵시적 표시가 있다고 하기 위하여는 단순한 과세누락과는 달리 과세관청이 상당기간의 불과세 상태에 대하여 과세하지 않겠다는 의사표시를 한 것으로 볼 수 있는 사정이 있어야 한다(대법원 2012. 12. 13. 선고 2011두3913 판결 등 참조).

원심은, 이 사건 처분이 비과세관행에 위배되어 위법하다는 취지의 원고들 주장에 대하여 명시적으로 판단하지 아니한 채 이를 다투는 원고들의 항소를 기각하였다.

그러나 앞서 본 법리에 비추어 원고들의 위 주장 사유를 살펴보면, 과세관청이 타인 명의로 사업자등록을 한 자가 발행한 세금계산서를 사실과 다른 세금계산서로 보아 거래상대방에게 부가가치세를 과세한 사례가 거의 없었다는 사정만으로는 과세관청이 이러한 경우 과세하지 않는다는 의사를 명시적 또는 묵시적으로 표시한 것으로 볼 수 없으므로, 원고들이 주장하는 바와 같은 과세관청의 비과세관행이 성립되었다고 볼 수 없다.

따라서 원고들의 위 주장은 받아들일 수 없으므로, 원심의 결론에 상고이유 주장과 같이 판단누락이나 비과세관행의 성립에 관한 법리오해로 인하여 판결에 영향을 미친 위법이 있다고 할 수 없다.

3. 결론

그러므로 상고를 모두 기각하고 상고비용은 패소자들이 부담하도록 하여, 관여 대법관의 일치된 의견으로 주문과 같이 판결한다.

▶ 대법관 조희대(재판장) 이상훈 김창석(주심)

84 매입세액 불공제대상인 '토지관련 매입세액'에 해당하는지 여부

부가가치세부과처분취소 [대법원, 2007두20744, 2010. 1. 14.]

【판시사항】

[1] 해당 토지의 소유자 아닌 사업자가 토지의 조성 등을 위한 자본적 지출의 성격을 갖는 비용을 지출한 경우, 그에 관련된 매입세액이 구 부가가치세법 제17조 제2항 제4호, 부가가치세법 시행령 제60조 제6항에서 정한 매입세액 불공제대상인 '토지관련 매입세액'에 해당하는지 여부(소극)

[2] 회사가 지방자치단체 소유의 토지를 대부받아 골프장으로 조성한 후 일정기간 사용하되 그 골프장은 기부채납하기로 공유재산대부계약을 체결한 사안에서, 회사가 골프장을 조성하면서 지출한 토목공사와 토사매입 등의 토지 조성비용과 관련된 매입세액은 구 부가가치세법 제17조 제2항 제4호, 부가가치세법 시행령 제60조 제6항에서 정한 매입세액 불공제대상인 '토지관련 매입세액'에 해당하지 않는다고 한 사례

【판결요지】

[1] 구 부가가치세법(2010. 1. 1. 법률 제9915호로 개정되기 전의 것) 제17조 제1항, 제2항 제4호, 부가가치세법 시행령 제60조 제6항 각 규정의 내용과 입법 연혁, 토지관련 매입세액을 불공제하는 취지는 토지가 부가가치세법상 면세재화이어서 그 자체의 공급에 대해서는 매출세액이 발생하지 않으므로 그에 관련된 매입세액도 공제하지 않는 것이 타당하다는 데 있고, 일반적으로 토지의 조성 등을 위한 자본적 지출은 당해 토지의 양도시 양도차익을 산정함에 있어 그 취득가액에 가산하는 방법으로 회수되는 점 등에 비추어 보면, 위 시행령 규정에서 정한 '토지의 조성 등을 위한 자본적 지출'은 토지 소유자인 사업자가 당해 토지의 조성 등을 위하여 한 자본적 지출을 의미한다고 봄이 타당하므로, 당해 토지의 소유자 아닌 사업자가 토지의 조성 등을 위한 자본적 지출의 성격을 갖는 비용을 지출한 경우 그에 관련된 매입세액은 특별한 사정이 없는 한 위 법 제17조 제2항 제4호, 위 시행령 제60조 제6항에서 정한 매입세액 불공제대상인 '토지관련 매입세액'에 해당하지 않는다.

[2] 회사가 지방자치단체 소유의 토지를 대부받아 골프장으로 조성한 후 일정기간 사용하되, 그

골프장은 기부채납하기로 공유재산대부계약을 체결한 사안에서, 회사가 골프장을 조성하면서 지출한 토목공사와 토사매입 등의 토지 조성비용과 관련된 매입세액은 구 부가가치세법(2010. 1. 1. 법률 제9915호로 개정되기 전의 것) 제17조 제2항 제4호, 부가가치세법 시행령 제60조 제6항에서 정한 매입세액 불공제대상인 토지관련 매입세액에 해당하지 않는다고 한 사례.

【참조조문】

[1] 구 부가가치세법(2010. 1. 1. 법률 제9915호로 개정되기 전의 것) 제17조 제1항, 제2항 제4호(현행 제17조 제2항 제6호 참조), 부가가치세법 시행령 제60조 제6항

[2] 구 부가가치세법(2010. 1. 1. 법률 제9915호로 개정되기 전의 것) 제17조 제1항, 제2항 제4호(현행 제17조 제2항 제6호 참조), 부가가치세법 시행령 제60조 제6항

【전문】

【원고, 상고인】
전주월드컵개발 주식회사(소송대리인 변호사 손지열외 3인)

【피고, 피상고인】
북전주세무서장(소송대리인 법무법인 청와 담당변호사 김두형외 5인)

【원심판결】
광주고법 전주부 2007. 9. 14. 선고 2007누134 판결

【주 문】

【주 문】
원심판결을 파기하고, 사건을 광주고등법원에 환송한다.

【이 유】
상고이유(상고이유서 제출기간이 경과한 후에 제출된 상고이유보충서의 기재는 상고이유를 보충하는 범위 내에서)를 판단한다.

구 부가가치세법(2010. 1. 1. 법률 제9915호로 개정되기 전의 것, 이하 '법'이라 한다) 제17조 제1항은 '사업자가 납부하여야 할 부가가치세액은 자기가 공급한 재화 또는 용역에 대한 세액(매출세액)에서 자기의 사업을 위하여 사용되었거나 사용될 재화 또는 용역의 공급 또는 수입에 대한 세액(매입세액)을 공제한 금액으로 한다'고 규정하고 있고, 제2항 제4호는 위 제1항의 규정에도 불구하고 매출세액에서 공제하지 아니하는 매입세액의 하나로 대통령령이 정하는 토지관련 매입세액을 규정하고 있다. 그리고 같은 법 시행령(이하 '시행령'이라 한다) 제60조 제6항은 '법 제17조 제2항 제4호에서 "대통령령이 정하는 토지관련 매입세액"이라 함은 토지의 조성 등을 위한 자본적 지출에 관련된 매입세액으로서, 토지의 취득 및 형질변경, 공장부지 및 택지의 조성 등에 관련된 매입세액(제1호), 건축물이 있는 토지를 취득하여 그 건축물을 철거하고 토지만을 사용하는 경우에는 철거한 건축물의 취득 및 철거비용에 관련된 매

입세액(제2호), 토지의 가치를 현실적으로 증가시켜 토지의 취득원가를 구성하는 비용에 관련된 매입세액(제3호)에 해당하는 것을 말한다'고 규정하고 있다.

위 각 규정의 내용과 입법 연혁, 토지관련 매입세액을 불공제하는 취지는 토지가 부가가치세법상 면세재화이어서 그 자체의 공급에 대해서는 매출세액이 발생하지 않으므로 그에 관련된 매입세액도 공제하지 않는 것이 타당하다는 데 있고, 일반적으로 토지의 조성 등을 위한 자본적 지출은 당해 토지의 양도시 양도차익을 산정함에 있어 그 취득가액에 가산하는 방법으로 회수되는 점 등에 비추어 보면, 시행령 제60조 제6항 소정의 '토지의 조성 등을 위한 자본적 지출'은 토지 소유자인 사업자가 당해 토지의 조성 등을 위하여 한 자본적 지출을 의미한다고 봄이 타당하므로, 당해 토지의 소유자 아닌 사업자가 토지의 조성 등을 위한 자본적 지출의 성격을 갖는 비용을 지출한 경우 그에 관련된 매입세액은 특별한 사정이 없는 한 법 제17조 제2항 제4호, 시행령 제60조 제6항 소정의 매입세액 불공제대상인 토지관련 매입세액에 해당하지 않는다고 할 것이다.

원심은 그 채용 증거를 종합하여 원고가 2003. 7. 18.경 전주시 소유의 이 사건 토지를 연간 대부료 3,000,001,000원에 대부받아 골프장으로 조성한 후 2005. 4. 1.부터 2025. 3. 31.까지 20년간 사용하되, 원고가 조성한 골프장은 전주시에 기부채납한다는 내용의 공유재산대부계약을 체결한 사실, 그 후 원고가 이 사건 토지에 골프장을 조성하면서 토목공사와 토사매입 등의 토지 조성공사 비용으로 2003년 제2기부터 2004년 제1기까지 합계 1,743,856,000원(이하 '이 사건 토지 조성비용'이라 한다)을 지출한 사실 등을 인정한 다음, 이 사건 토지의 조성은 원고의 전주시에 대한 용역의 공급에 해당하지 않는다는 이유로 피고가 그에 관련된 매입세액의 공제를 부인하여 한 이 사건 부가가치세 부과처분이 적법하다고 판단하였다.

앞서 본 법리와 관련 규정 및 원심이 인정한 사실관계에 비추어 살펴보면, 토지 소유자 아닌 원고가 지출한 이 사건 토지 조성비용과 관련된 매입세액은 법 제17조 제2항 제4호, 시행령 제60조 제6항 소정의 매입세액 불공제대상인 토지관련 매입세액에 해당하지 않으므로, 원심으로서는 이 사건 토지의 조성에 관련된 매입세액이 원고의 사업을 위하여 사용되었거나 사용될 재화 또는 용역의 공급에 대한 세액에 해당하는지 여부를 살펴 매출세액에서 공제될 수 있는지를 판단하였어야 함에도 불구하고, 이와 달리 이 사건 토지의 조성이 원고의 전주시에 대한 용역의 공급에 해당하지 않는다는 이유만으로 그에 관련된 매입세액이 매출세액에서 공제될 수 없다고 단정하고 말았으니, 이러한 원심 판단에는 법 제17조 제2항 제4호, 시행령 제60조 제6항 소정의 토지관련 매입세액에 관한 법리를 오해하여 판결에 영향을 미친 위법이 있고, 이 점을 지적하는 상고이유의 주장은 이유 있다.

그러므로 원심판결을 파기하고, 사건을 다시 심리·판단하게 하기 위하여 원심법원에 환송하기로 하여, 관여 대법관의 일치된 의견으로 주문과 같이 판결한다.

▶ 대법관 박시환(재판장) 안대희 차한성(주심) 신영철

85 골프장 조성과정에서 잔디수목식재공사와 그린·티·벙커 조성공사에 소요된 공사비용의 매입세액 공제여부

부가가치세부과처분취소 [대법원, 2004두13844, 2006. 7. 28.]

【판시사항】

[1] 불공제 매입세액과 관련된 구 부가가치세법 시행령 제60조 제6항에서 정한 '토지의 조성 등을 위한 자본적 지출'의 의미

[2] 골프장 조성과정에서 잔디수목식재공사와 그린·티·벙커 조성공사에 소요된 공사비용은 토지의 조성을 위한 자본적 지출에 해당하여 이에 관련된 매입세액은 매출세액에서 공제할 수 없다고 한 사례

【참조조문】

[1] 구 부가가치세법(1998. 12. 28. 법률 제5585호로 개정되기 전의 것) 제17조 제2항, 구 부가가치세법 시행령(2001. 12. 31. 대통령령 제17460호로 개정되기 전의 것) 제60조 제6항

[2] 구 부가가치세법(1998. 12. 28. 법률 제5585호로 개정되기 전의 것) 제17조 제2항, 구 부가가치세법 시행령(2001. 12. 31. 대통령령 제17460호로 개정되기 전의 것) 제60조 제6항

【참조판례】

[1] 대법원 1995. 12. 21. 선고 94누1449 전원합의체 판결(공1996상, 283), 대법원 1999. 11. 12. 선고 98두15290 판결(공1999하, 2537), 대법원 2006. 4. 28. 선고 2004다39511 판결

【전문】

【원고, 상고인】
한솔개발 주식회사(소송대리인 변호사 진행섭)

【피고, 피상고인】
원주세무서장

【원심판결】
서울고법 2004. 11. 4. 선고 2003누9116 판결

【주 문】

【주 문】
상고를 기각한다. 상고비용은 원고가 부담한다.

【이 유】
상고이유를 판단한다.
구 부가가치세법(1998. 12. 28. 법률 제5585호로 개정되기 전의 것) 제17조 제2항은 매출세

액에서 공제하지 아니하는 매입세액의 하나로 제4호에서 '부가가치세가 면제되는 재화 또는 용역을 공급하는 사업에 관련된 매입세액(투자에 관련된 매입세액을 포함한다)과 대통령령이 정하는 토지 관련 매입세액'을 들고 있고, 구 부가가치세법 시행령(2001. 12. 31. 대통령령 제17460호로 개정되기 전의 것) 제60조 제6항은 위 규정에서 대통령령이 정하는 토지 관련 매입세액이라 함은 '토지의 조성 등을 위한 자본적 지출에 관련된 매입세액'을 말한다고 규정하고 있는바, 토지의 조성 등을 위한 자본적 지출이란 토지의 가치를 현실적으로 증가시키는 데에 소요된 비용을 말한다 (대법원 1999. 11. 12. 선고 98두15290 판결 등 참조).

원심은, 골프장을 운영하는 사업자인 원고가 골프장 조성공사를 하면서 이 사건 잔디수목식재공사와 그린·티·벙커 조성공사를 한 것은 골프장 용지의 조성에 필수불가결한 것으로 그 공사로 식재 또는 조성된 잔디·수목과 그린·티·벙커는 당해 골프장 토지에 부합되어 토지와 일체를 이룸으로써 골프장 용지의 구성부분이 되는 것이고, 실제로도 이 사건 잔디수목식재공사와 그린·티·벙커 조성공사 등으로 인하여 골프장 토지의 가격이 5배 이상 상승한 사실 등을 인정한 다음, 이 사건 잔디수목식재공사와 그린·티·벙커 조성공사에 소요된 공사비용은 원고가 골프장 조성을 위한 토지의 개량 등을 위하여 지출한 비용으로 그 지출로 인하여 토지의 가치가 현실적으로 증가되었으므로 이는 토지의 조성을 위한 자본적 지출에 해당하고, 따라서 이에 관련된 매입세액은 매출세액에서 공제할 수 없고, 나아가 한국골프장사업협회가 자체적으로 마련한 '골프장사업표준회계처리준칙'이 코스를 토지와는 구별되는 별도의 자산 항목으로 회계처리하도록 정하고 있다고 하더라도 그러한 사정이 '토지의 조성 등을 위한 자본적 지출에 관련된 매입세액'의 범위를 달리 결정할 사유가 되지는 못한다고 판단하였다.

관계 법령 및 기록에 비추어 살펴보면, 원심의 위와 같은 인정과 판단은 정당하고, 상고이유에서 주장하는 바와 같은 매입세액 불공제대상인 토지 관련 매입세액에 관한 법리 등을 오해한 위법이 없다.

그러므로 상고를 기각하고, 상고비용은 패소자가 부담하게 하기로 관여 대법관의 의견이 일치되어 주문과 같이 판결한다.

▶ 대법관 이홍훈(재판장) 김영란(주심) 김황식 안대희

CHAPTER 08 부가가치세의 납세절차

제1절 부가가치세의 신고와 납부
제2절 대리납부제도
제3절 물적납세 의무에 대한 납부 특례 등
제4절 결정 및 경정
제5절 징수와 환급
제6절 가산세

CHAPTER 09 간이과세

제1절 간이과세제도 개관
제2절 간이과세의 적용범위 및 적용시기
제3절 간이과세자의 과세표준과 세액의 계산
제4절 간이과세자의 납세절차
제5절 과세유형이 전환되는 경우의 매입세액 조정방법

CHAPTER 10 보 칙

제1절 보칙

개별소비세법

Chapter
01. 개별소비세 총설
02. 개별소비세 과세요건
03. 개별소비세 과세시기
04. 신고·납부 및 경정결정
05. 미납세반출과 개별소비세 면세
06. 세액공제와 세액환급
07. 보 칙

CHAPTER 01 개별소비세 총설

제1절 개별소비세 개관
제2절 개별소비세와 부가가치세의 비교

CHAPTER 02 개별소비세 과세요건

제1절 개별소비세 과세대상별 세율
제2절 과세대상 판정기준
제3절 개별소비세 납세의무자
제4절 개별소비세 과세표준

CHAPTER 03 개별소비세 과세시기

제1절 과세시기
제2절 제조의제와 판매·반출의제

CHAPTER 04 신고·납부 및 경정결정

제1절 과세표준의 신고
제2절 개별소비세의 납부 및 경정결정

CHAPTER 05 미납세반출과 개별소비세 면세

제1절 미납세반출
제2절 개별소비세 면세제도

86 임가공업체가 수탁제조물품을 반출하면서 개별소비세를 신고·납부하지 않고 미납세반출 승인신청도 하지 않은 경우 위탁자에게 개별소비세 납세의무가 있는지 여부

개별소비 취소 [조심2016서0232 (2016.05.19.)]

【결정요지】

「개별소비세법 시행령」 제8조 제10호는 수탁 가공한 물품에 대한 과세표준을 수탁자가 인도하는 시점의 당해 물품의 가격으로 하지 않고, 그 물품을 인도한 날에 위탁자가 실제로 판매하는 가격에 상당하는 금액으로 하도록 규정하고 있는 점, 「개별소비세법」상 납세의무자를 과세물품인 모피제품을 제조하여 반출하는 자로 규정하고 있고, 위·수탁 계약에 따라 그 제품을 제조하는 경우 수탁자가 위탁자에게 과세대상 모피제품을 미납세반출 한 후, 위탁자가 동 물품을 다시 반출하는 경우에만 위탁자가 동 물품에 대한 개별소비세 납세의무자가 된다 할 것인데, 이 건의 경우 수탁자가 위탁자인 청구법인에게 모피제품을 납품하는 과정에서 관할

세무서에 미납세반출을 신청하거나 승인 받은 사실이 없는 점 등에 비추어 처분청이 개별소비세 납세의무자를 청구법인으로 보아 과세한 이 건 처분은 잘못이라고 판단됨

【관련법령】

개별소비세법 제3조 / 개별소비세법 제4조 / 개별소비세법 제8조 / 개별소비세법 제14조

【참조결정】

국심1999경1524

【따른결정】

조심2017중1261 / 조심2019서1370

【주 문】

○○○세무서장이 2015.10.23. 청구법인에게 한 2010년 3분기 귀속 개별소비세 ○○○원, 교육세 ○○○원 및 농어촌특별세 ○○○원의 각 부과처분은 이를 취소한다.

【이 유】

1. 처분개요

가. 청구법인은 1969년에 "○○○"라는 상호로 개업한 개인사업체가 1996.3.5. 법인으로 전환한 모피제품 전문 제조법인으로, 모피제품의 원재료인 원피를 해외에서 수입하거나 국내업체로부터 매입하여 임가공업체에 제조를 위탁한 후 백화점을 통해 소비자에게 판매하고 있다.

나. ○○○(이하 "조사청"이라 한다)은 2014.6.10.부터 2014.10.15.까지 청구법인에 대한 세무조사를 실시하여 청구법인이 임가공업체들에 위탁가공을 의뢰하여 납품받은 모피제품이 개별소비세 과세대상임에도 임가공업체들이 「개별소비세법 시행령」제19조에 따른 미납세반출 승인을 받지 아니하고 반출한 사실을 확인하고 임가공업체들을 납세의무자로 하여 관할 세무서장에게 과세자료를 통보하였다.

다. 임가공업체 관할 세무서장은 2015.4.10. 통보 받은 과세자료에 따라 임가공업체들에게 개별소비세를 결정·고지하였다.

라. 임가공업체들은 2015.7.8. 위 개별소비세 부과처분에 불복하여 국세청장에게 심사청구를 제기하였고, 국세청장은 2015.9.4. 임가공업체가 개별소비세 과세대상이 되는 모피제품을 제조하여 반출한 납세의무자라고 하기는 어려우며, 임가공업체가 임가공한 모피제품을 청구법인에게 인계한 시점에 개별소비세 과세대상 물품에 해당하는지 여부를 알 수 없을 뿐만 아니라 과세표준을 산정할 수 없어 임가공업체에게 개별소비세 납세의무를 이행하기를 기대하기 어렵다는 취지로 임가공업체를 개별소비세 납세의무자로 본 과세처분을 취소한다는 결정(국세청심사 기타 2015-0037, 2015.9.4.)을 하였다.

마. 처분청은 OOO의 심사결정에 따라 청구법인을 개별소비세 납세의무자로 보아 2015.10.23. 청구법인에게 2010년 3분기 귀속 개별소비세 OOO원, 교육세 OOO원 및 농어촌특별세 OOO원 합계 OOO원의 부과처분을 하였다.

바. 청구법인은 이에 불복하여 2015.12.30. 심판청구를 제기하였다.

2. 청구법인 주장 및 처분청 의견

가. 청구법인 주장

(1) 수탁제조물품에 대한 개별소비세 납세의무자는 원칙적으로 수탁자인 임가공업체이다.

(가) 「개별소비세법」 제3조 제2호에 따라 개별소비세는 제조장 반출 과세원칙을 채택하고 있어 원칙적으로 '과세물품을 제조하여 반출하는 자'에게 개별소비세 납세의무가 있다.

(나) 제조장 반출 과세원칙에 따르면, 수탁제조물품도 이를 제조하여 반출하는 수탁자가 개별소비세를 신고·납부하여야 하며, 국세청장도 「개별소비세법 기본통칙」 3-0…2에서 '과세물품을 수탁 받아 제조하는 경우'에는 수탁자가 납세의무자가 된다고 명시하여 이를 확인하고 있다.

(다) 위탁자의 검수와 가격표 부착만으로는 「개별소비세법」에서 말하는 '제조'에 해당하지 않는다는 점에서도 수탁제조물품을 제조하여 반출하는 수탁자에게 개별소비세 납세의무가 있다.

(라) 수탁자가 반출 시점에 당해 물품의 가격을 알 수 없어 과세 대상 여부를 판단할 수 없었다고 하나, 「개별소비세법 시행령」 제8조 제1항 제10호는 이러한 경우를 위하여 과세표준을 '수탁가공한 물품에 대하여 수탁자가 해당 세액을 납부하는 경우 그 물품을 인도한 날에 위탁자가 실제로 판매하는 가격에 상당하는 금액'으로 산정하도록 규정하고 있다.

(마) 따라서, 원칙적으로 수탁제조물품을 제조하여 반출한 임가공업체가 개별소비세 납세의무자에 해당한다.

(2) 임가공업체가 미납세반출 승인을 받지 않은 이상 임가공업체의 개별소비세 납세의무가 위탁자인 청구법인에게 이전되지 않으므로 원칙대로 임가공업체가 개별소비세 납세의무자에 해당한다.

(가) 「개별소비세법」 제14조 제1항 제3호는 "원료를 공급받거나 위탁 공임만을 받고 제조한 물품을 제조장에서 위탁자의 제품 저장창고에 반출하는 것"을 미납세반출 허용사유로 규정하고 있으므로, 수탁제조에 있어서 수탁자가 미납세반출 승인신청을 하여 그 승인을 받으면, 수탁자가 과세물품에 해당하는 수탁제조물품을 위탁자에게 인도할 목적으로 제조장에서 반출하더라도 수탁자에게는 개별소비세를 징수하지 않으며 위탁자가 당해 물품을 반출할 때 위탁자에게 개별소비세를 징수한다.

(나) 감사원의 심사청구에서도 모피제품을 임가공한 수탁업체가 그 모피제품을 미납세반출 승인 없이 위탁자의 판매장으로 반출한 것에 대하여 수탁업체가 미납세반출 승인을 받지 않았음을 이유로 수탁업체에게 특별소비세(현. 개별소비세) 등을 부과한 처분에 대하여, "「특별소비세법」 제3조 제2호에서 고급모피와 동 제품 등의 특별소비세 과세물품을 제조하는 자는 특별소비세를 납부할 의무가 있다고 되어 있고, 같은 법 제14조 제1항 제3호 및 같은 법

시행령 제19조 제1항에서 원료를 공급받거나 위탁공임만을 받고 제조한 물품을 제조장으로부터 위탁자의 제품저장창고에 반출하는 경우 미납세반출승인을 얻은 때에는 특별소비세를 징수하지 아니한다고 되어 있음에 비추어 고급모피와 동 제품 등의 과세물품을 위탁받아 제조하는 경우에는 동 제품에 대한 납세의무자는 미납세반출승인을 얻지 아니하는 한 수탁자라 할 것이다"라고 하여 위탁자가 아니라 수탁자에게 납세의무가 있다고 판단(감심1997-0030, 1997.2.25.)하였다.

(다) 미납세반출 대상에 해당하지만 납세의무자가 위와 같은 미납세반출 승인 절차를 이행하지 않은 경우에도 개별소비세 징수가 유예되는지 여부에 관하여 대법원과 조세심판원에서도 미납세반출제도에 의한 개별소비세 감면 혜택을 받으려면 미납세반출 대상 물품이라는 것만으로는 부족하고 적법하게 미납세반출 신청서를 제출하고 승인을 받는 절차를 거쳐야만 개별소비세 징수를 면할 수 있다고 판단(대법원 2015.12.23. 선고 2013두16074 판결, 국심 1999경1524, 1999.11.24., 같은 뜻임)하였으며, 법령의 체계적 해석을 통해서도 미납세반출 승인을 받지 않았으면 개별소비세 징수가 유예될 수 없음이 확인된다.

(라) 이 건에서 임가공업체는 미납세반출 승인을 받지 않았음이 명백하므로, 임가공업체가 개별소비세 납세의무를 부담하며 위탁자인 청구법인에게는 그 개별소비세를 징수할 수 없다.

나. 처분청 의견

(1) 청구법인은 수탁자로부터 납품받은 모피제품의 검사를 통해 최종적으로 제조를 완료하고 검사에 합격한 경우 판매 가능한 모피제품으로 인지하고 있으며, 모피제품 검사 후 개당 판매가격을 결정하므로 「개별소비세법」상 과세대상(1개당 ○○○원 초과) 여부를 검사 후에 알 수 있다.
따라서, 수탁업체가 모피제품을 청구법인의 사업장으로 인도할 당시에는 개별소비세 과세대상 여부가 결정되지 않았고, 검사완료시점이 모피제품의 완성시점이다.

(2) 수탁업체는 최종 생산완료단계인 검사 이전단계까지의 생산공정을 거치고도 과세물품인지 여부가 결정되지 않은, 단지 위탁가공 모피제품을 인도한 것에 불과하여 과세물품을 반출하였다고 보기 어려우므로 미납세반출 규정 적용대상이 아니다.

(가) 수탁업체와 청구법인 모두 각각 관할세무서장에게 반출신고, 반입신고를 하지 않은 것으로 보아 양자 모두 임가공제품을 위탁자에게 인도하는 것을 과세물품의 반출이 아니라 제조단계의 일부로 인지한 것으로 보인다.

(나) 청구법인은 수년 간 모피제품에 대한 개별소비세 신고·납부를 이행해 왔고, 이에 대해 당사자 간 이견이 없었던 점으로 미루어 수탁업체와 청구법인 양자 모두 청구법인을 개별소비세 납세의무자로 판단한 것으로 보인다.

(3) 따라서, 처분청이 개별소비세의 납세의무자를 청구법인으로 보아 과세한 이 건 처분은 정당하다.

3. 심리 및 판단

가. 쟁점

임가공업체가 수탁제조물품을 반출하면서 개별소비세를 신고·납부하지 않고 미납세반출 승인 신청도 하지 않은 경우 위탁자에게 개별소비세 납세의무가 있는지 여부

나. 관련 법령

(1) 개별소비세법

제1조(과세대상과 세율) ① 개별소비세는 특정한 물품, 특정한 장소 입장행위(入場行爲), 특정한 장소에서의 유흥음식행위(遊興飮食行爲) 및 특정한 장소에서의 영업행위에 대하여 부과한다.
② 개별소비세를 부과할 물품(이하 "과세물품"이라 한다)과 그 세율은 다음과 같다.
2. 다음 각 목의 물품에 대해서는 그 물품가격 중 대통령령으로 정하는 기준가격(이하 "기준가격"이라 한다)을 초과하는 부분의 가격(이하 이 호에서 "과세가격"이라 한다)에 해당 세율을 적용한다.

나. 다음의 물품에 대해서는 과세가격의 100분의 20
1) 고급 모피와 그 제품[토끼 모피 및 그 제품과 생모피(生毛皮)는 제외한다]

제3조(납세의무자) 다음 각 호의 어느 하나에 해당하는 자는 이 법에 따라 개별소비세를 납부할 의무가 있다.
2. 과세물품을 제조하여 반출하는 자

제4조(과세시기) 개별소비세는 다음 각 호에 따른 판매, 반출, 수입신고, 입장, 유흥음식행위 또는 영업행위를 할 때에 그 행위 당시의 법령에 따라 부과한다. 다만, 제3조 제4호의 경우에는 「관세법」에 따른다.
1. 물품에 대한 개별소비세 : 과세물품을 판매장에서 판매할 때, 제조장에서 반출할 때 또는 수입신고를 할 때

제8조(과세표준) ① 개별소비세의 과세표준은 다음 각 호에 따른다. 다만, 제1조 제2항 제2호의 과세물품은 다음 제1호부터 제4호까지의 가격 중 기준가격을 초과하는 부분의 가격을 과세표준으로 한다.
2. 제3조 제2호의 납세의무자가 제조하여 반출하는 물품 : 제조장에서 반출할 때의 가격 또는 수량

제9조(과세표준의 신고) ① 제3조 제2호와 제6조 제1항 제1호에 따라 납세의무가 있는 자는 매 분기(제1조 제2항 제4호 또는 같은 항 제6호에 해당하는 물품은 매월) 판매장에서 판매하거나 제조장에서 반출한 물품의 물품별 수량, 가격, 과세표준, 산출세액, 미납세액, 면제세액, 공제세액, 환급세액, 납부세액 등을 적은 신고서를 판매 또는 반출한 날이 속하는 분기의 다음 달 25일(제1조 제2항 제4호 또는 같은 항 제6호에 해당하는 물품은 판매 또는 반출한 날이 속하는 달의 다음 달 말일)까지 판매장 또는 제조장 관할 세무서장에게 제출(국세정보통신망

을 통하여 제출하는 경우는 국세정보통신망에 입력하는 것을 말한다. 이하 같다)하여야 한다.

제14조(미납세반출) ① 다음 각 호의 어느 하나에 해당하는 물품에 대해서는 대통령령으로 정하는 바에 따라 개별소비세를 징수하지 아니한다.
3. 원료를 공급받거나 위탁 공임만을 받고 제조한 물품을 제조장에서 위탁자의 제품 저장창고에 반출하는 것
② 제1항의 물품으로서 반입 장소에 반입된 사실 또는 정해진 용도로 제공한 사실을 대통령령으로 정하는 바에 따라 증명하지 아니한 것에 대해서는 판매자·반출자 또는 수입신고인으로부터 개별소비세를 징수한다.

(2) 개별소비세법 시행령

제4조(기준가격) 법 제1조 제2항 제2호의 물품에 대하여 적용하는 기준가격은 다음 각 호의 구분에 따른다.
2. 법 제1조 제2항 제2호 가목 4)부터 6)까지의 물품 : 1개당 200만원

제8조(제조장에서 반출하는 물품의 가격 계산) ① 법 제8조 제1항 제2호에 따른 반출할 때의 가격은 제조자가 실제로 반출하는 금액으로 한다. 다만, 다음 각 호의 어느 하나에 해당하는 경우에는 다음 각 호의 구분에 따른 해당 금액으로 한다.
10. 수탁가공한 물품[법 제1조 제2항 제2호 가목 1)·2)의 물품은 제외한다]에 대하여 수탁자가 해당 세액을 납부하는 경우 : 그 물품을 인도한 날에 위탁자가 실제로 판매하는 가격에 상당하는 금액

제16조의4(미납세반출 특례에 따른 신고절차 등) ① 법 제10조의4에 따른 미납세반출자(이하 이 항에서 "미납세반출자"라 한다)가 반입지에서 판매 또는 반출한 물품에 대하여 개별소비세를 신고·납부하려는 경우에는 법 제9조에 따른 과세표준 신고를 할 때 제15조 제1항에 따른 신고서에 다음 각 호의 서류를 첨부하여 미납세반출자 관할 세무서장에게 제출(국세정보통신망을 통한 제출을 포함한다)하여야 한다. 다만, 제1호의 신청서는 법 제10조의4를 적용하여 처음으로 과세표준을 신고할 때 제출하여야 하며, 이미 제출한 내용이 변경되거나 법 제10조의4에 따른 특례를 적용받지 아니하려는 경우에는 이를 다시 제출하여야 한다.
1. 다음 각 목의 사항을 적은 미납세반출특례신청서
가. 미납세반출자의 인적사항
나. 반입자의 소재지 및 관할 세무서
다. 미납세반출한 물품
라. 그 밖의 참고사항
2. 반입지별 과세표준신고서
② 제1항 제1호에 따른 신청서를 받은 관할 세무서장은 반입지 관할 세무서장에게 그 사실을 통지하여야 한다.

제19조(미납세반출 승인신청) ① 법 제14조 제1항 각 호의 어느 하나에 해당하는 물품을 판매장, 제조장 또는 하치장에서 반출하거나 보세구역에서 반출하려는 자는 해당 물품을 반출할 때에 (수입물품의 경우에는 그 수입신고 시부터 수입신고 수리 전까지) 다음 각 호의 사항을 적은 신청서를 관할 세무서장 또는 세관장에게 제출(국세정보통신망을 통한 제출을 포함한다)하여 그 승인을 받아야 한다.
(각 호 생략)
② 제1항의 신청을 받은 관할 세무서장 또는 세관장이 이를 승인하였을 때에는 그 신청서에 준하는 내용의 승인서를 발급하고, 반입지 관할 세무서장 또는 세관장에게 그 사실을 통지하여야 한다.

제20조(반입신고·반입증명 및 용도증명) ① 법 제14조 제5항, 제17조 제2항 및 제18조 제5항에 따라 반입사실을 신고하는 경우에는 다음 각 호의 사항을 적은 신고서를 반입지 관할 세무서장 또는 세관장에게 제출(국세정보통신망을 통한 제출을 포함한다)하여야 한다. 다만, 법 제18조 제1항 제3호에 따른 승용자동차의 경우에는 「자동차관리법」에 따른 자동차등록으로 반입 사실 신고를 갈음한다.
1. 신고인의 인적사항
2. 승인번호 및 승인연월일
3. 반입물품의 명세
4. 반입장소
5. 반입 사유
6. 반입연월일
7. 판매자 또는 반출자의 인적사항
8. 반입증명서 제출기한
9. 그 밖의 참고사항
② 법 제14조 제2항, 제17조 제2항 및 제18조 제2항에 따른 반입 사실의 증명은 제1항의 신고서에 준하는 내용의 증명서로 한다. 다만, 다음 각 호의 물품의 경우에는 다음 각 호의 구분에 따른 서류로 증명한다.
(각 호 생략)
④ 법 제14조 제2항, 제15조 제2항 본문, 제17조 제2항 및 제18조 제2항에 따른 반입된 사실 또는 정해진 용도로 제공한 사실을 증명하기 위한 서류는 해당 물품을 판매 또는 반출한 날부터 3개월의 범위에서 반출지 관할 세무서장 또는 세관장이 지정하는 날까지 제출하여야 한다.
⑤ 제4항과 제19조의2 및 제19조의3에 따른 기한까지 해당 사실을 증명하기 위한 서류를 부득이한 사정으로 제출할 수 없는 경우에는 관할 세무서장 또는 세관장에게 제출기한의 연장을 신청할 수 있다. 이 경우 관할 세무서장 또는 세관장은 해당 사실을 증명하기 위한 서류의 제출기한이 경과한 날부터 3개월의 범위에서 그 기한을 연장할 수 있다.

⑥ 관할 세무서장 또는 세관장은 법 제14조 제2항, 제15조 제2항 본문, 제17조 제2항 및 제18조 제2항에 따라 해당 세액을 징수하려는 경우에 판매자, 반출자 또는 수입신고인이 해당 세액을 징수할 수 있는 날부터 30일 이내에 해당 사실을 증명하기 위한 서류를 제출하지 않을 때에는 해당 세액을 징수한다는 뜻을 지체 없이 통지하여야 한다.

다. 사실관계 및 판단

(1) OOO 자료에 따르면, 청구법인은 아래 〈표1〉과 같이 이 건과 관련하여 2010년도에 개별소비세를 신고·납부한 것으로 나타난다.

(2) 당초 조사청이 임가공업체들을 납세의무자로 하여 관할 세무서장에게 통보한 과세자료 파생검토서의 주요내용은 다음과 같다.

(3) 처분청이 제출한 "개별소비세 자료파생 검토보고서" 등 심리자료에 의하면,

(가) 과세자료를 통보받은 임가공업체 관할 세무서장 중 OOO세무서장은 2015.4.10. 통보 받은 과세자료에 따라 OOO에게 OOO원, OOO에게 OOO원의 개별소비세를 결정·고지하였고, OOO는 2015.7.8. 위 개별소비세 부과처분에 불복하여 국세청장에게 심사청구를 제기하였으며, 2015.9.4. 국세심사위원회는 심의결과 "인용"결정한 것으로 나타난다.

(나) 국세청장의 심사결과에 따라, 청구법인을 납세의무자로 변경하고, 백화점으로 반출하는 시점인 "반출일"을 과세시기로 정하였으며, 수탁자인 임가공업체에서 판매가격으로 추정가능한 제조원가에 최소한의 마진을 감안한 각 스타일별 "판매최저가"를 출고일 당시 출고가격으로 적용하여 판매상당가액을 산출한 것으로 나타난다.

(4) 이상의 사실관계 및 관련 법령 등을 종합하여 살피건대, 「개별소비세법 기본통칙」상 제조란 재료 또는 원료에 물리적 또는 화학적 변화를 가하여 새로운 과세물품을 생산하는 행위를 말하는바, 수탁자의 임가공행위는 원피에 물리적, 화학적 변화를 가하여 모피제품이라는 새로운 과세물품을 생산하는 행위로서 위탁자의 검수 여부에 관계없이 「개별소비세법」상 제조에 해당하며, 반면에 위탁자가 수행하는 검수는 임가공을 거친 모피제품에 아무런 물리적, 화학적 변화를 가하지 아니하므로 「개별소비세법」상의 제조에 해당한다고 보기 어려운 점, 수탁자의 입장에서는 개별 모피제품의 가격을 알 수 없기 때문에 개별소비세 신고대상 물품인지를 판단할 수 없었다고 하나, 「개별소비세법 시행령」 제8조 제10호에서는 이러한 상황을 감안하여 수탁 가공한 물품에 대한 과세표준을 수탁자가 인도하는 시점의 당해 물품의 가격으로 하지 않고, 그 물품을 인도한 날에 위탁자가 실제로 판매하는 가격에 상당하는 금액으로 하도록 규정하고 있는 점, 「개별소비세법」상 납세의무자를 과세물품인 모피제품을 제조하여 반출하는 자로 규정하고 있고, 위·수탁 계약에 따라 그 제품을 제조하는 경우 수탁자가 위탁자에게 과세대상 모피제품을 미납세반출한 후, 위탁자가 동 물품을 다시 반출하는 경우에만 위탁자가 동 물품에 대한 개별소비세 납세의무자가 된다 할 것인데(감심 1997-0030, 1997.2.25., 대법원 2013두16074, 2015.12.23., 같은 뜻임), 이 건의 경우 수탁자가 위탁자인 청구법인에게 모피제품을 납품하는 과정에서 관할 세무서에 미납세반출을 신청하거나 승

인 받은 사실이 없는 점 등에 비추어 처분청이 개별소비세 납세의무자를 청구법인으로 보아 과세한 이 건 처분은 잘못이라고 판단된다.

4. 결론

이 건 심판청구는 심리결과 청구주장이 이유 있으므로「국세기본법」제81조 및 제65조 제1항 제3호에 의하여 주문과 같이 결정한다.

87 개별소비세 미납세반출의 절차

개별소비세감면신청거부처분취소 [대법원 2015. 12. 23., 선고, 2013두16074, 판결]

【판시사항】

[1] 구 개별소비세법 제14조에서 규정한 미납세반출 제도의 취지 및 개별소비세법 시행령 제19조 제1항이 위임입법의 한계를 벗어난 무효의 규정인지 여부(소극) / 국외에서 개최한 박람회 등에 출품한 물품을 수입하여 보세구역에서 반출하면서 수입신고 수리 전까지 미납세반출 승인신청서를 제출하여 승인을 받지 아니한 경우, 구 개별소비세법 제14조 제1항에서 규정한 개별소비세 징수 유보 대상에 해당하는지 여부(소극)

[2] 개별소비세 미납세반출 승인신청에 관하여 구 관세법 시행령 제112조 제1항이 개별소비세법 시행령 제19조 제1항에 우선 적용되는지 여부(소극) 및 국외에서 개최한 박람회 등에 출품한 물품을 보세구역에서 반출하면서 수입신고 수리 전까지 미납세반출 승인신청을 하지 않았으나 반출 후 개별소비세의 납부고지를 받은 날부터 5일 이내에 신청한 경우, 적법한 신청으로 볼 수 있는지 여부(소극)

【판결요지】

[1] 구 개별소비세법(2014. 12. 23. 법률 제12846호로 개정되기 전의 것, 이하 같다) 제14조에서 규정한 미납세반출 제도는 특정한 과세물품에 대하여 개별소비세의 부담이 유보된 상태로 반출하는 것을 허용하는 과세유보조치로서, 개별소비세가 최종소비자를 담세자로 예정하여 과세되는 조세인 점을 감안하여, 과세물품의 단순한 보관장소의 변경이나 제조공정상 필요에 의한 반출 등의 경우에는 개별소비세의 부담이 유보된 상태로 반출을 허용함으로써 반출과세원칙에 따른 문제점을 보완하려는 데 취지가 있다. 미납세반출 제도는 반출자 등이 과세물품을 지정된 반입 장소에 반입한 사실이나 정해진 용도로 제공한 사실을 일정한 기한 내에 증명하는 등의 사후관리를 예정하고 있고, 이를 위해서는 과세물품의 반출 전에 '반출에 대한 승인'과 반입 후에 '반입사실에 대한 증명' 등의 절차를 필요로 한다. 따라서 미납세반출 대상 물품에 대한 개별소비세의 징수 유보에 관한 사항이나 물품의 반입 사실 등의 증명에 관한 사항을

대통령령으로 정하도록 한 구 개별소비세법 제14조 제1항 및 제2항의 위임에 따라 개별소비세법 시행령에서 정하여질 내용은 반출된 물품의 사후관리에 필요한 승인신청이나 승인절차 등과 같은 사항이 될 것임을 충분히 예측할 수 있고, 개별소비세법 시행령 제19조 제1항(이하 '시행령 조항'이라 한다)도 위임의 범위 내에서 미납세반출 대상 물품의 반출 시에 미납세반출 승인신청서를 관할 세무서장 또는 세관장에게 제출하여 승인을 받도록 규정하고 있으므로, 결국 시행령 조항은 구 개별소비세법 제14조 제1항 등이 예정하고 있는 징수 유보에 필요한 절차 등을 구체화한 것으로서 위임입법의 한계를 벗어난 무효의 규정이라고 할 수 없다.

이와 같은 미납세반출 제도, 승인신청과 승인절차의 내용 및 취지 등에 비추어 보면, 국외에서 개최한 박람회 등에 출품한 물품을 수입하여 보세구역에서 반출하는 경우라도 물품에 관하여 시행령 조항에 따라 수입신고 수리 전까지 세관장에게 미납세반출 승인신청서를 제출하여 승인을 받지 아니한 경우에는 구 개별소비세법 제14조 제1항에서 규정한 개별소비세 징수유보의 대상에 해당하지 아니한다.

[2] 일시적인 과세유보조치인 미납세반출 제도는, 특정한 정책목표를 달성하기 위하여 일정한 요건을 갖춘 수입물품에 대한 관세를 감세 또는 면세하는 관세감면 제도와는 제도의 취지, 규율 대상 및 법적 효과 등이 상이할 뿐만 아니라 신청의 내용이나 사후관리의 절차도 다른 별개의 제도인 점 등에 비추어 보면, 개별소비세법 시행령 제19조 제1항에서 정한 미납세반출 승인신청기한이 구 관세법 시행령(2012. 2. 2. 대통령령 제23602호로 개정되기 전의 것, 이하 같다) 제112조 제1항에서 정한 관세감면 신청기한과 상이하다고 하여 개별소비세의 부과·징수 등에 관하여 개별소비세법과 관세법의 규정이 상충되는 경우라고 볼 수는 없으므로, 개별소비세 미납세반출 승인신청에 관하여 구 관세법 시행령 제112조 제1항이 개별소비세법 시행령 제19조 제1항에 우선 적용된다고 볼 수 없다. 따라서 '국외에서 개최한 박람회 등에 출품한 물품을 보세구역에서 반출하는 경우'로서 미납세반출 승인 대상에 해당하더라도 수입신고 수리 전까지 미납세반출 승인신청을 하지 아니하였다면, 반출 후 개별소비세의 납부고지를 받은 날부터 5일 이내에 미납세반출 승인신청을 하였다고 하여 적법한 신청으로 볼 수 없다.

【참조조문】

[1] 구 개별소비세법(2014. 12. 23. 법률 제12846호로 개정되기 전의 것) 제14조, 개별소비세법 시행령 제19조 제1항

[2] 구 관세법(2010. 12. 30. 법률 제10424호로 개정되기 전의 것) 제4조 제1항, 구 관세법 시행령(2012. 2. 2. 대통령령 제23602호로 개정되기 전의 것) 제112조 제1항, 개별소비세법 시행령 제19조 제1항

【전문】

【원고, 상고인】
주식회사 젬브로스(소송대리인 변호사 조승곤 외 2인)

【피고, 피상고인】
인천공항세관장

【원심판결】
서울고법 2013. 7. 11. 선고 2012누35070 판결

【주 문】
상고를 기각한다. 상고비용은 원고가 부담한다.

【이 유】
상고이유(상고이유서 제출기간이 경과한 후에 제출된 참고서면의 기재는 상고이유를 보충하는 범위 내에서)를 판단한다.

1. 상고이유 제1점에 대하여

구 개별소비세법(2014. 12. 23. 법률 제12846호로 개정되기 전의 것, 이하 같다)은 특정한 물품을 판매 또는 제조하여 반출하거나 보세구역에서 반출하는 때에 개별소비세를 부과하도록 하면서도(제1조, 제3조), 일정한 과세물품에 대해서는 대통령령으로 정하는 바에 따라 개별소비세의 징수를 유보하는 미납세반출 제도를 두어, '국외에서 개최한 박람회 등에 출품한 물품을 보세구역에서 반출하는 경우'를 미납세반출 대상의 하나로 규정하는 한편(제14조 제1항 제2호), 미납세반출된 과세물품을 반입 장소에 반입한 자에게 반입한 날이 속하는 분기의 다음 달 15일까지 반입 사실을 반입지 관할 세무서장 또는 세관장에게 신고하도록 하고(제14조 제5항), 반입 장소에 반입된 사실 또는 정해진 용도로 제공한 사실을 대통령령으로 정하는 바에 따라 증명하지 아니한 경우에는 판매자·반출자 또는 수입신고인으로부터 개별소비세를 징수하도록 규정하고 있다(제14조 제2항). 그리고 그 위임에 따른 개별소비세법 시행령 제19조 제1항(이하 '이 사건 시행령 조항'이라 한다)은 미납세반출 승인 대상 물품을 반출할 때에 (수입물품의 경우에는 그 수입신고 시부터 수입신고 수리 전까지) 반출할 물품의 명세, 반입 장소, 반입자의 인적사항 및 반입증명서 제출기한 등 사후관리에 필요한 사항을 적은 신청서를 관할 세무서장 또는 세관장에게 제출하여 그 승인을 받도록 규정하고 있다.

구 개별소비세법 제14조에서 규정한 미납세반출 제도는 특정한 과세물품에 대하여 개별소비세의 부담이 유보된 상태로 반출하는 것을 허용하는 과세유보조치로서, 이는 개별소비세가 최종소비자를 담세자로 예정하여 과세되는 조세인 점을 감안하여, 과세물품의 단순한 보관장소의 변경이나 제조공정상 필요에 의한 반출 등의 경우에는 개별소비세의 부담이 유보된 상태로 반출을 허용함으로써 반출과세 원칙에 따른 문제점을 보완하려는 데 그 취지가 있다. 이러한 미납세반출 제도는 반출자 등이 과세물품을 지정된 반입 장소에 반입한 사실이나 정해진 용도로 제공한 사실을 일정한 기한 내에 증명하는 등의 사후관리를 예정하고 있고, 이를 위해서는 과세물품의 반출 전에 '반출에 대한 승인'과 반입 후에 '반입사실에 대한 증명' 등의 절차를 필요로 한다. 따라서 미납세반출 대상 물품에 대한 개별소비세의 징수 유보에 관한 사항이나 그 물품의 반입 사실 등의 증명에 관한 사항을 대통령령으로 정하도록 한 구 개별소비

세법 제14조 제1항 및 제2항의 위임에 따라 개별소비세법 시행령에서 정하여질 내용은 반출된 물품의 사후관리에 필요한 승인신청이나 승인절차 등과 같은 사항이 될 것임을 충분히 예측할 수 있고, 이 사건 시행령 조항도 이러한 위임의 범위 내에서 미납세반출 대상 물품의 반출 시에 미납세반출 승인신청서를 관할 세무서장 또는 세관장에게 제출하여 그 승인을 받도록 규정하고 있으므로, 결국 이 사건 시행령 조항은 구 개별소비세법 제14조 제1항 등이 예정하고 있는 징수 유보에 필요한 절차 등을 구체화한 것으로서 위임입법의 한계를 벗어난 무효의 규정이라고 할 수 없다.

이와 같은 미납세반출 제도, 그 승인신청과 승인절차의 내용 및 취지 등에 비추어 보면, 국외에서 개최한 박람회 등에 출품한 물품을 수입하여 보세구역에서 반출하는 경우라도 그 물품에 관하여 이 사건 시행령 조항에 따라 그 수입신고 수리 전까지 세관장에게 미납세반출 승인신청서를 제출하여 승인을 받지 아니한 경우에는 구 개별소비세법 제14조 제1항에서 규정한 개별소비세 징수 유보의 대상에 해당하지 아니한다고 할 것이다.

같은 취지의 원심판단은 정당하고, 거기에 상고이유 주장과 같이 개별소비세법 시행령 제19조 제1항의 해석 또는 포괄위임금지 원칙에 관한 법리를 오해하는 등의 위법이 없다.

2. 상고이유 제2점에 대하여

원심은, 원고가 제출한 증거만으로는 전시회 출품을 위해 수출되었다가 다시 수입된 물품에 대하여 관세감면 신청이 있으면 개별소비세 미납세반출 승인신청도 있는 것으로 보아 이를 함께 승인하던 관행이 있었고, 이러한 관행이 일반 납세자에게 정당한 것으로 이의 없이 받아들여져 원고가 그와 같은 관행을 신뢰하는 것이 무리가 아니라고 인정될 정도에 이르렀다고 인정하기에 부족하다고 판단하였다.

관련 법리와 기록에 비추어 살펴보면, 원심의 위와 같은 판단은 정당하고, 거기에 상고이유 주장과 같이 관세행정의 관행에 관한 법리를 오해하거나 필요한 심리를 다하지 아니한 위법이 있다고 할 수 없다.

3. 상고이유 제3점에 대하여

구 관세법(2010. 12. 30. 법률 제10424호로 개정되기 전의 것, 이하 같다) 제4조 제1항은 수입물품에 대하여 세관장이 부과·징수하는 개별소비세 등의 부과·징수·환급·결손처분 등에 관하여 국세기본법, 개별소비세법 등의 규정과 구 관세법의 규정이 상충되는 때에는 구 관세법의 규정을 우선하여 적용하도록 규정하고 있고, 구 관세법 시행령(2012. 2. 2. 대통령령 제23602호로 개정되기 전의 것, 이하 같다) 제112조 제1항은 '법 기타 관세에 관한 법률 또는 조약에 의하여 관세의 감면을 받고자 하는 자는 당해 물품의 수입신고 수리 전(법 제39조 제2항의 규정에 의하여 관세를 징수하는 때에는 당해 납부고지를 받은 날부터 5일 이내)에 그 각 호의 사항을 기재한 신청서를 세관장에게 제출하여야 한다'고 규정하고 있다.

일시적인 과세유보조치인 미납세반출 제도는, 특정한 정책목표를 달성하기 위하여 일정한 요건을 갖춘 수입물품에 대한 관세를 감세 또는 면세하는 관세감면 제도와는 그 제도의 취지,

규율 대상 및 법적 효과 등이 상이할 뿐만 아니라 그 신청의 내용이나 사후관리의 절차도 다른 별개의 제도인 점 등에 비추어 보면, 이 사건 시행령 조항에서 정한 미납세반출 승인신청기한이 구 관세법 시행령 제112조 제1항에서 정한 관세감면 신청기한과 상이하다고 하여 개별소비세의 부과·징수 등에 관하여 개별소비세법과 관세법의 규정이 상충되는 경우라고 볼 수는 없으므로, 개별소비세 미납세반출 승인신청에 관하여 구 관세법 시행령 제112조 제1항이 이 사건 시행령 조항에 우선 적용된다고 볼 수 없다. 따라서 '국외에서 개최한 박람회 등에 출품한 물품을 보세구역에서 반출하는 경우'로서 미납세반출 승인 대상에 해당하더라도 수입신고 수리 전까지 미납세반출 승인신청을 하지 아니하였다면, 반출 후 개별소비세의 납부고지를 받은 날부터 5일 이내에 미납세반출 승인신청을 하였다고 하여 이를 적법한 신청으로 볼 수 없다.

같은 취지에서 원고의 이 사건 미납세반출 승인신청을 그 신청기한이 도과하였다는 이유로 거부한 이 사건 처분이 적법하다고 본 원심판단은 정당하고, 거기에 상고이유 주장과 같이 구 관세법 시행령 제112조 제1항의 해석·적용에 관한 법리를 오해하는 등의 위법이 없다.

4. 결론

그러므로 상고를 기각하고 상고비용은 패소자가 부담하도록 하여, 관여 대법관의 일치된 의견으로 주문과 같이 판결한다.

▶ 대법관 이기택(재판장) 이인복 고영한(주심) 김소영

CHAPTER 06 세액공제와 세액환급

제1절 이중과세조정을 위한 세액공제
제2절 완전면세를 위한 세액환급
제3절 가정용부탄 등에 대한 개별소비세 환급 특례
제4절 담배에 대한 미납세반출·면세와 세액의 공제 및 환급에 관한 특례

CHAPTER 07 보 칙

제1절 손익인식 기준과 자산·부채의 평가

03 지방세법

Chapter 01. 지방세 총론(總論)
02. 취득세
03. 등록면허세
04. 재산세
05. 지방세특례제한법

CHAPTER 01 지방세 총론(總論)

제1절 지방세 일반
제2절 지방세기본법

CHAPTER 02 취득세

제1절 취득세 개관
제2절 취득세 과세원인인 취득의 의미와 그 유형
제3절 취득세 과세대상
제4절 취득세 납세의무자
제5절 취득세 과세표준
제6절 취득세 세율
제7절 취득세의 취득시기
제8절 취득세 부과징수절차
제9절 계약해제와 취득세 납세의무

88 3자간 등기명의신탁에서의 취득세 납세의무

취득세등부과처분취소 [대법원, 2014두43110, 2018. 3. 22.]

【판시사항】

매수인이 부동산에 관한 매매계약을 체결하고 소유권이전등기에 앞서 매매대금을 모두 지급한 경우, 사실상의 잔금지급일에 구 지방세법 제105조 제2항에서 규정한 '사실상 취득'에 따른 취득세 납세의무가 성립하는지 여부(적극) 및 그 후 사실상의 취득자가 매매를 원인으로 한 소유권이전등기를 마친 경우, 등기일에 구 지방세법 제105조 제1항에서 규정한 '취득'을 원인으로 한 새로운 취득세 납세의무가 성립하는지 여부(소극) / 이는 매매대금을 모두 지급하여 부동산을 사실상 취득한 자가 3자간 등기명의신탁 약정에 따라 명의수탁자 명의로 소유권이전등기를 마쳤다가 그 후 해당 부동산에 관하여 자신의 명의로 소유권이전등기를 마친 경우에도 마찬가지인지 여부(적극)

【판결요지】

[다수의견] 구 지방세법(2010. 1. 1. 법률 제9924호로 개정되기 전의 것, 이하 같다) 제105조 제1항, 제2항, 제111조 제7항, 구 지방세법 시행령(2010. 7. 6. 대통령령 제22251호로 개정되기 전의 것) 제73조 제1항, 제3항 본문 규정의 문언 내용과 아울러 구 지방세법 제105조 제2항에서 규정한 '사실상 취득'이란 일반적으로 등기와 같은 소유권 취득의 형식적 요건을 갖추지는 못하였으나 대금의 지급과 같은 소유권 취득의 실질적 요건을 갖춘 경우를 말하는 점 등을 종합하여 보면, 매수인이 부동산에 관한 매매계약을 체결하고 소유권이전등기에 앞서 매매대금을 모두 지급한 경우 사실상의 잔금지급일에 구 지방세법 제105조 제2항에서 규정한 '사실상 취득'에 따른 취득세 납세의무가 성립하고, 그 후 그 사실상의 취득자가 부동산에 관하여 매매를 원인으로 한 소유권이전등기를 마치더라도 이는 잔금지급일에 '사실상 취득'을 한 부동산에 관하여 소유권 취득의 형식적 요건을 추가로 갖춘 것에 불과하므로, 잔금지급일에 성립한 취득세 납세의무와 별도로 등기일에 구 지방세법 제105조 제1항에서 규정한 '취득'을 원인으로 한 새로운 취득세 납세의무가 성립하는 것은 아니다. 이러한 법리는 매매대금을 모두 지급하여 부동산을 사실상 취득한 자가 3자간 등기명의신탁 약정에 따라 명의수탁자 명의로 소유권이전등기를 마쳤다가 그 후 해당 부동산에 관하여 자신의 명의로 소유권이전등기를 마친 경우에도 마찬가지로 적용된다.

[대법관 고영한, 대법관 김신, 대법관 이기택, 대법관 김재형, 대법관 조재연의 반대의견] 부동산 실권리자명의 등기에 관한 법률 시행 이후 명의수탁자가 3자간 등기명의신탁 약정에 따라 매도인으로부터 부동산의 등기를 이전받은 경우에도 등기의 효력과 관계없이 명의수탁자에게 구 지방세법 제105조 제1항에서 규정한 '취득'을 원인으로 한 취득세 납세의무가 성립한다고 보아야 한다. 그리고 이러한 경우에는 명의신탁자가 부동산에 관한 매매계약을 체결하고 매매대금을 모두 지급하였더라도 구 지방세법 제105조 제2항에서 규정한 '사실상 취득'에 따른 취득세 납세의무가 성립한다고 볼 수 없고, 그 후 명의신탁자가 무효인 명의수탁자 명의의 등기를 말소하고 당초 매매계약에 기하여 자기 앞으로 소유권등기를 이전받거나 또는 명의수탁자로부터 직접 자기 앞으로 소유권등기를 이전받는다면 그 등기 시에 명의신탁자에게 구 지방세법 제105조 제1항에서 규정한 '취득'을 원인으로 한 취득세 납세의무가 성립한다.

【참조조문】

구 지방세법(2010. 1. 1. 법률 제9924호로 개정되기 전의 것) 제105조 제1항(현행 제7조 제1항 참조), 제2항(현행 제7조 제2항 참조), 제111조 제7항(현행 제10조 제7항 참조), 구 지방세법 시행령(2010. 7. 6. 대통령령 제22251호로 개정되기 전의 것) 제73조 제1항(현행 제20조

제2항 참조), 제3항(현행 제20조 제13항 참조), 부동산 실권리자명의 등기에 관한 법률 제4조, 민법 제186조

【참조판례】

대법원 2005. 1. 13. 선고 2003두10343 판결, 대법원 2007. 5. 11. 선고 2005두13360 판결(공2007상, 915), 대법원 2013. 3. 14. 선고 2010두28151 판결(공2013상, 668), 대법원 2014. 1. 23. 선고 2013두18018 판결

【전문】

【원고, 피상고인】
한라엔컴 주식회사(소송대리인 법무법인 신화 담당변호사 김순 외 3인)

【피고, 상고인】
용인시 처인구청장

【원심판결】
서울고법 2014. 9. 19. 선고 2013누51628 판결

【주 문】

【주 문】
상고를 기각한다. 상고비용은 피고가 부담한다.

【이 유】
상고이유를 판단한다.

1. 취득세 납세의무의 성립 여부에 관한 상고이유에 대하여

가. 구 지방세법(2010. 1. 1. 법률 제9924호로 개정되기 전의 것, 이하 같다) 제105조는 제1항에서 취득세는 부동산 등의 '취득'에 대하여 그 취득자에게 부과한다고 규정하고, 제2항에서 부동산 등의 취득에 있어서는 민법 기타 관계 법령에 의한 등기·등록 등을 이행하지 아니한 경우라도 '사실상 취득'한 때에는 이를 취득한 것으로 본다고 규정하고 있다. 구 지방세법 제111조 제7항의 위임에 따른 구 지방세법 시행령(2010. 7. 6. 대통령령 제22251호로 개정되기 전의 것, 이하 같다) 제73조는 취득세 과세물건의 취득 시기에 관하여 제1항에서 유상승계취득의 경우에는 사실상의 잔금지급일(이에 해당하지 아니하는 경우에는 그 계약상의 잔금지급일)에 취득한 것으로 본다고 규정하고, 제3항 본문에서 제1항에 의한 취득일 전에 등기 또는 등록을 한 경우에는 그 등기일 또는 등록일에 취득한 것으로 본다고 규정하고 있다.

위와 같은 관련 규정의 문언 내용과 아울러 구 지방세법 제105조 제2항에서 규정한 '사실상 취득'이란 일반적으로 등기와 같은 소유권 취득의 형식적 요건을 갖추지는 못하였으나 대금의 지급과 같은 소유권 취득의 실질적 요건을 갖춘 경우를 말하는 점 등을 종합하여 보면, 매수인이 부동산에 관한 매매계약을 체결하고 소유권이전등기에 앞서 매매대금을 모두 지급한 경

우 사실상의 잔금지급일에 구 지방세법 제105조 제2항에서 규정한 '사실상 취득'에 따른 취득세 납세의무가 성립하고(대법원 2005. 1. 13. 선고 2003두10343 판결, 대법원 2007. 5. 11. 선고 2005두13360 판결, 대법원 2014. 1. 23. 선고 2013두18018 판결 참조), 그 후 그 사실상의 취득자가 그 부동산에 관하여 매매를 원인으로 한 소유권이전등기를 마치더라도 이는 잔금지급일에 '사실상 취득'을 한 부동산에 관하여 소유권 취득의 형식적 요건을 추가로 갖춘 것에 불과하므로, 잔금지급일에 성립한 취득세 납세의무와 별도로 그 등기일에 구 지방세법 제105조 제1항에서 규정한 '취득'을 원인으로 한 새로운 취득세 납세의무가 성립하는 것은 아니다(대법원 2013. 3. 14. 선고 2010두28151 판결 참조).

이러한 법리는 매매대금을 모두 지급하여 부동산을 사실상 취득한 자가 3자간 등기명의신탁약정에 따라 명의수탁자 명의로 소유권이전등기를 마쳤다가 그 후 해당 부동산에 관하여 자신의 명의로 소유권이전등기를 마친 경우에도 마찬가지로 적용된다고 할 것이다. 그 이유는 다음과 같다.

(1) 명의신탁자가 소유자로부터 부동산을 양수하면서 명의수탁자와 사이에 명의신탁약정을 하여 소유자로부터 바로 명의수탁자 명의로 해당 부동산의 소유권이전등기를 하는 3자간 등기명의신탁의 경우, 명의신탁자가 매매계약의 당사자로서 매도인과 매매계약을 체결하고 매매대금을 지급하며, 매매계약에 따른 법률효과도 명의신탁자에게 귀속된다. 부동산 실권리자명의 등기에 관한 법률(이하 '부동산실명법'이라 한다)은 매도인과 명의신탁자 사이의 매매계약의 효력을 부정하는 규정을 두고 있지 아니하므로 그 매매계약이 효력이 없다고 보기 어렵다. 이렇듯 3자간 등기명의신탁에서 명의신탁자의 매수인 지위는 일반 매매계약에서 매수인 지위와 근본적으로 다르지 않다. 3자간 등기명의신탁의 명의신탁자에게 구 지방세법 제105조 제2항이 적용되지 않는다고 볼 만한 법적 근거도 없다. 따라서 명의신탁자가 부동산에 관한 매매계약을 체결하고 매매대금을 모두 지급하였다면 잔금지급일에 구 지방세법 제105조 제2항의 '사실상 취득'에 따른 취득세 납세의무가 성립한다.

(2) 명의신탁자가 부동산을 사실상 취득한 이후 자신의 명의가 아니라 명의수탁자 명의로 그 소유권이전등기를 마쳤더라도, 이는 취득세 납세의무가 성립한 이후에 발생한 사정에 불과하다. 더군다나 부동산실명법 제4조 제1항 및 제2항 본문에 의하여 명의신탁약정과 그에 따른 명의수탁자 명의의 등기는 무효이다. 따라서 명의수탁자 명의의 소유권이전등기를 이유로 이미 성립한 명의신탁자의 취득세 납세의무가 소급하여 소멸한다거나 성립하지 않았다고 볼 수는 없다.

(3) 3자간 등기명의신탁의 경우 명의신탁약정과 그에 따른 등기는 무효인 반면 매도인과 명의신탁자 사이의 매매계약은 유효하므로, 명의신탁자는 매도인에게 매매계약에 따른 소유권이전등기를 청구할 수 있고, 그 소유권이전등기청구권을 보전하기 위하여 매도인을 대위하여 무효인 명의수탁자 명의 등기의 말소를 구할 수도 있다(대법원 2002. 3. 15. 선고 2001다61654 판결 참조). 이는 명의신탁자가 명의수탁자 명의로 소유권이전등기를 마쳤다는 이유만으로 명의신탁자의 '사실상 취득'을 부정할 수 없다는 것을 뒷받침한다.

(4) 3자간 등기명의신탁에서 명의신탁자가 명의수탁자 명의의 소유권이전등기를 말소한 다음 그 부동산에 관하여 매도인으로부터 자신의 명의로 소유권이전등기를 마치더라도, 이는 당초의 매매를 원인으로 한 것으로서 잔금지급일에 '사실상 취득'을 한 부동산에 관하여 소유권 취득의 형식적 요건을 추가로 갖춘 것에 불과하다. 그리고 명의신탁자가 당초의 매매를 원인으로 매도인으로부터 소유권등기를 이전받는 것이 아니라 명의수탁자로부터 바로 소유권등기를 이전받는 형식을 취하였다고 하여 위와 달리 평가할 수도 없다. 따라서 어느 경우이든 잔금지급일에 성립한 취득세 납세의무와 별도로 그 등기일에 새로운 취득세 납세의무가 성립한다고 볼 수는 없다.

나. 원심은 다음과 같은 사실을 인정하고 판단하였다.
(1) 원고는 2006. 12. 18. 동원레미콘 주식회사로부터 이 사건 각 토지를 매수하고 매매대금을 모두 지급한 후, 3자간 등기명의신탁 약정에 따라 2007. 12. 27. 그 직원인 소외인 명의로 소유권이전등기를 마치고, 2008. 1. 10. 소외인 명의로 취득세 등을 납부하였다.
(2) 피고는 원고가 위 각 토지의 실제 취득자라는 이유로 2011. 11. 8. 원고에게 취득세 등을 부과하였고, 원고는 2011. 11. 30. 위 취득세 등을 납부하였다.
(3) 원고는 2012. 5. 10. 위 각 토지에 관하여 '2012. 4. 13. 매매'를 원인으로 한 소유권이전등기를 마친 후 피고에게 취득세 등을 신고·납부하였다.
(4) 원고는 2012. 10. 19. 피고에게 '위 각 토지의 취득에 따른 취득세 등을 이중으로 납부하였다'는 이유로 마지막으로 신고·납부한 취득세 등을 환급하여 달라는 내용의 경정청구를 하였는데, 피고는 2012. 10. 23. 위 경정청구를 거부하는 이 사건 처분을 하였다.
(5) 원고가 위 각 토지에 관하여 자신의 명의로 소유권이전등기를 마친 것은 원고가 소외인으로부터 별도의 매매계약에 따라 위 각 토지를 새로 취득하였기 때문이 아니고, 그 매매대금을 모두 지급하여 이미 위 각 토지를 사실상 취득한 후에 소유권 취득의 형식적 요건을 추가로 갖춘 것에 불과하므로 새로운 취득에 해당하지 않는다. 따라서 이와 다른 전제에서 이루어진 이 사건 처분은 위법하다.

다. 앞서 본 규정과 법리에 따라 기록을 살펴보면, 원심의 이러한 판단은 정당하다. 거기에 명의신탁자의 취득세 납세의무에 관한 법리를 오해한 잘못이 없다.

2. 이 사건 처분의 취소 범위에 관한 상고이유에 대하여
이 부분 상고이유의 요지는, 원고가 이 사건 각 토지를 사실상 취득한 후에 소유권 취득의 형식적 요건을 추가로 갖추었다고 하더라도, 이로써 취득을 원인으로 하지 않는 등기가 이루어진 것이므로 등록세와 지방교육세 상당 금액 부분은 경정을 거부할 수 있다는 취지이다. 그런데 이는 상고심에 이르러 처음으로 하는 주장이므로 적법한 상고이유가 될 수 없다.

3. 결론
그러므로 상고를 기각하고 상고비용은 패소자가 부담하도록 하여, 주문과 같이 판결한다. 이 판결에는 대법관 고영한, 대법관 김신, 대법관 이기택, 대법관 김재형, 대법관 조재연의 반대

의견이 있는 외에는 관여 법관의 의견이 일치되었고, 다수의견에 대한 대법관 김창석, 대법관 김소영의 보충의견, 반대의견에 대한 대법관 김신의 보충의견이 있다.

4. 대법관 고영한, 대법관 김신, 대법관 이기택, 대법관 김재형, 대법관 조재연의 반대의견
이 사건의 결론은 3자간 등기명의신탁에서 종전 소유자로부터 명의수탁자 앞으로 부동산 소유권이전등기를 한 경우 명의수탁자 명의의 등기와 그에 따른 취득세 신고납부가 있었음에도 잔금지급일에 명의신탁자에게 '사실상 취득'을 원인으로 한 취득세 납세의무가 성립하는지에 달려있다고 할 수 있다. 이를 긍정하는 다수의견에 대하여는 다음에서 보는 취득세의 유통세로서의 성격, 지방세법의 개정 경과, 3자간 등기명의신탁에서 명의수탁자의 지위, 구 지방세법 제105조 제2항의 적용 범위, 일반 국민들의 납세의식과 조세 행정의 효율성 등에 비추어 찬성할 수 없다.

가. 취득세는 재화의 이전이라는 사실 자체를 포착하여 거기에 담세력을 인정하고 부과하는 유통세의 일종으로서 부동산의 경우 취득자가 그 부동산을 사용·수익·처분함으로써 얻는 이익을 포착하여 부과하는 것이 아니다. 따라서 구 지방세법 제105조 제1항(현행법은 제7조 제1항에서 이와 유사하게 규정하고 있다)에 규정된 '부동산의 취득'이란 부동산의 취득자가 실질적으로 완전한 내용의 소유권을 취득하는지와 관계없이 소유권 이전의 형식으로 부동산을 취득하는 모든 경우를 포함한다(대법원 2002. 6. 28. 선고 2000두7896 판결 등 참조). 이러한 취지에서 대법원은 돈을 빌려주고 그 채권에 대한 양도담보로 부동산의 소유권등기를 이전받는 것이나 부동산을 양도담보로 제공하여 채권자 명의로 소유권이전등기를 마쳤다가 그 후 차용금을 갚고 그 소유권이전등기를 말소하는 것은 모두 취득세 과세대상이 되는 부동산 취득에 해당한다고 판단하였다(대법원 1980. 1. 29. 선고 79누305 판결, 대법원 1999. 10. 8. 선고 98두11496 판결 등 참조). 위와 같이 취득세가 유통세의 성격을 가지고 있고, 그와 더불어 민법이 부동산에 관한 법률행위로 인한 물권의 득실변경은 등기를 하여야 효력이 생기는 성립요건주의(민법 제186조)를 채택하고 있으므로, 부동산에 관한 취득세 납세의무의 성립 여부를 가릴 때에도 소유권 이전의 성립요건인 등기를 원칙적인 기준으로 삼아야 한다.

나. 등록세는 재산권 기타 권리의 취득·이전·변경 또는 소멸에 관한 사항을 공부에 등기 또는 등록하는 경우에 등기 또는 등록이라는 단순한 사실의 존재를 과세대상으로 하여 그 등기 또는 등록을 받는 자에게 부과하는 세금이다. 이러한 등록세는 등기 또는 등록의 유·무효나 실질적인 권리귀속 여부와는 관계가 없는 것이므로, 등기 또는 등록명의자와 실질적인 권리귀속 주체가 다르다거나 일단 공부에 등재되었던 등기 또는 등록이 뒤에 원인무효로 말소되었다고 하더라도 위와 같은 사유는 그 등기 또는 등록에 따른 등록세 납세의무에 아무런 영향이 없다(대법원 2002. 6. 28. 선고 2000두7896 판결 참조). 지방세법은 당초 이와 같은 등록세와 취득세를 별개의 세목으로 규정하고 있었는데, 2010. 3. 31. 법률 제10221호로 전부 개정되면서 등록세 중 취득을 전제로 한 부분을 취득세로 통합하고 그 세율도 기존의 등록세율과 취득세율을 합한 것으로 조정하였다. 지방세법의 위와 같은 개정은 세목 체계를 간소화

하여 조세 행정의 효율성을 증대시키기 위한 것인데, 이로써 취득세는 등기·등록행위를 과세대상으로 하는 종전의 등록세에 해당하는 부분까지 포함하게 되어 유통세로서의 성격이 더욱 강해졌다고 할 수 있다. 취득세 납세의무의 성립 여부를 판단할 때에는 이러한 지방세법의 개정 경과도 마땅히 참작하여야 한다.

다. 한편 매수인이 소유권이전등기의 형식을 갖추었다고 하더라도 그것이 당초부터 원인무효인 경우 유효한 취득행위가 있다고 볼 수 없어 취득세 납세의무가 성립하지 않을 수 있으나(대법원 2013. 6. 28. 선고 2013두2778 판결 등 참조), 3자간 등기명의신탁에서 명의수탁자 명의의 등기는 일반적인 원인무효의 등기와는 달리 보아야 한다.

부동산실명법은 제4조 제2항 본문에서 명의신탁약정에 따라 행하여진 등기에 의한 부동산에 관한 물권변동을 무효라고 하면서도 제3항에서 그 무효를 제3자에게 대항하지 못한다고 규정하고 있다. 이때 제3자의 선의·악의는 묻지 아니하므로 무효인 명의신탁등기의 명의자 즉 명의수탁자가 신탁부동산을 임의로 처분한 경우 그 제3자가 명의신탁 사실을 알았더라도 유효하게 소유권을 취득하게 된다. 반면 일반적인 원인무효 등기의 경우에는 그 명의자가 등기된 부동산을 처분하더라도 상대방은 그 소유권을 취득할 수 없다. 이러한 점에서 명의수탁자 명의의 등기는 일반적인 원인무효의 등기와 확연히 다르다. 이처럼 명의수탁자에서 제3자 앞으로의 재산권 이전이 유효한 것으로 되는 범위에서는 명의수탁자가 신탁부동산을 유효하게 처분할 수 있는 지위를 취득한 것으로 볼 수 있다. 나아가 취득세가 포착하여 담세력을 인정하는 '재화의 이전'이라는 영역에서는 명의수탁자가 해당 부동산을 유효하게 취득하는 것으로 평가할 수도 있는 것이다. 이러한 경우 명의수탁자가 등기의 명의를 보유한다는 사실 자체에 기초하여 제3자가 유효하게 소유권을 취득하게 되는 만큼, 명의수탁자의 취득세 납세의무 성립 여부도 유통세로서의 취득세 고유의 관점에서 판단하여야 한다.

라. 명의수탁자가 제3자에게 신탁부동산을 임의로 처분한 경우 앞서 본 바와 같이 그 제3자는 유효하게 소유권을 취득하게 되므로 취득세 납세의무도 당연히 성립한다. 그런데 다수의견과 같이 명의수탁자 앞으로 소유권이전등기를 하더라도 명의수탁자에게 취득세 납세의무가 성립하지 않는다고 보게 되면, 명의수탁자 명의의 등기에 기초하여 부동산을 취득한 제3자에게는 취득세 납세의무가 성립함에도 그와 같은 취득의 전제가 되는 등기를 보유한 명의수탁자에게는 취득세 납세의무가 성립하지 않는 이상한 결과가 된다. 이러한 모습은 재산이 유통되는 과정에서 재산이 이전될 때마다 그 이전 자체에 담세력을 인정하고 부과하는 취득세의 유통세로서의 성격에도 반한다.

마. 구 지방세법 제105조 제2항은 취득세 과세물건인 부동산 등의 취득에 관하여 민법 기타 관계 법령에 의한 등기·등록 등을 이행하지 아니한 경우라도 사실상으로 취득한 때에는 이를 취득한 것으로 본다고 규정하고 있다. 위 조항은 매도인과 매수인 양자 간 거래에서 매수인이 대금을 다 치르고 자신의 명의로 소유권이전등기만 마치면 그 부동산을 취득할 수 있음에도 취득세 납세의무의 성립 시기를 임의로 조절하거나 그 밖에 다른 의도로 등기를 미루거나 회

피할 경우 취득세 과세를 하지 못하는 불합리를 방지하기 위하여 등기와 같은 소유권 취득의 형식적 요건을 갖추지 못하였더라도 대금의 지급과 같은 소유권 취득의 실질적 요건을 갖춘 경우를 '사실상 취득'으로 보아 취득세 과세대상으로 규정한 것에 불과하다. 다시 말하면, 위 조항은 취득세 법률관계에서도 민법상의 성립요건주의를 일관할 경우 나타날 수 있는 불합리를 막기 위하여 취득세 납세의무의 성립 시기를 원칙적인 모습인 등기 등을 갖춘 때보다 앞당긴 규정이지 취득세 납세의무의 성립 여부나 납세의무자가 누구인지를 정하기 위한 규정이 아니다. 이는 구 지방세법의 위임에 따른 구 지방세법 시행령 제73조가 부동산 매매계약에서 잔금지급의무와 소유권이전등기의무가 일반적으로 동시이행관계에 있다는 점에 착안하여 사실상의 잔금지급일 등을 취득의 시기로 정하고 있는 점을 통해서도 확인할 수 있다.

3자간 등기명의신탁의 경우 명의신탁자는 취득세 납세의무의 성립 시기를 조절하기 위하여 자신 명의의 등기를 미루거나 회피하는 것이 아니고, 명의수탁자 명의로 소유권이전등기를 하면서 명의수탁자가 납부하는 취득세 역시 명의신탁자가 부담하는 경우가 일반적이다. 따라서 3자간 등기명의신탁의 명의신탁자에게는 구 지방세법 제105조 제2항이 적용될 수 없다고 보아야 한다.

바. 부동산 등기 실무상 매매 등 취득을 원인으로 등기를 하려는 경우에는 등기를 하기 전까지 취득세를 신고납부하여야 한다. 이에 따라 3자간 등기명의신탁의 경우 명의수탁자 앞으로 소유권이전등기를 하면서 그의 명의로 취득세를 신고납부하고, 이후 명의신탁자 앞으로 소유권이전등기를 할 때도 명의신탁자가 취득세를 신고납부하고 있다. 이처럼 납세자들도 명의수탁자와 명의신탁자 명의로 소유권이전등기를 할 때 각 등기의 명의자에게 취득세 납세의무가 성립하는 것으로 인식하고 있다. 따라서 위와 같이 명의수탁자와 명의신탁자 명의로 등기할 때 각 등기의 명의자에게 취득세 납세의무가 성립한다고 보는 것이 부동산 등기 실무나 취득세를 납부하고 있는 일반 국민들의 납세의식에도 부합한다. 나아가 그와 같이 보아야 취득세 법률관계가 등기를 기준으로 간명해져서 납세자의 납세 편의에 도움이 되고, 지방자치단체가 별도로 취득세를 부과하거나 징수하는 데 드는 비용도 줄일 수 있다. 그것이 취득세와 등록세를 통합한 지방세법의 개정 취지에 들어맞는 해석이기도 하다.

사. 위와 같은 여러 사정에 비추어 보면, 부동산실명법 시행 이후 명의수탁자가 3자간 등기명의신탁 약정에 따라 매도인으로부터 부동산의 등기를 이전받은 경우에도 그 등기의 효력과 관계없이 명의수탁자에게 구 지방세법 제105조 제1항에서 규정한 '취득'을 원인으로 한 취득세 납세의무가 성립한다고 보아야 한다. 그리고 이러한 경우에는 명의신탁자가 부동산에 관한 매매계약을 체결하고 매매대금을 모두 지급하였더라도 구 지방세법 제105조 제2항에서 규정한 '사실상 취득'에 따른 취득세 납세의무가 성립한다고 볼 수 없고, 그 후 명의신탁자가 무효인 명의수탁자 명의의 등기를 말소하고 당초 매매계약에 기하여 자기 앞으로 소유권등기를 이전받거나 또는 명의수탁자로부터 직접 자기 앞으로 소유권등기를 이전받는다면 그 등기 시에 명의신탁자에게 구 지방세법 제105조 제1항에서 규정한 '취득'을 원인으로 한 취득세 납세의무가 성립한다고 할 것이다.

아. 이처럼 3자간 등기명의신탁에서는 명의수탁자와 명의신탁자 앞으로 소유권이전등기를 할 때에 각 등기의 명의자에게 취득세 납세의무가 성립하고, 잔금지급일에는 명의신탁자에게 취득세 납세의무가 성립하지 않는다고 보아야 한다. 따라서 위와 같은 등기 이후 명의신탁 사실이 밝혀지더라도 '사실상 취득'을 이유로 명의신탁자에게 취득세를 다시 부과할 수는 없다. 이러한 경우 부동산실명법 위반행위에 대하여는 해당 법률에 따른 과징금이나 이행강제금을 부과하여 제재하면 충분하다. 요컨대, 명의신탁자가 명의수탁자 앞으로 등기를 하였다가 이후 자신의 명의로 등기를 하는 경우에는 모두 두 번의 취득세 납세의무가 성립하게 되는데, 등기 실무대로 각 등기를 마칠 때 해당 등기의 명의자가 이를 신고납부하면 되는 것이다. 반면 다수의견에 의하면, 명의신탁자가 명의수탁자를 거쳐 자신의 명의로 등기를 하더라도 취득세 납세의무는 잔금지급일에 명의신탁자에게 한 번만 성립한다. 위의 경우 등기가 명의수탁자와 명의신탁자 명의로 두 번 이루어지고 취득세 또한 두 번 신고납부됨에도, 취득세가 한 번만, 그것도 취득세가 실제로 신고납부된 때와는 다른 때에 성립한다고 보는 것은 타당하다고 할 수 없다.

자. 결국 원고가 그 명의로 이 사건 각 토지에 관한 소유권이전등기를 할 때에 원고에게 그 등기에 따른 취득세 납세의무가 성립한다고 보아야 한다. 따라서 원고의 경정청구를 거부한 이 사건 처분은 적법함에도 이와 다른 전제에서 이를 위법하다고 본 원심판결은 부동산 취득세 납세의무에 관한 법리를 오해하여 판결에 영향을 미친 잘못이 있으므로 파기되어야 한다.

이상과 같은 이유로 다수의견에 찬성할 수 없음을 밝힌다.

5. 다수의견에 대한 대법관 김창석, 대법관 김소영의 보충의견

이 사건에서는, 부동산을 매수하고 매매대금을 모두 지급한 명의신탁자가 3자간 등기명의신탁약정에 따라 명의수탁자 명의로 등기를 마쳤다가 그 후 해당 부동산에 관하여 자신의 명의로 등기를 마친 경우, 명의신탁자에게 언제 취득세 납세의무가 성립하는지가 문제된다. 구 지방세법 제105조 제2항에 따라 잔금지급일에 성립한다는 것이 다수의견이고, 등기일에 성립한다는 것이 반대의견이다. 명의신탁자의 매수인 지위는 일반 매매계약의 매수인 지위와 다르지 않으므로, 잔금지급일에 취득세 납세의무가 성립하고 등기일에는 새로운 취득세 납세의무가 성립하지 않는다는 일반 매매계약에서의 법리가 그대로 적용된다는 것이 다수의견의 논리임은 이미 살펴보았다. 그러므로 나아가 반대의견이 내세우는 논거들이 타당한지를 살펴보기로 한다.

가. 등기는 법률행위에 의한 부동산 물권변동의 효력발생요건이므로 등기를 갖추지 못한 경우에는 부동산소유권의 이전이라는 법률효과가 발생하지 아니한다. 그러나 등기를 갖추지 않아 사법상으로는 부동산의 소유권을 취득하지 아니하였더라도 취득의 실질이 있다면 조세법 영역에서는 그 실질에 따라 담세력이 있는 곳에 과세함으로써 과세의 형평을 제고할 필요가 있다. 구 국세기본법(2010. 1. 1. 법률 제9911호로 개정되기 전의 것) 제14조 제1항이 과세의 대상이 되는 소득·수익·재산·행위 또는 거래의 귀속이 명의일 뿐이고 사실상 귀속되는 자가 따로 있는 때에는 사실상 귀속되는 자를 납세의무자로 한다고 하여 실질과세원칙을 규정하

고, 구 지방세법 제82조가 위 원칙을 지방세에 관한 법률관계에 준용하는 것도 같은 취지라고 할 수 있다. 나아가 구 지방세법은 제105조 제2항에서 부동산의 취득에 있어서는 민법에 의한 등기를 이행하지 아니한 경우라도 사실상으로 취득한 때에는 이를 취득한 것으로 본다고 특별히 규정하여 취득세의 과세대상에 실질주의가 적용된다는 점을 분명히 하고 있다. 따라서 위 조항이 단순히 취득세 납세의무의 성립 시기만을 정하고 있다고 볼 수는 없고, 오히려 실질과세원칙을 반영하여 취득세의 과세요건을 정하고 있는 것으로 보아야 한다.

한편 명의신탁자가 부동산을 매수하여 명의신탁약정에 따라 명의수탁자 명의로 등기를 마친 경우, 명의수탁자 명의의 등기는 무효이므로 그 소유권은 여전히 매도인에게 있고, 명의신탁자는 매도인에게 해당 부동산에 관한 소유권이전등기를 청구할 수 있다. 이러한 명의신탁자의 지위는 매매대금을 모두 지급하였으나 등기를 하지 않고 있는 일반 매매계약에서의 매수인 지위와 전혀 다르지 않다. 따라서 구 지방세법 제105조 제2항은 명의신탁자에게도 당연히 적용된다.

반대의견에 따르면, 부동산 매수인이 매매대금을 모두 지급한 경우, 그 매수인이 3자간 등기 명의신탁의 명의신탁자라면 구 지방세법 제105조 제2항이 적용되지 않아 명의수탁자 명의로 등기를 하는 때에 비로소 명의수탁자에게 취득세 납세의무가 성립하고, 명의신탁자가 아니라 일반 매수인이라면 구 지방세법 제105조 제2항에 따라 잔금지급일에 취득세 납세의무가 성립한다. 그런데 예컨대 매매대금을 모두 지급하고도 등기를 하지 않고 있던 매수인이 취득세를 부과한 과세관청에 '명의신탁약정에 따라 명의수탁자 명의로 등기할 예정이므로 자신에게는 취득세 납세의무가 없다'고 주장하는 경우, 반대의견은 명의신탁자와 명의수탁자 중 누구에게 취득세 납세의무가 성립한다고 볼 것인가 하는 어려운 문제에 봉착하게 된다. 이 경우 명의신탁자에게는 취득세 납세의무가 성립하지 않고, 과세관청으로서는 명의수탁자 명의의 등기를 기다려 명의수탁자로부터 취득세를 납부받아야 한다는 것이 반대의견의 입장이라면, 매수인의 미등기 이유가 그 주장대로 명의신탁 등기를 예정하고 있기 때문인지 아니면 미등기 전매 등과 같은 다른 목적 때문인지를 어떻게 판단할 것인가 하는 또 다른 문제에도 직면할 수 있다. 나아가 매수인이 그 주장과 같이 명의수탁자 명의로 등기를 마치지 않는다면 언제 취득세를 부과할 수 있는지도 의문이다.

나. 취득세가 재산의 이전이라는 사실에 담세력을 인정하고 부과하는 유통세의 성격을 가진다는 점을 부인하기는 어렵다. 그러나 취득세는 등록세와는 달리 등기 또는 등록이라는 단순한 사실의 존재를 과세대상으로 하는 것이 아니라 재산의 취득을 과세대상으로 한다. 즉, 취득세는 재산이 이전 내지 유통되는 국면에서 과세된다는 의미에서는 유통세로 분류할 수 있지만, 그러한 이전을 통한 재산의 취득을 과세대상으로 하므로, 취득행위로 인하여 취득세 부과를 정당화하는 담세력이 발생하였는지를 살펴보아야 한다.

그런데 외견상 취득행위가 있는 것처럼 보이더라도 그 원인행위가 무효인 경우에는 담세력 발현의 전제가 되는 유효한 취득행위가 있다고 볼 수 없다. 따라서 이러한 경우에는 취득세의 과세요건이 충족될 수 없고, 취득세 납세의무도 성립하지 않는다고 보아야 한다. 결국 취득의 원인행위나 그에 터 잡은 등기의 효력에 관한 고려 없이 유통세로서의 성격만을 내세워 등기를 갖추기만 히면 취득세 납세의무가 성립한다고 보는 것은 이와 같은 취득세의 본질에 정면으로 반한다.
한편 대법원이 채권에 대한 양도담보로 부동산의 소유권등기를 이전받는 등의 경우에 취득세 납세의무의 성립을 긍정한 것은 양도담보설정계약과 그에 따른 소유권이전등기가 유효하기 때문이다. 그런데 명의신탁약정과 그에 따른 명의수탁자 명의의 등기는 이와 달리 효력이 없으므로 양도담보의 경우와 동일하게 취급할 수 없다. 따라서 위와 같은 판례를 들어 명의신탁관계에서도 등기를 갖추었는지 여부에 따라 취득세 납세의무의 성립 여부를 판단하여야 한다고 해석할 수는 없다.
아울러 민법이 부동산 물권변동에 관하여 성립요건주의를 채택하고 있다는 이유로, 이와 달리 '민법에 의한 등기를 이행하지 아니한 경우라도 부동산을 사실상 취득한 때에는 취득세 납세의무가 성립한다'고 명시적으로 과세요건을 정하고 있는 구 지방세법 제105조 제2항을 무시하고, 등기만을 기준으로 그 납세의무의 성립 여부를 판단할 수는 없다. 명의수탁자가 명의신탁약정에 따라 자신의 명의로 등기를 마치더라도 부동산실명법에 의하여 해당 부동산의 소유권을 취득하지 못한다는 점을 고려하면 더욱 그러하다.
요컨대, 3자간 등기명의신탁의 경우에는 등기를 기준으로 취득세 납세의무의 성립 여부를 판단하여야 한다는 반대의견의 해석은 구 지방세법 제105조 제2항의 명문 규정에 명백히 반하는 것이어서 타당하다고 할 수 없다.

다. 조세를 담세력을 나타내는 과세대상을 기준으로 분류할 경우 취득세와 등록세는 대체로 유통세로 분류된다. 하지만 이러한 분류가 거꾸로 해당 조세의 본질을 결정할 수는 없고, 유통세로 함께 분류된 각 조세도 그 과세요건은 서로 다르다. 따라서 조세의 성격은 개별 세목별로 그 과세요건 등을 고려하여 파악할 수밖에 없다. 그런데 등록세는 등기 또는 등록이라는 단순한 사실의 존재를 과세대상으로 하는 반면 취득세는 재산의 취득을 과세대상으로 하는 등 두 조세의 성격은 확연히 다르다. 대법원이 소유권이전등기가 원인무효인 경우 등록세 납세의무의 성립은 긍정하면서도 취득세 납세의무의 성립은 부정하고 있는 것도 이러한 이유에서이다.
지방세법이 2010. 3. 31. 개정되면서 종전의 등록세 중 취득을 전제로 한 부분과 취득세가 통합되고 그 세율도 기존의 등록세율과 취득세율을 합한 것으로 조정되었다. 그런데 이러한 개정은 부동산 취득의 경우 통상 등기가 수반된다는 점에 착안하여 세목 체계를 간소화한 것에 불과하고, 이와 달리 취득세의 성격을 과거와 다르게 규정하고자 한 것이 아니다. 이는 세율을 제외하고는 취득세의 과세요건에 변함이 없음을 통해서도 알 수 있다. 더군다나 지방세법은 취득세를 등록세에 흡수시키는 방법으로 양자를 통합한 것이 아니라 등록세를 폐지하고 취득세의 세율을 조정하였을 뿐이다. 따라서 취득세의 세율이 종전의 등록세율을 합한 세율로 조정된 사정만으로 취득세 본래의 성격을 무시하고 등록세의 성격만을 강조할 수는 없다.

라. 부동산실명법에 의하면 명의신탁약정과 그에 따른 등기로 이루어진 부동산에 관한 물권변동은 무효이므로 그 효력이 없다는 점에서는 명의수탁자 명의의 등기와 일반적인 원인무효

의 등기가 전혀 다르지 않다. 다만 명의수탁자가 제3자에게 신탁부동산을 임의로 처분하는 경우 제3자는 유효하게 그 소유권을 취득하게 되는데, 이러한 점에서는 일반적인 원인무효의 등기와 차이가 있다. 하지만 이처럼 제3자가 신탁부동산을 유효하게 취득하게 되는 것은 부동산실명법이 거래의 안전을 도모하기 위하여 명의신탁약정과 그에 따른 등기의 무효를 제3자에게 대항하지 못하도록 규정한 결과일 뿐이다. 즉, 제3자는 위 규정으로 인하여 결과적으로 소유권을 취득하게 되는 반사적 이익을 누리는 것에 불과하므로, 그 소유권 취득의 전제로서 명의수탁자가 신탁부동산의 소유권 내지 이를 처분할 수 있는 지위를 취득하였다고 평가할 수는 없다.

한편 명의수탁자 명의의 등기에 기초하여 부동산을 취득한 제3자에게 취득세 납세의무가 성립한다고 하여 그 등기를 보유하였던 명의수탁자에게도 마찬가지로 취득세 납세의무가 성립한다고 보아야 할 근거는 없다. 앞서 본 것처럼 제3자가 명의수탁자 명의의 등기에 기초하여 신탁부동산의 소유권을 취득하더라도 명의수탁자까지 그 소유권을 취득하는 것은 아니므로, 명의수탁자에게는 취득세 납세의무가 성립하지 않는 것이다.

게다가 명의수탁자가 신탁부동산을 임의로 제3자에게 처분하는 일이 일반적인 현상이라고 볼 수도 없다. 이처럼 예외적인 경우의 법률효과를 근거로 명의수탁자에게 취득세 납세의무가 성립한다는 법리를 세우는 것은 논리의 비약이라고 할 수밖에 없다.

마. 3자간 등기명의신탁의 경우 명의수탁자와 명의신탁자 명의로 등기를 할 때 취득세가 각 신고납부되고 있는 것으로 보인다. 하지만 이는 명의신탁의 관계자들이 명의신탁 사실을 감추기 위해 일반적인 거래의 외관을 갖추기 때문에 형성된 결과일 뿐이다. 즉, 일반적인 거래에서는 부동산 매수인이 등기를 함으로써 과세관청이 그 취득 사실을 인식하게 되고, 그 취득 또한 유효하다는 전제에서, 특별한 사정이 없는 한 등기를 할 때 취득세를 신고납부 받는 것에 불과하다. 따라서 불법적인 명의신탁관계에서까지 그러한 유사한 외형만을 근거로 취득세가 실제로 신고납부되고 있는 때에 그 납세의무가 성립한다고 볼 수는 없다.

취득세 납세의무의 성립 여부는 과세요건이 충족되었는지에 따라 객관적으로 판단하여야 하는 것이지, 납세의무자의 위법한 의도에 따른 외관에 좌우될 것이 아니다. 명의수탁자 등이 위와 같이 취득세를 신고납부하고 있다는 이유로 그 신고납부한 때에 취득세 납세의무가 성립한다고 보는 것은 부동산실명법을 위반한 불법행위를 조세법이 용인해 주는 결과가 되어 법질서 전체의 조화라는 관점에서도 타당하다고 보기 어렵다. 명의수탁자 명의로 등기할 때 객관적으로 취득세 납세의무가 없음에도 위법한 행위를 숨기기 위해 취득세를 신고납부하게 되는 문제는 일반원칙으로 돌아가 경정청구제도 등을 통하여 시정하면 충분하다.

바. 반대의견은 명의신탁자가 명의수탁자를 거쳐 자신의 명의로 등기를 하는 경우 등기가 두 번 이루어지고 취득세 또한 두 번 신고납부됨에도 취득세 납세의무는 잔금지급일에 명의신탁자에게 한 번만 성립한다고 보는 것은 부당하다고 한다.

그러나 무효인 명의신탁약정에 따라 아무런 효력이 없는 등기만을 보유하고 있을 뿐인 명의수탁자는 신탁부동산을 유효하게 취득할 수 없으므로 명의수탁자에게 취득세 납세의무가 성립한다고 볼 수 없고, 이와 달리 명의신탁자는 매도인과 매매계약을 체결하고 매매대금까지 지급함으로써 해당 부동산을 실질적으로 취득하므로 취득세 납세의무를 부담하는 것이라는 점은 앞서 본 바와 같다. 나아가 명의신탁자의 취득세 납세의무가 이를 신고납부하는 등기일이 아니라 잔금지급일에 성립한다고 보는 것도 실질주의에 바탕을 둔 구 지방세법 제105조 제2항의 명문 규정에 따른 것이므로 타당하다.

이와 같이 조세채무의 성립 여부는 조세법률주의의 요청으로 조세법이 정한 과세요건을 충족하였는지에 따라 객관적으로 판단하여야 하고, 행위의 위법 여부나 그에 대한 제재의 필요성에 따라 판단할 것이 아니다. 법을 위반한 행위가 있다고 하여 과세요건이 구비되지 않았는데도 조세를 부과할 수는 없는 것이다. 부동산실명법을 위반한 행위에 대한 제재는 위 법이 정하는 과징금이나 이행강제금을 부과하는 방법에 의하면 충분하다.

사. 반대의견의 근본적인 문제점은 명의신탁이 수반된 매매계약의 경우에는 위법한 의도로 형성된 외관에 따라 취득세의 납세의무를 인정하는 반면에, 그 이외의 일반적인 매매계약의 경우에는 구 지방세법 제105조 제2항의 규정에 따라 취득의 실질이 인정되는 때에 취득세의 납세의무를 인정함으로써 취득세 부과에 심대한 혼란을 가져온다는 점에 있다. 불법인 명의신탁의 경우에만 왜 취득세의 법리나 실질과세의 원칙을 허물어 따로 해석하여야 하는지에 관한 수긍할 수 있는 분명한 근거를 제시하지 못한다면 그 타당성을 주장하기 어려운 것이다. 이상과 같이 다수의견에 대한 보충의견을 밝힌다.

6. 반대의견에 대한 대법관 김신의 보충의견

이 사건과 같은 3자간 등기명의신탁 사안에서는 부동산을 매수한 명의신탁자가 매매대금을 지급하는 국면(제1국면), 명의수탁자 명의로 등기를 하는 국면(제2국면), 이후 명의신탁자 명의로 다시 등기를 하는 국면(제3국면)이 문제된다. 다수의견은 등기를 하지 않는 매매대금 지급 국면(제1국면)에서 명의신탁자에게 취득세 납세의무가 성립하고, 명의수탁자나 명의신탁자 명의로 등기를 하는 국면(제2, 3국면)에서는 취득세 납세의무가 성립하지 않는다는 것이다. 이에 반하여 반대의견은 매매대금을 지급하는 국면(제1국면)에서는 취득세 납세의무가 없고, 등기를 하는 각 국면(제2, 3국면)에서 각 등기의 명의자에게 취득세 납세의무가 성립한다는 것이다.

반대의견은 등기를 하는 사람은 당연히 취득세를 납부할 의무가 있다고 인식하고 이를 전제로 취득세를 신고납부하는 국민들의 납세의식과 납세현실에 정확히 부합하는 해석이다. 이에 따르면 취득세 법률관계가 등기를 기준으로 간명하여 납세의무의 성립 여부를 다투는 분쟁의 발생이나, 과세당국이 취득세를 부과하거나 징수하는 데 소요되는 비용을 최소화할 수 있는 장점이 있다. 과세실무에서의 장점뿐만 아니라 이론적으로도 타당하다는 점은 반대의견에서 취득세의 유통세로서의 성격, 3자간 등기명의신탁에서 명의수탁자의 지위, 구 지방세법 제105조 제2항의 적용 범위 등을 중심으로 이미 밝힌 바와 같다.

설사 다수의견에 다소 경청할 만한 면이 있다고 가정하더라도, 그 의견을 취한 결과는 반대의견을 따를 때 얻게 될 장점들을 놓치고 과세현장에 혼란을 가져오는 것이 되지 않을까 염려된다. 더욱이 입법자가 등록세와 취득세를 통합함으로써 등기 시에 취득세 납세의무가 성립한다는 취지로 지방세법을 개정하였는데도, 그 개정 취지를 받아들이지 않고 굳이 과거의 선례를 고수하겠다고 하는 다수의견의 태도에는 아쉬움을 금할 수 없다.

이상과 같이 반대의견에 대한 보충의견을 밝힌다.

▶ 대법원장 김명수(재판장) 고영한 김창석 김신 김소영 조희대(주심) 권순일 박상옥 이기택 김재형 조재연 박정화 민유숙

89 계약명의신탁에서의 취득세 납세의무

취득세등부과처분취소 [대법원, 2015두39026, 2017. 9. 12.]

【판시사항】

구 지방세법 제105조 제2항에서 정한 '사실상 취득'의 의미 / 명의신탁자와 명의수탁자가 계약명의신탁약정을 맺고 명의수탁자가 당사자가 되어 명의신탁약정이 있다는 사실을 알지 못하는 소유자와 부동산에 관한 매매계약을 체결한 경우, 그에 따라 매매대금을 모두 지급하면 소유권이전등기를 마치지 않았더라도 명의수탁자에게 취득세 납세의무가 성립하는지 여부(적극) 및 이는 이후 그 부동산을 제3자에게 전매하고서도 최초의 매도인이 제3자에게 직접 매도한 것처럼 소유권이전등기를 마친 경우에도 마찬가지인지 여부(적극)

【판결요지】

구 지방세법(2005. 12. 31. 법률 제7843호로 개정되기 전의 것) 제105조에 의하면 취득세는 취득세 과세물건인 부동산 등을 취득한 자에게 부과하고(제1항), 민법 등 관계 법령의 규정에 의한 등기 등을 이행하지 아니한 경우라도 사실상 취득한 때에는 이를 취득한 것으로 보도록 하고 있다(제2항). 여기서 사실상의 취득이란 일반적으로 등기와 같은 소유권 취득의 형식적 요건을 갖추지는 못하였으나 대금의 지급과 같은 소유권 취득의 실질적 요건을 갖춘 경우를 말한다. 명의신탁자와 명의수탁자가 계약명의신탁약정을 맺고 명의수탁자가 당사자가 되어 명의신탁약정이 있다는 사실을 알지 못하는 소유자와 부동산에 관한 매매계약을 체결한 경우 그 계약은 일반적인 매매계약과 다를 바 없이 유효하므로, 그에 따라 매매대금을 모두 지급하면 소유권이전등기를 마치지 아니하였더라도 명의수탁자에게 취득세 납세의무가 성립하고, 이후 그 부동산을 제3자에게 전매하고서도 최초의 매도인이 제3자에게 직접 매도한 것처럼 소유권이전등기를 마친 경우에도 마찬가지이다.

【참조조문】

구 지방세법(2005. 8. 4. 법률 제7678호로 개정되기 전의 것) 제105조 제1항(현행 제7조 제1항 참조), 제2항(현행 제7조 제2항 참조), 부동산 실권리자명의 등기에 관한 법률 제2조 제1호, 제4조

【참조판례】

대법원 1999. 11. 12. 선고 98두17067 판결(공1999하, 2538), 대법원 2006. 6. 30. 선고 2004두6761 판결(공2006하, 1439), 대법원 2017. 7. 11. 선고 2012두28414 판결(공2017하, 1653)

【전문】

【원고, 상고인】

【원고, 상고인】

【피고, 피상고인】
서울특별시 강동구청장

【원심판결】
서울고법 2015. 2. 12. 선고 2014누59896 판결

【주 문】

【주 문】
상고를 기각한다. 상고비용은 원고가 부담한다.

【이 유】
상고이유를 판단한다.

1. 상고이유 제1점에 관하여

구 지방세법(2005. 12. 31. 법률 제7843호로 개정되기 전의 것) 제105조에 의하면 취득세는 취득세 과세물건인 부동산 등을 취득한 자에게 부과하고(제1항), 민법 등 관계 법령의 규정에 의한 등기 등을 이행하지 아니한 경우라도 사실상 취득한 때에는 이를 취득한 것으로 보도록 하고 있다(제2항). 여기서 사실상의 취득이란 일반적으로 등기와 같은 소유권 취득의 형식적 요건을 갖추지는 못하였으나 대금의 지급과 같은 소유권 취득의 실질적 요건을 갖춘 경우를 말한다(대법원 1999. 11. 12. 선고 98두17067 판결, 대법원 2006. 6. 30. 선고 2004두6761 판결 등 참조).

명의신탁자와 명의수탁자가 계약명의신탁약정을 맺고 명의수탁자가 당사자가 되어 명의신탁약정이 있다는 사실을 알지 못하는 소유자와 부동산에 관한 매매계약을 체결한 경우 그 계약은 일반적인 매매계약과 다를 바 없이 유효하므로, 그에 따라 매매대금을 모두 지급하면 소유

권이전등기를 마치지 아니하였더라도 명의수탁자에게 취득세 납세의무가 성립하고, 이후 그 부동산을 제3자에게 전매하고서도 최초의 매도인이 제3자에게 직접 매도한 것처럼 소유권이 전등기를 마친 경우에도 마찬가지이다.

원심은 제1심판결 이유를 인용하여 그 판시와 같은 사실을 인정한 다음, ① 주식회사 디씨엠하우징은 공동주택 분양사업을 원활하게 추진할 목적으로 감사로 재직 중이던 원고와 이 사건 부동산을 원고의 명의로 매수하기로 약정한 점, ② 이에 따라 원고는 그 명의로 소외인과 위 부동산에 관한 매매계약을 체결하고 매매대금을 전부 지급한 점, ③ 원고는 소외인이 위 매매계약을 제대로 이행하지 아니하자 소외인을 상대로 위 부동산에 관한 소유권이전등기절차의 이행을 구하는 소를 제기하여 승소판결을 선고받기까지 한 점, ④ 위 소송 과정에서 원고나 소외인 모두 원고가 명의수탁자라는 주장을 하지 아니한 점 등의 사정을 종합하여 보면, 원고는 주식회사 디씨엠하우징과의 계약명의신탁약정에 따라 매매계약의 당사자가 되어 위 부동산을 사실상 취득하였고, 따라서 이로 인한 취득세 등을 납부할 의무가 있다고 판단하였다.

앞서 본 법리와 기록에 비추어 살펴보면, 원심의 위와 같은 판단에 상고이유 주장과 같이 취득세 납세의무자 및 실질과세원칙에 관한 법리를 오해하는 등의 잘못이 없다.

2. 상고이유 제2점에 관하여

원심은 제1심판결 이유를 인용하여 그 판시와 같은 사실을 인정한 다음, ① 원고는 소외인과 이 사건 부동산의 매수자를 주식회사 디엔씨하우징 등으로 변경하기로 합의하였고, 그에 따라 주식회사 디엔씨하우징 등이 소외인으로부터 직접 위 부동산을 매수하는 내용의 매매계약서가 작성되었으며, 실제로 소유권이전등기도 원고를 거치지 아니한 채 바로 주식회사 디엔씨하우징 앞으로 마쳐진 점, ② 그 결과 취득세 등의 부과권자인 피고로서는 원고가 위 부동산을 취득한 사실을 알기 어렵게 되었고, 이와 같은 상황에서 피고가 통상의 제척기간 안에 취득세 등을 부과하는 것을 기대하기는 어려운 점, ③ 원고가 자신의 명의로 소유권이전등기를 마치지 아니한 것은 그에 따른 비용이나 조세부담 등을 회피하기 위한 것으로 보일 뿐이고, 이에 관하여 납득할 만한 다른 이유나 사정도 밝혀지지 아니한 점 등에 비추어 보면, 원고는 위 부동산의 취득과 관련하여 조세의 부과징수를 곤란하게 하는 적극적인 부정행위를 하였다고 봄이 타당하므로, 원고의 위 부동산 취득에 관해서는 10년의 부과제척기간이 적용되어야 한다고 판단하였다.

관련 법리와 기록에 비추어 살펴보면, 원심의 위와 같은 판단에 상고이유 주장과 같이 지방세의 부과제척기간에 관한 법리를 오해하는 등의 잘못이 없다.

3. 결론

그러므로 상고를 기각하고, 상고비용은 패소자가 부담하기로 하여, 관여 대법관의 일치된 의견으로 주문과 같이 판결한다.

▶ 대법관 박보영(재판장) 김창석 이기택(주심) 김재형

90 사실혼 해소시 재산분할로 인한 취득에 적용되는 세율

취득세등부과처분취소 [대법원, 2016두36864, 2016. 8. 30.]

【판시사항】

구 지방세법 제15조 제1항 제6호의 취지 및 위 조항이 사실혼 해소 시 재산분할로 인한 취득에 대해서 적용되는지 여부(적극)

【판결요지】

구 지방세법(2015. 7. 24. 법률 제13427호로 개정되기 전의 것) 제15조 제1항 제6호(이하 '법률조항'이라고 한다)는 민법 제834조 및 제839조의2에 따른 재산분할로 인한 취득에 대하여 같은 법 제11조 등에 따른 표준세율에서 중과기준세율인 1000분의 20을 뺀 세율을 적용하도록 규정하고 있다. 이는 부부가 혼인 중 공동의 노력으로 이룩한 재산을 부부관계 해소에 따라 분할하는 것에 대하여 통상보다 낮은 취득세율을 적용함으로써 실질적 부부공동재산의 청산으로서의 성격을 반영하는 취지이다. 그리고 법률조항에서의 민법 제834조 및 제839조의2는 협의상 이혼 시 재산분할에 관한 규정이지만, 민법 제839조의2는 민법 제843조에 따라 재판상 이혼 시 준용되고 있고, 혼인 취소는 물론 사실혼 해소의 경우에도 해석상 준용되거나 유추적용되는데, 이는 부부공동재산의 청산의 의미를 갖는 재산분할은 부부의 생활공동체라는 실질에 비추어 인정되는 것이라는 점에 근거한다. 위 각 법률조항의 내용 및 체계, 입법 취지, 사실혼 해소의 경우에도 민법상 재산분할에 관한 규정이 준용되는 점, 법률혼과 사실혼이 혼재된 경우 재산분할은 특별한 사정이 없는 한 전체 기간 중에 쌍방의 협력에 의하여 이룩한 재산을 모두 청산 대상으로 하는 점, 실질적으로 부부의 생활공동체로 인정되는 경우에는 혼인신고의 유무와 상관없이 재산분할에 관하여 단일한 법리가 적용됨에도 세법을 적용할 때 혼인신고의 유무에 따라 다르게 과세하는 것은 합리적이라고 보기 어려운 점, 사실혼 여부에 관하여 과세관청으로서는 이를 쉽게 파악하기 어렵더라도 객관적 자료에 의해 이를 증명한 사람에 대해서는 그에 따른 법률효과를 부여함이 상당한 점 등을 더하여 보면, 법률조항은 사실혼 해소 시 재산분할로 인한 취득에 대해서도 적용된다.

【참조조문】

구 지방세법(2015. 7. 24. 법률 제13427호로 개정되기 전의 것) 제15조 제1항 제6호, 민법 제834조, 제839조의2, 제843조

【참조판례】

대법원 1995. 3. 10. 선고 94므1379, 1386 판결(공1995상, 1612), 대법원 2000. 8. 18. 선고 99므1855 판결(공2000하, 2016)

【전문】

【원고, 상고인】

【원고, 상고인】

【피고, 피상고인】
광명시장

【원심판결】
서울고법 2016. 4. 1. 선고 2015누56993 판결

【주 문】

【주 문】
원심판결을 파기하고, 사건을 서울고등법원에 환송한다.

【이 유】
상고이유를 판단한다.

1. 구 지방세법(2015. 7. 24. 법률 제13427호로 개정되기 전의 것) 제15조 제1항 제6호(이하 '이 사건 법률조항'이라고 한다)는 민법 제834조 및 제839조의2에 따른 재산분할로 인한 취득에 대하여 같은 법 제11조 등에 따른 표준세율에서 중과기준세율인 1000분의 20을 뺀 세율을 적용하도록 규정하고 있다. 이는 부부가 혼인 중 공동의 노력으로 이룩한 재산을 부부관계 해소에 따라 분할하는 것에 대하여 통상보다 낮은 취득세율을 적용함으로써 실질적 부부공동재산의 청산으로서의 성격을 반영하는 취지이다.

그리고 이 사건 법률조항에서의 민법 제834조 및 제839조의2는 협의상 이혼 시 재산분할에 관한 규정이지만, 민법 제839조의2는 민법 제843조에 따라 재판상 이혼 시 준용되고 있고, 혼인 취소는 물론 사실혼 해소의 경우에도 해석상 준용되거나 유추적용되는데, 이는 부부공동재산의 청산의 의미를 갖는 재산분할은 부부의 생활공동체라는 실질에 비추어 인정되는 것이라는 점에 근거한다(대법원 1995. 3. 10. 선고 94므1379, 1386 판결 등 참조).

위 각 법률조항의 내용 및 체계, 입법 취지, 사실혼 해소의 경우에도 민법상 재산분할에 관한 규정이 준용되는 점, 법률혼과 사실혼이 혼재된 경우 재산분할은 특별한 사정이 없는 한 전체 기간 중에 쌍방의 협력에 의하여 이룩한 재산을 모두 청산 대상으로 하는 점(대법원 2000. 8. 18. 선고 99므1855 판결 등 참조), 실질적으로 부부의 생활공동체로 인정되는 경우에는 혼인신고의 유무와 상관없이 재산분할에 관하여 단일한 법리가 적용됨에도 불구하고 세법을 적용함에 있어서는 혼인신고의 유무에 따라 다르게 과세하는 것은 합리적이라고 보기 어려운 점, 사실혼 여부에 관하여 과세관청으로서는 이를 쉽게 파악하기 어렵다 하더라도 객관적 자료에 의해 이를 증명한 사람에 대해서는 그에 따른 법률효과를 부여함이 상당한 점 등을 더하여 보면, 이 사건 법률조항은 사실혼 해소 시 재산분할로 인한 취득에 대해서도 적용된다고 보는 것이 옳다.

2. 가. 원심이 인용한 제1심판결 이유에 의하면, ① 원고는 1984. 9. 12. 소외인과 혼인하였으나 소외인이 원고를 상대로 제기한 이혼소송에서 2002. 12. 8. 화해권고결정이 확정되어 이혼한 사실, ② 원고와 소외인은 이혼 후에도 재산관계 정산 없이 사실혼 관계를 유지하였으나 2011년경 사실상 파탄 상태에 이르게 되었고, 원고는 소외인을 상대로 사실혼 해소에 따른 위자료 및 재산분할 청구소송을 제기하여 2013. 10. 22. 소외인이 원고에게 재산분할로서 금전을 지급할 것을 명하는 판결을 선고받은 사실, ③ 원고와 소외인은 위 판결 이후 재차 재산분할을 협의하여 이 사건 각 부동산에 관한 소유권을 원고에게 이전하기로 하는 이 사건 합의가 이루어진 사실, ④ 원고는 2013. 12. 24. 이 사건 합의에 따라 이 사건 각 부동산에 관한 소유권이전등기를 마치고, 구 지방세법 제11조 제1항 제2호의 표준세율에 따른 취득세 등을 신고·납부한 사실, ⑤ 이후 원고는 피고에게 이 사건 법률조항에 따른 특례세율을 적용하여 취득세 등을 감액하여 달라는 취지의 경정청구를 하였으나 피고가 이를 거부한 사실(이하 '이 사건 거부처분'이라고 한다)을 알 수 있다.

이러한 사실관계를 앞서 본 법리에 비추어 보면, 원고는 소외인과 사이에 법률혼과 사실혼을 통틀어 약 27년 동안의 부부관계가 해소됨에 따라 그동안 공동의 노력으로 이룩한 재산관계를 청산하는 재산분할에 이른 것으로서, 원고의 이 사건 각 부동산의 취득에 대해서는 이 사건 법률조항에 의한 특례세율이 적용되어야 한다.

나. 그럼에도 원심은 이와 달리 주위적 청구에 관하여 그 판시와 같은 이유만으로 사실혼 해소 시 재산분할로 인한 취득에 대해서는 이 사건 법률조항에 따른 특례세율이 적용되지 않는다고 보아 이 사건 거부처분이 적법하다고 판단하였는바, 이러한 원심의 판단에는 이 사건 법률조항의 적용대상에 관한 법리를 오해한 잘못이 있다. 이를 지적하는 상고이유 주장은 이유 있다.

3. 그러므로 주위적 청구에 관한 나머지 상고이유와 예비적 청구에 관한 판단을 생략한 채 원심판결을 파기하고, 사건을 다시 심리·판단하게 하기 위하여 원심법원에 환송하기로 하여, 관여 대법관의 일치된 의견으로 주문과 같이 판결한다.

▶ 대법관 권순일(재판장) 박병대 박보영(주심) 김신

91 상속등기를 생략한 경우에 적용되는 취득세율

취득세부과처분일부취소 [대법원, 2017두74672, 2018. 4. 26.]

【판시사항】

상속인이 상속을 원인으로 농지 외의 부동산을 취득하였으나 등기를 마치지 아니한 경우, 구 지방세법 제11조 제1항 제1호 (나)목에 따른 취득세율이 적용되는지 여부(적극)

【판결요지】

구 지방세법(2014. 1. 1. 법률 제12153호로 개정되기 전의 것, 이하 같다)은 제6조 제1호에서 취득세의 과세대상인 취득에 무상취득의 하나인 상속을 포함하면서, 제11조 제1항 제1호 (나)목에서 '농지 외의 부동산을 상속으로 취득한 경우 취득세는 제10조의 과세표준에 1천분의 28을 적용하여 계산한 금액을 그 세액으로 한다'라고 규정하고 있다. 그렇다면 농지 외의 부동산을 상속한 경우에 상속에 따른 등기를 마쳤는지를 따질 것 없이 그에 관한 취득세 납세의무가 성립하고, 다른 특례 규정이 없다면 그 세율은 위 조항에 따라야 한다. 한편 구 지방세법 제15조 제2항이 등기·등록을 요하지 않는 취득 중 개수로 인한 취득(1호), 제7조 제5항에 따른 과점주주 취득(3호) 등과 같은 특정한 취득에 대하여는 중과기준세율인 1천분의 20을 적용하여 계산한 금액을 그 세액으로 하도록 특례 규정을 두고 있으나, 상속을 원인으로 한 취득에 관하여는 그러한 특례 규정이 없다. 지방세법이 2010. 3. 31. 법률 제10221호로 전부 개정되기 전에는 등기가 필요한 부동산의 취득과 관련하여 취득을 과세대상으로 한 취득세와 등기행위 자체를 과세대상으로 한 등록세가 별도로 존재하였으나, 그 개정에서 세목 체계를 간소화하기 위해 취득과 관련된 등록세의 과세대상을 취득세의 그것에 통합하고 이러한 통합 취득세의 세율을 취득세와 등록세의 그것들을 합산한 것으로 조정하였으며, 취득과 관련이 없는 등록세의 나머지 과세대상에 대하여는 별도의 세목인 등록면허세를 신설하였다. 그렇다면 종래와는 달리 부동산을 상속한 경우 통합 취득세의 과세대상이 되는 외에는 별도로 등록면허세의 과세대상이 될 여지가 없으므로, 그 세율을 정할 때 상속에 따른 등기가 마쳐지지 않았다는 이유로 별도의 세목인 등록면허세에 관한 세율을 고려하거나 반영할 이유가 없다. 구 지방세법 제28조 제1항 제1호 (나)목에서 상속으로 인한 소유권이전등기에 대하여 등록면허세의 세율을 규정하여 두고 있기는 하나, 이것은 통합 취득세를 납부할 의무가 있는 경우를 전제로 한 것이 아니라 단지 구 지방세법 제23조 제1호 단서에 의하여 취득을 원인으로 하지 아니하여 취득세가 아닌 등록면허세를 납부할 의무가 있을 때에만 적용되는 것에 불과하다. 이러한 지방세법의 개정 취지, 관련 규정들의 문언과 체계 등을 종합하면, 상속인이 상속을 원인으로 농지 외의 부동산을 취득하였으나 등기를 마치지 아니한 경우에도 구 지방세법 제11조 제1항 제1호 (나)목에 따른 취득세율이 적용된다고 봄이 타당하다.

【참조조문】

구 지방세법(2010. 3. 31. 법률 제10221호로 전부 개정되기 전의 것) 제105조(현행 제7조 참조), 제124조(현행 삭제), 구 지방세법(2014. 1. 1. 법률 제12153호로 개정되기 전의 것) 제6조 제1호, 제11조 제1항 제1호 (나)목, 제15조 제2항, 제23조 제1호, 제28조 제1항 제1호 (나)목

【전문】

【원고(선정당사자), 피상고인】

【원고(선정당사자), 피상고인】

【피고, 상고인】
서울특별시 강남구청장(소송대리인 법무법인(유한) 한길 담당변호사 하태웅)

【원심판결】
서울고법 2017. 11. 24. 선고 2017누63551 판결

【주 문】

【주 문】
원심판결을 파기하고, 사건을 서울고등법원에 환송한다.

【이 유】
상고이유를 판단한다.

1. 구 지방세법(2014. 1. 1. 법률 제12153호로 개정되기 전의 것, 이하 같다)은 제6조 제1호에서 취득세의 과세대상인 취득에 무상취득의 하나인 상속을 포함하면서, 제11조 제1항 제1호 (나)목(이하 '이 사건 조항'이라고 한다)에서 '농지 외의 부동산을 상속으로 취득한 경우 취득세는 제10조의 과세표준에 1천분의 28을 적용하여 계산한 금액을 그 세액으로 한다'라고 규정하고 있다. 그렇다면 농지 외의 부동산을 상속한 경우에 상속에 따른 등기를 마쳤는지를 따질 것 없이 그에 관한 취득세 납세의무가 성립하고, 다른 특례 규정이 없다면 그 세율은 이 사건 조항에 따라야 한다.

한편 구 지방세법 제15조 제2항이 등기·등록을 요하지 않는 취득 중 개수로 인한 취득(1호), 제7조 제5항에 따른 과점주주의 취득(3호) 등과 같은 특정한 취득에 대하여는 중과기준세율인 1천분의 20을 적용하여 계산한 금액을 그 세액으로 하도록 특례 규정을 두고 있으나, 상속을 원인으로 한 취득에 관하여는 그러한 특례 규정이 없다.

지방세법이 2010. 3. 31. 법률 제10221호로 전부 개정되기 전에는 등기가 필요한 부동산의 취득과 관련하여 취득을 과세대상으로 한 취득세와 등기행위 자체를 과세대상으로 한 등록세가 별도로 존재하였으나, 그 개정에서 세목 체계를 간소화하기 위해 취득과 관련된 등록세의 과세대상을 취득세의 그것에 통합하고 이러한 통합 취득세의 세율을 취득세와 등록세의 그것들을 합산한 것으로 조정하였으며, 취득과 관련이 없는 등록세의 나머지 과세대상에 대하여

는 별도의 세목인 등록면허세를 신설하였다. 그렇다면 종래와는 달리 부동산을 상속한 경우 통합 취득세의 과세대상이 되는 외에는 별도로 등록면허세의 과세대상이 될 여지가 없으므로, 그 세율을 정할 때 상속에 따른 등기가 마쳐지지 않았다는 이유로 별도의 세목인 등록면허세에 관한 세율을 고려하거나 반영할 이유가 없다. 구 지방세법 제28조 제1항 제1호 (나)목에서 상속으로 인한 소유권이전등기에 대하여 등록면허세의 세율을 규정하여 두고 있기는 하나, 이것은 통합 취득세를 납부할 의무가 있는 경우를 전제로 한 것이 아니라 단지 구 지방세법 제23조 제1호 단서에 의하여 취득을 원인으로 하지 아니하여 취득세가 아닌 등록면허세를 납부할 의무가 있을 때에만 적용되는 것에 불과하다.

이러한 지방세법의 개정 취지, 관련 규정들의 문언과 체계 등을 종합하면, 상속인이 상속을 원인으로 농지 외의 부동산을 취득하였으나 등기를 마치지 아니한 경우에도 이 사건 조항에 따른 취득세율이 적용된다고 봄이 타당하다.

2. 원심판결 이유와 기록에 의하면, 다음과 같은 사실을 알 수 있다.

가. 망 소외 1(이하 '망인'이라고 한다)은 2013. 1. 25. 소외 2에게 서울 강남구 (주소 생략) 지상 4층 다세대주택(이하 '이 사건 부동산'이라고 한다)을 21억 원에 매도하였으나, 소외 2에게 이 사건 부동산에 관한 소유권이전등기를 마쳐주지 못한 상태에서 2013. 3. 28. 사망하였다.

나. 원고(선정당사자)와 별지 선정자 목록 기재 나머지 선정자들(이하 '원고 등'이라고 한다)은 망인의 상속인들로서, 2013. 4. 2. 부동산등기법 제27조에 따라 망인으로부터 직접 소외 2에게 위 매매를 원인으로 이 사건 부동산에 관한 소유권이전등기를 마쳐주었다.

다. 피고는 망인의 사망으로 원고 등이 이 사건 부동산을 취득하였음에도 취득세 등을 신고·납부하지 않았다는 이유로 2016. 10. 4. 원고 등에 대하여 이 사건 조항에 따른 세율로 계산한 취득세 및 지방교육세(각 가산세 포함)를 결정·고지하는 이 사건 처분을 하였다.

3. 이러한 사실관계를 앞서 본 규정과 법리에 비추어 살펴보면, 상속을 원인으로 이 사건 부동산을 취득한 원고 등이 이 사건 부동산의 취득에 따라 납부하여야 할 취득세의 세율은 이 사건 조항에 따른 세율이라고 봄이 타당하다.

그럼에도 원심은 이와 달리 그 판시와 같은 이유만으로 망인의 사망에 따른 이 사건 부동산의 상속에 관한 등기를 요하지 않는 원고 등에 대하여는 구 지방세법 제15조 제2항에서와 마찬가지로 2010. 3. 31. 지방세법 개정 전의 취득세 세율에 해당하는 중과기준세율이 적용된다고 판단하였다. 이러한 원심의 판단에는 상속으로 인한 취득에 적용되는 취득세율에 관한 법리를 오해하여 판결에 영향을 미친 잘못이 있다. 따라서 이를 지적하는 상고이유 주장은 이유 있다.

4. 그러므로 원심판결을 파기하고, 사건을 다시 심리·판단하도록 원심 법원에 환송하기로 하여, 관여 대법관의 일치된 의견으로 주문과 같이 판결한다.

[[별지] 선정자명단 : 생략]

▶ 대법관 김소영(재판장) 고영한 권순일 조재연(주심)

92 미완성 건축물을 매수하여 소유권이전등기를 마친 경우, 취득세 과세대상이 되는 취득시기

취득세등부과처분취소 [대법원, 2018두33845, 2018. 7. 11.]

【판시사항】

[1] 사용승인서(또는 임시사용승인서)를 받을 수 없고 사실상 사용도 가능하지 않은 미완성 건축물을 매수하여 소유권이전등기를 마친 경우, 위 건물이 취득세 과세대상이 되는 취득시기

[2] 주택의 용도로 건축 중인 미완성 건축물 및 부속토지를 매수하고 그에 관한 소유권이전등기를 마쳤더라도 당시 건축물의 구조가 주거에 적합하지 않은 상태로 건축물대장에 주택으로 기재된 바 없고 실제 주거용으로 사용될 수 없는 경우, 소유권이전등기를 마쳤다는 사정만으로 건축물의 부속토지에 관하여 구 지방세법 제11조 제1항 제8호에 따른 취득세율이 적용되는지 여부(소극) 및 미완성 건축물을 취득한 이후 추가공사를 완료하고 사용승인을 받아 건축물대장에 등록한 경우 건축물에 관하여 위 세율 규정에 따른 취득세율이 적용되는지 여부(소극)

【판결요지】

[1] 구 지방세법(2016. 12. 27. 법률 제14475호로 개정되기 전의 것) 제10조 제7항의 위임에 따른 구 지방세법 시행령(2018. 2. 9. 대통령령 제28627호로 개정되기 전의 것) 제20조 제6항 본문은 건축물을 건축하여 취득하는 경우 취득세 과세대상이 되는 취득시기에 관하여 '사용승인서를 내주는 날(사용승인서를 내주기 전에 임시사용승인을 받은 경우에는 그 임시사용승인일을 말하고, 사용승인서 또는 임시사용승인서를 받을 수 없는 건축물의 경우에는 사실상 사용이 가능한 날을 말한다)과 사실상의 사용일 중 빠른 날을 취득일'로 보도록 규정하고 있다. 한편 같은 조 제13항은 '제1항, 제2항 및 제5항에 따른 취득일 전에 등기 또는 등록을 한 경우 그 등기일 또는 등록일에 취득'한 것으로 보도록 규정하면서도 건축물을 건축하여 취득하는 경우에 관한 제6항을 적용대상에서 제외하고 있다. 이러한 관련 규정의 체계 및 내용에 비추어 보면, 사용승인서(또는 임시사용승인서)를 받을 수 없고 사실상 사용도 가능하지 않은 미완성 건축물을 매수하여 소유권이전등기를 마친 경우라면 소유권이전등기와 무관하게 그 이후의 사용승인일(또는 임시사용승인일)과 사실상의 사용일 중 빠른 날이 건물의 취득일이 된다고 보아야 한다.

[2] 취득세율에 관한 구 지방세법(2016. 12. 27. 법률 제14475호로 개정되기 전의 것, 이하 같다) 제11조 제1항 제8호(이하 '세율 규정'이라 한다)는 구 지방세법 제11조 제1항 제7호 (나)목에서 유상거래를 원인으로 한 농지 외의 부동산에 관한 취득세율을 1천분의 40으로 규정한 것과 달리 유상거래를 원인으로 취득하는 주택의 취득세율을 인하한 것으로서, 주택거래에 따른 취득세 부담을 완화하여 주거안정 및 주택거래 정상화를 도모하기 위한 것이다. 취득세율에 관한 세율 규정의 내용과 입법 취지를 종합하면, 세율 규정에 따른 취득세율이 적용되는 경우는 세대의 구성원이 장기간 독립한 주거생활을 할 수 있는 구조로서 건축물대장에 주택

으로 기재되고 주거용으로 사용될 수 있는 건축물과 부속토지를 납세자가 유상거래를 원인으로 취득한 경우에 한정된다고 봄이 타당하다. 이러한 법리에 비추어 볼 때, 매수인이 주택의 용도로 건축 중인 미완성 건축물 및 부속토지를 매수하고 그에 관한 소유권이전등기를 마쳤다고 하더라도 당시 건축물의 구조가 주거에 적합하지 않은 상태로 건축물대장에 주택으로 기재된 바 없고 실제 주거용으로 사용될 수 없는 경우에는 위와 같은 소유권이전등기를 마쳤다는 사정만으로 건축물의 부속토지에 관하여 세율 규정에 따른 취득세율이 적용된다고 볼 수는 없다. 또한 위와 같이 매수인이 미완성 건축물을 취득한 이후 추가공사를 완료하고 사용승인을 받아 건축물대장에 등록하였다고 하더라도 이는 '건축물대장에 주택으로 기재된 건축물을 유상거래를 원인으로 취득'한 것이 아니므로, 그 건축물에 관하여 세율 규정에 따른 취득세율이 적용된다고 볼 수도 없다.

【참조조문】

[1] 구 지방세법(2016. 12. 27. 법률 제14475호로 개정되기 전의 것) 제10조 제7항, 구 지방세법 시행령(2018. 2. 9. 대통령령 제28627호로 개정되기 전의 것) 제20조 제6항, 제13항

[2] 구 지방세법(2016. 12. 27. 법률 제14475호로 개정되기 전의 것) 제11조 제1항 제8호, 주택법 제2조 제1호, 건축법 제38조

【전문】

【원고, 피상고인】
주식회사 태광기업(소송대리인 변호사 오세국)

【피고, 상고인】
청주시 흥덕구청장

【원심판결】
대전고법 2018. 1. 10. 선고 (청주)2017누3329 판결

【주 문】

【주 문】
원심판결 중 피고 패소 부분을 파기하고, 이 부분 사건을 대전고등법원에 환송한다.

【이 유】
상고이유를 판단한다.

1. 상고이유 제1점에 대하여

가. 구 지방세법(2016. 12. 27. 법률 제14475호로 개정되기 전의 것, 이하 같다) 제10조 제7항의 위임에 따른 구 지방세법 시행령(2018. 2. 9. 대통령령 제28627호로 개정되기 전의 것, 이하 같다) 제20조 제6항 본문은 건축물을 건축하여 취득하는 경우 취득세 과세대상이 되는

취득시기에 관하여 '사용승인서를 내주는 날(사용승인서를 내주기 전에 임시사용승인을 받은 경우에는 그 임시사용승인일을 말하고, 사용승인서 또는 임시사용승인서를 받을 수 없는 건축물의 경우에는 사실상 사용이 가능한 날을 말한다)과 사실상의 사용일 중 빠른 날을 취득일'로 보도록 규정하고 있다. 한편 같은 조 제13항은 '제1항, 제2항 및 제5항에 따른 취득일 전에 등기 또는 등록을 한 경우 그 등기일 또는 등록일에 취득'한 것으로 보도록 규정하면서도 건축물을 건축하여 취득하는 경우에 관한 제6항을 그 적용대상에서 제외하고 있다.

이러한 관련 규정의 체계 및 내용에 비추어 보면, 사용승인서(또는 임시사용승인서)를 받을 수 없고 사실상 사용도 가능하지 않은 미완성 건축물을 매수하여 소유권이전등기를 마친 경우라면 소유권이전등기와 무관하게 그 이후의 사용승인일(또는 임시사용승인일)과 사실상의 사용일 중 빠른 날이 그 건물의 취득일이 된다고 보아야 한다.

나. 원심판결 이유와 기록에 의하면 다음과 같은 사실을 알 수 있다.
1) 소외인은 2012. 5. 21. 청주시 (주소 1 생략) 대 565㎡(이하 '이 사건 토지'라고 한다) 및 (주소 2 생략) 대 185㎡[이하 '(주소 2 생략) 토지'라고 한다]에 관하여 오송새마을금고에 채권최고액 700,000,000원의 근저당권설정등기를 마쳐준 다음 2012. 7. 9. 이 사건 토지에 연면적 642.388㎡ 규모의 지상 5층 공동주택(다세대주택)을 신축하는 내용의 건축허가를 받아 2012. 11. 26. 공사를 착공하였다.
2) 오송새마을금고는 2014. 10. 20. 청주지방법원에서 이 사건 토지 및 (주소 2 생략) 토지에 관하여 임의경매개시결정을 받았고(이하 '이 사건 경매'라고 한다), 위 결정에 따른 등기촉탁으로 위 건축허가에 따라 건축 중인 건물('이 사건 미완성 건물'이라고 한다)에 관하여 같은 날 소외인 명의의 소유권보존등기가 마쳐졌다.
3) 원고는 이 사건 경매절차에서 위 각 부동산을 390,000,000원(이하 '전체 매각대금'이라고 한다)에 일괄매수하고, 2015. 10. 21. 그 대금을 납부하여 같은 날 원고 명의로 소유권이전등기를 마쳤다.
4) 이후 원고는 이 사건 미완성 건물에 관하여 280,500,000원의 비용을 들여 추가공사를 완료한 후 2016. 6. 8. 사용승인을 받았다.

다. 이러한 사실관계를 앞서 본 규정과 법리에 비추어 살펴보면, 원고가 이 사건 경매절차에서 이 사건 미완성 건물을 매수하여 2015. 10. 21. 소유권이전등기를 마친 것만으로는 취득세 과세대상인 건축물의 취득이 있었다고 보기 어렵고, 이 사건 미완성 건물에 관하여 추가공사를 완료하여 2016. 6. 8. 사용승인을 받은 시점에 비로소 이를 취득하였다고 봄이 타당하다.

라. 그럼에도 원심은 이와 달리 그 판시와 같은 이유만으로 소외인이 이 사건 미완성 건물을 원시취득하였고 원고가 소유권이전등기를 마친 시점에 이를 승계취득하였을 뿐 추가공사 이후 사용승인일에 취득한 것으로 볼 수 없다고 판단하였다. 이러한 원심의 판단에는 취득세 과세대상인 '건축하여 취득하는 건축물'의 취득시기에 관한 법리를 오해하여 판결에 영향을 미친 잘못이 있다. 따라서 이를 지적하는 상고이유 주장은 이유 있다.

2. 상고이유 제2점에 대하여

가. 취득세율에 관한 구 지방세법 제11조 제1항 제8호(이하 '이 사건 세율 규정'이라고 한다)는 '유상거래를 원인으로 취득 당시의 가액이 6억 원 이하인 주택(주택법 제2조 제1호에 따른 주택으로서 건축법 제38조에 따른 건축물대장에 주택으로 기재되고, 건축물의 용도가 주거용으로 사용하는 건축물과 그 부속토지를 말한다)을 취득하는 경우에는 1천분의 10의 세율을, 6억 원 초과 9억 원 이하의 주택을 취득하는 경우에는 1천분의 20의 세율을, 9억 원 초과 주택을 취득하는 경우에는 1천분의 30의 세율을 각각 적용한다.'라고 규정하고 있다.

이 사건 세율 규정은 구 지방세법 제11조 제1항 제7호 (나)목에서 유상거래를 원인으로 한 농지 외의 부동산에 관한 취득세율을 1천분의 40으로 규정한 것과 달리 유상거래를 원인으로 취득하는 주택의 취득세율을 인하한 것으로서, 주택거래에 따른 취득세 부담을 완화하여 주거안정 및 주택거래 정상화를 도모하기 위한 것이다.

이와 같은 이 사건 세율 규정의 내용과 입법 취지를 종합하면, 이 사건 세율 규정에 따른 취득세율이 적용되는 경우는 세대의 구성원이 장기간 독립한 주거생활을 할 수 있는 구조로서 건축물대장에 주택으로 기재되고 주거용으로 사용될 수 있는 건축물과 그 부속토지를 납세자가 유상거래를 원인으로 취득한 경우에 한정된다고 봄이 타당하다.

이러한 법리에 비추어 볼 때, 매수인이 주택의 용도로 건축 중인 미완성 건축물 및 그 부속토지를 매수하고 그에 관한 소유권이전등기를 마쳤다고 하더라도 당시 그 건축물의 구조가 주거에 적합하지 않은 상태로 건축물대장에 주택으로 기재된 바 없고 실제 주거용으로 사용될 수 없는 경우에는 위와 같은 소유권이전등기를 마쳤다는 사정만으로 그 건축물의 부속토지에 관하여 이 사건 세율 규정에 따른 취득세율이 적용된다고 볼 수는 없다. 또한 위와 같이 매수인이 미완성 건축물을 취득한 이후 추가공사를 완료하고 사용승인을 받아 건축물대장에 등록하였다고 하더라도 이는 '건축물대장에 주택으로 기재된 건축물을 유상거래를 원인으로 취득'한 것이 아니므로, 그 건축물에 관하여 이 사건 세율 규정에 따른 취득세율이 적용된다고 볼 수도 없다.

나. 원심판결 이유와 기록에 의하면, 다음과 같은 사실을 알 수 있다.

1) 원고는 2015. 10. 21. 이 사건 경매로 취득한 이 사건 토지 및 (주소 2 생략) 토지에 대하여 전체 매각대금 중 시가표준액 비율로 환산한 위 각 토지의 매각대금 133,523,247원을 과세표준으로 하여 구 지방세법 제11조 제1항 제7호 (나)목이 정한 1천분의 40의 취득세율을 적용한 취득세 등을 신고·납부하였고, 이 사건 미완성 건물에 대하여는 전체 매각대금 중 시가표준액 비율로 환산한 위 건물의 매각대금 256,476,753원을 과세표준으로 하여 구 지방세법 제28조 제1항 제1호 [(나)목 1]이 정한 1천분의 20의 등록면허세율을 적용한 등록면허세 등을 신고·납부하였다.

2) 한편 원고는 이 사건 미완성 건물을 사용승인일인 2016. 6. 8.이 아니라 소유권이전등기일인 2015. 10. 21. 취득하였음을 전제로, 2016. 10. 17. 피고에게 '이 사건 미완성 건물은 주택이고 소유권이전등기는 취득을 원인으로 이루어진 것이므로, 위 건물의 취득 및 소유권이전

등기는 등록면허세가 아닌 취득세의 과세대상이고, 이 사건 세율 규정이 정한 1천분의 10의 세율이 적용된 취득세 등이 정당한 세액이다. 이 사건 토지 역시 주택인 위 건물의 부속토지에 해당하므로, 이 사건 세율 규정이 정한 1천분의 10의 세율이 적용된 취득세 등이 정당한 세액이다'라는 이유로 당초 신고한 세액 중 위 정당한 세액을 초과하는 부분의 감액경정과 당초 신고한 바 없는 건물 부분 농어촌특별세를 증액해 달라는 경정을 청구하였다.

3) 그러나 피고는 2016. 10. 19. 원고에게 원고가 당초 신고한 세액이 정당한 세액이라는 사유로 위 경정청구를 거부하는 이 사건 경정거부처분을 하였다.

다. 이러한 사실관계를 앞서 본 규정과 법리에 비추어 살펴보면, 이 사건 경매로 원고가 주택의 용도로 건축 중인 이 사건 미완성 건물 및 그 부속토지인 이 사건 토지를 매수하고 그에 관한 소유권이전등기를 마쳤다고 하더라도, 이 사건 미완성 건물이나 그 부속토지인 이 사건 토지의 취득에 관하여 이 사건 세율 규정에 따른 취득세율이 적용된다고 볼 수는 없다. 먼저 소유권이전등기 당시 이 사건 미완성 건물은 건축물대장에 주택으로 기재되지도 않았고, 주거에 적합한 구조로 되어 있었다고 보기도 어렵다. 또한 원고가 이 사건 미완성 건물에 관하여 추가공사를 완료하고 2016. 6. 8. 사용승인을 받음으로써 비로소 취득세 과세대상이 되는 취득이 있다 할 것인데, 그 취득은 '건축물대장에 주택으로 기재된 건축물을 유상거래를 원인으로 취득'한 것이 아니다.

라. 그럼에도 원심은 이와 달리 그 판시와 같은 이유만으로, 이 사건 토지와 이 사건 미완성 건물의 취득에 관하여 이 사건 세율 규정이 적용된다고 보아 이 사건 경정거부처분 중 건물 부분 농어촌특별세를 제외한 나머지 부분을 위법하다고 판단하였다. 이러한 원심의 판단에는 이 사건 세율 규정의 적용범위에 관한 법리를 오해하여 판결에 영향을 미친 잘못이 있다. 따라서 이 점을 지적하는 상고이유 주장도 이유 있다.

3. 결론
그러므로 원심판결 중 피고 패소 부분을 파기하고, 이 부분 사건을 다시 심리·판단하도록 원심법원에 환송하기로 하여, 관여 대법관의 일치된 의견으로 주문과 같이 판결한다.

▶ 대법관 박상옥(재판장) 김신 이기택 박정화(주심)

93 고급오락장에 대한 중과세율 적용여부

취득세부과처분취소등청구의소 [대법원, 2017두56681, 2017. 11. 29.]

【판시사항】

[1] 고급오락장용 부동산 취득자가 취득 후 바로 고급오락장이 아닌 다른 용도로 이용하고자 하였으나 책임질 수 없는 장애로 취득 후 30일 이내에 용도변경공사를 착공하지 못하였고 장애가 해소되는 즉시 용도변경공사를 착공하려는 의사가 명백한 경우, 취득세 중과세율을 적용할 수 없는 정당한 사유가 있는지 여부(적극)

[2] 甲이 무도유흥주점으로 사용되던 부동산을 제2종 근린생활시설(스포츠센터) 등으로 사용할 목적으로 취득하고, 위 부동산에 관하여 일반세율을 적용하여 취득세 등을 신고·납부한 후 용도변경사용승인을 얻어 용도변경공사를 착공하려고 하였으나, 위 부동산에 대한 유치권을 주장하는 乙이 인도를 거부하여 용도변경공사를 착공하지 못하였는데, 관할관청이 甲이 고급오락장인 위 부동산을 취득한 날부터 30일 이내에 고급오락장이 아닌 다른 용도로 사용하거나 이를 위한 용도변경공사를 착공하지 않았고 재산세 과세기준일까지 고급오락장으로 이용되고 있다는 이유로, 甲에게 위 건물에 관하여 중과세율을 적용한 취득세와 재산세 등의 부과처분을 한 사안에서, 위 부동산의 취득에 대하여는 고급오락장 취득에 따른 취득세 중과세율을 적용할 수 없는 정당한 사유가 있고, 고급오락장용 부동산의 보유에 따른 재산세 중과세율 역시 적용할 수 없는 특별한 사정이 존재함에도, 이와 달리 본 원심판단에 법리오해의 잘못이 있다고 한 사례

【판결요지】

[1] 고급오락장에 대한 취득세 등 중과세에 관한 구 지방세법(2016. 12. 27. 법률 제14475호로 개정되기 전의 것, 이하 '구 지방세법'이라 한다) 제13조 제5항 제4호, 제111조 제1항 제1호 (다)목 2) 및 제2호 (가)목의 입법 취지와 구 지방세법 제13조 제5항 제4호 단서를 포함한 관련 규정의 체계 등을 종합하면, 고급오락장 취득 전후의 객관적 사정에 비추어 취득자가 취득 후 바로 고급오락장이 아닌 다른 용도로 이용하고자 하였으나 책임질 수 없는 장애로 인하여 취득 후 30일 이내에 용도변경공사를 착공하지 못하였고, 그러한 장애가 해소되는 즉시 용도변경공사를 착공하려는 의사가 명백한 경우라면, 취득세 중과세율을 적용할 수 없는 정당한 사유가 있다고 보아야 한다. 이와 달리 납세의무자인 취득자와 무관하거나 그에게 책임지울 수 없는 사유로 인하여 구 지방세법 제13조 제5항 제4호 단서에서 정한 형식적 요건을 갖추지 못한 경우에까지 일률적으로 중과세율을 적용하는 것은 고급오락장을 중과하는 본래의 입법 취지에 반할 뿐만 아니라 납세의무자의 예측가능성과 법적 안정성을 현저히 해칠 우려가 있다.

[2] 甲이 무도유흥주점으로 사용되던 부동산을 제2종 근린생활시설(스포츠센터) 등으로 사용할 목적으로 취득하고, 위 부동산에 관하여 일반세율을 적용하여 취득세 등을 신고·납부한 후 용도변경사용승인을 얻어 용도변경공사를 착공하려고 하였으나, 위 부동산에 대한 유치권

을 주장하는 乙이 인도를 거부하여 용도변경공사를 착공하지 못하였는데, 관할관청이 甲이 고급오락장인 위 부동산을 취득한 날부터 30일 이내에 고급오락장이 아닌 다른 용도로 사용하거나 이를 위한 용도변경공사를 착공하지 않았고 재산세 과세기준일까지 고급오락장으로 이용되고 있다는 이유로, 甲에게 위 건물에 관하여 중과세율을 적용한 취득세와 재산세 등의 부과처분을 한 사안에서, 위 부동산의 취득 목적과 그에 따른 후속 용도변경공사의 착공이 늦어지게 된 경위 등에 비추어 보면, 甲이 위 부동산을 취득한 날부터 30일 이내에 용도변경공사를 착공하지 못하였더라도 용도변경공사를 착공하지 못한 데에는 甲에게 책임지울 수 없는 장애가 있었고, 그러한 장애가 해소되자마자 곧바로 용도변경공사를 착공하려고 한 이상 위 부동산의 취득에 대하여는 고급오락장 취득에 따른 취득세 중과세율을 적용할 수 없는 정당한 사유가 있으며, 이와 같이 고급오락장용 부동산의 취득에 따른 취득세 중과세율을 적용할 수 없는 장애가 취득 시점에 연이은 재산세 과세기준일까지 계속되었고, 그러한 장애사유가 없었다면 재산세 과세기준일에 용도변경공사가 이루어졌을 것으로 보이는 특별한 사정이 존재하므로 고급오락장용 부동산의 보유에 따른 재산세 중과세율 역시 적용할 수 없는데도, 이와 달리 본 원심판단에 법리오해의 잘못이 있다고 한 사례.

【참조조문】

[1] 구 지방세법(2016. 12. 27. 법률 제14475호로 개정되기 전의 것) 제13조 제5항 제4호, 제111조 제1항 제1호 (다)목, 제2호 (가)목

[2] 구 지방세법(2016. 12. 27. 법률 제14475호로 개정되기 전의 것) 제13조 제5항 제4호, 제111조 제1항 제1호 (다)목, 제2호 (가)목

【참조판례】

[1] 대법원 2012. 2. 9. 선고 2009두23938 판결(공2012상, 464)

【전문】

【원고, 상고인】
주식회사 대한스포츠센터(소송대리인 법무법인 청률 담당변호사 박해생 외 3인)

【피고, 피상고인】
부산광역시 연제구청장(소송대리인 법무법인 삼덕 담당변호사 박옥봉)

【원심판결】
부산고법 2017. 7. 19. 선고 2017누20873 판결

【주 문】

【주 문】
원심판결을 파기하고, 사건을 부산고등법원에 환송한다.

【이 유】
상고이유를 판단한다.

1. 구 지방세법(2016. 12. 27. 법률 제14475호로 개정되기 전의 것, 이하 '법'이라고만 한다) 제13조 제5항 제4호는 본문에서 '고급오락장에 해당하는 부동산을 취득한 경우 취득세율을 법 제11조에 따른 세율과 중과기준세율의 100분의 400을 합한 세율을 적용하여 계산한 금액을 그 세액으로 한다'고 규정하면서, 단서(이하 '이 사건 단서'라고 한다)에서 '고급오락장용 건축물을 취득한 날부터 30일 이내에 고급오락장이 아닌 용도로 사용하거나 고급오락장이 아닌 용도로 사용하기 위하여 용도변경공사를 착공하는 경우를 제외한다'고 규정하고 있다. 한편 법 제111조 제1항 제1호 (다)목 2) 및 제2호 (가)목은 고급오락장용 토지 및 건축물의 재산세 세율을 각 과세표준의 1,000분의 40으로 규정하고 있다.

이와 같은 고급오락장에 대한 취득세 등 중과제도는 이른바 사치성 재산이라고 할 수 있는 고급오락장의 취득으로 발현되는 높은 담세력을 근거로 이에 대하여 중과세함으로써 사치·낭비풍조를 억제하고 국가 전체적으로 한정된 자원을 보다 더 생산적인 분야에 투자하도록 유도함과 동시에 국민의 건전한 소비생활을 정착시키려는 데 그 입법 취지가 있다. 그러니 비록 취득 당시의 현황이 고급오락장이었다고 하더라도 객관적 사정에 비추어 취득 후 곧바로 다른 용도로 사용할 것이 예정된 경우에는, 사치·향락적 소비시설의 유통이 전제되지 아니하여 고급오락장으로서 취득세 등을 중과할 필요가 없다는 점을 반영하여 이 사건 단서를 두게 된 것임을 알 수 있다.

이러한 고급오락장에 대한 취득세 등 중과세 규정의 입법 취지와 이 사건 단서를 포함한 관련 규정의 체계 등을 종합하면, 고급오락장 취득 전후의 객관적 사정에 비추어 취득자가 취득 후 바로 고급오락장이 아닌 다른 용도로 이용하고자 하였으나 책임질 수 없는 장애로 인하여 취득 후 30일 이내에 용도변경공사를 착공하지 못하였고, 그러한 장애가 해소되는 즉시 용도변경공사를 착공하려는 의사가 명백한 경우라면, 취득세 중과세율을 적용할 수 없는 정당한 사유가 있다고 보아야 한다. 이와 달리 납세의무자인 취득자와 무관하거나 그에게 책임지울 수 없는 사유로 인하여 이 사건 단서에서 정한 형식적 요건을 갖추지 못한 경우에까지 일률적으로 중과세율을 적용하는 것은 고급오락장을 중과하는 본래의 입법 취지에 반할 뿐만 아니라 납세의무자의 예측가능성과 법적 안정성을 현저히 해칠 우려가 있다.

2. 원심판결 이유와 기록에 의하면, 다음과 같은 사실을 알 수 있다.
가. 원고(대한건설 주식회사에서 2016. 5. 27. 현재의 상호로 변경되었다)는 2016. 3. 25. 부산지방법원 2015타경8475, 2015타경14784, 2015타경26985(중복) 부동산임의경매절차에서 'ㅇㅇㅇ나이트클럽'이라는 상호로 고고(디스코)클럽 유흥주점영업허가가 존속하고 있던 이 사건 부동산에 관하여 매각허가결정을 받은 후 2016. 4. 19. 매각대금을 완납하고 이 사건 부동

산을 취득하였으며, 같은 날 이 사건 부동산에 관하여 일반세율을 적용하여 취득세 등을 신고 · 납부하였다.

나. 원고는 2016. 4. 27. 이 사건 부동산에 관하여 유치권을 주장하면서 그곳에서 무도유흥주점영업을 계속하고 있던 소외 1을 상대로 부산지방법원 2016타인238호로 부동산인도명령을 신청하였고, 2016. 5. 17. 위 신청이 인용되었다.

다. 한편 원고는 이 사건 부동산에 관한 매각허가결정이 있은 후인 2016. 4. 2. 소외 2(상호: △△△스포츠) 등으로부터 이 사건 부동산을 스포츠센터로 변경하기 위한 용도변경시설 공사에 관한 견적을 받은 후, 2016. 5. 7. 소외 2와 계약금액을 975,000,000원으로 한 인테리어 공사 및 장비납품 설치공사에 관한 도급계약을 체결하고 2016. 5. 10. 소외 2에게 선금 명목으로 195,000,000원을 지급하였다.

라. 원고는 2016. 5. 24. 피고에게 이 사건 부동산의 용도를 제2종 근린생활시설로 변경하겠다는 내용의 용도변경신고를 하였다.

마. 그러나 소외 1이 부동산인도명령 결정에 대하여 항고를 제기하는 등 계속하여 유치권을 주장하자, 원고는 2016. 11. 22. 이 사건 부동산에 관하여 위 부동산인도명령 결정에 따른 인도집행을 완료하였고, 그 무렵부터 이 사건 부동산의 용도변경공사를 착공하려고 하였으나 실제로 공사를 진행하지는 못하였다.

바. 그런데 피고는 2016. 7. 27. 원고가 고급오락장인 이 사건 부동산을 취득한 날부터 30일 이내에 고급오락장이 아닌 다른 용도로 사용하거나 이를 위한 용도변경공사를 착공하지 않았고, 재산세 과세기준일인 2016. 6. 1.까지 이 사건 건물이 고급오락장으로 이용되고 있다는 이유로, 원고에게 이 사건 건물에 관하여 중과세율을 적용한 취득세와 재산세 등을 부과하는 이 사건 각 처분을 하였다.

3. 이러한 사실관계에 의하면, 원고가 무도유흥주점으로 사용되던 이 사건 부동산을 제2종 근린생활시설 등으로 사용할 목적으로 취득하였고, 취득 후 이 사건 부동산에 관한 용도변경공사 도급계약을 체결하고 이 사건 부동산의 용도를 제2종 근린생활시설(스포츠센터)로 변경하는 용도변경사용승인을 얻어 용도변경공사를 착공하려고 하였으나, 이 사건 부동산에 대한 유치권을 주장하는 소외 1이 그 인도를 거부하는 바람에 용도변경공사를 착공하지 못하였고, 원고는 위와 같은 장애가 해소되자마자 곧바로 용도변경공사를 착공하려고 한 것으로 보인다. 이러한 이 사건 부동산의 취득 목적과 그에 따른 후속 용도변경공사의 착공이 늦어지게 된 경위 등에 비추어 볼 때, 만약 원고가 이 사건 부동산을 취득함과 동시에 곧바로 이를 인도받았더라면 취득한 날부터 30일 이내이자 재산세 과세기준일 전인 2016. 5. 19. 무렵에는 충분히 용도변경공사를 착공할 수 있었을 것으로 판단된다.

위와 같은 사정을 앞서 본 법리에 비추어 살펴보면, 비록 원고가 무도유흥주점으로 사용되던 이 사건 부동산을 취득한 날부터 30일 이내에 용도변경공사를 착공하지 못하였다고 하더라도, 용도변경공사를 착공하지 못한 데에는 원고에게 책임지울 수 없는 장애가 있었다고 할 것이고, 그러한 장애가 해소되자마자 곧바로 용도변경공사를 착공하려고 한 이상, 이 사건 부동산의 취득에 대하여는 고급오락장 취득에 따른 취득세 중과세율을 적용할 수 없는 정당한 사유가 있다고 봄이 타당하다. 또한 이와 같이 고급오락장용 부동산의 취득에 따른 취득세 중과세율을 적용할 수 없는 장애가 취득 시점에 연이은 재산세 과세기준일까지 계속되었고, 그러한 장애사유가 없었다면 재산세 과세기준일에 용도변경공사가 이루어졌을 것으로 보이는 특별한 사정이 존재하므로, 고급오락장용 부동산의 보유에 따른 재산세 중과세율 역시 적용할 수 없다고 봄이 타당하다.

그런데도 원심은 그 판시와 같은 이유만으로 원고의 이 사건 부동산 취득과 보유가 취득세 및 재산세의 중과세 대상이 된다고 판단하였다. 이러한 원심의 판단에는 상고이유 주장과 같이 고급오락장에 관한 취득세 및 재산세의 중과세 대상에 관한 법리를 오해하여 판결에 영향을 미친 잘못이 있다.

4. 그러므로 원심판결을 파기하고, 사건을 다시 심리·판단하게 하기 위하여 원심법원에 환송하기로 하여, 관여 대법관의 일치된 의견으로 주문과 같이 판결한다.

▶ 대법관 박정화(재판장) 김용덕 김신(주심) 박상옥

94 동일한 과밀억제권역 안에 있던 기존의 본점 또는 주사무소에서 이전해오는 경우 취득세 중과 여부

취득세등부과처분취소 [대법원, 2012두6551, 2012. 7. 12.]

【판시사항】

과밀억제권역 안에서 본점 또는 주사무소용 건축물을 신축 또는 증축하여 취득하는 경우, 동일한 과밀억제권역 안에 있던 기존의 본점 또는 주사무소에서 이전해 오더라도 구 지방세법 제112조 제3항에 의한 취득세 중과대상인지 여부(적극)

【판결요지】

구 지방세법(2010. 3. 31. 법률 제10221호로 전부 개정되기 전의 것, 이하 같다) 제112조 제3항은 1998. 12. 31. 법률 제5615호로 개정되기 전과 달리 입법 취지를 반영하여 과밀억제권역 안에서 본점 또는 주사무소의 사업용 부동산을 취득하는 경우 중 인구유입과 산업집중의 효과가 뚜렷한 신축 또는 증축에 의한 취득만을 적용대상으로 규정하고 입법 취지에 어울리지 않는 그 밖의 승계취득 등은 미리 적용대상에서 배제하였으므로, 조세법률주의 원칙상 위 규정은 특별한 사정이 없는 한 법문대로 해석하여야 하고 더 이상 함부로 축소해석하여서는 아니되는 점, 과밀억제권역 안에서 신축 또는 증축한 사업용 부동산으로 본점 또는 주사무소를 이전하면 동일한 과밀억제권역 안의 기존 사업용 부동산에서 이전해 오는 경우라 하더라도 전체적으로 보아 그 과밀억제권역 안으로의 인구유입이나 산업집중의 효과가 없다고 할 수 없는 점 등을 종합하면, 과밀억제권역 안에서 본점 또는 주사무소용 건축물을 신축 또는 증축하여 취득하면 동일한 과밀억제권역 안에 있던 기존의 본점 또는 주사무소에서 이전해 오는 경우라고 하더라도 구 지방세법 제112조 제3항에 의한 취득세 중과대상에 해당한다고 봄이 타당하다.

【참조조문】

구 지방세법(2010. 3. 31. 법률 제10221호로 전부 개정되기 전의 것) 제112조 제1항(현행 제11조 및 제12조 참조), 제3항(현행 제13조 참조)

【전문】

【원고, 피상고인】
주식회사 한진중공업(소송대리인 법무법인 양헌 담당변호사 홍기종 외 1인)

【피고, 상고인】
서울특별시 용산구청장(소송대리인 법무법인 로플렉스 담당변호사 한명환 외 1인)

【원심판결】
서울고법 2012. 2. 8. 선고 2011누26291 판결

【주 문】

【주 문】
원심판결을 파기하고, 사건을 서울고등법원에 환송한다.

【이 유】

상고이유를 판단한다.

구 지방세법(1998. 12. 31. 법률 제5615호로 개정되어 2010. 3. 31. 법률 제10221호로 전부 개정되기 전의 것, 이하 같다) 제112조 제1항은 '취득세의 표준세율은 취득물건의 가액 또는 연부금액의 1,000분의 20으로 한다'고 규정하고, 같은 조 제3항은 '수도권정비계획법 제6조의 규정에 의한 과밀억제권역 안에서 대통령령이 정하는 본점 또는 주사무소의 사업용 부동산(본점 또는 주사무소용 건축물을 신축 또는 증축하는 경우와 그 부속토지에 한한다)을 취득하는 경우의 취득세율은 제1항의 세율의 100분의 300으로 한다'고 규정하고 있다.

원심은 제1심판결을 인용하여 그 판시와 같은 사실을 인정한 다음, 구 지방세법 제112조 제3항의 취지는 수도권정비계획법 제6조의 규정에 의한 과밀억제권역(이하 '과밀억제권역'이라고만 한다) 안에서 인구유입에 따른 인구팽창과 산업집중을 막기 위하여 인구팽창과 산업집중을 유발시키는 본점 또는 주사무소의 신설 및 증설을 억제하려는 것이므로 이미 과밀억제

권역 안에 본점 또는 주사무소용 사무실을 가지고 있다가 같은 권역 안의 다른 곳으로 사무실을 이전하는 경우 그것이 위의 입법 취지에 어긋나지 아니하면 구 지방세법 제112조 제3항이 정한 취득세 중과대상에 해당하지 않는다고 전제하고, 구의동 사옥과 이 사건 신축건물은 동일한 과밀억제권역(서울특별시) 안에 있는 점, 원고 건설부문의 본점 또는 주사무소가 그 조직과 인력의 동일성을 유지한 상태로 구의동 사옥에서 이 사건 신축건물로 이전하면서 오히려 인력 총수는 다소 감소하였고 전용 사용면적도 축소된 점, 원고는 구의동 사옥에서 완전히 퇴거한 후 제3자에게 위 건물을 임대하였고 위 건물에서 건설부문 사업은 전혀 영위하고 있지 않은 점 등을 종합하여, 원고가 구의동 사옥에서 이 사건 신축건물로 건설부문의 본점 또는 주사무소를 이전한 것이 과밀억제권역 안의 인구유입과 산업집중을 억제하려는 구 지방세법 제112조 제3항의 입법 취지에 반한다고 볼 수 없다는 이유로 이 사건 신축건물은 위 규정에 의한 취득세 중과대상에 해당하지 않는다고 판단하였다.

그러나 원심의 위와 같은 판단은 다음과 같은 이유로 수긍할 수 없다.

구 지방세법 제112조 제3항은 1998. 12. 31. 법률 제5615호로 개정되기 전과 달리 그 입법 취지를 반영하여 과밀억제권역 안에서 본점 또는 주사무소의 사업용 부동산을 취득하는 경우 중 인구유입과 산업집중의 효과가 뚜렷한 신축 또는 증축에 의한 취득만을 그 적용대상으로 규정하고 그 입법 취지에 어울리지 않는 그 밖의 승계취득 등은 미리 그 적용대상에서 배제하였으므로 조세법률주의의 원칙상 위 규정은 특별한 사정이 없는 한 법문대로 해석하여야 하고 더 이상 함부로 축소해석하여서는 아니되는 점, 과밀억제권역 안에서 신축 또는 증축한 사업용 부동산으로 본점 또는 주사무소를 이전하면 동일한 과밀억제권역 안의 기존 사업용 부동산에서 이전해 오는 경우라 하더라도 전체적으로 보아 그 과밀억제권역 안으로의 인구유입이나 산업집중의 효과가 없다고 할 수 없는 점 등을 종합하면, 과밀억제권역 안에서 본점 또는 주사무소용 건축물을 신축 또는 증축하여 취득하면 동일한 과밀억제권역 안에 있던 기존의 본점 또는 주사무소에서 이전해 오는 경우라고 하더라도 구 지방세법 제112조 제3항에 의한 취득세 중과대상에 해당한다고 봄이 타당하다.

그럼에도 원심은, 원고가 이 사건 신축건물을 취득한 것은 동일한 과밀억제권역 안에서 본점 또는 주사무소를 이전하기 위함이었다는 이유로 그것이 구 지방세법 제112조 제3항에 의한 취득세 중과대상에 해당하지 아니한다고 판단하였으니, 이러한 원심판단에는 구 지방세법 제112조 제3항에 관한 법리를 오해하여 판결결과에 영향을 미친 위법이 있다. 이 점을 지적하는 상고이유의 주장은 이유 있다.

그러므로 원심판결을 파기하고, 사건을 다시 심리·판단하게 하기 위하여 원심법원에 환송하기로 하여 관여 대법관의 일치된 의견으로 주문과 같이 판결한다.

▶ 대법관 김용덕(재판장) 양창수 이상훈(주심)

CHAPTER 03 등록면허세

제1절 등록면허세 통칙
제2절 등록면허세의 과세요건 및 부과징수 절차

95 취득을 원인으로 등기가 이루어진 후 등기의 원인이 무효로 밝혀진 경우, 등록면허세 납세의무 성립여부

등록면허세등부과처분취소등 [대법원, 2017두35684, 2018. 4. 10.]

【판시사항】

[1] 등기의 원인이 무효인 경우에도 그 등기를 등록면허세의 과세대상인 등록에서 제외되는 이른바 '취득을 원인으로 이루어지는 등기'로 볼 수 있는지 여부(적극)

[2] 취득을 원인으로 등기가 이루어진 후 등기의 원인이 무효로 밝혀져 취득세 과세대상에 해당하지 않게 된 경우, 등록면허세 납세의무가 성립하는지 여부(소극)

【판결요지】

[1] 구 지방세법(2015. 12. 29. 법률 제13636호로 개정되기 전의 것, 이하 같다) 제2장은 취득세를 규정하면서 제6조 제1호에서 취득세의 과세대상인 취득을 '매매 등과 그 밖에 이와 유사한 취득으로서 원시취득, 승계취득 또는 유상·무상의 모든 취득'으로 정의하고 있다. 그리고 제3장은 등록면허세를 규정하면서 제23조 제1호에서 등록면허세의 과세대상인 등록을 '재산권과 그 밖의 권리의 설정·변경 또는 소멸에 관한 사항을 공부에 등기하거나 등록하는 것'으로 정의하고, 단서에서 '제2장에 따른 취득을 원인으로 이루어지는 등기 또는 등록'을 제외하고 있다. 그런데 구 지방세법은 등록면허세의 과세대상인 등록에서 취득을 원인으로 이루어지는 등기 등을 제외하면서 법률상 유효한 취득을 원인으로 한 등기로 한정하고 있지는 않다. 따라서 등기의 원인이 무효인 경우라도 그 등기 자체가 등록면허세의 과세대상인 등록에서 제외되는 이른바 '취득을 원인으로 이루어지는 등기'가 아니라고 할 수는 없다.

[2] 구 지방세법(2015. 12. 29. 법률 제13636호로 개정되기 전의 것, 이하 같다)은 제30조 제1항에서 등록에 대한 등록면허세의 신고납부기한을 '등록을 하기 전까지'로 규정하고 있는 등 취득을 원인으로 이루어지는 등기 등이 사후적으로 등록면허세의 과세대상이 되는 것을 예정하고 있지 않다. 한편 2010. 3. 31. 개정된 지방세법에서 취득세의 세율을 종래의 취득세와

등록세를 합산한 것으로 조정하고, 구 지방세법 제28조 제1항 제1호 (나)목에서 부동산 소유권이전등기에 대한 등록면허세의 세율을 규정하여 두고 있기는 하지만, 조세법률주의 원칙상 이러한 사정만으로 등록면허세의 과세대상을 취득을 원인으로 등기가 이루어진 후 등기의 원인이 무효로 밝혀진 경우까지 확대할 수는 없다. 이러한 지방세법의 개정 취지, 관련 규정들의 문언과 체계 등을 종합하면, 구 지방세법 제6조 제1호에서 정한 취득이라면 취득세의 과세 여부만 문제 될 뿐 등록면허세의 과세대상은 아니고, 취득을 원인으로 등기가 이루어진 후 등기의 원인이 무효로 밝혀져 취득세 과세대상에 해당하지 않더라도 등록면허세 납세의무가 새롭게 성립하는 것은 아니다.

【참조조문】

[1] 구 지방세법(2015. 12. 29. 법률 제13636호로 개정되기 전의 것) 제6조 제1호, 제23조 제1호

[2] 구 지방세법(2015. 12. 29. 법률 제13636호로 개정되기 전의 것) 제6조 제1호, 제28조 제1항 제1호 (나)목, 제30조 제1항

【전문】

【원고, 피상고인】

【원고, 피상고인】

【피고, 상고인】
김포시장

【원심판결】
서울고법 2017. 1. 18. 선고 2016누56563 판결

【주 문】

【주 문】
상고를 기각한다. 상고비용은 피고가 부담한다.

【이 유】
상고이유를 판단한다.

1. 지방세법은 2010. 3. 31. 법률 제10221호로 전부 개정되면서 세목 체계를 간소화하기 위해 종래 등록세 중 취득과 관련된 과세대상을 취득세로 통합하고 나머지 과세대상에 대하여는 별도의 세목인 등록면허세를 신설하였다.

이에 따라 구 지방세법(2015. 12. 29. 법률 제13636호로 개정되기 전의 것, 이하 같다) 제2장은 취득세를 규정하면서 제6조 제1호에서 취득세의 과세대상인 취득을 '매매 등과 그 밖에 이와 유사한 취득으로서 원시취득, 승계취득 또는 유상·무상의 모든 취득'으로 정의하고 있다. 그리고 제3장은 등록면허세를 규정하면서 제23조 제1호에서 등록면허세의 과세대상인 등록

을 '재산권과 그 밖의 권리의 설정·변경 또는 소멸에 관한 사항을 공부에 등기하거나 등록하는 것'으로 정의하고, 그 단서에서 '제2장에 따른 취득을 원인으로 이루어지는 등기 또는 등록'을 제외하고 있다.

그런데 구 지방세법은 등록면허세의 과세대상인 등록에서 취득을 원인으로 이루어지는 등기 등을 제외하면서 법률상 유효한 취득을 원인으로 한 등기로 한정하고 있지는 않다. 따라서 등기의 원인이 무효인 경우라도 그 등기 자체가 등록면허세의 과세대상인 등록에서 제외되는 이른바 '취득을 원인으로 이루어지는 등기'가 아니라고 할 수는 없다.

그리고 구 지방세법은 제30조 제1항에서 등록에 대한 등록면허세의 신고납부기한을 '등록을 하기 전까지'로 규정하고 있는 등 취득을 원인으로 이루어지는 등기 등이 사후적으로 등록면허세의 과세대상이 되는 것을 예정하고 있지 않다.

한편 2010. 3. 31. 개정된 지방세법에서 취득세의 세율을 종래의 취득세와 등록세를 합산한 것으로 조정하고, 구 지방세법 제28조 제1항 제1호 (나)목에서 부동산 소유권이전등기에 대한 등록면허세의 세율을 규정하여 두고 있기는 하지만, 조세법률주의 원칙상 이러한 사정만으로 등록면허세의 과세대상을 취득을 원인으로 등기가 이루어진 후 등기의 원인이 무효로 밝혀진 경우까지 확대할 수는 없다.

이러한 지방세법의 개정 취지, 관련 규정들의 문언과 체계 등을 종합하면, 구 지방세법 제6조 제1호에서 정한 취득이라면 취득세의 과세 여부만 문제 될 뿐 등록면허세의 과세대상은 아니라고 할 것이고, 그 취득을 원인으로 등기가 이루어진 후 등기의 원인이 무효로 밝혀져 취득세 과세대상에 해당하지 않더라도 등록면허세 납세의무가 새롭게 성립하는 것은 아니라고 봄이 타당하다.

2. 원심판결 이유를 살펴본다.

(1) 원심은 그 채택 증거들에 의하여 다음과 같은 사실을 인정하였다.

① 원고는 2014. 9. 22. 소외 1의 대리인을 자처하는 소외 2로부터 소외 1 소유의 이 사건 임야를 450,000,000원에 매수하여 2014. 10. 8. 소유권이전등기(이하 '이 사건 소유권이전등기'라 한다)를 마쳤다.

② 원고는 2014. 10. 8. 피고에게 시가표준액 3,490,564,000원을 과세표준으로 하여 산정한 취득세 등 합계 160,565,930원을 신고·납부하였다.

③ 그런데 소외 1의 딸인 소외 3은 '소외 2가 소외 1의 위임장을 위조하여 이 사건 임야를 매도하였다'고 주장하면서 원고를 상대로 이 사건 소유권이전등기의 말소를 구하는 소송을 제기하여 2015. 6. 5. 승소판결을 받았고, 위 판결은 그대로 확정되었다.

④ 원고는 2015. 7. 말경 위 판결을 근거로 피고에게 이미 납부한 취득세 등을 환급해 줄 것을 청구하였다. 피고는 이 사건 소유권이전등기가 원인무효라 하더라도 그 등기의 경료로 등록면허세 및 지방교육세 납세의무는 성립되었다고 보아, 2015. 8. 12. 원고에게 등록면허세 69,811,280원 및 지방교육세 13,962,250원을 결정·고지하였다.

(2) 이어 원심은, 이 사건 소유권이전등기가 당초 '취득을 원인으로 이루어지는 등기'에 해당하였던 이상 사후에 그 취득이 무효로 밝혀졌다고 하여 등록면허세의 과세대상이 된다고 보기는 어렵다는 이유로, 이 사건 소유권이전등기에 대하여 등록면허세 등을 부과한 이 사건 처분은 위법하다고 판단하였다.

3. 앞서 본 법리에 따라 기록을 살펴보면, 원심의 위와 같은 판단에 등록면허세의 과세대상에 관한 법리를 오해한 잘못이 없다.

상고이유에서 들고 있는 대법원 판례는 사안이 다르므로 이 사건에 원용하기에 적절하지 않다.

4. 그러므로 상고를 기각하고 상고비용은 패소자가 부담하도록 하여, 관여 대법관의 일치된 의견으로 주문과 같이 판결한다.

▶ 대법관 민유숙(재판장) 김창석 조희대(주심) 김재형

CHAPTER 04 재산세

제1절 재산세의 개관
제2절 재산세 과세대상
제3절 재산세 납세의무자
제4절 재산세 과세표준과 세율
제5절 재산세 부과징수 절차
제6절 과세대상별 취득세·등록면허세·재산세 과세요건 및 부과징수절차

CHAPTER 05 지방세특례제한법

제1절 총 칙
제2절 지방세 감면

04 조세특례제한법

Chapter 01. 조세특례제한법 총설
02. 직접국세에 대한 특례
03. 간접국세·외국인 투자 등에 대한 조세특례
04. 특정지구 등에 대한 조세특례
05. 그 밖의 조세특례

CHAPTER 01 조세특례제한법 총설

제1절 조세특례제도의 전반적 이해
제2절 조세특례제한법 총칙

CHAPTER 02 직접국세에 대한 특례

제1절 중소기업에 대한 특례
제2절 연구 및 인력개발에 대한 조세특례
제3절 국제자본거래에 대한 조세특례
제4절 투자촉진을 위한 조세특례
제5절 고용지원을 위한 조세특례
제6절 기업구조조정을 위한 조세특례
제7절 지역 간의 균형발전을 위한 조세특례
제8절 공익사업지원을 위한 조세특례
제9절 저축지원을 위한 조세특례
제10절 국민생활안정을 위한 조세특례
제11절 근로장려를 위한 조세특례
제12절 자녀 장려를 위한 조세특례
제13절 투자·상생협력 촉진을 위한 과세특례
제14절 동업기업에 대한 조세특례
제15절 그 밖의 직접국세 특례

96 해운소득과 비해운소득의 분류

법인세등부과처분취소 [대법원, 2014두43301, 2017. 8. 29.]

【판시사항】

[1] 구 법인세법 제52조에 따른 부당행위계산 부인의 경우, 익금 산입의 기준이 되는 시가를 달리 계산하는 부당행위계산의 유형으로서 금전 대여에 해당하는지 또는 자산·용역 제공에 해당하는지 판단하는 방법

[2] 법인의 사택에 대하여 비업무용 부동산에 관한 취득·관리 비용 및 지급이자의 손금불산입을 규정한 구 법인세법 제27조 제1호 및 제28조 제1항 제4호 (가)목이 적용될 수 있는지 여부(소극)

[3] 구 조세특례제한법 제104조의10 제1항 제1호, 조세특례제한법 시행령 제104조의7 제2항 제2호 (라)목에 따라 해운기업에 대한 법인세 과세표준 계산 특례가 적용되는 '선박의 취득 등과 관련된 활동으로 발생한 것'으로서 해운소득에 포함되는 소득은 선박의 취득 등과 직접적인 관련이 있는 소득에 한정되는지 여부(적극)

【판결요지】

[1] 구 법인세법(2010. 12. 30. 법률 제10423호로 개정되기 전의 것) 제52조 제1항, 제2항, 제4항, 구 법인세법 시행령(2010. 12. 30. 대통령령 제22577호로 개정되기 전의 것, 이하 같다) 제88조 제1항 제6호, 제89조 제5항에 의하면, 법인이 특수관계자에게 금전, 그 밖의 자산 또는 용역을 무상 또는 시가보다 낮은 이율·요율이나 임대료로 대부하거나 제공함으로써 법인의 소득에 대한 조세의 부담을 부당히 감소시킨 것으로 인정되는 경우에는 이를 부당행위계산으로 보아 시가와의 차액 등을 익금에 산입하도록 하고 있고, 이때 그 시가는 금전 대여의 경우 구 법인세법 시행령 제89조 제3항에 따라, 그 밖의 자산 또는 용역 제공의 경우 구 법인세법 시행령 제89조 제1항, 제2항, 제4항에 따라 각각 달리 계산하도록 하고 있다. 부당행위계산의 유형으로서 금전 대여에 해당하는지 또는 자산·용역 제공에 해당하는지는 거래의 내용이나 형식, 당사자의 의사, 계약체결의 경위, 거래대금의 실질적·경제적 대가관계, 거래의 경과 등 거래의 형식과 실질을 종합적으로 고려하여 거래관념과 사회통념에 따라 합리적으로 판단하여야 한다.

[2] 구 법인세법(2010. 12. 30. 법률 제10423호로 개정되기 전의 것, 이하 같다) 제27조, 제28조 제1항 제4호 (가)목, 구 법인세법 시행령(2010. 12. 30. 대통령령 제22577호로 개정되기 전의 것) 제49조 제1항 제1호 (가)목, 제50조 제1항 제2호 등 관계 법령의 체계와 문언, 개정 연혁과 취지에 의하면, 법인의 사택에 대해서는 일정한 경우에 업무무관지출에 관한 구 법인세법 제27조 제2호가 적용될 수 있을 따름이고, 비업무용 부동산에 관한 구 법인세법 제27조 제1호 및 제28조 제1항 제4호 (가)목은 적용될 수 없다.

[3] 구 조세특례제한법(2014. 12. 23. 법률 제12853호로 개정되기 전의 것) 제104조의10 제1항 제1호, 조세특례제한법 시행령 제104조의7 제2항 제2호 (라)목에 의하면, 법령상 요건을 갖춘 해운기업은 외항운송활동과 관련된 소득인 해운소득에 대하여 그 외의 비해운소득과 구분하여 선박표준이익을 계산하는 방식으로 법인세 과세표준을 산정할 수 있도록 하고 있고, '외항해상운송활동과 연계된 활동' 중 하나인 '선박의 취득·유지·관리 및 폐기와 관련된 활동'으로 발생한 소득을 해운소득에 포함시키고 있다. 이러한 관련 규정들에서 해운기업에 대한 법인세 과세표준 계산의 특례를 두고 있는 취지, 해운소득의 범위에 관하여 각호에서 세

가지 유형으로 구분하여 정하고 있는 조세특례제한법 시행령 제104조의7 제2항의 문언과 체계, 조세법규에 대한 엄격해석의 원칙 등을 종합적으로 고려하면, 선박의 취득 등과 관련된 활동으로 발생한 것으로서 해운소득에 포함되는 소득은 선박의 취득 등과 직접적인 관련이 있는 소득에 한정된다.

【참조조문】

[1] 구 법인세법(2010. 12. 30. 법률 제10423호로 개정되기 전의 것) 제52조 제1항, 제2항, 제4항, 구 법인세법 시행령(2010. 12. 30. 대통령령 제22577호로 개정되기 전의 것) 제88조 제1항 제6호, 제89조 제1항, 제2항, 제3항, 제4항, 제5항

[2] 구 법인세법(2010. 12. 30. 법률 제10423호로 개정되기 전의 것) 제27조, 제28조 제1항 제4호 (가)목, 구 법인세법 시행령(2010. 12. 30. 대통령령 제22577호로 개정되기 전의 것) 제49조 제1항 제1호 (가)목, 제50조 제1항 제2호

[3] 구 조세특례제한법(2014. 12. 23. 법률 제12853호로 개정되기 전의 것) 제104조의10 제1항 제1호, 조세특례제한법 시행령 제104조의7 제2항 제2호 (라)목

【전문】

【원고, 상고인】
주식회사 케이에스에스해운(소송대리인 법무법인(유한) 율촌 외 1인)

【피고, 피상고인】
종로세무서장

【원심판결】
서울고법 2014. 10. 2. 선고 2014누48230 판결

【주 문】

【주 문】
원심판결을 파기하고, 사건을 서울고등법원에 환송한다.

【이 유】
상고이유(상고이유서 제출기간이 경과한 후에 제출된 상고이유보충서 등의 기재는 상고이유를 보충하는 범위 내에서)를 판단한다.

1. 상고이유 제1점에 관하여

가. 구 법인세법(2010. 12. 30. 법률 제10423호로 개정되기 전의 것, 이하 같다) 제52조 제1항, 제2항, 제4항, 구 법인세법 시행령(2010. 12. 30. 대통령령 제22577호로 개정되기 전의 것, 이하 같다) 제88조 제1항 제6호, 제89조 제5항에 의하면, 법인이 특수관계자에게 금전, 그 밖의 자산 또는 용역을 무상 또는 시가보다 낮은 이율·요율이나 임대료로 대부하거나 제

공함으로써 그 법인의 소득에 대한 조세의 부담을 부당히 감소시킨 것으로 인정되는 경우에는 이를 부당행위계산으로 보아 시가와의 차액 등을 익금에 산입하도록 하고 있고, 이때 그 시가는 금전 대여의 경우 구 법인세법 시행령 제89조 제3항에 따라, 그 밖의 자산 또는 용역 제공의 경우 구 법인세법 시행령 제89조 제1항, 제2항, 제4항에 따라 각각 달리 계산하도록 하고 있다.

부당행위계산의 유형으로서 금전 대여에 해당하는지 또는 자산·용역 제공에 해당하는지는 그 거래의 내용이나 형식, 당사자의 의사, 계약체결의 경위, 거래대금의 실질적·경제적 대가관계, 거래의 경과 등 거래의 형식과 실질을 종합적으로 고려하여 거래관념과 사회통념에 따라 합리적으로 판단하여야 한다.

나. 원심판결 이유와 원심이 적법하게 채택한 증거에 의하면 다음과 같은 사실을 알 수 있다.

(1) 원고는 2005. 10. 26. 주식회사 핀스크로부터 서귀포시 (주소 생략) 소재 토지 및 그 지상 건물을 분양받아 2006. 7. 28. 및 2007. 6. 1. 토지와 건물에 관한 소유권이전등기와 소유권 보존등기를 각 마쳤다(이하 토지와 건물을 합하여 '이 사건 부동산'이라고 한다).

(2) 원고의 최대주주인 소외인은 건물 완공 직후인 2007. 4.경부터 이 사건 부동산에서 무상으로 거주하였고, 2008. 10. 29.부터는 임료 연 1,800만 원으로 하는 임대차계약을 체결하였으며, 2010. 12. 31.까지 그 계약을 연장하였다.

(3) 이에 피고는 2012. 3. 2. 원고가 소외인에게 이 사건 부동산의 취득자금 등을 대여한 것으로서 업무무관가지급금에 해당한다는 이유로 그 인정이자 상당액 합계 549,897,573원을 2006 내지 2010 각 사업연도의 익금에 산입하고, 익금산입액을 소외인에 대한 상여로 소득처분하였다.

다. 위와 같은 사실관계와 더불어 기록에 의하여 알 수 있는 다음과 같은 사정들을 앞에서 본 법리에 비추어 살펴보면, 원고는 소외인에게 이 사건 부동산을 무상 또는 저가로 제공한 것으로 봄이 타당하므로, 이러한 부동산의 제공에 대하여 구 법인세법 시행령 제89조 제1항, 제2항, 제4항에 따라 시가와의 차액 등을 계산하여 익금에 산입하는 것은 별론으로 하고, 원고가 소외인에게 실질적으로 이 사건 부동산 취득자금을 대여하였다고 보아 그에 따른 인정이자를 익금에 산입할 수는 없다.

(1) 소외인은 원고의 창립자이자 대주주로서 2002년경부터 고문으로 재직하여 왔는데, 2005. 8.경 ㅇㅇ 수술을 받은 후 의료진의 권유에 따라 2005. 9.경부터 제주도에서 생활하던 중 원고가 분양받은 이 사건 부동산이 완공되자 2007. 4.경 그곳으로 주거지를 옮겼다. 이러한 거주 경위에 비추어 볼 때, 소외인은 질병의 요양 목적으로 잠정적인 주거지를 마련한 것일 뿐 자신이 직접 이 사건 부동산을 분양받으려는 의사는 없었던 것으로 보인다.

(2) 원고의 내부문건인 2005. 10. 20.자 '게스트하우스 구입 품의서'에 의하면 국내외 거래처 귀빈을 위한 숙소 및 휴식처로 제공할 목적으로 이 사건 부동산을 취득하였음을 알 수 있다. 설령 그것이 소외인에게 이 사건 부동산을 제공하기 위하여 만들어낸 명목에 불과하다고 하

더라도 원고는 자신의 자금으로 이 사건 부동산을 분양받은 후 소외인으로 하여금 그곳에 거주하도록 한 것일 뿐, 그 등기부상 소유명의에도 불구하고 원고가 이 사건 부동산을 실질적으로 취득하지 못하였다고 볼 만한 특별한 사정은 보이지 않는다.

(3) 또한 소외인이 이 사건 부동산의 신축 과정에 주도적으로 관여하였다거나 소외인 외의 다른 사람이 이 사건 부동산에 거주한 적이 없다는 등의 사정만으로는 소외인이 사용인 또는 임차인으로서의 일시적인 사용수익권을 넘어서 실질적인 소유자로서 이 사건 부동산에 대한 배타적인 사용·수익·처분권을 취득하였다고 볼 수도 없다.

(4) 그리고 원고가 소외인에게 이 사건 부동산의 취득자금을 대여하는 경우와 비교하여 조세부담을 줄이고자 하는 의도에서 이 사건 부동산을 무상 또는 저가로 제공하는 형식을 취한 것이라고 볼 만한 사정도 없다.

라. 그럼에도 원심은 그 판시와 같은 이유만으로 원고가 소외인에게 실질적으로 이 사건 부동산 취득자금을 대여한 것으로서 업무무관가지급금에 해당한다고 보아 그에 관한 인정이자를 익금에 산입하고, 익금산입액을 소외인에 대한 상여로 소득처분한 이 부분 처분이 적법하다고 판단하였다. 이러한 원심의 판단에는 법인세법상 부당행위계산의 유형에 관한 법리를 오해하여 판결에 영향을 미친 잘못이 있다. 이 점을 지적하는 상고이유 주장은 정당하다.

2. 상고이유 제2점에 관하여

가. 구 법인세법 제27조는 법인의 업무와 관련 없는 비용의 손금불산입에 관하여 제1호에서는 '업무무관자산의 취득·관리비용'을, 제2호에서는 '그 밖의 업무무관지출'을 규정하고 있다. 그리고 그 위임에 따른 구 법인세법 시행령 제49조 제1항 제1호 (가)목은 법령상 유예기간을 경과하도록 해당 법인의 업무에 직접 사용하지 아니하는 부동산(이하 '비업무용 부동산'이라고 한다)을 위 업무무관자산으로, 제50조 제1항 제2호는 해당 법인의 주주(지분율 1% 미만의 소액주주 등은 제외한다)인 임원이 사용하고 있는 사택의 유지비·관리비·사용료와 이와 관련되는 지출금을 위 그 밖의 업무무관지출로 각 분류하고 있다. 한편 구 법인세법 제28조 제1항 제4호 (가)목에서는 업무무관자산이 있는 경우 차입금 이자 중 일정한 계산식에 따라 산정되는 지급이자를 손금불산입하도록 규정하고 있다.

나. 원심은 제1심판결을 인용하여 그 판시와 같은 사실을 인정한 다음, 이 사건 부동산이 비업무용 부동산에 해당한다는 이유로 2007 내지 2010 사업연도 감가상각비, 유지관리비, 재산세 등 합계 104,794,066원과 2009 사업연도 지급이자 중 7,506,157원을 손금불산입하고, 그중 유지관리비 등을 소외인에 대한 상여로 소득처분한 피고의 당초 처분사유가 적법하다고 판단하였다. 그리고 위 2007 내지 2010 사업연도 감가상각비 등이 업무무관지출 규정에 의해 손금불산입되고 그중 유지관리비 등을 소외인에 대한 상여로 소득처분한다는 피고의 추가적 처분사유에 관하여는 별도로 판단하지 않았다.

다. 그러나 원심의 이러한 조치는 다음과 같은 이유에서 수긍하기 어렵다.

위 관계 법령의 체계와 문언, 개정 연혁과 취지에 의하면, 법인의 사택에 대해서는 일정한 경우에 업무무관지출에 관한 위 구 법인세법 제27조 제2호가 적용될 수 있을 따름이고, 비업무용 부동산에 관한 구 법인세법 제27조 제1호 및 제28조 제1항 제4호 (가)목이 적용될 수 없음이 분명하다.

앞서 살펴본 바와 같이 원고는 대주주이자 고문으로 재직 중인 소외인에게 처음 약 18개월 동안은 무상으로, 그 이후로는 저가의 임료를 받고 이 사건 부동산을 그의 질병 요양을 위하여 일시적인 주거지로 제공하였다. 이와 같이 법인이 주주인 임원에게 거주용 주택을 무상 또는 유상으로 사용하도록 한 것은 사택 제공에 해당하여 위 업무무관지출 규정이 적용되는 것은 별론으로, 비업무용 부동산에 관한 규정이 적용될 수는 없다.

그런데도 원심은 이와 다른 전제에서 그 판시와 같은 이유만으로 비업무용 부동산의 유예기간이 경과되지 아니한 점도 간과한 채 피고의 당초 처분사유가 적법하다고 판단하고 말았다. 이러한 원심의 판단에는 구 법인세법 제27조 제1호와 제2호의 관계 및 법인세법상 비업무용 부동산의 범위에 관한 법리를 오해하여 필요한 심리를 다하지 아니한 잘못이 있다. 이 점을 지적하는 취지의 상고이유 주장 역시 정당하다.

3. 상고이유 제3점에 관하여

가. 구 조세특례제한법(2014. 12. 23. 법률 제12853호로 개정되기 전의 것, 이하 같다) 제104조의10 제1항 제1호, 조세특례제한법 시행령 제104조의7 제2항 제2호 (라)목에 의하면, 법령상 요건을 갖춘 해운기업은 외항운송활동과 관련된 소득인 해운소득에 대하여 그 외의 비해운소득과 구분하여 선박표준이익을 계산하는 방식으로 법인세 과세표준을 산정할 수 있도록 하고 있고, '외항해상운송활동과 연계된 활동' 중 하나인 '선박의 취득·유지·관리 및 폐기와 관련된 활동'으로 발생한 소득을 해운소득에 포함시키고 있다.

이러한 관련 규정들에서 해운기업에 대한 법인세 과세표준 계산의 특례를 두고 있는 취지, 해운소득의 범위에 관하여 각호에서 세 가지 유형으로 구분하여 정하고 있는 조세특례제한법 시행령 제104조의7 제2항의 문언과 체계, 조세법규에 대한 엄격해석의 원칙 등을 종합적으로 고려하면, 선박의 취득 등과 관련된 활동으로 발생한 것으로서 해운소득에 포함되는 소득은 선박의 취득 등과 직접적인 관련이 있는 소득에 한정된다고 할 것이다.

나. 원심판결 이유와 원심이 적법하게 채택한 증거에 의하면 다음과 같은 사실을 알 수 있다.

(1) 원고는 1984년경 선박 5척을 취득하면서 그 피담보채무인 산업은행 대출채무를 인수하였다.

(2) 원고는 1995년~1997년경 위 선박을 모두 매각하였으나, 대출채무를 상환하지 아니하고 산업금융채권 및 정기예금 등(이하 '이 사건 질권설정자산'이라고 한다)을 대체담보로 제공하였다.

(3) 이후 원고는 2006 내지 2010 사업연도에 이 사건 질권설정자산에서 발생한 이자소득 합계 625,530,960원(이하 '이 사건 이자소득'이라고 한다)을 해운소득으로 계상하였고, 이에 피고는 이 사건 이자소득을 비해운소득으로 재분류하여 익금에 산입하였다.

다. 위와 같은 사실관계를 앞서 본 법리에 비추어 보면, 원고는 선박을 매각하면서도 그 피담보채무인 대출채무를 그대로 유지하기로 하여 이 사건 질권설정자산을 은행에 담보로 제공한 것에 불과하고, 이러한 선박 매각 후의 대출채무 유지는 선박의 취득을 위한 것이라고 보기 어려우므로, 이 사건 이자소득은 선박의 취득과 직접적인 관련성이 없어 해운소득에 해당하지 않는다고 봄이 타당하다.

이와 결론이 같은 원심의 이 부분 판단은 앞에서 본 법리에 기초한 것으로서, 그 이유 설시에 일부 부적절한 부분이 있으나 상고이유 주장과 같이 구 조세특례제한법상 해운소득의 범위에 관한 법리를 오해하는 등의 잘못이 없다.

4. 결론

원심판결을 파기하고, 사건을 다시 심리·판단하게 하기 위하여 원심법원에 환송하기로 하여, 관여 대법관의 일치된 의견으로 주문과 같이 판결한다.

▶ 대법관 이기택(재판장) 박보영(주심) 김창석 김재형

CHAPTER 03 간접국세·외국인 투자 등에 대한 조세특례

제1절 간접국세에 대한 조세특례
제2절 외국인투자 등에 대한 조세특례

CHAPTER 04 특정지구 등에 대한 조세특례

제1절 제주국제자유도시 육성을 위한 조세특례
제2절 기타지구에 대한 과세특례
제3절 사업재편계획을 위한 조세특례

CHAPTER 05 그 밖의 조세특례

제1절 과세표준 양성화를 위한 조세특례
제2절 조세특례제한 등

정인국

고려대학교 법학과 졸업
제45회 사법시험 합격
사법연수원 35기 수료
미국공인회계사 합격(Maine State)
변호사

경력

중부지방국세청 조세소송실무 강사
서강대학교 법학전문대학원 조세법실무 외래강사
조세심판원 국선심판대리인
법무법인 바른
(현)한서법률사무소 · 한서회계법인

저서

세법학 기본서의 바이블 Ⅰ, Ⅱ(세경북스)
세법학 정리서의 바이블 M(세경북스)
조세사례연구(세경사)
조세법 변호사시험 기출문제집(세경북스) 외 다수

稅法學
TAX LAW
판례 세법학

제1판1쇄	2020년 6월 8일 발행
지은이	정 인 국
펴낸이	이 은 경
펴낸곳	㈜세경북스
주 소	서울특별시 서초구 신반포로3길 8, 606호(반포동, 반포프라자)
전 화	02-596-3596
팩 스	02-596-3597
신 고	제2013-000189호
정 가	17,000원

저자와의
협의하에
인지를 생략함

이 책의 모든 권리는 ㈜세경북스에 있습니다.
본 출판사의 동의 없이 내용을 복제하거나 전산장치에
저장·전파할 수 없습니다.
Printed in Korea
ISBN : 979-11-5973-214-0 13360